O DIREITO E O FUTURO
O FUTURO DO DIREITO

ANTÓNIO JOSÉ AVELÃS NUNES
Professor Catedrático da Faculdade de Direito de Coimbra

JACINTO NELSON DE MIRANDA COUTINHO
Professor Titular da Faculdade de Direito
da Universidade Federal do Paraná

(Coordenadores)

O DIREITO E O FUTURO
O FUTURO DO DIREITO

ALMEDINA

O DIREITO E O FUTURO
O FUTURO DO DIREITO

COORDENADORES
A. J. AVELÃS NUNES
JACINTO DE MIRANDA COUTINHO

EDITOR
EDIÇÕES ALMEDINA. SA
Av. Fernão Magalhães, n.º 584, 5.º Andar
3000-174 Coimbra
Tel.: 239 851 904
Fax: 239 851 901
www.almedina.net
editora@almedina.net

PRÉ-IMPRESSÃO | IMPRESSÃO | ACABAMENTO
G.C. GRÁFICA DE COIMBRA, LDA.
Palheira – Assafarge
3001-453 Coimbra
producao@graficadecoimbra.pt

Maio, 2008

DEPÓSITO LEGAL
275050/08

Biblioteca Nacional de Portugal – Catalogação na Publicação

O direito e o futuro – o futuro do direito / [coord.] António José
Avelãs Nunes, Jacinto Nelson de Miranda Coutinho

ISBN 978-972-40-35501-7

I – NUNES, António Avelãs
II – COUTINHO, Jacinto Nelson de Miranda,

CDU 34

PALAVRAS BREVES NO LUGAR DO PREFÁCIO

Tudo começou em Fevereiro de 2002, na Fazenda Cainã, um ponto de paragem numa antiga rota de tropeiros, perto de Curitiba. O pai da ideia foi o Professor Jacinto Nelson de Miranda Coutinho. Começámos então a considerar-nos um grupo de amigos que gostam de conversar sobre muitas coisas, até sobre Direito, e que se descobriu como tal na Fazenda Cainã. Somos, por isso, o *Grupo Cainã*.

Para aquele primeiro Encontro, o Prof. Jacinto Coutinho insistiu em que eu tinha de estar presente. Para explicar o que tinha mudado em Portugal entre 1974-1980 e 2002. Não escrevi nenhum texto, nem saiu nenhuma comunicação minha no livro que resultou do *I Encontro Cainã*. Livro que foi um êxito, porque nele colaboraram juristas de grande qualidade e porque o tema – *A Constituição Dirigente* – era um tema rico e chamativo.

Entre professores de Direito, eu era a excepção. Professor da Faculdade de Direito de Coimbra, sou jurista de formação e procuro ajudar a formar bons juristas. Ensinando Economia Política aos meus alunos. Acontece que eu sou o mais velho dos 'fundadores' do *Grupo Cainã*, o que representa para mim um pesado fardo de responsabilidades...Em contrapartida, tenho beneficiado, por este facto, da conhecida influência da cultura africana na cultura brasileira. Como sabemos, *o mais velho* é, na África, uma entidade respeitável, uma espécie de Instituição. Daí que os meus amigos do *Grupo Cainã* insistam, desde 2002, em que eu participe nos trabalhos do Grupo, enganando-se a si próprios ao tentarem enganar-me a mim, no esforço para tentarem convencer-me de que eu sou um jurista que vale a pena ouvir e ler. Eu não acredito nesta tese deles. Mas faço de contas...E tenho comparecido quase sempre (menos ao encontro perto de Belém do Pará, na praia do Paraíso, vejam só...) e até tenho apresentado comunicações. Tudo isto porque me honro muito de os ter como Amigos e não quero perder nada do privilégio de poder beneficiar do convívio pessoal e intelectual com eles.

Em 2003, para os homenagear, ofereci-me para organizar o *III Encontro Cainã,* bem no 'Portugal profundo', numa pequena vila da Beira Alta, Celorico da Beira, mais ou menos a meio caminho entre Coimbra e Salamanca. Com o passar dos anos, o modo como têm tratado *o mais velho* aumenta dia-a-dia a minha dívida de gratidão para com eles, tantas as demonstrações de afecto, de amizade e de consideração que não posso esquecer. Por isso senti necessidade de um novo gesto de reconhecimento da minha parte. E, numa tentativa bem intencionada de reduzir aquela dívida, propus-lhes que fizésse--mos perto de Coimbra o *VII Encontro Cainã*. Recebi deles mais uma prova de confiança ao aceitarem a minha proposta. Dado o êxito dos *Encontros* anteriores, eu sabia que o desafio não era pequeno. E trabalhei para não desmerecer tanta confiança.

Tive o apoio do IDET, (Instituto de Direito das Empresas e do Trabalho, da Faculdade de Direito de Coimbra) e o patrocínio financeiro do Banco BPI, da Fundação Calouste Gulbenkian, da Fundação Engº António de Almeida, da Fundação Luso-Americana, do ITAÚSA Portugal, da Coimbra Editora e das Edições Almedina. A todas estas entidades estou muito grato. Como grato estou aos Colegas da minha Faculdade que aceitaram o meu convite para participar nos trabalhos deste nosso *Encontro* no Buçaco.

Como sempre tem acontecido, destes três dias de trabalho (sete horas por dia, a apresentar as comunicações e a debatê-las, todos lamentando que o tempo continue a ser um bem escasso), saiu o livro que agora apresento ao público em geral. A meu ver, é um conjunto de estudos muito sérios glosando, cada um a seu modo, o tema que sugeri: *O Direito e o Futuro. O Futuro do Direito*. Do livro só me pertence o título. Quanto ao mais, a minha responsabilidade como organizador deste *Encontro* aconselhou-me a não me incluir no elenco dos palestrantes, garantindo assim a elevada qualidade dos textos a publicar. Os méritos deste livro pertencem, pois, por inteiro, aos Colegas brasileiros do *Grupo Cainã* e aos Colegas da Faculdade de Direito de Coimbra. Bem hajam todos. Só lamento não termos chegado ainda ao apuro técnico que permitisse a inclusão das intervenções nos debates. Posso garantir aos leitores que o livro ficaria ainda mais interessante.

Este *Encontro* de professores de várias Universidades brasileiras com professores da Faculdade de Direito de Coimbra foi mais uma pedra na grande construção que há anos me esforço por ajudar a construir: a aproximação entre as nossas duas comunidades. Somos um grupo de Amigos que vem trabalhando, desde o primeiro dia, lá na Fazenda Cainã, para louvar a amizade e para dela tirar proveito, no plano afectivo e no plano intelectual. Creio que saímos do Buçaco mais amigos do que antes e mais preparados para enfrentar as 'safadezas' da vida. E espero que este *VII Encontro Cainã*, para além de ter consolidado a nossa amizade, possa também ter sido um exercício feliz das nossas preocupações e das nossas responsabilidades como juristas, como professores e até como cidadãos. A leitura destes belos textos conforta-me na convicção de que aconteceu isto mesmo. Por isso me sinto feliz por poder apresentá-los, na forma de livro e na companhia do Doutor Jacinto de Miranda Coutinho, aos leitores interessados, em Portugal e no Brasil.

Coimbra, 31 de Março de 2008

ANTÓNIO JOSÉ AVELÃS NUNES

BREVES PALAVRAS

O Jacinto disse-me ter vindo a Brasília por outras razões, mas estou certo de que ainda que elas não existissem viria até aqui para fazer valer o seu poder de convicção. Passou pela minha casa na hora do almoço, falamos rapidamente e, ao sair, deixou-me as *Palavras breves*, do Professor Avelãs Nunes, dizendo que a mim caberia escrever algumas linhas apresentando a coletânea de nossos textos do *VII Encontro Cainã*. Quando me dei conta do que estava acontecendo ele já se fora, literalmente em fuga. Depois disso nunca o encontro por telefone e ele me manda dizer, diariamente, que sou responsável por injustificável demora na impressão do livro. Coloca-me mal comigo, pois não sou o indicado para escrever esta apresentação, e com o António, que há-de estar imaginando que sou um relapso. Quem tem amigos assim não precisa de desafetos... Melhor: quem tem amigos assim se farta tanto de amizade que os desafetos, quando e se os há, não pesam nada. O fato, contudo, é que me encanta a oportunidade de escrever estas breves palavras e tenho é de agradecer ao Jacinto pela *ursada* que me fez, qual se dizia antigamente.

Cainã é um modo de ser com simplicidade. Um estado de espírito que envolve as pessoas, de sorte que nenhum de nós se julga mais importante do que o outro. De modo que nenhum de nós necessita afirmar-se perante os demais. Daí que os pretensiosos não se sentem à vontade entre nós. Acabam não retornando.

Esse clima é uma construção do Professor António José Avelãs Nunes, meu amigo dileto. *Cainã* é como é em função da coerência que ele ensina. Por isso mesmo tem sido espaço de prática da lealdade intelectual e afetiva. Como convém aos que estão dispostos a aprender com os outros e não se empanturram de si mesmos.

Sou, após o António, o mais velho do grupo (ainda que somente em termos de idade, eis que em rigor nos conservamos contemporâneos aos mais moços). Daí que, por obra do Jacinto, cabe-me acompanhar o António na apresentação deste livro. A suas *palavras breves* correspondem estas minhas *breves palavras*, que nada são, todavia, senão o eco esmaecido do que lá já está escrito. Assim tem sido entre nós, freqüentemente. Como ocorre sempre, aliás, em relação a todos os que têm o exemplo de um irmão mais velho, como ele, a seguir. O livro deste *VII Encontro Cainã* realmente não traz nenhum ensaio do António, mas é todo ele e o que ele tem inspirado no grupo de amigos reunido ao seu redor.

Brasília, 14 de abril de 2008

EROS ROBERTO GRAU

O direito interrogado pelo tempo presente na perspectiva do futuro

A. CASTANHEIRA NEVES*

A escolha do tema deste encontro – *"O Direito e o Futuro. O Futuro do Direito"* – foi feliz. No plano do pensamento a felicidade só pode resultar da importância do objecto a pensar e da oportunidade da reflexão que exija. E é o que, com efeito, agora se verifica: o tema tem importância, é da maior importância, e é de todo oportuno, já que reflecti-lo é também da maior actualidade.

É importante pelo que suscita a pensar, e como que numa reflexiva explicitação do que no próprio enunciado temático se dirá implícito – assim o interpreto. O direito e o tempo ou o direito referido ao tempo, que tanto é dizer o direito na história – decerto agora a história *in fieri*, das *res gestae*, a história que hoje se faz, que não a história *facta* ou das *res gestarum*, a história já só passado – e para lograr compreender que o tempo-história *em* e *por* que as culturas civilizacionalmente, não só se manifestam, mas verdadeiramente se constituem, é ele também o *constituens* do direito[1] – e falo, não elementarmente das suas objectivações, e sim do seu próprio *sentido*, da sua intencionalidade constitutiva e dele diferenciadora no universo das culturais rea-

---

* Professor da Faculdade de Direito de Coimbra.

[1] O que, aliás, está em íntima conexão com o sentido com que se deverá pensar hoje o próprio ser – pois "é essencial, observa J. Ratzinger (numa alocução pela Rádio do Sul da Alemanha, em 1968, e em parte transcrita no *Prefácio* do Cardeal Christoph Schonbörn a *Criação e Evolução, Uma Jornada com o Papa Bento XVI em Castel Gandolfo*,2007, coord. Stephan Otto Horn e Stegfried Wiedenhofer, pág.11), que ser e tempo se apresentem numa relação sólida: o ser *é* tempo, não *tem* simplesmente tempo. Ele só existe e se desdobra para si no devir. O ser entende-se, por conseguinte, de modo dinâmico como movimento do ser, e entende-se como dirigido: não gira no idêntico, mas progride".

lidades humanas. Nisto tenho ultimamente insistido em pensar – pelo que neste encontro afinal comigo próprio me reencontro. E para reflectir especificamente agora – assim nos é proposto – sobre esse sentido referido a um tempo futuro. O que só será possível em consequência crítica da situação com que se oferece esse sentido hoje – que veremos ser de crise. Com o que e deste modo se convoca uma particular dialéctica de inteligibilidade e projecto, a dialéctica, compreendida ela também em certos termos, entre *crise* e *crítica* – que igualmente nos tem orientado nas nossas reflexões.

Pelo que, desde logo, se terá de afastar do direito a necessidade ontológica, mesmo ontológico-humana, de que se pretendesse inferir, por referência a quaisquer ontológicos indisponíveis, o que o direito também necessariamente haveria de ser e como, ontem e hoje – é que o mundo, com os homens nele, é bem mais dinamicamente indeterminado e constituendo, e justamente pela irredutível mediação humana, do que pensaram os gregos. E é de afastar-lhe igualmente uma sua universalidade intencional ou de sentido, que tão-só racionalisticamente, ou reflexivo-analiticamente, houvéssemos de deduzir – é que sabemos hoje, e ainda que a razão moderno-iluminista o não soubesse, que a razão absolutizada na abstracção da dimensão histórica (*rectius*, da historicidade) e assim do diálogo histórico e da condição contextual, é apenas uma razão convertida numa dogmática e que desse modo, contrariando-se a si mesma, se torna, acriticamente e paradoxalmente, irracional. Aliás, a razão pura só pode culminar em paralogismos (mostrou-no-lo Kant). Pois havemos de validamente reconhecer, numa palavra, que o direito nesta nossa "idade dos homens" é – e com Vico – um *factum* da *poiésis* humana, no auto-projecto de humanidade que na existência comunitária o homem civilizacional-culturalmente se constitua e nele se assuma e exprima (e neste sentido, mas apenas neste sentido, podemos referi-lhe uma sua *veritas quia factum*). E todavia não vive o homem no seio do ser? Certamente que sim, mas do ser só sabe o homem no que responde às suas perguntas compreensivas sobre ele. E não visa o homem o inteligível apenas pela razão? Certamente que sim, mas a razão, ainda que em último termo reflexo do *logos*, é humana nas suas imediatas intencionalidades e nela está o homem, no sentido, nas possibilidades, nos limites. O ser é dito pelo homem e humana discorre a razão.

Mas sem que isto tenha nada a ver – compreendê-lo-emos adiante e, aliás, seria uma manifesta perversão – com o decisionismo político postulado pelo positivismo jurídico. Pois também contra o radical positivismo, em que paradoxalmente o direito valeria sem validade, se terá de negar que seja ele, se um sentido específico continuar a ter, tão-só o resultado prescritivo de uma *voluntas* simplesmente orientada por finalismos de oportunudade ou mera expressão da contingência e dos desvinculados compromissos político-sociais. Antes terá de referir-se a uma auto-transcendência axiológico-normativa de transcendentalidade prático-cultural em que reconheça os seus fundamentos de validade e os seus regulativo-normativos de constituição. Auto-trancendência de que assim o homem é responsável, mas sem que esteja no seu arbítrio, numa transcensão que a prática experiência histórica solicita e justifica – e como que numa histórica, histórico-cultural, aprendizagem de humanidade.

Por tudo o que, fazendo meu – reflexivamente meu e assim justificado – o tema do nosso encontro, "*O Direito e o Futuro. O Futuro do Direito*", me sinto autorizado a traduzi-lo para mim nestes termos: *O direito interrogado pelo tempo presente na perspectiva do futuro*. E para o tratar percorrendo três estações ou momentos principais, na coerência com o que vai dito. 1) Atenderei, em primeiro lugar, à actual circunstância da juridicidade e enquanto essa circunstância nos põe perante uma profunda situação problemática do direito, a justificar um forte pessimismo – há que falar aí de crise, no exacto sentido desta categoria, e pelo ruir do modelo ou paradigma moderno-iluminista que por quase três séculos seria a chave da compreensão e da tentada realização da juridicidade; 2) o que, e já por isso, nos imporá, em segundo lugar, um não menos exigente esforço crítico de recuperação de sentido – e em que se implica directamente o problema capital da autonomia do direito, no nosso tempo e para o nosso tempo; 3) só que, sendo porventura positiva a resposta aí obtida, os válidos termos dela terão, em terceiro lugar, como corolários a) a intencional consciência dos *limites* com que o direito há-de ser pensado e b) o reconhecimento da possibilidade da sua *superação*, não já pelas razões que, na consideração da primeira estação, resultavam da sua actual grave problematicidade, mas pelas implicações do próprio sentido da sua autonomia perante a realidade evolutiva, histórico-social e histórico-cultural, das sociedades que já vivemos e sobretudo das anunciadas, e enquanto nessa social realidade actual e futura se estão a forjar efectivamente *alternativas ao direito*, soluções diferentes e contrárias à *solução-direito* (aquela que se sustentará no seu específico sentido autónomo e que unicamente o diferenciará) para o mesmo problema da nossa existência humano-social. E com isto, se não nos obnubilarmos e tivermos êxito, poderemos dizer, com Kant, que a esperança do futuro, com o seu maior peso num dos pratos, fará com que a balança da razão legitimamente não seja imparcial.

Ora, se o tema deste nosso encontro, tal como o entendo, me leva a considerar todos estes pontos, não só temos com isso, na verdade, confirmada a sua importância como simultaneamente se nos manifesta a sua grande actualidade – vão nele implicados o presente e o futuro a pensar no direito. Só que não irei, nem decerto esperáveis outra coisa, além dum tratamento fundamental e sintético – a circunstância assim o impõe. Assim como não me recusareis também que aquilo que diga seja o que sobre tudo isto tenho pensado – como que farei assim uma súmula de mim próprio. Não que isso o tenha pela última palavra que neste momento se haja de proferir. Mas porque é esse o meu testemunho reflexivo – e só por isso insisto.

I.

1. O reconhecimento e o diagnóstico da efectivamente profunda situação problemática com que hoje se oferece a juridicidade teriam de ser complexos e extensos se quiséssemos ser completos. Pois obrigar-nos-iam a considerar dois planos diferenciados, ainda que convergentes: o plano que se dirá contextual ou "externo" – e que tem a ver com as condições histórico-culturais codeterminantes do sentido do direito, do seu sentido e mesmo da sua possibilidade – e o plano directamente jurídico ou interno – e em que se manifestará a crise imanente da juridicidade no seu próprio e actual universo, a atingir igualmente o sentido do direito, mas na sua imediata assunção, o seu relevo e modo possível de afirmação na contemporânea realidade humana, humano-social, o modelo do seu tipo de pensamento e de racionalidade, etc. Aquelas condições histórico-culturais a atender no primeiro plano convocariam as coordenadas sociológicas,

axiológicas, crítico-culturais, funcionais e sobretudo antropológicas que criticamente se hão-de considerar como que as condições culturais de possibilidade do direito e a conclusão teria de exprimir-se no que se diz, sem exagero, o "negativismo jurídico" – e que, no fundo, apenas exprimirá quanto à juridicidade, não já apenas o "*pensiero debole*" do esgotamento metafísico, mas mais radicalmente o "pensamento negativo" caracterizador da cultura contemporânea, no seu criticismo *à outrance* (com voz no pós-modernismo de muitas e diversas linhas) e que culmina no niilismo de uma civilização decadente – como não dar razão neste ponto, e cada vez mais, a Nietzsche? Mas deixaremos agora de lado toda a extensão desse primeiro plano para ficarmos sobretudo com o segundo, já que aquele nos levaria muito longe, tratado ele com a profundidade exigida, e é afinal neste segundo que seremos conduzidos à imediata evidência da actual crise do direito no próprio universo jurídico e se põem as questões decisivas a que imediatamente a intencionalidade ao sentido do direito há-de responder para considerar o seu futuro – o seu eventual futuro e de que modo.

Só que não prescindiremos, ainda assim, de antepor algumas brevíssimas observações, impressionistas observações mesmo, sobre o *pathos* que vinca a nossa actual realidade prática. Reconheça-se, com efeito, que no contexto histórico-cultural e social global dos nossos dias se pretende orientar a prática humana para outras orientações, distintas das que ainda há pouco eram aceites, em resposta, que justamente teria de ser diferente, a também outras exigências político-sociais e humanas vividas numa surpreendente e exponenciada complexidade. Daí, por um lado, diversas intenções determinantes que tendem a ser mais fortes do que a do direito, no seu apelo apenas a validades, a critérios normativos e a juízos perante a força mobilizante e eficaz da acção – intenção do direito que parece, aliás, esgotar-se em declarações e reivindicações, a ocuparem hoje o lugar e com a mesma intenção fundamental que correspondeu ontem ao "direito natural", e numa insistência tão enfática como vã, dos "direitos humanos", e mesmo essas mais na retórica política do que reflectidos no sentido que criticamente lhes corresponde no último e decisivo sentido do direito, a que adiante se aludirá. Intenção ao direito aquela, no entanto, que o olha apenas no seu disponível e acrítico objectivo regulatório e para fazer dele um funcionalizado instrumento sancionador de quaisquer outras e externas teleologias. Por outro lado, e como que num contextual horizonte, o próprio também actual mundo humano-cultural, tão profundamente problemático e dissolvente e a convocar todas as reduções, da compreensão do homem sobre si próprio, do seu mundo de existência e do seu tempo, como que fomenta um outro nebuloso holismo cultural e prático, em que uma desintegrada indeterminação vai simultânea com uma fragmentarização *à outrance*, mais radical do que os mais extremos pluralismos, holismo em que todas as referências valem tanto como as suas contrárias e umas às outras se anulam, porque afinal nenhuma tem verdadeiro valor, e a não fazer absurda a invocação como que de um pré-cultural e regressivo caos civilizacional. Não terá também aqui lugar uma referência à *New Age*? Tudo isto, pois, que aí temos e vemos não é decerto propício para a diferenciação intencional e problematicamente tão específica do direito, já que se nos revela como o próprio contrário da sua possibilidade. E desde logo porque traduz a quebra, se não a anulação, do pressuposto comunitário--comunicativo, pressuposto de referências e exigências integrantes, sem o qual o direito, como quer que seja, não será possível e pela razão simples de que ficaria excluído o discurso de validade, mesmo a possibilidade da convocação de razões fundamentantes geralmente inteligíveis e assumíveis – pela razão simples de que só ficará então lugar para as tácticas manipulantes e a força impositiva, que tem muitos rostos, sem validade e de não reconhecida legitimidade, já que a validade invocada, apesar de tudo, por uns é tida simplesmente como violência pelos outros. E não se verifica ou não tende a verificar-se essa quebra de validade e a ruptura da comunicabilidade nas situações de pluralismo radical, a atingir quantas vezes o nível do *différend*, e mesmo, como todos os dias se nos informa, de violência e morte? O pluralismo radical quando atinge assim o acabado relativismo, que dogmaticamente em si se fecha, é afinal a expressão de um dogmatismo de convicção que não reconhece as exigências da integração do outro e com o outro, quando o não nega pela reivindicação ilimitada da diferença. E a ruptura, seja ou não violenta, recusa simplesmente o comum de existência e de convivência, sem o qual o direito não é de todo evidentemente possível. O que nos conduz ao supremo paradoxo da impossibilidade do direito onde ele seria mais necessário.

2. Mas fixemo-nos naquele segundo plano dos dois a que nos referimos. E o que haverá de trazer-se aí à consciência crítico-reflexiva é pura e simplesmente a crise (poderei afirmar *débâcle*?) da concepção ou sistema (comummente se diria "paradigma") moderno-iluminista da juridicidade. Concepção ou sistema esses a centrar compreensivelmente (e criticamente também) em duas dimensões capitais, e que lhe constituíam respectivamente o seu sentido do direito, por um lado, e o seu modelo do pensamento jurídico, por outro lado. O sentido do direito ia no *legalismo*, o modelo do pensamento jurídico traduzia-o o *normativismo*.

a) O que foi, no entanto, a consumação de um processo complexo que se haveria de atingir nos seus momentos fundamentaos, se a circunstância fosse outra. Limitar-me-ei, por isso, a invocar as condições e os múltiplos factores que aqui concorrem. A condição filosófico-cultural da modernidade, desde logo – a analisar-se num factor antropológico (o homem de uma plena autonomia que culminaria no individualismo), num factor religioso (além do protestantismo, o movimento da secularização a culminar, por sua vez, no secularismo), no factor cultural tanto do racionalismo, fosse o racionalismo prático do jusracionalismo, fosse o racionalismo científico da razão empírico-sistemático-construtiva, como do seu contraponto no historicismo. A condição social, por outro lado, que foi a economia e a emergência do capitalismo. A condição política, estritamente e em terceiro lugar, que refere o Estado absoluto (moderno) e iluminista (representativo e com separação dos poderes) e não menos o contratualismo.

Tudo o que esteve na génese do legalismo. Mas bastemo-nos agora com considerar especificamente que o legalismo traduziu a moderna, e também a primeira, estatização e politização do direito. Com efeito, o sistema moderno, e moderno-iluminista especialmente, no domínio da prática (da *praxis* aristotélica *versus theoria* e diferente tanto da *poiésis* como da *téchné*) implicaria como decisiva consequência que o último horizonte prático passasse a ser o político – o político na sua plena e constitutiva autonomia humana. Ou seja, um político que rompe e se autonomiza da metafísica (de ético-metafísica) a que se vinculava na "filosofia prática" anterior, quer grega, quer teológico-medieval, quer ainda na primeira fase do pensamento filosófico moderno (assim, nos pensadores do séc. XVII, se não já em Espinosa, ainda decerto em Leibniz, Vico, mesmo Pufendorf) – ruptura e autonomia já clara e militante em Hobbes, também em Rousseau, etc., e se fez explícita e sistemática em Kant. O prático deixou de se referir a uma material axiologia pressuposta, que seria em último termo expressão metafísica do Ser, par se assumir como tarefa da liberdade e da sua autonomia constitutiva.

É que numa mutação antropológica própria da concepção do homem moderno (homem de liberdade e autonomia e de racionalidade) em que a autonomia se assume secularizada na imanência e a subjectividade se converte num novo tipo de razão (a razão moderna), a filosofia-razão prática deixa de ser teorético-especulativa para ser tarefa da subjectividade autoconstituinte: primeiro, normativamente construtiva e, depois, teleologicamente política. Enquanto, por um lado, normativamente construtiva, propõe-se constituir ela própria a juridicidade como uma normatividade sistematicamente explicitante de um auto-projecto humano e o resultado foi a imputação do direito exclusivamente à legitimação política, a implicar assim que a sua normatividade deixasse também de se aferir por uma validade material (por uma exigência de fundamento ao nível do conteúdo intencional) e passasse antes a bastar-se com uma legitimação formal (simplesmente com a legitimidade de um certo poder e a exigência de uma certa forma e processo), e normatividade que viria assim a identificar-se com a *legalidade*. O direito proviria exclusivamente da *lei* e com a *lei* se identificaria – a lei secularizada do Estado moderno e iluminista, decerto, que não a *lex* da teologia medieval, mandamento ético-racional e referido a um fundamento axiológico para além dela. E lei que, pensada com a assimilação do jusracionalismo também moderno, teria como consequência geral o *normativismo*, como modelo de pensamento jurídico, e o normativismo da codificação por fim, como a sua específica e racional positivação. Enquanto, por outro lado, teleologicamente política, o problema imediato da filosofia-razão prática não foi, ou não foi só, o da definição-constituição de uma normatividade, mas 1) em primeiro lugar, o de postular *direitos* (numa conversão, poderá dizer-se, do direito em direitos) que exprimiam a liberdade nas várias formas da sua manifestação; 2) em segundo lugar, o de organizar um novo poder (novo poder que seria o Estado – pense-se em Hobbes e Locke), enquanto também resultado institucional da liberdade (da liberdade e da segurança) e com o objectivo de a reafirmar e garantir intitucionalmente; 3) em terceiro lugar, o de pensar critérios ou regras a prescrever por esse novo poder, em consonância com os dois pontos anteriores e onde a teleologia se vinha a encontrar e mesmo fundir com a dimensão de normatividade. Se quanto ao primeiro ponto os direitos se afirmavam "naturais", e se disseram depois "do homem", para lhes assegurar um sentido que os preservasse da interferência do poder político, os outros pontos encontrariam a sua solução, o seu esquema de solução, no *contratualismo*: o poder a encarnar num Estado demo-liberal (Estado representativo e com separação dos poderes) e os critérios-regras a manifestarem-se de novo como lei, numa convergência do político com o jurídico, e em termos de se haver assim de dizer que o contratualismo culminaria no legalismo E com isso – ponto da maior importância – o problema político obtinha uma solução jurídica, do mesmo passo que o jurídico assumia directamente o político.

E havia de assumi-lo de uma forma bem mais veemente – em que ia mesmo a utópica esperança de uma originária refundamentação da história – no novo começo fundante que seriam as *constituições*. Seriam as constituições e na intencionalidade que, como tal, as justificaria ou legitimaria, umas vezes como fundadoras *ex novo* do Estado – assim, a constituição americana de 1787 e a constituição federal alemã de 1949 –, outras vezes como dele refundadoras – assim todas as constituições revolucionárias do séc. XIX – e sempre, portanto, como fundações originárias e um novo princípio (político--jurídico), em que o direito fundamentalmente se confundia com o político, a juridicidade com a constitucionalidade, e se assimilava o voluntarismo da livre estratégia de um projecto humano.

b) Todas estas referências, ainda que muito gerais, a que nos não poupámos, fizemo-las para que soubéssemos exactamente (isto é, com rigor) o que entrou em crise – a concepção ou o paradigma da juridicidade moderno-iluminista, que assim acabam de ser caracterizados, e em que o objectivo capital, dissemo-lo também, era lograr uma solução jurídica para o problema político. E o que importa é atingir e compreender a actual crise dessa concepção ou paradigma. Nela se joga o presente do direito e dela se há-de, portanto, partir par reflectir sobre o seu futuro. Compreensão que tentaremos penetrando as raízes, tantas vezes ocultas, dessa crise que aquela concepção ou paradigma gravemente sofreram, estão ainda a sofrer, e que os conduziu à exangue, e iniludível, situação actual da sua insustentabilidade. Situação de crise essa que, já por isso, só poderá superar-se por um *novum* de sentido em que se recupere a juridicidade para a possibilidade do seu futuro.

1) Na raiz da crise, e enquanto, ao volverem-se de todo problemáticos, foram os germens das consequências que vieram depois, chamarei a atenção, por um lado, para os dois pressupostos fundamentais, já referidos, um pressuposto antropológico e um pressuposto político, ambos a reconhecer hoje falhados nos seus sentidos postulados, e, por outro lado, para o objectivo capital, igualmente já convocado, de uma solução jurídica para o problema político, objectivo não menos fracassado, já pelos os equívocos resultantes justamente da confusão, que aí ia latente, do jurídico com o político, já e decisivamente tanto pela subversão como pela erosão evolutiva, que se tornaram evidentes, do sentido da lei originariamente instituído.

O *pressuposto antropológico* traduzia-se – temos de o repetir – na concepção que o homem moderno se tinha de "sujeito" auto-assumido na ordem intencional (abstrairemos agora da distinção, decerto muito relevante, entre "sujeito e "indivíduo" também no plano filosófico – v. especialmente Alain Renaut, *L'Ère de l'Idividu*, 1989) e de "indivíduo" acumunitário, na ordem prática – individualismo este de expressão moderada na lockeneanan perspectiva liberal, com os seus"direitos naturais", e de reivindicação radical no estatismo já hobbeseano de um absolutismo de segurança, já no voluntarismo rousseaneano de uma racionalística identificação de liberdade e igualdade, e ainda na *a priori* autonomia kantiana, ainda que referida esta já a fundamentais dimensões éticas – e para o que tudo a lei, na sua universalidade normativa, seria a possibilidade e a garantia. O que hoje, não deixe de se reconhecer e como veremos, se retoma no apelo à legalidade enquanto condição das sociedades democráticas e exigência dos seus pluralismos. O *pressuposto directamente político* era o do contratualismo, como pudemos já ver, a implicar que o vínculo social, o direito se quisermos, só poderia surgir convencionalmente, por acordos auto-fundantes, tanto fora da história como sem pressuposições contextuais ou referências intencionalmente práticas que lhe fossem pré-determinantes – não tinha decerto esta significação e relevância o tropo apenas de retórica politicamente argumentativa do "estado de natureza" – e o instrumento desse vínculo nestas condições, *ex novo* e livremente disponível, seria decerto de novo a lei, a lei-norma prescrita pelas vontades acordadas.

Ora, aquele pressuposto antropológico deixou de ser sustentável. Igualmente na ordem intencional, pelo que se poderá dizer a derrocada filosófica do "sujeito" cartesiano, e em último termo também kantiano, e do seu solipsismo em qualquer das formas, um sujeito egoloide e fechado na sua pura ipseidade, fosse ele ideal ou universal nas suas categorias, fosse ele transcendental no seu *a priori* constitutivo – basta contrapor-lhe tanto a ontologicamente pressuponente existência no mundo como a intersubjectividade constituída na existencial e comunicativa relação sujeito/sujeito, que é afinal a condição primeira dos homens, na interpessoalidade do "eu/outros", da linguagem, da história, da comunidade real. Na ordem prática, por sua vez, não menos a insustentabilidade do homem-indivíduo, não obstante a manifestação de todos os egoísmos associais a assolidários do triste espectáculo quotidiano, perante a essencialmente humana e realmente também primeira e irredutível existência humana comunitária, em pressuposta comunidade histórica, enquanto é esta condição de existência, condição empírica e condição ontológica da humanidade do homem, pese embora a sua ignorância pelos radicalismos da modernidade e igualmente pelo neoindividualismo contemporâneo, mais radical ainda, com expressão, p. ex., em Nozick , Buchanan, e outros. A que há que acrescentar ainda que a categoria fundamental na ordem prática não a temos no homem-sujeito-indivíduo, mas na *pessoa*, no homem pessoa e com todas as implicações da sua imediata referência ético-comunitária, de realização e de responsabilidade. Pelo que, e já por aqui, se terá de concluir que o vínculo social não pode fazer *tabula rasa* de outros vínculos humanamente pressupostos, no postulado de um vazio aberto ao incondicional alvedrio da vontade política, ainda que por mais de uma vez na história, e sempre tragicamente e em vão, assim se pensasse e tentasse na acção. E o que se diz e conclui quanto ao pressuposto antropológico, mais claramente se dirá e reconhecerá relativamente ao pressuposto político do contratualismo.

Bem se sabe que este mais não foi do que um ficcionado *tropos* argumentativo num *als ob* legitimante e para preservar o *prius* da liberdade no encontro social. Neste encontro nada seria admissível que a liberdade não postulasse e validasse, e para a garantir – como sobretudo nas suas reconstituições actuais se faz bem nítido (penso especialmente em Rawls e em Habermas). Só que legitimante argumentação em que se reconhecerão dois *deficits* – de validade e de possibilidade. O primeiro revela-se, paradoxalmente, naquilo que a invocação contratualista oculta. Pois para a sua força persuasiva mobiliza sempre, seja ou não explicitamente, pressupostos normativos praticamente fundamentantes e discursivamente assimilados pela intencionalidade da argumentação, e que unicamente lhe permitem ser retoricamente convincente. Com a excepção porventura de Espinosa – que no seu *Tratado Teológico-político*, Cap. XVI, a justificar o pacto fundador do Estado não via senão a crassa segurança e a astúcia da utilidade –, foi assim *inclusive* em Hobbes, que distinguindo *ius* e *lex*, direito e lei, não deixou de identificar aquele com o *ius naturale*, as dezanove "leis fundamentais da natureza", as quais, posto que só de índole moral, não deixavam de ser o padrão regulativo das "leis" do Estado e que este devia ter presente, já que "a lei da natureza e a lei civil se contêm uma na outra e são de igual extensão", e "a lei da natureza é uma parte da lei civil em todos os Estados do mundo" (*Leviathan*, caps. XIV, XV, XXVI); claramente também em Locke, para quem o "estado de natureza" era já pleno de referências ético-práticas e expressamente sublinhava que "as obrigações da lei natural não cessam na sociedade..." e que "a lei natural permanece como regra eterna de todos os homens, sem exceptuar os legisladores" (*Segundo Tratado...*, 135); assim como o "*Contrat Social*" de Rousseau não pode entender-se no seu verdadeiro sentido sem ter presente a sua ética, que se afirmaria na "voz puramente inteligível da razão", mostra-no-lo concludentemente Bertrand de Jouvenel e que por isso pôde afirmar que "se a vontade de todos é um facto político, a *Volonté Générale* é um fenómeno moral"; e não ecoa e fortemente isto mesmo em Kant (não se desconhece, aliás, a influência de Rousseau na sua filosofia prática) e poder-se-á compreender o seu contratualismo sem a pressuposição da ética personalista também da sua filosofia prática e pela qual o próprio "contrato social" se impõe como dever – como aliás também em Hobbes? Pelo que o acordo contratual e fundador só obtém sentido, e se sustenta, de um regulativo normativo que, como originariamente pressuposto, devia excluir. Isto no "contrato social" como em qualquer outro contrato, que nunca será originariamente fundador e sempre normativamente fundado: o acordo não será vinculante sem um fundamento normativo que lhe confira validade – a vontade só como vontade não vincula, na sua pura contingência, é facto, não norma. *Deficit* de possibilidade também, já que o procedimentalismo a que teria de dar lugar ou que será necessariamente o seu esquema prescritivo (veja-se em Rawls e mais marcadamente ainda em Habermas) – enquanto condição implicada pela postulada ausência de pressupostos-fundamentos e de prévias determinações, mas sem renúncia à obtenção de conteúdos e soluções racionais ou sem arbítrio – não pode actuar afinal sem fundamentais pressuposições axiológicas e prático-materais que igualmente deveria excluir, e que não exclui e antes contraditoraimente refere porque de outro modo, ou na sua pretensa pureza procedimental nunca seria viável, (v. o nosso ensaio *A crise actual da Filosofia...*, 69,ss.)[2]. *Deficits* esses, um e outro, que são sobretudo o resultado de um erro capital, o de pensar a sociabilidade fora da história, como se os homens pudessem decidir *ex nihilo*, e por vontade absoluta, da sua existência e dos seus fundamentais vínculos sociais. Utopismo generoso decerto, mas muito simplificador – e não teria de o ser, pelo seu muito particular objectivo prático? É nobre este fracasso de Prometeu, reconheçamo-lo, a desafiar todos os deuses e a realidade, posto que as suas tentativas reconhecíveis só têm resultado em cruel violência.

Assim se conclui globalmente que os pressupostos capitais do legalismo são o que há de mais problemático e que por essa sua problematicidade, que vemos hoje sempre acentuada, o resultado é ficar o legalismo sem pressupostos que verdadeira e inequivocamente o justifiquem, justifiquem a sua originalidade e a sua exclusividade: a

---

[2] A confirmar de algum modo o que aí concluímos, podíamos invocar esta observação de H. Ahrens, *apud* Ettore A. Albertoni, *Pacto*, in Enciclopédia Einaudi, 14, 37: "o contrato como tal não pode (...) ser a origem ou o princípio de um direito. As pessoas contratantes têm, pelo contrário, de começar por examinar individualmente e em comum aquilo que é recto ou justo, e o resultado deste exame comum é depois consignado sob a forma de contrato"

lei, moderno-iluminista, não logra afinal constituir uma normatividade que só nela e autonomamente se funda – o direito não se impõe na lei de todo *ex novo*, a lei apenas pode concorrer com o seu contributo para a manifestação do direito porque se insere num mundo prático e de pressuposta normatividade que é o seu regulativo, ainda quando a não totalmente determine. E ignorar isto é suspender a lei, e o consequente legalismo, num vazio em que não se sustenta e só se ilegitima. A menos que – e este ponto é fundamental e acaba por ser decisivo, como se verá – se invoque uma auto-fundamentação racional, uma auto-fundamentação como a dos axiomas numa qualquer axiomática. Só que então a problemática repõe-se, ainda que outra: a problemática que se exprime na paradoxia de uma também qualquer auto-fundamentação, e a racionalidade originária que assim se pretenderá atribuir à legalidade revela-se afinal auto-contraditória (como igualmente em qualquer axiomática – Gödel *dixit*). O que não seria porventura suficiente, admita-se – as ideias adquiridas sobrevivem geralmente no sentido dogmático com que entretanto se assumem –, para manifestar a profunda crise que é efectivamente a sua situação e com que concorre para a crise actual do direito. Só que há que acrescentar, como dissemos, a subversão do seu sentido originário e ainda, e mais gravemente, a erosão evolutiva da sua proposta expressão da juridicidade.

2) Antes de vermos, todavia, essas subversão e erosão, não deixemos de considerar os equívocos que atrás dissemos irem latentes na pretensão capital – por ela afinal o paradigma adquiria a sua originalidade – de ver na lei, moderno-iluminista, a solução jurídica para o problema político, solução essa que com a lei antes de mais então se visava. Esses equívocos eram três. Um primeiro podemos dizê-lo como que o *pecado original* dessa concepção ou paradigma – o direito foi imputado materialmente à dimensão política, com a redução da dimensão jurídica a uma racionalidade normativamente formal (o direito seria só forma, forma normativa) e então a lei autonomizava-se juridicamente, mas para assumir uma teleologia não jurídica, pelo que o sentido de autonomia referido à forma era negado pelo sentido materialmente dependente do conteúdo. Um segundo equívoco vêmo-lo no *paradoxo* já daí resultante – visando-se afirmar na lei a dimensão jurídica, na sua autonomia e importância capital

perante as outras dimensões do Estado, mas com uma sua juridicidade que ia compreendida, apenas e no fundo, numa intencionalidade política normativamente racionalizada, determinava isso afinal a negação *in nuce* da autonomia do sentido do direito no próprio projecto (político) da sua afirmação. O terceiro equívoco traduzia-se numa *ambiguidade fundamental*, já que, se o político e o jurídico se afirmavam discursivamente diferentes, não deixavam de ir material e realmente confundidos, e uma tal ambiguidade tornou-se particularmente grave nas expressões mais importantes do paradigma, que eram as constituições, relativamente às quais, com serem na verdade tão-só *estatutos jurídicos do político*, sempre se teria de perguntar se o prioritário e decisivo era a dimensão jurídica ou a dimensão política, em termos de uma tal ambiguidade não nos parecer estanha à crise actual do constitucionalismo, às dúvidas quanto ao valor de última referência jurídica a atribuir à constituição e à sua indiscutibilidade normativa.

3) Abstraia-se, no entanto, de tudo isto, se assim se quiser. Do que se não pode abstrair, porque seria recusar o fundamental, é da subversão do sentido originário da lei, de que afinal tudo dependeria. Esse sentido ia nas características capitais que ela deveria manifestar para que pudesse oferecer a pretendida solução jurídica para o problema político – distinguindo-se o direito do político, a juridicidade do compromisso político –, as características, portanto, da lei moderno-iluminista. Falamos da sua *universalidade*, do seu *carácter formal*, da sua *validade racional*, do seu *a priori normativo*.[3] Características através das quais, e enquanto as manifestava, a lei seria *norma jurídica*, a expressão primeira e categorial da normatividade jurídica, não simples imperativo político ou mera regra convencional. Ora tudo isto é hoje insustentável – nenhuma lei se reconhece já nestas características e as cumpre.

---

[3] Omitimos a nota ainda de "permanência", nota essa que hoje nos faz sorrir, mas que não deixava de ser expressamente referida, p. ex., por Locke, *Segundo Tratado...*, §§ 136, 137 – e que outros vêem implicada na "abstracção", v. Zagrebelsky, *Il Diritto Mite*, 32ss. – e ia, na verdade, na coerência do sentido de lei que estamos a considerar, pois só assim se subtrairia ela à contingência político-social e asseguraria do mesmo modo a sua autonomia jurídica perante o político.

A universalidade seria a própria essência da lei enquanto a expressão racional da "vontade geral", e num duplo sentido. Por um lado, a universalidade da intencionalidade racional: não seriam as leis senão "*des actes de la volonté générale*", da "*volonté générale*" e não da "*volonté de tous*", e assim não só com a universalidade racional que ia implicada naquela vontade e não nesta (vontades que justamente de distinguiriam por ter a primeira uma índole racional e a segunda uma índole empírica), como nas leis "*tout le peuple statue sur tout le peuple*" – dizia-o expressamente Rousseau ao definir o conceito de lei que a concepção ou paradigma em causa assimilaria. E não menos claramente em Kant, ao dizer as leis a expressão normativa de uma "vontade pura" ou a determinarem-se pelo "pensamento *a priori* de uma legislação universal possível", tal como o direito, que elas actuariam, se haveria de afirmar "*nach einer algemeinen Gesetz der Freiheit*" (segundo uma lei geral da liberdade). Por outro lado, a universalidade da generalidade, e pela qual aquela se cumpria em referência aos destinatários das leis e lhes asseguraria assim uma igualdade jurídica – igualdade em que terá mesmo de ver-se uma das principais motivações para a lei moderno-iluminista (v. o nosso ensaio, *A imagem do homem no universo prático*, in Digesta I, 329,ss.) Ora, o que temos hoje, bem ao contrário da exigida expressão desta universalidade, nesses dois sentidos e enquanto a nota primeira da sua juridicidade, são leis como prescrições de particulares e mesmo partidárias forças políticas e de governo e também com objectivos políticos particulares. Leis que se não pode pensar imputar, mesmo em termos de ficção redutiva, à vontade geral ou sequer ao comum de todos, de todo o povo para todo o povo. E precisamente quando assim acontecesse – previu-o Rousseau –, quando a vontade fosse "*seulement d'une partie*" e não de todo o "*corps du peuple*" não estaríamos perante uma lei, mas perante uma simples "*volonté particulière*", "*un décret tout au plus*". E leis também longe de serem sempre impostas genérica ou igualmente a todos, dada a contínua diferenciação dos destinatários, exigida umas vezes pelas políticas sociais, lograda outras vezes pela força dos *lobbies* e posto tendam a justificá-la todos os actuais neocorpoativismos. Sem a essencial universalidade regressamos a Hobbes e as leis não passam de actos do poder, do poder estadual soberano, se quisermos – o mesmo é dizer que nada essencialmente as distingue de quaisquer outros actos políticos.

Na mesma linha, verdadeiramente correlativo à universalidade, impunha-se o carácter formal – a juridicidade moderna, acentuava-o justamente Max Weber, seria de índole formal. Já que a universalidade, no sentido referido, exigia a abstracção de fins particulares e excluía compromissos variáveis, fins e compromissos que competiriam apenas à liberdade dos sujeitos destinatários como interessados concretos, pelo que as leis, se haveriam de ser as condições jurídicas da acção ao definir-lhe os parâmetros da licitude, deviam também descomprometer-se com as sempre distintas teleologias materiais que considerariam simplesmente fungíveis, numa estrutural indiferença à problematicidade e historicidade concretas. O direito nas leis e nestes termos era "estrutura" e não "função" – com o significado da distinção entre estas categorias sublinhado, p. ex., por Bobbio[4]. Só que bem se sabe que as leis, do mesmo modo que passaram a ser prescrições de certas e partidárias forças políticas, foram mobilizadas para definir e realizar a programação da acção político-social – de estrito estatuto jurídico passaram a instrumento político ("governa-se com as leis") – numa neomaterialização a que adiante se aludirá, posto que igualmente essa já hoje falhada, ao falhar a capacidade regulatória que com aquela programação se tentou.

E quanto à validade racional, as coisas não foram menos evidentes, se não mesmo agravadas. Excluída pelo legalismo uma pressuponente validade material que sustentasse a normatividade das leis, a validade destas – validade jurídica, que não legitimidade política – só podia assumir-se numa autofundamentação, a que atrás nos referimos – a razão só por si e nos seus exclusivos limites é sempre o que se propõe – e haveria de traduzir-se na auto-racionalidade e sistemática coerência dogmática que se pensasse subsistente e se construísse para além da contingência das fontes do direito positivo. O direito das leis seria um auto-subsistente sistema dogmático e na racionalidade desse

[4] Paradigmático desta formal-estrutural perspectivação do direito-lei, todos sabemos tê-lo sido Kelsen com a sua *Reine Rechtslehre*. E um exemplo significativo, entre nós, da mesma imputação de uma índole apenas estrutural à juridicidade, podemos vê-lo, no sentido com que Manuel Andrade pensava o conceito de "direito sujectivo", em referência ao "interesse", na sua *Teoria Geral da Relação Jurídica*, vol. I, págs. 7,s.: o interesse, aí se afirmava, "não diz respeito à sua *estrtutura*, mas só à sua *função*. Não tem que entrar, portanto, na definição do respectivo conceito".

sistema garantiria *inclusive* a sua autonomia jurídica. A paradoxia da autofundamentação já a aludimos. E baste-nos agora com observar que o fenómeno da "positivação", radical positivação que cedo se verificou, não só manifestou a sua incompatibilidade com essa validade racional de uma auto-subsistência dogmática, como do mesmo passo tornou impossível uma tal validade. A positivação de que especificamente falamos não se confunde com a *positividade* jurídica em geral – esta é uma categoria da existência do direito (afirma o modo de ser do direito), aquela é uma categoria da normatividade jurídica (refere um certo sentido e um determinado modo da constituição da normatividade jurídica). Considerar a positividade do direito é reconhecer que ele só existe como direito positivo – ou que só o direito positivo é direito –, já que apenas é direito *qua tale* a normatividade jurídica vigente, enquanto que pela positivação se considera que o direito só vê constituída a sua normatividade através de uma decisão impositiva – o direito será posto (im-posto) por uma decisão prescritiva e apenas nessa decisão terá a origem e o fundamento da sua existência. "Designa-se como positivo, enuncia neste sentido N. Luhmann, o direito que foi posto e vale por força de uma decisão". Pelo que a positivação do direito verdadeiramente significa "decisibilidade" e "alterabilidade" – "o direito vale positivamente se a sua decisibilidade e com isto a sua alterabilidade se tornar actualidade permanente e como tal for admitida" (Luhmann). E tanto mais radicalmente quanto maior for a formal contingência decisória que se aceite na prescritiva manifestação das leis, quanto mais estas provenham de um poder político que continuamente e fragmentariamente as prescreve, sem peias e sem coerência, em completa cedência às solicitações de oportunidade político-sociais também continuamente variáveis e que apenas procuram justificação nos efeitos visados, ou uma legitimação pelos efeitos. É então que Hobbes volta a triunfar plenamente – *auctoritas, non veritas facit legem* – e perde todo o sentido a ideia de uma validade racional, jurídico-normativamente racional, que perante o direito positivo legal se queira invocar. Não que esse direito positivo legal se haja de dizer irracional, mas tratar-se-á de uma outra racionalidade, entra simplesmente em jogo a razão dos projectos e do consequencialismo políticos. A racionalidade converte-se em estratégia e o direito passa a ser apenas política – à tentativa moderno-iluminista de reduzir o político ao jurídico, substitui-se a instrumentalização do jurídico pelo político. E quem pode negar que esta é uma situação actualmente reconhecível – apesar do que por diversos modos se lhe pretende contrapor, e que não deixaremos de convocar –, situação em que o sentido da lei como solução jurídica para o problema político de todo se subverte, já que o terreno foi totalmente ocupado pelo política?

Por último, será ainda a lei o *a priori* normativo da prática social? Decerto que as leis continuam a prescrever-se para o serem, mas se o que afinal as determina são os compromissos político-sociais e as suas consequencionais teleologias, as leis mais não são do que funções desses mesmos compromissos e teleologias, nos quais se terão verdadeiramente de ver os critérios da prescrição legal, deixando assim esta de ser norma da acção (acção político-social) para ser efeito dela – solução regressivamente imposta pela teleologia político-social concreta, não validade para ela. E se aparentemente a sua forma e o seu tempo são ainda o da antecipação normativa, a sua lógica é a da funcionalidade do sistema político em se insere e está por inteiro ao seu serviço – aquela antecipação é simplesmente discursiva, não de verdadeiro *prius* normativo.

4) Confirmada está, pois, a subversão do sentido do sentido primeiro e fundamental da lei moderno-iluminista. que justificava o legalismo. Mas o mais grave verificou-se ainda na erosão evolutiva que esse sentido veio a sofrer – e em que de todo se explicita muito do que implicitamente foi considerado. Evolutiva erosão que foi sobretudo a resultante da pressão do *in put* societariamente contextual sobre a juridicidade. E que só foi possível porque esta, tendo excluído, como vimos, nos seus valores jurídicos puramente formais qualquer intencionalidade normativamente material, oferecia um vazio que não podia resistir às solicitações que de fora lhe viessem, e vieram elas efectivamente em catadupa. Num primeiro momento foi a euforia da neomaterialização do direito – o direito voltava a uma intencionalidade material, só que não de índole axiológico-normativa especificamente jurídica e em que a autonomia material do direito se afirmasse, mas de uma índole político-social, e já antes aludida. O que se traduziu pura e simplesmente na socialização e instrumentalização do direito – ou, numa só e mais rigorosa palavra, o direito assumiu o *funcionalismo*, o funcionalismo jurídico.

O que deverá, todavia, entender-se no seu exacto significado. Nesse funcionalismo estamos para além e numa radicalização do primeiro *finalismo*, aquele que fomentado por Ihering (*Zweck im Recht*) seria assimilado, embora com alterações significativas, pela *Interessenjurisprudenz*, pois que esse finalismo, passando é certo a orientar-se já por determinações sociais nas suas dimensões sociológicas, não deixaria, num particular equilíbrio, de "interiorizar", digamo-lo assim, o social no jurídico numa como que neutralização jurídica daquele pela sua assimilação nos quadros jurídicos tradicionais (a tanto se propôs a distinção capital entre *Gebotseite* e *Interessenseite*) e onde a dimensão social do "interesse", dos interesses, se convertia numa simples coordenada hermenêutica. Enquanto que no funcionalismo de socializada instrumentalização são os quadros jurídicos tradicionais que são ultrapassados, verdadeiramente excluídos, numa predominância funcional dos compromissos e objectivos político-sociais, para os quais o direito e as leis seriam um mero instrumento de regulatória programação e realização.

Sabe-se como isto começou. Pelo bem conhecido e generalizado compromisso político-social que o Estado assumiu, de que fez o principal objectivo da sua acção, e pelo qual se justificaria a sua qualificação de Estado social. O Estado vê-se então chamado, para além da função simplesmente de definição e tutela de direitos e da garantia do funcionamento pacífico da ordem jurídica, à tarefa de conformação da própria estrutura da ordem social mediante a intervenção política nas situações e processos económico-sociais. E um dos meios que para tanto mobilizou foi decerto a legislação – se esta era da sua exclusiva titularidade, o Estado não hesitou em dispor dela. Pelo que a lei deixou de se esgotar nas funções normativas já de garantia dos direitos, de critério de igualdade e factor da segurança jurídica, já de quadro e limite dos poderes – funções, bem se sabe, da legalidade moderno-iluminista e que estiveram na origem do Estado-de-Direito – e tornou-se instrumento da própria acção política. Ou seja, já o dissemos, o Estado passou a governar com as leis. E funcionalizada assim político-socialmente, não tardou que a lei assumisse outros tipos prescritivos bem diferentes do que manifestaria as características atrás referidas à lei como "norma jurídica" – assim as "leis-plano", as "leis-providência", etc. Quer dizer, as leis, como legislação, ficaram disponíveis para todos os tipos prescritivos que aquela funcionalidade exigisse. E isto sem esquecer ainda os fenómenos regulatórios em que a lei é substituída e ultrapassada pelo que se designa "a concreta legislatividade da organização" (Zagrebelsky), ou seja a constituição autónoma de regras pelas próprias organizações públicas em ordem à sua eficiência. E quanto ao direito em geral as consequências não seriam menos claras: tornado expediente de uma teleologia que lhe é heterónoma, vê-se submetido a um funcionalismo que lhe subtrai valores e fins próprios e lhe impõe uma índole tão-só programático-regulamentar. As leis como que passam a ser todas "*lois régulamentaires*" (Ripert): não intencionando fundamentos e alheias da preocupação com juízos normativos autónomos, os resultados não podiam ser senão os que verificaram, os de uma ilimitada instrumentalização em que o direito perde o seu sentido próprio e se avilta a consciência jurídica, na sua necessária distância de normativa e crítica validade.

O que, e dito assim muito em geral, só seria o começo do que viria depois. Já que deste modo se abriu a porta, pelos seus pressupostos e nas suas consequências, aos funcionalismos de todos os tipos, em que a materialização política e político-social do direito seria acabada. Falamos desde logo do funcionalismo político e do funcionalismo social em sentido estrito, e neste já do tecnológico, já do económico. O explicitante desenvolvimento de todos estes funcionalismos fizemo-lo, e por mais de uma vez, noutras circunstâncias, pelo que aqui só enunciaremos a conclusão a que então pudemos chegar. E que foi esta: submetido a uma radical intrumentalização, o que vemos é ser o direito afinal puramente política ou uma jurídico-política no funcionalismo político, simplesmente uma jurídico-tecnologia sociológica ou jurídico-administração social no funcionalismo social tecnológico, não mais do que uma jurídico-economia no fincionalismo social económico, etc. O direito dissolve-se nas teleologias e compromissos heterónomos que assimila e a que se funcionaliza. O que no limite será justamente a base para as *alternativas ao direito*, as alternativas dele superadoras, que iremos reconhecer.

E sem que se possa ficar por aqui – uma outra consequência, e muito significativa, se terá de assinalar. Nada menos do que esta: o que pudemos ver como um resultado, logo se volveu mesmo em tese teórica que parte do pensamento jurídico passou enfaticamente a proclamar. A tese do declínio e mesmo negação da autonomia do direito – "*the decline of law as an autonomous discipline*", para o dizermos com Richard Posner, um dos mais expressos adeptos dessa tese. E para sustentar especificamente que o direito deveria encontrar o seu sentido ou, talvez melhor, o seu ponto decisivo de referência fora dele. Para compreender o direito (*law*) teríamos de procurar auxílio em disciplinas diferentes do próprio direito, pois havendo de reconhecê-lo como um "deliberado instrumento do contrôle social" teríamos de ir para além dele na procura do conhecimento dos seus factores determinantes na sociedade, já que só assim ficaríamos aptos a compreendê-lo, a criticá-lo e a criá-lo. Daí também que a Teoria do Direito houvesse igualmente de ser um estudo dele "*from the outside*" E conhecem-se propostas de orientações em obediência a esses objectivos. Referirei apenas três. Uma também de Posner, a proposta jurídico-teórica de um *pragmatismo jurídico* apoiado pluridisciplinarmente – em que o direito e o pensamento jurídico deveriam constituir-se e pensar-se numa perspectiva de "*good for*" com auxílio de todas as ciências sociais, a economia, a ciência política, a estatística, além da filosofia e a ética, etc. O direito, pois, como um social e funcional instrumento de contrôle pragmaticamente orientado. Diferente, mas afim neste último sentido, será a convocação de um "*direito responsivo*", de superação dos anteriores modelos de "direito repressivo" e de "direito autónomo", em que se recuperasse a "soberania da finalidade" com a consideração dos resultados, através da assumida relevância dos factores sociais numa explícita politização do direito (Philip Selznick/ Philippe Nonet, *Law and Society in Transition*, 1978) e bem assim o modelo que Teubner designa de "*colisão dos discursos*", que considera a solução futura e se traduziria na jurisdicização-assimilação das externalidades sociais ao direito, na juridicização dos fenómenos morais, económicos, políticos, mas sem anular a especificidade desses "discursos" no discurso jurídico. Numa palavra global, a político-social materialização do direito seria a solução necessária. E então, já não teria sentido o objectivo moderno-iluminista de procurar uma solução jurídica para o problema político – a solução optimista da lei, da legalidade, com a sua universalidade, a sua índole formal, a sua validade racional, o seu *a priori* normativo –, antes para o problema político a solução seria hoje também política, posto que com funcional auxílio instrumental do direito. E com isso o paradigma moderno-iluminista do direito não estaria apenas evolutivamente superado, pura e simplesmente desapareceu.

E todavia não temos aqui o último estádio evolutivo – um outro se seguiu ainda, ou que com este concorre, e é vivido actualmente num grande empenho reflexivo e sob múltiplas perspectivas em contraponto, pode dizer-se, a uma também enorme perplexidade. Com o que, e perante o que acaba de convocar-se, estaremos como que num outro e novo *recorsus*. Justamente porque se trata agora do que exactamente se dirá uma desmaterialização do direito a opor àquela sua anterior neomaterialização funcional. Aliás, com duas diferenciáveis direcções. Por uma lado, tem-se presente a crise do Estado-providência e, recusando os radicalismos funcionalistas anteriores, pretende-se preservar um papel específico ao direito, só que papel específico esse que seja compatível e adequado ao actual mundo social complexo, em que se reconhecem diversos sistemas sociais autónomos, de uma particular e irredutível autopoiésis, e que por isso mesmo frustram a directa intencionalidade regulatória aos tradicionais modelos normativos do direito – a *regulatory failure* –, e justificaria a procura de um direito pós-instrumental ou de modelos jurídicos pós-instrumentais. Por outro lado, assumindo-se uma forte e plurifacetada atitude crítica e desconstrutivista relativamente ao projecto e às diversas "narrativas" da modernidade, na recusa de quaisquer pretensas unidades, de quaisquer racionalidades totalizantes e integradoras, e na proclamação de diferenças irreconciliáveis, visa-se uma expressamente autodesignada "*jurisprudência pós-moderna*" em que todos os pluralismos, todas as possibilidades divergentes, toda a complexidade, a própria incerteza, haveriam de ter lugar numa juridicidade dinamicamente aberta e irredutora – e tudo porque viveríamos hoje num mundo humano radicalmente outro e que se haveria de reconhecer verdadeiramente sem *logos* (recorde-se o actual e enfático repúdio do que seria o tradicional logocentrismo), sem *nomos* (que só a inaceitável pressuposição de uma normativa validade indisponível sustentaria) e sem *telos* (as teleologias, quando ainda tivesse sentido invocá-las, seriam tão-só e sempre resultado contingente e indeterminado da aberta, variável e livre autopoiésis). Terá tido razão Nietzsche no seu diagnóstico e será, na verdade, o niilismo a nossa realidade e o nosso destino?

Aquela primeira linha não deixa de conhecer, é certo, um contraponto na tentativa de retomar reforçada a funcionalização sócio-material do direito, numa como que fuga para a frente, que levasse ao seu último acabamento a sociedade pós-industrial, sociedade agora informatizada e cibernética, e em que se mantivessem igualmente os objectivos do Estado-providência, mas corrigindo o que lhe tem impedido uma lograda eficiência. E porque se entende assim que a decisiva questão que se haveria de considerar é a "questão da eficiência", propõe-se uma "*impletation theorie*" que pudesse reorientar a "*public policy*" mediante uma mais forte mobilização de recursos cognitivos, de organização e de poder (v., para uma consideração geral, Renate Mayntz, Hrsg., *Implementation Politischer Programe, Ansatze sur Theoriebildung*, 1983) que tivesse tradução na programação e regulamentação jurídicas. Só que o verdadeiro problema não estaria efectivamente aí e sim na profunda mutação das sociedades do nosso tempo no sentido de uma alta complexidade e de pluri-estruturas de teleologias e de organização autónomas que resistem a uma unitária e pré-determinada regulação. Pelo que a situação que começámos por referir em nada se alterou, se é que não tende continuamente a agravar-se, e do mesmo modo persistiria a intenção e a justificação de um direito e de modelos jurídicos pós-instrumentais. Abundam as propostas nesse sentido. Aludirei apenas a algumas. Tanto uma "*reformalização*" do direito que, na coerência do neoliberalismo, regressasse às normas gerais e abstractas enquanto condições de garantia da acção autónoma por que se exercesse a liberdade – proposta a que voltaremos, na consideração dos novos projectos de autonomia do direito – como, numa perspectiva diferente e de maior cedência à actual situação social, um direito autoconstituído ou de auto-regulação pelas instituições ou associações socialmente diferenciadas, e que seria a expressão de um "neocorporativismo" e a traduzir-se no "pluralismo das fontes" do direito; tanto as atitudes de retracção e mesmo juridicamente negativas de "deslegalização", de "descriminalização", de "desjurisdicionalização" (na procura de formas não judiciais de resolução de conflitos), etc., como a horizontalidade de um direito (i. é, a definição de regras) de imediata e espontânea expressão social, resultante de contínuas acções concertadas, de transacções e precários acordos segundo o lema *each with each* ou provindo de uma espécie de *forum* de aberta negociação social (a "contratualização das leis" e do direito) – no fundo, o "*direito social*" de que nos fala e propõe François Ewald; tanto um "*diritto mite*", um direito dúctil e de flexível adaptação, como a redução da juridicidade ao procedimentalismo apenas, numa sua reprocedimentalização, e sobretudo, na mesma linha, a aceitação de um simplesmente "*direito reflexivo*", preocupado tão-só com as "constituições externas" dos diversos subsistemas sociais e enquanto mecanismo que, na renúncia a imposição de soluções normativas prévias, apenas condicionasse o modo de autonomamente as obter numa contínua e autopoiética reflexividade, e do mesmo modo numa aprendizagem atenta às externalidades e aos resultados. Etc.

Já na outra e segunda linha referida, em que o terreno se transformou num pântano – as breves alusões que já fizemos a essa linha permite bem a metáfora –, e não tendo paciência para tentar pé no que se compraz em excluí-lo, limitar-nos-emos a invocar uma posição exemplar nesse sentido. Falamos da que é titulada por Karl-Heinz Ladeur. Considerando que a solução não estaria já em qualquer autonomia e clausura autopoiéticas, como as convocadas pelo funcionalismo sistémico, pois não se poderia pensar mais em reduzir apenas a complexidade, e se trataria antes em constituir um novo modelo susceptível de corresponder e de assimilar, sem simplificações e em termos não lineares, a pluralidade de perspectivas, a multiplicidade das possibilidades e de formas-de-vida caraterizadoras da nossa actual realidade social e do nosso tempo, implicaria tudo isso a aceitação de uma "*legal culture of incertainty*", um modelo de juridicidade de índole experimental, com uma flexividade e um proceedimentalismo não linear, mas aberto e dissipativo. E dito isto, prescindimos de pormenorizar esse modelo, nos seu momentos, nos diversos níveis de actuação, na sua dialéctica global, etc. O que vai dito é suficiente para o que agora nos importa

Tudo o que e numa palavra final, mais do que a saudar como a fulgurância de uma riqueza, verdadeiramente se oferece como o caos do desfazer da feira – em que a chegada de um fim se reconhece e a exigência de um novo começo se exige. Em que a *crise* é uma evidência e a *crítica* o imperativo. O mesmo é dizer, numa maior aproximação ao nosso particular objectivo, que se o direito terá futuro e que futuro só a crítica o poderá dizer.

II.

Crítica que se poderá dizer referida a três orientações fundamentais. Numa primeira orientação, ainda que segundo também duas perspectivas, a crítica é explícita; em duas outras orientações, a formarem um segundo grupo, vê-mo-la só implícita; e a terceira é a que nos atrevemos nós a propor – enquanto a critica reconstrutiva do sentido do direito, que pensamos ser a sobretudo hoje exigida.

1. Uma primeira orientação fundamental é a que, perante o panorama de mutação e de erosão do sentido do direito (ou de um certo sentido do direito) de que nos demos conta, se traduz na tentativa, não obstante ou por isso mesmo, de recuperação da sua *autonomia* – a autonomia do direito, posto que radicalmente *formal* ou numa renúncia normativo-intencional, já ética, já axiológica, e que a faz afinal não menos radicalmente insustentável – e também segundo duas linhas contrárias, uma comprometidamente política, outra analiticamente sociológica.. Por um lado, o *neolegalismo*, que expressamente sustenta a "tese da autonomia" (cfr. Kurt Seelmann, *Rechtsphilosophie*, 1994) convocando para tanto argumentos específicos que se têm por actuais e concludentes – mas solução (solução-crítica) que verdadeiramente se sustenta na *abstracção* de tudo o que antes pudemos reconhecer como a evolutiva realidade problemática, e que por isso não podemos deixar de dizer que apenas exprime um regressivo antes da história. Por outro lado, o *funcionalismo jurídico sistémico*, que referindo a clausura auto-referente e a autopoiésis sistémica com que o direito hoje, nas realidade cultural e social do nosso tempo, deveria ser considerado, quer ver no direito um *sistema autónomo* – ou melhor, um social *subsistema autónomo* –, a diferenciar de outros subsistemas também autónomos na global ou englobante realidade social, a cultura, a ciência, a política, a economia, etc. É agora a solução (a solução-crítica) resultante da *neutralização* de todos os referentes materiais na sua irredutível complexidade mediante uma simplesmente estrutural compossibilidade dinâmica, e que, contrariamente à solução anterior, estaria no fim da história ou traduziria como que um pós-história.

a) Pelo neolegalismo actual o direito volta a identificar-se com a lei, mas em termos bem mais radicais do que aqueles que correspondiam ao sentido originário do paradigma moderno-iluminista – posto que de conclusão aparentemente idêntica. Recorde-se, para além dos pressupostos que foram referidos e do objectivo capital que determinava esse paradigma, que na lei se intencionava um sentido constituído pelos quatro momentos convocados – a universalidade, no seu duplo significado, a índole formal, a validade racional e o *a priori* normativo, ou seja, e numa intencionalidade global e unitária, uma certa racionalidade normativa que sustentaria a legalidade na sua juridicidade e que, com isso e simultaneamente, garantiria uma particular autonomia do direito relativamente à política Ora, tudo isso se acaba por abandonar para ver no direito, e na sua juridicidade, apenas um sistema, se não apenas o acervo, de prescrições legais provindas de um poder legislativo democraticamente legítimo. Ou seja, a politicidade do direito-lei que como que se suspendia pela mediação, ou na mediação, daquela racionalidade jurídica (que não deixava de converter-se numa específica racionalidade dogmática) é directamente assumida sem estações intermédias ou autonomizantes e o direito-lei torna-se um *facto político*, um facto pura e exclusivamente político. E todavia, perante esta realidade sustenta-se, paradoxalmente, a "tese da autonomia" do direito, do direito em expressão legal, com fundamento em argumentos particulares e para obter dela um específico factor juridicamente legitimante, não obstante aquela inegável índole política. São esses argumentos (v.,de novo, K. Seelmann, ob. cit., 194, ss.), o *argumento da liberdade* (a lei, sem pressupostas referências materiais e sem compromissos axiológicos e igualmente com renúncia a qualquer projecto ético, e assim com carácter só formal, não devia propor-se senão definir as condições exteriores da convivência social e desse modo garantir a liberdade, liberdade negativa, dos destinatários), o *argumento da segurança jurídica* (só a lei, na sua estrita objectividade formal e não as intenções materiais pressupostas, sempre indeterminadas e discutíveis, a poderia garantir), o *argumento do pluralismo* (renunciando intencionalmente àqueles pressupostos, compromissos e projectos, a lei não tomava partido e conciliava-se assim com todas as opções ético-culturais, ideológicas e sociais) e o *argumento da democracia* (a lei, com ser aquele facto político, seria já por isso a expressão de uma decisão democrática).

O que todavia, reconheça-se, é inconcludente, em todos os seus planos e intenções, para sustentar a tentativa de uma crítica restauração do sentido do direito pela recuperação de uma sua específica autonomia. É desde logo insustentável a concepção do direito que aqui vai implícita – a sua concepção simplesmente segundo um imperativismo decisório, já que, na exclusão de toda a pressuposição normativa, o direito não poderia ser senão o acervo de regras impostas por um certo poder actuante de certo modo. E falamos de o direito, não obstante resultar ele aqui de um facto político, porque é efectivamente ao direito enquanto tal que se refere a tese da autonomia. E que é insustentável essa concepção do direito ou que é insustentável pensar o direito como direito nestes termos, já o mostrámos noutra oportunidade(*O Actual problema metodológico da interpretação jurídica*, I, 204ss.): ou persiste-se nessa concepção, referida em toda a sua pureza, e então a juridicidade esvai-se; ou não se renuncia autenticamente à autónoma especificidade da juridicidade, e esta exige que se vá intencional e normativamente para além duma tal concepção. Depois, enquanto facto político, como vimos e por abandono de uma outra e mais exigente racionalidade jurídica, este direito-lei insere-se afinal no funcionalismo político que já atrás encontrámos e com as mesmas consequências dele quanto à redução da juridicidade. O que nem é contrariado pela pretendida índole apenas formal desse direito – a funcionalidade, enquanto contingente instrumentalização intencional, não exclui essa índole ou não tem de ser essencialmente material, como bem se verá dentro de momentos –, nem anulado pela tese da autonomia e justamente porque essa tese, e nos seus exactos termos dos seus argumentos, é também insustentável. Bastam breves palavras para o reconhecermos. Quanto ao argumento da liberdade, trata-se nele afinal de retomar a kantiana universalidade jurídica formal – e vimos como foi ela evolutivamente superada sem remissão. Quanto ao argumento da segurança jurídica, apenas o ingénuo e metodologicamente absurdo literalismo exegético o pretenderá hoje enunciar. No que se refere ao argumento do pluralismo, a sua estrita coerência não só postulará que as leis sejam fórmulas vazias de conteúdo – um seu conteúdo implicará necessariamente opção entre possibilidades diversas – como teria de renunciar ao vínculo normativo e à integração comunitária – que sempre transcenderão e limitarão a estrita alteridade pluralista – e renunciando a tal renuncia-se pura e simplesmente ao direito. Pelo que o pluralismo radical é juridicamente contraditório e acaba por pôr um problema a exigir uma solução para além e mesmo contra ele. Problema com que, por exemplo, Rawls se debateu no seu *Political Liberalism* e procurou resolver com o apelo ao *overlapping consensus*, a exigir uma intencional integração que ficou por esclarecer totalmente e que afinal acaba por remeter ao argumento da democracia – já que será no processo da decisão democrática que a solução haverá de ser encontrada. E para aqui o contributo invocável será o de Habermas, com o seu democrático e comunicativo "princípio do discusrso". Mas então terá aí mesmo de contraditoriamente reconhecer-se que as pressuposições materialmente axiológicas que se deveriam excluir são na verdade pressupostos indispensáveis para a intencionalidade e possibilidade do próprio discurso – além de que vai essa pressuposição sobretudo na ética irrenunciável do discurso (v. o nosso *A Crise actual da filosofia...*, 128ss.). Ou seja, e numa palavra, de autonomia do direito poderá porventura, e veremos que validamente, falar-se, mas não da autonomia referida pela "tese da autonomia" que estamos a considerar. Por último, não é de modo algum exigível que a autonomia do direito haja de ser formal para que seja pensável e viável e que assim um sentido material imputável ao direito haja de traduzir uma referência que lhe seja externa – veremos antes que a autêntica autonomia do direito é de natureza material e que nesse sentido material ele verdadeiramente se diferencia e humanamente se justifica.

Pelo que não temos realmente no neolegalismo a solução crítica por que se anseia como solução de futuro. A sua pretensa solução vem afinal do passado, passado oferecido inclusivamente numa pseudo-recuperação empobrecida e ideologicamente esquecida do tempo entretanto vivido – e ao passado pertence.

b) Só que a esse passado assim, nem sempre reconhecido como tal, contrapõe-se uma radical proposta de concepção de futuro ou, mais rigorosamente e como nela próprio se diz, de inexorável "futuro presente" – pois se ela seria um estádio a que evolutivamente se teria chegado, do mesmo passo nela o futuro iria actualmente assumido, em termos de, mais do que apenas um *pós*, pós-moderno se quisermos, ofereceria um *novum* necessário. Falamos do funcionalismo jurídico sistémico. E onde o que importa sobretudo reconhecer é menos a perspectivação funcionalística, afinal caracterizadora também de outras diferentes concepções, do que a índole sistémica que a juridicidade manifestaria, haveria necessariamente de manifestar por consequência evolutiva, e no sentido muito particular e rigorosamente diferenciado de um novo conceito de "*sistema*" e da correspondente realidade, conceito devido em princípio à actual "teoria geral de sistema" e por último assimilado da biologia, e realidade enquanto a própria expressão das sociedades do nosso tempo. Sistema que nada teria a ver com o entendimento anterior de totalidade unitária de todo e partes ou sequer já com as formas auto-controladas de adaptação cibernética e que antes afirmaria a estrutural clausura auto-referente e auto-poiética dinamizadas, por relações de actos e comunicações de funcional equifinalidade, no sistema, perante um meio (mundo) exterior – e a manifestar desse modo e igualmente uma *autonomia*, a autonomia da auto-constituída e de diferencial identidade do sistema em referência a esse meio ou mundo, posto que simultaneamente em "abertura cognitiva" ao mesmo meio-mundo, do qual viria, não a determinação, mas o estímulo para as operações da sua autónoma auto-poiésis.. E também o direito, ou melhor a juridicidade, se haveria de reconhecer como um sistema dessa índole – um sistema autónomo funcionalmente auto-referente e auto-poiético dinamizado decerto pelos seus "programas" de critérios contingentes, mas diferencialmente constituído pela estrutura invariante do seu "código" ("direito--não direito"), e chamado a reduzir a complexidade social por uma selectiva definição de expectativas programadas no quadro estrutural do código sistemicamente específico. O que se haverá de entender exactamente de modo a que a funcional instrumentalização dos outros funcionalismos materiais, político, tecnológico-social, económico, com as suas teleologias de objectivos estratégicos, de fins ou de interesses, vai aqui neutralizada por uma perspectiva estrita e radicalmente sistémico-funcionalística e assim, não de cariz material, mas unicamente formal e da qual se haveria de dizer, em analogia com os sistemas vivos, que o sistema jurídico é também um "*purposeless system*". Por outras palavras – porque os elementos materiais são considerados numa mera compossibilidade funcionalmente sistémica, o sistema admite-os ou concilia-se com eles neutralizando-os. E tudo isto como inelutável consequência da exponenciada complexidade e irredutível pluralismo das sociedades contemporâneas, já que a vida nelas só seria possível mediante a neutralizante redução dessa complexidade nos termos sistémicos aludidos.

Breves notas estas de um simples chamada de atenção – com outro rigor e desenvolvimento nos ocupámos já do funcionalismo jurídico sistémico num estudo que lhe dedicámos – e para servir agora apenas de base para reconhecermos que estamos perante uma concepção da juridicidade que, embora supostamente pensada à altura dos tempos, consideramos de todo também insustentável. Em primeiro lugar, trata-se de uma *concepção* do direito, e assim a traduzir uma opção quanto ao seu sentido fundamental que as nossas sociedade haveriam de aceitar, e não simplesmente de uma *teoria* também do direito, que como tal se propusesse na verdade, como em geral sustenta, tão-só a determinação, a "descrição", do que ele evolutivamente seja na sua actual efectiva realidade. Penso ter mostrado isso mesmo naquele estudo. Pelo que será também no plano do sentido e não no plano da verificação teórica que se haverá de ajuizar da sua concludência e aceitabilidade. Importando para tanto ter presente, em segundo lugar, que essa concepção se constrói em referência a quatro tópicos principais. Concebido o direito apenas como um mecanismo estrutural e operatório chamado a reduzir a complexidade social, também unicamente nas exigências de subsistência e funcionamento da sociedade teríamos a perspectiva determinante – estamos perante o tópico que se dirá da *radical socialização do direito*. A esse segue-se um segundo tópico, o da não menos *radical positivação do direito*, e a significar, na correlativa recusa de qualquer "externo" *in put* normativo, uma autoconstituição e autovalidação do sistema jurídico que excluiria a referência a qualquer fundamento que lhe fosse transcendente, quer teológico, quer ontológico, quer antropológico, quer histórico-cultural, etc. E daí a paradoxia que, como todo o sistema auto-fundamentado, o sistema jurídico teria de aceitar. Um terceiro tópico têmo-lo na, decerto bem estranha, *radical anormatividade do direito* – o sistema jurídico, ao reduzir a complexidade social pela definição selectiva e sustentação generalizada e coerente de certas expectativas, não ajuizaria com fundamento numa validade nem se imporia, já por isso, normativamente à sociedade, o seu mundo, apenas por aquela redução a condiciona, e assim indirectamente a reorganiza, nas suas possibilidades de acção; se as expectativas seleccionadas, e enquanto expectativas socialmente emergentes, projectam a factualidade social no sistema jurídico, também o sistema jurídico através delas e desse modo se exclui de um *output* normativo na sociedade. O quarto tópico, mais estranho ainda, será o da *radical simetria circular* do sistema – trata-se da ausência de hierarquias ou de relações de supra--infra ordenação entre as fontes e as referências jurídicas entre si em resultado da horizontal recursividade da auto-referência de umas às outras na auto-referente auto-poiésis – da jurisdição à legislação e desta àquela, da jurisdição aos contratos e destes à legislação e à jurisdição, etc.

No nosso estudo já aludido, fizemos uma crítica detida à concepção do direito que aqui temos, organizada por estes tópicos. Não vamos reproduzir aqui essa crítica. Limitar-nos-emos a referir o seu sentido geral e as suas conclusões. Assim, pelo primeiro tópico, haveria de inferir-se que o sistema jurídico nestes termos pensado se revela afinal e paradoxalmente uma entidade *sem direito*. Pois se o direito é inconcebível sem a sua referente polarização nas pessoas, enquanto sujeitos de direito, sujeitos de direitos e sujeitos do próprio direito – o direito só tem sentido pelas pessoas e para as pessoas –, o que a radical socialização da juridicidade implica em último termo é que não são as pessoas os sujeitos e titulares do sistema jurídico, mas será ao contrário o sistema jurídico na sua funcional autonomia social o verdadeiro protagonista da juridicidade, vendo-se as pessoas não só exteriores, mundo elas próprias, para o sistema como apenas funcionalmente assimiladas pelo sistema no programa dos seus "papeis". Pelo segundo tópico, analogamente o direito seria sem validade (normativa), valeria sem validade, ou mais claramente teria vigência sem validade. Com efeito, a sua radical positivação, no significado convocado, se afirma uma plena autofundamentação do direito na sua própria decisória positiva manifestação, mais não significará isso, e como aliás expressamente se reconhece no âmbito do pensamento sistémico, do que uma paradoxo e uma tautologia em que manifesta na verdade a ausência de fundamento – o direito seria pura e simplesmente, como pura e simplesmente são os factos, que o mesmo é dizer que se auto-anulava no seu sentido de direito. O terceiro tópico tem uma implicação não menos clara. Um sistema jurídico como estrita heteronomia social de que se exclui a protagonização da autonomia responsabilizada das pessoas e em que se exprimiria uma juridicidade de radical e paradoxal positivação e assim alheio a uma qualquer referência de normativa validade, é decerto um sistema jurídico que se fecha na circularidade da sua auto-referência e que no programa de expectativas sociais que generaliza não é senão destinado a afirmar-se e subsistir na clausura dessa apenas funcionalidade, e então temos o absurdo de um direito sem normatividade vinculante, verdadeiramente, pois, anormativo. No quarto tópico, na radical simetria que afirma, temos em toda a sua evidência confirmada essa mesma anormatividade, já que a normatividade exclui a mera horizontalidade e impõe sempre uma hierarquização – a auto-referência circular é um motu contínuo subsistente apenas no seu próprio movimento. E pela conjugação de todos este tópicos ou na globalidade da sua intencionalidade, a conclusão que se impõe não pode ser outra: o direito seria verdadeiramente sem sentido e "sem porquê", com aquele sem-sentido e sem porquê que corresponde aos factos evolutivos, na sua apenas emergência como mero resultado da evolução – e como resultado e facto socialmente evolutivo é, na verdade, entendida a manifestação do sistema jurídico no funcionalismo jurídico sistémico.

Nada, pois, é necessário acrescentar para podermos concluir que a recuperação crítica do sentido do direito, que seja a resposta de futuro que procuramos, não a temos nestas tentativas de recuperação de autonomia formal da juridicidade, nem na postulada autonomia do neolegalismo formal, nem na formal autonomia sistémica. Ambas são atitudes de renúncia, propostas de resolução do problema que paradoxalmente o excluem, já que o problema está na questão de saber se a crise que atinge a subsistência e a diferenciação da normatividade jurídica por que se manifeste o direito enquanto tal será superável, e em que termos, por uma sua normatividade recuperável no nosso tempo que o projecte possível no futuro – e as duas soluções consideradas o que fazem é suprimir a específica normatividade jurídica, já por abstracção, já por neutralização, porque estaria ela definitivamente anulada ou seria já impossível.

2. E todavia não é certo que a solução, e solução de normatividade material e de marcada diferenciação jurídica, está ao nosso dispor em duas linhas fortes e de veemente afirmação justamente no nosso tempo – como que a tornarem vãos as reflexões anteriores e o nosso desapontamento até aqui? Referimo-nos às soluções que estariam na convocação dos *direitos do homem*, por um lado, e no *constitucionalismo*, por outro lado.

Mas convocação que aqui fazemos apenas para responder especificamente a esta pergunta: seja na perspectivação da juridicidade por aqueles direitos, seja na sua perspectivação pela constituição, teremos o direito do futuro capaz de superar, numa particular afirmação positiva, a crise da juridicidade que pudemos reconhecer, superação que as propostas anteriores não lograram? Ora, postas assim as coisas e para as considerar só assim, responderemos desde já que ainda aqui não teremos a solução. Não as temos nos direitos do homem, porque a solução concebida desse modo é *insuficiente*, e de uma insuficiência fundamental. Não a temos na constitucionalidade, porque essa solução será, por sua vez, *desviante*, leva a desviar-nos, no fundo de uma nem sempre reconhecida grave ambiguidade, do que será essencialmente decisivo. Os direitos do homem não são, nem nos possibilitam atingir e compreender o direito na autenticidade do seu sentido imprescindível – o direito *qua tale*, que não só os direitos. A constitucionalidade não reduz, nem igualmente nos permite compreender o direito, tanto no seu sentido diferencialmente específico como na sua autonomia irredutível.

a) Ver o direito exclusivamente pelos direitos do homem é decerto mais do que repetir hoje as Declarações americanas de 1776 e a Constituição federal de 1787, ao proclamarem elas todos os homens titulares de "certos direitos inalienáveis", e de ir mesmo além da consumação da *Déclaration des Droits de l'Homme e du Citoyen*, de 1789, enquanto afirmava também ela com toda a veemência revolucionária "os direitos naturais e imprescritíveis do homem" e que um povo em que se não reconhecessem e garantissem esses direitos não teria constituição. Estas referências são necessárias, já que então pela primeira vez na história foram os direitos do homem proclamados com o seu sentido absoluto e verdadeiramente diferenciador, posto que só nesse culminar do "mundo moderno", que foi o século XVIII, tal era possível – sentido novo, digamos mesmo verdadeiramente original, e sem qualquer identidade com o que se dizem os seus precedentes sempre invocados. E todavia, nem pelo relevo da proclamação de direitos naturais, inalienáveis e imprescritíveis, em todas essas declarações e naquela constituição se poderá dizer, dados os objectivos que correspondiam a essas proclamações e as suas consequências imediatas na prática político-jurídica, que se tinha entrado então e só por isso na "idade dos direitos", como pela força e repercussão da Declaração Universal dos Direitos do Homem de 1948, após a segunda guerra mundial – a invocar no *Preâmbulo*, e como que num contraponto, "a dignidade e o valor da pessoa humana" – e das várias outras que se lhe seguiram, potenciadas pela vincada intencionalidade, generalizada referência e insistente convocação desses direitos, hoje se pode exactamente dizer (N. Bobbio, *L'Età dei Diritti*, 1990). Assim como estava ainda longe de ter ficado adquirida por aquela originária valorização a identificação do direito, em si, com os direitos do homem, de ter sido compreendido o direito exclusivamente por esses direitos ou o seu sentido apenas no reconhecimento e garantia dos direitos do homem – não obstante também o primeiro impulso dado nesse sentido pelo artº. 2º da *Déclaration*, ao proclamar que o fim de toda a associação política é a conservação desses direitos – como se tende nos nossos dias a concluir com alguma generalidade, ainda que sobretudo implicitamente – e também uma e outra vez expressamente, assim p. ex. Habermas (*Faktizität und Geltung, Beiträge zur Diskurstheorie des Rechts under demokratisches Rechtstaats*, com a "génese lógica dos direitos", direitos fundamentais, como fundamento possibilitante do discurso reconstrutivo da validade (*Geltung*) do direito na sua positividade (*Faktizität*); assim também Bernard Bourgeois (*Fundar os Direitos do Homem*, in Conferências de Filosofia da Faculdade de Letras da Universidade do Porto, I, 43ss.) ainda mais inequivocamente ao dizer "o direito é o direito do homem", "a fundação do direito, isto é, concretamente, dos direitos do homem", "o direito (...) de acordo com o seu verdadeiro fim, fim que o faz ordenar-se aos direitos do homem", etc. E por isso tem justificação perguntar, como nós perguntámos, se nessa identificação temos recuperada a juridicidade do futuro. Sendo certo que a resposta negativa que começámos por dar a esta questão resulta de entendermos que nessa mesma identificação deparamos com uma grave unilateralidade que fractura, e nos impede mesmo de atingir, o sentido autêntico do direito. É o que rapidamente se tentará mostrar.

Decerto que se concordará com esta forte invocação de E. Lévinas, a abrir o seu ensaio *Direitos humanos e boa vontade* (incluído na col. de ensaios *Entre nous. Essais sur le penser-a-l'autre*, 1993): "O descobrimento de uns direitos que, a título de direitos humanos, se consignam ao próprio facto de ser homem, independentemente de qualidades tais como o nível social, a força física, intelectual ou moral, as virtudes e talentos por que os homens diferem uns dos outros, e a elevação desses direitos ao nível de princípios fundamentais da legislação e da ordem social, assinala sem dúvida um momento essencial na consciência ocidental". Assim como se aceitará a veemência de Carlos Santiago Nino (*Ética y derechos humanos*, 13) ao dizer-nos: "é indubitável que os direitos do homem são uma das maiores invenções da nossa civilização"; e não menos a de N. Bobbio (*L'Età dei Diritti*, 52), ao proclamar "a afirmação, o reconhecimento, a protecção dos direitos do homem" como uma "zona de luz" e "um dos principais indicadores" do "progresso histórico"– e muitas outras convocações análogas no discurso contemporâneo. Só que com essas peremptórias afirmações de cariz absolutizante não ficamos afinal esclarecidos do sentido jurídico, sentido moderno-jurídico, que verdadeiramente corresponde aos direitos do homem, sentido que os fez surgir e com que revolucionariamente os "inventou" e os impôs a modernidade político-jurídica do séc.. XVIII. E apenas na posse desse sentido poderemos considerar a questão que nos preocupa – que é, insista-se, tão-só a da possibilidade de vermos nos direitos do homem a solução jurídica que procuramos, através da identificação do direito, sem mais, com esses direitos. E sentido que não compreenderemos pela simples imputação titularizante de direitos, certos direitos, ao homem pura e simplesmente. Sempre a história jurídica conheceu a imputação de direitos ao homem como seu exclusivo titular, fossem direitos subjectivos, privados e públicos, ou outros, assim como não será também no elenco ou extensão deles nas solenes Declarações que teremos a chave decisiva. O decisivo terá de ver-se na pressuposição última do *individualismo*, nas suas diversas dimensões, filosófica, política, económica, social, que a modernidade europeia forjou dos séculos XVI e XVII e a culminar politicamente, e revolucionariamente, no século XVIII (são concludentes neste sentido, e para só citar um autor relevante nessa linha, as reflexões de Gregório Peces-Barba Martínez, *Tránsito a la modernidad y derechos fundamentales*, 1982, *passim*; v. também, entre muitos outros, N. Bobbio, *ob. cit.*, 45ss., 98, 116ss., 127ss., e *passim*) e enquanto nessa pressuposição foi possível pensar o homem – e a grande novidade esteve e continua a estar aqui e não tanto, para o que está em causa, no homem como "sujeito", quer das aspirações, quer da filosofia também moderna (cfr., quanto a este último ponto, Blandine Kriegel, *A filosofia dos direitos do homem*, in confs. cits., 69ss.; Alain Renaut – Lukas Sosoe, *Philosophie du Droit*, 1991, 69ss.) – em todos os planos da sua existência, como homem individual, *sui singuli*, mónada auto-assumida tanto na ordem do universo em geral como na ordem do universo prático em particular. E com a consequência prática capital de o homem se poder assumir assim desligado, independente e mesmo contraposto à comunidade, a realidade societária da existência humana, na sua prática em geral. É este homem individualmente auto-assumido *versus* comunidade e do mesmo passo *versus* o homem comunitário pré-moderno que se tornou o titular dos direitos do homem assim como foram esses direitos pensados e reivindicados para esse homem. É neste sentido de direitos que o homem titula, não apenas num seu reconhecimento axiologicamente transcomunitário, mas em ruptura individualística com a comunidade, na sua individualidade *pré-* (pense-se em Locke, e com ele em todo o liberalismo radical) ou *versus* (comummente) a comunidade, que temos o verdadeiro sentido dos direitos do homem e nos faz compreensível a índole de direitos absolutos com que tendem a ser pensados. E é esse sentido que nos permite vê-los, na verdade, como uma novidade moderna e dá razão tanto a Michel Villey, quando sublinha que "os direitos do homem são um produto da época moderna", um"produto da philosofia moderna", como a G. Peces-Barba, ao considerá-los "um conceito histórico do mundo moderno", e igualmente a Bobbio, ao dizê-los "direitos históricos".

Sentido essencialmente caracterizador e diferenciador que, por um lado, nem teve autenticamente precedentes, nem é anulado pela válida distinção entre um "individualismo possessivo" e um "individualismo ético", ou sequer vemos superado pela sua reconstrução, noutro plano que não simplesmente político-jurídico, pelas múltiplas refundamentações ou as variadas "filosofias" actuais dos direitos do homem, num radicalismo filosófico que pretende atingir mesmo o cariz metafísico da universalidade ahistórica – e em que aquele histórico referido seria apenas a *ratio cognoscendi* da *ratio essendi* da sua inteligibilidade axiológica necessária. Sentido esse que, por outro lado, é verdadeiramente o nosso ponto de Arquimedes, já que é afinal perante ele que se haverá de considerar se, tendo-o por base, atingiremos o sentido do direito que procuramos – o que não significa decerto discutir os direitos do homem em si e na sua importância, numa qualquer intenção crítica (que acompanhasse, p. ex., a de Michel Villey, *Le Droit et les Droits de l'Homme*, 1983, ao problematizá-los numa perspectiva sobretudo histórico-crítica, ou a de Alasdair MacIntyre, *After Virtue, A study in moral theory*, 2ª ed., no quadro do reconhecimento crítico das "consequences of the Failure of the Enlightenment Project", págs. 62ss.), mas especificamente discutir se são eles suficientes para nos oferecerem esse sentido do direito, de hoje e futuro.

Os precedentes sempre invocados, não como simples antecipações históricas mas num como que enobrecimento legitimante, são sobretudo o estoicismo e o cristianismo (para a tentativa de uma gobal reconstituição histórica das origens e da evolução dos direitos do homem, v. Fábio Konder Comparato, *A afirmação histórica dos direitos do homem*, 2001). Mas erradamente. O estoicismo alargou decerto o horizonte humano para além da *polis* e fez o homem membro de uma universal *cosmopolis*, pensou-o cidadão do mundo humano – o que se pode entender como a convocação do homem à sua própria e enobrecida humanidade em que superasse os imediatos e locais vínculos político-sociais. Mas isso nem significou, nem teve como consequência qualquer isolamento ou solipsismo individualista acomunitário, sobretudo prático, antes implicava uma outra pertença, a pertença ao mundo humano universal que se traduzia num outro também e aprofundado compromisso ético, e por sua mediação a pertença ainda e última ao mundo no seu todo, em termos da "simultânea realização da auto-exteriorização e da auto-renúncia daquela ec-sistência supraindividual na qual nós temos parte na conexão de sentido do mundo no seu todo", e de modo que tanto "o ser autónomo da liberdade" como "o heterónomo ser da necessidade" são igualmente essenciais e se haveria de reconhecer, como último sentido e de plena responsabilidade, "a liberdade para a necessidade" (v., por todos, Werner Maihofer, *Vom Sinn menschlicher Ordnung*, 1956, 53-63). Ora, que tem isto a ver com os direitos do homem e com o homem que eles pressupõem? Quanto ao cristianismo, a conclusão não deixará de ser análoga. Se o homem, na sua vocação à Transcendência pela sua filiação divina, adquire um sentido e uma dignidade que transcende a sua participação em qualquer comunidade terrena e lhe confere verdadeiramente a categoria de *pessoa*, não significa isso de modo algum, por um lado, que, na sua existência terrena e nas comunidades deste mundo em que vive, o homem se possa desligar, num qualquer isolamento e auto-afirmação individualista, da responsabilidade que o vincula nessas comunidades e que o convoca a participar nelas concorrendo para o "bem comum", em que tão-só terá dialecticamente a possibilidade do seu desenvolvimento realizador (v., por todos, Jacques Maritain, *Les droits de l'Homme et la Loi Naturelle*, 1942, 20ss.); e, por outro lado, que o ser pessoa, com todas as consequências práticas implicadas, desde logo ao nível da liberdade e dos direitos, se traduza num absoluto individual e singular, pois "o cristão não vê no ser humano um indivíduo, mas sim uma pessoa" e "não existe pessoa no absoluto singular" (Joseph Ratzinger, *Introdução ao cristianismo*, ed. port. de 2005, 116, 130), não só porque a pessoa implica a relação ao outro num recíproco reconhecimento ético, como ser de dignidade em relação que é, como ainda em si mesma e pela sua eticidade constitutiva é não menos um ser de responsabilidade – em si e nos seus próprios direitos – e portanto é impensável sem o vínculo comunitário. Também aqui o homem não se reduz ao "sujeito" moderno.

Mas não temos estado a pensar porventura, muito limitadamente, apenas na perspectiva do "individualismo possessivo" e não teremos de tudo repensar de modo muito diferente se considerarmos o "individualismo ético" (para esta distinção, v. Guy Haarscher, *Philosophie des Droits de l'Homme*, 4ª ed. rev., 107ss.; para uma distinção análoga entre *individualidade* e *personalidade*, ainda que noutro plano e com outras consequências, v. de novo J. Maritian, *ob. cit.*, 14ss., e *passim*; outras distinções poderiam ainda ser consideradas, como a de N. Bobbio, *ob. cit.*, 60, entre individualismo "metodológico", "ontológico" e "ético", mas sem o relevo da que principalmente invocamos)? Este outro individualismo deixa simplesmente de afirmar o egoísmo possessivo e "define-se, ao contrário, como o reconhecimento em todo o indivíduo, seja ele qual for, de um limite categórico imposto ao meu 'egoísmo', a saber a barreira dos seus direitos fundamentais, do respeito pela sua singularidade como subjectividade irredutível (...), ele constitui a pressuposição de base de todo o respeito pelo indivíduo como tal" (*Idem*, *ob. cit.*, 132ss.) – e atendendo-o não temos já a solução procurada? Respondemos: decerto que o reconhecimento de cada um dos outros e na titularidade dos seus direitos é um axioma prático (ético, político e jurídico) capital e irrenunciável – deve mesmo acentuar-se a axiologia desse reconhecimento, como iremos também nós fortemente fazer, vendo em cada outro ser humano uma pessoa, com toda a sua dignidade –; mas esse reconhecimento, só por si e sem a consideração de outras dimensões em que o reconhecido se integre também ou que no reconhecimento se devam implicar – por isso mesmo vemos considerado que ao reconhecimento postulado pelo individualismo ético há que referir ainda um "pendant positivo" que é "a de uma acção comunicacional" (G. Haarscher, *ob. cit.*, 113ss.) –, não exclui o fechamento sobre si numa possível ou não excluída incomunicação e cegueira ao outro, e então nesses ainda assim possíveis fechamento, incomunicação e cegueira ao outro persistirá fundamentalmente intocado o sentido de uma titularidade afirmada e vivida num isolamento, se não necessariamente anti-comunitário, pelo menos acomunitário. O que o direito, como tal e no seu sentido próprio, não poderá aceitar, já que, como veremos, seria isso verdadeiramente a sua negação, pela exclusão do *vínculo normativo-social*, e com ele a correlativa *responsabilidade*, a reconhecer também irredutivelmente perante os outros e que ao direito compete não menos definir e afirmar. E não é isso mesmo que a actual consideração, não já só "subjectiva", mas antes "objectiva" dos direitos, i.é, a consideração deles no pressuposto da ordem normativo-jurídica, no fundo traduz, e exigência ainda que, num outro aprofundamento, se manifesta no repensamento do "sujeito do direito" em termos de não ser este já pensável sem a referência a "terceiro" (Lévinas), o "terceiro incluído" (Ricoeur), para além simplesmente da inter-relação de "eu" e "tu", através da "mediação institucional", enquanto condição mesma da justiça, e assim com uma recuperada dimensão comunitária (v. P. Ricoeur, *Soi-même comme un autre*, Septième étude: *Le soi et la visée éthique*, esp. 227ss.; *Idem*, *Qui c'est le sujet du droit?*, in Le Juste, 28ss; e Alain Renaut – Lukas Sosoe, *Philiosophie du Droit*, 418ss. E *passim*)? Com o que o paradoxo começa a ser visível: o reconhecimento de direitos com sentido absoluto e plenamente exclusivo acaba afinal por significar o não reconhecimento do direito especificamente como tal – o reconhecimento absoluto de direitos a traduzir-se no não reconhecimento do direito *qua tale*. Que o mesmo é dizer que a extrema justiça que se queira ver naquele reconhecimento de direitos de sentido absoluto e em exclusividade para o deles beneficiário se pode traduzir numa inaceitável injustiça para com o outro ou outros em que os direitos desse modo repercutam – afinal uma injustiça na invocação da justiça, verdadeiramente uma justiça injusta, se a semântica admite dizê-lo assim E isto mesmo ainda que não omitamos – como não devemos, nem queremos – a simetria dos direitos do homem (os homens relacionar-se-iam na sua prática convivência social pelo recíproco reconhecimento desses direitos a todos eles), a encontrar a sua mais acabada expressão na universalidade prática kantiana, tal como a vemos, p. ex., invocada por Lévinas na resposta à questão fundamental que também não deixa de pôr quanto aos direitos do homem – a questão "da justificação do próprio *dever ser* desses direitos no coração do nosso destino ocidental" e mais especificamente "de que modo e com que modelo pode impor-se efectivamente a vontade livre ou autónoma que reivindica os direitos humanos a outra vontade livre sem que esta imposição implique um *efeito*, uma violência sofrida por tal vontade"–. Resposta que formula nestes termos: "isso é possível só se a decisão de uma vontade livre concorda com uma máxima de actuação que pode universalizar-se sem contradição e se, ao revelar deste modo a razão que habita na vontade livre, esta vontade se faz *respeitar* por todas as demais vontades livres de acordo com a sua racionalidade". Pelo que, conclui,"o imperativo categórico seria o princípio último dos direitos do homem". Só que esta simetria racionalmente universal dos direitos do homem em que se cumprisse o mandamento "*werde allgemein*", constitutivo, no seu sentido mais profundo, de uma comunidade ética das pessoas em que se supera já a apenas horizontal liberdade negativa do sentido primeiro e moderno, estritamente liberal, dos direitos do homem, ao reconhecê-los agora uns perante os outros no compromisso categórico nessa universalidade ética, nem por isso deixa de ir ainda ausente o específico *vínculo normativo* a que terão de ser referidos e que não poderão deixar de assumir, numa exigência axiológico-normativa para além deles apenas, que dê solução, uma particular solução, ao *problema da integração comunitária*, que é o próprio problema da unitária, ou sem desagregadoras rupturas, coexistência social – solução normativa do problema de integração comunitária, neste sentido, sem a qual não haverá direito a transcender e a integrar os direitos, e os vemos afirmados tão-só uns aos outros no seu isolamento reivindicativo e ainda que universalmente. Conclusão inaceitável esta última que Lévinas também não deixa de excluir e que o leva, por isso, a exigir a *bondade* na referência ao outro, bondade como humano impulso generoso que é chamada a transcender e dar o sentido último à universalidade dos direitos – e justamente para assim se assumir "todo o absoluto do social", o "para-outro", que, acentua-o fortemente, "é provavelmente o desígnio do humano". Com o que afinal o nosso problema e a nosso dúvida se vêem confirmados e nos permitem continuar a perguntar se a solução para esse todo social e em que se exprima o vínculo para o outro, todo e vínculo humanamente essenciais, não é aquela que cumpre ao direito *qua tale* – o direito a transcender e a vincular numa normatividade específica também os direitos, todos os direitos, sejam eles do homem ou fundamentais. Que tanto é dizer, a responsabilidade comunitária a integrar normativamente os direitos e a implicar que afinal os direitos também obrigam. E decerto que em nada será isto infirmado por uma qualquer refundamentação filosófica dos direitos do homem, mesmo de sentido metafísico, como deixámos antes aludido, que acaba por traduzir-se na invocação ou do direito natural (uma certa "natureza do homem") ou da liberdade essencial do homem que os direitos em causa exprimiriam. Pois se é mais do que duvidosa a possibilidade de inferir daquela natureza quaisquer direitos (significaria isso não só um salto inexplicado do onto-antropológico para o axiológico como continuar a ignorar a historicidade ontologicamente constitutiva da juridicidade em todos os seus planos), também em tudo o que se disse não foi negada ou minimizada a liberdade (seja a "dos antigos", seja a "dos modernos"), apenas se considerou a sua não menos essencial e prática condição comunitária, apenas se considerou com a liberdade, e a vinculá-la, a responsabilidade, com os direitos os transindividuais vínculos normativos do direito – com os direitos pessoais a responsabilidade comunitária. Aliás, é isto mesmo, no fundo, o que reconhece a Declaração Universal dos Direitos do Homem, ao afirmar no seu artigo 29º., n.º 1, que as pessoas têm deveres perante a comunidade, e justamente porque "fora dela não é possível o livre e pleno desenvolvimento da sua personalidade"; e também o *Preâmbulo* da *Carta dos Direitos Fundamentais da União* (União Europeia), incluída no projecto de uma Constituição Europeia, que considerava: "o gozo destes direitos implica responsabilidades e deveres, tanto para com as outras pessoas individualmente consideradas, como para a comunidade humana e as gerações futuras" – para a convocação, como que correlativa, também dos "deveres fundamentais" relativamente aos "direitos fundamentais", v. José Carlos Vieira de Andrade, *Os Direitos Fundamentais na Constituição Portuguesa de 1976*, 2ª. ed., 155ss.; e José Casalta Nabais, *Por uma liberdade com responsabilidade*, col. de estudos, espc. o último, *Os deveres fundamentais*, 197ss; além decerto dos "limites" que jurídico-constitucionalmente também àqueles direitos são impostos de múltiplos modos (v. sobre esses limites e por todos, o Cap. 6 da *Theorie der Grundrechte*, 3.ª ed., de Robert Alexy e Vieira de Andrade, *ob. cit.* 275ss.) –, assim como se põe ainda, bem eloquentemente, o problema também jurídico-constitucional da tensão, se não de uma básica antinomia, entre os "direitos individuais" e os "princípios", aqueles a manifestarem uma comunitária "força desagregadora", estes a intencionarem "a tendência à integração e à justiça" (assim, Zagrebelsky, *ob. cit.,* 129ss., e *passim*) Há efectivamente que assumir a dialéctica normativa entre os direitos e os vínculos da responsabilidade comunitária que ao direito cumpre como intencionalidade fundamental – direito que só com atenção àqueles direitos afinal decerto não temos. Há, pois, que continuar a procurar para além deles, sem os excluir, evidentemente; mais, sem deixar mesmo de ver neles um dos "sinais dos tempos" (em rigoroso sentido teológico),[5] no que significam de reconhecimento ético-jurídico da autonomia e da dignidade do homem – posto que, como vai justificado, sem os absolutizar e reconhecendo que têm esses direitos de se integrar num contexto normativo que a eles também (melhor, aos seus titulares e no exercício deles) os responsabiliza, na complexidade do universo prático que tem muitas outras dimensões e outras exigência, e com sentido para a não menos realização do homem na sua humanidade.

b) Mas esse direito que procuramos não o temos já na Constituição – não é a Constituição o direito na sua última instância e do mesmo modo a sede fatal do direito do presente e do futuro? Ainda

[5] Para uma reflexão importante, v. a *Carta Pastoral* da Conferência Episcopal Portuguesa: *No 50.º Aniversário da Declaração dos Direitos Humanos*, 1998.

aqui nos atrevemos a duvidar, como aliás já hoje muito se duvida – e quanto a nós por duas linhas de argumentação. Pelo próprio sentido da constituição, por um lado, e pelas implicações a reconhecer para a juridicidade dessa sua identificação, em último termo, com a constitucionalidade, por outro lado.

Abstraindo da história e génese do constitucionalismo e da sua generalizada revalorização no pós-segunda guerra mundial e não pretendendo embrenhar-nos também aqui na complexidade teórica da sua conceitualização, diremos simplesmente, quanto ao primeiro ponto do sentido da constituição, o que noutra bem distinta oportunidade entendemos poder dizer, já que continuamos fundamentalmente a pensar o mesmo e com igual justificação – assim presumimos.

Assim, repetindo o lugar comum, podemos afirmar que a constituição é o pacto político-social fundamental e o estatuto político-jurídico da comunidade que através dela se define como comunidade política e se organiza em Estado – que tanto é dizer que pela constituição a comunidade de define a si mesma, seja em termos fundadores, refundadores ou revolucionários, na estrutura do poder político, nas instituições e valores político-jurídico fundamentais e ainda no reconhecimento de direitos que tem também por fundamentais. Só que o voluntarismo e o positivismo dominantes, no seu compromisso político, vão mais longe e postulam que o *prius* e o fundamento mesmo do direito os teríamos unicamente na normatividade constitucional: os valores ético-sociais, os valores jurídicos e o próprio sentido do direito a assumir pela ordem jurídica ter-se-iam de encontrar nas intenções materiais e nos pressupostos formais prescritos na constituição. No entanto, o próprio pensamento constitucionalista nos dá conta de uma normatividade político-social mais exigente e noutro plano do que aquela que se defina a estrito nível constitucional positivo – é, bem se sabe, o que significam as distinções, e não são as únicas, entre a constituição formal e a constituição material, entre constituição escrita e constituição não escrita, entre constituição jurídica e constituição real, etc. –, além de que, e principalmente, o estatuto constitucional o que traduz, na sua intencionalidade matricial, é a assimilação jurídica de certos valores políticos, a instituição do projecto político-jurídico e político-institucional que ideológico-politicamente e por qualquer forma que seja – em assembleia, revolucionariamente, plebiscitariamente, etc. – logram impor-se no momento constituinte. Daí que o estatuto constitucional não só esteja longe de esgotar o universo jurídico – o que se confirma com o reconhecimento do carácter fragmentário da constituição nesse plano –, exprime apenas o jurídico que se tem por politicamente mais relevante, como a sua intenção capital continua a ser ideológico-política e, portanto, o que sobretudo se propõe é perspectivar juridicamente uma certa intenção e um certo projecto políticos (cfr., ainda que numa diferente perspectiva, a considerar a distinção entre o jurídico e o político, relativamente à constituição, e a pensar aí o "acoplamento estrutural" entre ambos, N. Luhmann, *Das Recht der Gesellschaft*, 1995, 468ss.). Pelo que insistirei em dizer, quanto a este ponto, que a constituição não é senão o *estatuto jurídico do político* – formulação que vimos aceite e se repete em outras análogas: "ordenação constitucional do político", "forma jurídica do político" (Gomes Canotilho). O que nos permite duas inferências imediatas, que acabam por se traduzirem numa alternativa. Ou se reconhece o que a própria objectividade manifesta, que o estatuto constitucional está longe, mesmo no seu nuclear projecto político-jurídico, de esgotar todo o universo jurídico – repetimos, nesse projecto apenas temos o jurídico considerado no momento e na intenção constituintes como o politicamente mais relevante – e então o direito, na autonomia do seu sentido e na globalidade da sua normatividade, terá de procurar-se para além e fora da constituição. Ou, num radicalismo político, recusa-se esta conclusão para impor a exclusiva aceitação do jurídico intencionado e proclamado político-constitucionalmente, numa estrita identificação da juridicidade com a constitucionalidade, e nesse caso, e por ser a constituição apenas o estatuto jurídico do político, a substância do jurídico estará no político e o jurídico não será mais do que a forma que normaliza esse político – o jurídico apenas positivará normativamente, numa legalidade constitucional, as livres opções políticas. Com o que o direito, substancialmente identificado com a política, perde, por um lado, toda a sua autonomia normativamente material e fica anulada a sua vocação de uma instância de validade e crítica perante o político e o seu poder – isto é, desaparece como dimensão materialmente específica de um autêntico Estado-de Direito –, e assume, por outro lado, o destino e toda a contingência do político. Contingência que as sucessivas revisões da constituição, e por aleatórias circunstâncias ideológico-políticas como tem acontecido entre nós, só fazem evidente. Destino esse que será actualmente o de crise, a crise que efectivamente se reconhece à sua possibilidade "dirigente" ou regulatória (crise análoga àquela com que tínhamos deparado no paradigma de legalidade moderno-iluminista) e a reduzir a constitucionalidade afinal a um simples quadro aberto de possibilidades ou a uma mera reflexividade sistémica que terá de encontrar os seus integrantes critérios materiais e decisivos para além ou fora da constituição (são para aqui concludentes as reflexões e conclusões de J. J. Gomes Canotilho, in *Prefácio* à 2ª. ed. de *Constituição Dirigente e Vinculação do Legislsdor*) E por esta situação é afinal a procura que fracassa no paradoxo que regressa: na constitucionalidade procurou-se a solução crítica para a crise a que o paradigma tradicional da juridicidade tinha chegado e afinal nessa aspirada solução só encontramos, além de tudo o mais que se disse, uma nova crise. Ainda por aqui e de novo há que procurar a crítica recuperadora da juridicidade noutra sede e com outro sentido.

E com isto nem tudo fica dito – há ainda uma outra consequência de melindroso relevo a considerar, e em que aquela conclusão se confirma. Assim, concentremo-nos embora nas dimensões constitucionais juridicamente nucleares, tais como os direitos fundamentais, os princípios jurídicos (os "princípios de justiça" constitucionais) e outras referências jurídicas – sem omitir, todavia, que será incorrecta a abstracção desses elementos no todo da constituição, dada a unidade desta e com relevo em todos os planos, do normativo ao hermenêutico. E uma vez mais somos postos perante uma alternativa em que o exacto sentido das coisas se esclarece. Nestes termos: aqueles direitos, princípios jurídicos e referências jurídicas sustentam a sua vinculante normatividade jurídica exclusivamente na constituição, unicamente porque esta os proclama e enuncia, ou a constituição apenas lhes confere uma particular tutela e garantia, a tutela e garantia justamente constitucional? No primeiro caso, a constituição será deles autenticamente *constitutiva* – todas essas entidades jurídicas não existem nem têm sentido antes da sua proclamação e enunciação pela constituição e as vicissitudes da constituição, de alteração ou mesmo supressão, serão também as suas vicissitudes. No segundo caso, reconhecer-se-á à constituição uma função tão-só *declarativa* e constitucionalmente positivante desses valores, princípios e referências. Se a opção necessária for a primeira, vemo-nos pura e simplesmente remetidos para o que já considerámos, e teremos o regresso do exclusivamento político e a anulação da autonomia do direito no que materialmente, e não só formalmente, importe – e o direito volta a ser só politica, com o destino e a contingência desta, e o Estado-de-Direito converte-se acriticamente num Estado-de-Constituição. Se, pelo contrário, a segunda opção for a correcta, terá então de concluir-se que o fundamento e a normatividade daqueles direitos, princípios e outras referências jurídicas, cobertos e garantidos eles embora constitucionalmente, não os temos na constituição, mas fora ou para além dela – digamos, na normativa intencionalidade específica do direito referida à autonomia do seu sentido. Igualmente então a problemática desses direitos, princípios e referências jurídicas não é materialmente uma problemática constitucional e sim especificamente uma problemática jurídica. E só não é sempre explícito o reconhecimento desta conclusão, com as suas implicações capitais, porque a compreensão dos mesmos direitos, princípios e demais referências jurídicas de positivação constitucional é envolvida por uma particular ambiguidade: o consenso sobre todas essas entidades jurídicas não leva a pôr o problema do seu sentido, fundamento e normatividade, como nós acabamos de pôr, e a sua positivação constitucional só reforça e dá garantia a esse consenso – entre a constituição e as suas pressuposições normativo-jurídicas como que deixa de haver distância problemática. Mas essa problemática, ainda que oculta, não fica eliminada. Podem iludi-la as constituições, digamos, consensuais – com terão sido, p.ex. e no seu momento histórico, a constituição federal americana de 1776 e a *Grundgesetz* alemã do pós-guerra, de 1949 –, mas ela ressalta com toda a sua gravidade no caso das constituições de ruptura e revolucionárias, as quais nem sempre se inibem, como a história tem mostrado e também a nossa, de ideológico-politicamente sobreporem imediatas intenções políticas e mesmo, a favor dessas intenções ideologicamente discriminatórias, de repelirem direitos e princípios jurídicos civilizacional-culturalmene irrenunciáveis, porque adquiridos como dimensões do próprio sentido, e sentido autónomo, do direito. Problemática e consequências estas, pois, que se têm de reconhecer sempre, na diferença e tensão que lhes vão implicadas entre o político e o direito, não só perante as constituições "más", digamo-lo assim, mas como possibilidade perante todas as constituições – e pelas razões que foram, também em geral, enunciadas. Daí que se possa subscrever esta conclusão do malogrado pensador-jurista que foi René Marcic, e que, nem por parecer soar demasiado enfática, deixa de ser válida: "absoluta não é a constituição, absoluto é o direito". E na coerência do que – permito-me ainda acrescentar e atrevendo porventura alguma outra surpresa – a constituição, nos seus momentos especificamente jurídicos, deverá ser interpretada conforme o direito, desde que compreendido este na sua autonomia axiólogico-normativa e na sua normatividade específica, com adiante se enunciará. Se é já comum o cânone da "interpretação conforme a constituição" relativamente à lei, no pressuposto de ser a constituição a última instância no sistema político-jurídico, analogamente a última instância que, por tudo o que foi justificado, será o direito perante a constituição jurídica imporá que esta, sem ver minimizado o seu relevo político, mas reconhecendo que juridicamente não é a última palavra, se assuma e interprete na sua validade jurídica em referência ou conforme o direito (e não por estritos critérios políticos).

Posição esta que, aliás, vê atenuado o seu isolamento se convocarmos o caso paralelo (embora só paralelo no ir além da constituição, já que o nosso plano é exclusivamente jurídico e não político) de John Rawls (*Politcal Liberalism*, 1993, Part Two, §§ 6 e 7), quando refere o *overlapping consensus*, a superar e integrar os limites da constituição, enquanto o último critério político-juridicamente hermenêutico e mesmo a instância final chamada a definir os princípios fundamentais da comunidade política no seu todo.

E considerado tudo isto, para concluir nos bastará uma só palavra: a constituição não é afinal necessariamente o direito do futuro, a juridicidade que criticamente ansiamos não no-la dá sem mais a constitucionalidade.

3. Com uma condição capital, no entanto, que vai implícita em todo o discurso até aqui e de que tudo dependerá em sentido e em concludência. Essa condição é esta: que o direito tenha uma específica e substantiva intencionalidade normativamente material (que não seja apenas a "forma" regulatória de teleologias heterónomas) que lhe sustente a sua autonomia axiológico-normativa. Ou seja, que se possa falar e pensar no direito sem que intencional e materialmente se tenha de pedir a outras intencionalidades e dimensões do universo prático o que verdadeiramente o determina. E então o último e deci-

sivo passo estará em compreender o sentido e a normatividade desse direito que temos continuamente invocado e que tem permanecido à nossa frente como um horizonte, sempre além e não atingido (ainda não atingido). Demos, pois, esse passo – se estiver ao nosso alcance. Que tanto é enunciar a proposta de *crítica* reconstituição do direito, perante a sua diagnosticada *crise* actual, que começámos por dizer que nos proporíamos – já que as tentativas críticas que aí estão a oferecer-se-nos e que considerámos se nos revelaram insustentáveis.

a) Pois bem, essa nossa crítica reconstituição[6] organizar-se-á pela conjugação de dois momentos: segundo uma certa intencionalidade a compreender na juridicidade e convocando um específico modelo de pensamento jurídico chamado à sua realização. Serão quatro as dimensões de cuja integração dialéctica atingiremos o direito crítico que procuramos na ordem da intencionalidade: 1) uma *perspectiva*; 2) um *sentido* a culminar numa *intentio* de *validade*; 3) uma

---

[6] É para nós naturalmente reconfortante poder reconhecer uma manifesta afinidade, em muitos pontos, entre esta nossa crítica reconstituição, que é afinal o nosso entendimento do direito, em todos os seus momentos, e o pensamento de Ronald Dworkin também sobre o direito (v. especialmente *Taking Rights* Seriously, 1984; *Law's Empire*, 1986; *A Matter of Principle*, 1986). Assim, reconhece-se igualmente neste pensamento a preocupação de afirmar a diferenciação do direito perante a política – aquele referido a *principles* e *rigths*, esta a *goals* e a uma pragmática estratégia –, tal como a concepção do direito como *integrity* tem analogia com o nosso entendimento do direito como *validade* (aquela constitui-se para além do sistema das *rules* e dos precedentes, em referência justamente aos princípios e aos direitos, numa institucionalização global e em termos dinamicamente abertos e constituendos, enquanto nós concebemos a normatividade jurídica a manifestar-se um sistema pluridimensional também aberto, problematicamente constituendo e de contínua reconstituição regressiva) e não é menor a convergência da perspectiva *law as an interpretative concept*, assumido pela *adjudication,* com a nossa *jurisprudencialista*, e ainda a exclusão tanto do normativismo como do funcionalismo (jurídico). Analogias e convergências que não são, decerto, identidades. A *intentio* de validade que vemos própria do direito não coincide, apesar dos aludidos momentos afins, com a *integrity*, não só pelo carácter sobretudo institucional desta contra a índole especificamente axiológico-normativa daquela como ainda pelos seus diferentes conteúdos normativos. Também o nosso jurisprudencialismo não se poderá entender simplesmente pela interpretativa *adjudication,* posto que seja nele também essencial o *juízo*. Do mesmo modo que se reconhecerão fortes divergências metodológicas entre os dois pensamentos, como se mostrou no nosso ensaio *Dworkin e a interpretação jurídica ...*, etc. Não obstante esta afinidade, sem esquecer as importantes diferenças, a nossa reconstituição crítica foi pensada com total autonomia relativamente àquele relevante pensamento e, por isso, não temos agora de o referir, ainda que, fazendo-o e como se acaba de ver, só teríamos apoio e ampla corroboração.

normatividade; 4) uma *estrutura* caracterizadora e diferenciadora. Assumirá, por sua vez, uma *perspectiva axiológico-prudencial* e um particular *modus judicativo-decisório* o modelo de pensamento jurídico invocado, e que designamos por *jurisprudencialismo* – jurisprudencialismo em sentido metodológico estrito, posto que jurisprudencialismo em sentido amplo e mais exactamente é todo este pensamento que preconizamos. Com uma advertência – o que vamos enunciar não será mais do que a síntese do que a este propósito temos pensado.

1) Assim, e começando pela perspectiva, entendemos que quanto a ela há que proceder a uma alteração fundamental. Todas as propostas de recompreensão da juridicidade que temos considerado – salvo a que se centra nos direitos do homem, mas que se nos revelou insuficiente – se orientam pela *perspectiva da sociedade* e, portanto, perspectiva de uma índole que se dirá *macroscópica*. Interrogado constitutivamente na intencionalidade global da sociedade, o direito propor-se-á ser um programa, uma sócio-tecnologia, um instrumento de organização e mesmo de transformação, etc., da sociedade, e a significar assim que concorreria com a política, com a economia, com a administração (a tecno-ciência da administração), etc., nos mesmos ou análogos objectivos sociais, com a só diferença do seu *modus* normativo, e por isso o vemos assimilar no seu conteúdo a política, a economia, a administração, não sendo mesmo regulatória e materialmente outra coisa do que essas dimensões prático-sociais. E com uma outra consequência não menos assinalável e evidente: a nuclear categoria jurídica com que o direito se proporia aqueles objectivos, e com que acabaria mesmo por se identificar, foi a *lei*. Não decerto a *lex* no sentido da teologia medieval, mandamento ético-normativo em que mais racional ou mais voluntária e positivamente se exprimia a *ordem* essencialmente também teológico-ética (recorde-se o entendimento da *lex* de S Tomás a F. Suarez), mas a lei secularizada do estadual e simplesmente politico direito da modernidade a que começámos por nos referir e cuja crise igualmente considerámos – e lei neste sentido não só para a afirmação de direitos, primeiro, mas como instrumento, sobretudo depois, das possibilidades que justamente oferecia tanto de assimilação como de programação, organização e racionalização dos objectivos contextualmente sociais. Ora,

entendemos que o direito só recuperará a sua autonomia, autonomia axiológico-normativa que corresponde à vocação do seu sentido e tem sido sacrificada por aquela assimilação, assim como superará os fracassos resultante daquela também concorrência e de que nos demos conta, se a perspectiva for outra, perspectiva não da sociedade, mas *perspectiva do homem*, e assim não de índole macroscópica, regulatoriamente macroscópica, e antes de índole *microscópica*, judicativamente microscópica. Queremos dizer, o seu objectivo não estará na assimilação das heterónomas teleologias sociais de todos os tipos e sim na solução de validade normativa dos problemas da prática humana concreta, problemas imanentes a essa prática, titulados pessoal e concretamente pelas pessoas em referência à validade intencionada pelo encontro ou desencontro, em indeterminação ou em controvérsia, dos homens-pessoas na sua histórico-situada coexistência e convivência comunitárias. Pelo que também e correlativamente o nuclearmente importante, por mediação embora de quaisquer fundamentos e critérios normativos invocáveis, não estará na lei, mas no *juízo* prático-normativo por que problemático-concretamente se afirme a axiológica normatividade, a validade, que vai intencional e essencialmente no sentido do direito.

2) Quanto à dimensão de sentido, começarei por dizer que é ela a dimensão decisiva para a constitutiva compreensão do direito como direito – e daí decisiva tanto para o diferenciar, enquanto uma componente capital no universo da realidade culturalmente humana, das outras componentes igualmente importantes dessa realidade, como para lhe garantir a sua autonomia perante essas diversas componentes da mesma realidade . E autonomia autenticamente material, que não simplesmente formal, já que é a própria substantividade axiológico-normativa do direito que nela se nos revela. Sendo certo – ponto não menos capital – que a esse sentido só o atingiremos agora, na circunstância já diagnosticada de crise que conhece a juridicidade, pela convocação do *originarium* humano-culturalmente dele constitutivo, *originarium* repensado hoje embora como um *novum* de recuperação de sentido naquela circunstância. E com a consequência ainda, uma vez compreendido esse *originarium* recuperador de sentido com todas as suas implicações, de havermos de inferir a assunção do direito como *validade* (validade axiológico-normativa), que

não simplesmente *norma*, ou sistema abstracto-dogmático de normas, ou, menos ainda, um instrumental e funcional *regulador* de teleologias externas. Referências todas estas e na aludida também sua significação que exigiria um desenvolvimento justificadamente explicitante. Já o tentámos fazer em diversos ensaios, todos de próxima republicação em *Digesta 3*: *Coordenadas de uma reflexão sobre o problema universal do direito – ou as condições da emergência do direito como direito*; *O direito hoje e com que direito sentido? O problema actual da autonomia do direito*; *Uma reflexão filosófica sobre o direito – 'o deserto está a crescer...'ou a recuperação da filosofia do direito?* Pelo que ficaremos agora por uma convocação do mais acentuável. Assim, diremos, na intencionalidade daquele *novum* que repense o seu *originarium* constitutivo, que o direito emerge, como tal e enquanto uma dimensão especificamente autónoma da realidade humana, com o sentido que resulta da síntese constitutiva de três condições: 1) Uma *condição mundano-social* – a dizer-nos que a primeira condição da exigência e constituição do direito, enquanto vínculo normativo intersujectivo e inter-relacional, se manifesta pela pluralidade humana na unicidade do mundo, o mundo é um e os homens nele são muitos, mundo que comungamos e partilhamos através de relações de um certo tipo situacional-comunicativo e justamente pela mediação do mundo (em referência a ele e nos modos por ele possibilitados), que são as relações sociais. 2) Uma *condição humano-existencial*, e uma vez que essa relacionação através da social mediação do mundo se realiza por nós homens e enquanto existimos, como tais, na dialéctica de personalidade e comunidade, de autonomia pessoal e convergência comunitária, e que pela tranfinitude intencional, a mutação temporal e a transcensão de sentido e axiológica de cada um desses pólos na sua diferença e divergência faz surgir um problema de totalizante integração e ordem, de institucionalização em último termo, posto que é isso condição mesma da possibilidade da existência humana, ao conferir na coexistência uma qualquer determinação à transfinitude, uma qualquer estabilidade à mutação temporal, uma qualquer objectivação cultural à transcensão de sentido. No que vai implicado, e muito importa acentuá-lo com as consequências que se verão, que a *comunidade*, uma histórica comunidade em que os homens coexistem na sua concreta convivência humana é o seu irredutível *commune* de existência –

posto que o individualismo radical, seja o moderno, seja o do nosso tempo, queiram ideologicamente pensar a prática humana sem ela ou pura e simplesmente, mas em vão, politicamente a recusem. E falamos de comunidade enquanto fenomenológica realidade da existência humana e assim independentemente da distinção, enunciada por Tönnies, entre "*Gemeinschaft*" em estrito sentido orgânico, e "*Gesellschaft*" em sentido apenas associativo, e de qualquer evolução de uma para outra, pois que a comunidade que se reconhece naquela sua irrecusável realidade humana sem mais, está antes e para além daquela distinção, com ser ela, nos termos que noutras oportunidades justificámos e aqui prescindimos de explicitar, simultaneamente *condição de existência*, *condição empírica* e *condição ontológica* do homem na sua efectiva humanidade. 3) Uma *condição ética*, em terceiro lugar e por último, e pela qual passamos dos dois primeiros planos, naturalmente social e antropológico, para o plano das decisivas opções axiológicas, condição esta cujo reconhecimento é verdadeiramente constitutiva e especificante do direito como direito, com postular que nas mundanais relações sociais e na ordem e institucionalização, que dêem critério a essas relações pela solução do problema humano da necessária integração comunitária, se reconheça a cada homem a qualidade de *sujeito ético*, e assim a dignidade de *pessoa*, e como tal simultaneamente de um valor indisponível para o poder e a prepotência dos outros e comunitariamente responsabilizado para com os outros – pois só assim ele poderá ser, também simultaneamente, titular de direitos, dirigidos aos outros, e de obrigações, exigidas pelos outros, em todos os níveis, segundo todos os princípios e em todas as modalidades estruturais e institucionais que normativamente se objectivem como direito.

O que, sem mais, nos permite duas inferências normativas capitais. Por um lado, e numa mera explicitação normativa, o reconhecimento da pessoa implica um *princípio de igualdade* – a igualdade das pessoas umas perante as outras – e, por outro lado e com o mesmo sentido fundamental, há que afirmar um *princípio de responsabilidade*, princípio este enquanto agora a implicação normativa da indefectível integração comunitária, já que esta integração é, como vimos, condição humanamente constitutiva, além de que a pessoa, enquanto tal ou no seu sentido axiológico e que a impede de confundir-se com indivíduo, assume na sua eticidade uma dimensão de responsabilidade. O que deve entender-se exactamente nos termos seguintes. A pessoa é simultaneamente um ser pessoal, na sua autonomia e infungível realização, e um ser social, na sua inter-relacionalidade e na sua participação e integração. Pelo que, se se aliena ao perder-se ou ao degradar-se na sua pessoalidade, também não vem à epifania de si própria e não se realiza sem a mediação comunitária. Daí que, e dialecticamente, se o eu pessoal depara com a comunidade como o seu mundo de responsabilidade e o seu horizonte de realização, à comunidade não lhe será lícito recusar-se à mediação para a concreta personalização das pessoas, ou seja, se haverá de ver-se um dever da comunidade no reconhecer ela a cada pessoa a possibilidade de participação e realização – não será outro o sentido e o exacto fundamento dos direitos do homem e dos direitos fundamentais, posto que dialecticizados agora com a responsabilidade –, as pessoas são igualmente responsáveis para com a comunidade possibilitante da sua participação e realização. O que nos conduz a duas conclusões relevantes. Em primeiro lugar, que a pessoa se vê investida não só em direitos, mas igualmente em responsabilidade – a pessoa, com os seus direitos, é também chamada a *respondere* em termos comunitários –, pelo que os *deveres* são para ela tão originários como os *direitos*. Em segundo lugar, no equilíbrio entre a participação e a realização comunitária da pessoa e a sua responsabilidade também comunitária temos o que se haverá de entender por *justiça* – que afinal nada mais é do que o direito no seu verdadeiro sentido –: a intenção e a exigência normativamente integrante e dialecticamente dinâmica do reconhecimento de cada um pelos outros e da responsabilidade de cada um perante os outros na coexistência em um mesmo mundo humano constituído por todos.

E então reconhecer-se-á, como mero corolário, que o direito se manifestará normativamente como *validade* – não simplesmente como *lex*, norma hipoteticamente abstracta ou regra convencionalmente aleatória, menos ainda como função sistémico-social, mas como intencionalidade e fundamento de validade axiológico-normativa de todos os juízos também normativos que a prática histórico-concreta convoque. Pois a validade, nestes termos, traduz um sentido normativo (nos valores e princípios que a substantivem) que transcende os pontos de vista individuais de uma qualquer relação intersubjectiva e os transcende pela referência e a assunção de uma unitária e fundamentante intencionalidade normativa de sentido integrante em que, por um lado, os membros da relação se reconhecem iguais e em que, por outro lado, obtêm uma judicativa determinação correlativa que não é o resultado da mera vontade, poder ou posição de preponderância de qualquer dos membros da relação, mas expressão concreta das suas posições relativas nessa unidade de sentido integrante. E uma tal validade, como fundamento axiológico-normativamente material – que terá o seu contrário, já no *sic volo sici jubeo*, já no *pro ratione voluntas* – é decerto uma exigência implicada no *sujeito ético* que no mundo prático é *pessoa*, com a sua liberdade-autonomia, a sua igualdade e a sua responsabilidade, já que ele só pode propor-se uma qualquer posição própria ou admitir uma qualquer pretensão dos outros com um fundamento axiológico-normativo que não pretira e antes reconheça a sua dignidade e justifique a sua responsabilidade nas relações prático-sociais.

3) Com o que somos remetidos para a terceira dimensão da nossa proposta de reconstituição crítica, a dimensão de *normatividade*, ou de determinação de normatividade que dê conteúdo à validade do direito. Considerámos o sentido fundamental e a determinação dessa normatividade mais do que uma vez. Recordo: *A Revolução e o Direito*; *Justiça e Direito*; *O Direito hoje e com que sentido?* Retomá-los neste momento exigiria desenvolvimentos excessivos para esta oportunidade. Pelo que apenas diremos que por uma particular analítica diferenciámos três planos de determinação normativa, um de maior contingência positivo-social, outro de uma específica principiologia jurídica e um terceiro de uma substantiva e dialéctica axiologia essencial, e que, pensados eles e as suas normatividades na unidade que intencionalmente constituem, designámos essa unidade por "*consciência axiológico-jurídica*". E nela vemos a normatividade determinante do sentido último da validade do direito e do mesmo passo a axiológica normatividade integrante de uma comunidade ético-jurídica de pessoas – que é o sentido e a vocação do direito.

Normatividade cujo fundamento último exige também uma compreensão específica. Há que referi-lo para além da alternativa absoluta entre jusnaturalismo e positivismo jurídico, nos termos a que, aliás, começámos por nos referir e que agora explicitaremos pela reprodução do que esse propósito por mais de uma vez enunciámos.

Assim, contra o jusnaturalismo e a sua procura daquele último fundamento numa manifestação ou modalidade do Ser (a "natureza" em sentido ontológico), seja numa metafísica ontológica (indiciada na ordem constitutiva dos seres, se não simplesmente na mais concreta e pontualizada "natureza das coisas"), seja numa ontologia antropológica (na "natureza do homem"), se compreende, irreversivelmente, que o direito compete à autonomia cultural do homem, que ele, tanto no seu sentido (vimo-lo ao pensarmos as suas constitutivas condições de emergência) como no conteúdo da sua normatividade, é uma resposta culturalmente humana (resposta assim só possível, não necessária) ao problema também humano da convivência no mundo histórico-social e da partilha dele, e desse modo sem a necessidade ou a indisponibilidade ontológicas, mas antes com a historicidade constitutiva de toda a cultura – não é "descoberto" em termos de objectividade essencial pela "razão teórica" e no domínio da filosofia especulativa ou teorética, é constituído por exigências humano--culturais e sociais reflectidas pela "razão prática" e imputado à responsabilidade poiética dessa mesma razão prática. E em contraponto, também relativamente ao positivismo jurídico se terá de negar que o direito seja tão-só o resultado normativo de uma *voluntas* simplesmente orientada por um finalismo de oportunidade e contingência políticas e dos compromissos estratégico-sociais. Pois a prática humana histórico-cultural e de comunicativa coexistência (quer a prática ética em geral, quer a prática jurídica), com a sua tão específica intencionalidade à validade em resposta ao problema vital do sentido, e estruturalmente constituída pela distinção entre o humano e o inumano, o válido e o inválido, o justo e o injusto, refere sempre nessa intencionalidade e convoca constitutivamente na sua normatividade certos valores e certos princípios normativos que pertencem ao *ethos* fundamental ou ao *epistéme* prático de uma certa cultura numa certa época. E que assim, sem se lhes ignorar a historicidade e sem deixarem de ser da responsabilidade da autonomia cultural humana, se revelam em pressuposição problematicamente fundamentante e constitutiva perante as positividades normativas que se exprimam nessa cultura e nessa época – são valores e princípios metapositivos e pressupostos a essa mesma positividade, como que numa *autotranscendência,* que é verdadeiramente uma *transcendentabilidade prático-cultural*, em que ela reconhece os seus fundamentos de validade e os seus regulativo-normativos de constituição. Fundamento este, relativamente ao qual poderemos falar, com algum cariz paradoxal mas sem contradição, de um *absoluto histórico* – é ele um fundamento que historicamente se constitui e manifesta e historicamente se assume nesse seu transcendental sentido fundamentante.

O que não significa, evidentemente, que na normatividade de validade que referimos, nos seus três níveis de determinação, e com este fundamento último tenhamos toda a normatividade jurídica relevante, que nela se esgote ou que com ela se confunda a que promane também das "fontes do direito", prescritivas ou judicativas, pois só pretende considerar a pressuposta axiológica normatividade fundamentante em que encontra decisiva determinação a validade de direito. Mas já significa que com essa normatividade fundamentante terá de ser consonante toda a outra normatividade positiva e que esta haverá de concretamente determinar-se e realizar-se conforme aquela. Assim se cumprirá o sentido do direito e se respeitará a sua autonomia.

4) E tendo presente tudo o que até aqui temos dito, podemos dar um passo mais na convocação do sentido específico da juridicidade, referindo-nos por último à *estrutura* caracterizadora e igualmente diferenciadora do seu universo próprio. Se qualquer estrutura é sempre a articulação de diversos momentos ou dimensões constitutivos integrados por uma correlatividade unitária, diremos então que na estrutura diferenciadora do direito concorrem uma *validade* (axiológico-normativa), uma *universalidade* (intencionalidade universal sem discriminação e em que as diferenças tanto de atribuição beneficiadora como de imputação responsabilizadora sejam apenas de sentido situacionalmente reversível), um *fundamento* (racional determinante material de toda a concretização) e um *juízo* (uma decisão problemático-normativamente judicativa). O que bem se entenderá se compararmos esta estrutura da juridicidade com a estrutura, desde logo, do político – sabendo-se que a identidade só verdadeiramente se conhece na diferença. Assim, à validade contrapõe-se aí a *estratégia* (validade axiológico-normativa *versus* estratégia selectiva de fins), à universalidade contrapõe-se a *partidarização* (universalidade *versus* a discriminação entre os que se situam *pro* e os que se situam *contra*), ao fundamento contrapõe-se o *efeito* (o fundamento *versus* a eficácia consequencional) e ao juízo contrapõe-se a *decisão* (o juízo *versus* a decisão na acção alternativa da *voluntas*).

b) Pois bem, o primeiro momento da nossa proposta de reconstituição crítica do sentido autónomo do direito fica assim compreendido, e manifesta-o a articulada conjugação das quatro dimensões que ficaram enunciadas – uma particular perspectiva, uma recompreensão desse sentido e da sua *intentio* de validade, uma específica normatividade intencional e a diferenciação de uma estrutura própria. O segundo momento – vimo-lo – convoca um correlativo modelo de pensamento chamado a assumir esse sentido e a sua normatividade em ordem à sua concreta realização judicativa – e será o momento metodológico da reconstituição crítica. Dispensamo-nos, no entanto, de o pormenizar, já que podemos remeter-nos para duas monografias em que esse modelo se encontra no essencial enunciado – *Metodologia Jurídica, Problemas fundamentais*, 1993, e *O actual problema metodológico da interpretação jurídica*, I, 2003. Limitamo-nos, por isso, a chamar a atenção para alguns pontos decisivos. Todo o modelo se perspectiva por uma específica compreensão do "problema metodológico-jurídico" – o problema do problemático-concreto juízo jurídico –, assim como refere um adequado "tipo de racionalidade" – nem teorética, nem tecnológico-social, e antes prático-jurisprudencial –, e justifica o "caso jurídico", o concreto problema jurídico na sua específica autonomia problemática, como o "*prius* metodológico" (que não apenas ponto de partida e objecto decisório) quer na intenção judicativa, quer na identificação e delimitação da juridicidade – e neste último sentido, *versus* o sistema jurídico positivo-dogmaticamente pressuposto. Depois, organiza-se segundo uma também específica estrutura que se traduz numa particular dialéctica entre "*sistema* " e "*problema*", dialéctica essa que tem no "*juízo*", no concreto juízo jurídico, a sua mediação normativa. Mas sistema, enquanto a adquirida objectivação da normatividade jurídica em todos os seus planos, de validade e positiva, que se reconhece como a unidade de uma estratificada totalização normativa – constituem-na os princípios (o momento de validade), as normas (o momento de autoridade de prescrição), a jurisprudência (o momento de experimentação problemático-casuística, a reconhecer com uma particular presunção de justeza) e a doutrina ou dogmática (o momento de racionalidade sistemático-reconstrutiva). E sistema com as características, além disso, de abertura problemática e de sentido normativo regressivamente reconstrutivo, e que oferecerá ao juízo os fundamentos (nos princípios) e os critérios (nas normas) imediatamente decisórios. O problema, por seu lado, manifesta o caso jurídico no seu sempre *novum* de sentido concretamente problemático e sistematicamente irredutível. O juízo, por último, é chamado a assumir a normatividade jurídica oferecida *prima facie* pelo sistema e a projectá-la como solução na decisão jurídico-normativa do caso, obedecendo para tanto – ponto capital – a duas exigências diferenciáveis, mas e a integrar dialecticamente no decisão judidicativa, pois haverá de ser tanto normativo-juridicamente fundado (em referência ao sistema) como problemático-concretamente adequado (em referência ao caso decidendo), e operará segundo um esquema metódico complexo em que se reconhecerá a sua também irredutível constitutividade normativo-jurídica, e que prescindiremos igualmente de expor aqui. Com duas notas relevantes, todavia, ainda a sublinhar. Neste modelo metodológico reconhece-se, por um lado, a perspectiva microscópica, ou seja, a referência problemático-concretamente jurídica, como o horizonte determinante da intencionalidade, e manifesta-se, por outro lado, a juridicidade como validade normativa fundamentantemente referida e dialéctico-judicativamente realizanda e constituenda. A outra nota para considerar que o problema da assunção determinativa dos critérios a invocar pelo juízo – que tanto é dizer a "interpretação" na designação comum – vai necessariamente compreendida como um problema, não analítico (exegético-analítico) ou sequer estritamente hermenêutico, e sim especificamente normativo, ou seja também ele com um sentido que vai na coerência da globabilidade normativa deste modelo de pensamento.

Assim se compreenderá o direito na sua verdadeira autonomia – autonomia intencional e normativa e enquanto uma capital e irredutível dimensão no universo prático humano perante as outras dimensões diferenciáveis desse mesmo universo. E autonomia nos termos que vimos, a manifestar uma específica e constitutiva condição ética (de pessoal autonomia e comunitária responsabilidade) em que se implica uma validade de normatividade material sistematicamente intencionada (na mediação de fundamentos e critérios específicos) e problemático-concretamente reconstituenda e realizanda.

2) Com uma observação final e que temos por indispensável para obviar a possíveis equívocos. A observação é esta: compreendido

o direito com este sentido, não fica determinada qual a índole histórico-social, a estrutura e os conteúdos concretos da comunidade em que participa, como sua dimensão, o direito – apenas se exige que não sejam recusadas as condições possíveis, no contexto das disponibilidades histórico-sociais, para que todas e cada uma das pessoas, sem sofrerem violação da sua dignidade e enquanto sujeitos de direito (sujeito de direitos e do direito) e da implicada responsabilidade, ascendam aí à viabilidade da sua realização pessoal em liberdade e igualdade e se vejam, em simultâneo, integrantemente convocadas à participação e à responsabilidade comunitárias no quadro de uma validade normativamente definida e realizanda. A sociedade histórica que negar ou impedir essas condições infringirá a exigência dessa validade postulada pelo direito, será verdadeiramente uma sociedade inválida perante o direito, sem que com isso fique definido o modelo concreto da sociedade a que essa validade se deverá impor. Esse modelo concreto será sobretudo da competência do político, ao qual caberá definir a estratégia teleológica, a estrutura dos poderes e optar pela índole e os objectivos em geral da organização económica. Que tanto é dizer ainda que não compete ao direito determinar o programa ou visar a transformação da sociedade de que seja também dimensão – o direito não é política, mas validade; não é estratégia e programa, mas normatividade; não é decisão de alternativas consequenciais, mas juízo de fundamentante validade normativa. Só que, correlativamente, o direito não recusa menos sacrificar a sua autonomia, com o sentido que ficou compreendido, num qualquer holismo prático-social, sobretudo orientado pelas aquelas outras componentes do mesmo universo prático-social, que não lhe reconheça ou tenda a diluir essa sua autonomia.[7]

[7] O que vale mesmo para o holismo mais reflectidamente compreensivo, como é o pensado pelo nosso recordado Colega e Amigo Orlando de Carvalho com o seu "projecto social global" (*Para um novo paradigma interpretativo: o projecto social global*, Separata do *Boletim da Faculdade de Direito*, pág. 8), já que, como resulta expressamente das suas próprias palavras, trata-se de um "modelo que não é fundamentalmente jurídico, mas político, económico, sociológico, etc., sendo o jurídico a instância coactivo-conformadora dessa realização" – com o que, na verdade, o direito não logra manifestar um intencional sentido normativo-materialmente específico e fatalmente se vê secundarizado no todo pelo que materialmente e efectivamente constitui e determina o projecto global.

III.

Atingido o sentido do direito em que nos havemos de fixar – assim me atrevo a propor –, sentido que no-lo revelou na sua autonomia e na sua axiológica normatividade, há, por último, que enunciar desse sentido os corolários a que de começo nos referimos: o dos implicados *limites* – digamos agora, intencionalmente problemáticos – e o da possibilidade mesmo de *superação* do direito – por identificáveis alternativas, *alternativas ao direito,* que as sociedades actuais e sobretudo as evolutiva e previsivelmente futuras lhe constituam. Consequências, esses corolários, da autónoma substantividade normativa do direito, tal como o compreendemos, já que esse seu sentido, ao identificar a sua intencionalidade específica, por isso mesmo não só, por um lado, delimita o campo da sua invocação fundada e nos diz também do problema, e dos problemas humano-sociais que unicamente lhe são próprios e que nele podem encontrar solução (solução de direito), como, por outro lado, as intencionalidades sociais que não assumam aquele sentido específico nas suas perspectivações problemáticas verdadeiramente abandonam o domínio do direito e constituem-se como suas alternativas.

1. Quanto ao corolário dos limites, temos de reconhecer que é este um tema quase ausente das preocupações e mesmo da compreensão em geral do pensamento jurídico, e no entanto trata-se de um ponto de uma importância capital tanto no plano do exacto entendimento da juridicidade como das suas mais relevantes consequências. Basta dizer que nos põe ele perante o problema dos limites da juridicidade – e assim também da possibilidade de pedirmos ou não ao direito, na coerência do seu sentido e intencionalidade, solução para quaisquer problemas que humano-socialmente se ponham. Quase ausência de preocupação, porque esta terá de pressupor o que já referimos, uma compreensão axiológico-normativamente substantiva do sentido do direito, e no comum do pensamento jurídico o que domina é o nominalismo também jurídico, resultado do acrítico legalismo e com a consequência, por sua vez, no positivismo jurídico – o errado entendimento de que é direito qualquer autoritária prescrição sancionada e, portanto, de que basta remeter o quer que humano-socialmente seja a prescrições ou normas sancionadas para estarmos

no domínio do direito ou termos uma solução de direito. O que, aliás, Kelsen, com a sua bem conhecida clareza, não deixa de expressamente nos confirmar, ao considerar simplesmente o direito, e segundo decerto a perspectiva desse nominalismo jurídico positivista, como uma "ordem de coacção" (*Zwangsordnung*) e para concluir que não só não há qualquer conduta humana que, como tal ou por força do seu conteúdo, esteja excluída de uma norma jurídica, como se tornará ela jurídica pela circunstância apenas de ser submetida a uma qualquer forma de sanção jurídica (*Reine Rechtslehre*, 2ª ed., 34; IV, 114, ss.).

Ora, e para uma posição decisivamente contrária, há que considerar o que antes foi reflectido, que o sentido do direito *como direito*, ou autenticamente com o sentido de direito, resulta, e resulta só, da integrada conjugação das três condições então referidas, uma *condição mundano-social*, a manifestar a pluralidade humana na unicidade do mundo, uma *condição humano-existencial*, a explicitar a mediação social no fundo da dialéctica personalidade e comunidade, uma *condição ética*, a condição que implica o reconhecimento axiológico da pessoa e que, já por isso, é verdadeiramente a especificante condição constitutiva do sentido do direito como direito e que simultaneamente implica a *intentio* a uma normativa *validade* (a uma validade axiológico-normativa). E então, poderá dizer-se, numa imediata inferência, que não haverá juridicidade, que não estaremos no domínio do direito ou no espaço humano-social por ele ocupado e que o convoca, se não se verificarem essas condições: se não estivermos perante uma relação socialmente objectiva (constituída pela mediação do mundo e numa comungada repartição dele); se, embora num quadro de mediação social, não se suscitar a dialéctica, a exigir uma particular resolução, entre uma pretensão de autonomia e uma responsabilidade comunitária; se, não obstante a pressuposição de uma concreta dialéctica desse tipo, não estiver em causa a eticidade da pessoa – a pessoa como sujeito ético do direito e assim tanto sujeito de autonomia e de direitos como sujeito de deveres e de responsabilidade, fundados aqueles e estes numa pressuposta validade. É, no fundo, pela referência à primeira condição que comummente se diz, depois de Wolf e Kant, que o domínio do jurídico é a exterioridade, o mundo das humanas relações exteriores e não o da pura interioridade; é em consideração da segunda condição que se afirmará também que com o domínio da estrita e solitária ou mesmo solipsística liberdade pessoal, que não seja correlativa ou em que não esteja em causa a integração comunitárias com as exigências implicadas, não tem a ver com o direito; é finalmente com fundamento na terceira condição que certas relações de carácter social e de implicação comunitária, mas em que não se manifesta activa (na sua ética irredução a objecto ou na sua absoluta indisponibilidade) ou passiva (na sua ética responsabilidade) o reconhecimento impositivo da pessoa, se excluem do direito. O primeiro ponto é decerto o mais tratado e de aceitação comum; o segundo ponto logo se compreende, se pensarmos nos compromissos religiosos, nas convicções ideológicas, nas determinações artísticas, científicas, na mera sociabilidade, etc.; e claro é também o terceiro ponto, se considerarmos a posição das pessoas nas puras relações de amor e amizade e quaisquer outras análogas em que não tenha sentido a atribuição e a sua reivindicação, a imputação e a sua responsabilidade, etc. – recorde-se a parábola do filho pródigo, a afirmar o amor para além da justiça, tenha-se presente a autonomizante e distanciadora relação de igualdade que Aristóteles via como pressuposto das relações de justiça e de que, por isso, excluía (de acordo decerto com a realidade cultural-social grega) as relações entre pais e filhos, entre os cônjuges, refira-se as relações no seio das comunidades dos primeiros cristãos segundo os Actos dos Apóstolos, em que não havia "meu" nem "teu", e igualmente todas as filadélfias, todas as comunidades de amor, *inclusive* as associações informais de amigos, etc. Tudo o que considerado e como uma sua síntese nos permite enunciar esta conclusão: estaremos perante um problema de direito – ou seja, um problema a exigir uma solução de direito –, se, e só se, relativamente a uma concreta situação social estiver em causa, e puder ser assim objecto e conteúdo de uma controvérsia ou problema práticos, uma inter-acção de humana de exigível correlatividade, uma relação de comunhão ou de repartição de um qualquer espaço objectivo-social em que seja explicitamente relevante a tensão entre a liberdade pessoal ou a autonomia e a vinculação ou integração comunitária e que convoque num distanciador confronto, já de reconhecimento (a exigir uma normativa garantia), já de responsabilidade (a impor uma normativa obrigação), a afirmação ética da pessoa (do homem como sujeito ético). No que temos afinal um determinado *objecto* (as relações mundano-sociais) num particular *contexto prático* (o contexto da convivência pessoal-comunitária) de que emergem *controvérsias ou problemas normativo-práticos* a convocarem para a sua solução judicativa um *fundamento de validade normativa* (a validade axiológico-normativa implicada na axiologia da pessoa, na axiologia do reconhecimento da sua autonomia e da sua responsabilidade numa comunidade ética de pessoas).

Eis como entendemos o sentido do direito e em referência a esse sentido vemos em princípio (para algumas especificações mais, v. *Metodologia jurídica*, 232ss.) delimitada a juridicidade, o campo intencional e a problemática específica do direito. Só que, perante esta conclusão, não podemos poupar-nos a pô-la como que à prova relativamente a questões das mais candentes da nossa actualidade, como são, desde logo, a questão genética e a questão ecológica – a problemática da manipulação genética, que parece conduzir-nos a um futuro "pós-humano" (F. Fukuyama), e a problemática da protecção do ambiente, da preservação da natureza, natureza em perigo, a que também pertencemos e é a básica condição da nossa própria vida humana. E o que para nós há que perguntar é se o sentido e a problemática do direito que enunciámos assumem ou não aquelas decisivas problemáticas e que resposta ou solução lhes é possível ou não dar-lhes. É muito grave esta questão, porquanto essas últimas problemáticas no seu decisivo relevo não põem afinal só à prova, como dissemos e numa exemplaridade fundamental, a nossa conclusão, têm inclusivamente suscitado, especialmente a segunda (a questão ecológica), tentativas de uma revisão capital, mesmo de uma totalmente outra compreensão do sentido do direito – diversa decerto das compreensões tradicionais, mas também da nossa, reconheçamo-lo – e em termos, assim, de se proclamar que nessa outra compreensão é que teremos o direito do futuro. O que nos obriga a duas atitudes, ambas difíceis, a atitude que diremos da coragem na coerência – se é que a coerência não significará, no resultado, simplesmente um fracasso – e a atitude de uma tomada de posição perante este desafio, tomada de posição ainda que sumária e por isso porventura atrevida perante a imensa complexidade em causa. Numa só palavra, tendo dito antes o que dissemos, o que havemos de dizer agora?

a) Quanto à "questão genética", referida em último termo ao problema da legitimidade, e portanto da possibilidade e dos limites, da biotecnologia, somos remetidos para um plano análogo ao da bioética, posto que especificando-se quanto a nós na questão do biodireito. Move-se aquele primeiro plano no espaço problemático definido por duas coordenadas contrárias: uma, a que se dirá a do imperialismo científico e pela qual a ciência só por o ser deveria ser admitida sem limites, ou com os só limites que a ciência pelos seus próprios objectivos a si mesma se definisse, de modo, pois, que a possibilidade seria o critério da legitimidade; outra opõe-se a esta autonomia absoluta da ciência, postula-lhe limites éticos e submete-a a critérios normativos que tanto o risco dos seus resultados como a axiologia do ser-objecto em causa, já a vida em geral, já o ser humano em particular, justificariam, constituindo-se assim a bioética. Decerto que não são necessárias muitas palavras para se reconhecer que a opção correcta é a que se orienta por esta segunda coordenada: a ciência, como actividade humana e de humanas consequências, insere-se no universo cultural humano e, como tal, não pode abstrair de referência à axiologia, às validades e às exigências éticas identificadoras desse universo. E a querer isto exactamente dizer que não é sequer aceitável a *epistemodiceia* (a substituir a antiga teodiceia) de que se chega a falar para prognosticar, e aceitar, que a ciência, melhor, "os grupos da sábios se preparam para pilotar o mundo mundial", mundo mundial em oposição ao mundo simplesmente humano (assim, Michel Serres, *Le contrat naturel*, 45, e *passim*). E todavia não é esse o nosso problema, não se trata de legitimar a bioética, na sua intencionalidade e nos seus critérios, mas o de perguntar e de responder sobre a validade de converter sem mais a bioética num biodireito. O que em geral se aceita acriticamente – com a só reserva de se haver de ponderar, desde logo por razões prudenciais, a extensão dessa conversão – e pela razão simples, essa aceitação, de os dois domínios, da ética e do direito, serem análogos no plano da normatividade e a normatividade jurídica, pela institucionalidade e as sanções que lhe são próprias, dar maiores garantias de cumprimento. O que volta a pressupor o que já atrás vimos, o aceitar-se que para termos direito basta prescrever normas sancionadas. E é justamente isto o que não podemos aceitar, e pelo que também dissemos: só estamos no direito se estivermos perante um específico *problema de direito* que, como tal, seja susceptível de normativo-juridicamente obter solução – os limites da juridicidade são normativo-substanciais, não nominalisticamente formais. E se nas condições constitutivas da juridicidade incluímos como capital uma condição ética, também sabemos que com essa condição concorrem outras condições igualmente constitutivas e que o direito, se tem uma dimensão ética, não é simplesmente uma ética. Pelo que, posto não seja assim que em geral se pensa, pensamos nós que a juridificação da bioética apenas se justificará quando no domínio da sua responsabilidade e actividade, hoje tão vastas, se ponham concretamente problemas especificamente jurídicos, problemas verdadeiramente de direito – sabendo-se o que a esses problemas os constitui e define como tais, e outros não devem ser os que se postulam quando na bioética se invoca a "justiça", o "princípio da justiça". De contrário estaremos tão-só perante uma ética sancionada juridicamente, uma ética assumida legislativamente, o que, não sendo em si grave, não deixa de ser uma confusão a evitar – pelas suas consequências tanto para a ética (desde logo, pela circunscrição dos problemas e a formalização) como para o direito (desde logo pela indefinição do seu sentido e a instrumentalização). Pelo que este primeiro teste problemático não nos força a mudar de pensamento – pelos problemas humanos postos pela genética e com vista a dominá-la humano-eticamente não vemos que os limites do direito, definidos pela sua especificas intencionalidade e problemática, não deixem de se reconhecer nos mesmos termos e sem que aqueles problemas exijam uma revisão do sentido do direito, compreendido por aquelas mesmas intencionalidade e problemática.

b) Quanto à "questão ecológica", muito mais complexa na sua intencionalidade, há desde logo que atender a dois planos distintos de consideração. Num primeiro plano, a questão ecológica suscita a própria questão do direito – a questão do seu sentido e da subsistência mesmo do perspectivante modo como ele até hoje teria sido pensado. A inteira novidade do problema ecológico poria em causa, e radicalmente, a compreensão do mundo (do mundo-natureza) e da posição do homem nele, em termos de, havendo de repensar-se o homem a si no mundo, necessariamente se haveria igualmente de repensar, e com a mesma radicalidade, todas as projecções culturalmente humanas no mundo, entre as quais estaria o direito Assim, e sem mais, ao entendimento do direito teria presidido um estrito pressuposto antropocêntrico e de restrita intersujectividade humana, pressuposto tido até agora como evidente – o direito era imputado exclusivamente ao mundo humano, ao mundo dos homens e das relações apenas entre homens, e homens tidos numa específica diferenciação e autonomia perante a natureza, perante a natureza e a todos os outros seres da natureza. E seria justamente esse pressuposto que se teria de superar no reconhecimento contraposto de uma unidade, de um *continuum* e um monismo homem-natureza – entre os homens e os outros seres maturais, particularmente os outros seres vivos. Que tal é a proposta da *deep ecology* (distinta da simples e ainda antropológica *shallow ecology*), com a inferência de "a terra como comunidade" (Aldo Leopold), de uma "comunidade biótica", que fosse a base de uma *land ethic* com a consequência, relativamente ao direito, de se haver de pensar, para além da natureza como "sujeito de direito" e dos *animal rights*, já uma *naturliche Rechtsgemeinschaft* (comunidade jurídica natural) – assim K. Meyer Abich, *Aufstand fur die Natur* – e desse modo um outro "direito natural" agora verdadeiramente natural, já um *Contrat Naturel* em lugar do tradicional simplesmente "contrato social", um contrato natural que se alargasse do apenas "mundo mundano" ao "mundo mundial" das coisas e da natureza globalmente considerada, "um pacto novo a assinar com o mundo" (assim Michel Serres, *Le contrat naturel*, 1992). Pacto em que à ciência pertenceria o papel que fora o do clássico "direito natural", sendo que no nosso tempo "a física é o direito natural" e à teodiceia se substituiria, como dissemos já, uma *epistemodiceia*. Este um primeiro plano, e o certamente radical, em que o que se havia dito sobre o direito ficava anulado e se exigiria a constituição de um seu totalmente "novo paradigma". Só que – e sem com o que vai dizer-se se pretenda esgotar o oceano com uma concha –, há que reflectir sobre pelo menos três pontos, para ver que esta conclusão não é sem mais aceitável. Em primeiro lugar, o pressuposto antropológico – e não o "antropocentrismo", e assim para considerar que não se trata simplesmente de *polarizar no homem*, mas de que reconhecer que *pensar em referência em homem* é a própria condição essencial de possibilidade – é o pressuposto constitutivamente irredutível da juridicidade, já que sem a subjectivação e a imputação no homem, na sua liberdade-autonomia e na sua responsabilidade, não estaremos no universo jurídico e não poderemos falar de direito. Tal como sem Deus, sem referência pressuponente a Deus, não teremos teologia – a designada "teologia da morte de Deus" (W. Hamilton, Thomas, J. J. Altizer, etc.)

e, menos especificamente, "o movimento da morte de Deus" (Charles Brent) ou é uma contradição em si mesma ou é o anúncio do fim da teologia ou nada mais do que um distinto movimento cultural em que Deus deixa de ser uma categoria teológica para ser apenas uma categoria cultural –, tal como sem o pressuposto do tempo não temos a possibilidade da história, tal como sem o som e a referência a ele não temos a música ou a sua possibilidade, etc. O que é o direito sem o "sujeito de direito", na sua auto-disponível autonomia, que vai necessariamente vai implicado no reconhecimento e na atribuição de direitos e na imputação da responsabilidade? O que é o direito sem a simetria da correlatividade entre direitos e responsabilidade, simétrica correlatividade que se anula com a só atribuição de "direitos" a uns e a exclusiva responsabilidade a outros – assim, com a atribuição de direitos aos animais e às coisas, já que, ao faltar-lhes a autonomia ética e não podendo evidentemente ser responsáveis, a responsabilidade caberia exclusivamente aos homens –? Seria isso o inadmissível esquecimento de que o direito é, no plano do sentido e no plano histórico-cultural constitutivo e diferenciador, a emergência de um específico sentido civilizacional no mundo humano e muito particular aquisição humano-cultural chamada a resolver o problema da convivência dos homens nas suas comunidades humano-histórico-sociais, problema a que todos os seus pressupostos, as suas exigências ético-normativas e as suas determinações conceituais e também normativas vão referidas, e sem o qual o direito, perdendo a sua essencial referência problemática, perderia simplesmente também o seu sentido. Pelo que não estaremos no direito quando esse seu sentido constitutivo não está presente ou se anula. Falar então de direito, como faz a perspectiva que consideramos e quaisquer que sejam os sues objectivos, mais não é do que um abuso semântico e uma falsificação categorial, se não tão-só a convocação metafórica do direito para falar, verdadeiramente, de *outra coisa*. – "o que não significa evidentemente concluir, digamo-lo com Aroso Linhares ("Ética do continuum das espécies e a resposta civilizacional do direito", in *Boletim da Faculdade de Direito*, vol. LXXIX, 2003, 212), que tais efeitos (os visados pelo *continuum* jurídico-natural) não possam ou devam 'legitimar' um *outro* sistema de *controlo* social (...). Um sistema que será precismente isso: um *outro* sistema possível". Depois, e em segundo lugar, uma vez mais se não deverá identificar a ética com o direito, confundir, como fundamentalmente aqui se faz, a eticicidade com a juridicidade, através das duas "leis" capitais do "contrato natural" – se a primeira lei seria "amai-vos uns aos outros", a segunda exigir-nos ia "amar o mundo", não sendo essas duas leis "*qu'une seule, qui se confond avec la justice*"(M. Serres, *cit.*, 62-84) – assim como, e num sentido como que inverso, o apelo à ciência, à cientificidade, como base hoje necessária da ampliação ao cosmos-natureza própria desse contrato natural, pode decerto permitir um alargado horizonte às condições empíricas da experiência prática, mas não oferece nem assume o indefectível *fundamento normativo* da juridicidade. Assim como, em terceiro lugar, com base, uma vez mais, no nominalismo jurídico, a superação jurídica do "antropocentrismo" seria possível pela inclusão da normatividade nova, que desse modo se visa instituir, na normatividade jurídica, e isso porque esta última é identificada acriticamente a qualquer normatividade sancionada – o que, a favor de um pan-eticismo cósmico, acaba afinal por significar um panjuridismo, um juridismo sem limites, e pelo desconhecimento e incompreensão da intencionalidade e problematicidade especficas do direito, as quais, como vimos, justificam e são simultaneamente o critério de os seus limites. Ou seja e em síntese, para que a "questão ecológica" tenha a solução jurídica proposta, exige-se "que o direito – de novo o dizemos com Aroso Linhares, *ob. loc. cits.*, 211 – abandone de vez 'os muros e as ruas da (sua) cidade' e se esqueça do seu próprio problema".

Um segundo plano, de implicações menos radicais, mas que se pretendem também profundas, não trás consigo o abandono do universo apenas humano do direito, mas exige-lhe alterações igualmente paradigmáticas ao nível da axiologia e da normatividade para responder adequadamente ao problema ecológico e à responsabilidade nova que ele convoca. Tratar-se-ia da responsabilidade pelo futuro para que seríamos convocados na linha do "*Prinzip Verantwortung*" enunciado por Hans Jonas. E se este princípio remete à ética, a uma "ética da responsabilidade", sendo pois o seu universo imediatamente ético – *Versuch einer Ethik fur techonologische Zivilizsation* é o subtítulo da flosófica reflexão sobre aquele princípio –, por isso mesmo ou "a partir do momento em que adquire conotações éticas", a "questão ecológica" assim expressamente se chega a dizer, seria "um problema para o direito" (Maria da Glória F. P. D. Garcia, *O lugar do direito na protecção do ambiente*, 396). E então, aceitando-se embora em princípio que o direito deva ser compreendido como uma *ordem de validade*, como nós o compreendemos, exigir-se-ia que ele, embora no fundo desse sentido, fosse repensado, repensado sob um "novo paradigma" em que participasse a "dimensão de futuro" – não bastaria pensar o homem em comunidade e com a sua dimensão ética, pois, assim se contrapõe, "o compromisso que, através do direito, o homem assume, não se esgota numa existência vivida com responsabilidade perante o outro em comunidade e a comunidade em que este se lhe reflecte, também existencialmente", havendo, por isso, de, num"tempo longo", considerar ainda o homem como "ser potencial", como homem referido ao futuro, numa "justiça ampliada" que abrangesse um "programa de fins" e as acções, no futuro também, por ele implicadas e adequadas a favor da pessoa (*Id. Ibid.*, 395, ss.). Haverá, no entanto, de dizer-se, perante estas simultâneas convergência e divergência – e sem discutir neste momento o sentido e o fundamento da responsabilidade convocada por Hans Jonas (sobre o ponto, v. especialmente Karl-Otto Apel, *Verantwortung heute – nur noch Prinzip der Bewahrung und Selbstbeschrankung oder immer noch der Befreiung und Verwirklichung von Humanitat?*, in *Idem*, Diskurs und Verantwortung, 1990, 179ss.) e em que fundamentalmente se apoia a divergência –, desde logo e mais uma vez, que as exigências éticas não implicam necessariamente uma solução de direito. Que qualquer solução jurídica há-de pressupor e será a resposta a um problema especificamente jurídico, nos termos que atrás foram definidos. Pelo que a *validade* que vai na *intentio* do direito, se é implicação normativa da eticidade da pessoa, não deixa de também pressupor, justamente pelo sentido dessa eticidade no contexto comunitário, a dialéctica entre a autonomia (do "eu" pessoal) e a responsabilidade (do "eu" social). E isto significa decerto a convocação da responsabilidade nos três níveis que noutra oportunidade distingui (v. "Pessoa, Direito e Responsabilidade", in *Revista Portuguesa de Ciência Criminal*, ano 6, Fasc. 1°, 41ss.), o primeiro dos quais é exactamente a responsabilidade perante o todo comunitário das condições da coexistência histórico-social, e a traduzir-se na correlação entre as possibilidades oferecidas por essas condições para a realização pessoal e a corresponsabilidade pessoal por elas. Responsabilidade essa em que cabem naturalmente os deveres impostos pela preservação do ambiente comunitário da existência, só que não de qualquer modo e sem limites. Por um lado, hão-de encontrar fundamento na validade normativa referida pelo direito e que o substantiva – estamos no domínio do direito e não em qualquer outro domínio prático, ético, político, económico, etc. – e determinar-se concretamente em resposta a uma problemática também concreta – assim se respeitará a perspectiva microscópica do direito e se excluirá uma sua índole simplesmente programático-regulamentar de uma qualquer estratégia de acção. Por outro lado, a responsabilidade em que esses deveres se traduzam deverá afirmar-se no quadro da dialéctica jurídica autonomia/responsabilidade e não poderá, portanto, anular os direitos em que encontre manifestação a autonomia e a sua possibilidade concreta a favor tão-só de uma hipertrofia da responsabilidade. Por isso é que há muito sustentamos que os limites impostos pela responsabilidade à plena autonomia deverá, por sua vez, ter limite e para que assim, mediante esse limite aos limites de responsabilidade (e de que seriam critérios, desde logo os princípio do *mínimo* e da *formalização*), se exclua um *continuum* de responsabilidade que anularia a autonomia (v. *O princípio da legalidade criminal*, 1988, 86-91). Limite – para nós limite jurídico – à responsabilidade que no plano globalmente ético de modo análogo vimos depois também afirmado, como que numa confirmação, por Paul Ricoeur em diálogo igualmente com Jonas, no seu ensaio *Le concept de responabilité – Essai d'analyse sémantique*, incluído na colectânea Le Juste, págs. 68ss.: "l'action humaine n'est possible que sous la condition d'un arbitrage concret entre la vision courte d'une responsabilité limitée aux effets prévisibles et maîtrisables d'une action et la vision longue d'une responsabilité ilimitée. La négligence entière des effets latéraux de l'action rendrait celle-ci malhonnête, mais une responabilté illimitée rendrait l'action impossible". Acresce, como última nota, que as soluções para a dialéctica jurídica entre autonomia e responsabilidade, a que nos referimos, e que serão a resposta do direito, só perante os práticos problemas histórico-socialmente concretos e em função da sua específica problematicidade poderá decidir-se. E serão da competência do juízo, do juízo jurídico. (Tal como, embora só em analogia, a ética da responsabilidade exigirá, segundo K.- O- Apel, para além da sua fundamentação geral no discurso, complementos concretizadores através de particulares "discursos práticos".)

Assim se reconhecem, na verdade, limites ao direito – é agora a palavra final – com corolário mesmo do sentido da sua autonomia.

2. Por último, e ainda como possível corolário desse sentido do direito, somos postos perante a eventualidade da sua própria superação através de *alternativas* que para ele se forjem na realidade histórico-cultural-social. Dissemos atrás que as intencionalidades sociais que não assumam esse seu sentido constitutivo e diferenciador, na resolução embora do mesmo problema humano-histórico-social para que o direito se tem constituído como uma específica solução, o problema da integração da pluralidade humana na unicidade do mesmo mundo comunitário, verdadeiramente abandonam o domínio do direito e constituem-se como suas alternativas. – pondo-se assim em causa, no seu dogmatismo, o aforismo sempre repetido, *ubi societas, ibi ius*. É este um tema que consideramos fundamentalmente esclarecedor – ainda que não o vejamos compreendido pelo pensamento jurídico em toda a sua importância – e que, por isso, temos continuamente retomado. Justifica-se assim que lhe façamos agora apenas uma alusão sintética.

As alternativas ao direito (com a exclusão dele que postulam, se o não o perspectivarmos pelo acrítico nominalismo jurídico positivista e antes pelo seu sentido normativamente substantivo que definimos) são pensáveis e estão efectivamente a afirmar-se na experiência prática contemporânea. É que, se o direito só verdadeiramente o temos quando à terceira condição da sua constitutiva emergência, a condição ética tal como a compreendemos, for conferido reconhecimento e realidade, bastará então que dela se abstraia ou que ela realmente se recuse para que possamos ter ordens sociais sem que serão ordens de direito. Recusá-la-á todo o despotismo dos poderes políticos, de que tivemos uma trágica experiência no século há pouco consumado, já que, ao imporem-se como poderes totalitariamente absolutos que se têm por *causa sui*, o que constituem, contra a *ordem de validade* própria do direito, são *ordens de necessidade* – a invocada necessidade, que seria também uma legitimidade, já da história, já da raça, já da classe, etc. Recusa-a também quer a ordem político-social que àquela ordem de validade prefira uma *ordem de possibilidade*, uma ordem apenas socialmente estratégica numa institucionalização funcional e consequencial, em que aos *fundamentos* (axiológico-normativos) se substituam os *efeitos* e actuando segundo uma prática científico-tecnológica de administração eficiente (em que a própria prática se converte em técnica, num qualquer modelo de "engenharia social" ou "tecnologia social", proposta há muito por Pound e Popper, assimilada por Hans Albert e outros, e está também na básica intenção do *contrat naturel* de M. Serres); quer uma ordem político-social que ainda, contra a opção por uma ordem de validade, opte antes por uma *ordem de finalidade*, uma programática de objectivos também selectivamente estratégicos em que, por sua vez, aos *valores* (na sua universalidade) se substituam os *fins* (na sua subjectivação contingente), fins a cuja realização tudo também se funcionaliza e só preocupada com a institucionalização de poderes e dos meios que lhe assegurem a eficiência e o êxito. Quer, pois, uma ordem social simplesmente de poder, quer uma ordem social (económico-social) fundamentalmente referida e apenas condicionada pela possibilidade científico-tecnológica, quer uma ordem social (político-social) exclusivamente referida e apenas condicionada pela finalidade política *stricto sensu*.

Por onde será a nossa opção na constituição do nosso mundo humano e na nossa responsabilidade por ele? Tudo que se disse cremos ter-nos esclarecido de que o direito é, perante todas estas alternativas, verdadeiramente a *alternativa humana* e ficámos a saber também com exactidão o que, optando por ele ou contra ele, poderemos ganhar ou perder com essa opção.. E não será pequeno o benefício deste resultado.

IV.

Não prescindindo de uma palavra conclusiva, diremos que, se partimos de um diagnóstico céptico, ainda que não pessimista, sobre a situação actual da juridicidade que nos fez reconhecer a exigência de superar essa situação com um *novum* de reconstituição de sentido, o que oferecemos não foi senão a tentativa de um contributo para essa reconstituição. E oferecê-mo-lo com esperança, ainda que também não com demasiado optimismo.

Isto conjugado com duas observações mais, em que temos maiores certezas. É a primeira de sobreaviso perante a tentação do holismo prático que, no seu aparente, mas realmente ilusório, enriquecimento *ab extra*, não só arrasta à confusão das essências, ao anular as intencionais autonomias diferenciáveis, com os seus problemas próprios e irredutíveis – já que, se em tudo está o todo, o todo não será o critério imediato de tudo – como se corre o risco de despedaçar a panela de barro das validades que vão na *intentio* do direito contra a panela de ferro do cinismo do poder e da astúcia dos interesses. A segunda observação quer sublinhar que são nossas e abertas as possibilidades históricas, já que a história somos nós que a fazemos e não devemos esperar por ela já feita, e que neste nosso tempo presente o que se nos impõe, como a nossa responsabilidade, é, sem abdicação, decerto o esforço de renovação com vista ao futuro, futuro que seja um mundo mais humano e mais belo (mundo esse que tarda...), e sem que nesse esforço se tema, se necessário, ir "contra a corrente"[8] – não o tememos nós na nossa tentativa.

[8] Temos presente, do *Tríptico Romano* de João Paulo II, o poema *A nascente*, onde se lêem estes versos: "Se queres encontrar a nascente/ deves continuar para cima contra a corrente".

Una alternativa posible: tolerancia y solidaridades interculturales

CARLOS MARÍA CÁRCOVA*

La naturaleza breve y ceñida que debe imponerse a una comunicación para la que se dispone de veinte minutos, me convence de la necesidad de apelar a un estilo que debe sacrificar toda pretensión de elegancia en el altar de la claridad y, si se pudiera, de la densidad conceptual. Advierto que este último requisito tiene, en mi caso, a un jugador de las divisiones inferiores que sólo puede prometer su mayor esmero.

El tema que nos convoca ha sido elegido con singular acierto. *El derecho del futuro y el futuro del derecho*, más allá del sutil juego de palabras, alude a fenómenos que se co-implican. Si llevo razón, estas notas lo revelarán en el marco de ciertos contextos que ya son parte de nuestra realidad actual, aunque ello no resulte inmediatamente evidente.

Como he sostenido en otro texto anterior, resulta hoy un lugar común, hacer referencia a los procesos de aceleración del tiempo histórico. El pasado, se cuenta ahora en años. Los seres humanos nacidos en la primera mitad del siglo XX, hemos sido testigos de transformaciones tan profundas y vertiginosas que, se afirma, ellas son comparables al conjunto de las acaecidas en el transcurso entero de la historia del hombre en la Tierra. Aunque se trate de una cierta exageración, no cabe duda que en un lapso muy breve se han reconfigurado a escalas inimaginables nuestros horizontes de sentido de naturaleza científica, tecnológica, cultural y civilizatoria.

---

* Professor da Faculdade de Direito da Universidade de Buenos Aires.

La globalización, con su carga de ambigüedades, ha implicado una radical transformación de las nociones conocidas de espacio y tiempo. Por una parte, porque la revolución tecnoinfomática ha permitido un incremento exponencial de los flujos comunicacionales, conectando a los hombres entre sí a escala planetaria, en tiempo presente. Tal circunstancia ha producido impactos significativos en diversos planos: económicos y tecnológicos, claro está, pero también políticos y éticos. Zygmun Baumann, a propósito de ello, sostiene que el problema moral pasó también a ser global.

Estamos al tanto, en instantes, de lo que ocurre en cualquier rincón del planeta y ello nos transforma en testigos que no pueden eludir sus propias responsabilidades, so pretexto de ignorar o de no ser parte. Porque lo que pasa, nos pasa. No podemos resignarnos a que se siga matando mujeres en Ciudad Juárez o que una niña afgana, de once años, por voluntad de sus mayores, sea transformada en esposa de un hombre de cuarenta y dos años o que en nombre de la autonomía de una región se haga estallar una bomba en un mercado o en un tren asesinando de ese modo a miles de personas inocentes o que una potencia que detenta la hegemonía militar en el mundo contemporáneo, provoque miles de muertos y una guerra de larga duración, con la única finalidad de custodiar su predominio económico y geo-político; tampoco nos resignamos a las torturas de Abu-Ghraib o a las víctimas civiles de Al- Qaeda.. Y no nos resignamos, porque la responsabilidad también se ha globalizado.

Por otra parte, el mundo conocido se ha reconfigurado también como resultado de las facilidades del transporte internacional y de las grandes migraciones producidas por razones políticas, raciales, religiosas, económicas; por hambrunas, desastres ecológicos o guerras cruentas y salvajes. Desde luego, nuevas y problemáticas dimensiones culturales, políticas y jurídicas son puestas en juego por este fenómeno. Los valores, prácticas, costumbres y representaciones del mundo, de los que son portadores los contingentes de migrantes, no se compatibilizan fácilmente con los que son propios de las sociedades receptoras. Estas últimas instrumentan políticas ad hoc, prohibiendo a veces, regulando otras el acceso y permanencia de extranjeros y con ello administrando un complejo sistema de inclusión / exclusión social, en el que, naturalmente, predomina este último extremo.

¿Cómo encarar éste problema de las sociedades multiculturales o interculturales como lo son, hoy por hoy, todas las grandes megalópolis, incluidas las del continente centro y sudamericano? Algunos, proponen como solución los ghettos de la posmodernidad; otros, privilegian el diálogo tolerante y racional. Pero en este último caso, la pregunta que complica es: ¿hay un único criterio de racionalidad o lo que llamamos "racional" depende de ciertas representaciones culturales? Por ejemplo, ¿la racionalidad del Norte rico, es homóloga a la racionalidad de una periferia miserable, hambreada y postergada?

Los denominados "estudios culturales" actualmente y el relativismo antropológico desde sus inicios, a principios del siglo XX, han denunciado, precisamente, las visiones "eurocéntricas" del mundo que al "naturalizar" su propia cultura, han instituido como universal, lo que resulta ser sólo el resultado de un particularismo hegemónico. Estos estudios subrayan que las teorías son fenómenos sociales y por ello contextuales e históricas, creadas y leídas (es decir, interpretadas) en un cierto tiempo y lugar. La construcción del sentido en un espacio universal que, mal que bien opera en red, no es ya monopolizable, y la realidad social se constituye como múltiple y diversa. Cada expresión de esa realidad resulta entonces, igualmente necesaria para entender la interacción humana.

He aquí algunos, entre otros tantos, de los desafíos de un mundo en transformación constante.

La llamada globalización aparece así como un proceso complejo y contradictorio en cuyo seno operan polaridades ineludibles, como lo son: universalismo/particularismo; global/local; complejidad sistémica/acción de individuos o grupos.

En ese marco, otras transformaciones han tomado cuerpo: el surgimiento de nuevas subjetividades; los cambios en la organización de los modelos productivos; la crisis de la representación política como consecuencia de la brecha cada vez más profunda entre representantes y representados; la corrupción devenida en factor estructural de la política. Desilusión y retracción permanente de la participación popular, en un escenario comunicativo mundial en el que se intenta legitimar la tortura o el crimen, como modo de luchar contra otro crimen, el del terrorismo internacional. Esto es, una especie de dialéctica del exterminio entre facciones que, sin embargo, afecta al conjunto de la humanidad sin discriminación y sin atenuantes, aunque se tienda con frecuencia el manto hipócrita de los llamados "daños colaterales", que por ser tales se presentan como menos deletéreos. En verdad, no importan las víctimas. Ni quienes, ni cuantas son. No hay distinción entre civiles y combatientes, entre hombres y mujeres, entre adultos y niños. El sentido de la acción sólo se cuantifica en términos de eficacia. De eficacia letal, por supuesto. Algunos especialistas sostienen que las "antiguas" guerras industriales interestatales, han sido reemplazadas por las que denominan "guerras en medio de los pueblos", que se libran no tanto para ganar un territorio o destruir al enemigo, sino para influir en la voluntad y la lealtad de los pueblos mismos.[1] Tanto del pueblo del país en donde se libra el combate como en el del pueblo de la metrópoli del país de donde procede la fuerza expedicionaria. Y también en la región y en el resto del mundo.

Pero, mientras estos horrores acontecen, no es menos cierto que la humanidad lucha por consolidar y ampliar valores civilizatorios y no siempre fracasa en esa tarea, como lo prueba el ambicioso programa de internacionalización de los derechos fundamentales, no ya como declaraciones más o menos vacuas, sino como progresivo avance de naturaleza institucional para la creación de una jurisdicción internacional, capaz de juzgar y castigar los crímenes de lesa humanidad. Y porque no mencionarlo aquí, como también lo prueba América Latina, un subcontinente sometido por décadas y décadas a feroces dictaduras y a implacables genocidios, cuando no étnicos de naturaleza ideológica, que parece haber estabilizado sus democracias, exhibiendo legitimidad de medios y loables proyectos de concertación dirigidos a afianzar la autonomía política y económica de la región. Todo lo cual vuelve a situarnos en la paradojalidad de nuestro tiempo.

Estas circunstancias incrementan la reflexividad social, es decir, coaccionan a la sociedad a mirarse a sí misma y a entenderse no como "naturaleza" sino como construcción humana, contingente y azarosa. Y a la llamada "realidad", como algo más que pura materialidad externa. La realidad es también sentido, símbolo, significación.

[1] Sir Rupert Smith "The Utility of Force: The Art of War in the Modern World" (citado por Pierre Hassner- Revista Ñ, 22/12/2007.

Este plus de materialidad, este agregado de sentido, es construcción (es decir artificio, artefacto). Construcción humana, social, histórica, positiva e intersubjetiva, que se concreta como representación en el imaginario de la sociedad. Y en ello consiste su "real materialidad".

Es claro que las representaciones humanas significativas pueden estar "cargadas". Cargadas de contextualidad y hegemonía. Por ello, las ciencias sociales deben reformular una nueva teoría del imaginario, con los aportes de las nuevas ciencias y con una nueva concepción de lo subjetivo, que advierta que no existen ya las estructuras fijas de antaño; que al lado de los sujetos individuales, se hallan los sujetos colectivos, los grupos de interés, los nuevos movimientos sociales. Y que éstas identidades de nuevo tipo, conviven en permanente rearticulación (la posmodernidad líquida de Baumann), han perdido fijeza y perdurabilidad. La teoría social y también la teoría jurídica, se encuentran, en consecuencia, demandadas a ofrecer criterios hermenéuticos que permitan a los agentes identificar su propia posición en la realidad, tal como afirma, con acierto, Federico Schuster.

Pero en el entorno planetario descripto, la mayor complejidad implica, paradojalidad: el poder se fracciona y atomiza, provocando cíclicas reorganizaciones basadas en acuerdos que no alcanzan perdurabilidad suficiente y, por ello, no ofrecen otra garantía que la de sus inestables y circunstanciales equilibrios. Las hegemonías se despliegan en permanente cuestionamiento por parte de los grupos y sectores más débiles que, por ser tales, intentan justificar su apelación a políticas de terror indiscriminado cuando la confrontación es militar o a acuerdos de nuevo tipo con potencias emergentes en el plano económico, como China, India, Brasil. De modo que la globalización implica también localización, pues los agentes siguen siendo locales, aunque actúen globalmente.

Existen, pues, pluralidad de cruces subjetivos en el contexto global; el orden y el desorden conviven en un nuevo escenario marcado por una presencia hegemónica que no cuenta con legitimidad en estos días y cuya condición de tal, sólo resulta de dispositivos fácticos cuyos límites parecen ostensibles, como resultado de la multiplicidad de conflictos abiertos y en curso que la cuestionan, militar o políticamente. En el mundo complejo del nuevo milenio, la acción humana es relevante en términos de construcción e incertidumbre. Es decir, en términos de política.

De política jurídica también. El jurista de hoy debe seguir conociendo los Códigos, naturalmente, pero también debe asomarse a la experiencia de la vida. Se lo reclaman el conocimiento transdisciplinar destinado a enfrentar nuevos interrogantes: los de la bioética, la biotecnología, la biodiversidad, el consumo, las comunicaciones, la globalización. Estamos constreñidos a construir intercepciones cognitivas con otros discursos del conocimiento en general y del conocimiento social en particular. Con la medicina y la biología; con la antropología, la psicología y el psicoanálisis, la sociología y la economía, los estudios culturales y la semiología.

¿Desde donde aprehender sino las dilemáticas demandas de la interculturalidad? La democracia que defendemos se sostiene en la libertad, la igualdad y la solidaridad, como pilares fundamentales. ¿El derecho a la igualdad, comprende el derecho a la diferencia? Frente a la diferencia: ¿imposición o diálogo multicultural?

Estos interrogantes finales que podrían multiplicarse en progresión geométrica, muestran a la teoría y a la dogmática jurídica, enfrentando nuevos interrogantes, otras demandas preñadas de historicidad, pero también de responsabilidad ética. A partir de la modernidad la regla de juego básica de organización del orden social pasó a ser el derecho. En consecuencia, el conocimiento del derecho, cada vez más opaco, más problemático y complejo, atribuye a quienes de él disponen, los juristas, los hombres de leyes, un poder diferenciado respecto de los legos, de aquellos que actúan las reglas como imposición, como costumbre, como hábito. Sin comprender sino vaga y genéricamente, en el mejor de los casos, el sentido de los actos que realizan y que tanta trascendencia poseen para el curso ordinario de sus propias existencias. El saber de los juristas otorga poder, poder social. Un poder ligado a la comprensión general de las reglas de juego que organizan los fenómenos que acontecen en el vasto escenario de la interacción social. Pero el poder, como sostienen desde Foucault hasta Luhmann, no puede homologarse con la violencia. No hay poder sin legitimidad, sin consenso, sin acuerdos. Por ello, el saber de los juristas que tan alto grado de significación asume en nuestros días, confronta opciones de naturaleza ética: o se compromete con los poderes fácticos que están amenazando la supervivencia misma del género humano o con el proyecto de una sociedad más justa y más humana.

Pero esta última empresa sólo puede intentarse a partir de una cierta revolución epistemológica. Si el derecho continúa siendo concebido como pura ontología o, en el otro extremo, como pura normatividad, no podrá seguir funcionando como principio de organización de la sociedad de nuestros días, como lo fue de la sociedad nacida con la modernidad. Porque hemos advenido al siglo de la complejidad y los esquemas conceptuales que son parte de las tradiciones heredadas, no resultan ya suficientes para dar cuenta de las nuevas realidades que hemos intentado describir más arriba.

Dicho de otro modo, *el futuro del derecho* está ligado a la emergencia de un nuevo instrumental teórico capaz de asumir el fenómeno que él implica en su multidimensionalidad, en su paradojalidad, en su transdisciplinariedad. Un instrumental que permita entender al derecho como una práctica social productora de sentido y al mismo tiempo como una refinada tecnología desarrollada durante siglos; como un discurso que reproduce y legitima ciertas relaciones de poder, al tiempo que contribuye (he aquí una nota singular de su paradojalidad) a su progresiva sustitución; como un sistema congruente de expectativas generalizadas (para decirlo con Luhmann) y como un producto estilizado de la interacción humana, es decir, como cultura. Si este fuera el caso, habría que pensar en *el derecho del futuro*, más que como un ámbito monopolizado por especialistas, como una vasta red descentrada en la que interactúan en el espacio público de la comunicación, grupos e individuos. Y a la adjudicación, no como la tarea solipsística de un operador jurídico paradigmático, sino como una construcción social, pues como decía Wittgenstein y con él muchos más, todo acto de interpretación -que la adjudicación no puede soslayar dada la naturaleza discursiva de la juridicidad- es, necesariamente un acto social, histórico y positivo. En el mundo en que vivimos y en el que viviremos (si sobrevivimos a los expandidos riesgos del holocausto nuclear) *el derecho del futuro*, deberá prohijar los cruces culturales, animar las solidaridades y los reconocimientos de la diversidad, aislar a los enemigos de la tolerancia, para constituir así, la mejor chance para la humanidad.

Decisionismo e Discricionariedade Judicial em Tempos Pós-positivistas: O Solipsismo Hermeneutico e os Obstáculos à Concretização da Constituição no Brasil

LENIO LUIZ STRECK[1]

1. Constitucionalismo e pós-positivismo: o direito do passado e do presente

Nos quadros do Estado Democrático (e Social) de Direito, parece já fazer parte da tradição (no sentido hermenêutico da palavra) a assertiva de que o direito é hoje um instrumento de transformação da sociedade, porque regula a intervenção do Estado na economia, estabelece a obrigação da realização de políticas públicas, além de prever um imenso catálogo de direitos fundamentais-sociais. Em síntese, o fenômeno desse novo constitucionalismo proporciona o surgimento de ordenamentos jurídicos constitucionalizados, a partir de uma característica especial: a existência de uma Constituição com característica compromissória e dirigente, que atravessa vertical e horizontalmente as relações sociais.

Nesse contexto, o novo constitucionalismo foi se transformando em um campo extremamente fértil para o surgimento das mais diversas teorias que fossem capazes de responder a essas complexidades. Das teorias do discurso à fenomenologia hermenêutica, passando pelas

---

[1] Professor Titular da Unisinos-RS, Brasil; Procurador de Justiça-RS; Membro Catedrático da Academia Brasileira de Direito Constitucional; Coordenador da parte brasileira do Acordo Internacional CAPES-GRICES (Unisinos-Faculdade de Direito de Coimbra).

teorias realistas (que deslocaram o pólo da tensão interpretativa em direção do intérprete), os últimos cinqüenta anos viram florescer teses que tinham um objetivo comum no campo jurídico: superar o modelo de regras, resolver o problema da incompletude das regras, solucionar os casos difíceis (não abarcados pelas regras) e a (in)efetividade dos textos constitucionais (compromissórios e dirigentes). O pano de fundo de toda essa problemática está baseada na questão da legitimidade. Afinal, o deslocamento do pólo de tensão da representação popular em direção à justiça constitucional demanda uma profunda discussão acerca da legitimidade da relação "constitucionalismo-democracia".

Diante dessa verdadeira revolução copernicana que atravessou o direito a partir do segundo pós-guerra, as diversas teorias jusfilosóficas tinham (e ainda têm) como objetivo primordial buscar respostas para a seguinte pergunta: como construir um discurso capaz de dar conta de tais perplexidades, sem cair em decisionismos e discricionariedades do intérprete (especialmente dos juizes)?[2] Ou seja, a reviravolta ocorrida no campo jurídico tinha que encontrar justificativas para essa nova legitimação no quadro da relação entre os poderes do Estado. Ademais, há que se ter presente que a libertação do direito de qualquer fundamento metafísico deslocou o problema dessa fundamentação (legitimidade) para outro ponto (ou o seu contraponto): as condições interpretativas e a necessidade de buscar os fundamentos da ordem jurídica em função de uma substantivação hermenêutica.

---

[2] Não é fácil a tarefa de indicar/classificar as diferentes posturas que, de um modo ou de outro, aceitam que a interpretação/aplicação do direito implica um grau maior ou menor de discricionariedade (que conduz à arbitrariedades e decisionismos). Aqui parece adequada a noção "forte" de discricionariedade cunhada por Dworkin (*Los derechos en serio*. Barcelona: Ariel, 1984), para criticar as posturas positivistas. Isto é, a tese da discricionariedade forte é indicador do diferentes graus de "delegação em favor da subjetividade do intérprete". De qualquer modo, assim como é difícil fazer um quadro acerca de (todas) as modalidades de positivismo, também é complexo delinear as posturas decisionistas, que vão desde o normativismo kelseniano, que atribui ao juiz, nos casos difíceis, um poder absoluto, até as tese da escola de direito livre e do realismo norte-americano, passando por Herbert Hart (*El concepto de derecho*. Buenos Aires: Abeledo-Perrot, 1977) alvo principal das críticas de Dworkin. *Considere-se, ademais, as teorias da argumentação, que concedem, no âmbito da ponderação, um acentuado grau de discricionariedade ao juiz.* A partir de tais autores e posturas, forjou-se um enorme contingente de concepções, que tem no esquema sujeito-objeto o seu suporte epistemológico.

E nisso residirá a diferença dos diversos enfoques. A toda evidência, trata-se de opções paradigmáticas.

Essas indagações e perplexidades demandam novos paradigmas, que, por sua vez, demandam novas formas de compreensão. O neopositivismo, fonte para a construção de metalinguagens e discursos analíticos, centrou suas críticas às insuficiências da linguagem natural (ordinária), propondo, como contraponto, a construção de uma linguagem artificial, para assegurar, assim, a neutralidade científica. Para as posturas neopositivistas, a linguagem natural não se apresentava confiável para abarcar as complexidades do discurso científico.

Sob outro viés, apontando igualmente para as insuficiências da tradição, Habermas vai propor uma teoria comunicativa capaz de superar a linguagem "sistematicamente distorcida" da tradição. Ou seja, para Habermas, a linguagem da tradição não se mostra(va) adequada para a compreensão das formas de comunicação "sistematicamente distorcidas" por esta proporcionadas. Em sentido contrário, Gadamer vai resgatar o valor da tradição, colocando a pré-compreensão como condição de possibilidade. De todo modo, há um algo a mais na tese hermenêutico-gadameriana, ao dizer que essa pré-compreensão está eivada de faticidade, do modo prático de ser no mundo que Heidegger havia percebido para superar a metafísica representacional.

A importância desse debate está no fato de que o novo paradigma de direito instituído pelo Estado Democrático de Direito proporciona a superação do "direito como sistema de regras", fenômeno que (somente) se torna possível a partir dos princípios introduzidos no discurso constitucional, que representam a efetiva possibilidade de resgate do mundo prático (faticidade) até então negado (e sonegado) pelo positivismo. Veja-se, nesse sentido, por todos, o sistema de regras defendido por jusfilósofos como Kelsen e Hart. Assim, é possível dizer que esse mundo prático – seqüestrado metafisicamente pelas diversas posturas epistemo-metodológicas – está centrado no sujeito egoista da modernidade (*Selbstsüchtiger*), que faz um verdadeiro exorcismo da realidade.

Nesse sentido, em face da complexidade para definir as diversas posturas positivistas, não parece desarrazoado a opção por uma classificação que poderia ser denominada de "a contrario sensu", a partir das características das posturas consideradas e autodenominadas pós-positivistas, entendidas como as teorias contemporâneas que privilegiam o enfoque dos problemas da indeterminabilidade do direito e as relações entre o direito, a moral e a política (teorias da argumentação, a hermenêutica, as teorias discursivas, etc). Ou seja, é mais fácil compreender o positivismo a partir das posturas que o superam.[3]

Penso que a chave está no novo constitucionalismo surgido no segundo pós-guerra, que representa a real possibilidade de ruptura com o velho modelo de direito e de Estado (liberal-individualista, formal-burguês), a partir de uma perspectiva normativa e, por vezes, fortemente diretiva, valendo lembrar, nesse sentido, a determinação constitucional, em textos constitucionais de Portugal, Espanha, Brasil, Colômbia, para citar apenas alguns, de efetivação dos direitos fundamentais-sociais). Ora, a tradição (compreendida no sentido estipulado por Gadamer) nos mostra que, definitivamente, não havia espaço para o mundo prático no positivismo. Não havia espaço para a discussão de conflitos sociais, que não eram "assunto" para o direito. Com efeito, isso não era pauta para a Constituição e, portanto, não era pauta para o direito.

2. A Constituição como remédio contra a "confisco" da faticidade pelo positivismo: de como o direito do Estado Democrático de Direito foi concebido como transformador

É inegável que a noção de constitucionalismo social (força normativa e textos com forte conteúdo diretivo) teve a função de trazer, para o âmbito das Constituições, temáticas que antes eram reservadas à esfera privada. Por isso é que parcela significativa dos textos constitucionais surgidos após a segunda guerra mundial publiciza os espaços antes "reservados aos interesses privados". E essa publicização somente poderia ocorrer a partir da assunção de uma materialidade, espaço que vem a ser ocupado pelos princípios. Os princípios passam a ter uma função antitética aos velhos princípios gerais do direito: enquanto estes tinham a função de assegurar/incrementar o exercício

[3] Nesse sentido é a classificação que faço em *Verdade e Consenso – Constituição, Hermenêutica e Teorias Discursivas: da possibilidade à necessidade de respostas corretas em direito*. 2ª ed. Rio de Janeiro, Lumen Juris, 2007.

da discricionariedade interpretativo-judicial, aqueles vem para "fechar" as "possibilidades advindas da abertura semântica dos textos", a partir da introdução do mundo prático no direito. Assim, se tanto o positivismo (em suas varidaas faces) como o pós-positivismo aposta(va)m nos princípios, essa aposta acontece em polos opostos, isto é, de um lado, reforçando a delegação em favor das posturas solipsistas, e, de outro, institucionalizando um (providencial) grau de autonomia para o direito, agora preocupado com o "mundo da vida".

Com efeito, se o constitucionalismo compromissório e diretivo altera (substancialmente) a teoria das fontes que sustentava o positivismo e os princípios demandam uma nova teoria da norma[4] (atrás de cada regra há, agora, um princípio que não a deixa se "desvencilhar" do mundo prático), é porque também o modelo de conhecimento subsuntivo, próprio do esquema sujeito-objeto, tinha que ceder lugar a um novo paradigma interpretativo.

É nesse contexto que ocorre a invasão da filosofia pela linguagem (*linguistic turn*, que, no plano da hermenêutica filosófica, pode ser chamado de *ontologische Wendung* – giro ontológico), a partir de uma pós-metafísica de (re)inclusão da faticidade que, de forma inapelável, mormente a partir da década de 50 do século passado, atravessará o esquema sujeito-objeto (objetivista e subjetivista), estabelecendo uma circularidade virtuosa na compreensão. Destarte, esse *déficit* de realidade produzido pelas posturas epistemo-metodológicas – ainda presas ao esquema sujeito-objeto – será preenchido pelas posturas interpretativas, especialmente as hermenêutico-ontológicas, que deixam de hipostasiar o método e o procedimento, colocando o *locus* da compreensão no modo-de-ser e na faticidade, bem na linha da viragem ocorrida a partir de Wittgenstein e Heidegger.[5] Assim,

---

[4] Para tanto, consultar importante estudo de Sanchís, Luis Pietro. "Neoconstitucionalismo y ponderación". In:: Carbonell, Miguel (Org.). *Neoconstitucionalismo(s)*. Madrid: Trotta, 2003.

[5] Cabe aqui, desde logo, uma advertência: a matriz hermenêutica (fundada na ontologia fundamental) não deve ser entendida como uma "adaptação" de teorias filosóficas *ao* direito, como se a filosofia fosse uma "capa de sentido" de um conhecimento jurídico desprovido de capacidade crítica. Do mesmo modo, não se trata de "heideggerizar" ou "gadamerizar" o direito, a partir de um ingênuo acoplamento de sofisticadas teorias de sofisticados filósofos. A utilização da filosofia hermenêutica e da hermenêutica filosófica – e é importante ter-se claro a diferença entre essas duas noções – dá-se na exata medida da

salta-se do fundamentar para o compreender, onde o compreender não é mais um agir do sujeito, e, sim, um modo-de-ser que se dá em uma intersubjetividade.

---

ruptura paradigmática introduzida principalmente por Heidegger (e também por Wittgenstein) nos anos 20-30 do século XX, a partir da introdução do mundo prático na filosofia. Mais do que um *linguistic turn* - afinal, também o neopositivismo, com todas as suas insuficiências, enquadra-se nessa primeira viravolta - o que ocorreu foi um giro linguístico-ontológico. Foi essa alteração radical na estrutura do pensamento que proporcionou a ruptura com os paradigmas objetivista e subjetivista. Não há dúvida que o conceito de mundo (ser-no-mundo) veio trazer a radical inovação de um a priori novo que precede qualquer discurso, em lugar da idéia do objetividade e da subjetividade como elementos transcendentais/estruturantes de qualquer discurso (observe-se a dimensão dessa questão no plano do "discurso" jurídico, por exemplo). Trata-se, a toda evidência, de um conceito que descreve um acontecer que já sempre envolve quem fala e aquele de quem se fala e que é possível ser explicitado em seu funcionamento prévio (eis a introdução do mundo prático, pois). Daí a questão da pré-compreensão (veja-se, a propósito, como a pré-compreensão tem sido banalizada, mal compreendida no direito; pré-compreensão tem um sentido transcendental e não ôntico-epistêmico). Essa autêntica "revolução copernicana" não foi apenas relevante para o direito, mas para a totalidade da estrutura do pensamento da humanidade. Aliás, quando falo em ruptura, quero acentuar um deslocamento daquilo que era pretendido nos e pelos paradigmas anteriores, cujos propósitos foram transformados em um mero elemento objetificador das condições de possibilidade que, apesar de terem seu sentido em uma epistemologia, labora(ra)m no equívoco do qual são o fundamento último, desconhecendo que há sempre um acontecer de uma compreensão prévia compartilhada em todas as formas transcendentais da metafísica. A partir daí, já não se fala em *fundamentum inconcussum*, e sim, no compreender e nas suas condições de possibilidade; enfim, salta-se da epistemologia para a ontologia (ontologia fundamental). A pergunta que se faz aos críticos da "utilização" de Heidegger e Gadamer no direito – que vêm principalmente do campo filosófico – é: *por que o direito estaria "blindado" às influências dessa revolução paradigmática?* Aliás, talvez por assim se pensar é que o direito continua até hoje refém, de um lado, do objetivismo (metafísica clássica) e, de outro, do solipsismo próprio da filosofia da consciência (metafísica moderna). Penso, assim, que os críticos (refiro-me especialmente àqueles advindos da filosofia e da sociologia) que olham de soslaio o crescimento do uso da ontologia fundamental no direito deveriam observar melhor esse fenômeno e, quem sabe, implementar pesquisas na área do direito, assim como cada vez mais os juristas fazem pesquisas na área da filosofia (não para transformar a filosofia em um discurso otimizador do direito, mas como condição de possibilidade; por isso, a expressão que cunhei "filosofia *no* direito" e não "*do* direito"). Na expressão "filosofia no direito", o "no" quer dizer o espaço da introdução do "mundo" *no* direito. O "no" é "ser em". É condição de possibilidade. Como se sabe, é no conceito de mundo que está a superação dos dualismos metafísicos. É por ele que entra o "modo-de-ser-no-mundo". É por ele que os "conceitos plenipotenciários" do direito sangram. Em outras palavras: penso que o direito é um fenômeno bem mais complexo do que se pensa...! O direito não é uma mera racionalidade instrumental, como sempre quiseram as posturas positivistas e seus sucedâneos. Isso implica reconhecer que

Entretanto, é necessário ter em conta que o novo constitucionalismo e a revolução copernicana proporcionada pela invasão da filosofia pela linguagem (do esquema sujeito-objeto para sujeito-sujeito) não consegue superar a relevante circunstância de que ainda vivemos em um mundo jurídico que busca exorcizar os fatos e conflitos tratados pelo direito, isto é, vivemos em um mundo no qual a metodologia jurídica continua com a função de promover a desvinculação do caráter historicamente individualizado do caso que esteja na sua base, para atingir o "abstrato generalizável e comum", como de há muito denuncia Castanheira Neves. Para tanto, basta uma análise na operacionalidade do direito para constatar a resistência exegético-positivista, calcada muito mais em decisionismos e discricionariedades do que em discursos que procurem efetivamente colocar o direito como uma ciência prática, destinada a resolver problemas (sociais), mormente nesta fase da história.

Ou seja, é preciso compreender que o direito – neste momento histórico – não é mais ordenador, como na fase liberal; tampouco é (apenas) promovedor, como era na fase do *welfare state* (que nem sequer ocorreu na América Latina); na verdade, o direito, em tempos de Estado Democrático de Direito, é mais do que um *plus* normativo em relação às fases anteriores, constituindo-se em um elemento qualificativo para a sua própria legitimidade, uma vez que impulsiona o processo de transformação da realidade. E é exatamente por isso que aumenta sensivelmente – e essa questão permeou, de diversos modos, as realidades jurídico-políticas dos mais diversos países europeus e latino-americanos – o pólo de tensão em direção da grande invenção contramajoritária: a jurisdição constitucional, que, no Estado Democrático de Direito, vai se transformar no garantidor dos direitos fundamentais-sociais e da própria democracia.

Mas, se, efetivamente, o constitucionalismo do Estado Democrático de Direito objetivou – e ainda objetiva – resgatar a "realidade perdida", de que modo a teoria jurídica tem reagido diante desse fenômeno? Como dar por vencido o modelo subsuntivo, que coloca

---

fazer filosofia no direito não é apenas pensar em levar para esse campo a analítica da linguagem ou que os grandes problemas do direito estejam na mera interpretação dos textos jurídicos. Isso seria subestimar o direito e a capacidade reflexiva dos juristas preocupados com um direito que, fundamentalmente, possui um sentido prático-normativo.

o sujeito isolado do objeto, e que relega a linguagem a uma terceira coisa, à *dis*-posição do sujeito cognoscente? Como resolver a inexorável tensão entre fato e norma, separados, politicamente, pela Revolução Burguesa e, filosoficamente, pelas duas metafísicas (clássica e moderna)?

De um modo ou de outro, até mesmo algumas teorias discursivas, a pretexto de superar as diversas formas assumidas pelo positivismo jurídico e buscando resolver os problemas da impossibilidade de antevisão de todas as hipóteses de aplicação próprias de um direito que assumia um caráter inexoravelmente hermenêutico, apostaram na construção de discursos (prévios) de justificação/fundamentação (*Begründungsdiskurs*), com o que acabaram por incorrer na própria problemática que pretendiam criticar no positivismo.

Dito de outro modo: as posturas positivistas, ao desindexarem do discurso jurídico o mundo prático, não encontraram adversário à altura em teses como a teoria do discurso habermasiana, que deslocou o problema da atribuição de sentido para uma contrafática situação ideal de fala, cuja função é a de servir de justificação prévia ao procedimento de adequação entre a faticidade e a validade (e, portanto, superar a tensão entre fato e norma).

No fundo, não houve grandes alterações em relação ao âmago das teorias jurídicas arraigadas ao esquema sujeito-objeto, embora o cerne das teses habermasianas, por exemplo, esteja localizado exactamente na busca da superação do paradigma representacional. Com efeito, discursos de justificação prévia (*Begründungsdiskurs)* – construção teórica das teorias discursivas (especialmente Günther e Habermas) – procuram ultrapassar a decisão de origem, para atingir todas as "situações semelhantes futuras". Ocorre que, ao mesmo tempo, para evitar decisionismos decorrentes de "ativismos judiciais", tais teorias buscam "aliviar" o juiz da carga representada pelos problemas da fundamentação da norma que aplica, isto é, a racionalidade da decisão (discurso de aplicação – *Anwendungsdiskurs*) do juiz já não depende do fundamento racional dessa norma, porque este "problema" já vem resolvido por um discurso de fundamentação (anterior).

Se trabalhamos no interior de um paradigma como o da *ontologische Wendung,* no qual o direito assumiu um caráter hermenêutico que decorre da própria característica que marcou o direito a partir do segundo pós-guerra e em que visivelmente a tradição nos mostra o papel interventivo da jurisdição constitucional, então a preocupação de qualquer teoria jurídica deve estar voltada ao enfrentamento das conseqüências desse fenômeno.

Numa palavra: se o direito é um saber prático, a tarefa de qualquer teoria jurídica, hoje, é buscar as condições para a concretização de direitos. Afinal, a Constituição (ainda) constitui, isto é, a Constituição não perde sua principal característica: a de norma superior e com perfil que ultrapassa paradigmaticamente a noção de direito liberal e social. Ao mesmo tempo, a tarefa de qualquer teoria jurídica é a – ao mesmo tempo –, envidar todos os esforços para evitar decisionismos e arbitrariedades interpretativas. Sendo mais claro: é contraditória qualquer perspectiva jus-interpretativa calcada na possibilidade de múltiplas respostas, porque leva, ineroxavelmente, ao cometimento de discricionariedades, fonte autoritária dos decisionismos judiciais. Veja-se aqui a relevante preocupação de Dworkin, ao aproximar a discricionariedade da arbitrariedade. Com efeito, parece não restar dúvida de que a primeira leva à segunda.

Trata-se, pois, de entender que, se o primeiro problema metodológico tem uma resposta, que está fundamentada na superação do paradigma representacional, em que não mais cindimos interpretação de aplicação (isto está bem presente em Gadamer e Dworkin, por exemplo), o segundo parece bem mais difícil de resolver, isto é, encontrar uma forma de evitar decisionismos, ativismos, etc, e, assim, construir as condições para alcançar respostas corretas (adequadas constitucionalmente). Este é o cerne da discussão hermenêutica, pois.

3. O papel da Constituição diante da não superação do triângulo dialético (projeto de modernidade política)

Como o direito é um saber prático e que deve servir para resolver problemas e concretizar os direitos fundamentais-sociais que ganharam espaço nos textos constitucionais, a superação dos obstáculos que impedem o acontecer do constitucionalismo de caráter transformador estabelecido pelo novo paradigma do Estado Democrático de Direito pressupõe a construção das bases que possibilitem a compreensão do estado da arte do *modus* operacional do direito. Na base dessa inefetividade, para além do problema relacionado à configuração política e econômica da sociedade, encontra-se consolidada uma cultura jurídica positivista que coloniza a operacionalidade (doutrina e jurisprudência) e o processo de elaboração das leis, em um processo de reatroalimentação. O problema da inefetividade da Constituição – e tudo o que ela representa – não se resume a um confronto entre modelos de direito. O confronto é, pois, paradigmático.

A Constituição ainda possui força normativa, pois. E algumas posições precisam ser assumidas. Destarte, penso que o constitucionalismo do Estado Democrático de Direito (guardadas as especificidades de cada país e de seus respectivos estágios de desenvolvimento social e econômico) tem uma força sugestiva relevante quando associado à idéia de estabilidade que, em princípio, supõe-se lhe estar imanente.[6] Esta estabilidade está articulada com o projeto da modernidade política, que, sucessivamente implementado, respondeu a três violências ("triângulo dialéctico"), através da categoria político-estatal: a) respondeu à falta de segurança e de liberdade, impondo a ordem e o direito (o Estado de direito contra a violência física e o arbítrio); b) deu resposta à desigualdade política alicerçando liberdade e democracia (Estado democrático); c) combateu a terceira violência – a pobreza – mediante esquemas de socialidade.[7] Tenho presente, assim, que o papel diretivo da Constituição continua a ser o suporte normativo do desenvolvimento deste projeto de modernidade.

Na medida em que não resolvemos essas três violências – e essa questão aparece dramaticamente na realidade de países como Brasil, Colômbia, Venezuela, Argentina, para falar apenas destes –, mostra-se equivocado falar em desregulamentação do Estado e enfraquecimento da força normativa dos textos constitucionais e, consequentemente, da própria justiça constitucional no seu papel de garantidor da Constituição. Na verdade, a pretensão é que os mecanismos constitucionais postos à disposição do cidadão e das instituições sejam utilizados, eficazmente, como instrumentos aptos a evitar que os poderes públicos disponham livremente da Constituição. A Constituição não é simples ferramenta e tampouco é uma terceira coisa que se "interpõe" entre o Estado e a Sociedade.

---

[6] Ver, para tanto, Canotilho, J. J. Gomes. "O Estado Adjetivado e a Teoria da Constituição". In: *Interesse Público*, n. 17. Porto Alegre: Notadez, 2003, p. 40.

[7] *Idem, ibidem.*

A Constituição, além de ser o elo conteudístico que une "política e direito" em um determinado Estado, é também um (eficiente) remédio contra maiorias, circunstância que, de modo algum, coloca um abismo entre democracia e constitucionalismo. E, ao se constituir em remédio contra maiorias (eventuais ou não), tem-se que a Constituição traz ínsito um núcleo político que somente pode ser extirpado a partir de uma ruptura institucional.

Esta é, afinal, a regra do jogo democrático e o custo que representa viver sob a égide do Estado Democrático de Direito. E é dessa intrincada engenharia política que exsurge um novo papel para o direito e, por consequência, para a Constituição, especialmente em países que não conseguiram superar as três violências acima especificadas.

É nesse sentido que assume relevância uma análise do problema a partir de uma leitura hermenêutica. As alterações do papel do Estado estão ligadas às transformações do papel do direito. Por isso é que não há teoria constitucional sem Estado. Se no Estado Democrático de Direito, ao mesmo tempo em que diminui a liberdade de conformação legislativa, ocorre um crescimento do espaço de atuação da justiça constitucional – em razão do papel destinado às constituições nesta quadra da história e à institucionalização da moral no direito como demonstração do fracasso do positivismo e do mundo das regras – parece inexorável a necessidade de colocar efetivos controles no produto final da interpretação do direito: a aplicação pelos juízes e tribunais.

4. O futuro do direito, o direito do futuro e a tarefa de uma hermenêutica crítica: efetivar direitos e construir as condições para evitar discricionariedades (arbitrariedades) interpretativas – uma questão de democracia

Essa nova configuração nas esferas de tensão dos Poderes do Estado, decorrente do novo papel assumido pelo Estado e pelo constitucionalismo, reforça, sobremodo, o caráter hermenêutico que o direito assume. Afinal, há um conjunto de elementos que identificam essa fase da história do direito e do Estado: textos constitucionais principiológicos, com forte carga de analiticidade; a previsão/

determinação de efetivas transformações da sociedade (caráter compromissório e diretivo das Constituições); crescentes demandas sociais que buscam no poder judiciário a concretização de direitos tendo com base os diversos mecanismos de acesso à justiça.

Mas isso, à toda evidência, não pode comprometer os alicerces da democracia representativa. O grande dilema contemporâneo será, assim, o de construir as condições para evitar que a justiça constitucional (ou o poder dos juízes) se sobreponha ao próprio direito. *Parece evidente lembrar que o direito não é – e não pode ser – aquilo que os tribunais dizem que é.* E também parece evidente que o constitucionalismo não é incompatível com a democracia. Mas, se alguém deve dizer por último o sentido do direito no plano de sua aplicação cotidiana, e se isso assume contornos cada vez mais significativos em face do conteúdo principiológico e transformador da sociedade trazidos pelas Constituições, torna-se necessário atribuir um novo papel à teoria jurídica.

Se, no plano da teoria democrática, o positivismo fracassou ao "delegar" aos juízes a tarefa de decidir os "casos difíceis", não parece apropriado concluir que o advento do constitucionalismo principiológico – que vem para superar o modelo de regras[8] do positivismo – possa ser compreendido a partir daquilo que sustentou o velho modelo: o esquema sujeito-objeto, pelo qual casos simples eram solucionados por subsunção e casos difíceis por "escolhas discricionárias" do aplicador. Tal questão assume fundamental importância nesta quadra do tempo.

Sendo mais explícito: não se pode substituir a discricionariedade (subjetivista) que sustentou o positivismo por um novo tipo de discricionariedade, que – fosse admitida – teria um terreno muito mais fértil para se instalar neste momento histórico, pela simples razão de que, vistos – simploriamente – a partir de uma perspectiva metafísica, os princípios *parecem* possuir textura bem mais "aberta" que o velho modelo de regras do positivismo. Entretanto, é exacta-

---

[8] O "mundo das regras" próprio do positivismo não significa que este – o positivismo – dispense os princípios gerais do direito, que reforçam as possibilidades discricionário-arbitrárias. Por isso – e essa advertência deixo explicitada em *Verdade e Consenso* (*op.cit.*) – há que ter muito cuidado para não confundir os princípios gerais do direito com os princípios constitucionais.

mente neste ponto que a teoria do direito deve dar um salto, adequando-se ao novo perfil assumido pelo direito (que será sempre um direito constitucional).

Dito de outro modo, em tempos de enfrentamento entre o novo constitucionalismo – que alguns preferem chamar de neoconstitucionalismo – e os diversos positivismos, é de fundamental importância discutir o problema metodológico representado pela tríplice questão que movimenta a teoria jurídica contemporânea em tempos de pós-positivismo: como se interpreta, como se aplica e se é possível alcançar condições interpretativas capazes de garantir uma resposta correta (constitucionalmente adequada), diante da (inexorabilidade da) indeterminabilidade do direito e da crise de efetividade da Constituição, problemática que assume relevância ímpar em países periféricos (que prefiro chamar de "países de modernidade tardia", em que se destaca o Brasil) em face da profunda crise de paradigmas que atravessa o direito, *a partir da sobrevivência de uma dogmática jurídica refém de um positivismo*, de um lado, exegético-normativista, e, de outro, fortemente decisionista e arbitrário, produto de uma mixagem de vários modelos jusfilosóficos, como as teorias voluntaristas, intencionalistas, axiológicas e semânticas, para citar apenas algumas, as quais guardam um traço comum: o arraigamento ao esquema sujeito-objeto.

Daí a necessidade de deixar claro que a crise dos modelos interpretativos não autoriza que as teorias da argumentação ou outras teorias procedurais venham a se constituir em uma espécie de reserva hermenêutica, que somente seria chamada à colação na "insuficiência" da regra, isto é, quando se estiver em face de "casos difíceis" (*hard cases*). Ora, casos simples (*easy cases*) e casos difíceis (*hard cases*) partem de um mesmo ponto e possuem em comum algo que lhes é condição de possibilidade: a pré-compreensão (*Vorverständnis*). Esse equívoco de separar *easy cases* de *hard cases* é cometido tanto pelo positivismo de Hart como pelas teorias discursivo-argumentativos, que vão desde Alexy[9] e Atienza[10] até Günther[11], passando, de

---

[9] Cfe. ALEXY, Robert. "La idea de una teoría procesal de la argumentación jurídica". In: VALDÉS, Ernesto Garzón (Org.). *Derecho y Filosofía*. Barcelona-Caracas: Alfa, 1985; "Problemas da teoria do discurso". *Revista do Direito Brasileiro*, n. 1, Brasília, UnB, 1996; "Derechos fundamentales y Estado Constitucional Democrático". In: CARBONELL, Miguel

um modo mais sofisticado, pela teoria discursiva de Habermas[12], para citar apenas estes. O que têm em comum é o fato de que, nos *hard cases*, considerarem que os princípios (critérios) para solvê-los não se encontram no plano da aplicação, mas, sim, devem ser retirados de uma "historia jurídica" que somente é possível no plano de discursos *a priori* (no fundo, discursos de fundamentação prévios). Também Dworkin faz indevidamente essa distinção entre casos fáceis e casos difíceis. Mas o faz por razões distintas. A diferença é que Dworkin não "desonera" os discursos de aplicação dos discursos de fundamentação, que se dão *prima facie*. Na verdade, como Gadamer, ele não distingue discursos de aplicação de discursos de fundamentação, assim como não cinde interpretação e aplicação.

Por tudo isso, penso que a discricionariedade interpretativa é fruto do paradigma representacional e se fortalece na cisão entre interpretar e aplicar, circunstância que implica a prevalência do dualismo sujeito-objeto. E essa discricionariedade, que em sistemas jurídicos débeis se transforma, no mais das vezes, em arbitrariedades, sob as mais variadas formas e modelos, ainda domina o modo-de--agir dos juristas.

Enquanto Dworkin considera o discricionarismo antidemocrático, Hart vai dizer que o poder discricionário é o preço necessário que se tem de pagar para evitar o inconveniente de métodos alternativos de regulamentações desses litígios (casos difíceis), por exemplo, o reenvio ao legislativo. Embora as correntes positivistas possam não concordar com a afirmação, Hart representa, na verdade, uma espécie de pensamento médio: aliás, há uma coisa em comum entre o positivismo e as diversas teorias da argumentação: a distinção/divisão "casos simples – casos complexos" (*easy* e *hard* cases), o que demonstra a

---

(Org.). *Neoconstitucionalismo(s)*. Madrid: Trotta, 2003; *Teoria de la Argumentación Jurídica. Teoría del Discurso Racional como Teoria de la Fundamentación Jurídica*. Madrid: CEPC, 1997.

[10] Cfe. Atienza, Manuel. *As razões do direito. Teorias da argumentação jurídica*. São Paulo: Landy, 2002; "Argumentación jurídica". In: *El derecho y la justicia*. Madrid: Trota, 2000.

[11] Cfe. Günther, Klaus. *Teoria da Argumentação no Direito e na Moral: justificação e aplicação*. São Paulo: Landy, 2004; "Uma concepção normativa de coerência para uma teoria discursiva da argumentação jurídica". *Cadernos de Filosofia Alemã*, n. 6, São Paulo, Humanitas, Faculdade de Filosofia, Letras e Ciências Humanas da USP, 2000.

presença (e permanência) do paradigma representacional, emergente do dualismo metafísico e do esquema sujeito-objeto.

5. A resposta correta como resposta à discricionariedade e à ponderação (teorias da argumentação). A resposta correta (adequada a Constituição compromissória e social) como um *direito fundamental* do cidadão

Se as concepções metafísicas sobre o direito estão sustentadas na atribuição de sentidos *in abstracto* – e por isso sustentam a possibilidade da existência de múltiplas respostas – é porque a interpretação ocorre em etapas, cindindo interpretação e aplicação. Ora, é exatamente neste ponto que reside o diferencial entre a hermenêutica e as diversas teorias discursivo-procedurais. Em outras palavras, é a incindibilidade entre interpretar e aplicar que irá representar a ruptura com o paradigma representacional-metodológico. E é o círculo hermenêutico que vai se constituir em condição de ruptura do esquema (metafísico) sujeito-objeto, nele introduzindo o mundo prático (faticidade), que serve para cimentar essa travessia, até então ficcionada na e pela epistemologia. Não há como isolar a pré-compreensão.

Negar a possibilidade de que possa existir (sempre) – para cada caso – uma resposta conformada à Constituição – portanto, uma resposta correta sob o ponto de vista hermenêutico (porque é impossível cindir o ato interpretativo do ato aplicativo) –, pode significar a admissão de discricionariedades interpretativas, o que se mostra antitético ao caráter não-relativista da hermenêutica filosófica e ao próprio paradigma do novo constitucionalismo principiológico introduzido pelo Estado Democrático de Direito, incompatível com a existência de múltiplas respostas.

É possível dizer, sim, que uma interpretação é correta e a outra é incorreta.[13] Movemo-nos no mundo exatamente porque podemos fazer

---

[12] Cfe. Habermas, Jürgen. *Teoría de la acción comunicativa: complementos y estudios previos*. Madrid: Cátedra, 1989; *Direito e democracia entre faticidade e validade I e II*. Rio de Janeiro: Tempo Brasileiro, 1997; "Reply to my critics". In J. Tompson y D. Held editores. *Habermas. Critical Debates*. London, 1982.

[13] Os limites do presente texto impedem o aprofundamento da temática "resposta correta em direito". Para tanto, remeto o leitor ao meu *Verdade e Consenso*, *op. cit.*

afirmações dessa ordem. E disso nem nos damos conta. Ou seja, na compreensão, os conceitos interpretativos não resultam temáticos enquanto tais, como bem lembra Gadamer; ao contrário, determinam-se pelo fato de que desaparecem atrás daquilo que eles fizeram falar/aparecer na e pela interpretação.[14] Aquilo que as teorias da argumentação ou qualquer outra concepção teorético-filosófica (ainda) chamam de "raciocínio subsuntivo" ou "raciocínio dedutivo", nada mais é do que esse "paradoxo hermenêutico", que se dá exatamente porque a compreensão é um existencial (ou seja, por ele eu não me pergunto porque compreendi, pela simples razão de que já compreendi, o que faz com que minha pergunta sempre chegue tarde).

Uma interpretação é correta quando desaparece, ou seja, quando fica "objetivada" através dos "existenciais positivos", em que não mais nos perguntamos sobre como compreendemos algo ou por que interpretamos dessa maneira e não de outra: simplesmente, o sentido se deu (manifestou-se), do mesmo modo como nos movemos no mundo através de "nossos acertos cotidianos", conformados pelo nosso modo prático de ser no mundo. Fica sem sentido, destarte, separar/cindir a interpretação em *easy cases* e *hard cases*. Partir de uma pré-elaboração (*prima facie*) do que seja um caso simples ou complexo é incorrer no esquema sujeito-objeto, como se fosse possível ter um "grau zero de sentido", insulando a pré-compreensão e tudo o que ela representa como condição para a compreensão de um problema.

A resposta correta à luz da hermenêutica (filosófica)[15] será a "resposta hermeneuticamente correta" para aquele caso, que exsurge na síntese hermenêutica da *applicatio*. Essa resposta propiciada pela hermenêutica deverá, a toda evidência, estar justificada (a fundamentação exigida pela Constituição implica a obrigação de justificar) no plano de uma argumentação racional, o que demonstra que, se a hermenêutica não pode ser confundida com teoria da argumentação[16],

---

[14] Cf. GADAMER, Hans-Georg. *Wahrheit und Method: Ergänzung*, *op. cit.*, p. 402.

[15] A partir da leitura que faço da filosofia hermenêutica e da hermenêutica filosófica, proponho uma Crítica Hermenêutica do Direito. Ver, para tanto, meu *Hermenêutica Jurídica e(m) Crise*, *op.cit.*; *Verdade e Consenso*, *op. cit.*.

[16] Há uma nítida diferença entre a tese da resposta correta a ser dada pela hermenêutica filosófica e o tipo de resposta proposta a partir das teorias do discurso e da

não prescinde, entretanto, de uma argumentação adequada (vetor de racionalidade de segundo nível, que funciona no plano lógico-apofântico). Afinal, se interpretar é explicitar o compreendido (Gadamer), a tarefa de explicitar o que foi compreendido é reservado às teorias discursivas e, em especial, à teoria da argumentação jurídica. Mas esta não pode substituir ou se sobrepor àquela, pela simples razão de que é metódico-epistemológica.

Nesse sentido, a tese da resposta constitucionalmente adequada (ou a resposta correta para o caso concreto) pressupõe uma sustentação argumentativa. A diferença entre hermenêutica e a teoria argumentativo-discursiva é que aquela trabalha com uma justificação do mundo prático, ao contrário desta, que se contenta com uma legitimidade meramente procedimental. Isto é, na teoria do discurso, a pragmática é convertida no procedimento.

Quando explicito o (já) compreendido, esse processo se dá no nível lógico-argumentativo, e não filosófico. E, insista-se: filosofia não é lógica. Esse "proceder epistemológico" é antecipado; não se confunde com o próprio conhecimento. Através da hermenêutica fazemos uma fenomenologia do conhecimento. Isso não é algo concreto. É, sim, a descrição da autocompreensão que opera na compreensão concreta. Na explicitação é que haverá o espaço de uma teoria do conhecimento.

Ou seja, ao contrário do que se diz, não interpretamos para, depois, compreender, mas, sim, compreendemos para interpretar, sendo a interpretação a explicitação do compreendido, nas palavras de Gadamer. A explicitação da resposta de cada caso deverá estar sustentada em consistente justificação, contendo a reconstrução do direito, doutrinaria e jurisprudencialmente, confrontando tradições, enfim, colocando à lume a fundamentação jurídica que, ao fim e ao cabo, legitimará a decisão no plano do que se entende por responsabilidade política do intérprete no paradigma do Estado Democrático de Direito.

---

argumentação. Assim, embora minha concordância em relação à inviabilidade da "única resposta correta", não é possível, porém, concordar com as críticas à referida tese feitas à luz da teoria da argumentação jurídica, exatamente pelo *não abandono,* por parte destas, da subsunção e, portanto, do esquema sujeito-objeto (pelo menos, se assim se quiser, para os *easy cases*).

Mutatis, mutandis, trata-se de justificar a decisão (decisão no sentido de que todo ato aplicativo – e sempre aplicamos – é uma decisão). Para esse desiderato, compreendendo o problema a partir da antecipação de sentido (*Vorhabe, Vorgriff, Vorsicht*), no interior da virtuosidade do circulo hermenêutico, que vai do todo para a parte e da parte para o todo, sem que um e outro sejam "mundos" estanques/ separados, fundem-se os horizontes do intérprete do texto (insista-se, texto é evento, texto é fato, texto não é um mero enunciado linguístico). Toda a interpretação começa com um texto, até porque, como diz Gadamer, se queres dizer algo sobre um texto, deixe primeiro que o texto te diga algo. O sentido exsurgirá de acordo com as possibilidades (horizonte de sentido) do intérprete em dizê-lo, d´onde pré-juízos falsos acarretarão graves prejuízos hermenêuticos.

Através do circulo hermenêutico, faz-se a distinção entre pré-juizos verdadeiros e falsos, a partir de um retorno contínuo ao projeto prévio de compreensão, que tem na pré-compreensão a sua condição de possibilidade. O intérprete deve colocar em discussão os seus pré-juizos, isto é, os juízos prévios que ele tinha sobre a coisa antes de com ela se confrontar. Os pré-juizos não percebidos enquanto tais nos tornam surdos para a coisa de que nos fala a tradição. Não perceber os pré-juizos "como" pré-juizos alienam o intérprete, fazendo-o refém da tradição *ilegítima*. A compreensão tem ínsita a permanente tensão entre coisa e intérprete. Por conseguinte, compreender não é um ato reprodutivo (*Auslegung*), e, sim, um ato produtivo, de dar sentido à coisa (*Sinngebung*). Interpretar será, assim, explicitar uma possibilidade verdadeira do texto compreendido. Interpretar *é iluminar as condições sobre as quais se compreende*, para usar as precisas palavras de Gadamer.

Na verdade, essa explicitação é o espaço "epistemológico" da hermenêutica. Explicita-se as condições pelas quais se compreendeu. Mais do que fundamentar uma decisão, é necessário justificar (explicitar) o que foi fundamentado. Fundamentar a fundamentação, pois. Ou ainda, em outras palavras, a fundamentação (justificação) da decisão, em face do caráter não procedural da hermenêutica e em face da mediação entre o geral e o particular (o todo e a parte e a parte e o todo) na tomada de decisões práticas (aqui reside a questão da moral, porque a Constituição agasalha, em seu texto, princípios que traduzem deontologicamente a promessa de uma vida boa, uma sociedade solidária, o resgate das promessas da modernidade, etc), faz com que nela – na fundamentação do compreendido – o intérprete (juiz) não possa impor um conteúdo moral atemporal ou ahistórico, porque o caso concreto representa a síntese do fenômeno hermenêutico-interpretativo.

Embora os avanços ocorridos na teoria do direito e as rupturas paradigmáticas nela produzidas pelas duas grandes revoluções copernicanas ocorridas no século XX (o constitucionalismo de perfil transformador e o *lingüistic turn*), há ainda uma resistência à essa viragem hermenêutico-ontológica, instrumentalizada em uma dogmática jurídica (que continua) refratária a uma reflexão mais aprofundada acerca do papel do direito nesta quadra da história (claro que a crítica à dogmática não significa que esta não possa ser crítica). Sejamos claros: no campo da interpretação do direito, não houve ainda, com a necessária suficiência, a invasão da filosofia pela linguagem. E não há como esconder essa evidência: inserido nessas crises, o jurista (ainda) opera com as conformações da hermenêutica clássica, vista como pura técnica (ou técnica pura) de interpretação (*Auslegung*), na qual a linguagem é entendida como uma terceira coisa que se interpõe entre um sujeito cognoscente (o jurista) e o objeto (o direito) a ser conhecido. Sempre sobra, pois, a realidade! Esse modo-de-ser encobre o acontecer propriamente dito do agir humano, objetificando-o na linguagem e impedindo que se dê na sua originariedade, enfim, na sua concreta faticidade e historicidade.

Dito de outro modo, o jurista, filologicamente, acredita que o mais importante é interpretar textos, buscando "amarrar" o resultado da interpretação a partir de uma metodologia metafísica, de nítido perfil epistemológico-procedimental, que, mesmo na hipótese de levar em conta os princípios constitucionais, transformam estes em regras, a partir do estabelecimento de regras para a resolução dos conflitos entre os princípios. Ora, princípios não colidem no ar; princípios não podem ser interpretados – portanto, aplicados – abstratamente; a busca de critérios ou meta-critérios para a resolução dos conflitos entre os princípios é uma contradição.

6. Aportes finais: a continuidade da aposta na Constituição e no constitucionalismo (portanto, no direito)

O Estado Democrático de Direito, entendido como um novo paradigma de Estado e de direito, caracteriza-se por um acentuado grau de autonomia do direito, fenômeno que decorre(u) dos fracassos da relação direito e política até o advento da segunda grande guerra. O Estado Democrático de Direito representou – e ainda representa – um plus normativo em relação às concepções anteriores de Estado e de direito. Daí a nova perspectiva do constitucionalismo. A questão é saber – e essa problemática deve ser compreendida a partir das especificidades das diferentes realidades dos diferentes países – se ainda é possível apostar no direito como "instrumento de transformação social". Em outras palavras: a) qual é o futuro do direito e b) se o direito do futuro guarda relação com esse direito forjado no interior do paradigma exsurgido na metade do século passado. Se é possível apostar nesse direito, quais as condições de possibilidades que existem – mormente em um país de modernidade tardia como o Brasil – para a implementação dos conteúdo compromissório-principiológico da Constituição?

Penso que, uma vez não respondidas/resolvidas as três violências (triângulo dialético apontado por Canotilho) a partir da atividade político-estatal (1. o Estado de direito contra a violência física e o arbítrio; 2. desigualdade política alicerçando liberdade e democracia; 3. combate à pobreza, mediante esquemas de socialidade), *o papel do direito* (portanto, da Constituição) *não deve ser deixado em segundo plano ou até mesmo à reboque da política, restando, assim, um importante campo de luta para o encaminhamento do projeto de modernidade incompleta especialmente em países como o Brasil.* Ou seja, a Constituição continua a ser o suporte normativo do desenvolvimento deste projeto de modernidade.

Com isso, volta-se à discussão acerca das condições de possibilidade para a construção de uma metodologia (entendida como teoria do direito) apta para a compreensão deste fenômeno, a partir das aludidas premissas. O estado da arte da doutrina e da jurisprudência aponta para a prevalência de um imaginário positivista, no interior do qual, de um lado, repristinam-se antigas teses exegético-normativistas, de claro perfil objetivista, e, de outro, prolifera um conjunto de ações ativistas e/ou decisionistas, calcados na atribuição discricionária-arbitrária de sentidos aos textos jurídicos construídos democraticamente, transformando a subjetividade do intérprete no protagonista da história. Com isso, há um forte *déficit de democracia,* uma vez que o protagonismo subjetivista faz com que a interpretação do direito substitua-se ao próprio direito.

Uma reflexão que aponte para a superação do (desse) imaginário jurídico-positivista – lembremos das três barreiras (falta de uma nova teoria das fonets, de uma nova teoria da norma e de uma nova teoria acerca da interpretação) – que obstaculiza o acontecer (*Ereignen*) da Constituição necessita dos pressupostos hermenêuticos, que apontam para um ir além do esquema (metafísico) sujeito-objeto, assim como dos diversos dualismos próprios dos paradigmas metafísicos objetificantes (clássico e da filosofia da consciência). É preciso, portanto, insistir nisso. Consciência e mundo, linguagem e objeto, sentido e percepção, teoria e prática, texto e norma, vigência e validade, regra e princípio, casos simples e casos difíceis, discursos de justificação e discursos de aplicação: esses dualismos se instalaram no nosso imaginário sustentados pelo esquema sujeito-objeto.

Na era das Constituições compromissórias e sociais, enfim, em pleno pós-positivismo, uma hermenêutica jurídica capaz de intermediar a tensão inexorável entre o texto e o sentido do texto e dar conta do mundo prático não pode continuar a ser entendida como uma teoria ornamental do direito, que sirva tão somente para colocar "capas de sentido" aos textos jurídicos. No interior da virtuosidade do círculo hermenêutico (*hermeneutische Zirkel*), o compreender não ocorre por dedução. Consequentemente, o método (o procedimento discursivo) sempre chega tarde, porque pressupõe saberes teóricos separados da "realidade". Tais questões e insuficiências estão presentes nas diversas teorias procedurais-argumentativas, em que a ponderação apenas "repristina" a antiga discricionariedade do positivismo. É tipicamente o caso da(s) Teoria(s) da Argumentação Jurídica. Com efeito, o que estas não levam em conta é a relevante circunstância de que, antes de qualquer explicação causal que resolveria *easy cases*, existe algo mais originário, que é a pré-compreensão, forjada no mundo prático. Em outras palavras, antes de argumentar, o intérprete já compreendeu. O uso da linguagem não é arbitrário, isto é, "a linguagem não depende de quem a usa" (Gadamer). A compreensão antecede qualquer argumentação. Ela é condição de possibilidade.

Numa palavra: mundo é mundo pensado, isto é, a revolução paradigmática engendrada pela fenomenologia hermenêutica penetra e invade inapelavelmente todos os campos do conhecimento, contexto no qual o direito não poderia permanecer "blindado". E disso o campo jurídico (dominante) – lembremos Bourdieu – não se dá (e até hoje não se deu) conta, isto é, não compreende que o constitucionalismo do Estado Democrático de Direito deve ser compreendido no contexto da ruptura paradigmática ocorrida no campo da filosofia. *Dito de outro modo, o direito não está imune ao pensamento que move o mundo.* Consequentemente, a derrocada do esquema sujeito-objeto (ponto fulcral das reflexões das teorias democráticas que vão desde as teorias do discurso à hermenêutica) tem repercussão no novo modelo de Estado e de Direito exsurgido a partir do segundo pós-guerra.

No interior dessa ruptura paradigmática – cujos efeitos são profundamente revolucionários para o direito – o sujeito solipsista (*Selbstsüchtiger*) dá lugar à intersubjetividade. O solipsismo proporciona uma "privatização" de sentidos (afinal, é a consciência de si do pensamento pensante). Daí a pergunta: de que modo um sujeito, que se sustenta (*fundamentum inconcussum*) individual e egoisticamente, pode vir a compreender a sua própria antítese?

Para uma melhor compreensão dessa fenomenologia, basta que examinemos alguns sintomas dessa não recepção do paradigma da intersubjetividade no e pelo direito. Com efeito, quando já de há muito está anunciada a morte do sujeito (da subjetividade assujeitadora – filosofia da consciência), parece que, no âmbito do direito, tal notícia não surtiu qualquer efeito. Continuamos a apostar nesse sujeito do esquema metafísico "sujeito-objeto". Veja-se: o Código de Processo Penal sustenta-se no modelo inquisitivo, pelo qual o juiz toma decisões de ofício – prisões, diligências, busca de provas etc (há até mesmo recursos de ofício); o Código de Processo Civil é fruto de repetidas apostas no procedimento que tem o sujeito-juiz como protagonista – recordemos, aqui, o papel da escola instrumentalista do processo nesse contexto –, com a função de adaptar o procedimento à correta aplicação da técnica processual, reconhecendo-se ao julgador o poder de adequar o mecanismo às especificidades da situação, utilizando-se, para tal, de sua "sensibilidade" e seu "sentido do justo" (considere-se, ainda, que as sucessivas reformas foram transferindo as decisões colegiadas para o monocratismo); no direito civil, parcela considerável dos juristas aposta nas cláusulas gerais, que, em face de sua abertura, darão maior possibilidade para o juiz "buscar o justo concreto", o que nada mais é do que reforçar a velha discricionariedade positivista; no direito penal, basta uma leitura do artigo 59, para compreendermos a dimensão da cognição (metafísica) a ser feita pelo aplicador, sem considerar a ontologia clássica por trás da(s) teoria(s) do delito; no direito tributário, o sujeito liberal-individualista continua a ser – mesmo nesta quadra da história – o protagonista de uma contraposição Estado-Sociedade (como se ainda vivêssemos no século XIX), cuja leitura/interpretação é feita, não raras vezes, a partir de "regras que superam princípios constitucionais"; na teoria do direito, em nome da ponderação – e esse o problema fulcral, *v.g.*, da teoria da argumentação jurídica –, abre-se um campo profícuo para o exercício de discricionariedades e decisionismos, sob os auspícios dos diversos graus de "proporcionalidades", além de se (continuar a) pensar na distinção lógico-estrutural entre casos simples (que seriam solucionados por dedução ou subsunção-*sic*) e casos complexos (para os quais são chamados à colação os princípios). Isso para dizer o mínimo.

De todo modo, nisso tudo há um ponto comum. Dizendo de um modo mais simples, nestes tempos difíceis de pós-positivismo, dia-a--dia o sistema jurídico-processual caminha para o esquecimento das singularidades dos casos. Trata-se, pois, de um novo princípio epocal. Na verdade, se o último princípio epocal da era das duas metafísicas foi a vontade do poder (*Wille zur Macht*), o novo princípio, forjado na era da técnica, acaba por se transformar no mecanismo que transforma o direito em uma mera racionalidade instrumental (lembremos, sempre e novamente, as escolas instrumentalistas...!). Manipulando o instrumento, tem-se o resultado. Ao final dessa "linha de produção", o direito é (será) aquilo que a vontade do poder quer que seja. Chega-se, assim, ao ápice da *não democracia*: o direito transformado em política. Ou seja, uma contradição em si mesmo: se o direito serve para controlar/garantir a democracia (e, portanto, a política), ele não pode ser a própria política.

Em outras palavras, a aplicação (afinal, interpretar é aplicar) não pode ficar resumida à discussão de efetividades quantitativas, "solucionáveis" por reformas (ou mini-reformas) que, longe de se preocupar com a qualidade das decisões, aposta em mecanismos impeditivos de recursos (veja-se, por todos, a recente Lei 11.276/06, alterando o art. 518 do Código de Processo Civil, pelo qual "o juiz não receberá o recurso de apelação *quando a sentença estiver em conformidade com súmula do Superior Tribunal de Justiça* ou do Supremo Tribunal Federal").

Simulacros de um lado, simulações de outro. O que fica de concreto desse estado d'arte é que, ano após ano, mais e mais leis são elaboradas *visando impedir a discussão daquilo que é o cerne do direito*: o caso concreto (lembremos sempre que o "caso concreto" de que falam as posturas jusfilosóficas em geral, não é o "caso concreto" de que fala a hermenêutica aqui trabalhada).[17]

Em síntese, em vez de mecanismos que deleguem a um sujeito (solipsista) a tarefa de solucionar os problemas inerentes ao direito contemporâneo (indeterminalibilidade dos textos jurídicos, "casos difíceis", "excesso" de demandas, etc), penso que devemos apostar na busca de "efetividades qualitativas". E isso implica rupturas paradigmáticas. Com efeito, é tarefa árdua defender a existência de respostas corretas em direito, porque sempre se corre o risco da confusão com perspectivas metafísicas. A toda evidência, bem mais fácil é defender teses como a de que "o direito admite múltiplas respostas", que "o intérprete deve ser estimulado a buscar os sentidos 'escondidos'" (sic) do texto e que "não há verdades no direito"... (além disso, parece ser mais democrático que cada intérprete venha a fazer valer, retoricamente, a sua opinião sobre o sentido do texto). É tarefa dificílima sustentar a existência de respostas adequadas à Constituição e que cada cidadão tem direito a essa resposta adequada (correta hermeneuticamente). Ou seja, bem mais fácil é defender posturas que apostam na "livre interpretação", "na discricionariedade dos juízes", etc. Ocorre que tais questões não acontecem desindexadas dos paradigmas que conformam o pensamento dos juristas. Trata-se, pois, de opções paradigmáticas.

---

[17] Permito-me remeter o leitor à discussão sobre "a ideologia do caso concreto" em meu *Verdade e Consenso, op. cit.*, capítulo final.

Dito de outro modo, posições sobre a metodologia do direito – entendida como teoria do direito - não são, e não podem ser, simples apostas "metodológicas" (no sentido *metodo-lógico* da palavra). Isto porque qualquer "aposta teórica" não é simplesmente algo à *disposição* do intérprete. É preciso compreender, no mínimo, que há uma impossibilidade de compatibilizar o "assujeitamento" dos textos, proporcionado pelo paradigma representacional, com a intersubjetividade ínsita ao paradigma da *ontologische Wendung*, que justamente veio para superar esse sujeito solipsista (*Selbtsüchtiger*), ainda arraigado ao esquema sujeito-objeto. Uma "escolha" implica consequências e efeitos colaterais. Também é preciso compreender que um texto – e aqui se está na antítese das teorias subjetivistas em geral – não contém todas as hipóteses de aplicação, isto é, *precisamos saber superar o velho paradigma no interior do qual as "palavras refletem" uma espécie de "essência das coisas"* (lembremos das súmulas e da proliferação de verbetes jurisprudenciais que hoje dominam a "doutrina" – que, aliás, nem doutrina mais...!).

A questão, portanto, é saber se o conhecimento jurídico está ou não imune aos influxos das revoluções paradigmáticas ocorridas na filosofia e na linguagem, ou se, em definitivo, o direito pode seguir "um caminho próprio", reservando suas "complexidades" às discussões acerca do uso pragmáticos da linguagem, etc, ou a outras críticas exógenas "otimizadoras" de um conhecimento que, desse modo, assume-se pobre, medíocre, indolente e insipiente em termos epistemo-fenomenológicos. O maior problema é que, ao que tudo indica, parcela importante da comunidade jurídica já parece ter feito a sua "escolha", bastando, para tanto, verificar o grau da estandartização do direito...!

Numa palavra final, tenho que é desnecessário reafirmar, aqui, que a resposta correta (adequada a Constituição)[18] não é, jamais, uma resposta definitiva. Do mesmo modo, a pretensão de se buscar a resposta correta não possui condições de garantí-la. Corre-se o risco de se produzir uma resposta incorreta. Mas o fato de se obedecer a coerência e a integridade do direito (só para registrar, lembremos Dworkin *e o dever fundamental de fundamentar as decisões previsto*

[18] Conforme venho propondo desde *Verdade e Consenso, op. cit.*

no art. 93, IX, da Constituição), a partir de uma adequada suspensão de pré-juízos advindos da tradição, já representa o primeiro passo no cumprimento do direito fundamental *que cada cidadão tem de obter uma resposta adequada a Constituição*. Hermeneuticamente – e na medida em que o tempo é o nome do ser e a distância temporal é sempre um aliado e não um inimigo – (ess)a resposta correta é (sempre) provisória, até porque há uma dialética entre velamento e desvelamento. A linguagem proporciona descobertas e encobrimentos.

Por isso, os enunciados linguísticos que descrevem o direito não são o lugar da resposta correta, *mas a resposta correta será o lugar dessa "explicitação"*, que, hermeneuticamente, não se contentará com uma fundamentação de caráter *a priori* dos discursos de fundamentação.

O futuro do trabalho ou o trabalho sem futuro?

ALDACY RACHID COUTINHO*

O futuro do trabalho, o tempo dirá. Diz-se que é o fim do trabalho, mas nunca se trabalhou tanto. Será um futuro sem trabalho e, assim o trabalho não tem futuro, ou o futuro é tempo de trabalho?

Nada é mais fluído do que o tempo. Tempo que inscreve ser em vida. Imagina-se o tempo por seu caráter absoluto, verdadeiro e matemático, aquele da ordem e da uniformidade, como já pensou um dia Newton. Composto de instantes, uma "trama homogênea, uma linha contínua percorrida por um movimento linear, orientado em mão única e irreversível, como um dado computável e dominável",[1] o tempo se faz presente, passado e futuro. O tempo histórico se revela na sucessão de atos e fatos, o acontecido e o porvir; a ordem mensurável do movimento entre o 'antes' e o 'depois', segundo Aristóteles. O passado domina o presente, porquanto finca suas raízes no insuperável instante que dialeticamente se refez. Aristóteles não tinha razão.

Indicou Kant, ao precisar no estudo da analogia o princípio da série temporal segundo a lei da causalidade, que algo somente pode conquistar o seu lugar no tempo, com a condição de que, em um passado – estado precedente – se pressuponha outra coisa à qual sempre deveria se seguir, segundo uma regra. O precedente determina o seguinte, conseqüente, como causa e efeito, ou a causalidade.

---

* Mestre e Doutora. Professora de Direito do Trabalho na Faculdade de Direito da Universidade Federal do Paraná. Procuradora do Estado do Paraná. Advogada.

[1] Tempo. In: *Dicionário enciclopédico de teoria e de sociologia do direito*. Rio de Janeiro : Editora Renovar, 1999, p. 780.

O tempo seria, nessa medida, a ordem das cadeias causais, um elo, fio condutor. Kant não tinha razão.

A utópica imagem móvel da eternidade é o eterno recomeçar, pelo feito e para o feito. Não há uma repetição regular de intervalos, como etapas que se sucedem em um tempo histórico. O trabalho de ontem, da Revolução Industrial, das máquinas, de natureza manual, do taylorismo, estaria superado hoje pelo desenvolvimento tecnológico, da microeletrônica, trabalho de feitio intelectual, pela organização produtiva toyotista. No futuro, a robótica, a informática, as telecomunicações suplantarão – se supõem – até o trabalho humano, transposto em prescindível.

Por certo superada está a concepção filosófica e metafísica do tempo cíclico do mundo e da vida do homem. Os sistemas produtivos cambiam: a escravidão se translada em servidão, que se depura em capitalismo; o poder, porém, não desvanece, nem se reduz a fragmentos. Não há uma certa hora, um dado segundo, um preciso dia, em que a história decide deixar para trás um específico modo-de-produção, ou o próprio trabalho humano.

Como o nosso viver, o tempo é subjetivo, percebido no despercebido aflorar do consciente, autoconsciência pura, em sua completa exterioridade e abstração. Nas palavras de Hegel, tempo seria algum aspecto parcial da consciência, o "devir intuído".

Seguindo o mesmo trilhar, em face de tal concepção, como precisamente indicou Santo Agostinho, não se teria três tempos (passado, presente e futuro), mas um só: o presente do passado, o presente do presente e o presente do futuro – um eterno presente. Tampouco lhes assiste razão.

Nós somos igualmente atemporais (eternos enquanto duramos), para além do consciente também somos aquele desconhecido inconsciente para o qual não há tempo. Somos o que somos e o que nem sabemos o que somos, e o que criamos, pelo trabalho vivo e no trabalho morto. O trabalho vivo (sobre)viverá e com isso o homem que se faz presente e futuro (*homo faber*). Na vida e na morte, pelo e para o trabalho; trabalho concreto e abstrato.

O tempo é inafastavelmente intuído, certa combinação das nossas percepções na memória, certa fantasia mental de um esquema supostamente evolutório da nossa experiência prática. Em algum aspecto, um engodo que o imaginário transforma em real, pois se tem como necessário; sim, é preciso acreditar no domínio sobre as coisas e sobre nós mesmos. Somos trabalho como o tempo, que nos transforma, em habilidades e capacidades.

Se Trabalho é Marx, Tempo é Einstein; relativo, não linear, contingente, inscrito no plural. Temporalidades do direito e do trabalho. Inseparável do espaço: não há senão espaço/tempo. Só é possível viver o tempo sem o espaço e viver o espaço suspendendo o tempo, diz-se. O agora, realizado, é o por-vir, no sentido heideggeriano de possibilidade. Abandona-se o primado do presente. O futuro é a condição de possibilidade de vir-a-ser. O passado se traduz enquanto ponto de partida das possibilidades de conservação ou mudança do passado, no futuro do trabalho. Deve-se, por conseguinte, introduzir os conceitos hermenêuticos úteis à complexidade no nosso tempo: projeto, possibilidade, antecipação do trabalho. Não há causalidade, somente possibilidade. Por isso, é preciso conhecer, preparar-se para as mudanças do imutável que é o trabalho, como condição de sobrevivência. O trabalho não desaparecerá, pois é condição de possibilidade do sobreviver.

Mister, de qualquer sorte, superar o [pre]conceito de certa linearidade percorrida no espaço entre o que foi e o que será, estando nós, os trabalhadores, no meio. Nós e o nosso trabalho, nós e a nossa (in)consciência, nós e a nossa memória – ou o que pensamos pensar ou o que pensamos fazer. Trabalho, enfim, não está adstrito à necessidade, é possibilidade de viver. Vida. Sobrevivemos porque trabalhamos; trabalhamos e nem sempre sobrevivemos. Vivemos.

Ponderam, entretanto, que não haverá trabalho para todos. Qual o futuro do trabalho ou o trabalho do futuro? Só o Tempo dirá. Não o tempo histórico, cíclico da vida, nem o tempo da consciência. O tempo da pós-modernidade. O futuro que dá sentido ao passado. Quem sabe se trabalho não será mais o tempo socialmente necessário... Tempo será mais tempo para pensar, mais tempo para viver, mais tempo para sonhar, mais tempo para amar. Ou, cada vez mais viveremos no eterno trabalhar, que nem sempre dignifica, tantas vezes danifica o homem.

"O que não podemos pensar, não podemos pensar; portanto, tampouco podemos dizer o que não podemos pensar".[2] Só podemos pensar que trabalho para além de atividade, de resultado, de obra, de força-de-trabalho, é vida e, nestes termos dizer, a nossa vida. Serão os novos limites do mundo, pelos limites da linguagem, o que é tempo e o que é trabalho.

O que é certo é que o trabalho, mesmo sendo (ou se dizendo) um bem escasso, não tem reduzido o trabalhar. Trabalha-se cada vez mais para ganhar cada vez menos. Aponta-se que em 1980 o Brasil detinha em torno de 1/3 da renda per capita dos EUA; 20 anos depois passava a ter 1/5. Houve diminuição da distribuição funcional da renda capital/trabalho. Em 1980 a renda do trabalho era 50% do PIB. 20 anos depois passou a 36%.

O desemprego – o não-trabalho – não é nem o preço pago pelo progresso, nem uma contingência do crescimento econômico, nem a ausência de qualificação dos trabalhadores. É de natureza multifacetária e de complexidade ímpar. Imaginou-se que a automação industrial iria ser compensada pelo aumento de postos de trabalho no setor de serviços, o que se mostrou falso, pela facilidade da incorporação do novo paradigma tecnológico no terceiro setor, com uso intensivo de novas tecnologias de informática e telecomunicações, geradoras de produtividade e de desemprego.

Diz-se que é, sobremaneira, ausência de política pública voltada ao crescimento econômico; assertiva correta, mas insuficiente, na medida em que em períodos de recessão os trabalhos são bens mais escassos, embora o ganho de lucratividade das empresas não necessariamente acarrete aumento de postos de trabalho.

Para tanto, necessário abandonar a "financeirização da riqueza" como ponderou certa feita Marcio Pochmann. Mas, exemplar é a situação dos bancários, pois nunca no Brasil dos últimos anos cresceu tanto a lucratividade no Setor Bancário.[3] E em nenhuma actividade econômica houve tanta redução de postos de trabalho. O trabalho

---

[2] WITTGENSTEIN, Ludwig. Tratactus lógico-philosóphicus. São Paulo : Edusp, 2001, p. 245.

[3] Pertencem ao Setor Bancário, segundo a Classificação Nacional de Atividades Econômicas (CNAE), os Bancos Comerciais, os Bancos de Investimento, as Caixas Econômicas e os Bancos Múltiplos com ou sem carteira comercial.

bancário está em extinção. Em substituição, os caixas eletrônicos, a internet e computadores, os clientes que se transformam em trabalhadores ocultos. Na década de 80, o número de bancários empregados era de 800 mil, na década de 90 em torno de 750 mil, ao passo que com a "modernização do sistema bancário", em 2006-2007 totalizavam em torno de 400 mil. Agregue-se que a organização de trabalho assimilou não somente alta tecnologia, mas também a externalização do trabalho, quer pela incorporação de realização de tarefas típicas de bancários por clientes (embora paguem tarifas pelo serviço), quer pela terceirização de atividades, inclusive as atividades-fim, tal como o cadastro de clientes, quer pelo deslocamento de serviços bancários para fora da instituição bancária, como empresa de correios, lotéricas, farmácias e supermercados, quer pela incorporação de estagiários. O processo de externalização acirra a fragmentação das relações de trabalho com reflexos negativos na desestruturação da classe trabalhadora, pelo enfraquecimento da categoria pelo esfacelamento dos processos de construção da subjetividade com perda de identificação. Quem é o trabalhador bancário?

O lucro dos bancos privados é assustador e não acarretou ruptura na involução quantitativa de trabalhadores bancários. Ao contrário, maior a rentabilidade, menor o número de empregados. Em junho de 2007 o Brasil contava com 134 instituições bancárias. No ano de 2007, os quatro grandes bancos brasileiros – Itaú, Bradesco, Unibanco e Santander – publicaram seus balanços anuais noticiando que acumularam um lucro líquido de R$ 21,8 bilhões. Se tomarmos os 11 (onze) maiores bancos, o lucro chega a R$ 28,54 bilhões, ou seja, uma rentabilidade[4] sobre o patrimônio líquido de 13,94% (para uma média de seis bancos – ABN Amro Real, Bradesco, Banco do Brasil, Itaú, Santander, Unibanco). No mesmo período, o Produto Interno Bruto se restringiu a um pífio aumento de 5% e a inflação assumiu parcos 4,5%.

De 1994 a 2006, segundo o Departamento Intersindical de Estatística e Estudos Econômicos (DIEESE) a receita global dos 11 (onze) maiores bancos brasileiros registraram um aumento real de

---

[4] Rentabilidade média apontada pelo Anuário Valor 100 foi de 21%. A revista *The Banker*, empregando distinta metodologia, indica lucratividade de 28%.

222% em relação ao Índice Geral de Preços – Disponibilidade Interna, calculado pela Fundação Getúlio Vargas, ao passo que a despesa com pessoal reduziu em 34,6%, permitindo um aumento do lucro líquido de 611,3% no período.

As justificativas apontadas para tamanha expansão pelas instituições lucrativas: eficiência dos bancos, fusão no setor a partir da década de 90 com diminuição da concorrência, política macroeconómica do governo que gasta mais do que arrecada, endividando-se, conjuntura económica favorável, forte expansão do crédito, queda dos juros,[5] excelência do sistema bancário com alto investimento em tecnologia e enxugamento de postos de trabalho. Imperioso lembrar, de qualquer sorte, que quando as condições econômicas não eram favoráveis, na década de 80, os bancos tampouco tiveram prejuízo.

Informatização dos bancos segue a evolução da informática, iniciando na década de 60 com a criação de Centro de Processamento de Dados, passando nos anos 80 pela disseminação dos mini-computadores e sistemas *on line*, com as agências incorporando terminais que permitem que se interconectem, para culminar na exteriorização de agências para residências, escritórios, empresas. Atualmente, terminais de transferência de fundos, caixas eletrônicos, *home bank*, via Internet *(internet banking)* revelam como a incorporação do paradigma tecnológico implica perda de postos de trabalho.

Em nota técnica, o DIEESE afirma que o balanço do primeiro semestre de 2007 dos seis maiores bancos do país, a saber, Banco do Brasil, Bradesco, Itaú, Caixa Econômica Federal, ABN Amro Real e Unibanco, já apontava um recorde de lucro, com crescimento médio de 13,9%, ou seja R$ 14,9 bilhões, o que representava 60,0% do lucro total do sistema financeiro nacional no 1° semestre de 2007.

Os bancos têm três principais fontes de receitas, a saber, créditos (empréstimos), tesouraria (aplicações) e serviços (tarifas). Os quatro maiores bancos privados brasileiros somaram extraordinárias receitas; a título de exemplo, a do ABN Amro Real foi da ordem de R$ 83 milhões... O total de ativos dos seis maiores bancos também cresceu de forma impressionante no primeiro semestre de 2007, em torno de

---

[5] No período, a taxa Selic que remunera os credores do governo federal caiu 43%, ao passo que os juros cobrados das pessoas físicas caiu apenas 26%.

31,5% e ultrapassou a marca de um trilhão de reais (R$ 1,4 trilhão). As receitas advêm não de suas aplicações ou das tarifas que os clientes pagam, mas do crédito, ou seja, da dívida contraída pelos clientes. Do total de R$ 1,4 trilhão, foram destinados em torno de 36,2% para operações de crédito, com incremento alavancado por empréstimos consignados contraídos exatamente pelos empregados regidos pela Consolidação das Leis do Trabalho (CLT), alem dos aposentados e pensionistas do Instituto Nacional do Seguro Social (INSS). Em junho de 2007, o crédito consignado em folha de pagamento somava R$ 57,9 bilhões contra R$ 40,1 bi no mesmo mês de 2006 – um crescimento de 44,6%.

O DIEESE indica que no início do Plano Real, a soma de todas as tarifas arrecadadas pelos 11 (onze) maiores bancos brasileiros apenas cobria 25% dos custos com a folha de pagamento dos trabalhadores bancários. No espaço de 10 (dez) anos, passou a garantir o total de despesas com os empregados e já em 2006 superou em 25% os custos com a folha de pagamento. Resultado do aumento das tarifas, que respondiam em 2006 por 18,8% das fontes de receitas dos bancos e da redução numérica de trabalhadores, sem o aumento dos níveis salariais dos remanescentes. Em janeiro de 2005 a média salarial dos demitidos era de R$ 3.185,85 e dos admitidos de R$ 1.881, 43; a mesma perspectiva de diferenciação se mantém em 2006, sendo que em julho a média dos trabalhadores bancários admitidos era inferior (R$ 1.750,29) do que a dos demitidos (R$ 2.781,01). Permanece, ainda, a alta rotatividade de mão-de-obra, ditada não pela substituição de trabalhadores com menor nível salarial para redução de custos, mas prioritariamente por distintos e diversos fatores, tais como antiguidade, curva de experiência, reorganização do trabalho, adequação ao perfil da empresa, estratégias de negócio do empregador, segundo o DIEESE.

O desenvolvimento em tecnologia altera significativamente a qualidade do trabalho. Para o bem e para o mal. O trabalho se intelectualiza, havendo a necessidade de trabalhadores mais capacitados e qualificados e permite (embora nem sempre) a dispensa de empregados.

A gestão de pessoas incorpora para incremento da produtividade a organização produtiva por cumprimento de metas, que intensifica o trabalho e serve de instrumento de pressão.

Ao contrário do que se poderia supor, a tecnologia nem sempre demanda um grande número de trabalhadores qualificados, mas executores de tarefas simplificadas e rotineiras de conferência, para alimentar com informações as máquinas, tal qual ocorre no trabalho bancário.

A lógica das especulações em torno do futuro do trabalho, ou o trabalho sem futuro, ou seja, emprego/desemprego, empregabilidade/exclusão, vem sofrendo as influências dos estudos em torno da teoria do capital humano[6] ou, mais precisamente, uma formulação dos fundamentos microeconômicos que acarretam conseqüências nas políticas públicas que gravitam em torno do mercado de trabalho. A assertiva de que há emprego, embora não trabalhadores qualificados ou a análise do custo Brasil para explicar o desemprego, assim como os custos laborais como fator de redução de postos de trabalho, bem explicitam a análise econômica do direito que gera reflexos imediatos na construção de um direito do trabalho filho da modernidade, nascido na Revolução Industrial e parceiro do Estado Social.

Tendo em vista a influência (ainda que nociva) em um mundo globalizado de políticas neoliberais, somente é possível pensar no futuro do trabalho ou trabalho sem futuro delineando criticamente o pensamento de Gary Becker, partícipe da Escola de Chicago.

A abordagem do capital humano considera o quanto de produtividade das pessoas em situações no mercado e fora dele são alteradas pelo investimento em educação, habilidades e conhecimento.

Até os anos 50, segundo Gary Becker, os economistas neoclássicos também se preocupavam com o capital humano. Nesse sentido, Alfred Marshal indicou que dentre todos os capitais, o investido em seres humanos é o mais valioso. Tinham a força de trabalho, no entanto, como um dado, não sendo factível de ser incrementada. As análises dos investimentos em educação e treinamento empreendidos por economistas, tais como Adam Smith e Milton Friedman, tampouco levavam em consideração a produtividade do trabalho e sua implicação no crescimento económico.

---

[6] O próprio autor reconhece que hesitou muito tempo antes de adotar a expressão "capital humano". Becker, Gary S. *The economic way of looking at life*. Nobel Lecture. 9 dec. 92. disponível em http://home.uchicago.edu/~gbecker/Nobel/nobellecture.pdf. Acesso em 15 jan. 08.

O "mérito" de Becker foi analisar a tomada de decisões das pessoas, nas mais diversas situações, para além do próprio capital humano, tais como ter ou não filhos, casar ou não casar, cometer crimes, consumir drogas, frequentar ou não universidade ou cursos, tendo em mente os mesmos argumentos econômicos, custo-benefício, para maximizar a satisfação.

Assim, Gary Becker assevera que as pessoas tomam decisões e realizam despesas com educação, treinamento, conhecimento, cuidado com a saúde, levando em consideração uma relação de custo – benefício (comparação de fluxo de ganhos futuros e custo do investimento), visando obtenção de ganhos, tomado o último não necessariamente como expressão monetária, mas ainda afetivo, espiritual, cultural ou social, tal como a representatividade social do trabalho. Investir em si próprio. E, ainda, que fatores como longevidade e crescimento económico tem maior impacto sobre o mercado de trabalho do que eventuais correções nas habilidades das pessoas adultas, assim como supera a idéia de que quem tem maiores ganhos é porquanto o QI é mais elevado ou tem melhor desempenho nas avaliações.

A teoria do capital humano tenta explicar, então, regularidades do mercado de trabalho e da própria economia e serve de auxílio para adoção de ações pelo Estado para enfrentamento do desemprego. Ter trabalho, por conseguinte, pode servir de elemento externo, variável, que dimensiona várias decisões em torno do comportamento humano. Tomando o próprio pensamento neoliberal de Gary Becker, seria de se concluir que investimento público para educação, políticas de pleno emprego, investimento em empregabilidade, acarretam conseqüências positivas para além da obtenção do próprio posto de trabalho e garantia de subsistência.

> The accumulating evidence on the economic benefits of schooling and training also promoted the importance of human capital in policy discussions. This new faith in human capital has reshaped the way governments approach the problem of stimulating growth and productivity, as was shown by the emphasis on human capital [...]

A relação entre os níveis salariais e o investimento em si próprio (capital humano), por meio da educação e formação dos trabalhadores, com influência na migração de trabalhadores, na competição em um mundo globalizado, foram objeto de pesquisa já nos anos 60, resultando na publicação de sua obra somente em 1964.

Entretanto, sua teoria foi inicialmente altamente controvertida, tendo sofrido severas críticas e duros embates, máxime por entenderem que seria humilhante tratar as pessoas como máquinas (capital), além de ser redutora a visão da escolaridade não como uma experiência cultural, mas enquanto investimento. Se recebida inicialmente com ceticismo e até desprezo, gradualmente passa a ser aceita entre economistas e se dissemina por todos os campos do saber, se tornando hoje uma das teorias econômicas neoliberais com maior aceitação.

Milton Friedman afirmou certa vez que Becker era "one of the most creative economists of our generation." Em 13 de outubro de 1992, o economista Gary Stanley Becker (1930-),[7] professor do Departamento de Economia e Sociologia da *University of Chicago*, nos Estados Unidos, foi laureado com o Prémio Nobel em Economia pelas contribuições que dera em estender o domínio e o método de análise da teoria econômica (microeconómica) aos fenómenos sociais, aspectos antes restritos ao estudo de disciplinas como sociologia, ciência política, antropologia, demografia ou criminologia, ou seja, às relações humanas e seu comportamento. Seu axioma: "all actors in the social game are economic persons who maximize their advantages in different cost situations".

Becker adotou um modelo para explicação do comportamento humano e suas interações, tanto dentro quanto fora do mercado, que é baseado no que restou indicado como sendo *"an economic approach"*, caracterizado pelo fato de que os indivíduos agem racionalmente, ou seja, seus comportamentos são ditados pelos objetivos de utilidade e ganho, sempre almejando maximizar suas ações, em preferências estáveis, e não pelo hábito ou ainda irracionalmente.

---

[7] Gary S. Becker é colunista desde a metade dos anos 80 da *Business Week*, o que lhe garantiu grande exposição de seus pensamentos ao público. Foi, ainda, presidente da American Economic Association (1986/7), associado ao Hoover Institution, em Stanford, ao National Bureau of Economic Research e à Mont Pelerin Society, *think tank* criado por Alfred Hayek em 1947, da qual foi vice-presidente em 1989. Recebeu vários prêmios, dentre eles a John Bates Clark Medal (1967), pela American Economic Association e a National Medal of Science (2000).

Afirmou que, ao contrário da análise marxista, os indivíduos não são motivados tão-somente por interesse próprio ou na ânsia de ganho, sendo o agir ditado por inúmeros valores e preferências, maximizadas pelas suas próprias concepções, que podem revelar um caráter altruísta, de desprendimento, ou egoísmo. As pessoas tentam antecipar as conseqüências das suas ações, portanto se voltam para o futuro, mas deitam raízes no passado, em atitudes e valores e são limitadas por diversos fatores, tais como rendimento, tempo, pela escassez e limitadas oportunidades disponíveis, pela falibilidade da memória, pelas condições econômicas e pelas ações dos outros indivíduos e organizações.

As decisões são pautadas pelo retorno esperado no investimento em si mesmo.

Assim, ter trabalho dependeria do próprio indivíduo, de sua capacidade, habilidade, mas ainda pelas condições que lhe são exteriores e em relação às quais deve interagir. Nenhuma limitação, entretanto, é tão importante quanto o tempo, que não pode ser modificado.

Seu aforisma, emprestado de Bernand Shaw, para explicar sua metodologia é: "Economy is the art of making the most of life". Sua pesquisa, desde 1964, na esteira dos estudos de Jacob Mincer e Theodore Schultz, se volta para a aplicação do mesmo método e regras de análise do investimento em capital fixo e variável ao comportamento humano. Envolve pessoas e, portanto, prioritariamente o trabalho; na seqüência de sua pesquisa passa a analisar também outros comportamentos humanos, no âmbito familiar, pela ênfase na distribuição de trabalho e alocação de tempo livre, assim como procede a estudos de discriminação no mercado de trabalho, além de enfrentar a questão da criminalidade.

Em um estágio da sociedade em que o emprego desponta como bem escasso, a importância do investimento em capital humano apontaria para a possibilidade de ingresso nesse restrito mundo do trabalho, critério de seleção muitas vezes não pertinente com o próprio desempenho da atividade pretendida. É tido como inevitável o fato de que as empresas busquem sempre um incremento em sua produtividade e, assim, contar com capital humano resulta imprescindível para o atendimento dos objetivos, ainda que crescente o impacto do avanço tecnológico inclusive no setor terciário.

Impactante hoje, então, a concomitância de fenômenos como o da *overeducation* em uma sociedade de analfabetos, explicável pelo crescimento econômico reduzido em relação à população economicamente ativa e, igualmente, pela diminuição de número de postos de trabalho pela informatização da produção, dificultando a tomada de decisões em torno de ações políticas para combate ao desemprego pela alta complexidade do fenômeno do desemprego.

Vive-se um Brasil de paradoxos comprovado nos dados do Tribunal Superior Eleitoral (TSE) relativos ao ano de 2007 revelaram a baixa escolaridade do eleitorado brasileiro, em que 51,5%, dos 127,4 milhões de eleitores brasileiros aptos a votar até o final de 2007 não conseguiram sequer completar o primeiro grau (8 anos de estudo) ou apenas lê e escreve, aliado aos 6,46% de eleitores analfabetos em todo o país e somente 3,43% dos eleitorado têm nível superior completo[8] e, por outro lado, nas mais de 1000 faculdades de direito. Recentemente, 29 Instituições de ensino superior com cursos de direito terão que reduzir o número de vagas, em 7.000 no total nos próximos 12 meses, por meio de termos de compromisso firmados com o Ministério da Educação, porquanto apresentaram conceito insuficiente (3 em uma escala até 5) no Exame Nacional de Desempenho dos Estudantes (ENADE) e baixo desempenho no Indicador de Diferença entre o Desempenho Observado e Esperado (IDD). Segundo a Ordem dos Advogados do Brasil, no Brasil existem 3,5 milhões de estudantes de direito e 600 mil advogados inscritos nas diversas seccionais.

O desemprego, em geral, tende a se manifestar em segmentos mais frágeis do mercado. Segundo o DIEESE, no Brasil o desemprego tem idade: 45% dos desempregados têm menos de 24 anos, gênero: feminino, raça: negros e condição social: pobres. O que não se pode permitir é uma abordagem vitimista do não trabalho, no sentido de que existem postos de trabalho, ausente o trabalhador qualificado. Tal abordagem é reducionista do desemprego a uma abordagem exclusiva de capital humano como investimento em educação. Não obstante, o capital humano abrange uma multiplicidade de variáveis,

[8] Baixa escolaridade atinge metade dos eleitores do país. Jornal *Gazeta do Povo*. Caderno Brasil. 16 jan. 08.

dentre elas a da educação, mas não com exclusividade. Se assim fosse os 3,5 milhões de estudantes de direito, segundo a OAB, uma vez bacharéis e aprovados no exame da ordem, não teriam qualquer problema na realização de atividades produtivas que garantissem a sua subsistência.

Ora, o mercado de trabalho é apenas uma das variáveis, determinada pelas condições econômicas de crescimento e não uma variável independente, como já pontuou Marcio Pochmann. Políticas públicas de geração de renda com ingresso postergado no mercado de trabalho por parte dos jovens assegurando a continuidade da escolaridade pode ser uma alternativa, desde que o trabalho tem se apresentado mais como garantia de padrão de consumo do que condição sócio-cultural entre os mais pobres no caso do Brasil. Por outro lado, política educacional não pode se circunscrever a um título, nem ser reprodutora do (nem voltada exclusivamente ao) discurso capitalista. Os recursos públicos para educação não podem ser utilizados para preparação de mão-de-obra que atendam a dinâmica capitalista e o Estado não pode permitir o uso de capital privado para um ensino sem qualidade, pois afeta a todo o mercado de trabalho.

A educação é apontada como uma das grandes variáveis no investimento em capital humano. A abertura de um nicho de mercado fomentado pela necessidade de investimento como garantia de empregabilidade poderá acarretar um efeito inverso, na medida em que a banalização dos títulos universitários, agregado ao fato de que não se tem assegurada a qualidade necessária para o conhecimento ministrado, se traduz na perda de referência de anos de escolaridade como indicador confiável.

Para tanto, no trabalho, por exemplo, o próprio Gary Becker estabeleceu uma distinção entre treinamento ou conhecimento geral, que serve para toda e qualquer empresa e o específico, que aumenta a produtividade marginal e serve apenas para uma dada empresa ou situação em particular, explicando o motivo pelo qual empregados com uma alta e específica habilidade têm menor propensão a deixar seus empregos ou serem mandados embora e o porque as promoções normalmente se dão para quem já conhece a "cultura" e a estrutura da empresa, o que demanda tempo e, assim, dificilmente se atinge com nova contratação.

As diferenças de salário podem em algumas circunstâncias serem explicadas pelos investimentos em maior educação e melhor treinamento, mas ainda hoje pela origem da família ou classe, além de outros fatores. A partir de estudos realizados nos anos 80, concluiu-se que as mulheres ganhariam menores salários já que em geral por conta da família acabam aceitando *"part-time jobs"* e recebem menor incentivo e treinamento nas empresas, pois em geral se retiram do mercado de trabalho após o nascimento dos filhos, situação que se modifica entretanto nos últimos 20 anos, inclusive com a diminuição do número de filhos e crescimento de divórcios, bem como a expansão em áreas e setores que denotariam segregação ocupacional, além das medidas legislativas adotadas contra a discriminação.

Conclui o economista que investimento em capital humano tem grande contribuição para o crescimento econômico. Se é verdadeira a assertiva, motivo não há para que se mantenham políticas neoliberais que acarretem estagnação econômica.

A questão é trabalho e/ou renda para todos. Trabalho formal, não precarizado, com redução de desigualdades sociais. Falar aqui em educação no Brasil como variável principal para empregabilidade é falso; mais correto seria falar em falta de escolaridade como condição de exclusão.

Dados recentes do Brasil que apontam uma redução das desigualdades se traduzem não em melhor qualidade de vida, mas em um processo de perda de poder aquisitivo da classe média, o que é constatado pela rotatividade de mão-de-obra no Setor Bancário e diferenças de salários entre admitidos e demitidos; da mesma forma o crescimento do numero de postos de trabalho tão-somente tem revelado o grau de precarização dos empregos, pois 2 (dois) em cada 3 (três) empregos criados garantem uma baixa remuneração de em torno de 1,5 salário mínimo e não requerem qualificação. Afirma-se que no ano de 2005, foram disponibilizados em torno de 1,5 milhão de postos de trabalho, sendo que 90% com remuneração de ate 2 (dois) salários mínimos, segundo aponta o DIEESE.

Apesar da categoria dos bancários ser uma das mais articuladas, engajadas, no Brasil, não teve força o suficiente para evitar o enxugamento de postos de trabalho, nem os fenômenos de externalização do trabalho.

Além disso, a redução dos postos de trabalho e/ou empregabilidade no Setor Bancário demonstra que não há pertinência imediata ou implicações entre o nível de escolaridade e as condições económicas produtivas. Apesar das condições econômicas, boas ou más, no Brasil o Setor Bancário vai sempre muito bem, obrigada. Apesar da expansão da economia e do lucro obtido, do aumento no número de correntistas, não há incremento de postos de trabalho. Apesar do setor de serviços incorporar mais facilmente novos trabalhadores, ele também sofre os revezes da inovação tecnológica. O trabalho bancário é exemplar do que o futuro nos aguarda.

A questão aberta é, então, a quem ainda interessaria o aumento no número de postos de trabalho?

O Futuro do Pretérito na Terra Brasileira*

LUIZ EDSON FACHIN**

Sumário:
Introdução: País aberto para balanço.
I – Parte: passivo a descoberto e os estoques da barbárie.
II – Parte: a exclusão como *estado de exceção permanente* e os compromissos legitimadores do discurso e de práxis jurídica.
Conclusão: *é preciso inovar a vida.*

Introdução: País aberto para balanço

Um dos tempos verbais que explicitam os impasses no desassossego[1] inspirador de versos e paradoxos é o futuro do pretérito, e nele se expressam hipóteses aporéticas de incerteza[2] e de alguma irrealidade. O indicativo do que *seria* o Brasil contemporâneo pode caminhar por aí, pelo porvir que reflete, como pesadelo, sonhos de outrora.

---

* Texto dedicado a José Gomes da Silva.

O Autor agradece ao acadêmico de Direito Bernardino Camilo da Silva o auxílio na pesquisa.

** Professor Titular de Direito Civil da UFPR e da PUC-PR.

[1] Fernando Pessoa fornece o mote da aporia que permeia o presente ensaio, pois "inventou o *Livro do Desassossego,* que nunca existiu, propriamente falando, e que nunca poderá existir". PESSOA, Fernando. *Livro do desassossego:*composto por Bernardo Soares, ajudante de guarda-livros na cidade de Lisboa; organização Richard Zenith. São Paulo:Companhia das Letras, 1999. p. 13.

[2] Sobre o tema, ver: COSTA, Ana Lúcia dos Prazeres. *O futuro do pretérito e suas variantes no português do Rio de Janeiro: um estudo diacrônico.* Rio de Janeiro, UFRJ / Faculdade de Letras, 2003. Tese de Doutorado em Lingüística.

Não se trata tão-só de haurir dos fatos e da história *o direito que foi tomado pelo avesso*, e sim, ao início de novo milênio, também refletir sobre a construção do discurso jurídico a partir da terra brasileira, fornecendo alguns elementos de compreensão do presente e de prospecção ao futuro do Direito e ao Direito que se terá como ventura e fado.

Algumas premissas informam esse caminho. De um lado, debater além dos direitos civis fundados na propriedade e nos direitos reais constitucionalizados corresponde ao reconhecimento de um *telos* que não se esgota na dogmática jurídica; de outra parte, expor a hegemonia das titularidades torna possível dialogar com o cenário mundial contemporâneo, plural e complexo, fruto da longa permanência da democracia burguesa sem transição. Além disso, propicia uma revisão *das contas do disponível*, tendo como pilar exemplificativo certas políticas públicas sobre a terra e a preleção jurídica como legitimadora das *contas da razão*.

A desinência que indica o futuro do pretérito espelharia, outrossim, uma colossal clivagem nesse contexto entre a realidade e a respectiva análise de possibilidades. Esse *espaço de intermediação analítica* é mesmo ocupado, dentre outros fenômenos, pelo discurso jurídico (quer doutrinário, quer normativo), pelos *corpos intermediários* e por um feixe de interesses e de poder que tem mantido o Brasil sob permanente *estado social de exceção.*

É desse *futuro do pretérito* que este texto se ocupa.

I. Parte: passivo a descoberto e os estoques da barbárie

Tratar do direito e do futuro tomando a alavanca exemplificativa aqui apreendida para fins metodológicos de exposição do fio condutor que nela se contém, mas ali não principia nem por aí se completa, passa, preambularmente, por um reconhecimento histórico e pela retomada de dados e informações. A codificação civil de 2002, a Constituição Federal de 1988 e as leis infraconstitucionais, especialmente o Estatuto da Terra, de novembro de 1964, não levaram a efeito mudança de fundo na estrutura agrária brasileira.

A rigor, desenvolveram uma espécie de "teologia" legitimadora do discurso jurídico, exposto nos depósitos da barbárie e que não são meros avatares de uma história dissimulada.

1.1. "Teologia" do discurso jurídico e síntese política

O intento de alterar as condições materiais da vida social por meio do discurso jurídico normativo não é novo. Há um grande passivo a descoberto, sendo permanentes os conflitos decorrentes da luta pela terra, apresentando-se, nesse cenário, o discurso jurídico como imagem especular invertida.

A primeira significante Lei de Terras no Brasil é de 1850, depois de séculos de escravização aos negros e de genocídio indígena. Teóricos e militantes desse campo classificam em três fases a luta pela terra desde o ano de 1850 até o golpe militar de 1964: a primeira fase vai até 1940, é a fase das "Lutas Messiânicas", assim chamadas por terem à frente um líder religioso, como é o exemplo de Canudos e Contestado.

A segunda vai de 1940 até o final da década de 50, é a fase das "lutas radicais localizadas", caracterizadas pelo enfrentamento armado entre caboclos posseiros contra fazendeiros ou empresas que almejavam se apropriar de terras onde os posseiros viviam, mas não tinham documento formal de titularidade.

A terceira fase vai até 1964. É o surgimento da "luta dos camponeses organizados", os quais, por meio de movimento social, passam a reivindicar terra e Reforma. A conjuntura política nacional e internacional anterior ao revés era favorável à Reforma Agrária, pois brotavam movimentos por toda a América Latina, mas diversas condições geraram a deflagração de vários golpes de Estado na maioria dos países latinos. É nesse contexto que em 1° de abril de 1964 se faz a aliança entre militares, a oligarquia nacional e o capital internacional.

A partir da segunda metade da década de 70, recomeçam a surgir enfrentamentos coletivos públicos ao regime ditatorial. Dentre vários movimentos sociais e partidos políticos de esquerda, podem ser citados, dentre outros, dois: um movimento, o Movimento Sem-Terra, e um partido, o Partido dos Trabalhadores. O Partido surge no meio operário, embora muito além dos interesses sindicais e se torna um importante aliado daqueles que lutam pela terra, com seu programa político contendo como essencial a Reforma Agrária. O Movimento, a seu turno, surge de vários conflitos que até início da década de 80 eram localizados, e sua origem se encontra em três fatores do período da ditadura: o primeiro é um "fenômeno socioeconómico", ou seja, a crise suscitada pela política agrária que implantou a chamada "Revolução Verde", denominada "modernização dolorosa" ou "modernização conservadora", que foi, em suma, a mecanização da agricultura, com flagrante êxodo rural.

O segundo é o "elemento político", vale dizer, "aberturas políticas" forçadas por greves, como as ocorridas na região do ABC paulista, e que palmilham caminho para a pugna no campo.

Um terceiro componente que faz parte dessa gênese é o "aspecto de unidade político-transcendental", que trata da atuação da ala progressista da Igreja, crucial fator de coesão, para que dos diversos segmentos emergisse apenas um amplo movimento.

Seguem daí, nessa seara, essas duas organizações, uma como partido político, outra como movimento social, por tempos operando lado a lado. De uma parte, o movimento organizado contabiliza a conquista de assentamentos, até 2006, de aproximadamente 400 mil famílias em todo o Brasil. De outra, o Partido, ao gerir por alianças o Governo, adotou práxis que altera seu programa político e para a campanha eleitoral de 2002, não era mais considerado pleno aliado dos movimentos pela Reforma Agrária.

Como se vê, as relações de poder se instalam a partir da sociedade no âmbito do Estado para fazer, por meio das políticas públicas e do discurso jurídico, uma espécie de nova "teologia", fenômeno histórico e social já observado na apropriação de significados, como se fez com a *Magna Charta Liberatum*, de 1215, outorgada na Inglaterra em favor do baronato, súditos do Rei João Sem-Terra.

Trata-se do mesmo patamar que representaram as cartas de franquia, as sesmarias e os forais no legado português e espanhol na terra brasileira.

Na ausência de práxis que representasse ruptura de modelos, como fruto da *estrutura da consciência* (como escreve o Habermas do materialismo histórico[3]), há, por assim dizer, o renascimento do revide cínico dado por Platão ao perguntar se era *deus* ou *um homem* o autor das leis, cuja resposta teocêntrica revela o lugar legitimador que tem ocupado o discurso jurídico no Brasil.

Gerou-se, assim, o cativo perfeito do passado.

1.2. **O cativo perfeito do pretérito**

Produto de conflitos endógenos na formação nacional, o Brasil se afeiçoou, assim, à *história lenta do atraso*, surpreendendo até mesmo a *golden rule* do liberalismo que impulsionou reformas em países capitalistas, segundo a qual *é preciso mudar alguma coisa para que tudo continue na mesma*. Interesses e poderes se unem para compor, de geração em geração, uma *hierarquia axiológica intersubjetiva* que arrosta até mesmo as análises que têm perspectiva liberal e se fundam em autores contemporâneos como John Rawls e Ronald Dworkin.

Nas perdas e danos, e para ficar no período que vai até a metade do século XX, o balanço resta por argüir sobre o futuro de um Estado que não chegou, substancial e efetivamente, sequer às promessas da Constituição mexicana de 1917, ao jardim das premissas da Revolução de 18 e à Constituição de Weimar.

"O Brasil levou 66 anos de vida independente para abolir a escravatura", escreveu Plínio de Arruda Sampaio, acrescentando: "Quando os progressistas reuniram forças para vencer a resistência do atraso, a medida já havia perdido boa parte de seu efeito. Mesmo assim, cientistas sociais como Caio Prado Jr. e Celso Furtado datam daí a possibilidade de desenvolvimento econômico e consolidação de um regime democrático no país. Mas abolição da escravatura sem distribuição de terras aos libertos não podia significar perpetuação da pobreza e da opressão dos senhores de terras sobre a massa rural.

---

[3] HABERMAS, J. *Para a construção do materialismo histórico*. São Paulo:Brasiliense, 1990. p. 206.

Desde então e até hoje, passados mais de cem anos, os progressistas de todos os matizes têm procurado demonstrar a impossibilidade de criar uma economia sólida e um país verdadeiramente democrático sem modificar a estrutura agrária que mantém a população rural dominada pelo capital fundiário."[4]

As razões desse ocaso estão expostas em relatório publicado pelo Senado Federal, e subscritas por Fábio Konder Comparato: "Manifestamente, pelo fato de termos deixado de realizar no devido tempo, isto é, até meado do século passado, a indispensável Reforma Agrária em seu sentido clássico, por meio da simples expropriação do latifúndio, o problema tornou-se muito mais grave, e somos agora compelidos a buscar uma via de solução mais complexa. Na verdade, essa solução existe e é perfeitamente viável dentro do atual regime constitucional, só faltando uma decidida vontade política de pô-la em prática."[5]

A compreensão da possível resposta a essa complexa questão pode estar na reflexão de Florestan Fernandes, pois no Brasil das cidades e do campo (e por conseqüência, da formação jurídica, especialmente na dogmática dos manuais e no ensino) os interesses oligárquicos lograram "a possibilidade de plasmar a mentalidade burguesa e, mais ainda, de determinar o próprio padrão de dominação burguesa."[6]

O testamento histórico mostrou claramente o bem que trouxe à colação: um repouso para a "consolidação conservadora", com o envolvimento da aristocracia agrária no "mundo urbano dos negócios" e até hoje mantida[7].

O pacto antenupcial feito desde as capitanias até a Lei Imperial de Terras se manteve num indissolúvel casamento, com comunhão universal de bens, entre o capitalismo agrário e o capitalismo industrial.

---

[4] Texto de Plínio de Arruda Sampaio, então presidente da ABRA na apresentação do Relatório da CPMI da Terra – 2006, Senado Federal, p. 11 e 12.

[5] Texto de Fábio Konder Comparato, Prefácio do Relatório da CPMI da Terra – 2006, Senado Federal, p. 19.

[6] FERNANDES, Florestan. *Sociologia crítica e militante*. São Paulo: Expressão Popular, setembro de 2004-SP, p. 433.

[7] FERNANDES, Florestan, *ob. cit.*, p. 433.

Seria incorreto deixar de reconhecer que, especialmente em face da conjuntura internacional, a partir de 1930 houve algumas conquistas no sentido de um Estado social. As oligarquias se modernizaram, e em tal contexto aparecem no ordenamento jurídico brasileiro os direitos sociais. A questão agrária vem à tona com grande importância no início da década de 60, com o governo João Goulart; ao propor uma reforma, a agitação fornece estopim que dá o pretexto para explosão do conservadorismo.

Após a redemocratização política formal de 1988, o segundo governo civil eleito depois da Constituição Federal assume com a missão de abrir as portas da economia e minimizar o Estado. Entronizado estava o *neoliberalismo.*

O *Governo Fernando Henrique Cardoso,* afora os contratempos do governo anterior, deu continuidade e consolidou esse plano, Há privatizações e cortes no orçamento em políticas sociais.

Mantém-se, pois, a concentração da terra como manutenção do poder, e daí a exclusão social, a pobreza e as desigualdades.

E permanece até hoje a premissa segundo a qual "o desenvolvimento capitalista transformou a terra em propriedade privada, e a terra transformada em propriedade privada promoveu o desenvolvimento capitalista. A terra deixava de ser sustentáculo da vida e ainda com mais força na América Latina, cuja produção estava voltada para abastecer, a baixo custo, mercados externos."[8]

Levada a efeito essa síntese, impende expor, ainda que também de forma sumária, a razão das contas no balanço histórico do realizável presentemente.

1.3. **Revisão das contas no balanço do realizável**

O tempo presente não arrostou esses desafios. Para entender como se dá atualmente esse fenômeno da concentração da riqueza, falam por si só números do que acontece na atual política agrária, no que diz respeito a crédito rural.

---

[8] Souza Filho, Carlos Frederico Marés. *A função social da terra.* Porto Alegre:Sergio Antonio Fabris Editor, 2003, p. 81.

São dados oficiais, publicados pela revista da Fundação Getúlio Vargas[9]: para quase 3.900 mil famílias, financiamento via Programa de Crédito aos Pequenos Agricultores Familiares no valor total de 5,4 bilhões; para 580 mil famílias assentadas, financiamento, por igual meio, de 568 milhões. Por outro lado, somente para a safra 2003/2004, foram destinados 4,34 bilhões de reais tão-só para 10 (dez) empresas transnacionais.

Os dados[10] são reveladores da natureza concentradora e desnacionalizada dos recursos para a agricultura.

Nos anos de 2002 a 2006, é possível colher alguns pontos das medidas governamentais para a agricultura e Reforma Agrária[11], e que não confirmam a propaganda governamental segundo a qual "nunca na história do país a Reforma Agrária foi tratada com tanta

---

[9] *Agronalaysys*, 7, v.25, de julho de 2005.

[10] Dados:

a) *PRONAF – Programa de Crédito aos Pequenos Agricultores Familiares – Safra 2003/2004:*
Número de famílias no Brasil: 3.895.968
Financiamento total: 5,4 bilhões de reais (Média aproximada de 21 mil reais por estabelecimento)

b) *Crédito para Assentados – Safra 2003/2004:*
Número de famílias: 580 mil
Financiamento total: 568 milhões de reais (Média de 8.817 reais por família)

c) *Crédito para empresas transnacionais recebido somente do Banco do Brasil – Safra 2003/2004:*
1 – Aracruz Celulose: 1.167 milhões de reais;
2 – Cargill: 921 milhões de reais;
3 – Bunge: 607 milhões de reais;
4 – ADM: 585 milhões de reais;
5 – Nestlé: 330 milhões de reais;
6 – Rhodia: 304 milhões de reais;
7 – Souza Cruz: 189 milhões de reais;
8 – Basf: 120 milhões de reais;
9 – Monsanto: 68 milhões de reais;
10 – Bayer: 58 milhões de reais;
Financiamento total: 4,34 bilhões de reais.

[11] A partir de informações dos próprios movimentos sociais, como Movimento dos Pequenos Agricultores-MPA, Movimento dos Atingidos por Barragens-MAB, Movimento Sem Terra-MST, Comissão Pastoral da Terra-CPT e Associação Brasileira de Reforma Agrária – ABRA.

importância." A política econômica atual vai de encontro a esse conjunto de promessas inadimplidas[12].

Adicione-se que segundo dados apurados pela Comissão Parlamentar Mista de Inquérito da Terra, conforme relatório publicado pelo Senado Federal, só no primeiro ano do governo Lula, houve 42 mortes de trabalhadores rurais decorrente de conflitos agrários.[13]

O presente Governo assumiu em 2003 seu primeiro mandato com a seguinte realidade: 171.288 famílias acampadas, e no Plano Nacional[14] se comprometeu a assentar 400 mil famílias na gestão. Mas, em 2005, em toda a região sul do Brasil, composta de três Estados da federação, foram assentadas 1.386 famílias, uma média de 455 famílias por Estado, segundo dados do INCRA, publicado no relatório da CPMI da terra.

Vale ressaltar que, em 21 de novembro de 2003, o Governo, na presença de cinco mil trabalhadores, imprensa e tendo a sociedade como testemunha, se comprometeu no PNRA a assentar 400 mil famílias, nos quatro anos. Até 2005, passados 75% do mandato, menos de 100 mil famílias tinha, sido assentadas. Recentemente, noticiou-se[15] que "o governo do presidente Luiz Inácio Lula da Silva

---

[12] É possível elencar algumas das medidas do atual governo que são apontadas pelos movimentos sociais como contrárias à Reforma Agrária e à agricultura camponesa:

a) Manutenção da denominada *Lei Kandir* que, ao isentar de ICMS as exportações de produtos agrícolas, estimula o agronegócio exportador;
b) Aumento em dobro do apoio com crédito às empresas transnacionais;
c) Apoio por meio da agência estatal de fomento (o BNDES – Banco Nacional de Desenvolvimento Social) para instalação de fábricas de celulose e matas homogêneas de eucaliptos;
d) Não atualização dos índices de produtividade que ainda são de 1975;
e) Manutenção da política agrária orientada pelo Banco Mundial;
f) Manutenção da política econômica que inviabiliza a agricultura campesina.

[13] Já os dados da CPT revelam outra realidade, quer no governo anterior e quer no atual, em relação às mortes no campo:

2001 – 29 assassinatos
2002 – 43 assassinatos
2003 – 73 assassinatos
2004 – 39 assassinatos

[14] PNRA – Plano Nacional de Reforma Agrária.

[15] Jornal *Folha de S. Paulo,* segunda-feira, 07 de janeiro de 2008: "A administração desapropriou 204,5 mil hectares no ano passado, suficientes para assentar cerca de 6.000 famílias. A área representa menos de um terço da média anual de 682,5 mil hectares do primeiro mandato de Lula". Segundo decretos de desapropriação publicados no *Diário Oficial* e tabulados pelo jornal, isso representa uma queda de 62%.

teve em 2007 o pior ano em desapropriações de terra para fins de Reforma Agrária".

Se o presente tem essa coloração que parece mofo imemorial, uma legítima irresignação interroga em outro campo as promessas de então.

1.4. **Direito e Poder Judiciário sobre a questão agrária**

Seria outro o Brasil caso já houvesse enfrentando os *males que nos afligem*?

Certamente um deles é a nunca resolvida questão agrária, indicada como crucial para o desenvolvimento do país por respeitáveis pesquisadores, como Caio Prado Jr., Celso Furtado e a corrente de economistas cepalinos.

Juristas do peso de Fábio Konder Comparato, *doutor honoris causa* da Universidade de Coimbra, ao entenderem a gravidade da situação agrária brasileira, defendem ser possível dentro do atual sistema constitucional fazer uma reforma. No entanto, parece que o tripé do Direito, espelhado na legislação, na doutrina e na jurisprudência, não tem se prestado a fazer mesmo justiça social. Impende refletir sobre esse tema.

A Constituição Federal vigente propicia conferir ao Direito Civil patrimonial a superação do estatuto jurídico das coisas, bens e direitos, beneplacitando a "despatrimonialização" e "repersonalização". Dessa saudável crise resultou a renovação do sistema clássico de apropriação de bens. Deu-se, assim, a travessia do Código Civil de 1916 à Constituição de 1988, alcançando até mesmo, no âmbito do novo Código Civil brasileiro a função social da propriedade.

Contém o ordenamento regras constitucionais sobre o cumprimento integral da função da propriedade e mecanismos de desapropriação por interesse social para fins de Reforma Agrária.

De outra parte, tem o País um Poder Judiciário claramente estruturado, com sofisticada divisão formal de competências: duas justiças comuns (federal e estadual) e três justiças especiais (trabalhista, eleitoral e militar). São 91 (noventa e um) tribunais no território nacional.

No topo da estrutura, está o Supremo Tribunal Federal, tendo em seguida o Superior Tribunal de Justiça e mais três tribunais superiores: trabalhista, militar e eleitoral. Há cinco tribunais regionais federais, 27 tribunais de justiça, e funciona, em Brasília, o novel Conselho Nacional de Justiça.

Tem o Brasil[16] aproximadamente 15 mil juízes, sendo a média 5,3 juiz por 100 mil habitantes. Em cada Estado da federação há, em média, 390 juízes na Justiça Estadual, e 263 juízes na estrutura da Justiça Federal de primeiro grau.

Anualmente, em média, cada juiz estadual decide 1.400 processos e cada juiz federal 700 processos.

Ao seu turno, o Supremo Tribunal Federal julgou, em 2007, 81.332 processos; de 2000 a 2007, o STF recebeu 818.744 e julgou 783.800. Já o Superior Tribunal de Justiça, em 2007, julgou 131.023; de 2000 a 2007, o STJ recebeu 1.537.277 processos e julgou 1.647.859.

Tal síntese revela altos índices de *produtividade*, com recursos de automação cada vez mais elevados. Segundo a Associação dos Magistrados Brasileiros e de acordo com relatório do Banco Mundial, "a média de ações ajuizadas no Brasil é alta para a América Latina, e a carga de trabalho apreciada por alguns tribunais está acima das médias internacionais. Os níveis de produtividade são significativamente altos, e uma possível explicação reside na aplicação criativa da automação"[17].

Sem embargo de alguns pontos de estrangulamento e de relevantes questões locais e regionais, a estrutura nacional do funcionamento formal da magistratura não poderia ser, por si só, apontada como empecilho para atuação eficaz nos feitos relativos às desapropriações de terra por interesse social para fins de Reforma Agrária.

Resta, então, averiguar, *quantum satis*, em qual herança teórica e prática sobre as dimensões do público e do privado atolou a racionalidade jurídica brasileira nessa matéria.

---

[16] Fonte: *O Judiciário brasileiro em Perspectiva*; análise da Associação dos Magistrados Brasileiros baseada em relatórios do Supremo Tribunal Federal, do Conselho Nacional de Justiça e do Banco Mundial. Publicação da AMB – Associação dos Magistrados Brasileiros. Coordenação Rodrigo Formiga Sabino de Freitas. Brasília, DF, 2007.

[17] *Idem, ibidem.*

II – Parte: a exclusão como *estado de exceção permanente* e os compromissos legitimadores do discurso e de práxis jurídica

O exame que a seguir far-se-á não pode deixar de reconhecer seus próprios limites, até porque, como se sabe a partir de Gadamer, *texto e contexto interagem no conjunto das possibilidades do círculo hermenêutico.*[18]

Cumpre, nada obstante, investigar, no que for possível, o que resultou das construções teóricas da efetividade constitucional e dos direitos humanos e fundamentais, especialmente com a adoção teórica das políticas de inclusão, da não-discriminação, da igualdade substancial e assim por diante. Teria sido apenas um "endemic challenge"[19] para a democracia liberal?

Se, de ponto de vista hegeliano, a história é a *realização da idéia de liberdade*, teria o Brasil abraçado a concepção nietzscheniana de que *a humanidade dirige-se para seu próprio fim*? A ponte que une esse salto pode ter explicação. É que, de algum modo, no Direito Civil Moderno, associa-se à liberdade a propriedade. E assim se faz a partir, ao menos, de John Locke, sem desconsiderar-se, por certo, o poder *le plus absolue* dado à titularidade pelo artigo 544 do Código napoleônico.

Eis aí uma singela revelação da função das codificações civis nos séculos XIX e XX, presas a uma racionalidade universalizadora, com a pretensão de construir tanto um sistema jurídico quanto um modo de pensar juridicamente a partir da segurança e da completude, servindo a sujeitos abstratamente iguais e livres formalmente. Dá-se ali ao sujeito formal uma espécie de *soberania individual,* um espaço de auto-regulamento de interesses, blindados da coerção estatal.

Refletir sobre o Brasil que se formou como o País que *é* ou que *poderia ser* também compreende problematizar o modo de pensar a racionalidade que informou e conforma a formulação doutrinária e a estrutura de pensamento brasileiro.

---

[18] Construções teóricas de H. G. Gadamer, na obra *Verdade e método*. Rio de Janeiro: Vozes, 1997.

[19] Como escreveu Amy Gutman, no préfacio da obra *Multiculturalism: examining the Politics of Recognition,* de Charles Taylor. Princeton University Press, 1994, p. 2.

Intentou-se, sem dúvida, promover divórcio entre o legado reprodutor da adaptação e a contemporaneidade.

O *statuo quo* histórico resultante desse repto enfrentou a funcionalização dos institutos de base: a propriedade, o contrato[20] e a família. No que concerne à propriedade, especialmente, os textos constitucionais chamaram para si, no século passado, a imposição de funções ao exercício da *liberdade proprietária*, buscando superar o Direito Civil Moderno, de matriz liberal, espelhado nas codificações oitocentistas. À liberdade negativa dos sujeitos seguiu-se a função promocional do Estado, uma promessa, um *devia ser*.

Restou, porém, inacabada a ponte que uniria as margens entre o País das diferenças e a Nação prenhe de desigualdades[21].

A rigor, o que se denota, materialmente, no País do presente, é um incremento de necessidades, especialmente vinculadas à desconcentração de terra e de renda. O Direito e seus discursos, bem como sua teoria, ainda que crítica, tem trabalhado com universais, como se os conceitos fossem entes acima da história e aptos a produzir, por si só, sua própria realidade.

Um feixe de poderes económicos, sociais e históricos omnipresentes tem gerado a permanência do passado, limitando possibilidades e adestrando definições e ensinamentos. Entre o Brasil real e o discurso jurídico criou-se, por assim dizer, um *terceiro setor argumentativo*, recheado de cultos, intermediações quase sacerdotais, *mitos-conceitos*, um *corpo intermediário* entre o ser e a terra.

O “ser-no-mundo” de Heidegger[22] se fez aí sob um paradoxo: de um lado, a construção teórica da quinta dimensão dos direitos humanos e fundamentais, pertinente ao desenvolvimento social, incluindo-se terra e moradia, como escreveu Zagrebelsky[23]; de outro, a legião dos *novos apátridas*, não apenas *displaced persons*, mas também

[20] Insere-se a boa-fé e seus desdobramentos, *exempli gratia*, bem como (ao reverso) a crítica à máxima da eficiência na análise económica do contrato com todo o arsenal desenvolvimento sobre o cumprimento eficiente.

[21] O texto trata de uma aporia, daí porque assume paradoxos e reconhecer, no tema, complexo teia de poder político nacional, regional e local.

[22] Cfr. *Ser e Tempo*. Petrópolis:Vozes, 1997, p. 236.

[23] Zagrebelsky, Gustavo. *El derecho dúctil – ley, derechos y justicia*. 3. ed. Madrid: Totta, 1999.

aqueles que não têm o fundamental da vida digna, aqui ou acolá, sem-terra, sem-teto, *homeless, roofless, houseless,* ou SDF, *sans domicille fixe:sans abri, la rue t'appartient.*

Quiçá por essa razão que Marx diferenciou[24] *les droits de l'homme* e *les droits du citoyen*, para atacar duramente o *egoísmo do homem e a arbitrariedade*. Daí porque ver no futuro do pretérito alguma *pós-modernidade*, com certa *fusão de horizontes*[25], corresponde a ver demais diante de séculos de exclusão, nos quais a regra se tornou *estado de exceção*[26] *permanente*.

Eis o desafio de ensinar, no Direito Civil dos cursos jurídicos no Brasil, a estrutura da tipicidade dos Direitos Reais, *jura in re própria* ou *jura in re alieno*, bem como no Direito Constitucional da função social da propriedade e da ordem econômica, sem deixar de lembrar o índice de Gini. Tal índice, como se sabe, é parâmetro internacional para medir a concentração de renda; no Brasil, na escala variável de zero a 1,00, chega-se a 0,593; revela-se que em nosso País 10% da população tem 46,9% da renda.

Cumpre, então, indagar se tem algum sentido, nesse contexto, uma *nova ordem mundial* que estaria sendo edificada, segundo HUNTINGTON[27], pelos quase duzentos Estados ou nacionalidades, povos, tribos e grupos étnicos.

Melhor quem sabe optar pela recuperação do *século de Péricles*, isto é, necessita-se menos de operar verdes bravatas teóricas argumentativas, e mais da ousadia do exercício da crítica racional da realidade, como escreveu Comparato[28].

A fim de pensar sobre o direito e o futuro no Brasil de hoje é inafastável um complexo e plural labor teórico-prático de construção; *é preciso inovar a vida.*

---

[24] MARX, K. *A questão judaica*. São Paulo:Centauro, 2005. p. 32.

[25] Expressão de Gadamer, *ob. cit.*, p. 289/290.

[26] AGAMBEN, Giorgio. *Homo Sacer: o Poder Soberano e a Vida Nua*. Belo Horizonte: UFMG, 2002.

[27] HUNTINGTON, Samuel. *The clash of civilization and the Remaking of World Order*. New York:Simon & Schuster, 2003.

[28] Cfr. *Afirmação histórica dos direitos humanos*. São Paulo:Saraiva, 2004, p. 9.

Conclusão: *é preciso inovar a vida*

Em 25 de fevereiro de 2002, um eminente catedrático da Faculdade de Direito da Universidade de Coimbra e autor da obra[29] fundamental sobre economia política agora felizmente publicada também no Brasil, ao terminar magistral lição a alunos e a docentes da Faculdade de Direito da Universidade Federal do Paraná, chamou à responsabilidade um autor menor que havia pregado em seus versos[30] a tábua da desesperança, e o então Presidente do Conselho Directivo da Faculdade de Coimbra, dele discordando, afirmou que "não é tola a esperança de que o futuro há-de mudar de cor".

Disse[31], então, o professor Avelãs Nunes, naquela oportunidade aos professores: "é um imperativo deontológico, um imperativo categórico de cidadania enraizar nos seus alunos a esperança", acrescentando: "Se me quiserdes convosco, contem comigo para este combate. O Poeta, esse, tenho certeza de que está conosco, todos os dias, a dirigir esta luta de *inovar a vida* em cada dia que passa."

O Mestre de Coimbra e de todos nós tinha (e ainda tem) plena razão. Ele também sabe, como escreveu Drummond que

"Esse é tempo de partido,
tempo de homens partidos.
Em vão percorremos volumes,
viajamos e nos colorimos.
A hora pressentida esmigalha-se em pó na rua.
Os homens pedem carne. Fogo. Sapatos.
As leis não bastam. Os lírios não nascem
da lei."

Na conclusão que se pode apresentar de modo coerente com a aporia ensaiada, é possível lembrar, sob o signo da esperança que

[29] AVELÃS NUNES, António José. *Uma Introdução à Economia Política*. São Paulo:Quartier Latin, 2007.

[30] "Ninguém pode me negar / o direito de nada ver além desta noite / e deter a ilusão vestida de uma tola esperança / de que o futuro mudará de cor". De 1978, versos do autor do presente texto.

[31] Texto manuscrito pelo próprio Professor Doutor António José Avelãs Nunes.

vinca o olhar para o futuro, poema de Mário Quintana, este sim, como Drummond, poeta maior:

"Lá bem no alto do décimo segundo andar do Ano
Vive uma louca chamada Esperança
E ela pensa que quando todas as sirenas
Todas as buzinas
Todos os reco-recos tocarem
Atira-se
E
– ó delicioso vôo!
Ela será encontrada miraculosamente incólume na calçada,
Outra vez criança...
E em torno dela indagará o povo:
– Como é teu nome, meninazinha de olhos verdes?
E ela lhes dirá
(É preciso dizer-lhes tudo de novo!)
Ela lhes dirá bem devagarinho, para que não esqueçam:
– O meu nome é ES-PE-RAN-ÇA..".[32]

Ao catedrático de Coimbra e aos destinatários destas singelas palavras, certos da inexistência de uma *resposta única,* a insubmissão do presente ainda nos conclama *a dizer tudo de novo.*

Sigamos juntos.

[32] Extraído do livro *Nova Antologia Poética*. São Paulo: Globo, 1998. p. 118.

Novos espaços deliberativos, ativismo judicial e reconstrução jurisprudencial:

Algumas possibilidades para o futuro do direito do trabalho (brasileiro)

ROBERTO FRAGALE FILHO*

Há quase trinta anos, Orlando Gomes livrou-se ao exercício aqui proposto: especular sobre o futuro dos direitos. Na ocasião, reconhecendo que entre o direito e a sociedade estabelecia-se, por vezes, uma relação de mora[1], ele se interrogava sobre o futuro do direito do trabalho, constatando que, "no terreno das relações de produção, o retardamento confirma-se, (pois) as idéias que, no particular, foram concebidas e fecundadas no curso do século passado não correspondem mais à realidade dos dias presentes" (1979: 37). Esse ideário, que alicerçou as "concessões tendentes à melhoria das condições de trabalho e de vida" arrancadas pela classe trabalhadora ao patronato, não seria mais capaz de dar conta das transformações em curso, das quais a mais interessante seria a "a substituição do patrão-proprietário pelo patrão-anônimo e pelo patrão-público", pois essa nova configu-

---

* Professor do Programa de Pós-graduação em Sociologia e Direito (PPGSD) da Universidade Federal Fluminense (UFF) e Juiz do Trabalho Titular da 1ª Vara do Trabalho de São João de Meriti (RJ).

[1] Essa relação é por ele examinada sob a perspectiva de um distanciamento entre a percepção das transformações e a regulação da realidade transformada. Entretanto, uma outra possibilidade de exame da distância entre o mundo da prática e a sua regulação jurídica reside na ineficácia ou no escasso cumprimento da norma, o que proporcionaria uma brecha entre o direito e a realidade. Essa seria, aliás, conforme Uriarte (2006), uma das características do direito do trabalho latino-americano.

ração do patronato proporciona "o divórcio entre propriedade e autoridade, entre poder e comando" e termina por desintegrar o binômio patrão-operário. Assim, com o solapamento de suas categorias fundamentais, "o direito que as disciplina se esclerosa em plena adolescência e já apresenta sintomas de um futuro que se entrevê melancólico, por outro lado, se em conta se levar que o progresso da técnica de produção acabará por eliminar, por dispensáveis, os próprios operários" (1979: 45).

Ora, o exercício é irresistível, nem que seja pelo simples prazer da aferição dos prognósticos, e na recente literatura jurídica nacional encontramos várias tentativas de compreensão das atuais transformações do direito do trabalho. Assim, por exemplo, Genro (2002), Barros (2003), Pereira (2004) e Fragale Filho (2005). Ele não é estranho, tampouco, à literatura jurídica internacional, como evidenciam os relatórios Boissonat (1998) e Supiot (1999), além dos textos de Jeammaud (2000) e, mais recentemente, Finkin (2006). Este último, após estabelecer uma taxinomia crua para o comparativismo trabalhista, tipologicamente dividido entre estudos descritivos, finalísticos, especulativos, teóricos e profundos, explora a incerteza contemporânea do direito do trabalho como disciplina a partir de quatro diferentes aspectos: flexibilização, individualização, câmbio demográfico e capacidade estatal.

Em face desta profusão de textos e, na hipótese de se reconhecer como verdadeira a esclerose prognosticada por Gomes, que interesse pode, por conseguinte, ter mais um exercício especulativo sobre o futuro do direito do trabalho? Penso que ele reside na adoção de uma perspectiva analítica centrada no "direito em ação", em oposição à leitura calcada no "direito na teoria" que caracteriza os exercícios precedentes. Nesse sentido, restaria superado o obstáculo antes identificado em torno da mora ou da brecha entre direito e realidade, possibilitando uma leitura concreta da regulação jurídica do mundo do trabalho. Além disso, sob tal prisma, restaria retomada a trajetória de minhas contribuições precedentes aos dois últimos encontros do grupo Cainã (Fragale Filho, 2007 e 2007a), possibilitando situar o espaço teórico da sociologia dos tribunais como lugar de minha fala. Em outras palavras, posso, assim, prolongar minhas apreciações pretéritas sobre as transformações do Poder Judiciário brasileiro e as possibilidades de contribuição do movimento associativo da magistratura trabalhista para a formação do direito do trabalho do futuro. Interessa-me, portanto, examinar o resultado da 1ª Jornada de Direito Material e Processual na Justiça do Trabalho, organizada pela Associação Nacional dos Magistrados do Trabalho (Anamatra), pelo Tribunal Superior do Trabalho (TST), pela Escola Nacional de Formação e Aperfeiçoamento dos Magistrados do Trabalho (Enamat) e pelo Conselho Nacional das Escolas de Magistratura do Trabalho (Conematra), em novembro de 2007, em Brasília (DF). E isto se justifica por uma dupla razão: de um lado, tem-se um interessante e inovador processo de construção do direito e, de outro lado, uma clara sinalização sobre o conteúdo do direito que se espera ver emergir dos tribunais trabalhistas nacionais. Assim, em um primeiro momento, faço uma breve descrição da Jornada para, em seguida, dividir minha análise em dois instantes: um dedicado ao exame de sua forma e outro consagrado ao seu resultado. Ao final, pretendo retomar a verve especulativa para explorar alguns possíveis traços do futuro.

O exercício descritivo

Um evento jurídico diferente, com três objetivos bastante específicos: assim foi idealizada a 1ª Jornada de Direito Material e Processual na Justiça do Trabalho. Com efeito, ela pretendia "(a) firmar-se como fórum amplo de debate entre os operadores do direito na Justiça do Trabalho sobre a matéria sujeita à sua competência; (b) motivar os protagonistas a debater os temas, produzindo um conjunto orgânico de orientações, sob a forma de enunciados aprovados nas Comissões Temáticas e na Plenária, visando a subsidiar a jurisprudência na Justiça do Trabalho; e (c) promover a aproximação jurídica entre as instâncias da Justiça do Trabalho"[2]. Ou seja, ao invés dos grandes

[2] Cf. artigo 2º do Regulamento geral da 1ª Jornada de Direito Material e Processual na Justiça do Trabalho, disponível em: http://www.anamatra.org.br/jornada/anexos/reggeral_adit2.pdf, acesso em: 10 jan. 2008. A apresentação do evento, a lista de participantes, seu regulamento geral, todas as propostas apresentadas e as ementas aprovadas, entre outros dados da Jornada, encontram-se sistematizados na página eletrônica da Anamatra (http://www.anamatra.org.br/jornada/index.cfm). As eventuais subseqüentes citações não referenciadas do texto foram de lá extraídas.

"tenores" jurídicos e suas falas revestidas de intensa autoridade, a Jornada trazia como proposta a constituição em torno da Justiça do Trabalho de um espaço deliberativo inédito, reunindo toda sorte de operador jurídico envolvido com as grandes questões do direito do trabalho. Mais ainda, ela buscava aproximar as diferentes instâncias judiciais, em evidente subversão da lógica vertical que permeia o Judiciário.

Na verdade, o evento desenvolveu-se ao longo de quase três meses, com o primeiro mês sendo consumido pela inscrição de propostas de enunciados em uma das sete áreas temáticas do evento: (I) Direitos fundamentais e relações de trabalho, (II) Contrato de emprego e outras relações de trabalho, (III) Lides sindicais – direito coletivo, (IV) Responsabilidade civil em danos patrimoniais e extra-patrimoniais, (V) Acidente do trabalho e doença ocupacional, (VI) Penalidades administrativas e mecanismos processuais correlatos, e (VII) Processo na Justiça do Trabalho. As propostas, apresentadas exclusivamente por bacharéis em direito, já que está era a única condição de participação formulada por seu regulamento, foram examinadas pela comissão científica do evento. Ao cabo, conforme indica a tabela I, foram selecionadas 132 propostas, além de outras 92 que restaram apensadas.

Tabela I

Propostas de enunciados aprovadas e apensadas

Comissão temática	Propostas aprovadas	Propostas apensadas
I	20	15
II	20	00
III	19	10
IV	20	02
V	20	30
VI	13	00
VII	20	35
Total	132	92

As comissões temáticas discutiram estas propostas e encaminharam 89 delas para deliberação pela plenária, que, por sua vez, aprovou 86 enunciados. Estes foram editados pela comissão científica do evento, com a devida anuência prévia dos participantes, e condensados em 79 enunciados[3], posteriormente divulgados nas páginas eletrônicas dos organizadores e aqui sistematizados, por área, na tabela II.

Tabela II

Enunciados aprovados

Comissão temática	Enunciados
I	17
II	06
III	12
IV e V	19
VI	08
VII	17
Total	79

[3] Cf. http://www.anamatra.org.br/jornada/anexos/ementas_aprovadas.pdf, acesso em: 10 Jan. 2008. Embora o texto final traga 79 enunciados, o processo de depuração dos números não foi adequadamente explicitado nas diferentes páginas eletrônicas dos organizadores. Com efeito, em 23 nov. 2007, a Enamat divulgava a aprovação de 86 enunciados (cf. "Jornada aprova 86 enunciados sobre direito material e processual do Trabalho", disponível em: http://informatica.jt.gov.br/pls/portal PORTAL.wwv_media.show?p_id=1374994&p_settingssetid=128149&p_settingssiteid=0&p_siteid=193&p_type=basetext&p_textid=1374995, acesso em: 10 jan. 2008) e, em 07 dez. 2007, ela informava que a plenária da Jornada teria aprovado 79 enunciados (cf. "Enamat e Anamatra divulgam enunciados aprovados na 1ª Jornada de Direito Material e Processual na Justiça do Trabalho", disponível em: http://informatica.jt.gov.br/pls/portal/PORTAL.wwv_media.show?p_id=1462584&p_settingssetid=128149&p_settingssiteid=0&p_siteid=193&p_type=basetext&p_textid=1462585, acesso em 10 jan. 2008). O desencontro dos números também pode ser encontrado na notícia "1ª Jornada deixa herança histórica para operadores do Direito do Trabalho" publicada na página do TST (disponível em: http://ext02.tst.gov.br/pls/no01/no_noticias.Exibe_Noticia_Raiz?p_cod_noticia=8169&p_cod_area_noticia=ASCS, acesso em: 10 jan. 2008). Enfim, embora a síntese final tenha sido previamente autorizada pela plenária, essa informação não foi adequadamente divulgada.

Além das tradicionais reportagens institucionais, que associam seu resultado a uma "herança histórica" para os operadores do direito, o evento proporcionou uma controvérsia entre a magistrada do trabalho Márcia Novaes Guedes e o advogado Mário Gonçalves Júnior[4]. Assim, enquanto a primeira sustentava que a Jornada tinha propiciado um "salto para o futuro", o segundo afirmava que, com a aprovação de enunciados "abaixo da crítica", seu resultado "foi catastrófico", evidenciando o "fiasco" da iniciativa capitaneada pela Anamatra. Ora, o contraste das opiniões é evidente e poderia produzir, sem dúvida, algum espanto no leitor desavisado. Afinal, o que faz os dois analistas terem leituras tão diversas do evento? É o que pretendo explorar nas próximas linhas, focando, em um primeiro instante, a sua forma e, em seguida, assumindo todos os riscos da produção de uma terceira visão sobre a Jornada, examinando o seu resultado propriamente dito.

A análise da forma

Em seu texto, Guedes (2007) indica que a Jornada "mobilizou cerca de 200 operadores do direito trabalhista de todos os cantos do país e sem patrocínio, pagando do próprio bolso as despesas com viagem e estadia com entusiasmo de quem sabe que está fazendo história, aprovaram cerca de 90 propostas de enunciados". Por sua vez, Gonçalves Júnior (2007) sustenta que "a maioria dos participantes parece não ter entendido ou não querido entender o escopo da iniciativa, (pois) de foro virou *palanque*". Ora, entre a euforia de uma suposta nova tessitura da história e o desprezo do palanque, há interessantes aspectos que parecem ter escapado aos dois comentaristas.

Com efeito, a Jornada constituiu-se em um espaço original em termos de construção do direito, com todas as contradições que o ineditismo da experiência pode proporcionar. Ela se desenvolvia, paradoxal e simultaneamente, à margem e por dentro dos tribunais trabalhistas, postulando a realização de um amplo processo de reflexão

[4] A controvérsia restou transcrita nas páginas do jornal eletrônico *Migalhas* (http://www.migalhas.com.br).

e discussão sobre a jurisprudência trabalhista, mediante a institucionalização de um novo espaço deliberativo, cujas regras de procedimento foram praticamente construídas de forma simultânea à deliberação. Não se tratava, portanto, de um debate pautado pela jurisprudência consolidada do TST, mas, ao contrário, aberto às diferentes contribuições disciplinares, incorporando as mais díspares perspectivas de um mundo do trabalho cada vez mais cambiante e precário[5]. Nesse sentido, é possível apontar uma tripla contradição entre o procedimento da Jornada e seus objetivos: (a) a participação restrita aos bacharéis em direito, (b) a utilização do próprio Tribunal Superior do Trabalho como sede do evento e (c) a adoção do enunciado, fórmula consagrada pelos tribunais nacionais para expressar sua jurisprudência consolidada, como mecanismo de enunciação das propostas aprovadas.

Quanto à primeira, ela representa uma limitação disciplinar incompreensível diante dos propósitos da Jornada. De fato, há um enorme contingente de protagonistas na Justiça do Trabalho que ultrapassa os estreitos limites da formação profissional em direito. De imediato, é possível pensar nos médicos, engenheiros e contadores, cujas eventuais atuações na qualidade de peritos judiciais[6], revelam-se fundamentais para a jurisdição. Essa experiência, conquanto distinta da atividade jurídica propriamente dita, diante da diversidade temática que aporta aos tribunais, não poderia ser ignorada. Na verdade, ela enriquece a atividade jurisdicional, possibilitando a emergência de outros relevantes ângulos de análise. Sem dúvida, o resultado da Jornada teria sido mais rico com o aporte teórico destas outras áreas do saber.

Mas, a restrição torna-se ainda mais inexplicável na medida em que ela impossibilita a direta participação de ampla parcela do próprio mundo do trabalho. Em outras palavras, ela institui como obrigatória a intermediação de um profissional do direito para um importante universo de atores do espaço laboral. Assim ocorre, por exemplo, com todo o quinhão sindical. Na estrutura concebida para a Jornada seria impossível a participação de líderes sindicais, salvo por

---

[5] Essa leitura do evento foi por mim indicada em postagem realizada em 16 set. 2007 em meu blog (disponível em: http://fragale.blogspot.com/2007/09/1-jornada-de-direito-material-e.html, acesso em: 10 jan. 2008).

[6] Cf. artigo 139 do Código de Processo Civil.

meio de uma eventual representação profissional. Nada mais equivocado, pois, como evidenciam os trabalhos de French (2001 e 2004), o conhecimento jurídico não é estranho aos seus personagens. No entanto, a intermediação revelou-se necessária, *v. g.*, para a Confederação Nacional dos Trabalhadores em Estabelecimentos de Ensino, cuja participação na comissão temática sobre lides sindicais e direito coletivo foi mediada por sua assessora jurídica, a advogada Delaíde Alves Miranda Arantes[7].

Quanto à segunda contradição, ela resta mais no domínio do simbólico, uma vez que o TST foi uma das entidades organizadoras do evento. Assim, nada mais legítimo do que sua realização no espaço físico do próprio tribunal, demonstrando, inclusive, um importante compromisso institucional do tribunal com a sua realização. Essa utilização, aliás, encontrava-se em sintonia com o terceiro objetivo do evento e, sem dúvida, possibilitou para muitos participantes um primeiro ingresso na mais alta Corte trabalhista, além de um contato menos formal com os próprios Ministros que lá compareceram. Por fim, é preciso não perder de vista que a portentosidade do ambiente reafirmava a dimensão jurisdicional da Justiça do Trabalho, com as peculiaridades de sua visão e objeto. Entretanto, ainda que pautada por todas essas possibilidades de integração, a utilização do tribunal também pode ser vista como uma sinalização de limites para o debate. É o que, aliás, transparece na leitura de Gonçalves Júnior, para quem "toda e qualquer proposta deveria partir, necessariamente, da jurisprudência já firmada no TST". Em outras palavras, o uso do tribunal, ainda que feito com todas as cautelas, traz em seu bojo os limites impostos pela própria arena judicial, caracterizada como um espaço fechado, ritualizado, sagrado e instituidor da ordem (Garapon, 1997). Não deixa de ser, portanto, paradoxal que se tenha postulado instituir um foro inovador em um espaço mais do que institucionalizado!

Quanto à terceira e última contradição, salta aos olhos a reprodução do formato utilizado pelos tribunais para expressar sua jurisprudência consolidada como mecanismo de veiculação do resultado

---

[7] Cf. "CONTEE participa de 1ª Jornada de Direito Material e Processual na Justiça do Trabalho" (disponível em: http://www.contee.org.br/noticias/contee/nco16.asp, acesso em: 10 jan. 2008).

da Jornada, ou seja, a adoção do modelo de enunciados que, na hipótese, expressariam os contornos que o direito do trabalho deveria assumir a partir da ação jurisdicional dos tribunais trabalhistas. A reprodução é, aliás, tal que até mesmo idêntica terminologia foi adotada. Pode-se argumentar que a adoção de tal formato traz, de forma implícita, a possibilidade de confronto ou comparação com a jurisprudência consolidada dos tribunais superiores, o que pode ser mais um elemento de enriquecimento ao resultado da jornada. Sob tal prisma, sem dúvida, a imitação do padrão institucional de divulgação dos resultados judiciais pode até se revelar uma interessante estratégia de atuação, mas, por outro lado, ela evidencia uma limitação à imaginação e às novas fórmulas mediante as quais possa vir a ser possível dizer o que seja o direito. Nesse sentido, ela vai produzir uma nova hermenêutica do conforto, em pura e simples substituição à precedente que ela visava justamente contestar. Em suma, a reprodução de um formato institucional, ainda que compreensível sob a perspectiva de sua utilização cotidiana, instaura uma importante dúvida quanto à existência de outros meios possíveis para se expressar o direito jurisprudencial.

De qualquer forma, é inegável que a 1ª Jornada de Direito Material e Processual na Justiça do Trabalho representou uma importante inovação em termos de construção do direito, propiciando a emergência de um espaço de discussão inédito. Para além da participação dos próprios órgãos judiciais em sua organização, ela introduziu uma nova dimensão no movimento associativo, que lhe permite escapar ao dilema presente na combinação de um "cosmopolitismo associativo e formativo" com um "paroquialismo corporativo e entrópico" (Fragale Filho, 2007a). Com efeito, a Jornada possibilitou a emergência de uma lógica propositiva em torno do próprio conteúdo jurisdicional, o que, além de instaurar um outro tipo de diálogo dentro da própria magistratura trabalhista e desta com os demais segmentos profissionais presentes no mundo do trabalho, pode conduzir a uma consistente e importante reconstrução jurisprudencial. É, sem dúvida, por conta da combinação desses três fatores: emergência de um novo espaço deliberativo, reconfiguração coletiva das possibilidades de um certo ativismo judicial e reconstrução jurisprudencial coletivo, que vale a pena se interessar pelo conteúdo de seu resultado.

A compreensão do conteúdo

Conforme sinalizado na apresentação da Jornada, ela ocorria justamente "no momento em que a Justiça do Trabalho consolida a ampliação de sua competência material constitucional e busca avançar e aprofundar questões postas à decisão, realizando nova leitura do Direito Positivo Material e Processual à luz dos preceitos constitucionais, notadamente no que tange à dignidade do trabalhador como ser humano". Mais ainda, consoante advertia o Ministro José Luciano de Castilho Pereira na abertura do evento, o exercício proposto pelo evento não poderia fazer "completa abstração da nossa realidade" nacional. Assim, ele formulava importantes questões sobre o mundo brasileiro do trabalho e a necessária articulação que deveria ser construída entre as possíveis respostas e o resultado da Jornada. A agenda por ele desenhada era, portanto, enorme. Ela trazia em seu bojo indagações importantes para o quotidiano dos protagonistas do mundo do trabalho: "Nesta terra de Santa Cruz, o negociado pode valer mais do que o legislado? É verdade que os acidentados recebiam maior proteção na Justiça Comum? Há fundamento nas afirmações de que a Justiça do Trabalho tem se mostrado bem mais liberal do que a Justiça Comum? A litigiosidade decorre da lei ou das difíceis relações de trabalho? Enfim, qual o impacto da regulação trabalhista no mercado de trabalho?" (Pereira, 2007). Ora, é inegável que as respostas por ventura oferecidas desenham uma moldura de atuação para a Justiça do Trabalho!

Esse caixilho não seria, contudo, unívoco, conforme evidenciam as análises absolutamente díspares realizadas por Guedes e Gonçalves Júnior. Com efeito, a moldura descrita por Guedes teria sido desenhada por "juízes fundamentalistas e quixotescos que movimentam moinhos de vento com decisões orientadas pelos direitos fundamentais da pessoa humana, voltados para o futuro, (e que, ao fim dos trabalhos,) acertaram um golpe decisivo na avançada 'meditação' do capital em busca do nirvana pela via da terceirização". É assim, portanto, que ela pode sustentar que o texto constitucional "rompeu com o pacto liberal e adotou a fraternidade da justiça, a valorização do trabalho e a dignidade humana como paradigmas do ordenamento jurídico". Há, entretanto, algo de inusitado em sua análise: a assunção da transformação do mundo pela norma ou, mais precisamente, pela interpretação e aplicação que lhe é dada decisão judicial.

Com efeito, sua fala adota um tom imperativo, afirmando que "a revista íntima ou não foi abolida" ou, ainda, que, "depois de um século de lutas, finalmente, a conduta anti-sindical, considerada crime em vários países da Europa, recebeu tratamento adequado". Quanto à terceirização, ela teria sofrido "um golpe fatal", cujo impacto alcançaria também a jurisprudência sumulada do TST, mais precisamente seu Enunciado 331. Ao final da leitura de seu texto, ainda que esse não tenha sido o seu propósito, tem-se a impressão que o mundo efetivamente mudou porque a plenária assim decidiu! A brecha entre direito e realidade teria sido eliminada, pois esta não poderia resistir aos comandos daquele, ainda mais agora que eles teriam sido explicitados pela Jornada! Não é inusitado, portanto, que, em evento posteriormente realizado pelo Sindicato dos Trabalhadores Metalúrgicos de Canoas e Nova Santa Rita, os sindicalistas tenham se surpreendido com a fala do presidente da Anamatra, Cláudio José Montesso, e a tenham refraseado para indicar que "qualquer interdito proibitório fere o item nº 6 do Enunciado aprovado na 1ª Jornada de Direito Material e Processual na Justiça do Trabalho, em 23/11/2007"[8]. Na compreensão dos sindicalistas, a fala do presidente da Anamatra importava em dizer que, doravante, "salvo em excessos, nenhum juiz poderá dar liminar favorável a esta questão quando os trabalhadores estiverem em greve ou participando de ações de mobilização". Ora, nada mais equivocado!

Por sua vez, a moldura desenhada por Gonçalves Júnior assume, inicialmente, tintas pejorativas para desdenhar do resultado da Jornada, na medida em que ela representaria um suposto recrudescimento do protecionismo, uma exacerbação do legado *varguista* ou,

---

[8] Cf. "A valorização do trabalho em debate" (disponível em: http://www.sindimetalcanoas.org.br/paginas/ver_manchete.asp?518, acesso em 10 jan. 2008). Na verdade, a fala do presidente da Anamatra indicava que a realização da Jornada também se inseria no contexto da "Campanha pela Efetivação do Direito do Trabalho" (cf. http://www.anamatra.org.br/efetivacao/, acesso: 16 jan. 2008), já que "suas conclusões teriam sido sempre no sentido de dar eficácia às normas de proteção e que, diante de eventual interdito, poder-se-ia invocar que aquela decisão fere o mencionado enunciado" (cf. comunicação pessoal, 16 jan. 2008).

pior ainda, uma manifestação explícita de evidente ódio contra o patronato. Na verdade, o enquadramento por ele postulado traduz uma concepção concentradora da possibilidade de dizer o direito, já que "a função jurisdicional é indelegável". Assim, caberia, somente e tão somente, ao TST dizer o que seria o direito jurisprudencial do trabalho brasileiro e, caso ele desejasse dialogar com alguém sobre o assunto, ele "deveria ter focado os profissionais de reconhecido saber jurídico". É certo que, nessa perspectiva, a crítica aqui antes efetuada à limitação de participação aos bacharéis não faz qualquer sentido. Ao contrário, seu argumento consiste na radicalização do profissionalismo, com a entrega aos "sábios" da capacidade de se dizer o direito. Para além de um evidente elitismo, nessa linha de raciocínio, novos espaços deliberativos, independentemente da qualidade de suas discussões e decisões, seriam despidos de qualquer validade, além de serem deslegitimados quaisquer outros protagonistas que não possuam o saber técnico. Mais uma vez, nada mais equivocado!

Qual sinalização extrair, então, do conteúdo dos enunciados aprovados na Jornada? Como eles respondem às indagações suscitadas por Pereira, na conferência de abertura do evento? É, sem dúvida, difícil construir uma leitura única de um conjunto de 79 enunciados, que, sem se esquecer de matérias pertinentes ao processo do trabalho, cobrem desde as diferentes formas do contrato de trabalho até o meio-ambiente laboral. Entretanto, ciente dos riscos que tal empreitada pode acarretar, parece-me ser possível sistematizar o resultado da Jornada – e, por de conseqüência, vislumbrar que modelo de direito do trabalho emerge da iniciativa do movimento associativo – a partir de três diferentes perspectivas, as quais indicam a ocorrência de um recrudescimento da subordinação, da tutela e da percepção do trabalhador como um sujeito de direito.

De fato, os enunciados evidenciam que a Jornada apostou no recrudescimento da noção de subordinação, uma vez que ela pode ser tida como essencial para a própria existência do direito do trabalho. Mas não se faça aqui uma leitura equivocada do agravamento da subordinação: não se trata de limitar o direito do trabalho às circunstâncias em que ela é inequívoca, mas, ao contrário, trata-se de expandir sua ação para que ela também alcance o espaço cinzento da subordinação. Em outras palavras, o recrudescimento da subordinação traduziria sua expansão para que ela alcance as inúmeras situações difusas em que a figura do empregador não é fácil e imediatamente identificada. Em outras palavras, é a recuperação ao inverso do prognóstico de Gomes. O patrão-difuso, que, em tempos de reestruturação produtiva, substituiu o patrão-anônimo e o patrão-público, não irá proporcionar o esfacelamento do direito do trabalho, na medida em que o campo de aplicação deste último seja ampliado para alcançar a zona *gris* da subordinação!

Nesse sentido, é flagrante a rejeição dos procedimentos de terceirização, que "somente será admitida na prestação de serviços especializados, de caráter transitório, desvinculados das necessidades permanentes da empresa" (enunciado 10), restando ainda reconhecida sua impossibilidade no âmbito da Administração Pública (enunciado 11). Quando realizada, ela ensejaria a solidariedade dos contraentes, tanto em relação às obrigações trabalhistas (enunciados 10 e 11), quanto em relação às ofensas à saúde do trabalhador (enunciado 44), nem poderia possibilitar qualquer distinção de remuneração entre trabalhadores (enunciado 16). O recrudescimento da subordinação fica ainda mais evidente na assunção da responsabilidade subsidiária do dono da obra quanto às obrigações trabalhistas contraídas pelo empreiteiro (enunciado 13). Enfim, é inegável que, em face de um mundo do trabalho mais fragmentado e disperso, a opção da Jornada consistiu em ampliar o alcance da subordinação, de forma a incluir, ao abrigo do direito do trabalho, a maior parcela possível dos trabalhadores.

O recrudescimento da tutela dá-se sob uma dupla perspectiva: de uma banda, tem-se um sistematizado esforço de ampliação da competência da Justiça do Trabalho e, de outra banda, verifica-se o estabelecimento de limites à negociação coletiva. Quanto ao primeiro, verifica-se que, na esteira das mudanças de competência fixadas pela Emenda Constitucional nº 45/2004, a Jornada pretendeu emprestar-lhe uma interpretação que corroborasse o novo papel jurisdicional da Justiça do Trabalho. Dessa forma, restou indicado que a sua competência jurisdicional alcança as ações de cobranças de honorários advocatícios (enunciado 23), os conflitos inter e intrasindicais (enunciado 24), as ações de indenização por acidente de trabalho, mesmo quando ajuizadas pelo herdeiro, dependente ou sucessor, inclusive em relação aos danos em ricochete (enunciado 36) e os procedimentos de jurisdição voluntária em relação ao levantamento do FGTS e a percepção do seguro-desemprego (enunciado 63). Entretanto, é no enunciado 64 que o recrudescimento da tutela encontra-se efetivamente evidenciado, já que nele é sustentado que sempre que houver "prestação de serviços por pessoa física a outrem, seja a que título for, há relação de trabalho incidindo a competência da Justiça do Trabalho para os litígios dela oriundos, não importando qual o direito material que será utilizado na solução da lide". Em outras palavras, o espaço judicial para a resolução de todo e qualquer conflito oriundo do mundo do trabalho, independentemente de se tratar de uma relação de consumo ou civil, seria a Justiça do Trabalho. Verifica-se, assim, a postulação de uma intensa porosidade para o Judiciário trabalhista, cuja jurisdição deveria dar conta de todas as relações havidas no mundo do trabalho.

Quanto ao segundo, ou seja, o estabelecimento de limites à negociação coletiva, constata-se ter o evento concluído que "a negociação coletiva que reduz garantias dos trabalhadores asseguradas em normas constitucionais e legais ofende princípios do Direito do Trabalho" (enunciado 9), razão pela qual "a negociação coletiva não pode ser utilizada somente como um instrumento para a supressão de direitos, devendo sempre indicar a contrapartida concedida em troca do direito transacionado, cabendo ao magistrado a análise da adequação da negociação coletiva realizada quando o trabalhador pleiteia em ação individual a nulidade de cláusula convencional" (enunciado 33). Além disso, no âmbito das atividades insalubres, serem inválidas as cláusulas coletivas de prorrogação de jornada, sem a prévia autorização das autoridades de saúde, conforme exigência normativa da CLT (enunciado 49). Resta, portanto, claro ter a Jornada sinalizado para a prevalência do legislado sobre o negociado, salvo nas hipóteses em que este último traduz-se em vantagem para o trabalhador.

Há, ainda, um terceiro tipo de recrudescimento, por meio do qual se enfatiza a percepção do trabalhador como um sujeito de direito. Com efeito, ele está expresso na imposição de limites à utilização da imagem do trabalhador. Nesse sentido, "são vedadas ao empregador, sem autorização judicial, a conservação de gravação, a exibição e a divulgação, para seu uso privado, de imagens dos trabalhadores antes, no curso ou logo após a sua jornada de trabalho, (pois) a formação do contrato de emprego, por si só, não importa em cessão do direito de imagem e da divulgação fora de seu objeto da expressão da personalidade do trabalhador, nem o só pagamento do salário e demais títulos trabalhistas os remunera" (enunciado 14). Prolongando a proteção à individualidade do trabalhador, a Jornada conclui que "toda e qualquer revista, íntima ou não, promovida pelo empregador ou seus prepostos em seus empregados e/ou em seus pertences (independentemente de gênero), é ilegal, por ofensa aos direitos fundamentais da dignidade e intimidade do trabalhador" (enunciado 15). Na verdade, os dois enunciados sob referência enfatizam que o trabalhador, não obstante sua qualidade de empregado, não se despe de sua condição de sujeito de direito e, por via de consequência, mesmo no âmbito de uma relação de trabalho, tem todos os seus direitos personalíssimos preservados. Afinal, embora empregado, ele não deixaria de ser cidadão!

É certo que os recrudescimentos da subordinação, da tutela – em seu duplo viés, isto é, mediante a ampliação da competência da Justiça do Trabalho e o estabelecimento de limites à negociação coletiva – e da percepção do trabalhador como um sujeito de direito não ocorrem de forma aleatória e assistemática, mas são efetuados a partir de uma estratégia de ação muito clara: a constitucionalização dos direitos fundamentais. De fato, a interpretação sistêmica do conjunto dos enunciados aprovados evidencia que foram necessários 20 anos de existência para que, finalmente, fosse realizada uma leitura da legislação trabalhista (ou, mais especificamente, da Consolidação das Leis do Trabalho) à luz da Constituição Federal e não o contrário! Assim, o verdadeiro pano de fundo da operação jurídica presenciada no âmbito da Jornada não diria respeito à releitura do direito do trabalho à luz dos direitos humanos, mas sim à sua tradução à luz da ironicamente "nova" ordem constitucional[9]. Não é, portanto, uma

[9] Não deixa de ser irônico que a releitura da ordem trabalhista à luz da Constituição só venha a ocorrer quando esta última está a festejar 20 anos de existência! Assim, o leitor atento e curioso deve estar se perguntando por que terá levado tanto tempo para que essa releitura viesse a ocorrer. Embora não seja este o escopo do presente artigo, alinhavo aqui, como uma possível hipótese de trabalho a explicar essa demora, a expectativa nutrida pelo mundo jurídico de que essa mudança viria, por um lado, na esteira da regulamentação legislativa do texto constitucional e, por outro lado, como uma conseqüência natural da alternância política. Duas décadas depois, essa expectativa revelou-se absolutamente falseada. Por conseguinte, na esteira do redesenho institucional do Poder Judiciário, abriu-se uma consistente janela de oportunidade para a reinterpretação da legislação trabalhista à luz do agora já vintenário texto constitucional.

surpresa que os 79 enunciados utilizem, à exaustão, diferentes dispositivos ou ainda diversos princípios constitucionais, tais como a dignidade da pessoa humana e a valorização do trabalho, como justificativa para sua aplicação. Constata-se, então, que não se trata de uma ruptura pela norma (ou pela interpretação jurisprudencial *tout court*), nem tampouco de um "recrudescimento do protecionismo" (acompanhado de uma suposta repulsa ao capital), mas de uma efetiva alteração de paradigma analítico, estando este último agora assentado em uma leitura mais intensa da constitucionalização do direito do trabalho.

A conclusão especulativa

E agora, o que fazer? Qual será o futuro do direito do trabalho, visto a partir da contribuição da Jornada? De pronto, reconheçamos logo que essa é uma questão em aberto, a ser regulada no campo jurídico trabalhista pelos diferentes protagonistas que nele transitam. Pode haver uma revolução na jurisprudência, em especial com a adoção integral dessa grelha interpretativa pelo próprio TST, como pode até não acontecer nada. Ainda assim, nada apaga o ineditismo de uma iniciativa que muito diz sobre a forma como o direito poderá ser construído no futuro, isto é, por meio de consensos precários em foros chamados justamente com o propósito de impulsionar o debate. Nessa perspectiva, a iniciativa da Jornada, de uma parte, evidencia a emergência de novos espaços deliberativos e, de outra parte, possibilita, por meio de uma reconstrução jurisprudencial, o redesenho de um ativismo judicial coletivo, até então pouco explorado.

É nesse contexto que se retoma o irresistível exercício especulativo que deflagrou o início destas linhas. Afinal, qual é o futuro do direito do trabalho? Quais são os contornos que ele assumirá em um mundo, à evidência, em transformação, cada vez mais precário e fragmentado? Ora, não há respostas inequívocas, nem tampouco certezas definitivas que nos permitam antecipar o conteúdo do direito trabalhista do amanhã. Contudo, a análise do resultado da 1ª Jornada de Direito Material e Processual na Justiça do Trabalho permite vislumbrar algumas pistas que merecem ser adequadamente exploradas.

Assim, constata-se, inicialmente, que as transformações da subordinação e a emergência de uma nova contratualidade laboral tornam inevitável a necessidade de se repensar a regulação jurídica do mundo do trabalho. Diante de uma intensa balcanização regulatória, pode-se, como efetivamente fez a Jornada, optar pelo recrudescimento da subordinação e, ao ampliar o seu alcance, estendê-la às novas configurações do mundo do trabalho. Os seus opositores dirão, sem dúvida, que isso significa o aprisionamento do futuro no passado ou ainda a institucionalização da mora mencionada por Gomes (1979). Os seus defensores, por sua vez, argumentarão, ao contrário, que o futuro resta aberto e tudo é possível, desde que isso não signifique um retrocesso em relação às conquistas civilizatórias proporcionadas pela emergência de um direito social. Entre uns e outros, constatar-se-á que o caminho é longo e as respostas difíceis. Ainda assim, ninguém dirá que o percurso já foi completado e que não há espaço para a construção de um espaço trabalhista mais justo e equânime.

Na esteira de uma expansão do significado da subordinação, verifica-se que o espaço por ela alcançado torna-se, ao fio do tempo, mais permeável à noção de cidadania (Fragale Filho, 2003 e Fragale Filho e Lobão, 2007b) e, por via de conseqüência, introduz-se uma nova dimensão de proteção, mais afeita ao domínio da individualidade e, em particular, da privacidade. Em outras palavras, o trabalhador, ao ingressar no seu espaço de labor, não se despe de sua subjetividade, nem, mais especificamente, de sua cidadania. Nessa perspectiva, restam protegidas pelo ordenamento legal sua privacidade e sua imagem, bem como suas opiniões.

Por fim, na seqüência desse exercício especulativo, impõe-se reconhecer que as limitações espaço-temporais são cada vez mais restritas, o que possibilita a emergência de um cosmopolitismo regulatório em oposição a uma leitura estreita da soberania nacional. O direito comparado não é, ao contrário do que afirma Gonçalves Júnior, "o direito alienígena, vigente em outros países". A definição por ele esposada diz respeito ao direito estrangeiro *tout court*. Nada mais, nada além. O direito comparado vai além e possibilita, como indicado por Finkin (2006), uma melhor compreensão de si. A ruptura de fronteiras e a integração do mundo dentro do ordenamento nacional é uma realidade que não pode mais ser ignorada e, alvíssaras, foi muito bem percebida pela Jornada quando ela pretendeu integrar o ordenamento oriundo da OIT na realidade nacional (enunciados 3 e 21). Não se trata de um ingresso pela "porta dos fundos", mas, ao contrário, de uma entrada triunfal pela porta da frente. Insista-se: a internacionalização da norma, facilitada pelas novas tecnologias da informação e da comunicação, é uma realidade inexorável e deve ser efusivamente saudada pelos operadores nacionais. Ao romper com os fundamentalismos nacionais, superando uma compreensão estreita da noção de soberania, ela possibilita a construção de uma leitura global do direito e, mais do que isso, ela traduz um horizonte para a regulação jurídica do trabalho.

Assim, nesse novo cenário, diante de verdadeiros desafios simultânea e paradoxalmente locais e globais, o direito do trabalho não se encontra precocemente esclerosado, como prognosticara, há quase trinta anos, Orlando Gomes, mas, ao contrário, encontra-se diante da gigantesca obrigação de se reinventar, de reconstruir seu objeto. A tarefa é hercúlea, ainda mais porque o progresso da técnica, ainda que não tenha conseguido eliminar a necessidade de operários, redimensionou as possibilidades da exploração humana, esse fundamento teimoso que mantém acesa a chama do direito do trabalho.

Bibliografia

Barros, Cássio Mesquita (2003). "O futuro do direito do trabalho". *in*: Zainaghi, Domingos Sávio e Frediani, Yone (Orgs.). *Novos Rumos do Direito do Trabalho na América Latina*. São Paulo: LTr.

Boissonat, Jean (1998). 2015 – *Horizontes do trabalho e do emprego* (Relatório da comissão presidida por Jean Boissonat). São Paulo: LTr.

Finkin, Matthew (2006). "Comparative Labour Law". *in*: Reimann, Mathias e Zimmermann, Reinhard (Orgs.). *The Oxford Handbook of Comparative Law*. Oxford:

Fragale Filho, Roberto (2003). "Cidadania & Trabalho: fios de uma mesma fibra, constitucional?" *in*: Scaff, Fernando Facury (Org.). *Constitucionalizando direitos: 15 anos da constituição brasileira de 1988*. Rio de Janeiro: Renovar.

Fragale Filho, Roberto (2005). "Celebrating twenty-five years and speculating over the future from a Brazilian perspective". *in*: *Comparative Labor Law & Policy Journal*, volume 25, issue 1, p. 21-32 (disponível em: http://www.law.uiuc.edu/publications/cll%26pj/archive/vol_25/issue_1/FragaleArticle25-1.pdf, acesso em 02 Jan., 2008).

FRAGALE FILHO, Roberto (2007). "Poder Judiciário: os riscos de uma agenda quantitativa". *in*: COUTINHO, Jacinto Nelson de Miranda; MORAIS, José Luis Bolzan de; STRECK, Lênio Luiz (Orgs.). *Estudos constitucionais*. Rio de Janeiro: Renovar.

FRAGALE FILHO, Roberto (2007a). *A construção e consolidação do Estado Social de Direito: O papel das associações de magistrados* (mimeo). Rio de Janeiro.

FRAGALE FILHO, Roberto e LOBÃO, Ronaldo (2007b). "*Captive audience speech in the Brazilian labor law*" (mimeo). Rio de Janeiro.

FRENCH, John (2001). *Afogados em leis. A CLT e a cultura política dos trabalhadores brasileiros*. São Paulo: Perseu Abramo.

FRENCH, John (2004). *Drowning in laws: labor law and Brazilian political culture*. Chapel Hill e Londres: The University of North Carolina Press.

GARAPON, Antoine (1997). *Bien juger. Essai sur le rituel judiciaire*. Paris: Odile Jacob.

GENRO, Tarso (2002). "Mudanças do Direito do Trabalho: transição e futuro". *in*: *Crise da Democracia*. Petrópolis: Vozes (disponível em: http://www.origem.ppg.br/clientes/tarso/index.php?p=p_40&sName=Mudan%C3%A7as%20do%20direito%20do%20trabalho:%20Transi%C3%A7%C3%A3o%20e%20Futuro, acesso em: 02 Jan., 2008).

GOMES, Orlando (1979). "O futuro do Direito do Trabalho". *in*: *Direito do Trabalho*: Estudos. São Paulo: LTr.

GONÇALVES JÚNIOR, Mário (2007). "Resultado da 1ª Jornada de Direito do Trabalho é catastrófico" (disponível em: http://www.migalhas.com.br/mostra_noticia_articuladas.aspx?cod=50954, acesso em: 10 jan. 2008).

GUEDES, Márcia Novaes (2007). "O Direito do Trabalho de volta ao futuro" (disponível em: http://www.migalhas.com.br/mostra_noticia_articuladas.aspx?cod=49803, acesso em: 10 jan. 2008).

JEAMMAUD, Antoine (2000). "A questão do futuro do direito do trabalho. Visão da Europa". *in*: JEAMMAUD, Antoine; ALVIM, Joaquim Leonel de Rezende; e FRAGALE FILHO, Roberto. *Trabalho, Cidadania e Magistratura.* Rio de Janeiro: Edições Trabalhistas.

PEREIRA, José Luciano de Castilho (2004). "Futuro do direito e do processo do trabalho no Brasil", Conferência realizada no XX Encontro anual dos magistrados da Justiça do Trabalho da Segunda Região. In: *Revista do Tribunal Superior do Trabalho*, volume 70, nº 2, julho/dezembro, p. 15-27 (disponível em: http://www.tst.gov.br/ArtigosJuridicos/GMLCP/FUTURODODIREITOEDOPROCESSODOTRABALHO.pdf, acesso em: 10 Jan., 2008).

PEREIRA, José Luciano de Castilho (2007). "O direito do trabalho e a realidade brasileira", Conferência de abertura realizada na 1ª Jornada de Direito Material e Processual na Justiça do Trabalho (disponível em: http://www.anamatra.org.br/jornada/anexos/discurso_castilho.pdf, acesso em: 10 Jan., 2008).

Supiot, Alain *et alli.* (1999). *Au-delà de l'emploi. Transformations du travail et devenir du droit du travail en Europe* (Rapport pour la Comission des Communautés européennes avec la collaboration de l'université Carlos III de Madrid). Paris: Flammarion.

Uriarte, Óscar Ermida (2006). "Caracteres y tendencias del Derecho del trabajo en América Latina y en Europa". *in*: *Revista de Derecho Social Latinoamérica*, nº 1, p. 7-28. Buenos Aires: Bonarzo.

Sobre a alegada "superação" do Direito pela análise económica

(ilustrada com a análise das medidas da indemnização contratual)

PAULO MOTA PINTO*

1. **Direito ou análise económica?**

Como se sabe, a *law & economics* constitui hoje ainda o movimento teórico de abordagem do Direito mais poderoso na doutrina norte-americana. Tal corrente procura uma impostação e solução dos problemas jurídicos fundamentalmente a partir da "eficiência de alocação" de recursos, submetendo esses problemas e soluções a uma análise económica, de "bem estar", de acordo com os cânones da escola do marginalismo – designadamente, a análise do valor marginal das opções de comportamento de agentes sob uma restrição, e em geral a comparação dos custos e benefícios das soluções legislativas. E complementa esta perspectiva com abordagens teóricas como as da teoria dos jogos e da economia da informação, designadamente, para analisar, em diversos pontos, os incentivos resultantes das regras jurídicas ou a forma como estas possibilitam a coordenação da acção.

---

* Professor da Faculdade de Direito de Coimbra.

Assume tal análise um ponto de vista funcionalista, em que o fim social decisivo é, se não a "utilidade total", a "maximização da riqueza" (assim, Richard Posner) ou do "bem estar", procedendo a uma "economização do Direito" auto-limitada a esses fins (entendidos embora com amplitude, mas deixando de fora os "problemas de distribuição"). E postula, não só um individualismo (metódico e antropológico), como necessariamente uma visão do indivíduo dominado por tal racionalidade utilitária, enquanto maximizador racional dos seus fins, em que aquilo que sente que deve fazer apenas poderia relevar no contexto desta maximização, e o Direito aparece como técnica, operador ou instrumento desse fim.

A referida análise foi, desde os anos 70 do século XX, transportada também para o direito dos contratos – não só para a explicação das funções da disciplina contratual (por exemplo, das normas supletivas, "maioritárias" ou "penalizadoras"), como, designadamente, para a análise dos "remédios" contratuais e pré-contratuais (a análise da força e do momento da vinculação contratual), mesmo em condições de "custos de transacção" elevados[1].

Ora, é nossa convicção que os problemas fundamentais do direito dos contratos são problemas especificamente jurídico-normativos, e que devem ser tratados, não só de acordo com as referências próprias de cada sistema, como, designadamente, de acordo com a intenção de sentido que inspira a perspectiva jurídica.

---

[1] A noção de "custos de transacção" foi fundamental para a análise económica do Direito e das instituições. Cf. RONALD COASE, "The Nature of the Firm", Economica, 4, 1937, pp. 386, ss. (reimpr. em ID., *The Firm, the Market and the Law*, Chicago, 1988, pp. 33 a 55) referindo-se ao significado, na afectação de factores de produção no mercado, desses custos, e do seu relevo para a existência de empresas. Em "The Problem of Social Cost", *Journal of Law & Economics*, n.º 3, 1960, pp. 1 a 44 (=*The Firm...*, cit., pp. 95 a 156), COASE afirmou o depois denominado "Teorema de Coase", com duas asserções: num mundo perfeito, sem custos de transacção, o mercado gerará uma eficiente alocação ou afectação de recursos; num tal mundo ("coasiano"), a eficiente afectação de recursos é independente da originária atribuição de direitos sobre os recursos existentes pela ordem jurídica. A ineficiente afectação de recursos pela ordem jurídica seria, pois irrelevante num mundo "coasiano": "é sempre possível modificar através de transacções no mercado a delimitação jurídica inicial de direitos. E, claro, se tais transacções no mercado não têm custos, um tal rearranjo de direitos terá sempre lugar se conduzir a um aumento no valor da produção" ("The Problem of social cost", in *The Firm...*, cit., p. 114).

Não pretendemos, com isto, de modo algum excluir o préstimo dos resultados de disciplinas auxiliares, designadamente, no apuramento das motivações das partes e dos efeitos de um determinado regime, a considerar necessariamente para a formulação de determinadas soluções. Tal não seria avisado. Aqueles conhecimentos científicos e esta técnica – consideração das regras através do ponto de vista da maximização de uma função – devem ter um papel auxiliar (sobretudo em opções legislativas ou judiciais onde as implicações ético-materiais são de menor importância), para tornar clara a relevância da realidade a que se dirigem, a estrutura factual, tanto desta, como dos efeitos de um determinado regime. Mas não resolvem o problema jurídico-normativo.

Designadamente, pensamos que a substituição da racionalidade jurídica pela análise económica deixa escapar necessariamente os aspectos decisivos[2], e fá-lo também na análise da medida dos danos (dos "remédios" pré-contratuais e contratuais).

O que não será grave, sempre que os resultados a que se chegue sejam apresentados, e vistos, como meramente auxiliares – como traduzindo só uma perspectiva, externa, de descrição do problema ou (de acordo com um padrão assumido, que não é jurídico, mas antes a eficiência ou a "maximização da riqueza") de prescrição de soluções. A não ser assim, isto é, se a análise económica pretender, em perspectiva "normativa", substituir, ou superar o Direito como disciplina autónoma[3], cremos, porém, que estaremos perante um sério desvio

---

[2] Cf. um juízo crítico das insuficiências da análise económica, a propósito da fundamentação e dos limites da declaração negocial, já na nossa *Declaração tácita e comportamento concludente no negócio jurídico*, Coimbra, 1995, p. 168, n. 19.

Convém recordar, no entanto, que o movimento da *law & economics* é complexo, com várias fases de desenvolvimento e orientações. V., sobre estas, GARY MINDA, *Postmodern Legal Movements – Law and Jurisprudence at Century's End*, New York, New York Un. Pr., 1995, pp. 85 e ss., (distinguindo uma primeira geração de "jovens turcos" e uma segunda, associada a uma *post-Chicago law and economics*), e, entre nós, JÓNATAS M. MACHADO, *Liberdade de expressão. Dimensões constitucionais da esfera pública no sistema social*, Coimbra, Coimbra Ed., 2002, pp. 202 e ss.

[3] Cf. RICHARD A. POSNER, "The Decline of Law as an Autonomous Discipline: 1962 1987", *HLR*, 1987, pp. 761 80, e ID., *Overcoming Law*, Cambridge: Harvard Un. Pr., 1995. Criticamente, cf. ROBERT S. SUMMERS, "Economics and the Autonomy of Law, Legal Analysis and Legal Theory", in *Legal Analysis and Legal Theory*, *Rechtstheorie*, Beiheft 10, Dordrecht, Kluwer, 2000, pp. 395 408.

metodológico, a revelar grave incompreensão do específico sentido do Direito, quando não mesmo uma opção antropológica discutível e, se levada até ao fim, um retrocesso cultural.

No plano *metodológico*, estaria, desde logo, em causa a diferença entre a intenção de concretizar uma racionalidade prática e valorativa, do Direito, e a aplicação das conclusões de uma disciplina teórica ou da sua técnica aplicativa. Com a pretensão de traduzir totalmente as valorações jurídicas em categorias económicas, a racionalidade jurídica acaba por ser substituída por uma *técnica*, cujo sucesso depende da relação meio/fim, estando este previamente fixado e deixando a actividade do jurista de ser prudencial (substituição da *phronesis* pela *technê*).

Ora, pode, desde logo, perguntar se por que razão é a *eficiência*, a *"maximização da riqueza"* ou do *bem-estar* o fim decisivo, perante limites ou constrangimentos normativos como os dos direitos fundamentais[4]. Por exemplo, um contrato pelo qual uma pessoa se coloque numa situação de escravidão para se sustentar a si e à sua família não é certamente justificável juridicamente por uma hipotética maior racionalidade económica, mesmo a longo prazo, de uma tal escolha.

Depois – e consideramo-lo particularmente significativo, por mostrar como a análise económica passa ao lado da compreensão, mesmo que só intuitiva ou não auto-reflectida, do Direito –, há que rejeitar a exclusão da análise da justiça das soluções reconhecidas pela ordem jurídica nos seus reflexos sobre a posição de cada sujeito, relegadas em auto-limitação para o mero plano *"distributivo"*. A equivocidade desta última designação não deve induzir em erro: tais meros "problemas distributivos" não são apenas aqueles em que possa estar em causa a aristotélica *iustitia distributiva*; trata se, antes, real-

---

[4] Para este e outros tópicos críticos que referimos, cf. A. CASTANHEIRA NEVES, *Apontamentos complementares de teoria do direito*, Coimbra, policop., 1998,, pp. 65 6. V. tb. FERNANDO PINTO BRONZE, *Lições de introdução ao Direito*, 2.ª ed., Coimbra, Coimbra Ed., 2006, p. 566, n. 340. Cf. tb. RONALD DWORKIN, "Why Efficiency? A Response to Professors Calabresi and Posner", *Hofstra LR*, 8, 1980, pp. 563 90, ID., "Is Wealth a Value?", *JLS*, 9, 1980, pp. 191 226, ID., *Law's Empire*, Cambr. (Mass.), Bellknap Pr., 1986, pp. 286 e ss. (e, sobre a contraposição entre princípios e utilidade, já ID., *Taking Rights Seriously*, Cambr., Mass, Harvard Un. Pr., 1977, pp. 94 e ss.). Mas cf. também, mais recentemente, LOUIS KAPLOW/STEVEN SHAVELL, *Fairness versus Welfare*, Cambridge (Mass.), Harvard Univ. Press, 2002.

mente, dos próprios critérios característicos da racionalidade prática, da justiça na relação entre as partes (incluindo a *iustitia comutativa* e correctiva), da "correcção" ou "justeza" (*fairness*) da solução, do equilíbrio axiológico da valoração, etc., tudo dimensões implicadas, até ao nível de uma perspectiva pré-reflexiva, no sentido do Direito (consiga este, ou não "uma resposta certa"), que não são captadas pela redução deste a uma "regulação" ou "condução de comportamentos" (*"Verhaltenssteuerung"*), para mais segundo uma lógica de eficiência ou de "maximização de riqueza". Isto é evidente até ao nível dos resultados, em termos de equilíbrio das posições dos intervenientes, pressupostos pela aplicação do "teorema de Coase": sem "custos de transacção" os recursos (os direitos sobre eles) ficarão onde a sua afectação é mais eficiente, mas é claro que a afectação inicial é decisiva para as posições relativas das partes, assim ganhando, ou tendo de pagar, na negociação que se seguirá. Tal afectação conduz, pois, a resultados inversos em termos "distributivos".

Passando sobre os problemas da visão antropológica pressuposta – da tentativa de recriar um "homem unidimensional", ou que reduz as suas facetas apenas a uma dimensão –, concluir-se-á que as objecções contra esta perspectiva fazem presa mais fundo, na própria autonomia do sistema e da racionalidade jurídicos.

A sua absolutização conduz a uma abdicação da responsabilidade prática do jurista, num instrumentalismo que o torna cego para os padrões de referência especificamente jurídicos – não é, pois, Direito, mas uma *alternativa ao Direito*, e, portanto, como tem salientado Castanheira Neves[5], uma proposta de dissolução de um projecto

[5] A reflexão sistematizadora das ameaças à autonomia do Direito (e das alternativas a este), para reafirmação e realização do(s) sentido(s) que historico-culturalmente o Direito tem tido, como verdadeira característica civilizacional e, portanto, possibilidade cultural e humana, tem sido uma proposta recorrente do pensamento jurídico-filosófico (e também na sua projecção metodológica) de António Castanheira Neves: *O direito hoje e com que sentido? O problema actual da autonomia do direito*, Lisboa, Inst. Piaget, 2002 (e pp. 45ss., sobre a "análise económica do Direito"); id., "Coordenadas de uma reflexão sobre o problema universal do direito – ou as condições da emergência do direito como direito", in *Estudos em homenagem à Professora Doutora Isabel de Magalhães Colaço*, vol. II, Coimbra, Almedina, 2002, pp. 837 71; id., "A crise actual da filosofia do direito no contexto da crise global da Filosofia: tópicos para a possibilidade de uma reflexiva reabilitação", *Estudos dedicados ao Prof. Doutor Mário Júlio de Almeida Costa*, Lisboa, Universidade Católica, 2002, pp. 147 280 (e tb. *Studia Iuridica*, n.º 72, Coimbra, Coimbra Ed., 2003); e

humano autónomo (e de um produto cultural), assumido até hoje como compromisso civilizacional inconfundível[6].

Em particular no direito privado, nota-se que tal perspectiva pode não ser adequada, pois este não está confinado, nem confina as partes, a uma perspectiva de eficiência, "antes protege o uso da autonomia privada nos limites que lhe são destinados também na medida em que o titular individual faça dela um emprego contrário a valorações de mercado"[7]. O direito civil "não é um puro direito de eficiência e também não o deveria ser"[8]. Também, no direito privado, a utilização da análise económica como critério decisivo para problemas jurídicos tem, pois, como consequência a perda de autonomia do "ponto de vista jurídico" particularmente constitutivo deste ramo do Direito.

Pode aceitar-se que os dados de disciplinas como a economia são importantes, e mesmo indispensáveis, para aferir a adequação da regulamentação ao seu "domínio normativo", condicionando o espaço de liberdade do legislador.

Mas além de a racionalidade não poder ser reduzida a um "controlo do sucesso", a própria avaliação dos resultados do programa normativo, ou da decisão do caso, pressupõe critérios jurídicos aos

---

já antes: ID., *Metodologia jurídica. Problemas fundamentais*, Coimbra, *Studia Iuridica*, Coimbra Ed., 1993, pp. 54ss., ID., "Método jurídico", in *Digesta*, vol. II, Coimbra, Coimbra Ed., 1995, pp. 283-336 (325, ss.); ID., *Teoria do direito. Lições proferidas no ano lectivo de 1998/1999*, Coimbra, policop., 1998, pp. 127ss.; ID., *Apontamentos complementares...*, cit., *passim*; ID., "Entre o 'Legislador', a 'Sociedade' e o 'Juiz' ou entre 'Sistema', 'Função' e 'Problema' – Os modelos actualmente alternativos da realização jurisdicional do Direito", in *BFD*, 74 (1998), pp. 1-44. E ainda António Castanheira Neves, "O funcionalismo jurídico – Caracterização fundamental e consideração crítica no contexto actual do sentido da juridicidade", *RLJ*, ano 136.º (2006), pp. 3-31, 66-86.

[6] Já a resposta de Richard Posner às objecções jurídico-filosóficas tem, a nosso ver, de considerar-se desconsoladora, consumando-se na recusa dos problemas pela adopção de uma posição "pragmatista", que pretendeu filiar em Oliver Wendell Holmes, Jr.

[7] Norbert Horn, "Zur ökonomischen Rationalität des Privatrechts. Die privatrechtstheoretische Verwertbarkeit der 'Economic Analysis of Law' ", *AcP*, vol. 176 (1976), pp. 307-333.

[8] Hans Bernd Schäffer, "Allokationseffizienz als Grundprinzip des Zivilrechts", in Claus Ott/Hans Bernd Schäfer (orgs.), *Allokationseffizienz in der Rechtsordnung. Beiträge zur ökonomischen Analyse des Zivilrechts*, Berlin, Springer, 1989, pp. 1-24 (19).

quais a análise económica é cega, e, portanto, é também aquele controlo que se torna impossível[9].

O que se revela, além de em "explicações" como a recondução da razão para a "sofisticação" e complexidade da disciplina contratual aos custos de transacção e informação e a erros que impedem a eficiência irrestrita da negociação, também no controlo dos resultados de diferentes medidas da indemnização, no critério para a verificação da existência de uma "fundamental equivalência, em contínuo, de muitas soluções que a dogmática cria serem estanques" – por exemplo, a *dissolução da distinção* entre o interesse na confiança (interesse contratual negativo) e o interesse no cumprimento (interesse contratual positivo), tal como é proposta, numa atitude pragmática e flexibilizadora conducente a uma "despreocupação semântica" (passando tais "interesses" a não ser mais do que um "'ponto focal', um referente semântico que facilitaria supletivamente a formação de um conteúdo obrigacional entre as partes"), é o reflexo da perspectiva instrumentalista com que a análise económica aborda o problema da indemnização contratual.

Importa, porém, apurar se existe alguma razão, da perspectiva dogmático-jurídica – e não apenas na da realização de um valor externo, de que os "interesses" em causa sejam função –, para distinguir tais valores "discretos", em lugar de aceitar apenas um *continuum* de medidas de danos (e embora isso não impeça a possibilidade de reduções ou agravamentos, considerando critérios suplementares). E, ainda quando se admita que tais razões existam, tratar-se-á, porém, de um muito diferente reconhecimento da possibilidade de um

[9] Cf. tb. JÜRGEN HABERMAS, "Missverständnis der Rationalität als Erfolgskontrolle", in ID., *Theorie und Praxis*, 2.ª ed., Frankfurt. a. M., Suhrkamp, 1967, pp. 231ss., JOSEF ESSER, *Vorverständnis und Methodenwahl in der Rechtsfindung*, Frankfurt a. M., Athenäum, 1970, p. 213 ("segundo o nosso entendimento do Direito, a abdicação de uma *ratio legis* mais do que funcional é simultaneamente renúncia a uma *ratio iudicis* responsabilizante, e, até, nem se poderão erigir padrões de eficiência do Direito, também sob pontos de vista económicos, se se renunciar a critérios explicitáveis para aquilo que, para o Direito, significa um 'sucesso' ou um 'insucesso'"). Sobre a possibilidade de a análise económica fornecer em certos casos mais do que uma solução jurídica igualmente eficiente para o mesmo problema, embora com diversas consequências distributivas, cf. exemplos em MICHEL ROSENFELD, *Just Interpretations: Law Between Ethics and Politics*, Berkeley, Univ. of Calif. Pr., 1998, p. 187.

continuum, que não é determinado pela colocação deste em função de valores exteriores ao Direito. Com efeito, a tendência para esbater "contraposições agudas" e reconhecer factores que intervêm de modo gradativo pode ser também assumida para a realização de valores diversos da eficiência, próprios do regime jurídico de certo instituto. É, em grande medida, o que levou às propostas de utilização de um "sistema móvel" em diversos domínios – embora para a definição dos pressupostos, e não da consequência, estava aqui também em questão a preocupação de "limar arestas" introduzidas por pressupostos rígidos[10].

Não podem, assim, ser aceitas tentativas de resolver as questões jurídicas fundamentais através do recurso directo a perspectivas de outras ciências.

Os dados de disciplinas auxiliares são importantes, mas não parece que exista, ou pelo menos não foi demonstrada até hoje, uma "pré-determinação" unívoca da solução dos problemas jurídicos, designadamente da responsabilidade contratual e pré-contratual, a partir dos conhecimentos económicos, ou de outra disciplina – como, aliás, é patenteado pela própria variedade diacrónica[11] e sincrónica

---

[10] Cf., designadamente, WALTER WILBURG, *Die Elemente des Schadensrechts*, Marburg a. d. Lahn, Elwert, 1941, ID., *Entwicklung eines beweglichen Systems im Burgerlichen Recht*, Graz, Kienreich, 1951, e ID., "Zusammenspiel der Kräfte im Aufbau des Schuldrechts", *AcP*, 163, 1964, pp. 346-79. Em geral, v. FRANZ BYDLINSKI/CHRISTIAN VON BAR (orgs.) *Das bewegliche System im geltenden und künftigen Recht*, Wien New York, Springer, 1986, *passim*, FRANZ BYDLINSKI, *Privatautonomie und objektive Grundlagen des verpflichtenden Rechtsgeschäftes*, Wien New York, Springer, 1967, pp. 122ss., ID., "A 'Flexible System' Approach to Contract Law", in HERBERT HAUSMANINGER/HELMUT KOZIOL/ALFREDO M. RABELLO/ISRAEL GILEAD (orgs.), *Developments in Austrian and Israeli Private Law*, Springer, New York, 1999, pp. 9-20, ID., "Mistake in Austrian Private Law Viewed in Terms of a 'Flexible System" Approach'", in H. HAUSMANINGER *et alii*, *ob. cit.*, pp. 21-47 (ID., "Das osterreichische Irrtumsrecht als Ergebnis und Gegenstand beweglichen Systemdenkens", *Festschrift für Hans Stoll zum 75. Geburtstag*, Tübingen, Mohr Siebeck, 2001, pp. 113-141), FRANK O. FISCHER, "Das 'bewegliche System' als Ausweg aus der 'dogmatischen Krise' in der Rechtspraxis", *AcP*, vol. 197 (1997), pp. 589-608, e FRANZ M. ADAMOVIC, "Das bewegliche System in der Rechtsprechung", *JBl*, vol. 124, 2002, pp. 681-702.

[11] As diferentes interpretações sobre a influência de factores económicos na evolução do direito dos contratos do próprio *common law* podem ser ilustradas com as divergências entre PATRICK SELIM ATIYAH, *The Rise and Fall of Freedom of Contract*, Oxford, Clarendon Press, 1979, pp. 398ss., e, para o direito americano, MORTON J. HORWITZ, *The*

das soluções, sem que se mostre que ela é acompanhada de alterações das variáveis correspondentes.

Aliás, admitida a determinação das soluções jurídicas por ciências "auxiliares", sempre haveria que perguntar: porque escolher uma e não outra? Porquê recorrer decisivamente à economia, e não, por exemplo, à sociologia ou à psicologia. Sem prejuízo do seu grande relevo (porventura mesmo muitas vezes decisivo), julgamos que não bastaria para tanto a remissão para um entendimento amplo da economia como ciência da racionalidade estratégica, atinente à relação entre fins e meios, que descreve e "guia" o comportamento humano em condições de escassez de meios. Pois sempre haveria que explicar porque se reduz o elemento decisivo a essa relação. A busca de soluções jurídicas apenas em sede extra-jurídica, para além de necessariamente redutora, não pode também bastar-se com a redução a uma das disciplinas auxiliares da elaboração do programa normativo pelo legislador (ou da decisão judicial).

Os contributos que se procure obter noutras ciências carecem, portanto, de uma "tradução" ao nível jurídico-normativo e dogmático, através de um trabalho que dê conta da perspectiva específica do Direito. Sem um esclarecimento dogmático do modo como se podem fazer frutificar essas contribuições, teremos de dizer, portanto, que a sua repercussão jurídica fica em aberto, e que a tentativa de arvorar aquelas em instância decisiva conduziria à passagem para o plano de ciências auxiliares, descurando o jurídico.

Transformation of American Law, 1780 1869, cit., pp. 173ss., e já antes ID., "The Historical Foundations of Contract Law", *HLR*, 87, 1974, pp. 917-956, por um lado – defendendo o papel decisivo, na origem da acção contratual, da expansão económica e da pressão do comércio, numa "transformação" do direito dos contratos, com ascensão da teoria da vontade e da liberdade contratual –, e, por outro lado, a tese de uma fundamental continuidade (v. a refutação pormenorizada de ALFRED W. B. SIMPSON, "The Horwitz Thesis and the History of Contracts", *University of Chicago LR*, 46, 1987, pp. 533-601, e KEVIN M. TEEVEN, *A History of the Anglo American Common Law of Contract*, New York, Grennwood Press, 1990, pp. 162ss.). Cf. ainda, sobre este debate, WYTHE HOLT, "Morton Horwitz and the Transformation of American Legal History", *William and Mary LR*, 23, 1982, pp. 663-723, e PETER LINZER (org.), *A Contracts Anthology*, s.l., Anderson Publishing, 1989, pp. 129ss., com mais indicações.

2. A teoria do "não cumprimento eficiente"

Rejeitamos, assim, a perspectiva do instrumentalismo da análise económica, que leva a perder os critérios dogmáticos de uma teoria jurídico-dogmática das diversas medidas da indemnização contratual.

As consequências da análise económica podem, com efeito, ser ilustradas com a sua aplicação ao regime do não cumprimento e das medidas de indemnização[12].

Tratando-se de responsabilidade contratual, é natural que a análise económica se tenha primeiro centrado na optimização da decisão do devedor de *cumprir* ou *não cumprir*, e, portanto, no *cumprimento* e *não cumprimento eficientes*. O "remédio" para o não cumprimento deveria ser escolhido tendo em conta os efeitos que teria sobre as decisões das partes de cumprir ou não cumprir.

A base da análise económica da decisão sobre o cumprimento é a chamada doutrina do "não cumprimento eficiente" (*efficient breach*). Segundo esta, se uma parte não cumpre, mas ainda ficar em melhor situação depois de pagar uma indemnização que compense integralmente a contraparte (de forma a que deixe esta numa situação de indiferença entre receber o cumprimento ou a indemnização), o resultado seria superior em termos de eficiência: consideradas como uma unidade, as partes estarão em melhor situação por causa do não cumprimento e este não deixará ninguém em pior situação (ou, de outra forma, comparando a situação original em termos paretianos, ninguém estará, segundo a sua própria avaliação, em pior situação, e uma pessoa estará, segundo a sua própria avaliação, em melhor situação). O "não cumprimento eficiente" potenciaria, pois, um *acréscimo agregado*, de bem-estar social e/ou das partes, levando a evitar o cumprimento indevidamente custoso e permitindo um aproveitamento alternativo (como a venda a terceiro que avaliasse a coisa num montante mais elevado, ou uma utilização mais valiosa pelo próprio devedor). O não cumprimento do contrato, com a compensação do credor, poderia ser desejável, por eficiente, nos casos em que os custos para o devedor passaram (por intervenção de um terceiro ou

---

[12] Para não sobrecarregar o texto, omitimos as indicações bibliográficas relativas aos pontos que seguem. Para estas, v. o nosso *Interesse contratual negativo e interesse contratual positivo*, Coimbra, a publicar em 2008, n.os 17 e 18.

outra alteração dos valores implicados no negócio para o devedor) a superar o ganho para o credor, permitindo ao devedor compensar inteiramente este e ainda ficar em melhor posição do que se tivesse cumprido[13]. A conclusão seria, pois, a de que, para aumentar a eficiência, a parte que beneficia com o não cumprimento deveria nessa situação *deixar de cumprir*: o devedor deveria ser encorajado a cumprir quando o não cumprimento não fosse eficiente, e encorajado a não cumprir quando o não cumprimento fosse eficiente.

Ora, os proponentes da doutrina da *efficient breach* notaram logo que o não cumprimento tenderá a ser eficiente quando a indemnização for medida pelo interesse contratual *positivo*, ou interesse no cumprimento, pois nesse caso a parte que pensa em não cumprir apenas o fará se, e só se, o seu ganho exceder o valor do prejuízo *para a outra parte*. O interesse no cumprimento daria aqui precisamente o incentivo necessário para que a ideia do "não cumprimento eficiente" funcionasse: tal interesse (ao obrigar o devedor a "internalizar" todo o prejuízo que o não cumprimento causou ao credor) corresponde, por definição, à situação da outra parte na mesma posição em que o cumprimento a teria deixado, uma situação em que seja indiferente para ela o cumprimento ou o não cumprimento. Uma indemnização mais elevada, pelo contrário, preveniria o não cumpri-

---

[13] Noutra perspectiva, podemos perguntar-nos qual seria o contrato que as partes teriam celebrado se tivessem previsto todas as contingências futuras – isto é, um "contrato completo", que identificasse todas as possíveis hipóteses e especificasse a conduta exigida das partes em cada uma. Ora, nesse caso teriam preferido um contrato completo que liberasse o devedor do cumprimento em certas circunstâncias – pois elas poderiam num tal contrato dividir entre elas o excedente de "bem-estar" criado pelo contrato, e haverá algumas repartições desse excedente em que o ganho para cada parte excede o ganho esperado de um contrato que exigisse o cumprimento em todas as circunstâncias. Ao escolher uma tal repartição cada parte estará em melhor situação *ex ante*, no momento da contratação, e disponível para cumprir ou não em todas as situações especificadas, conforme previsto. Um não cumprimento em circunstâncias em que um contrato completo (eficiente) o dispensasse é justamente designado como "não cumprimento eficiente". Note-se, desde já, que esta análise requer alguns outros pressupostos, como o de que as partes têm disposições neutrais em relação ao risco, que o objectivo de cada uma é maximizar a sua riqueza, que a negociação pós-contratual é impossível (com custos proibitivos resultantes da situação de monopólio bilateral), que o cumprimento parcial não é possível (é "tudo ou nada") e que os contratos não criam efeitos patrimoniais, ganhos ou perdas, não compensados, para terceiros (externalidades).

mento em casos em que seria eficiente, e uma indemnização abaixo do interesse no cumprimento deixaria de prevenir a falta de cumprimento não eficiente[14]. Assim o interesse contratual positivo incentivaria o cumprimento e o não cumprimento eficientes.

---

[14] A doutrina do "não cumprimento eficiente" ficará melhor esclarecida com a segunte exemplificação.

Em primeiro lugar, um exemplo de "não cumprimento eficiente". *A* contrata com *B* produzir cadeiras por um preço de 1 000 000, sendo o seu lucro de 200 000. Posteriormente, *C* propõe a *A* que este produza para ele, *C*, mesas por um preço de 2 000 000, sendo o lucro de *A* neste contrato de 750 000, e sendo impossível a *A* cumprir os dois negócios por causa dos prazos de entrega e dos seus limites de capacidade produtiva. Se *A* não cumprir o contrato com *B*, este terá prejuízos de 400 000, compostos por mais 200 000 que *B* terá de pagar a um outro produtor, 100 000 em custos relacionados com o atraso (incluindo quebras de vendas) e 100 000 de custos com a preparação do segundo contrato. Ora *A* pode – e prefere – pagar a *B* os 400 000 que são o prejuízo deste em consequência do não cumprimento (o interesse contratual positivo), e ainda ficar com 350 000 de lucro resultante do contrato relativo às mesas (ou, caso *A* não possa deixar livremente de cumprir, pode negociar com *B* uma indemnização entre 400 000 e 550 000 que deixe ambos em melhor situação do que se o contrato das cadeiras tivesse sido cumprido). O não cumprimento é, pois, eficiente, deixando pelo menos uma parte em melhor situação do que se o contrato tivesse sido cumprido e não deixando a outra em pior situação. Se *A* for obrigado a cumprir o contrato com *B* – mediante uma acção de cumprimento ou outro tipo de sanções mais do que compensatórias –, deixaria de fabricar as mesas para *C*, e seria forçado a não aproveitar a máxima utilidade que os seus recursos (a sua capacidade produtiva) podem produzir, sem benefícios económicos. É esta a razão económica pela qual o não cumprimento não é considerado, no *common law*, como crime, não são impostas penalidades para o não cumprimento nem se prevê, como regra, a execução específica.

Em contraposição, uma hipótese de não cumprimento não eficiente, induzido pela limitação da indemnização ao interesse negativo. Suponhamos que *A* contrata novamente com *B* a produção de cadeiras por um preço de 1 000 000, e, em vez de qualquer lucro, descobre logo depois da conclusão do contrato que perderá 50 000 com o cumprimento. *B*, que teria de pagar mais 200 000 (isto é 1 200 000) para obter a produção das cadeiras por outro produtor, não realizou ainda qualquer "investimento de confiança" – isto é, não realizou qualquer despesa nem deixou passar qualquer oportunidade de negócio (pois o melhor contrato alternativo no momento da conclusão do contrato com *A* seria já aquele que exigiria um pagamento de mais 200 000). O interesse na confiança de *B* é, pois, nulo, e, se apenas esse fosse indemnizável, *A* teria um incentivo para não cumprir, evitando um prejuízo de 50 000 e não tendo de pagar nada a *B*. Isto não é, porém, eficiente, pois se *A* cumprir existirá um lucro líquido, isto é, obter se á 1 200 000 de valor com um custo de 1 050 000 (note se, desde já, que a indemnização pelo interesse contratual positivo é que desencoraja esse não cumprimento ineficiente: ao fazer com que *A* tenha de pagar a *B* 200 000, correspondente ao custo de um contrato de substituição, *A* preferirá perder os 50 000 a pagar 200 000, só não sendo assim quando o seu prejuízo ultrapassasse este último valor). Se o custo de um "contrato de cobertura", em vez de 1 200 000, fosse 1 040 000, o não

A doutrina do *"não cumprimento eficiente"* não censura, pois, e antes encoraja, o não cumprimento deliberado, voluntário, desde que eficiente, podendo tal eficiência resultar, designadamente, do aparecimento de novas ofertas (o exemplo mais utilizado) ou da alteração da situação, tornando mais onerosa (sem permitir a resolução ou modificação do contrato por alteração das circunstâncias[15]) a prestação do devedor, ou menos valiosa, para este, a contraprestação da contraparte.

Só não seria assim nos casos ditos de um não cumprimento *"oportunista"*, isto é, aquele que visa apenas tirar partido de um contexto em que o cumprimento é sequencial, em vez de simultâneo, obtendo os benefícios mas tentando evitar os correspondentes sacrifícios: tal conduta não tem justificação económica e deveria ser simplesmente prevenida, por exemplo, obrigando o inadimplente a restituir todos os benefícios.

Para além do seu fundamento económico (que é também discutido, como referiremos), a emergência e defesa da doutrina do "não cumprimento eficiente" foi propiciada por um terreno juridicamente favorável no direito anglo-americano. Segundo uma certa posição, a ordem jurídica não deveria de todo compelir à execução do contrato, e antes deixaria as partes contratantes decidir se querem cumprir o contrato ou, antes, compensar a outra parte pelo não cumprimento. Não é, além disso, necessária no *common law* uma declaração (judicial ou não) de resolução do contrato para o devedor ficar liberado das suas obrigações. Salvo nos casos em que é admissível a execução

---

cumprimento já seria, porém, eficiente, gerando uma afectação mais eficiente da capacidade produtiva de *A*.

Observe-se ainda que a eficiência económica seria igualmente servida por uma regra de execução específica (acção de cumprimento), desde que as partes tenham a possibilidade de renegociar. No primeiro exemplo referido, *A* entrará então em contacto com *B* oferecendo-lhe um valor entre 400 000 (o prejuízo de *B* com o não cumprimento) e 550 000 (a diferença entre o lucro para *A* do contrato das mesas e o lucro do contrato das cadeiras). O ganho de 350 000 resultante do segundo contrato ainda se verificará, portanto, mas a distribuição desse lucro entre devedor e credor será diversa.

[15] A teoria do "não cumprimento eficiente" não se refere à possibilidade de resolução ou modificação do contrato, por alteração anormal de circunstâncias que constituíram a "base do negócio" em termos de a exigência das obrigações assumidas afectar gravemente a boa fé, prevista entre nós no art. 437.º do Código Civil. Se tal resolução for possível, não se chega a pôr qualquer problema de *não cumprimento* e de responsabilidade contratual.

específica, o não cumprimento da obrigação *in natura* exonera o devedor, ficando este apenas obrigado, em consequência, ao pagamento de uma indemnização (normalmente pela diferença em relação ao preço de mercado ou da operação de substituição), a qual é, pois, a sanção principal, e ficando ainda o credor sujeito a um "dever" (ou ónus) de mitigação dos danos (*mitigation*). E vários outros factores no direito anglo-americano contribuem também para facilitar o caminho da doutrina do "não cumprimento eficiente"[16].

Ainda que não seja consagrada como regra, a teoria do *"efficient breach"* é hoje amplamente conhecida, mesmo dentro da comunidade jurídica nos Estados Unidos.

Note-se, porém, que a determinação da medida da indemnização pelos tribunais é, nesta óptica económica, uma forma específica do problema de *"revelação de preferências"* das partes, dada a clivagem entre os valores subjectivos e os preços objectivos, e já se tem sustentado que tal problema só parece poder ser resolvido satisfatoriamente atendendo à palavra das partes, tal como resultou da estipulação de cláusulas de liquidação antecipada da indemnização. Ora, a favor da *efficient breach*, pergunta-se por que razão as partes não escolhem sistematicamente medidas de indemnização tão elevadas que lhes garantam o cumprimento, respondendo-se pondo em causa que elas realmente prefiram indemnizações supra-compensatórias, já que tais indemnizações induziriam em certos casos o cumprimento do contrato mesmo que não fosse eficiente. Uma regra de estrito *pacta sunt servanda*, sem excepções, induz incentivos para cumprir *sempre* contratos, que podem porém conduzir a uma afectação ineficiente de recursos, o que não interessará às partes.

---

[16] Nomeadamente: o não cumprimento não tem, para gerar responsabilidade, de ser causado por culpa do devedor; prevalecendo no *common law* na matéria do não cumprimento a abordagem factual sobre uma atitude moralizante, aceitando-se, por um lado, que qualquer negócio importa riscos e quem entra num mercado e opera nele tem de suportar, como natural, o risco do não cumprimento pelas suas contrapartes, e, por outro lado, que quem muda de intenções e vende os bens a uma melhor oferta, apesar do seu não cumprimento, simultaneamente cumpre as obrigações para com o terceiro (embora o alargamento da *tortious interference with contractual relations* tenha vindo a pôr limites a estas possibilidades como mencionaremos); à parte que não está disposta a correr riscos resta exigir, antes de contratar, a inclusão de cláusulas de liquidação antecipada da indemnização, ou, até, com certos limites, de *penalty clauses*.

A doutrina do "não cumprimento eficiente" pode, por outro lado, ser vista como uma forma de prolongar, mesmo depois do momento da conclusão do contrato, e até à decisão sobre a realização fáctica do seu cumprimento, a *afectação de recursos pelo mercado*, para os seus usos mais valiosos, com a continuação da operatividade do mecanismo da concorrência entre as utilizações alternativas dos bens ou serviços objecto do contrato – incluindo entre o credor e um terceiro cuja proposta apareça posteriormente. Se a afectação de recursos puder ser melhorada com o não cumprimento do contrato e sem desvantagem para ninguém, isto é, se existe uma forma de conseguir uma melhoria (designadamente, em termos paretianos), tal doutrina recomenda o não cumprimento.

É claro que tal entendimento do não cumprimento – e das medidas de indemnização como incentivos a ele – contraria, por outro lado, a ideia de que ele seria um acto *imoral*, por significar a *quebra de uma promessa*, contestando-se a caracterização típica e a avaliação em termos morais da situação de "não cumprimento eficiente", e notando-se que um *"contrato completo"* preveria, para tal situação, um não cumprimento, resultando a manutenção da vinculação, nesse caso, apenas da "incompletude"[17].

Em teoria, a *efficient breach* promoveria, pois, um resultado eficiente nos contratos de execução diferida – diversamente de uma orientação que admita, por exemplo, a execução específica mediante uma acção de cumprimento, a restituição dos ganhos obtidos pelo inadimplente, a responsabilidade do terceiro que cause o inadimplemento, os *punitive damages*, ou, em geral, quaisquer sanções mais do que compensatórias para o credor.

3. **Crítica à teoria do "não cumprimento eficiente"**

A um olhar mais atento, porém, logo se conclui que a teoria da *"efficient breach"* deve ser decididamente *rejeitada*. Ela tem, aliás, sido submetida a forte crítica, subsistindo na doutrina – mesmo entre aquela que olha para o Direito de uma perspectiva económica – o

[17] Num sentido económico, e não jurídico, pois não se pretende que exista qualquer verdadeira lacuna contratual.

desacordo sobre a sua validade. Tal doutrina, ainda que fosse correcta do ponto de vista da ciência económica, não deve ser utilizada para extrair conclusões *normativas* no plano jurídico, sobre o melhor regime a adoptar – designadamente, para tentar concluir que a consequência jurídica óptima é, nas hipóteses a que se refere, a exoneração do devedor da obrigação de cumprimento.

Antes de mais, observa-se que, também aqui, o *estatuto* de tal teoria não é muito claro, oscilando entre a *descrição* no plano económico e a *prescrição* normativa, pretensamente jurídica. Parece que podem distinguir-se duas pretensões em tal teoria: por um lado, uma pretensão descritiva do direito vigente sobre a indemnização contratual (variando, evidentemente, consoante a ordem jurídica); por outro lado, uma pretensão (normativa) de ser o fundamento para decisões de casos duvidosos ou uma regra geral a adoptar *de jure condendo*.

No entanto, nem uma nem outra pretensão dessa doutrina podem considerar-se procedentes, quer entre nós, quer no *common law*, onde os tribunais a não têm acolhido como regra[18], levantando a teoria muitas dúvidas também no próprio plano económico.

Quanto à incompatibilidade com o *regime jurídico* do não cumprimento das obrigações, ela resulta, claramente, da regra do *cumprimento pontual* dos contratos (artigo 406.º do Código Civil Português[19]) e do facto de a acção de cumprimento e a *execução específica* não serem vistas, na grande maioria dos sistemas continentais, como "remédios" residuais, mas antes como a regra (cf. os artigos 817.º e seguintes), afirmando-se uma "prioridade natural e jurídica" do cumprimento e da indemnização em forma específica (cf. o artigo 566.º, n.º 1[20]).

---

[18] V., aliás, Craig S. Warkol, "Resolving the Paradox Between Legal Theory and Legal Fact: The Judicial Rejection of the Theory of Efficient Breach", *Cardozo LR*, 20 (1998), pp. 321 353, perguntando-se por que razão os tribunais falharam na aplicação da teoria da *efficient breach*, que considera tão solidamente firmada na ciência económica.

[19] Diploma a que pertencem todas as normas citadas sem indicação especial.

[20] Pomos aqui entre parêntesis o problema de saber se esta norma se aplica à responsabilidade por não cumprimento do contrato (nomeadamente, quando este resulta da conversão da mora em não cumprimento), tendo o credor optado já pela indemnização (cf. o art. 808.º, n.º 1), ou se deve ser excluída essa aplicação, para não permitir um "renascimento" da pretensão de cumprimento pela via da reconstituição natural. A resposta a esta questão liga-se, além do mais, ao problema de saber qual é o efeito do art. 808.º, n.º 1, sobre a pretensão de cumprimento.

É certo que a possibilidade de cumprimento conhece várias limitações, não só jurídicas como fácticas – económicas, materiais, e até sociais ou psicológicas –, e que a indemnização (por equivalente) será, provavelmente, em termos estatísticos, o "remédio" mais frequente para o não cumprimento da obrigação contratual. Todavia, nos sistemas jurídicos continentais a *regra jurídica* é, sem dúvida, a da exigibilidade do cumprimento *in natura*, sem qualquer limitação do credor a uma indemnização, ou qualquer concessão de uma faculdade alternativa ao devedor, de optar por esta última. Com base na supremacia "natural e jurídica" do cumprimento, há até na nossa doutrina quem defenda a proibição da renúncia antecipada, unilateral ou por convenção[21], ao direito de recorrer à execução específica para obter a própria prestação devida (embora não nos pareça essa a posição preferível).

Compreende-se, pois, que as ordens jurídicas continentais optem por censurar de forma mais estrita o não cumprimento *voluntário* do que o *meramente culposo*, e sem tomar em conta (pelo menos expressamente) considerações de eficiência do não cumprimento. É o que acontece, em várias ordens jurídicas, com normas que alargam o âmbito dos direitos do lesado – em particular dos danos ressarcíveis – quando o não cumprimento for intencional[22].

Há várias razões para essas opções pela prioridade do cumprimento, e pela tentativa de tornar o não cumprimento um evento excepcional, a ser evitado e que não é justificado pela alteração das expectativas ou da situação da parte que não cumpre. Refira-se, assim, a necessidade de sublinhar a *força vinculativa do contrato*, a fundar a *certeza do cumprimento* nas relações contratuais (caso contrário,

---

[21] A cláusula pela qual, se o devedor preferir não cumprir, o credor apenas poderá exigir uma indemnização por não cumprimento, e não a execução específica, distingue-se, por outro lado, da chamada multa penitencial, que permite ao devedor liberar-se da obrigação pagando a "multa" previamente fixada, desde logo, justamente porque na primeira o montante (liberatório) está previamente fixado por convenção das partes.

[22] V., entre nós, por ex., o artigo 891.º sobre a resolução do contrato, e, embora para o cumprimento defeituoso (e discutindo-se o sentido do termo "dolo" nalgumas dessas normas), os arts. 898.º, 908.º, 957.º e 1134.º Os efeitos de tal censura em geral são bem mais amplos nos direitos francês e italiano, em que os arts. 1150.º e 1225.º, respectivamente do *Code Civil* e do *Codice Civile*, prevêem que o limite da previsibilidade dos danos não se aplica se o devedor tiver procedido com dolo.

estar-se-ia sempre sujeito a um possível não cumprimento). No mesmo sentido aponta, também, a necessidade de assegurar o processamento com correcção do *tráfico comercial*, já que as partes avessas ao risco de potenciais não cumprimentos poderiam, caso contrário, desde logo evitar a conclusão de contratos sem o necessário grau de certeza. Invoca-se, ainda, a necessidade de *moralizar* a actuação no mercado, tendo os ditames da boa fé como padrão a que os operadores devem conformar-se (padrões moralizadores, aliás, cuja interiorização levará, por sua vez, a um efeito desonerador da formação de expectativas individuais e da criação de incentivos concretos ao cumprimento, pois o afastamento deles será visto como um custo, subjectivamente e em termos de reputação). E, diz-se, também, que a redução de certos *custos da transacção* é conseguida pelo reforço do direito ao cumprimento, já que as partes deixam de, na perspectiva do potencial não cumprimento (unilateral ou mútuo), ter de conseguir obter garantias ou segurança, seja por mecanismos contratuais de planeamento e negociação mais custosos (como cláusulas penais, cláusulas resolutivas, etc.), seja mediante a contratação de garantias bancárias e apólices de seguro (também com custos evidentes).

O nosso direito opta, pois, claramente pela prioridade do cumprimento, sem que apresente quaisquer traços da relevância da eficiência do cumprimento – não sendo esse o caso, designadamente, das normas sobre a fixação da indemnização em dinheiro. A comprová-lo estão, também, numa das hipóteses mais frequentemente apontadas de "não cumprimento eficiente" (a da oferta superveniente de terceiro), as propostas de *responsabilização do terceiro* que contrata com o devedor, pelo não cumprimento da obrigação (embora pareçam não ter ainda obtido um acolhimento generalizado ou expresso reconhecimento *de jure condito*), de eventual extensão da responsabilidade civil aos *ganhos obtidos* pelo violador do contrato (consagração de uma *Gewinnhaftung*, ou "responsabilidade pelos ganhos", incompatível com a configuração da responsabilidade civil à volta de um dano, que, no caso, o credor não sofre), ou do reconhecimento de uma obrigação de restituição ou *remoção ("disgorgement") dos lucros* ou benefícios obtidos pelo credor com o inadimplemento[23]. Esta

---

[23] O problema tem sido discutido sobretudo nas ordens jurídicas que não reconhecem em geral o direito à execução específica do contrato, como acontece no *common law*.

obrigação, se não parece ter consagração específica num dos tipos normalmente admitidos de enriquecimento sem causa, existirá já hoje, sem dúvida, pelo menos, quando tais benefícios se traduzirem na aquisição de um direito sobre certa coisa, ou contra terceiro, mediante o instituto do *commodum* de representação (artigos 803.º e 794.º[24]).

As ordens jurídicas continentais não revelam, assim, *qualquer preferência* pelo não cumprimento, mesmo quando os benefícios para o credor são superiores ao custo – ainda que de oportunidade – para o devedor.

Aliás, mesmo no direito anglo-americano parece haver poucas razões para se aceitar que a doutrina da *efficient breach* realmente é a base de quaisquer regras vigentes sobre a indemnização contratual.

Tal doutrina concilia-se mal com muitos aspectos do direito vigente, não sendo correcta uma afirmação geral no sentido de que este não quer evitar o não cumprimento eficiente. Os tribunais tomam em conta a *voluntariedade* da violação do contrato como agravante, designadamente, alargando o padrão da certeza exigida para a prova dos lucros do lesado (para além de ser considerada para outros efeitos, como, por exemplo, a importância do não cumprimento, como *material breach*). Além disso, o *tort of interference with a contract* é evidentemente inconciliável com a ideia de que o sistema jurídico aprova a violação eficiente do contrato, pelo menos, nos casos em que ela resulta da intervenção de terceiros com melhores propostas. Em muitos casos nota-se também, actualmente, uma tendência no *common law* para alargamento do âmbito da *execução específica*, com os tribunais crescentemente dispostos a decretá-la e os legisladores cada vez mais dispostos a prever tal possibilidade, tendência, essa, que também conflitua com a doutrina do não cumprimento eficiente. Em alternativa, existem também vozes no sentido

[24] Apesar de o art. 803.º, n.º 2, mandar reduzir o montante da indemnização na medida correspondente ao valor do direito adquirido pelo devedor contra terceiro, não existe qualquer norma que expressamente limite a obrigação de entrega do *commodum* de representação (incluindo o *commodum ex negotiatione*) ao valor dos prejuízos causados ao credor pelo não cumprimento. A questão da limitação do direito ao *commodum* de representação ao montante da indemnização do credor pelo interesse positivo (*rectius*, pelo valor da prestação) foi, porém, discutida na doutrina alemã.

de que as violações intencionais do contrato sejam prevenidas mediante o recurso aos *punitive damages*, reforçando o direito do credor. E, por último, os tribunais do *common law* têm nalguns casos – embora não como regra geral – exigido a remoção ou *disgorgement* dos lucros que o inadimplente obteve, como consequência do não cumprimento, mesmo que as partes não estivessem ligadas por qualquer relação fiduciária, existindo um amplo debate sobre a aceitabilidade de tal extensão das hipóteses de obrigação de restituição (extensão dos, aliás impropriamente, chamados *"restitutionary damages"*)[25].

Também a pretensão normativa da doutrina do "não cumprimento eficiente" é de considerar improcedente, quer como regra integradora de lacunas, quer como proposta geral *de jure condendo*.

Pode duvidar-se da verificação, no mundo real, de alguns dos *pressupostos* simplificados em que tal doutrina assenta, e que a levam a ignorar não só os limites ao apuramento de valores subjectivos (e de danos não patrimoniais), como a ter mesmo de recorrer a comparações com base no critério da disponibilidade para pagar.

Entre tais limitações reais dos pressupostos da teoria encontram-se, desde logo, os desvios em relação à pura racionalidade económica, que se verificam sistematicamente nos actores no mundo real, e que se encontram bem comprovados e procuram ser considerados pelas correntes "behavioristas" da análise económica – desde a "racionalidade limitada" resultante de limites temporais aos limites de cognição e previsão (e o recurso a mecanismos heurísticos e "regras de decisão" gerais), até ao conhecido "efeito de dotação"[26]. Perante

---

[25] A discussão foi renovada com o caso *Attorney Gen. v. Blake*, 4 *All E.R.*, p. 385, de 2000 (*House of Lords*), em que foi ordenada a restituição dos lucros que um antigo espião obtivera com a publicação de um livro em violação do contrato que havia celebrado com a Coroa britânica. Mas o caso suscita dúvidas como precedente, pois, embora não para a questão de saber se a demandante tinha um direito aos lucros obtidos pelo demandado, invocou-se o seu "interesse legítimo em prevenir esta actividade lucrativa do demandado, e, portanto, em privá-lo do seu lucro", interesse, esse, que se ligava à necessidade de preservar a confiança dos informantes e de manter a moral dos funcionários dos serviços secretos, mesmo quanto a informação (como a que estava em causa) que já não era confidencial.

[26] O *endowment effect* é o efeito que se exprime no facto (experimentalmente comprovado) de o montante que as pessoas exigem para abrir mão de um bem ser maior do que aquele que estão dispostas a oferecer para o adquirir – ou, por outras palavras, que resulta

tais *distorções* – e os problemas de informação de muitos agentes sobre as consequências que as suas condutas acarretarão –, poderá em muitos casos duvidar-se da amplitude e linearidade do efeito indutor de comportamentos das regras que prevêem consequências indemnizatórias pelo não cumprimento.

Em todo o caso, enquanto não se encontre um sistema que prove ser superior, na explicação das consequências das normas jurídicas e de outras influências sobre o comportamento humano (incluindo as emoções[27]), pode aceitar-se que a hipótese da racionalidade individual, do ser humano racional, egoísta e maximizador de utilidade – a hipótese *REMM* (*resourceful evaluating maximizing man*) ou REM (de *rationales egoistisches Mensch*), não tem de ser inteiramente posta de parte, como mero modelo explicativo.

A estas limitações acresce, porém, uma crítica *"subjectivista"*. O "não cumprimento eficiente" pressupõe a possibilidade de medir o valor do interesse do credor no cumprimento, como equivalente monetário que deixaria o credor indiferente entre ele e o cumprimento, sendo que, evidentemente, para tal "indiferença" não é bastante apenas o valor normal, objectivo, do cumprimento. Proteger o interesse *subjectivo* da contraparte no cumprimento é um elemento central na noção de "não cumprimento eficiente", tendo o inadimplente de reparar as perdas reais do lesado, incluindo os custos que teriam sido evitados sem o cumprimento. Segundo a lógica dessa doutrina, o contratante que pense em não cumprir deve tomar em conta mais do que o valor objectivo do cumprimento para a contraparte e proceder

---

de se avaliar em mais o que se tem do que o que se não tem, e, portanto, de a exigência para receber por um bem ser (bastante) maior do que a disponibilidade para pagar por ele. Uma das explicações do "efeito de dotação" reside na "preferência pelo *status quo*": as pessoas teriam uma função de utilidade em forma de "S", primeiro convexa e depois côncava, com inflexão justamente na "dotação" (*status quo* ou "aversão às perdas"), o que explicaria que exigissem bastante mais para abrir mão de algo do que aquilo pagariam para obter a mesma coisa. A preferência pelo *status quo* resultaria de as desvantagens de perder algo se perfilarem muito maiores do que as vantagens de o adquirir.

É interessante notar que algumas regras jurídicas traduzem justamente esta preferência pelo *status quo* (mesmo que a "linha de base", que separa, seja por vezes difícil de determinar com precisão), como quando se prefere o efeito *de damno vitando* ao *de lucro captando*.

[27] V. António R. Damásio, *Descartes' Error. Emotion, Reason and the Human Brain*, New York, Grosset/Putnam, 1994 (trad. port. *O Erro de Descartes. Emoção, Razão e Cérebro Humano*, Mem Martins, Publicações Europa América, 2000).

ao cálculo do "lucro líquido", esperado a partir de uma recusa de cumprimento do contrato, com base numa projecção de todos os custos – isto é, dos custos normais do mercado mais as despesas do negócio e as causadas pela necessidade de resolver o litígio pelos meios normais – necessários para pôr *o lesado*, subjectivamente, numa posição de indiferença entre o cumprimento e a indemnização. Este ponto é crucial, sendo que, se o interesse no cumprimento for demasiado baixo, existirá demasiado não cumprimento, e se for excessivamente elevado, segundo esta doutrina induzir-se-ia em excesso ao cumprimento, em ambos os casos com resultados não eficientes.

Ora, pode acontecer – e acontece frequentemente – que o credor atribua ao cumprimento um valor *diverso do valor de mercado*, devido à sua posição subjectiva ou à sua estrutura de preferências (também económicas, e não necessariamente apenas resultantes de um valor afectivo). Sob pena de violação dos postulados em que assenta a própria análise económica, a autonomia e as preferências dos sujeitos em causa não podem então ser sacrificadas a uma avaliação objectiva, pelo mercado ou por uma autoridade, do interesse no cumprimento, a qual poria em risco mesmo a eficiência (pois o sujeito cujas preferências não forem adequadamente reflectidas ficaria prejudicado em termos de bem-estar).

Isto torna, assim, incontornável o problema do método para o devedor conseguir determinar o valor subjectivo antes de decidir – o problema conhecido da *"revelação de preferências"* do devedor e do credor, cuja solução pode ter *custos* muito elevados ou ser mesmo impossível (designadamente, na falta de estipulações das quais se deduzam, como cláusulas de liquidação antecipada da indemnização). Muitas vezes estas *limitações* e *custos de apuramento da informação* (os custos de informação) não são sublinhados na exposição da doutrina do "não cumprimento eficiente", mas é claro que eles podem, só por si, inviabilizar a aplicação de tal doutrina ou (na própria lógica económica) torná-la ineficiente.

Para tornear esta dificuldade, como critério para a revelação do valor subjectivo, a análise económica recorre à *disponibilidade para pagar*, partindo do princípio de que o valor subjectivo será tanto maior quanto maior for o preço oferecido por uma pessoa por um bem. Parece claro, porém, que a aplicação deste critério (embora torneando o problema da insinceridade nas preferências declaradas) não é (pelo menos sempre) susceptível de revelar o valor subjectivo: apenas pode servir para medir o valor atribuído conjugado com a capacidade para pagar certo preço, mas não a possibilidade de pagar pelo facto de se não dispor do (nem ter possibilidade de acesso ao) montante que traduza o valor atribuído ao bem (de se não *poder pagar*...).

No próprio plano da avaliação dos custos e benefícios, surgem, pois, logo incertezas práticas sobre a eficácia relativa da violação do contrato ou do seu cumprimento no mundo real. E se, por exemplo, o terceiro que oferece um preço tiver avaliado em termos excessivamente favoráveis o bem, a doutrina do "não cumprimento eficiente" conduzirá logo a uma afectação menos eficiente de recursos.

Acrescem as dificuldades que a incorporação de uma *terceira alternativa* (em relação ao dilema entre cumprimento e não cumprimento) necessariamente acarreta: a possibilidade de *renegociação* do contrato. Na verdade, um modelo que pressuponha que as partes não são capazes de comunicar entre elas, e negociar antes do (não) cumprimento, é necessariamente redutor. A análise económica tentou incorporar a possibilidade da renegociação, mas com resultados aparentemente contra-intuitivos.

Aplicando ao problema da *renegociação* o "teorema de Coase", concluiríamos que, sem custos de transacção, as partes seriam levadas, mesmo sem qualquer doutrina de "não cumprimento eficiente", a negociar e afectar entre elas o direito ao cumprimento (ou o direito a não cumprir) àquela lhe atribua mais valor (tendo compensado a outra parte). A preferência pelo "não cumprimento eficiente" ignora, porém, num tal contexto, que, num mundo coasiano, mesmo depois do não cumprimento, não existe diferença, em termos puramente "alocativos", entre a previsão legal do cumprimento sem limitações e a do não cumprimento eficiente. As teorias sobre este seriam, pois, *irrelevantes*, tal como a regra jurídica a esse respeito: as partes simplesmente negociariam de tal modo que o direito ao (não) cumprimento acabesse na titularidade de quem o avalia mais (em termos de possibilidade de pagar, repete-se). Mas isto significa também que não se poderia utilizar a análise económica, do funcionamento do mercado, para concluir qual é a teoria mais correcta, pois o resultado daquele é o mesmo *seja qual for a teoria*. Se, num tal mundo, a riqueza não aumentaria nem diminuiria por força da regra jurídica do cumprimento, a única (mas juridicamente fundamental) diferença, entre o direito ao não cumprimento e a exigência de uma renegociação (pela manutenção do direito ao cumprimento), estaria em que, no caso de renegociação (ou na acção de cumprimento), o credor iria participar no benefício relativo do devedor, sendo partilhado entre ambos, ou, mesmo, apropriado apenas pelo credor. Ou seja, o que é *economicamente irrelevante* é o que é *juridicamente fundamental*: a *atribuição do benefício resultante do (não) cumprimento* (como, aliás, acontece também noutros exemplos de aplicação da análise coasiana, relevante em termos de eficiência alocativa, mas sem nada a dizer para a alteração de resultados no fundamental problema "distributivo" – *rectius*, de justiça –, cuja avaliação é constitutiva de uma abordagem de tipo jurídico).

Tal reflexão deixa, também, ver que, num *mundo com custos de transacção*, a eficiência do não cumprimento não pode ser avaliada sem um conhecimento pormenorizado desses custos de transacção e sem a inclusão de custos como os da renegociação ou do litígio entre as partes, e ainda (não só no caso de litígio) dos já referidos custos de informação do devedor sobre os benefícios produzidos pelo cumprimento do contrato, em comparação com a alternativa que se lhe oferece.

Voltando ao aspecto juridicamente mais importante, nota-se que o direito ao cumprimento e a doutrina do "não cumprimento eficiente" conduzem a *resultados "distributivos"* entre as partes – isto é, de justiça contratual – bastante *diferentes*. Se o não cumprimento não for permitido, o novo excedente é, no mínimo, partilhado pelo credor (ou entre este e um terceiro que faça melhor oferta), enquanto num regime de "não cumprimento eficiente" tal excedente será apropriado apenas pelo devedor, e, quando muito, dividido entre este e o terceiro. Se os custos de informação não forem proibitivos, não se vê, porém, por que razão a reafectação de recursos tem de ocorrer através do não cumprimento, e não pode verificar-se antes *por intermédio do credor*, pelo menos nos casos (que serão a maioria) em que a alteração do excedente produzido com o contrato, em comparação com afectações alternativas, não impede que seja o credor a proceder à reafectação – por exemplo, sendo o credor, e não o devedor, a vender ao terceiro[28].

---

[28] Assim, tb. se o aumento do valor do cumprimento, e da onerosidade para o devedor, resulta de uma alteração no mercado. Em certos casos, pode acontecer, porém, que

Ou seja, não se vê por que razão o ganho superveniente (da entrada de um terceiro, ou da alteração das condições de mercado) não é, como resultaria do acordado pelas partes, apropriado *pelo credor*, que poderia negociar com o terceiro ou vender o bem no mercado, ou, simplesmente, aumentar o valor do seu património, mas, antes, pelo devedor (isto, sendo certo que, normalmente, as condições que legitimariam um não cumprimento, como o maior valor do bem ou a entrada em cena de um terceiro, também fariam aumentar o valor da prestação para o credor[29]). A justificação, por vezes avançada, segundo a qual tal revenda pelo credor aumentaria os custos porque implicaria uma *transacção adicional,* afigura-se-nos improcedente, designadamente, em comparação com os custos, implicados numa solução de não cumprimento, da liquidação do primeiro negócio, incluindo os custos do litígio sobre o cumprimento.

Também aqui, aliás, a raiz da doutrina do "não cumprimento eficiente" – ou pelo menos uma sua importante condição de possibilidade – parece residir, ou numa *sobrevalorização do momento da execução fáctica* do contrato (e na desvalorização da eficácia jurídica deste), ou no já apelidado "perene passo em falso" quanto ao alcance

---

os custos acrescidos para o devedor não se traduzam num aumento do valor da prestação (ou que o valor da contraprestação diminua apenas para devedor, que a receberia), e que apenas o devedor tenha agora conveniência na reafectação do recurso a uma utilização diversa do cumprimento.

[29] Na ausência de uma "alteração das circunstâncias" que legitime a resolução ou modificação do contrato.

Não referimos a ausência de lacunas porque a função normal do mecanismo contratual é, justamente, a repartição entre as partes do risco de alterações de valores (do mercado, da conjuntura, etc.), e, portanto, deve manter se vinculante mesmo nessas hipóteses, e ainda que a hipótese de alteração não fosse especificamente prevista. Bem diversa de tais lacunas contratuais é a "incompletude" do contrato em sentido económico: enquanto nas primeiras o plano que exigiria a previsão (o *Sollseite*, ou lado de "dever ser", do conceito de lacuna) é obtido, designadamente, a partir das necessidades práticas para a execução do contrato com consideração das normas supletivas (que em princípio não são afastadas por uma mera vontade hipotética ou conjectural), na última o critério é, antes, a hipótese teórica (mecanismo ou ideia apenas metodológica ou teoricamente operativo) de uma especificação integral, pelas partes, de todas as possíveis contingências que afectem o contrato e sua execução. Trata se aqui, no "contrato completo" da teoria económica, de um conceito puramente ideal, com finalidade heurística, sem correspondente na realidade social. Assim, um contrato pode bem ser completo do ponto de vista jurídico, sem lacunas, mas estar longe do "contrato completamente especificado" da teoria económica.

e à correspondente *força vinculativa da promessa*. Trata-se, mais precisamente, da ausência de reconhecimento de que o direito ao cumprimento não tem subjacente uma mera "regra de responsabilidade" (uma *"liability rule"*), antes o contrato atribui, em regra, ao credor (pelo menos entre nós), um direito fundado numa *"property rule"*[30], de que o titular pode abrir mão (não é um direito inalienável) negociando um resultado igualmente eficiente, mas com uma bem diversa distribuição patrimonial, em termos correspondentes ao acordado. O que equivale, em suma, ao falhanço do reconhecimento de que o contrato visa normalmente a *transmissão para o credor do direito aos ganhos* ou lucros *que resultem da execução*, ainda que eles venham a ser aumentados por acontecimentos supervenientes, como o aparecimento de ofertas de terceiros.

E diga-se ainda, por fim – mas não por último –, que há sem dúvida *outros valores* que o direito dos contratos serve, para além da promoção da "eficiência de alocação", alguns dos quais até tornam possível o próprio desempenho de funções económicas do contrato.

Desde logo, a ideia de que a doutrina do "não cumprimento eficiente" deveria ser difundida para encorajar os contratantes a não cumprir afectaria, sem dúvida, a confiança e o crédito, e, mesmo, a possibilidade de certos mercados, como os de mercadorias. As empresas carecem de ter a certeza da percepção do preço que negociaram. Elas reduzem mesmo tal incerteza por operações "de cobertura" (*hedging*) nesses mercados. Ora, tal garantia contra o risco de incerteza do preço, pelo *hedging*, seria impossível se o vendedor de mercadorias pudesse violar um contrato de opção livremente, simplesmente por ter encontrado alguém que oferecesse um preço melhor, sendo que, se a jurisdição em causa não contém uma regra de "não cumprimento eficiente", a reacção normal será então a previsão, pelas partes, de uma cláusula de liquidação antecipada da indemnização que permita ao credor manter tal certeza – o que, como é evidente, também afectará a amplitude da aplicação da doutrina do "não cumprimento eficiente".

---

[30] Referimo nos à conhecida distinção de Guido Calabresi/Douglas A. Melamed, "Property Rules, Liability Rules, and Inalienability: One View of the Cathedral", *HLR*, 85, 1972, pp. 1089-1128. Sobre a distinção de regras, por Calabresi e Melamed, v., agora, Frank I. Michelman, "'There Bave to Be Four'", in *Maryland LR*, vol. 64 (2005), pp. 136-158.

Por outro lado, a concentração nos aspectos pecuniários do não cumprimento não toma em conta aspectos *qualitativos*, eventualmente muito relevantes, e mesmo o valor *moral* do cumprimento da *palavra dada*, para além de outras sanções não económicas ou jurídicas, como as consequências em termos de reputação, do não cumprimento do negócio. Não é aqui necessário determinar o fundamento do sentimento moral de fidelidade à palavra dada (religioso, jusnaturalista, humanista, teorético-discursivo, etc.). O certo é que o contrato, segundo a experiência prática que dele tem a grande maioria das pessoas, e que está subjacente à lei, funda uma obrigação que funciona, justamente, para isolar a decisão de cumprimento de um cálculo global de valores alternativos (ou da interferência de outras razões), de tal forma que a vinculação (e o respectivo sentimento) se mantenha, com exclusão de outras considerações, ainda que o cumprimento não sirva para, globalmente, evitar um mal, maximizar a utilidade social ou promover as melhores consequências em geral (antes apenas para o credor).

Tal como a doutrina do "não cumprimento eficiente" apresenta a sua fundamentação, não existiria, aliás, razão para não admitir, também, uma *"apropriação eficiente"* de recursos alheios, mesmo fora de um contrato – um *"furto eficiente"* ou um *"abuso de confiança eficiente"*. E pode mesmo dizer-se que, ao recusar em geral um fundamento moral para a ideia de que *pacta sunt servanda*, a doutrina do "não cumprimento eficiente" põe em causa a *confiança*, o valor da *certeza* de que o devedor cumprirá, e o próprio *crédito*: uma prossecução da máxima eficiência no curto prazo destrói a eficiência no longo prazo.

4. Os efeitos dos "remédios" indemnizatórios na responsabilidade contratual

A referida rejeição da doutrina do "não cumprimento eficiente" não impede, porém, que possamos suspender por um momento tal posição e ver, resumidamente, a que resultados pode levar (ou tem levado) a análise económica da indemnização contratual, vista como incentivo aos contraentes.

É claro – note-se desde já – que tal perspectiva abandona, em rigor, o terreno das verdadeiras *"consequências jurídicas"* de um evento lesivo. A intenção é, antes, analisar e projectar os *incentivos* adequados, para obter directamente os resultados mais eficientes da conduta das partes em diversas "margens", ou, mediatamente, para diminuir custos relacionados com o não cumprimento (de informação, de litigância, etc.). A ideia de que os "remédios" para o não cumprimento são, na realidade, incentivos para as partes significa, não que visem uma *compensação*, ou reparação, do prejuízo causado no passado – por exemplo, de acordo com um critério de causalidade baseado na ideia de justiça correctiva, e à luz dos fins das normas que prevêem a reparação –, mas antes que visam produzir efeitos, seja anteriormente, pela sua antecipação pelas partes, seja no futuro. Não é de admirar, assim, que se proponha uma "reconsideração do princípio da compensação no direito dos contratos", e que se saliente que a análise económica do direito dos contratos "dificilmente menciona a compensação, seja como um fim seja como um meio para maximizar o bem-estar agregado das partes contratantes".

Por outro lado, note-se, preliminarmente, que o problema da medida da indemnização se cruza, também, com o do critério para a determinação das *regras supletivas* (*default rules*), não acordadas pelas partes, para a indemnização nos chamados *"contratos incompletos"* (contrapostos aos contratos completos ou "totalmente especificados"), por não especificarem de modo esgotante as soluções para todas as situações possíveis – sendo, porém, igualmente propostas outras abordagens ao problema da análise da medida da indemnização[31].

Como dissemos, a medida da indemnização devida pelo inadimplente foi primeiro vista pela análise económica na perspectiva da optimização da *decisão de cumprimento* – isto é, da obtenção do grau óptimo de (não) cumprimento (de um cumprimento e não cum-

[31] Para uma delas, o problema seria o de conceber medidas de indemnização que induziriam as partes a tomar a mesma decisão sobre o cumprimento, ou sobre a confiança anterior ao cumprimento, que teriam tomado se não fossem sujeitos separados, mas, antes, divisões de uma única empresa integrada tendo o único objectivo de maximizar o valor desta. Outra, por sua vez, considera a indemnização contratual como uma opção de compra do direito ao cumprimento, por parte do inadimplente, a qual expira no prazo fixado para o cumprimento e tem como preço de exercício o montante da indemnização, que se reflecte (como o valor da opção) no preço previsto no contrato.

primento eficientes), tendo passado a ser doutrina comum a de que tal incentivo se atingiria com a indemnização do interesse positivo.

A previsão de uma indemnização pelo dano de não cumprimento seria o incentivo correcto para tal, pois obriga o inadimplente a considerar, "internalizando", os custos que o seu não cumprimento inflige à outra parte, dando-lhe, consequentemente, o incentivo para tomar uma decisão de não cumprimento eficiente, além de o incentivar a tomar precauções contra eventualidades que ameacem aumentar o custo do cumprimento. A indemnização pelo interesse positivo tenderia, pois, a aumentar o valor agregado que o negócio oferece a promitente e promissário, o que justificaria a sua previsão, não só por esse aumento em si mesmo, como, para as partes, porque estas, de um ponto de vista *ex ante*, teriam razões para estar de acordo com uma regra que *maximizasse o excedente* contratual total (o "bolo contratual"), disponível para a divisão entre elas mediante negociação. E à mesma conclusão se chega com outras abordagens da medida de indemnização em termos de eficiência, desde que se considere apenas a decisão de cumprir ou não cumprir (ou, também, a decisão sobre o nível de precauções do devedor contra o risco de inadimplemento, ou de aumento do custo do cumprimento)[32].

Apesar dos possíveis efeitos benéficos da regra da indemnização pelo interesse positivo, a análise económica permitiu salientar a *insuficiência* de uma tal conclusão, identificando várias considerações que apontam contra a eficiência dos resultados produzidos por uma regra geral do interesse contratual positivo.

Numa breve ilustração de tais desafios à regra de indemnização pelo interesse contratual positivo – e contra a ideia de uma indemnização compensatória pelo não cumprimento –, nota-se, como já referimos, que existem sérios problemas de obtenção e de custo da *informação necessária* para avaliar completamente o interesse no cumprimento, podendo mesmo as partes ficar numa posição melhor com uma indemnização não tão elevada (não compensando inteiramente o lesado), mas que reduza o (valor e o) risco da *litigância*, apontando-se

[32] À mesma conclusão se chega ainda se se considerar a função do direito dos contratos de induzir a cooperação em jogos não cooperativos, pela alteração do *pay off* de cada jogador.

alguns mecanismos legais que permitem justamente uma tal fixação da indemnização "infra-compensatória".

E, sobretudo, nota-se que a limitação ao incentivo ao cumprimento (mesmo sem considerar outros problemas, relativos ao valor no tempo da opção de não cumprir, quando ambas as partes dispõem de tal opção) é excessivamente *simplista*, pois a decisão de cumprir é apenas *uma das decisões* que as partes tomam e que pode afectar o excedente contratual – além da decisão de confiar, ou fazer despesas de confiança, de tomar precauções, de tentar mitigar os danos, de procurar uma contraparte, de gastar com a preparação e conclusão do contrato, de concluir o contrato, etc. –, e se a indemnização do interesse positivo induz à optimização daquela decisão, os incentivos que dela resultam marginalmente para estas outras decisões parecem em grande medida afastar-se da eficiência.

Assim, a indemnização do interesse positivo afecta a *decisão do credor de confiar*, de realizar "investimentos de confiança" (que podemos aqui ver quer como despesas, quer como a renúncia a outras oportunidades), em termos não eficientes: induz *excesso de confiança* no credor, o qual, devido a essa indemnização, fica em posição de poder tomar o cumprimento como certo, quando pode não o ser. Com a indemnização do interesse positivo o promissário (credor) não "internaliza" o efeito sobre o promitente (devedor) de um seu eventual excesso de confiança. Antes, num tal regime de indemnização pelo interesse contratual positivo (tal como com o de execução específica), o credor, confiando em excesso, tratará um investimento como, por exemplo, a preparação para a recepção da prestação ou a publicitação de um evento em que o devedor participa, como tendo um retorno certo, quando na realidade é incerto, devido à possibilidade de não cumprimento[33].

---

[33] Suponha se, por ex., que o vendedor se vincula a produzir um bem especializado para o comprador, e que este faz um investimento também específico, sem qualquer valor a não ser para aquele bem, com o objectivo de aumentar o valor do cumprimento. Com a indemnização do interesse no cumprimento, se o devedor (vendedor) não cumprir, o credor receberá sempre a diferença entre o valor que realizaria e o preço. Isto é, o credor receberá sempre o retorno do seu investimento, mesmo que o negócio não seja cumprido e o investimento que ele fez fique na realidade desperdiçado. O rendimento marginal que o comprador tira do investimento excede o rendimento social (pois aquele é desperdiçado), conduzindo a um investimento na confiança ineficiente, por demasiado elevado.

Entre os outros incentivos criados pela indemnização, assumem também papel de relevo os incentivos para as partes *tomarem precauções* para evitarem ou minimizarem as possibilidades e as perdas resultantes do não cumprimento. A indemnização pelo interesse contratual positivo pode, como referimos, criar o incentivo correcto para o promitente (devedor) tomar precauções contra eventualidades que aumentem o custo do cumprimento ou, até, o possam impossibilitar. Mas, se a indemnização for compensatória, por variar em termos marginais com os prejuízos do promissário, já este (credor), além de ter incentivos para um excesso de investimento em confiança, não terá incentivos para tomar suficientes precauções, quer contra incorrer em custos, ou para induzir, ou ajudar, o devedor a evitar o não cumprimento, quer mesmo para evitar as suas próprias perdas, numa situação de típico "risco moral".

O alargamento do âmbito da análise teórica, do cumprimento eficiente para o investimento eficiente, revela, portanto, que os benefícios potenciais da indemnização pelo interesse contratual positivo ao promover decisões eficientes *ex post*, de cumprir ou não cumprir, podem logo ser neutralizados pela falta de incentivo dessa regra para motivar a confiança e o investimento eficientes *ex ante*.

Aliás, o problema também não se pode resolver alterando a regra para a indemnização do *interesse na confiança*.

Em geral o interesse na confiança, além dos problemas de incentivo suficiente ao cumprimento, resultará em investimentos de confiança *ainda mais ineficientes*, por *mais excessivos*, do que a indemnização do interesse no cumprimento, pois garante ao credor o pagamento dessas despesas ainda que elas não resultem em qualquer aumento do excedente contratual[34] – colocando o credor numa situação

---

[34] Ilustremos este problema com a alteração do ex. referido. Suponhamos que *B*, que comprou a *A* cadeiras por 1 000 000, tem logo na sequência da conclusão do contrato a possibilidade de realizar investimentos de 150 000, que aumentariam o valor das cadeiras, para si, em 200 000, de 1 100 000 para 1 300 000 (por ex., viajando para negociar imediatamente a futura venda dessas cadeiras numa oportunidade única, comprando mesas ou mandando fazer almofadas que só pudessem ser utilizadas com aquelas cadeiras), mas que existe uma probabilidade de 50% de *A* não cumprir, por os seus custos de produção terem aumentado (ou por ter aparecido uma oferta de um terceiro que fosse melhor nesse montante). Numa tal situação, a indemnização pelo interesse positivo não conduz a níveis eficientes de confiança, antes resulta num excesso de investimento de confiança, ao fazer

de indiferença entre a realização e a não realização de despesas de confiança, dá-lhe um "seguro" para tais despesas, mesmo que não eficientes[35]. Se, portanto, a indemnização pelo interesse positivo fornece o incentivo correcto quanto à decisão do devedor sobre o cumprimento (ou sobre as precauções para reduzir os seus custos), resulta

---

com que *B* actue como se o cumprimento fosse certo: assim, *B* sempre gastará os 150 000, pois, da sua perspectiva, ou o devedor cumprirá ou ele será indemnizado por 1 300 000. Todavia, se se vier a verificar o não cumprimento ("eficiente") por *A*, o excedente agregado do contrato seria maior se *B* tivesse deixado de investir na confiança. Nesta hipótese de falta de investimento na confiança, o vendedor responderia por 1 100 000 menos o preço de 1 000 000 do contrato, enquanto se o comprador tiver confiado recebe 300 000 do vendedor, mas gastou 150 000, ficando melhor em 50 000 do que se não tivesse confiado. Na primeira hipótese, o comprador ganha 100 000 e o vendedor perde 100 000; na segunda, o comprador ganha 150 000, *mas o vendedor perde 300 000*, reflectindo a diferença o facto de a despesa de 150 000 efectuada pelo comprador ser desperdiçada em caso de não cumprimento. A indemnização do interesse positivo não faz, pois, com que o comprador tome inteiramente em consideração, "internalizando", as consequências, para o vendedor, da decisão dele mesmo, comprador, de efectuar um investimento de confiança.

A medida do interesse na confiança está sujeita à mesma objecção. A decisão de investimento do comprador será, então, também efectuada como se não existisse qualquer risco, mesmo que ele esteja presente (pois o cumprimento não é eficiente nalgumas hipóteses). Mas, além disso, cria-se ainda um incentivo perverso para o comprador, em certas circunstâncias, resultante do facto de a indemnização do seu investimento na confiança estar sempre assegurada, ainda que o valor do excedente contratual não aumente com esse investimento. Suponhamos que o custo de produção das cadeiras para *A* é de 1 160 000, pelo que, aplicando a medida do interesse na confiança, ele preferirá pagar antes 150 000 (investimento de confiança de *B*) do que cumprir e sofrer um prejuízo de 160 000 (1 160 000 menos o preço de 1 000 000). O não cumprimento, com indemnização do interesse na confiança, priva o comprador *B*, em relação à indemnização do interesse positivo, de um ganho de 150 000, revelando o facto de o interesse na confiança não chegar para induzir um nível bastante de cumprimento. Porém, *B*, se tiver direito a uma indemnização pelo interesse na confiança, pode conseguir que o vendedor cumpra aumentando o seu investimento de confiança com uma despesa adicional, não produtiva, por ex., de 20 000, subindo o total das despesas de confiança de 150 000 para 170 000 (pelo que o vendedor cumpre). O problema do não cumprimento excessivo é, aqui, curado, mas à custa da realização de despesas de confiança desnecessárias.

[35] Por isso se refere, por vezes, como solução para o excesso de confiança do promissário, a possibilidade de um *"anti seguro"*: as partes acordariam que, em caso de não cumprimento, o promitente pagaria a indemnização a um terceiro (à companhia de "anti seguro" e não ao promissário); como compensação para atribuir um tal direito à companhia de "anti seguro", o promissário receberia dessa companhia antecipadamente um pagamento igual ao valor esperado desse direito. Este "anti-seguro" visaria melhorar os incentivos das partes não as isolando totalmente do risco.

já num excesso de confiança por parte do comprador (credor), o mesmo acontecendo, de forma agravada, com a indemnização pelo interesse na confiança, a qual, além de não incentivar suficientemente ao cumprimento, aumenta ainda os problemas de excesso de confiança e permite mesmo uma utilização perversa dos "investimentos de confiança" pelo credor (uma indemnização que assegurasse a escolha do nível eficiente de confiança teria de deixar ao credor inteiramente o custo do não cumprimento resultante do desaproveitamento do excesso de confiança).

Com a compensação resultante da indemnização do interesse no cumprimento, não se consegue, pois, o incentivo eficiente na outra "margem" (confiança, precauções do credor), numa manifestação do *"paradoxo da indemnização"* resultante da incompatibilidade entre a finalidade de *compensação* e uma responsabilidade *eficiente em duas margens*[36]. Não sendo possível encontrar uma medida de danos que resulte simultaneamente em decisões eficientes quanto ao cumprimento e quanto ao investimento com base na confiança ou em precauções do credor para evitar o não cumprimento (ou reduzir os seus custos), pode, porém, dizer-se que a indemnização pelo interesse no cumprimento *é melhor* do que a indemnização do dano da confiança na indução de decisões de não cumprimento eficientes (dando o correcto incentivo ao devedor), e *não é pior* do que esta última quanto à eficiência das decisões (do credor) de confiança e de precaução, seja o não cumprimento deliberado ou não.

Justamente por este problema, foram propostas *soluções intermédias*, de indemnização do interesse positivo até ao montante que seria necessário se o promissário tivesse efectuado investimentos de confiança eficientes (para resolver o problema do excesso de confiança). Tratar-se-ia de limitar a indemnização ao investimento de

[36] Tal "paradoxo" pode também ver se se atentarmos na impossibilidade de eliminação do "risco moral" nas duas margens. Enquanto o direito dos seguros encontrou nas franquias, nas deduções, no co-seguro e outros mecanismos a forma de lidar com o problema "risco moral" do segurado, o regime contratual não consegue resolver o problema do "risco moral" induzido por uma indemnização por não cumprimento inteiramente compensatória: diminuir a indemnização de um credor pelo não cumprimento até ao montante da sua confiança razoável (eficiente) elimina o problema da vítima, mas fá-lo criando outro problema de *moral hazard*, sob a forma de um incentivo demasiado grande para o não cumprimento pelo devedor.

confiança eficiente, ou, em termos menos precisos, "razoável" (em traços gerais, a doutrina da "mitigação" dos danos, ou da culpa do lesado, poderia servir para tal), deixando a partir daí o risco desse investimento ao promissário.

Um dos problemas para a eficiência do interesse positivo ou no cumprimento é, como se viu, o facto de este obrigar o inadimplente a fornecer um "seguro" à vítima contra quaisquer causas de não cumprimento. Ora, o efeito das regras indemnizatórias *sobre a afectação do risco* tem também de ser considerado: essa regra pode alterar o risco a que cada parte fica exposta, o que é importante se elas não forem *neutrais em relação ao risco*. Como o interesse contratual positivo compensa o lesado pelo não cumprimento, pode ser desejável como forma de "seguro" se aquele for avesso ao risco, ao eliminar o grau de variabilidade da sua situação. Todavia, ao mesmo tempo, tal indemnização aumenta a variabilidade da posição do inadimplente, que pode ter de indemnizar – o que é também um risco –, e este também pode ser avesso ao risco. Tais considerações podem levar as partes a preferir (por produzir um maior nível agregado de bem estar) uma indemnização menor, entre as medidas do interesse na confiança e do interesse no cumprimento, ou a especificar mais o contrato, quer quanto às causas de responsabilidade, quer quanto ao montante da indemnização. A formulação precisa depende, porém, de factores como os *níveis comparativos de propensão ao risco*, o tipo de risco (negativo ou positivo, monetário ou não) e a disponibilidade, ou não, de seguro por terceiro. Dada a complexidade e os custos destas informações e cálculos, bem como a possibilidade de erro, parece plausível que os tribunais tenham dificuldade em determinar montantes precisos, em particular se as partes *não especificaram* no contrato qualquer consequência, *liquidando antecipadamente* a indemnização em conformidade com a relativa propensão ou aversão ao risco.

Uma explicação completa dos incentivos que os "remédios" indemnizatórios podem representar para a conduta das partes contratuais não pode, aliás, deixar também de considerar, para ser minimamente realista, os referidos efeitos *"dinâmicos"*, em particular, logo na fase da *formação do contrato*, sobre o nível da actividade de celebração de contratos.

A análise dos "remédios" considerando não só os incentivos depois da conclusão do contrato, mas também os incentivos pré-contratuais, e em particular os incentivos à celebração do contrato, não foi logo efectuada, apesar de ser feita referência à ligação entre o nível de actividade (contratação) e os incentivos à decisão de cumprir já desde o início da década de 70 do século XX. A escolha dessas consequências considerando também tais incentivos pré-contratuais é uma área que tem sido objecto de alguns tratamentos, mas não se encontra ainda suficientemente desenvolvida.

Uma consideração fundamental na escolha do "remédio" para o não cumprimento há-de ser, na verdade, também o efeito que tal escolha terá sobre a *disponibilidade das pessoas para concluir contratos*[37].

Há quem defenda a regra da indemnização do interesse positivo, ou, mesmo, de medidas mais do que compensatórias, justamente sustentando a existência de uma ligação entre a decisão de cumprir ou não cumprir e os incentivos para a actividade de contratação futura. Deixando, porém, de lado uma análise baseada nos efeitos da assimetria informativa quanto à disponibilidade da outra parte para cumprir – análise que, coerentemente, levaria, sem quaisquer mecanismos compensatórios, a um colapso do mercado devido à existência de reparações não integrais, num resultado que é, porém, desmentido pela própria vitalidade económica e social da instituição que é o contrato[38] –, o efeito sobre o nível de contratação verificar-se-á através

[37] Note-se que, mesmo na óptica que vê a indemnização como consequência do não cumprimento, e como incentivo para evitar este, não pode deixar de considerar-se o efeito sobre a celebração do contrato. Como David D. Friedman, "An Economic Analysis of Alternative Damage Rules for Breach of Contract", *JLE*, 32, 1989, pp. 281-310 (284) salienta, "a regra indemnizatória fixa o custo de violar o contrato e assim o incentivo do comprador para o evitar. Há, porém, duas formas de evitar o não cumprimento. Uma é não deixar de cumprir o contrato e a outra é logo não o concluir. A regra do interesse no cumprimento fornece o incentivo correcto apenas numa das duas margens".

[38] Nessa perspectiva, notar-se-ia que a influência sobre a contratação pode ser indirecta, pois se o montante da indemnização for menor do que o interesse positivo existe um incentivo para o devedor não cumprir (ou não existirá um incentivo suficiente ao cumprimento). É claro que se as pessoas não cumprirem suficientemente os seus contratos, estes deixarão de ser celebrados na medida em que o seriam se fossem mais cumpridos, e, além disso, mesmo que a maioria das pessoas cumpra, a existência de casos de não cumprimento sancionados com indemnizações menores do que o valor integral do cumprimento (indemnizações

do preço, pois este será tanto maior quanto maior for a medida da indemnização a que o devedor fica obrigado em caso de não cumprimento, e influenciará directamente a decisão sobre a contratação[39]. A alteração da indemnização pode funcionar, assim, como uma *alteração de preço*, com efeitos sobre o número de contratos concluídos,

"infra-compensatórias") pode ter como efeito a redução da disponibilidade da contraparte para pagar o mesmo montante que pagaria se o cumprimento (ou uma indemnização total deste) estivesse garantido. Ora, se o preço desce, os contratantes "honestos" (ou "diligentes"), que sempre cumpririam, deixarão de conseguir cumprir obtendo o mesmo rendimento, e tenderão a retirar-se (ou a diminuir o grau de cumprimento). O efeito desta assimetria informativa quanto à probabilidade de cumprimento é a conhecida espiral negativa de preço e não cumprimento, até o mercado colapsar e deixarem de concluir-se contratos, que ficou conhecida na economia de informação como *"lemons effect"*. Estaríamos, com efeito, perante uma aplicação do conhecido problema dos "chaços" (*lemons*), posto em evidência por George Akerlof, "The Market for Lemons: Qualitative Uncertainty and the Market Mechanism", in *Quarterly Journal of Economics*, 84, 1970, pp. 488-500. Todavia, se esta análise estivesse correcta para toda a formação dos contratos, sem mais, seria difícil entender como é que a instituição do contrato sobreviveu e se expandiu. Mesmo com a indemnização do interesse no cumprimento é evidente que não foram eliminados todos os casos de não cumprimento ineficiente, nem os lesados com o não cumprimento são na prática sempre garantidos contra aquele em termos de ficarem em situação exactamente igual à que estariam se o contrato tivesse sido cumprido. Apesar disto, o mercado contratual não colapsa, as pessoas continuam a celebrar contratos, a mostrar que o efeito em causa não tem, na realidade, quanto à celebração de contratos, um efeito destrutivo tão relevante como parece. Tal realidade pode ter várias explicações (desde a previsão de cláusulas de liquidação antecipada da indemnização ou de cláusulas penais, quando admissíveis, até outras formas de "sinalizar" as qualidades da contraparte ou da prestação, passando pela previsão legal de consequências "supra-compensatórias", como, nos direitos continentais, a possibilidade de execução específica), podendo dizer-se que o problema parece suscitar-se sobretudo em certos mercados, como aqueles em que é difícil ao comprador observar antecipadamente a qualidade da prestação – por ex., o mercado dos automóveis usados, tendo sido justamente em relação a eles que G. Akerlof salientou o referido "efeito dos 'chaços' " (isto é, automóveis usados sem qualidade, ou *lemons*).

[39] Por ex., se o credor (comprador) faz despesas de confiança no montante de 200 000, e o devedor (vendedor) não cumpre, o bem-estar do primeiro diminui em 200 000, sendo necessário que a indemnização atinja esse montante para não ficar em pior situação do que se não tivesse contratado (supondo que não existem custos de oportunidade). O problema que se põe é o de saber se o comprador está disponível para pagar mais por um contrato que preveja a indemnização, mais vantajosa para ele, no montante do interesse no cumprimento, e se as partes preferirão esse contrato a um outro, que preveja a indemnização apenas do dano da confiança.

que variam, designadamente consoante a estrutura do mercado em causa[40].

Há, além disso, outras formas pelas quais as medidas do interesse positivo e do interesse negativo (incluindo as oportunidades perdidas), em contextos de mercado onde não coincidam, influenciam diversamente incentivos pré-contratuais.

Assim, a indemnização do interesse positivo pode levar *os promitentes a tomar precauções* não eficientes (excessivas) ao decidir se devem ou não contratar. Em geral, as medidas indemnizatórias podem afectar os incentivos de ambas as partes para *reflectir cuidadosamente sobre o contrato* (a decisão de o celebrar e o estudo do seu conteúdo), antes da sua celebração, defendendo-se que a indemnização do interesse na confiança é insuficiente para assegurar a ponderação adequada. A medida da indemnização pode ainda afectar os incentivos para as partes ponderarem *com que partes* devem contratar (e a que preço), ou, ainda, para gastarem mais tempo e recursos a *procurar partes* que poderiam estar dispostas a contratar.

A escolha dos "remédios" indemnizatórios pode, pois, influenciar *diversos outros comportamentos*, além das decisões de tomar precauções, de cumprir e de confiar. Se a teoria mais antiga se preocupou apenas com os efeitos do não cumprimento (o "não cumprimento eficiente"), e, depois, com os efeitos sobre o nível de confiança do destinatário, "grande parte da história da análise económica do contrato desde cerca de 1980 consistiu num aumento gradual da lista de incentivos que poderiam ser afectados pelos remédios para a violação" do contrato[41], pondo em causa a afirmação de que a medida da indemnização pelo interesse no cumprimento cria os incentivos preferíveis em todas as dimensões.

---

[40] Em geral, porém, afigura-se que o espectro de possíveis preços a que o contrato será celebrado, aumentando o bem estar de ambas as partes, é maior prevendo-se a indemnização do dano da confiança do que a do dano de cumprimento: ou seja, a medida da indemnização pelo *interesse na confiança* cria um espectro de possibilidades de negociação maior, que poderia aumentar o número de contratos concluídos, pelo que seria preferível se se tivesse em mente apenas a eficiência na contratação.

[41] Assim, Richard Craswell, "Two Economic Theories of Enforcing Promises", in Peter Benson (org.), *The Theory of Contract Law*, cit., 2002, pp. 1944 (268).

Ora, mesmo sem uma identificação completa de todos esses comportamentos e da forma como eles são influenciados, pode concluir-se que a *pluralidade de decisões* em causa e dos efeitos exige, não só que se consiga *identificar* estes, como a opção por um *critério* em função do qual se possa decidir *qual é o efeito mais importante* na situação de facto particular. Quando se decide ir além de uma avaliação da consequência correctiva adequada ao caso individual, para procurar antes criar incentivos para o comportamento das partes, franqueia-se, assim, o limiar de um universo complicado e incerto, com muitos e complexos factos, e circunstâncias, que podem determinar a escolha da sanção – e isto, tanto mais quanto, pelo menos nos sistemas de direito legislado, se torna também necessária uma consideração em alguma medida *tipicizadora*, a não se querer deixar a determinação da medida do dano, sem mais indicações, sempre ao tribunal.

Mais recentemente, têm vindo a ser propostas soluções indemnizatórias "sofisticadas", quer estendendo a análise a novas possíveis cláusulas contratuais, quer facultando a optimização tanto das decisões *ex post* sobre o cumprimento como dos incentivos *ex ante*, para a contratação e a realização de investimentos específicos de confiança, mediante o desenho de mecanismos aptos a induzir certos resultados.

A complexidade é ainda aumentada – como referimos – pela necessária incorporação, na análise, da possibilidade de as partes *renegociarem* os termos do seu acordo.

Além da atenção ao efeito sobre as negociações pré-contratuais, é, na verdade, necessário analisar os efeitos, para a escolha de "remédios" eficientes, da possibilidade de renegociação e dos custos desta (podendo também ser importante saber quais as condições sob as quais o custo de previsão de uma medida de indemnização eficiente, ou do afastamento de uma medida ineficiente, no momento da celebração do contrato, é maior ou menor do que o custo da renegociação no momento do cumprimento). O contributo da medida indemnizatória como incentivo ao cumprimento será menor se as partes contratantes puderem renegociar os seus acordos, tendo como resultado sempre uma decisão eficiente sobre o cumprimento. A análise tradicional aceitava que a renegociação no momento do cumprimento estaria sujeita a custos proibitivos. Mas se, pelo contrário, a renegociação não tiver *quaisquer custos*, a regra indemnizatória é, como dissemos, *irrelevante* em termos de eficiência, pois as partes *negociarão sempre* até obter as decisões eficientes sobre o cumprimento e o não cumprimento e o investimento na confiança (como resulta do chamado "teorema de Coase").

De todo o modo, parece certo que em muitas circunstâncias o contrato na realidade *não será renegociado*, desde logo, por as partes não estarem em contacto entre si quando surgem dificuldades e uma das partes necessita de tomar uma decisão rapidamente (por exemplo, no decurso de um processo produtivo, precisando de decidir se prossegue com ele ou não, ou perante uma nova oferta que expira logo, de decidir se a aceita ou não), ou por existirem entre as partes assimetrias informativas que podem comprometer o resultado da negociação. Nesta situação mais plausível, em que a renegociação tem *custos* (de transacção), mas nem sempre proibitivos, a escolha do "remédio" é mais difícil, e exige a consideração desses custos, sendo que a atribuição inicial do direito ao (não) cumprimento pode então (contrariamente ao "teorema de Coase") ter efeitos relevantes sob o ponto de vista da eficiência.

E mesmo aceitando que a renegociação tende a verificar-se, parece também plausível que nas condições reais nem sempre resulte num resultado eficiente. Muitas vezes, a renegociação permite às partes conseguir a maximização do excedente agregado da transacção, evitando decisões de não cumprimento ineficientes. Assim, por exemplo, se a consequência do não cumprimento for uma indemnização maior do que o dano de cumprimento, ou se for a execução específica, o devedor que seria levado a cumprir mesmo que o custo, para ele, excedesse o valor do cumprimento para o credor, pode, para evitar tal resultado ineficiente, propor ao credor efectuar-lhe um pagamento *a latere*, para que este o exonere da sua obrigação, e sem que, portanto, a medida da indemnização seja indispensável para atingir um resultado eficiente ou sem que tenha de estar antecipadamente prevista no contrato.

Noutras situações, porém, o resultado da renegociação pode ser apenas um *sucedâneo imperfeito* para uma *cláusula que liquide antecipadamente* a indemnização, ou para uma *medida adequada* de indemnização legalmente prevista, quer porque a renegociação apenas pode afectar decisões futuras sobre o cumprimento, e não a conduta que já se verificou antes dela, quer por causa dos riscos que são afectados ao potencial inadimplente (por exemplo, o risco de vir a ter de suportar um custo de produção muito elevado), para o caso de falhanço da renegociação (e que seriam limitados com uma liquidação convencional ou uma previsão legislativa antecipada do montante da indemnização). Por outro lado, a presunção de que a possibilidade de renegociação é desejável para ambas as partes, por lhes permitir melhorar a sua situação quando surgem dificuldades e por os dispensar de aumentar a complexidade do clausulado contratual, nem sempre pode considerar-se procedente, pois a possibilidade de renegociação tem também efeitos *negativos*.

A perspectiva da possibilidade de renegociação afecta, também, os incentivos das partes para investir na relação contratual (como se poderia ver mais pormenorizadamente a propósito da análise económica da responsabilidade pré-contratual). Quem realiza um investimento confiando na relação contratual tenderá a antecipar, nesse caso, a captura pela contraparte, mediante renegociação (de pelo menos parte) do excedente criado por esse investimento. Tal situação de possível *hold-up* afecta o estabelecimento de incentivos à realização de investimentos específicos de confiança a um nível eficiente.

Além disso, a possibilidade de renegociar pode funcionar em detrimento das partes, por evitar que elas se comprometam firmemente a certos resultados logo no contrato inicial, podendo ser do interesse de ambas a criação de obstáculos jurídicos ou práticos (como a exigência de várias aprovações intermédias, ou a intervenção de terceiros) à renegociação, ou a determinação antecipada do resultado desta (da afectação do excedente adicionalmente criado).

Tem, assim, sido salientada a conveniência da passagem de uma visão *dualista* da decisão do devedor (cumprir ou não cumprir) para uma perspectiva *triádica*, em que o devedor opta entre *cumprir*, *não cumprir* ou *renegociar* a "saída" do contrato. Em muitos contextos, um dos objectivos principais do acordo inicial será, justamente, condicionar, ou fixar "pontos de ameaça", adequados para uma renegociação subsequente. Objectivo cuja prossecução, porém, remete para a alternativa, com que as partes estarão normalmente confrontadas, entre, por um lado, a celebração de contratos *mais completos* (com os correspondentes custos), que facilitam a indução tanto da contratação e cumprimento eficiente como do investimento eficiente, mas apenas podem resultar se não existem perspectivas de renegociação, ou, por outro lado, a conclusão de contratos *mais simples*, que as partes podem renegociar para conseguir negócios sem comprometer a eficiência do investimento.

No final de contas, parece, pois, difícil fornecer incentivos – em soluções necessariamente não muito "sofisticadas", pois a própria complexidade pode dificultar os cálculos dos agentes e, porventura, acarretar outros custos e efeitos – *em todas as dimensões relevantes* dos negócios em causa. O não cumprimento eficiente, a confiança eficiente, a precaução e redução de danos eficiente, a afectação de risco eficiente, a eficiência na ponderação pré-contratual e na escolha da contraparte, o grau e o resultado adequado da renegociação – não parece que todos estes múltiplos objectivos possam ser *simultaneamente induzidos* ou *promovidos* por uma *única regra*, sem qualquer *compromisso*, sendo então necessário apurar em que se traduz este e qual a *importância relativa* dos incentivos preferidos ou preteridos[42]. É preciso, pois, definir prioridades para escolher a dimensão em que é mais importante actuar, fornecendo os incentivos correctos.

E, sobretudo, o que importa reiterar é que, como se tem salientado na doutrina, não existe qualquer razão para supor que a totalidade dos efeitos económicos apontará sempre para uma *certa medida, definida* como o interesse no cumprimento ou o interesse na confiança (ou o "interesse na restituição"). Pelo que, na perspectiva do "desenho" dos incentivos correctos para a conduta das partes, não existe razão para supor que situações correspondentes integralmente ao cumprimento, à conclusão de um contrato alternativo, ou à não conclusão do contrato, apresentem alguma pretensão especial (em lugar, por exemplo, de uma certa percentagem dos correspondentes "interesses") para se afirmarem como linhas ou *pontos de referência* decisivos para a medida do dano. Dever-se-ia, assim, rejeitar a própria *utilização dos conceitos* de interesse na confiança e interesse no cumprimento como *"fasquias fixas"*, conceptualmente demarcadas, reduzindo-se, antes, numa atitude de "despreocupação semântica", a

---

[42] Outro aspecto pouco tratado, que igualmente aumenta a complexidade do problema, é a circunstância de algumas consequências jurídicas poderem ser cumulativas, e não alternativas, tendo a parte a possibilidade de optar por cumular aqueles "remédios" que pretende exercer.

meros *"pontos focais"*, que apenas facilitam supletivamente a formação de um conteúdo obrigacional[43].

Ora, não se pode deixar de observar que estas conclusões, perfeitamente coerentes na lógica económica, parecem comprometer irremediavelmente *mesmo a pretensão descritiva* da análise económica dos "remédios" indemnizatórios – uma das "jóias da coroa" do instrumentalismo eficientista na teoria dos contratos.

Não se nega a obtenção de alguns importantes resultados da abordagem económica, ao pôr em relevo a ligação entre os diversos "remédios" e os incentivos das partes em diversas dimensões. Mas, apesar de tais contributos, a explicação instrumentalista dos "remédios" contratuais (sobretudo com os refinamentos introduzidos à doutrina do "não cumprimento eficiente") é insuficiente, estando longe das *soluções do direito vigente*, em particular quanto à preferência clara deste pelo interesse positivo, com atribuição ao credor do lucro que para ele resultaria do contrato. Designadamente, em várias hipóteses tal atribuição de uma indemnização pelo interesse positivo seria contrariada pelo efeito de excesso de confiança do promissário, por não induzir precauções suficientes, ou por não ter em conta a relativa aversão das partes ao risco. E sobretudo, de forma decisiva, o instrumentalismo não tem explicação para a própria *insistência* do direito dos contratos naquelas medidas do interesse positivo e do interesse na confiança como *categorias formais* – o que não significa necessariamente que tenham existência *a se*, a "gravitar fantasmagoricamente" em torno do regime legal[44] –, vendo-se forçado a remeter tal insistência (ou a sua subsistência) para uma espécie de *resistência "ideológica"*[45].

---

[43] V. Richard Crasswell, "Against Fuller and Perdue", 2000, pp. 107-111, e "How We Got This Way: Further Thoughts on Fuller and Perdue", *ILS*, *Symposium: Fuller and Perdue*, 2001, artigo 2 (*www.bepress.com/ils/iss1/art2*), *passim*. Em Portugal, Fernando Araújo, "Da tutela negativa da confiança ao 'paradoxo da indemnização'. Uma análise económica dos contratos", in *Estudos em memória do Professor Doutor Marques dos Santos*, Coimbra, Almedina, 2005, pp. 441-592 (556ss., 558, 561).

[44] F. Araújo, "Da tutela negativa da confiança...", *cit.*, p. 558 – parece-nos justamente na explicação de tais regimes, na sua adequação a eles (ou, se se quiser, na explicação de tal pretensa "gravitação fantasmagórica") que consiste a missão da dogmática jurídica, mas contribuindo para a racionalização dessas soluções, para uma adequada delimitação (ou extensão) e para a sua fundamentação valorativa.

[45] F. Araújo, "Da tutela negativa da confiança...", *cit.*, p. 562.

Esta incapacidade de explicar a insistência do direito positivo na atribuição ao credor de uma indemnização que, seja qual for o seu montante (e salvo correcções pontuais, como a que poderá resultar do artigo 494.º) parta da correspondência ao dano de cumprimento (ao interesse no cumprimento ou interesse positivo), que garante ao credor o lucro do negócio, denuncia, a nosso ver, a *limitada percepção do fundamento da solução jurídica* em causa. Como Craswell observou, mesmo quando a abordagem económica possa recomendar a indemnização do interesse positivo como eficiente, trata-se tão-só de mera coincidência, e a categoria do interesse no cumprimento, ou do interesse positivo, não terá desempenhado qualquer papel relevante na fundamentação[46].

Mas, justamente, o direito positivo, ao remeter para o critério da causalidade do prejuízo pelo não cumprimento (artigo 798.º do Código Civil Português) remete também para uma tal indemnização pelo interesse positivo, a qual é aceita em geral na doutrina e na jurisprudência. A ordem jurídica, ao prever a indemnização pelo dano de cumprimento, remete, pois, em geral para um *efeito do negócio* (da promessa, ou do contrato) que não é descrito ou explicado em termos instrumentais, apenas como um esforço de promover a eficiência (o que, porém, também não significa que deva ser explicado em termos meramente formais, podendo servir outros valores substanciais)[47].

Também aqui, o que é visto como juridicamente decisivo não é, pois, o que é relevante para a análise económica do problema.

[46] R. Craswell, "Against Fuller and Perdue", *cit.*, p. 107.

[47] A tentativa de racionalizar em termos instrumentais tal solução, ligando-a com a eficiência do "valor de garantia" do lucro do negócio, não pode deixar de ser entendida justamente como tal – isto é, como mera racionalização, produto de um compromisso com uma explicação em termos instrumentais que precede o compromisso com o Direito, e não se dirige a este último no seu próprio terreno.

O futuro das expectativas: a Teoria do Direito e as formas de constitucionalização da societalidade contemporânea

PAULO ANTONIO ALBUQUERQUE*

Introdução

A dimensão temporal do Direito não pode ser pensada sem outros referências sociais, dentre as quais se situa, ainda que forma um tanto "marginal", a teoria jurídica com sua capacidade de descrever, de forma adequada, a práxis social do Direito. Sendo ele próprio uma forma normativa de lidar com o tempo, parece válido procurar saber em que medida a capacidade do Direito explicar-se, assumida pela teoria jurídica, consegue fazer frente a outras lógicas, inclusive a modismos ou "colonizações", de modo a delimitar-lhe um sentido histórico. O modo como isto acontece depende, sem dúvida, de uma memória (elemento constitutivo do tempo), que registra tanto os "progressos" (no sentido de maior abrangência na defesa de direitos, convivência democrática, desenvolvimento institucional etc) como eventualmente os "retrocessos" ou readaptações incidentes, gerando novas necessidades de síntese explicativa. Assim é que, nas ultimas décadas, ao lado de generalizações de conquistas antes reservadas apenas a algumas comunidades jurídicas (difusão da referência à democracia e aos direitos humanos, surgimento de organizações jurídicas civis de cooperação internacional, criação de tribunais constitu-

* Dr. jur. Universität Münster, LLM. Professor do Programa de Pós-Graduação da Universidade de Fortaleza e da Faculdade de Direito da Universidade Federal do Ceará.

cionais, ampliação retórico-simbólica da constituição como instância de da vida política) a teoria debruçou-se também sobre a recorrência de deficiências institucionais na concretização de direitos, aguçadas pela ação de forças mais poderosas do mercado mundial e em particular prejuízo dos privados de domínio sobre o uso de seu próprio tempo.[1]

Entre a concepção de um futuro que por definição sempre se protrai e as projeções seletivas de um passado no presente, como única medida efetivamente perceptível – como já expressara há séculos o luso-brasileiro Padre Antonio Vieira com sua imagem dos *hemisférios do tempo*[2] – interpõe-se a ficção hermenêutica, de matriz positivista, que concebe a produção de sentido jurídico-normativo como se este fora contínuo e homogêneo, encobrindo, assim, a realidade complexa e descontinua, de que se vale a memória em seu jogo de esquecimento.[3] As formas que uma sociedade cria para lidar com a delimitação do espaço e do tempo, portanto, repercutem no Direito na medida em que sejam capazes de fazer com essas expectativas se generalizem, de modo a que sejam partilhadas por toda a sociedade ou, ao menos, por vastas maiorias dela, sem que isto afaste contradições internas. Neste sentido, o potencial humanizador e libertário do direito convive com as dificuldades práticas do acesso à linguagem e aos procedimentos jurídicos disponíveis.[4]

---

[1] A propósito MESZAROS (2007, p. 239 ss) retoma a crítica capitalista efetuada por Marx , extremamente atual ("o tempo é tudo, o homem não é mais nada; ele é no máximo a carcaça do tempo") para ressaltar a incidibilidade da dimensão individual e coletiva para a construção de uma racionalidade igualitária mais ampla, capaz de planejar a ação produtiva a longo prazo.

[2] VIEIRA (1978, p.13)

[3] No caso particular do Brasil pode-se citar como matriz exemplar a noção já ancestral – que cairia tão ao gosto do positivismo eclético do início da República – de que o país teria um encontro incontornável, no "futuro", com um destino de grandeza previamente anunciado em uma natureza grandiosa e fecunda, que a tudo circundava. Essa forma peculiar de lidar com a delimitação do tempo por vir, que o adia constantemente para um tempo indefinido e sem sujeitos- expressando uma "fé" confiança acima de uma medida racional - foi, exatamente por isto, capaz de conviver tanto com pragmatismos políticos como com um sentido religioso de missão, ambos com vocação "natural" para o autoritarismo.

[4] Autores como NEGRI (2004, p.117) sustentam a opinião radical de que no Estado "pós-moderno" a sociedade caminha, sob a orientação neo-liberal, a passos largos para ser "subsumida" ao Estado, sendo restritas, portanto, as possibilidades libertárias do Direito, disperso entre os "valores caóticos" impostos aos indivíduos.

Os fatores de exclusão social e de incongruência política no funcionamento do estado de direito – parcialmente domesticadas pelo *marketing* político e os meios de comunicação – acentuam as dificuldades dos instrumentos jurídicos de sua contenção, ao passo que só lentamente algumas formas alternativas parecem surgir no horizonte. Do ponto de vista do exame teórico, trata-se de saber em que medida essas relações constitucionais entre Direito, Estado e as sociedades mundiais em interação poderão ser efetivamente descritas com o repertório conceitual disponível, ou se a tendência a uma recorrência de teorias antigas em nova roupagem continua a se fazer presente, em que pese a mudança de nomenclatura.[5] O presente trabalho busca examinar as relações entre teoria do direito e a produção jurídica, notadamente no que se refere ao modo como as organizações ditas civis e inter-estatais contribuem para (re)organizar o exercício de direitos diante das tendências de sua dispersão.

Reorganização constitucional das relações jurídicas internacionais e seus efeitos na ordem jurídica nacional

Em que pese existirem autores que defendem a atualidade de uma ordem estatal internacional e/ou de uma "cidadania internacional" em plena vigência, de fato está-se ainda bastante longe de tal perspectiva, não somente pelas deficiências práticas de gestação de consenso como também pela deficiente institucionalização coercitiva internacional. Da mesma forma como a homogeneidade de expectativas em torno dos chamados direitos humanos ainda deixa bastante a desejar, tampouco as chamadas organizações ditas "espontâneas", fruto da mobilização de movimentos sociais tradicionais, parecem ser capazes de sobrepujar as relações de superioridade econômica e a articulação de grupos hegemônicos – embora tenham contribuído para momentos de contenção das leis do mercado, como se dá na reação ao consumo de produtos elaborados com mão de obra infantil

---

[5] Neste sentido, por exemplo, as correntes ditas "pós-modernas", que tentam desvestir o passado de sua historicidade e com isto proclamam uma lógica invencível de progresso, desprovido de temporalidade e portanto capaz de ser utilizável de forma arbitrária (LUHMANN, 1999, p. 555ss).

e o apoio à produção da artesanal no chamado "terceiro mundo".[6] Neste sentido OST (2005, p. 187 ss) cita os conflitos causados pelas questões climatológicas (emissões de carbono responsáveis pelo "efeito estufa") entre países desenvolvidos e países subdesenvolvidos, estes sofrendo mais imediatamente e com mais intensidade os efeitos provocados pelas atividades industriais daqueles, pelo que é suscitada a questão da responsabilidade em dimensão temporal muito mais urgente do que o direito tradicionalmente foi capaz de lidar – na chamada "responsabilidade-imputação".

Do ponto de vista das mudanças positivas, pode-se constatar como as alterações das relações comerciais, de consumo, transporte, de um lado, assim como a pluralidade formal de cidadanias de algumas comunidades jurídicas, de outro, têm possibilitado a existência de redes de informação entre indivíduos além das fronteiras nacionais. Apoiados pela possibilidade de acesso direto a organizações internacionais, valem-se de uma interposição de direitos em novas categoriais de espaço e tempo, antes tradicionalmente abrigados em estruturas constitucionais nacionais. Surge daí aí a impressão germinal da existência de "estado de direito sem estado" e de direitos individuais que transcendem a própria pessoa, para além dessa mesma deficiência institucional e organizacional do direito, tanto nacional como internacional, em lidar com os novos problemas e insatisfações.

Por outro lado, a convivência jurídica internacional, vista além do modelo tradicional de estados nacionais pactantes, tem sido efetivamente desafiada a lidar com diferenças culturais e os choques causados por mudanças tecnológicas e econômicas, as quais geram reações tantas vezes de desorientação e se expressam em externalização de violência.[7] Pode-se ver aí a possibilidade de reconhecer a

---

[6] Como representante dos que sustentam a tese da existência de uma serie de "constituições civis" mundiais, cite-se TEUBNER, para quem os movimentos em prol de uma *anarquia cibernática* na rede mundial de computadores (Internet) representam os contornos de uma possível "constituição digital"(2007, p.122 ss), baseada não em acumulação de poder e formulação de políticas, mas na liberdade de comunicação e nas ameaças eletrônicas que lhe são subjacentes. Percebe-se assim que o conceito de constituição do autor tem um sentido basicamente reativo, típico dos movimentos de protesto.

[7] HOBBSBWAN (2007, p. 143) demonstra como o aumento da violência contemporânea tem um dos seus componentes a diminuição da capacidade de controle da ordem pública pelo Estado, causada pela menor disposição de obediência dos indivíduos, implicando a coexistência com ilegalidades, de maior ou menor vulto.

criação de um espaço social e temporal de atuação, que se sobrepõe e acentua as dificuldades do Estado nacional de reagir, em face da tensão gerada pelo equilíbrio de múltiplos grupos organizados, pelo que a política tende a especializar-se em mecanismos de adiar decisões ou de simplesmente não decidir; de outro lado, a produção jurídica aparece como "prêt-a-porter" em relação ao uso de argumentos e contra-argumentos, a depender dos interesses em jogo e da atenção – necessariamente seletiva - dos meios de comunicação.

Nesse contexto os projetos de integração jurídico-política internacional em curso – particularmente a experiência da União Europeia – têm sido objeto de várias críticas[8] quanto à restrição aos espaços e abdicação de instrumentos de desenvolvimento nacionais de soberania. BUCKEL (2007, p. 305) repercute essas críticas ao avaliar que a influência neoliberal não somente gera uma tendência à transnacionalização das relações de classe, mas também (aqui apoiando-se em entendimento de Sonja Punscher Riekmann) o favorecimento de uma "técnica da administração de comissariado": em face da precariedade de hegemonia, alguns estamentos burocráticos ganham espaço, ditando a pauta constitucional e política, desviando-se assim de instâncias democráticas de controle. Daí que restem os direitos fundamentais como potencial duplamente útil, tanto para manipulação simbólica da parte de tais elites como para possibilitar um espaço de atuação democrática, de modo a favorecer a arregimentação dos diretamente interessados em sua promoção.

Essa mesma situação serve, portanto, para confirmar a actualidade permanente do estado nacional, como destaca KRAWIETZ (2004) ao referir-se à expressão "glocalização" como síntese desse processo de interação de tendências contrárias (global e local) e mutuamente complementares, em seu efeito de gerar estruturas jurídicas antes desconhecidas. Também MÜLLER assinala o fato de que, tanto quanto

---

[8] Ver o estudo de AVELÃS NUNES (1985) quanto à contradição surgida entre orientação constitucional nacional e imperativos do direito comunitário, particularmente no que se refere à reinterpretação dos princípios e regras fixadas pelo processo constituinte da Constituição da República Portuguesa de 1976. Surgem daí formas de inconstitucionalidade "regressivas", típica de situações que antes eram abrangidas somente pelo chamado direito dos tratados, mas que agora envolvem as próprias categorias formadoras da constituição (como as geradas pela Emenda Constitucional 45 no Brasil).

antes, o estado nacional continua a desempenhar papel imprescindível para a defesa e a ordenação constitucional de direitos.[9] Do ponto de vista da teoria jurídica o autor vê nessa configuração não somente uma oportunidade de combinar o chamado "soft law" com um "hard law"; sustenta mesmo a necessidade de fazê-lo – sem que com isto se possa, de modo algum, depreender a existência de um novo modelo ou paradigma. Vê-se, portanto, que, além do direito atuar como um sistema social que organizar as funções normativas da sociedade e do estado, também envolve processos de administração e contenção dessa produção normativa, dentro de *contextos comunicacionais específicos*, a partir dos quais aqueles ganham significado (KRAWIETZ, 2004, p. 590). Constitui-se assim o direito em estrutura social duplamente condicionada, de modo que para reconhecer o modo como as estruturas constitucionais reagem às solicitações geradas pela societalidade em processo de reorganização, há que não se confundir esses diversos níveis praxiólogicos da produção jurídica, embora sejam eles necessariamente correlacionados.

Formação constitucional inter-regional e comunidades jurídicas

Ao longo da historia constitucional as conquistas de direitos e garantias deveram-se, com frequência, à reação de comunidades e sociedade a fatores de desestabilização social, que ameaçaram o tradicional modo de vida. Assim é que as garantias judiciais inglesas do século XIII surgiram após uma espiral inflacionária inédita (Luhmann, 1999, p. 568), e os direitos civis norte-americanos são incompreensíveis em sua força política nova sem a auto-afirmação, com base no próprio direito inglês, diante da sobrecarga de impostos exigidas pela metrópole;[10] ou, para citar exemplos mais próximos historicamente, o

---

[9] O autor (2001, p. 85) lembra a atuação do estado nacional na intermediação do confronto entre capital e trabalho, assim como no confronto de ideologias, como funções que podem ser reacomodadas contra uma "globalização antidemocrática" .

[10] "American "radicals"actually believed that the Stamp Act reduced Americans to slavery. They resorted to arms in 1775, the Constitutional Congress believed, not to establish new liberties but to defend new ones. In fact, they did establish many new liberties but convinced themselves that those liberties were old. That was an English custom: *marching toward into the future facing backward into the past, while adapting old law to changing values*" (LEVY 2001, p. 2). (grifei)

surgimento do Estado social e seu posterior desmonte em função das necessidades de estratégia de aplicação financeira das empresas, gerando dificuldades ao estado para "domar" os conflitos distributivos e de produção daí emergentes.

Ao ganhar vida própria, o âmbito constitucional de comunicação intervirá, por sua vez, na vida sócio-política: de um lado como fator de coesão, permitindo a acessibilidade aos direitos; de outro, despersonalizando agentes sociais, dependerntes de autorização do saber jurídico hegemônico para serem reconhecidos como tais. Neste processo sinuoso de estabilização de fatores constitucionais o Estado tem papel fundamental, na medida em que seja capaz de tornar funcional a noção de que direitos devam ser respeitados em face dos conflitos que se apresentem. Por outro lado, as comunidades de indivíduos, grupos e associações atuarão na internalização e justificação de tais preceitos, constituem-se no plano onde os conflitos e interesses se expressam de forma mais direta,[11] já que também não serão capazes de esgotar as formas concorrentes, não- intencionais de comunicação jurídica.

Diante da pluralidade jurídica inter-estatal das sociedades contemporâneas, porém, verifica-se não ser suficiente o mero reconhecimento da existência de uma pluralidade de ordens jurídicas, pois mesmo estruturas consolidadas como a do Estado de Direito não são suficientes para dar conta dos tipos de comunidades e associações envolvidas nesse processo, sendo necessário, sobretudo, como nota KRAWIETZ (2004, p.608), identificar estas e integrá-las em suas formas vitais específicas. Essa sensação de precariedade que hoje parece predominar não se dá somente frente às formações constitucionais para-estatais, fruto dos processos de globalização, mas também na dificuldade do direito de integrar e absorver as expectativas de comunidades especificas, em relação a seu estilo de vida e aspirações.[12]

---

[11] Vale anotar a observação de GURVITCH (1972, p. 5) a respeito do "Direito social": "nada impediu mais a forca criativa da ciência do Direito do que a concepção, profundamente enraizada, do caráter individualista do Direito".

[12] Do ponto de vista de diferentes tradições culturais, KRAWIETZ (2004, p. 611, nota 77) cita Eugene Kamenka e Alice Toy; "But the principal theoretical problem in talking about law and social control in modern and post-industrial societies is the problem of seeking to isolate and grasp that *specific* Western conception of law, time – and spacebound as it may be, and seeing in what ways it is being confronted and to some extent overwhelmed by alternative traditions."

Traduz-se no desencontro entre o aparato conceitual-semântico da doutrina do estado de direito democrático frente a situações que desafiam a lógica individualista do sujeito de direito isolado e monádico, indefeso em relação ao poder de corporações, empresas desterritorializadas e, em alguns casos, de uma corrupção estrutural, negadora da efetiva capacidade de mobilização de direitos. Não havendo uma "formula mágica" para equacionar esses conflitos de interesses, somente uma orientação prática em relação às formas jurídicas, que inclua uma visão democrático-igualitária, será capaz de aproximar esse horizonte histórico entre passado e futuro, ampliando as possibilidades do tempo jurídico.

Conclusão: limites (auto) reflexivos da teoria jurídica e dimensão temporal do Direito

Sendo a percepção do tempo não só fenômeno psíquico-emocional, mas sobretudo social, pode-se afirmar que em épocas de mudanças estruturais na sociedade a sua percepção mesma se torna dificultada, sofrendo os meios semânticos de sua descrição limitação e insuficiência. Por outro lado, em situações desse tipo percebe-se como meios sociais dotados de grande consciência auto-explicativa conseguem produzir normativamente compensações que os dotam de grande capacidade de "liderança" em termos de oferta de generalizações sobre os vários problemas da societalidade moderna – assim ocorre não só com a economia, a ciência mas também com o próprio direito.

A história do Direito, vista sob essa prisma, nada mais é que um continuo processo de reinterpretação, oferecida pela aproximação, entrechoque e desconhecimento recíproco dos diversos saberes acerca da constituição. Neste sentido juristas atentos à correlação da práxis como elemento essencial da interpretação jurídica como Krawietz e Müller assinalam as dimensões diferenciadas e complementares entre texto, norma, decisão e regra como distintos momentos que integram o processo de interpretação. Nas palavras de Müller (2003, p. 92):

> *No estado de direito democrático, portanto, a "validade" de uma lei refere-se à pretensão de transferir a legitimação do texto legal normativo para a norma de decisão, de forma plausível e compreensível.*

Em outras palavras: trata-se de produzir informação, capaz de produzir sentido e a ser compreendido como tal – ou seja, processar comunicação de forma ampla. E nesta, como lembra Luhmann (1999, p.226), "cada palavra enunciada suscita um seu sentido contrário". Sendo a comunicação, portanto, um processo sujeito a contínuos equívocos, o seu reforço normativo busca atenuar a forma como esses potenciais possam ser, por assim dizer, "administrados". No caso particular da teoria jurídica, compreendida esta como actividade dirigida à observação do fenômeno jurídico com pretensão de traçar uma coerência explicativa deste, trata-se de tentar influenciar a práxis jurídica em um duplo movimento: descrevendo-a e, ao mesmo tempo, prescrevendo modos de atuação por meio da própria descrição. Desnecessário dizer que esse processo não tem desfecho previsível nem é passível de perfeita condução.

Reforça-se assim a percepção de que não existe coincidência entre a estrutura descritiva dos processos constitucionais e o seu desenvolvimento. Daí que possa haver – e com frequência tem havido, ao longo da relativamente jovem historia constitucional – momentos em que o discurso em torno da constituição segue uma temporalidade à parte, fruto da relativa capacidade de manter-se em formas "dogmáticas"tradicionais, enquanto o desencontro entre explicação e os reais processos normativos não for percebido como tal – ou, por outra, for exercitada com êxito a capacidade de "esquecer". A memória tem porem suas próprias traições, dentre as quais a necessidade de ter sempre de se referir ao tempo, tendo, portanto, freqüentemente de justificar-se, do que resultam novos potenciais. As formas civis-político-constitucionais, contidas pela impossibilidade de completo domínio do passado, fonte das expectativas, continuam a gerar oportunidades para pessimistas e otimistas - sobretudo para estes, constantemente preparados para fazer dos piores resultados o começo de novos e – quem sabe? – melhores.

Referências

Avelãs Nunes, António José: *A garantia das nacionalizações e a delimitação dos sectores público e privado no contexto da constituição portuguesa*, Coimbra, Faculdade de Direito, 1985.

BUCKEL, Sonja: *Subjektivierung und Kohäsion. Zur Rekonstruktion einer materialistischen Theorie des Rechts*, Göttingen, Hubert & Co, 2007.

GURVITCH, Georges: *L´Idée du Droit Social*, Scientia Verlag, 1972 (réimpression de l´édition Paris 1932).

HOBBSBAWN, Eric: *Globalização, democracia e terrorismo*, São Paulo, Cia das Letras, 2007.

KRAWIETZ, Werner: Gemeinschaft und Gesellschaft. Das Tönnies'sche Handlungs- und Forschungsparadigma, in: *RECHTSTHEORIE* Heft 3/4 , Berlin, Dunckler & Hunblot, 2004, p.579-652.

LEVY, Leonard Williams: *Origins of the Bill of Rights*, Yale, University Press, 2001.

LUHMANN, Niklas: *Die Gesellschaft der Gesellschaft*, 2. Aufl., Frankfurt am Main, Suhrkamp, 1999.

MÉSZÁROS, István: *O desafio e o fardo do tempo histórico*, São Paulo, Boitempo, 2007.

MÜLLER, Friedrich: *Demokratie zwischen Staatsrecht und Weltrecht. Nationale, staatlose und globalen Formen menschenrechtsgeschützter Demokratisierung*, Berlin, Duncker & Hunblot, 2003.

NEGRI, Antonio; HARDT, Michael: *O trabalho de Dioniso. Para a crítica ao Estado pós-moderno*, Juiz de Fora, Ed. da UFJF, 2004.

OST, François: *O tempo do direito*, Bauru, Edusc, 2005.

TEUBNER, Gunther: "Globale Zivilverfassungen: Alternativen zur staatszentrierten Verfassungstheorie, in: NEVES, Marcelo; VOIGT, Rüdiger (Hrsg.), *Die Staaten der Weltgesellschaft*, Baden-Baden, Nomos Verlag, 2007, p. 117-146.

VIEIRA, Antonio: *História do futuro*, s.l., Suzano, 1978.

O Giro Económico do Direito ou O Novo e Sofisticado Caminho da Servidão: Para uma Nova Gramática do Direito Democrático no Século XXI

ALEXANDRE MORAIS DA ROSA[1]

1. Quando se indaga pelo «Direito do Futuro» ou mesmo o «Futuro do Direito», duas noções precisam ser marcadas. A primeira é que há sintomática desvalorização do futuro, de todas as formas que não sejam imediatas, a curto prazo, *hic et nunc*. A supremacia do presente talvez seja a demonstração de que o limiar de frustação do sujeito contemporâneo seja cada vez menor, a saber, não aceita esperar pela satisfação pulsional. Ainda mais quando isto significa engajar-se numa luta ideológica. Atualmente prepondera um sujeito que busca satisfação imediata (Charles Melman) e não aceita, na condição de vítima, as limitações de um mundo escasso. A segunda, parafraseando Agostinho Ramalho Marques Neto, quando se fala de Direito, de que Direito se fala? A produção irrestrita de normas jurídicas, produzidas as milhares, todos os dias, impede que qualquer pretensão englobante material se estabeleça, deixando espaço, especialmente fomentado pelo discurso da flexibilidade neoliberal, para instauração de correções hermenêuticas *ad hoc*, condicionadas ao critério do custo/benefício da «eficiência». Esta correção suplementar, como fala Paulo Arantes, vista deste Carl Schimitt e Giorgio Agamben, no âmbito de

---

[1] Pós-Doutor em Direito (Faculdade de Direito de Coimbra e UNISINOS). Doutor em Direito (UFPR). Mestre em Direito (UFSC). Professor do Programa de Mestrado em Direito da UNIVALI (SC). Membro do Núcleo de Direito e Psicanálise da UFPR. Juiz de Direito (SC).

uma «Justiça Econômica», diante da derrogação dos espaços públicos e democráticos de decisão, por atalhos e pedágios institucionalizados, produz uma ciranda de ilícitos tolerados como preço de um sistema baseado em resultados.

2. A magnitude das questões económicas no mundo atual implica no estabelecimento de novas relações entre campos até então complementares. «Direito» e «Economia», como campos autónomos, sempre dialogaram desde seus pressupostos e características, especificamente nos pontos em que havia demanda recíproca. Entretanto, atualmente, a situação se modificou. Não só por demandas mais regulares, mas fundamentalmente porque há uma inescondível proeminência economicista em face do discurso jurídico. Dito directamente: o «Direito» foi transformado em instrumento econômico diante da mundialização do neoliberalismo. Logo, submetido a uma racionalidade diversa, manifestamente «pragmática» de «custos e benefícios» (*pragmatic turn*), capaz de refundar os alicerces do pensamento jurídico, não sem ranhuras democráticas. O discurso manifesto, a saber, o bem-dito, guarda, por definição, um conteúdo latente, maldito. Desvelar o que se apresenta à luz do discurso público parecer ser o desafio da crítica à «Justiça Económica», por suas várias escolas, especialmente porque se fundamentam na matriz teórica «Neoliberal». Todas elas, porém, guardam algumas características gerais que podem ser arroladas: i) proeminência do campo económico sobre o jurídico; ii) manipulação do critério de «Justiça» por «Eficiência»; iii) desprezo pelos Direitos Sociais e pelo Estado Democrático de Direito em nome da flexibilização. Com efeito, as reformas «estruturais», tanto no aspecto «macro», como «micro», estão sendo levadas a efeito de maneira "silenciosa", com pequenos e eficazes acertos que alteram, por derivação, a maneira de produção e aplicação do Direito.

3. Denomina-se Análise Econômica do Direito (AED) o movimento metodológico surgido na Universidade de Chicago no início da década de 60 do século passado, o qual busca aplicar os modelos e teorias da Ciência Econômica na interpretação e aplicação do Direito. O movimento, fortemente influenciado pelo liberalismo econômico, tem como precursores e expoentes os professores Ronald Coase e Richard A. Posner, ambos da Universidade de Chicago, e Guido Calabresi, da Universidade de Yale. *Law and Economics*, contudo,

não é um movimento coeso. Apresenta diversas escolas e orientações. O fator comum é o da implementação de um ponto de vista econômico no trato das questões que eram eminentemente jurídicas. A Análise Econômica do Direito ganhou fôlego na segunda metade do século passado a partir, fundamentalmente, de três fatores: i) a construção de um estatuto teórico específico (Coase, Becker, Calabresi e Posner, dentre outros); ii) proeminência do discurso neoliberal; iii) imbricamento entre as tradições do *civil law* e do *common law*.

4. Esta corrente metodológica adota, além dos princípios do «liberalismo econômico», a idéia de que o objeto da ciência jurídica possui uma estrutura similar ao objeto da ciência econômica e, por isso, pode ser estudado do ponto de vista da teoria económica. Assim, busca transformar o Direito que se encontraria em um estado pré-científico, incapaz de se adaptar a nova realidade mundial, caracterizada pela crise do «Estado de Bem-Estar Social», em uma verdadeira ciência, racional e positiva, mediante a análise e investigação do Direito de acordo com os princípios, categorias e métodos específicos do pensamento econômico. A *Law and Economics* procura analisar estes campos desde duas miradas: i) «positiva»: impacto das normas jurídicas no comportamento dos agentes econômicos, aferidos em face de suas decisões e «bem-estar», cujo critério é económico de «maximização de riqueza»; e, ii) «normativa»: quais as vantagens (ganhos) das normas jurídicas em face do «bem-estar social», cotejando-se as consequências. Dito de outra maneira, partindo da racionalidade individual e do «bem estar social» – maximização de riqueza –, busca responder a dois questionamentos: a) quais os impactos das normas legais no comportamento dos sujeitos e Instituições; e b) quais as melhores normas. A AED, todavia, não pode ser reduzida a um método de interpretação eficiente. Ela é muito mais. Representa uma ruptura no modelo hermenêutico ocidental, tencionando encontrar-se num universo filosoficamente pragmático. Esta mudança da matriz filosófica é o meio pelo qual a lógica causa-efeito é desconsiderada, passando-se a usar o padrão da «eficiência» (Pareto e Kaldor-Hicks). A manipulação é maior se considerada deste o paradigma da Filosofia da Consciência. Já no caso da Filosofia da Linguagem, acolhida de bom grado neste escrito, o que se dá é a percepção de que os significantes são manipulados para se postarem de maneira

diversa, mas vinculados ao significante um: a eficiência, a qual, de seu turno, modifica-se conforme as necessidades do caso. É uma forma de interpretar que parte de escolhas ideológicas pré-dadas, indiscutidas e encantadoras.

5. Ainda que desacreditada no plano teórico sério, por seus pressupostos frágeis, a Análise Econômica do Direito, bem assim os demais movimentos de mesma ordem (p.ex. *Public Choise*), a partir de uma tradução da «racionalidade econômica» para o campo do «Direito», sorrateira e sedutoramente (existe sempre quem precisa ser enganado, já que a fantasia faz parte da realidade como limite Simbólico), procura justificar «cientificamente» a maneira de observar e retificar o jurídico. Resumidamente pode-se dizer que o discurso da «*Law and Economics*» se fundamente em três princípios da «Escola Econômica Neoclássica», a saber. (i) as escolhas são realizadas de maneira racional; (ii) os comportamentos coletivos decorrem dos individuais em face de um pretenso equilíbrio; e (iii) a avaliação destas escolhas de dá pelo critério da «eficiência», verdadeiro câmbio epistemológico. A Constituição do Brasil, anota Jacinto Nelson de Miranda Coutinho, seguindo a indicação de Hayek, procedeu a um câmbio epistemológico, abandonando a relação causa-efeito para engolir a eficiência como parâmetro de atuação, erigida até a princípio constitucional (CR/88, art. 37, *caput*). Essa busca, ou melhor, compulsão por «eficiência», faz com que exista a pretensão de melhoria na qualidade (total) dos processos em nome do consumidor, transformando os Tribunais em objeto de «ISOs», «5ss» e outros mecanismos articulados para dar rapidez às demandas. Anote-se que a «Reforma do Judiciário» foi perigosamente na linha consumidor--eficiência, manipulando-se a «Good Governance». É que confundindo efetividade (fins) com eficiência (meios), grudando falsamente os significantes como sinônimos, na ânsia de melhorar a realidade, muitos atores jurídicos caem na armadilha do discurso neoliberal, ao preço da exclusão (sempre existem vítimas, ecoa Dussel) e da Democracia, por se vilipendiar, necessariamente, os Direitos então Fundamentais, e rebaixados à condição de meros Direitos Patrimoniais.

6. Parece, assim, que tanto em Portugal como no Brasil o Sistema Jurídico é acusado de ser dos principais obstáculos ao crescimento econômico, especificamente pelos custos necessários para o «*con-*

tractual enforcement» e o «*contratual repudiation*», ou seja, de se constituir um obstáculo ao «bem estar do mercado» na ótica neoliberal. O «custo país», entendido como todos os custos acrescidos ao da transação, aponta para a ausência de maior eficiência do Poder Judiciário na garantia dos dogmas (propriedade privada e contrato), já que estes elementos seriam fundamentais para o perfeito funcionamento do mercado. Exige-se, portanto, a revisão das normas legais, dos limites da intervenção do Estado e da própria Constituição. Isto porque as Constituições da segunda metade do século passado são, em regra, compromissórias e voltadas à construção do «Estado do Bem Estar Social» mediante o cumprimento de programas de redistribuição de riqueza, mitigação da pobreza, relativização da propriedade privada (função social, reforma agrária, etc...) e relativização da autonomia da vontade nos contratos (proteção ao consumidor, vedação de cláusulas abusivas, etc...), enfim, busca a garantia dos Direitos Fundamentais. Este indicativo constitucional é apontado como um fator prejudicial, dado que não atrai o capital internacional e, desta forma, implica na estagnação econômica. Em nome do «crescimento econômico», então, na perspectiva de fins, indica-se o receituário neoliberal capaz de tornar o país eficiente. Um alto custo para garantia da propriedade e cumprimento dos contratos torna – dizem – o país menos atrativo (custo/benefício). A batizada luta pela «estabilidade econômica», guindada à condição de «grau zero» (Barthes) implica na manipulação do conceito para que se entenda como uma unidade de desígnios, em nome de todos, apagando as diferenças políticas, sociais e ideológicas. A internacionalização do «mercado sem fronteiras» praticamente obriga uma uniformização judicial dos países, baseada no custo/benefício, para que se tornem competitivos. Este é um dos fatores do imbricamento entre as tradições do *civil law* com o *common law*.

7. Cabe lembrar que o Estado-Nação não surgiu como dado, mas foi construído historicamente, fruto de uma tradição inventada, englobante, a qual para se constituir teve que oprimir tradições locais antecedentes. Nunca foi uma homogeneidade cultural, mas antes a acomodação de sujeitos em nome de uma identidade nacional patriótica. Limita, por assim dizer, o interno do externo. Com o rompimento das barreiras comerciais esta fronteira resta flexibilizada simbolica-

mente, sem que, todavia, desapareça, aponta Rui Cunha Martins. O rompimento com a noção de Estado-Nação implica numa nova relação entre o colonizador e o colonizado. Isto porque não se trata mais da proeminência de um Estado-Nação sobre outro, mas do deslocamento deste lugar para as formas motrizes do mercado e suas agências (Conglomerados, Bancos, Multinacionais, Agências Internacionais, ONG's, etc...) as quais se valem dos «Aparelhos Ideológicos do Mercado» para manter a situação de opressão, naturalizada. Uma metrópole sem rosto, nem etnia, representada pelo capital flutuante. Os Estados acabam sendo engolidos por dirigismos de Blocos Económicos, limitando a iniciativa de um antigo dito Estado Soberano, o qual está inserido numa trama discursiva da qual não consegue articular/modificar o enredo. Passa a ser um personagem de certa importância na trama, sem que, todavia, tenha o papel de protagonista. A realidade entendida como limite Simbólico se submete ao triunfo da narrativa provida de muitas máscaras.

8. Partindo-se do mercado como Instituição necessária, mas não suficiente, o pensamento neoliberal reconhece a necessidade da manutenção do Estado, como uma ferramenta de conserto. Não como um agente econômico dirigente, mas garantidor reformado da Instituição maior: o «mercado». Assim, desde este ponto de vista, há um caráter de dupla face do Sistema Jurídico. A sua função é a de reduzir os «ruídos/externalidades» capazes de impedir um utópico «custo zero» de transação. A intervenção do Estado somente é convocada como último recurso. Nesta perspectiva o Estado é reduzido em suas atividades, isto é, passa a ser um «Estado Mínimo», permanentemente fixado para além das fronteiras do mercado. O Estado fica, pois, no «banco de reservas» sendo convocado a participar do jogo do mercado sempre que houver necessidade da redução/exclusão de ruídos internos em que a força, desde antes legitimada pelo Estado, possa se justificar; fica em posição de espera. A proeminência é a de mecanismos próprios do mercado e/ou privilegiando-se meios privados de resolução de conflitos (ADRs). Conseqüência disto é a redução das possibilidades de intervenções estatais, sob o fundamento de que os próprios sujeitos – donos do direito de liberdade inalienável – possam buscar por si e no ambiente do mercado, as melhores escolhas. Entendendo-se a Jurisdição "*como se contrato*

fosse", os «custos da transação» expressos pelos custos globais da Justiça (custas judiciais, advogados, tempo investido, etc...) tornam, de regra, a resolução judicial ineficiente do ponto de vista económico. O princípio unificador do Sistema é o vazio absoluto do mercado. Não pode o Estado procurar intervir no funcionamento natural do mercado para o efeito de conferir direitos (sociais), na trilha de uma «Justiça Social». Nesta lógica, o neoliberalismo coloca a «liberdade» e a «propriedade» como dogmas, os quais, mediante as valiosas trocas que o mercado pode fomentar, seriam os únicos elementos capazes de justificar uma Teoria da Justiça Liberal qualquer, da moda.

9. Os significantes manipulados pelo discurso promovem efeitos anestesiantes no campo da política, já que inexiste um debate público sério sobre o campo econômico, cujas dimensões planetárias e soterramento da categoria Estado implica na sua «naturalização». A direita ultra-conservadora se junta, paradoxalmente, à esquerda – na ânsia de lutar contra o Estado e suas vicissitudes, promovendo uma inserção desregulamentadora de planos opostos. Ambos os lados, com motivações diversas, confluem para uma posição em que a economia resta intocada, mantida como lugar não politizado, cujo grande é o Governo Lula no Brasil. Claro que as finalidades do Estado são diversas. Para a direita significa sua retirada de políticas públicas sociais, enquanto a esquerda discursa em nome de sua implementação. Todavia, ambos os lados aceitam a estabilidade econômica mundial como o modelo universal a se adequar. Esta aceitação cobra um preço *a posteriori*, dado que com ela, impossível o projeto de esquerda. Logo, sua posição quanto à economia a torna um coadjuvante alienada do projeto neoliberal. Enfim, o projeto neoliberal coloca a esquerda em um lugar em que as reivindicações podem ser feitas e até eventualmente satisfeitas dentro dos limites do Mercado, eficiente. A despolitização econômica do Direito implica, pois, em se suspender as possibilidades de resistência, uma vez que enquanto o mecanismo econômico mantêm-se excluído das possibilidades de alteração, as opções são falsas. Performáticas.

10. Talvez seja por aí a possibilidade de uma resistência minimamente coesa. A dominação ideológica promove a assimilação da crítica dentro de sua estrutura e um ato que possa romper com este estado de coisas somente se dá mediante um ato de excluído.

É preciso se sacar da estrutura para se dizer não parte, deixando a condição de coadjuvante (Habermas), para desde a exceção, enunciar – e fazer ouvir – um discurso capaz de fazer frente ao modelo hegemônico. Deslocar a trama conceitual do discurso para um lugar de resistência. É que a estrututa ideológica se articula nos moldes de uma «religião», com sua doutrina (teórica de mercado), crença (em sujeitos individuais) e ritual (eleições, mercado, imprensa livre, circulação de mercadorias), tomados a partir de um sujeito de cuja mirada é (seria) a de «livre», com direito a escolhas racionais, todavia, manipuladas. A moldura do quadro das possíveis decisões restam fixados por critérios econômicos que retiram a grande parte das possibilidades de implementação do «Estado Democrático de Direito» (Ferrajoli). A despolitização se espraia no discurso manifesto para as agências de controle social: polícia, judiciário e economia, dentre outras. Mas é no discurso latente que encontram a sua perfeita operacionalidade ideológica. A técnica é reificada pelo discurso das ciências económicas, mediante a estipulação de acordos entre tecnocratas supostamente esclarecidos, como se verifica no caso das Agências Reguladoras. A grande estratégia da «Justiça Econômica» é a de deslocar o critério de validade do Direito do plano normativo para o económico, a saber, ainda que as normas jurídicas indiquem para um sentido, o condicionante econômico rouba a cena e intervém como fator decisivo. Em resumo, a pretensão de um sistema legal ótimo é o que se apresenta por leis claras e eficazes, tuteladoras da propriedade e dos contratos, tornando, assim, uma peça chave para o crescimento econômico de longo prazo, conforme as regras do neoliberalismo sofisticado da AED. É preciso, de uma vez por todas, discutir e cambiar, pois, o critério.

11. Realizado este percurso teórico cabe demonstrar como o discurso manifesto da «maximização da riqueza» contracena com efeitos a se desvelar no discurso latente, enfim, na retirada das máscaras do lugar em que o discurso da *Law and Economics* se estabelece. Este lugar é trazido como científico, neutro, a-histórico e desprovido de fundamento ideológico. Apresenta-se como a única via adequada para realinhar o Sistema Judicial às necessidades de uma economia globalizada. Cobra, todavia, um preço caro ao deixar à margem do modelo quem não consegue consumir e, ademais, não se preocupa

com os sujeitos, dado que estão todos objetivados na figura do «*homo economicus*», destituídos de seu lugar de enunciação e tranformados em (meros) consumidores de enunciados. A redução do sujeito promovida pela AED o transforma em mero indivíduo sujeito a incentivos, recompensas e sanções, pelas quais reage buscando, sempre e sempre, a «felicidade». Aliás, a «felicidade» movimenta o imaginário social desde sempre, numa busca infinita e impossível, mostrada actualmente como comprável pelo discurso do consumo que, todavia, sempre falha, bem sabem os psicanalistas. O encurtamento subjetivo do sujeito/racional é o mecanismo simplificador que autoriza as conclusões económicas, a saber, a sua simplicidade é o meio de se obter generalizações. Entretanto, o desejo não se conforma a uma lógica racional do custo benefício. Definitivamente sabe quem deu uma breve olhada em Freud.

12. Este dito procurou dar uma resposta ao discurso aparentemente despolitizado da *Law and Economics*, o qual constrói imaginariamente, diz Aroso Linhares, um "edifício que culmina na trindade exemplar da 'estabilidade política', 'prosperidade económica' e 'felicidade individual'." Com efeito, o discurso neoliberal promove a aparente neutralização da ordem econômica, via discurso único, baseado no desenvolvimento econômico, devidamente acoplado pelos pressupostos espistemologicamente frágeis da *Law and Economics*. Pode-se dizer que há uma astúcia neoliberal na colocação dos problemas e nas soluções adrede articuladas e mostradas como "*o novo caminho, da servidão*". Daí é que com Zizek é preciso reinventar o espaço jurídico-econômico-político suspendendo a compreensão de neutralidade que alimenta os discursos naturalizados, confrontando-os diretamente com seu fundamento ideológico. Não há uma posição neutra, dado que esta escolha já é implicada ideologicamente. Pelo mecanismo de mudança da palavra a ser colocada no princípio da interpretação modificam-se os resultados, mediante efeitos dissimuladores. O estabelecimento de um princípio formal, mito-lógico está na base do raciocínio jurídico, no caso a «maximização de riqueza»; é ele quem pode fixar um critério unificador do sistema jurídico. Daí em diante, a cadeia de significantes é colmatada pelos doutos, arregimentados pelo poder, fazendo a lei falar.

13. Neste campo de reflexibilidade extremada, os sujeitos se apressam em cumprir as normas gerais e abstratas da melhor maneira possível, sob o medo de serem acusados de ineficientes. Mesmo sem uma indicação precisa de como se comportar, porque as normas são gerais, a compulsão por cumprir as ordens se manifesta. Esta estratégia abstrata de indicativos implícitos em normas gerais confere ao modelo neoliberal a possibilidade de repudiar, de negar, as «externalidades» verificadas ao depois, culpando-se, não raro, um dos sujeitos implementadores das normas por má-compreensão ou apressamento. Enfim, o modelo não é explícito, e é aí que reside sua eficiência. Sem uma autoridade central, o poder circula pelas redes de informação, dando azo à sensação de que inexiste um modelo compartilhado de actuação. Anote-se que a teoria hermenêutica sempre se focou no registro «semântico» e, depois, no «pragmático», a saber, dos contextos em que o sentido é atribuído. Entretanto, desde a «viragem linguística», o grande salto de sofisticação precisa ser dado justamente na categoria sujeito. O sujeito não adentra ao mundo como espectador, dada a impossibilidade lógica, pois já está inserido na unidimensão da linguagem. Superada a concepção ontológica da linguagem é nela que se realiza a condição de possibilidade do discurso. Constitui-se num lugar lógico de articulação da linguagem, tanto de origem como de destinatário de significantes. O sujeito enuncia desde um lugar estrutural situado entre significantes. A «tradição» como critério de sentido condiciona/limita as pré-noções selecionadas para o encadeamento de significantes que irão se manifestar na norma, bem aponta Lenio Streck, precursor na nova conformação da teoria da «resposta certa». Em resumo: a fusão de horizontes é condicionada pela tradição simbólica compartilhada, sem que o econômico seja o único critério decisório, mas numa relação dialética, para a qual poderão contribuir, sem a proeminência absoluta do critério custo/benefício.

14. Não se pode pedir ao «mercado» e suas agências, dentre elas o Poder Judiciário, mais do que ele pode dar. Esta afirmação de Avelãs Nunes longe de se constituir num conformismo, pretende convidar para uma reflexão sobre as novas relações entre «Economia» e «Direito». Não se trata, evidente, de um diálogo de fontes, mas de uma posição contrária ao submetimento do Direito à «ordem» naturalizada do Mercado: sem regras, nem lei. O discurso de que o

mercado é um lugar formal e, por isso, desprovido de (in)justiça, palco do desenvolvimento natural em que as forças incidentes, de maneira soberana e autônoma é capaz de acomodar o conflito de interesses, vai de encontro a este ensaio que procurou justamente demonstrar o contrário. De qualquer forma, a ruptura com a farsa neoliberal da «democracia para todos» é mais do que urgente, com o risco de ser, paradoxalmente, acusado de totalitário. De fato, parece que uma das saídas é realizar verdadeiros atos de resistência engajada, promovendo, assim, uma revisão das coordenadas simbólicas. Não para se colocar num lugar de alternatividade, uma vez que o sistema do capital precisa da diferença para se estabelecer, ou seja, não se pode aceitar as regras do jogo, sob pena de relegitimar a estrutura que, paradoxalmente, busca-se combater. O efeito performático da liberdade de expressão aglutina e legitima, em nome da maioria manipulada, as decisões desde antes tomadas. Daí o equívoco de Habermas. Talvez seja o caso de usar a estratégia da «superidentificação», ou seja, explorar as formas simbólicas até o limite da exaustão e demonstrar que elas são falsas, desde a enunciação. Enfim, negar-se a consumir os significantes produzidos para relegitimar a estrutura, muitas vezes, negando-se ao debate.

15. Um exemplo disto se dá com o significante da moda: «Boa Governança». Denunciada há muito, dentre outros, por Pierre Boudieu, "'Gouvernance' é um dos numerosos neologismos que produzidos por think tanks e outros círculos tecnocráticos e veiculados por jornalistas e os 'intelectuais' da moda, contribuem para a 'mundialização' da linguagem e dos cérebros." Na gramática jurídica, *Boa Governança* já está dada. As escolhas apresentadas pelo discurso da AED são falsas escolhas justamente por domesticar o significante. Ainda que se construa, como de fato há, discursos que procuram dar um cariz democrático, no senso comum teórico econômico jurídico a batalha está, de largada, perdida. Há contaminação metonímica do que contém pelo conteúdo. O seu efeito operativo ideológico é traçado desde antes e não adianta buscar ressignificar as possibilidades hermenêuticas, justamente porque o espaço enunciativo está solidificado pelo saber econômico. Nestas discussões deve-se criar novos significantes transversais, de outra ordem, ousando. Buscar um sentido diverso é cair na armadilha ideológica e compartilhar os resultados,

mesmo que em posição de minoria. Zizek afirma sempre que "*nada é o que parece ser.*" O sentido da "recusa" deve se dar por um ato: negar-se a ressignificar os mesmos significantes que o discurso neoliberal apresenta, ou seja, um ato de resistência, de fato, não pode dialogar sobre «Eficiência», «Boa Governança», dentre outros termos, porque independentemente do trabalho crítico, a mundialização do significante encontra na mídia *delivery* um adversário intransponível. Assim é que a verdadeira recusa se dá por dois momentos. Primeiro denunciar a arbitrariedade do significante e por Segundo criar novos significantes. O discurso crítico precisa ousar, também, nos neologismos.

16. Por fim, negar-se a participar das pseudo-manifestações de resistência, dos diálogos performáticos, enfim, de toda a gama de simulacros democráticos inseridos no campo do discurso social atual parece ser a posição adequada. O engajamento precisa estar na contra-mão do discurso do «politicamente correto» para se postar num lugar de certa intolerância discursiva, a saber, de negativa ao debate pela ausência de um espaço compartilhado em face do critério acolhido por cada um dos envolvidos. Dito de outra maneira: a única questão a se dialogar é o critério do sistema, dado que o restante da cadeia de significantes está condicionado à escolha primeva. Este pode ser, efetivamente, um ato de engajamento e resistência. É claro que esta posição pode ser adjetivada de sectária ou mesmo dogmática. Contudo, não se pode permanecer num espaço reflexivo brando, devendo-se atuar comprometidamente, sem aceitar as coordenadas em que o discurso se estabelece. Talvez mediante a reconstrução do Estado Democrático de Direito, baseado nos «Direitos Fundamentais» no limite de uma eficácia simbólica, mas sem o universalismo de satisfação (histérica) do «Estado Social». Este o sentido da recusa ao sofisticado Novo Caminho da Servidão. Roland Barthes disse certa vez que "é preciso saber perceber até que ponto se foi utilizado, eventualmente, pelo poder. E então, se nossa sinceridade ou nossa necessidade foram servilizadas ou manipuladas, penso que é absolutamente preciso ter a coragem de abjurar." Propõe-se, assim, a fundação de uma Nova Gramática do Direito no Século XXI.

O necessário e indispensável comportamento vigilante sobre o Direito do futuro: a triste proposta do projeto de Lei que cria o Estatuto da Pessoa com Deficiência.

LUIZ ALBERTO DAVID ARAUJO[1]

I. Introdução

A primeira palavra para a introdução desse pequeno trabalho é de que os institutos originalmente previstos na Constituição Federal de 1.988 devem ser aperfeiçoados e detalhados por uma legislação ordinária e progressista. Da fundação constitucional de 1.988, retiramos diversos comandos que são necessários e fundamentais para a orientação e direção da legislação integrativa do texto. Em diversos setores, leis complementares, leis ordinárias, decretos legislativos trataram de complementar os comandos determinados pela Lei Maior. E assim vem sendo realizada a tarefa constitucional que seguirá os objetivos fundamentais previstos no seu artigo terceiro. Há uma clara idéia de não permissão de retrocesso, especialmente em garantia de direitos fundamentais. Muitas vezes, no entanto, sob o pretexto da complementação ou do aperfeiçoamento, podem surgir algumas armadilhas para o constituinte originário, que já teve a sua tarefa

---

[1] O autor é Professor Titular de Direito Constitucional da Faculdade de Direito da Pontifícia Universidade Católica de São Paulo, onde leciona nos cursos de Graduação e Pós-Graduação, sendo também Professor e Coordenador do Programa da Pós-Graduação da Instituição Toledo de Ensino-ITE, de Bauru, Estado de São Paulo. É Mestre, Doutor e Livre-Docente em Direito Constitucional.

complementada e, por força de uma nova idéia ou de uma nova forma, encontra um retrocesso na garantia que já se efetivou. O trabalho pretende revelar, sob a ótica da proteção das pessoas portadoras de deficiência[2], como a legislação futura que se pretende implantar no Brasil pode ser lesiva aos interesses desse grupo, travestida de nomes pomposos e formalmente aglutinadores de direitos. Portanto, a proposta do trabalho é de atenção e vigilância, para que não sejamos iludidos pelo tom moderno da nova legislação, deixando os princípios constitucionais e objetivos consagrados de lado, em homenagem a um moderno que, muitas vezes, é ilusório.

II. **O quadro de proteção constitucional antes de 1.988**

No ano de 1978, foi promulgada a Emenda Constitucional n. 12, que trazia o direito das pessoas portadoras de deficiência, tratado de forma específica, em espaço próprio. Foi o primeiro conjunto legislativo que tratou de trazer um comando claro e inequívoco para a tutela desse grupo de pessoas. A expressão utilizada ainda era "deficiente", depois alterada pelo diploma atual para "pessoa portadora de deficiência" e, como vimos na nota de rodapé n. 2, na atualidade, a melhor expressão seria "pessoa com deficiência".

A Emenda Constitucional n. 12, que não foi incorporada ao texto, permanecendo, pela sua peculiaridade, ao seu final, trazia o direito assegurado à eliminação do preconceito, o direito ao acesso, o direito à saúde.

No inciso quarto, de seu único artigo, trazia o seguinte comando:

"IV. possibilidade de acesso a edifícios e logradouros públicos."

Muito se discutiu sobre a eficácia do dispositivo e sobre os efeitos que dele seriam retirados. O dispositivo permitiu, por exemplo,

---

[2] Estamos utilizando a expressão "pessoa portadora de deficiência" por ser o termo lavrado na Constituição de 1.988, reconhecendo que a terminologia adequada, para o momento atual, seria "pessoa com deficiência", porque – como afirmam os críticos da expressão constitucional, ninguém porta, carrega uma deficiência como se fosse um transportador de tal problema. No entanto, apesar de tal reconhecimento, para nos mantermos fiéis ao texto originário (mesmo reconhecendo que a legislação atual e a tendência nos levam à utilização mais recente), vamos manter, nesse texto, a expressão constitucional assegurada, ou seja, "pessoa portadora de deficiência."

que três pessoas portadoras de deficiência ajuizassem uma medida judicial contra o Metrô de São Paulo, obtendo o direito de construção de rampas. O fundamento do pleito foi constitucional: direito ao acesso às estações do Metrô de São Paulo. O Poder Judiciário entendeu que se tratava de direito que poderia ser recolhido de imediato, especialmente, porque o projeto de engenharia do Metrô, em sua ampliação, havia desatendido o comando constitucional de garantir o acesso. A ação visava à construção de rampas para as estações construídas após a Emenda Constitucional n. 12, ou seja, tudo o que fosse construído após 17 de outubro de 1.978, deveria ter acesso às pessoas portadoras de deficiência. O ato que aprovou a ampliação do Metrô deveria ter considerado a regra constitucional, que garantia o acesso a edifícios e logradouros públicos. Portanto, os três autores teriam direito à construção das rampas. A decisão foi confirmada pelo Tribunal de Justiça de São Paulo[3].

Como a norma produziu todos os seus efeitos de imediato, não houve qualquer legislação infraconstitucional que viesse a completá-la. Não havia necessidade de qualquer complementação legislativa. E, entre 1.978 e 1.988, essa foi a regra vigente.[4]

III. **A proteção na Constituição Federal de 1.988**

O texto constitucional de 1.988 preferiu não seguir o modelo da Emenda Constitucional n. 12, que cuidava do tema de forma concentrada em espaço próprio e distinto. O texto atual traz os direitos das pessoas portadoras de deficiência espalhados e coloca o tema em seus espaços temáticos, ou seja, cuida da pessoa portadora de deficiência quando cuida de determinado tema. Quando cuida do direito ao

---

[3] Autores: José Carlos Barbosa dos Santos, Raimundo Maurício Batista e Vanda Maria Araujo. Réu: Companhia do Metropolitano de São Paulo. N. processo: 835/87. Vara: 2ª Vara da Fazenda Pública. Data ajuizamento: 06 de novembro de 1987. Apelação n.: 189.449.5/7-00.

[4] Infelizmente, o Ministério Público e todos os possíveis interessados não cuidaram de dar publicidade a tal medida, com requerimentos assemelhados, o que aumentaria a efetividade da norma e sua aplicação. Tanto que, em 1.988, o sistema mudou.

trabalho, garante à igualdade de admissão ao emprego, sem qualquer discriminação; quando cuida da saúde, protege o direito ao tratamento; quando cuida da infância e da juventude, protege especificamente o grupo, garantindo direitos próprios à criança e ao adolescente; quando trata da acessibilidade, cuida do tema de maneira detalhada, garantindo acesso a logradouros públicos e transporte urbano. Enfim, a Constituição de 1.988 cuidou de proteger a pessoa portadora de deficiência, quer garantindo vagas reservadas em concursos para cargos e empregos públicos (igualdade material), quer garantindo que a quebra da igualdade não ocorreria, salvo por motivo de incapacidade para o desempenho da função (igualdade material), impedindo que houvesse barreiras para o acesso ao trabalho ou ao concurso, se estivessem presentes condições para desempenho da função. Melhor dizendo, se a deficiência impedisse de desenvolver a atividade em tela, inegável que houvesse o obstáculo. No entanto, se a deficiência não impede o exercício da função, inegável o direito ao emprego ou ao cargo público. Não se pode imaginar – e isso é cediço – que a proteção possa chegar a ponto de garantir o direito ao trabalho em uma função que a deficiência impeça sua atividade regular. No entanto, desde que haja compatibilidade entre a função a ser exercida e a capacidade do indivíduo, toda a interpretação deve ser feita para permitir o ingresso no serviço ou emprego público. O poder público, portanto, tem o dever de tentar receber a pessoa portadora de deficiência (dever de incluir, objetivo do artigo terceiro da Constituição Federal), mesmo em caso de dúvida. E, para tanto, deve se servir do estágio probatório, que é o espaço reservado para a verificação da capacidade em caso de dúvida se a pessoa está habilitada ou não.

Diferentemente, no entanto, da proteção assegurada pelo Constituição anterior, pela Emenda Constitucional n. 12, de 1.978, o texto traz direitos espalhados, mas que permitem uma definição clara, revelando que o sistema foi cuidadoso e protetivo com o tema das pessoas portadoras de deficiência. Apesar de não haver um capítulo próprio, os direitos foram assegurados. No entanto, quando se trata de acessibilidade (artigo 227, parágrafo segundo e 244) ou de salário mínimo assistencial (artigo 203, inciso V da Constituição Federal), a Constituição deferiu à lei a sua complementação e permitiu que a norma ordinária viesse a efetivar o direito, concretizando-o. Foi assim quando decidiu o Supremo Tribunal Federal, que entendeu que o benefício do artigo 203, inciso V, seria aquele fixado em lei, independentemente de qualquer vetor fixado pela Constituição.[5] É verdade que em relação à acessibilidade, houve retrocesso, pois havia garantia de implementação do direito de imediato a partir da Emenda constitucional. E, em relação a 1.988, havia previsão de lei que, como veremos, não foi elaborada de imediato (aliás, pelo contrário).

De alguma forma, os direitos foram se concretizando. O princípio da igualdade foi imediatamente aplicado, impedindo qualquer discriminação na contratação, nas relações privadas, sempre tomando como parâmetro a capacidade de cada indivíduo para as tarefas desempenhadas. Também foi implementada a regra da reserva de cargos e empregos públicos, fazendo constar em editais de concursos públicos vagas reservadas para pessoas portadoras de deficiência.

Muitas normas infraconstitucionais foram elaboradas para a efetivação dos direitos anunciados no texto constitucional de 1.988.

IV. **A legislação infra-constitucional pós 1.988**

Houve uma grande quantidade de normas cuidando dos direitos das pessoas portadoras de deficiência. Podemos comprovar tal avanço legislativo, na busca da efetivação constitucional, com um grande número de leis ordinárias, decretos legislativos, que colaboraram para delinear o quadro atual da proteção. De uma Convenção Internacional, devidamente ratificada pelo Congresso e promulgada pelo Presidente da República, passando por leis ordinárias, que foram regulamentadas, pouco a pouco, o texto constitucional foi cumprindo o seu papel. A velocidade, no entanto, não era a ideal.

No campo, por exemplo, da implementação do salário mínimo assistencial, previsto no artigo 203, inciso V, houve a lei 8742-93.; em relação às vagas reservadas, previstas no artigo 37, inciso VIII, surgiu a lei 8112-90; em relação à entrega da tutela da defesa também

[5] Esse tema já foi objeto de outro trabalho que teve publicação no livro *Diálogos Constitucionais: Brasil/Portugal*, organização de Antônio José Avelãs Nunes e Jacinto Nelson de Miranda Coutinho, Renovar, Rio de Janeiro, 2004, in "A jurisprudência na proteção das minorias: dois casos diferentes", p. 373-385.

ao Ministério Público, podemos mencionar a lei 7853-89, que deferiu papel importante ao Ministério Público na defesa dos direitos das pessoas portadoras de deficiência; para combater a eliminação do preconceito, a própria Lei 7853-89 cuidou de criminalizar ações que se chocavam com a tolerância prevista no texto constitucional. Ainda para eliminação do preconceito e discriminação, o Brasil subscreveu a Convenção da Guatemala (Convenção Interamericana para eliminação de todas as formas de discriminação contra as pessoas portadoras de deficiência) e, o Decreto Legislativo n. 198, de 13-6-2001 cuidou de aproveitar, no plano interno, referida Convenção (promulgada pelo Decreto n. 3956, de 8-10-2001). E, no campo da acessibilidade, a Constituição tratou de garantir acesso, no parágrafo segundo, do artigo 227, às pessoas portadoras de deficiência a logradouros e edifícios de uso público e de fabricação de veículos de transporte coletivo, a fim de garantir acesso adequado às pessoas portadoras de deficiência. Quanto aos bens já existentes, nas Disposições Constitucionais Gerais, tratou de determinar que a lei pudesse atuar para a adaptação dos bens já existentes, assim determinando, no artigo 244. "A lei disporá sobre a adaptação dos logradouros, dos edifícios de uso público e dos veículos de transporte coletivo atualmente existentes a fim de garantir acesso adequado às pessoas portadoras de deficiência, conforme o disposto no artigo 227". Desta forma, verificamos que a Constituição Federal, no parágrafo segundo, do artigo 227 e no artigo 244, cuidou de determinar que a lei garantisse o acesso ao grupo em comento. Vamos recordar que a Constituição anterior, em sua Emenda Constitucional n. 12, já tinha garantido o direito ao acesso de forma plena, sem qualquer necessidade de norma intermediária. O texto atual exige "lei". Tanto para os imóveis e veículos que vierem a ser construídos, como aqueles que já existem, conforme se verifica do dispositivo no artigo 244 da Lei Maior. Portanto, a lei é necessária par ao exercício de tal direito. Houve, como já visto, evidente retrocesso em relação ao texto anterior.

V. **A necessidade da acessibilidade como direito instrumental**

Não se pode falar em uma hierarquia dentre os direitos da pessoa portadora de deficiência. O cumprimento de qualquer dos direitos, desde o direito à habilitação ou à reabilitação, o direito à saúde, o direito à igualdade, o direito à não discriminação, o direito às vagas reservadas, todos eles tem relevância e são de grande importância dentro do conjunto de direitos assegurados pela sociedade brasileira a esse grupo.

No entanto, quando se fala de acessibilidade, a questão deve ser vista sob uma ótica distinta. Não estamos falando de um direito qualquer. A acessibilidade assume a feição de um direito instrumental, necessário para que a pessoa portadora de deficiência possa gozar de outros direitos. Exemplos simples nos levam à conclusão imediata: como ter garantido o direito ao trabalho sem a garantia de que é possível chegar, de forma independente, ao posto de trabalho? Como é possível garantir-se a educação, se não há transporte à escola? Ou, mesmo que haja transporte à escola, ela não está instalada num imóvel adaptado? Ou ainda que o professor não saiba se comunicar em linguagem de libras, por exemplo? Como se pode imaginar que uma pessoa portadora de deficiência visual caminhe sem um piso que lhe dê direções adequadas? Como se pode imaginar um cadeirante andando por uma calçada (passeio) sem acesso e rampas. E as rampas devem respeitar regras próprias e não serem rampas estipuladas de acordo com a idéia do proprietário. São inúmeros os obstáculos urbanos que ainda vemos. Basta que tomemos exemplos quotidianos e muito frequentes, infelizmente. As calçadas são feitas, muitas vezes, de blocos de concreto, com grama nos intervalos, de forma que fiquem bonitos e vistosos. A grama, cobrindo a brecha deixada pelo intervalo dos blocos, dá um toque bonito ao passeio. Imaginem a dificuldade de se passar com uma cadeira de rodas sobre tal calçada. Ou mesmo as gôndolas que são instaladas nos passeios para recolher o lixo da casa, impedindo a passagem da cadeira de rodas. Tudo sem falar nos ônibus, que não tem plataforma para receber e fazer adentrar uma cadeira de rodas. Como um cadeirante pode entrar num ônibus lotado[6], na hora da saída do trabalho?

---

[6] Os colegas portugueses que participam desse seminário não conseguem ter idéia do que é um coletivo em São Paulo, por exemplo, às 18,30 horas. Há gente pendurada na porta, esperando que sobre um lugar para que possa entrar no ônibus (no entanto, o veículo já está em movimento e caminha regularmente – ou irregularmente, melhor dizendo).

A questão não para por aí. Os alarmes de segurança dos hotéis devem ter sinais próprios para os surdos, de maneira que garantam a sua segurança.

Enfim, a acessibilidade se constitui em importante direito, porque, a partir dele, pode-se exercer o direito de votar, o direito de ser votado, o direito de trabalhar, o direito de estudar, o direito ao lazer, todos direitos garantidos às pessoas portadoras de deficiência.

VI. As leis de acessibilidade ou a integração do direito instrumental: o direito de ir e vir e o direito fundamental para a pessoa portadora de deficiência

Inegável o caráter de fundamentalidade do direito de acesso para as pessoas portadoras de deficiência. Portanto, o direito à acessibilidade vai se constituir em um conjunto de medidas necessárias e indispensáveis a esse grupo de pessoas e funciona como um direito instrumental. Dentro dessa necessidade e dentro da determinação constitucional, foram elaboradas leis ordinárias que cuidaram do tema, garantindo o acesso a edifícios e logradouros públicos. A lei 10.098, de 19 de dezembro de 2000 garante o acesso e define uma série de situações para a garantia das pessoas portadoras de deficiência e sua acessibilidade. O artigo primeiro da lei deixa claro o seu escopo:

> "Art. 1º – Esta lei estabelece normas gerais e critérios básicos para a promoção da acessibilidade das pessoas portadoras de deficiência ou com mobilidade reduzida, mediante a supressão de barreiras e de obstáculos nas vias e espaços públicos, no mobiliário urbano, na construção e reforma de edifícios e nos meios de transporte e comunicação."

No parágrafo único, do artigo 23, da referida Lei n. 10.098-00, há fixação clara de prazo para cumprimento das adaptações previstas na lei.

> "Art. 23 – A Administração Pública federal direta e indireta destinará, anualmente, dotação orçamentária para as adaptações, eliminações e supressões de barreiras arquitetônicas existentes nos edifícios de uso público de sua propriedade e naqueles que estejam sob sua administração ou uso.

Parágrafo único – A implementação das adaptações, eliminações e supressões de barreiras arquitetônicas referidas no caput deste artigo deverá ser iniciada a partir do primeiro ano de vigência desta Lei."

Como a lei foi publicada em 20 de dezembro de 2000, a partir de 21 de dezembro de 2001 as implementações já deveriam ter início, com a dotação orçamentária prevista no artigo 23.

Em 2004 (quatro anos após a edição da lei!), foi regulamentada pelo Poder Executivo. O decreto recebeu o n. 5.296, de 2 de dezembro de 2004. Pelo referido decreto, havia prazos diferentes para cumprimento das obrigações de adaptação e respeito às novas posturas nas construções. Por exemplo, para os imóveis de uso público o prazo para adaptação seria de trinta meses a contar da publicação do decreto (o prazo terminou em 02.06.2007), conforme se depreende do artigo 19, parágrafo primeiro, do decreto-regulamentador:

"Art. 19 – A construção, ampliação ou reforma de edificações de uso público deve garantir, pelo menos, um dos acessos ao seu interior, com comunicação com todas as suas dependências e serviços, livre de barreiras e de obstáculos que impeçam ou dificultem a sua acessibilidade.

Parágrafo Primeiro – No caso das edificações de uso público já existentes, terão elas prazo de trinta meses a contar da data de publicação deste Decreto para garantir acessibilidade às pessoas portadoras de deficiência ou com mobilidade reduzida."

O artigo 23, em seu parágrafo oitavo, trata de fixar prazo para as edificações de uso público e de uso coletivo referidas no caput (teatros, cinemas, auditórios, estádios, ginásios de esporte, casas de espetáculos, salas de conferências e similares). Pelo parágrafo oitavo, o prazo é de trinta meses para as construções de uso público e de quarenta e oito meses para as de uso coletivo (entende-se como de uso coletivo aquelas destinadas às atividades de natureza comercial, hoteleira, cultural esportiva, financeira, turística, recreativa, social, religiosa, educacional, industrial e de saúde, inclusive as edificações de prestação de serviços de atividades da mesma natureza – cf. inciso VII, do artigo 8º do Decreto e entende-se como de uso público: aquelas administradas por entidades da administração pública, direta e indireta, ou por pessoas prestadoras de serviços públicos e destinadas ao público em geral, inciso VI, do artigo 8º do Decreto).

O prazo maior previsto no artigo acima terminará em dois de dezembro de 2008[7].

Fazendo um pequeno resumo: a) a Constituição de 1.967, com a Emenda n. 12 de 1.978, garantiu o direito à acessibilidade de edifícios e prédios públicos de forma direta, clara e inequívoca, trazendo norma aplicável de imediato com toda a sua eficácia; b) a Constituição de 1.988 (dez anos depois de garantido o direito) afirma que a acessibilidade depende de lei; c) em 2000, surge a Lei integradora, que depende de decreto; d) em 2004, surge o decreto que, em alguns casos, chega para fixar prazo de dez anos (mas que, em linhas gerais, traz prazos de 36 meses para aplicação das adaptações previstas).

Em 2008, portanto, muitos prazos já estarão vencidos, permitindo que a sociedade, o Ministério Público e as associações façam valer os direitos que tanto demoraram a ter efetividade.[8] Será, finalmente, possível cobrar dos Poderes Públicos a adaptação e construção de bens acessíveis. Chegará o momento (salvo se "direito do futuro" não atrapalhar) em que a acessibilidade estará assegurada. Ao menos, todos teremos condições de cobrar, finalmente, a sua existência.

Portanto, podemos retirar duas idéias, por enquanto: a acessibilidade é instrumento vital e indispensável para a efetivação dos direitos das pessoas portadoras de deficiência. Trata-se de direito instrumental, que permitirá a fruição de outros tantos direitos. Sem ela, acessibilidade, poucos direitos serão exercidos, porque o indivíduo estará impedido de caminhar, andar, trabalhar, ir ao cinema, teatro, escola etc. A segunda idéia passa pelos longos prazos determinados pelo Decreto (que demorou a ser editado), pela Lei (que demorou a ser editada), prazos esses que eliminam qualquer idéia de surpresa ou de açodamento na adaptação de prédios, edifícios públicos ou meios de transporte de uso coletivo. Não há qualquer traço de velocidade excessiva em nenhum dos prazos fixados pela Lei (que demorou 12 anos para ser elaborada!) ou pelo Decreto-regulamentar (que demorou mais 4 anos para ser elaborado!). E não vamos esquecer que o texto antigo tinha aplicabilidade imediata e eficácia plena.

---

[7] Cf. "A acessibilidade como condição da cidadania", Rebecca Monte Numes Bezerra 9273-296), in *Deficiência no Brasil*, Obra Jurídica, org. Lauro Ribeiro *et allii*.

[8] Não vamos discutir nesse momento a questão da constitucionalidade do decreto regulamentar, tema que ficará para outra oportunidade.

VII. A legislação futura: o Estatuto da Pessoa com Deficiência. Avançamos?

Durante o ano de 2006, muitos foram colhidos pela notícia de que estava tramitando no Congresso Nacional, com possibilidades de aprovação, o Estatuto da Pessoa com Deficiência. Tratava-se do Projeto de Lei n. 06, de 2003. O projeto estava sendo discutido no Senado Federal.

O Estatuto seria fruto de um debate de anos, onde foram ouvidas as mais variadas correntes, tendo sido consolidado em um documento que seria um instrumento de proteção dos direitos da pessoa portadora de deficiência, tudo conforme seus defensores.

Foram formados grupos de discussão às pressas, debatendo o tema que, para os Senadores, já estava sendo debatido há anos (poucas pessoas tinham notícia do referido projeto!). Muitos militantes foram colhidos de surpresa pela quase aprovação do Projeto de Lei. E surgiu a primeira questão: para que um Estatuto? Quem quer um "Estatuto" se há direitos já garantidos. Por que os direitos deveriam estar consolidados em um único documento, que traria novos conceitos, muitos deles restritivos? Desde a Emenda Constitucional n. 12, de 1.978, que o tema vem sendo discutido, com leis esparsas, refletindo o avanço, passa a passo dos direitos. O que traria, de novo, um Estatuto? Por que o Senado Federal decidiu, com velocidade espantosa, discutir e votar o projeto de lei, que acabou sendo aprovado, tendo sido enviado para a Câmara para apreciação e votação? Há leis de sobra no país; há que aplicá-las e efetivar os comandos constitucionais. Não precisamos de mais leis! Mas a idéia do "Estatuto" vinha prosperando no Senado Federal.

Mas, por que haveria, dentre as pessoas portadoras de deficiência e dentre os grupos que procuram militar na defesa dos direitos desse grupo de pessoas, gente contrária ao Estatuto? Por que pessoas portadoras de deficiência não ficariam contentes com um Estatuto da Pessoa com Deficiência?

Os debates foram se desenvolvendo, ficando claro que a comunidade não gostou do referido Estatuto, apesar de ter sido aprovado pelo Senado Federal.

Entre a propositura do projeto (que se deu em 2003) e sua aprovação, o Brasil assinou uma Convenção Internacional – Convenção sobre os Direitos das Pessoas com Deficiência[9], que está para ser discutida no Congresso Nacional. Aprovada a Convenção, por força do artigo 49, inciso I, e ratificada pelo Poder Executivo, teremos uma nova disciplina do tema, com a inclusão do texto, talvez, pela regra do parágrafo terceiro, do artigo quinto, da Constituição Federal. Assim, temos dois diplomas em trâmite no Congresso Nacional: uma convenção internacional de grande importância, aguardada por todos para aprovação do Congresso e implementação pelo Presidente da República e um Estatuto, que não passou pelo debate esperado pela sociedade brasileira.

Pelo texto da Convenção, considera-se pessoa com deficiência:

"Pessoas com deficiência são aquelas que têm impedimentos de natureza física, intelectual ou sensorial, os quais, em interação com diversas barreiras, podem obstruir sua participação plena e efetiva na sociedade com as demais pessoas" (artigo primeiro).

O Estatuto (projeto já aprovado pelo Senado Federal) traz um conceito mais restrito, vinculando a determinadas causas. Não estando nas causas arroladas, a deficiência não se caracterizaria.[10] E há outros tantos pontos que poderiam ser revistos no Estatuto.

---

[9] O texto pode ser encontrado na íntegra em : http://www.mj.gov.br/mpsicorde/arquivos/publicacao/714/Images/714_1.doc

[10] "**Art. 2º** Considera-se deficiência toda restrição física, intelectual ou sensorial, de natureza permanente ou transitória, que limita a capacidade de exercer uma ou mais atividades essenciais da vida diária e/ou atividades remuneradas, causada ou agravada pelo ambiente econômico e social, dificultando sua inclusão social, enquadrada em uma das seguintes categorias:

I – Deficiência Física:

a) alteração completa ou parcial de um ou mais segmentos do corpo humano, acarretando comprometimento da função física, apresentando-se sob a forma de paraplegia, paraparesia, monoplegia, monoparesia, tetraplegia, tetraparesia, triplegia, triparesia, hemiplegia, hemiparesia, ostomia, amputação ou ausência de membro, paralisia cerebral, nanismo, membros ou face com deformidade congênita ou adquirida;

b) lesão cerebral traumática: compreendida como uma lesão adquirida, causada por força física externa, resultando em deficiência funcional total ou parcial ou deficiência psicomotora, ou ambas, e que comprometem o desenvolvimento e/ou desempenho social da pessoa, podendo ocorrer em qualquer faixa etária, com prejuízos para as capacidades do indivíduo e seu meio ambiente;

Por que, o Congresso Nacional, não esperaria a decisão de aprovação da integração (ou não) da Convenção Internacional já assinada pelo Brasil para, então, de posse dos conceitos largos e bem delineados da Convenção Internacional, caminhar para a determinação de

---

II – Deficiência Auditiva:
a) perda unilateral total;
b) perda bilateral, parcial ou total média de 41 dB (quarenta e um decibéis) ou mais, aferida por audiograma nas freqüências de 500HZ, 1.000HZ, 2.000Hz e 3.000Hz;
III – Deficiência Visual:
a) visão monocular;
b) cegueira, na qual a acuidade visual é igual ou menor que 0,05 no melhor olho, com a melhor correção óptica; a baixa visão, que significa acuidade visual entre 0,5 e 0,05 no melhor olho e com a melhor correção óptica; os casos nos quais a somatória da medida do campo visual em ambos os olhos for igual ou menor que 60°; a ocorrência simultânea de qualquer uma das condições anteriores;
IV – Deficiência Intelectual: funcionamento intelectual significativamente inferior à média, com manifestação no período de desenvolvimento cognitivo antes dos 18 (dezoito anos) e limitações associadas a duas ou mais áreas de habilidades adaptativas, tais como:
a) comunicação;
b) cuidado pessoal;
c) habilidades sociais;
d) utilização dos recursos da comunidade;
e) saúde e segurança;
f) habilidades acadêmicas;
g) lazer;
h) trabalho.
V – Surdocegueira: compreende a perda concomitante da audição e da visão, cuja combinação causa dificuldades severas de comunicação e compreensão das informações, prejudicando as atividades educacionais, vocacionais, sociais e de lazer, necessitando de atendimentos específicos, distintos de iniciativas organizadas para pessoas com surdez ou cegueira;
VI – Autismo: comprometimento global do desenvolvimento, que se manifesta tipicamente antes dos três anos, acarretando dificuldades de comunicação e de comportamento, caracterizando-se freqüentemente por ausência de relação, movimentos estereotipados, atividades repetitivas, respostas mecânicas, resistência a mudanças nas rotinas diárias ou no ambiente e a experiências sensoriais;
VII – Condutas Típicas: comprometimento psicosocial, com características específicas ou combinadas, de síndromes e quadros psicológicos, neurológicos e/ou psiquiátricos, que causam atrasos no desenvolvimento e prejuízos no relacionamento social, em grau que requeira atenção e cuidados específicos em qualquer fase da vida;
VIII – Deficiência Múltipla: associação de duas ou mais deficiências, cuja combinação acarreta comprometimentos no desenvolvimento global e desempenho funcional da pessoa e que não podem ser atendidas em uma só área de deficiência."

especificações do Estatuto? A Convenção é clara e abrangente. Deve preceder a legislação ordinária, se não for conflitante com a Constituição Federal (e não é). Já foi aprovada pelo Governo Brasileiro, aguardando ratificação pelo Congresso Nacional (artigo 49, I). Como se viu, não há explicação para a preocupação com a rapidez da aprovação do Estatuto. Ora, se todos aguardaram anos e anos para que os direitos fossem assegurados (vamos lembrar que os direitos vieram pela Lei, que demorou, por exemplo, para a questão da acessibilidade, mais de dez anos e o decreto mais quatro anos), de que serviria um Estatuto, que traria, em linhas gerais, as mesmas coisas do que já garantido pela legislação esparsa?

Vejamos, no entanto, a regra do artigo 122, em seu parágrafo segundo, do Estatuto.

> "§ 2º As edificações de uso público já existentes *terão prazo definido em regulamento* para garantir pelo menos um banheiro acessível por pavimento, com entrada independente, distribuindo-se seus equipamentos e acessórios de modo que possam ser utilizados por pessoa com deficiência." (grifos nossos)
>
> Ou o artigo 123 do Estatuto:
>
> **"Art. 123.** A construção, ampliação, reforma ou adequação de edificações de uso público deve garantir, pelo menos, um dos acessos ao seu interior, com comunicação com todas as suas dependências e serviços, livre de barreiras e de obstáculos que impeçam ou dificultem a sua acessibilidade.
>
> § 1º No caso das edificações de uso público já existentes *deverá ser observado o prazo definido em regulamento* para garantir acessibilidade às pessoas com deficiência." (grifos nossos).

Vamos voltar ao ano de 1.978, quando os direitos à acessibilidade, pela E.C. n. 12, foram consagrados de forma eficaz e plena. Modificados pela Constituição Federal de 1.988, que determinou que a lei cuidaria do tema. Lei esta que só apareceu 12 anos depois! Em 2000. Que foi regulamentada pelo Decreto, que só apareceu quatro anos depois! Em 2004! E agora, quando os prazos começam a se vencer, efetivando o direito de acesso (e vimos o quão importante é tal direito pela sua faceta instrumental), surge o Estatuto, afirmando, seus defensores, que vai reunir direitos, consolidando situações, dando um tratamento uniforme à questão e, sem qualquer explicação, reabre o prazo para as adaptações de prédios e edifícios públicos! O Estatuto reabriria todos os prazos!

O que seria melhor, para a comunidade das pessoas portadoras de deficiência? Um Estatuto ou a efetivação do direito à acessibilidade que, finalmente, estaria sendo implementado (cumprindo todos os prazos e prazos fixados pela Lei e pelo Decreto regulamentar). Chegou a hora de exercício da cidadania! Ou seja, as pessoas que esbarram em sarjetas cheias de buracos, de faltas de rampas, sem ônibus acessível, estão prestes a ter seu direitos à acessibilidade reconhecidos (como se isso não fosse algo primordial para o Estado Brasileiro). Quando tal direito se aproxima (depois de uma longa espera), surge uma nova proposta legislativa (uma nova proposta de Direito), fruto da atividade "protetora" do Poder Legislativo que, preocupado com a situação, trata de aprovar um projeto de lei onde os prazos são reabertos, 20 anos depois!

A legislação futura, nesse caso, traria grandes prejuízos para o grupo de pessoas que ela pretende proteger. Já estariam protegidos por uma Convenção Internacional (Convenção Interamericana para eliminação de todas as formas de discriminação contra as pessoas portadoras de deficiência, conhecida como Convenção da Guatemala, aprovada pelo Decreto legislativo n. 198, de 13 de junho de 2001 e promulgada pelo Decreto 3956, de 8-10.2001), por diversas leis, como a lei da acessibilidade, dentre outras, além do Decreto-regulamentar que tratou de fixar prazos (longos, é verdade) para cumprimento dos deveres constitucionais.

O futuro do Direito, no caso, não é bom. A legislação futura não traz novidades boas. Retroage e cria a possibilidade de que sejam reabertos prazos que deferiram mais de vinte anos para a implementação das mudanças sobre acessibilidade.

O futuro e o Direito. E o futuro do Direito? No caso, o futuro não é promissor. Há que mobilizar os grupos de pressão, para evitar que, sob o nome pomposo de um "Estatuto", que poderia angariar muitos votos para os seus defensores, estejam patrocinando um retrocesso legislativo e retirando garantias que demoraram 20 anos para serem implementadas! E, como vimos, acessibilidade não é um direito de pouca importância para esse grupo de indivíduos. É direito instrumental para a obtenção e fruição de outros direitos.

O Poder Legislativo não pode deixar de analisar, primeiramente, a Convenção que foi assinada pelo Governo Brasileiro e, a partir dela, de seus conceitos, iniciar a discussão sobre o que seria tal Estatuto. Não pode, juntamente com o processo de aprovação de uma Convenção Internacional, que precede e vincula a legislação nacional, propor, ao mesmo tempo, um Estatuto, que poderia sofrer modificações com a aprovação da Convenção pelo próprio Poder Legislativo, por Decreto-Legislativo.

E o Estatuto pode esvaziar o conteúdo adequado da Convenção Internacional, cujo processo de internacionalização está em trâmite.

Esse é um exemplo de como os direitos e garantias individuais podem ser suprimidos, ameaçados e modificados a partir da legislação futura, que pode surgir sob as mais variadas vestes. No caso, a notícia é de aprovação do "Estatuto da Pessoa com Deficiência", que carrearia, como vimos, prejuízos enormes ao grupo. Os disfarces podem ser os mais variados. A norma pode vir sob várias vestes: a diminuição do papel do Estado, por exemplo; ou, como no caso concreto, o aumento dos direitos de certos grupos. Na verdade, sob o manto do desnecessário Estatuto, estaríamos permitindo a reabertura de prazos que foram fixados em 20 anos! E, agora, candidamente, sob o pretexto de reunir direitos e ter um diploma sistematizado, teríamos uma armadilha para permitir mais 20 anos de espera!

As armadilhas estão presentes e vão aparecer a cada dia. É preciso que haja denúncia, pressão, sob pena de termos os direitos aviltados, diminuindo a efetividade dos temas consagrados pela Constituição de 1.988.

O exemplo pode servir para ajudar a fiscalizar o futuro do Direito. Se esse futuro não for vigiado, não estiver ladeado de fiscais atentos e muito ativos, teremos um retrocesso que permitirá que os valores constitucionais se acanhem (como no caso do Projeto de Estatuto já aprovado pelo Senado Federal, em tempo muito curto).

Se tivermos um futuro para o Direito, esse futuro deve ser fiscalizado e acompanhado, de forma que qualquer direito futuro esteja sempre encaixado dentro dos parâmetros constitucionais de efetividade, zelando por uma sociedade mais tolerante e inclusiva.

A idéia foi trabalhar a idéia do avanço (ou retrocesso), portanto, a partir de um caso concreto, procurando revelar o cuidado que devemos ter com o futuro do Direito, mantendo a vigilância necessária para que a legislação futura não desmereça a Constituição Federal.

Bibliografia:

Araujo, Luiz Alberto David. *A proteção constitucional das pessoas portadoras de deficiência*, 3a. edição, Corde, Brasília, 2003.

Araujo, Luiz Alberto David. *Defesa dos direitos das pessoas portadoras de deficiência*. R.T., São Paulo, 2006.

Gugel, Maria Aparecida; Macieira, Waldir; Ribeiro, Lauro (organizadores) *Deficiência no Brasil. Uma abordagem integral dos direitos das pessoas com deficiência,* Obra Jurídica, Florianópolis, 2007.

Nunes, Antônio José Avelãs; Coutinho, Jacinto Nelson Miranda (organizadores) *Diálogos Constitucionais: Brasil/Portugal*, Renovar, 2004, Rio de Janeiro.

Fávero, Eugênia Augusta Gonzaga. *Direitos das Pessoas com deficiência. Garantia de igualdade na diversidade*, WVA, Rio de Janeiro, 2004.

Sites mencionados:

http://www.mj.gov.br/mpsicorde/arquivos/publicacao/714/Images/714_1.doc

Reforma tributária num estado fiscal suportável

José Casalta Nabais[*]

Como decorre do título que propusemos para esta nossa intervenção – "a reforma tributária num estado fiscal suportável" – neste importante encontro científico subordinado ao expressivo tema

[*] Professor da Faculdade de Direito de Coimbra.

"O Direito e o Futuro. O Futuro do Direito", vamos fazer algumas considerações tendo presente o quadro mais amplo que é o da reforma previsível do estado neste século que iniciámos vai em oito anos. O que significa que estamos conscientes de que a reforma do estado e a reforma fiscal não podem deixar de andar a par uma da outra. Uma ideia que não surpreende, se tivermos presente que historicamente se encontra demonstrado que a domesticação jurídica, se assim nos podemos exprimir, do poder do estado, arrancou da necessidade sentida de domesticar um dos poderes mais visível e omnipresente nas sociedades praticamente de todos os tempos, o poder de angariar os meios financeiros de suporte do estado, ou seja, o poder de instituir e arrecadar impostos.

De resto, é sabido como a ideia de estado de direito, que viria a triunfar e a alastrar com as revoluções liberais (inglesa, americana e francesa) e com o constitucionalismo, ficou a dever imenso à forma como a mesma foi ensaiada nos conhecidos domínios em que o poder do estado sobre os cidadãos sempre se fez sentir de maneira indelével – os domínios das sanções penais e dos impostos. Daí que, desde há algum tempo, venhamos insistido que o direito penal e o direito fiscal são efectivamente dois irmãos gémeos. Não obstante, assinalemo-lo desde já, o segundo estar longe de obter os sucessos jurídicos e académicos do seu irmão.

Significa isto, para sermos mais precisos, que vamos tratar de alguns dos problemas que se colocam a uma reforma fiscal que se enquadre num estado fiscal que seja suportável para os contribuintes, ou seja, para os cidadãos, nos cada vez mais conturbados dias de hoje, em que os estados já não são, como acontecia no passado, livres para estabelecer e configurar os sistemas fiscais que bem entenderem. Daí que estejamos tentados a precisar que mais do que um *estado suportável*, como figura no título, se trata, ao fim e ao cabo, de conseguirmos, mais modestamente, um *estado viável*. É que, muitas vezes, não nos damos conta de que apenas podemos pugnar por aquilo que é viável, frequentemente longe, muito longe mesmo, do que, à primeira vista, na ingenuidade das nossas utopias e na generosidade dos nossos ideais, nos parece possível.

Procuremos, então, dizer alguma coisa sobre alguns dos problemas que as reformas fiscais podem enfrentar no quadro de um estado que seja suportável para os contribuintes. O que implica começarmos por algumas considerações sobre a própria ideia de estado fiscal, como a forma de sustentação financeira do estado melhor conseguida até aos dias de hoje, prosseguindo depois com algumas reflexões sobre o sentido das reformas fiscais no século XX e terminando com as interrogações que se colocam às reformas fiscais neste século, de modo a podermo-nos pronunciar sobre o sentido que as mesmas poderão tomar.

I. O estado fiscal

E o primeiro problema que se coloca é o do *financiamento do Estado*. O problema que temos é, assim: como financiar o estado?

1. *A ideia de estado fiscal.* Pois bem, a resposta actual a essa pergunta é simples: o estado financia-se através de impostos ou, em termos mais rigorosos, o estado financia-se basicamente ou predominantemente através de impostos ou tributos unilaterais. Pelo que, face a uma tal resposta, deparamo-nos com um verdadeiro *estado fiscal*[1].

Mas é óbvio que não foi sempre assim. E não foi assim, naturalmente, durante muito tempo no passado. E, em alguma medida, muito pequena é certo, continua a não ser assim, como vamos referir.

1.1. *A exclusão do estado patrimonial.* Bem, em rigor, devemos dizer que, num passado relativamente longínquo, até já foi mais ou menos assim. Efectivamente, temos hoje dados históricos que vão no sentido de que, por exemplo, o Império Romano foi um bom estado fiscal. A esse facto atribuem, de resto, alguns autores, entre os quais se destaca *Charles Adams*, o sucesso desse Império que, não nos podemos esquecer, durou diversos séculos e significou um tremendo progresso civilizacional, do qual continuamos a beneficiar ainda hoje, sobretudo no domínio do direito.

Todavia, durante a Idade Média e, depois, durante todo o período em que se desenrola o processo relativamente lento e moroso do centralismo e absolutismo do poder monárquico, que haveria de

[1] V. sobre este nosso livro *O Dever Fundamental de Pagar Impostos. Contributo para a compreensão constitucional do estado fiscal contemporâneo*, Almedina, Coimbra, 1998, p. 191 e ss.

constituir o suporte daquilo que *Machiavel* designou por *lo stato*, o estado moderno, o financiamento do estado tinha basicamente um suporte patrimonial. Pelo que, desse ponto de vista, tínhamos um *estado patrimonial*, em que o Estado, ou melhor a Coroa, era titular de um conjunto significativo de rendimentos provenientes do seu património e direitos realengos. Rendimentos que, à medida em que se começa a afirmar a nova realidade constituída pelo estado, integram também os provenientes da actividade económica ou actividade empresarial que começou a assumir. Daí que os impostos, que durante a Idade Média foram preferentemente designados por contribuições, não tivessem o papel e o significado que têm no que designamos por estado fiscal.

Aliás o próprio Estado Português foi financiado dessa maneira: primeiramente com base nos rendimentos provenientes da propriedade imobiliária e dos direitos realengos da Coroa e, depois da expansão ultramarina, também com base nos direitos de concessão da exploração do comércio e dos territórios coloniais. Não era, portanto, um estado que tinha o seu suporte principal em impostos, embora estes também existissem, se bem que com um peso e significado diversos dos que têm hoje[2].

Podemos, porém, dizer que esse tipo de estado, o estado patrimonial, está hoje ultrapassado. Trata-se, pois, de um estado que não existe mais. Efectivamente, o suporte financeiro do estado não é mais dominado pelas receitas patrimoniais ou por receitas patrimoniais e empresariais, tendo tais receitas um carácter manifestamente residual ou mesmo marginal.

1.2. *A exclusão do estado empresarial.* Mas, ao lado do que designamos por estado patrimonial, houve outras experiências históricas. Temos o que podemos designar por *estado empresarial*, em que o estado se assume como agente económico, que produz e distribui primariamente bens e serviços, como foi (ou é, na medida em que ainda subsiste) o estado socialista. Pois, embora os acontecimentos

---

[2] O que não quer dizer que esses impostos não fossem considerados pesados, até muito pesados, por quem os suportava, que eram apenas os integrantes do terceiro estado ou o povo, encontrando-se o clero e a nobreza excluídos da tributação com base na ideia de que estes já contribuíam para o bem comum enquanto *oratores* e *bellatores*, respectivamente.

que afectaram esta forma de estado se tenham verificado no século e milénio passados, somos suficientemente velhos para já termos assistido ao colapso duma tal forma de estado, após a queda do Muro de Berlim.

Uma forma de estado que, devemos assinalar, relativamente a economias atrasadas, como era indiscutivelmente a russa quando caiu a monarquia czarista em 1917, não deixou de ter algum êxito, pois conseguiu industrializar países, muito embora, depois, não tenha conseguido dar o salto para sociedades de bem-estar, como prometera. Um êxito em relação ao qual não podemos deixar de dizer e de sublinhar que o mesmo foi conseguido com custos humanos tremendos[3].

Não admira, por isso, que o *estado fiscal* tenha triunfado em toda a linha, alastrando aos antigos países socialistas dominados e doutrinados pela então União Soviética. Daí que hoje tenhamos por toda parte um estado fiscal. Um estado que é financiado predominantemente através de tributos unilaterais, isto é, através de impostos.

2. *A falsa alternativa de um estado taxador*. Porém, a exclusão de um estado patrimonial ou empresarial, como os existentes no passado, não impõe como única solução um estado fiscal, um estado financiado exclusiva ou predominantemente por impostos. Pois, podemos perguntar se não é possível conceber um estado que seja financiado predominantemente através de tributos bilaterais, isto é, através da figura das taxas. Um estado em que, em vez de serem todos os cidadãos a pagar e suportar o conjunto dos serviços públicos, ser cada um a pagar a sua parte, a pagar a parte dos serviços públicos de que beneficia ou cujos custos causa. O que levaria a um estado predominantemente assente na figura tributária das taxas, o qual, devido à tradicional falta de um adjectivo correspondente ao substantivo taxas, vimos designando por *estado tributário*[4], muito embora recentemente tenha sido sugerida para o designar a expressão *estado taxador*, a qual acabámos, de resto, por utilizar na epígrafe deste ponto[5].

---

[3] Uma afirmação que não é posta em causa pelo facto de todos os processos históricos de industrialização terem tidos os seus altos custos em sede dos direitos humanos.

[4] V., por todos, o nosso livro *O Dever Fundamental de Pagar Impostos*, cit., p. 199 e ss.

[5] V. nesse sentido, SÉRGIO VASQUES, *O Princípio da Equivalência como Critério de Igualdade Tributária*, Tese de Doutoramento, Faculdade de Direito de Lisboa, 2007, p. 15 e ss. Uma expressão que assim corresponderá à de *Gebührenstaat* utilizada na Alemanha.

Uma ideia que vem, aliás, entusiasmando alguns autores, não para a aplicar ao conjunto dos impostos e ao conjunto das despesas do estado, mas no respeitante a certos sectores ou segmentos da mais recente actuação do estado, como é o relativo à tutela ou protecção do ambiente e, a seu modo, o domínio da actual regulação económica e social. De facto, no chamado domínio da protecção ambiental, há quem defenda que as despesas ambientais podem e devem ser financiadas através de tributos bilaterais, através portanto de eco-taxas, em vez de eco-impostos. Por seu lado, em sede do financiamento das múltiplas agências de regulação, que o actual estado regulador vem engendrando, procura-se a todo o custo apelar a tributos ou contribuições que, ao menos aparentemente, não se configurem como impostos.

Mas, respondendo mais especificamente a essa questão, devemos adiantar que, nem em sede do financiamento geral do estado, nem em sede do específico financiamento da protecção do ambiente ou da regulação económica e social, a figura das taxas está em condições de se apresentar como suporte financeiro principal do estado nos tempos que correm.

2.1. *Em sede do estado em geral.* Assim, será viável o estado, em geral, ser financiado principalmente por tributos bilaterais, por taxas, em vez de o ser por tributos unilaterais ou impostos? Respondemos facilmente a esta questão dizendo que não, porque há todo um conjunto de bens, os bens públicos, cujos custos não podem ser repartidos pelos utentes, antes têm de ser suportados pelo conjunto dos cidadãos, por todos os contribuintes.

Entre esses bens temos, de um lado, um conjunto de bens, correspondente às funções clássicas do estado, às funções do estado *tout court*, como os bens públicos constituídos pela defesa nacional, pela política externa, pela política económica, pela política financeira, pela protecção policial, etc., os quais, porque se trata de bens públicos por natureza, bens insusceptíveis de divisão nos seus custos pelos que deles beneficiam, não podem ser financiados por tributos bilaterais ou taxas, antes têm de ser suportados por tributos unilaterais ou impostos. Portanto esses bens públicos, porque se apresentam como *bens públicos por natureza*, não podem ser financiados senão por impostos.

Para além disso, no estado social, que as actuais constituições consagram, há um conjunto de bens públicos, que embora os seus custos possam ser repartidos pelos correspondentes utentes, como os relativos à saúde, à educação, à habitação, à previdência social, ou seja, os relativos aos direitos que designamos por direitos sociais, o certo é que, por exigência das próprias constituições, esses direitos devem ser estendidos a todos os cidadãos, mesmo àqueles que não têm condições de os realizar através do funcionamento do mercado. Portanto àqueles aos quais o mercado não oferece condições de saúde, educação, habitação, previdência social, etc.

Todo um conjunto de bens, que não constituem bens públicos por natureza como os integrantes daquele primeiro grupo, mas apresentam-se antes como *bens públicos por imposição constitucional*. De facto é, por força de uma estrita exigência constitucional, que os custos com esses bens têm de ser suportados por todos os contribuintes, e não apenas por quem é seu destinatário[6].

2.2. *Em sede da protecção ambiental*. Mas, se em geral, como acabamos de ver, está excluído um estado principalmente financiado através de taxas, será viável ao menos um estado tributário no domínio do direito ao ambiente, um estado financiado através de taxas ambientais?

À primeira vista, parece que sim. Há até um princípio estruturante do direito ambiental que parece ir claramente nesse sentido, que é o *princípio do poluidor-pagador*. Então, à primeira vista, parece que um tal caminho poderia ser facilmente trilhado, concretizando a ideia de cada um suportar, pagar a poluição que produz, financiando-se as correspondentes despesas públicas através de eco-taxas, em vez de eco-impostos.

Mas essa é uma maneira apenas superficial de ver a realidade. E notem que não estou falando de todo o direito ambiental, mas apenas do seu segmento mais visível, que é o segmento das emissões poluentes.

---

[6] Cf. os nosso textos *O Dever Fundamental de Pagar Impostos*, cit., p. 210 e ss., e "A face oculta dos direitos fundamentais: os deveres e os custos dos direitos", agora em *Por uma Liberdade com Responsabilidade – Estudos sobre Direitos e Deveres Fundamentais*, Coimbra Editora, Coimbra, 2007, p. 163 e ss. (186 e ss.).

O problema é que à realização desse princípio do poluidor-pagador se deparam alguns obstáculos praticamente inultrapassáveis.

Desde logo, cabe-nos perguntar: quem é o poluidor? Muitas vezes não se sabe. A poluição é difusa ou mesmo muito difusa. Portanto, como vamos conseguir que seja o poluidor a pagar, se não sabemos, à partida, quem é o responsável pelas emissões poluentes.

É certo que, em muitos casos, sabemos, ou podemos saber sem dificuldade de maior, quem é o responsável pelas emissões poluentes. Todavia, mesmo num tal caso, é muito difícil proceder ao *teste da proporcionalidade* em que assentam todos os tributos bilaterais ou taxas, isto é, estabelecer a proporção entre as emissões e os correspondentes custos, a fim de os imputar a cada um dos poluidores através de taxas ambientais. Efectivamente, verificam-se as maiores dificuldades na concretização da ideia de proporcionalidade entre a prestação e a correspondente contraprestação específica, ou seja, na medição ou mensuração da taxa a pagar em função da poluição provocada.

Pelo que, mesmo nesse sector mais restrito do direito do ambiente, em que, pelo menos *prima facie*, parecia fácil socorrermo-nos da figura das taxas, chegamos à conclusão de que não é viável que o estado seja suportado maioritariamente por tributos bilaterais ou taxas, em vez de tributos unilaterais ou impostos.

Pelo que, tendo em conta o que vimos de dizer, o suporte financeiro do estado não dispõe hoje em dia de verdadeira e real alternativa à concretizada no estado fiscal, ou seja, o suporte financeiro do estado não pode ser outro.

2.3. *Em sede da actual regulação.* O que, devemos acrescentar, não quer dizer que a figura tributária das taxas ou de outras contribuições financeiras a favor de entidades públicas, para utilizarmos a expressão mais que criticável introduzida na nossa Constituição com a Revisão Constitucional de 1997, a qual foi depois repetida nos arts. 3º e. 4º da Lei Geral Tributária (LGT) de 1999[7], não venham procurando ganhar o seu espaço, designadamente no quadro do que vimos

[7] Cujo regime remete para lei especial (nº 3 do art. 3º), considerando de resto as clássicas contribuições especiais impostos (nº 3 do art. 4º) – v. o que dizemos *infra* na nota 32.

designando por *estado regulático*. O qual, devemos sublinhá-lo, para os cidadãos, ou melhor para os contribuintes, não se revela um grande progresso, uma vez que a conta que temos de pagar, ou seja, a carga fiscal que temos de suportar, não dá quaisquer sinais de abrandar e, menos ainda, de diminuir, tendo, bem pelo contrário, vindo a aumentar constantemente nos últimos anos[8].

Com efeito, as múltiplas e diversificadas agências de regulação que este vem engendrando, muitas delas de discutível justificação (que não seja a de manter o estado economicamente intervencionista agora por vias diversas das do passado), tendem a ser financiadas fundamentalmente por tributos designados por taxas, muito embora a maioria delas não passe de verdadeiros impostos, de verdadeiros impostos de repartição cuja particularidade maior reside no facto de se apresentarem como impostos com receita consignada à respectiva agência reguladora sectorial ou geral. Pois, na sua criação, tem-se seguido invariavelmente sempre o mesmo processo, qual seja o de calcularem antecipadamente os custos financeiros que a criação e estruturação de determinada agência reguladora originam para, depois, repartirem integralmente esses custo pelos conjuntos dos regulados, independentemente de um qualquer teste de proporcionalidade entre o serviço prestado pela agência reguladora e o benefício proporcionado ao ou custo provocado pelo respectivo regulado[9].

Uma solução que se inscreve, devemos dizê-lo sem temores nem complexos, de um lado, no fenómeno do crescente esgotamento da figura dos tributos unilaterais ou impostos como meio de financiamento destas novas formas de actuação económica e social do estado e, de outro lado, na dificuldade visível em esse financiamento se poder obter através da figura dos tributos bilaterais ou taxas, uma vez que se verifica uma verdadeira impossibilidade prática relativamente à realização do correspondente teste da proporcionalidade[10].

---

[8] O que patenteia, de um tal ponto de vista, um estado tão ou mais opressivo do que o seu antecessor que, afinal de contas, se pretende desmantelar – v. o nosso livro, *A Autonomia Financeira das Autarquias Locais*, Almedina, Coimbra, 2007, p. 75 e ss. (83).

[9] V. o que dizemos *infra*, no ponto III, 5.6.

[10] V. neste sentido e por todos, Carlos Baptista Lobo, "Reflexões sobre a (necessária) equivalência económica das taxas", *Estudos Jurídicos e Económicos em Homenagem ao Prof. Doutor António de Sousa Franco*, Coimbra Editora, 2006, p. 409 e ss.

II. A reforma fiscal do século XX

Descrita a realidade em que se consubstancia o estado fiscal, impõe-se agora questionarmo-nos sobre como organizar o conjunto dos impostos ou, em termos mais amplos dos tributos, nos tempos que correm. Trata-se, como é fácil de ver, do problema de qual será a evolução previsível e desejável para os sistemas tributários, em relação aos quais podemos perguntar como é que estes sistemas foram evoluindo durante o século XX, que foram basicamente sistemas fiscais, bem como das perspectivas que se perfilam para a evolução dos mesmos no século XXI, em que ao lado dos impostos parecem ganhar terreno os tributos bilaterais.

Todavia, antes de analisarmos a evolução e as perspectivas de evolução dos sistemas fiscais, permitam-me uma consideração prévia sobre a questão de saber o que entendemos por século XX, enquanto suporte duma certa compreensão em termos políticos e jurídicos do mundo, uma vez que o mesmo está longe de coincidir com o que cronologicamente foi o século XX.

1. *O século XX político e jurídico.* Ora bem, a este respeito, temos para nós que o século XX foi um século muito curto, cronologicamente falando. Embora tenha sido muito longo do ponto de vista dos acontecimentos dramáticos que nele tiveram lugar, o século XX foi, contudo, do ponto de vista da duração dos quadros de compreensão política e jurídica da sociedade e do estado, da duração das concepções políticas e jurídicas em que apoiou, um século relativamente curto, pois começou em 1919, mais precisamente com a Constituição de Weimar, e terminou rigorosamente no ano de 1989, com a queda do muro de Berlim e a consequente implosão da União Soviética. Afinal um século de 70 anos, durante o qual houve tempo para destruir e reconstruir a Europa e construir o actual estado social que, é bom lembrar e sublinhar, permitiu a maior prosperidade e bem-estar alguma vez antes alcançados pela humanidade.

Efectivamente, foi no século XX que os estados construíram e consolidaram o actual estado social, tendo, num tal quadro, criado e desenvolvido sistemas fiscais que continuam a ser o paradigma do progresso do estado moderno. Um estado social que, em rigor, começou a ser erguido no fim da Primeira Guerra Mundial. Pois, como se sabe, os estados, por força do próprio conflito, tiveram que intervir e intervir fortemente na economia, a qual, em certa medida, foi mesmo objecto de uma verdadeira militarização.

Assim, quando se chegou ao fim do conflito, em 1918, pôs-se o problema de saber o que fazer: voltar ao estado liberal anterior ou continuar com o intervencionismo de guerra, o qual, entretanto, deixara de fazer qualquer sentido. Ora, nenhuma das soluções era viável. Retornar ao estado liberal anterior era muito difícil, pois havia muitas actividades que o estado assumira, que não podia mais abandonar. Por sua vez, continuar como estavam, era continuar desnecessariamente uma economia de guerra quando o que era preciso era uma economia de paz voltada para o crescimento e desenvolvimento económicos ao serviço do bem-estar dos cidadãos.

Além disso, faltava um suporte teórico para a intervenção económica do estado fora do cenário de guerra, um suporte que só viria a surgir em 1936, com a publicação por *J. M. Keynes* do seu célebre livro *General Theory of Empoyment, Interest and Money*. Daí a hesitação entre o regresso ao liberalismo anterior e a manutenção do intervencionismo económico que havia sido imposto pela guerra, sendo certo que este era facilmente associado pelo pensamento liberal a regimes autoritários ou ditatoriais. O que não deixou, a seu modo, de se verificar, pois os estados, que optaram por manter o intervencionismo, assumiram, em sede económica, uma feição dirigista e, em sede política, um carácter autoritário ou totalitário, como aconteceu em diversos países europeus nos anos vinte e trinta do século passado[11].

Foi, todavia, depois da Segunda Guerra Mundial, que se conseguiu assumir positivamente o intervencionismo económico do estado, compatibilizando-o com o estado de direito e com o estado democrático. O que conduziu ao estado social de direito ou, para nos referirmos à União Europeia, ao chamado *modelo social europeu*, que tanto êxito teve, embora presentemente comece a revelar sinais de crise.

[11] Cf. o nosso livro *Contratos Fiscais (reflexões acerca da sua admissibilidade)*, Coimbra Editora, Coimbra, 1994, p. 148 e ss.

2. *A construção do sistema fiscal do estado social*. Mas, como é que as coisas se passaram em sede do direito fiscal ou, por outras palavras, no domínio do conjunto dos impostos? Naturalmente que o sistema fiscal, como não podia deixar de ser, foi chamado a contribuir para a realização deste novo modelo de estado, contribuindo para a referida intervenção na economia. Aceitou-se, portanto, que o sistema de impostos, o sistema fiscal, pudesse ser colocado pelo estado ao serviço da intervenção económica e social, contribuindo, dessa forma, para moldar a própria comunidade. O que foi feito por diversas vias.

Por um lado, o sistema fiscal evoluiu para um sistema que comportasse esse intervencionismo económico e social. O que conduziu a uma tributação mais diversificada e intensa de modo a obter as receitas acrescidas que o estado intervencionista exigia, tendo, por conseguinte, aumentado significativamente o nível da fiscalidade ou da carga fiscal.

Por outro lado, o sistema fiscal, quer no seu conjunto, quer sobretudo através dos impostos sobre o rendimento, é convocado para ser suporte de uma empenhada redistribuição do rendimento. O que significou a defesa da evolução dos sistemas fiscais no sentido de deslocar a carga fiscal dos impostos indirectos, sobretudo dos impostos sobre o consumo, para os impostos sobre o rendimento e, dentro destes, para os impostos de natureza pessoal caracterizados sobretudo por serem impostos de taxa ou alíquota progressiva. Por isso, nas reformas fiscais levadas a cabo nesse período, pretendeu-se sempre que o sistema fiscal assentasse cada vez mais em impostos directos e impostos de natureza pessoal, diminuindo, em contrapartida, progressivamente o tradicional peso dos impostos indirectos.

Enfim, para os impostos indirectos, os impostos sobre o consumo, que todavia não podiam ser de todo eliminados e substituídos por impostos directos, impostos sobre rendimento ou o património, defendia-se que os mesmos fossem substituídos por um imposto geral sobre o consumo de bens e prestações de serviços, acabando assim com os múltiplos impostos especiais que tradicionalmente oneravam o consumo. O que praticamente foi conseguido na Comunidade Económica Europeia, actual União Europeia, em que, por razões que se prendem com existência e o funcionamento do próprio mercado interno, foi instituída a harmonização da tributação do consumo, tendo sido imposta aos Estados membros a adopção do Imposto sobre o Valor Acrescentado (IVA), e a harmonização da legislação dos impostos especiais sobre o consumo que subsistiram, os impostos sobre consumos específicos como são o imposto sobre o tabaco, o imposto sobre o álcool e as bebida alcoólicas e o imposto sobre os óleos minerais.

De resto, o IVA, pelas características que tem, veio a revelar-se uma verdadeira estrela, uma verdadeira história de sucesso, o que é extremamente raro sobretudo em matéria de impostos. De facto, inventado em 1954 pelo francês *Maurice Lauré*, foi adoptado primeiramente em França e, depois, na então Comunidade Económica Europeia e em mais de cem países, com diverso grau de desenvolvimento económico[12].

A razão do seu sucesso prende-se com as suas características. De um lado, com a neutralidade económica, pois não prejudica a actividade económica, como em geral acontece com os outros tipos de tributação do consumo. De outro lado, com o facto de assentar numa técnica tributária que obsta à fraude, já que tanto os vendedores como os compradores de bens têm todo o interesse em facturar o IVA nas vendas e compras que efectuam, a fim de poderem deduzir o IVA que suportaram[13].

Por sua vez, em sede dos impostos directos, os impostos sobre o rendimento, estes deviam ser objecto de uma personalização tão grande quanto possível. Um desiderato que se obteria através do alargamento

---

[12] Sobre a história da adopção do IVA, v. o próprio M. Lauré, *Science Fiscale*, Puf, 1993, p. 248 e ss. É de assinalar que, no quadro da discussão da reforma da tributação do consumo travada em França no início dos anos cinquenta do século passado, estiveram em disputa duas propostas de tributação geral do consumo, pois ao lado da concretizada no imposto tipo IVA de Maurice Lauré, esteve a apresentada por Eugène Schueller, fundador da l'Oréal, baseada num imposto geral sobre o consumo de energia, imposto que, acrescente-se, não tinha na altura por base qualquer preocupação de natureza ambiental. V. também Túlio Rosembuj, *Los Tributos y la Protección del Médio Ambiente*, Marcial Pons, Madrid, 1995, p. 109 e s.

[13] Pois todo o IVA deve ser suportado pelos consumidores finais, apresentando-se os sujeitos passivos do IVA como meros intermediários na cobrança do imposto. Por isso estão obrigados apenas a entregar ao Estado diferença positiva entre o IVA que facturaram e cobraram nas vendas (*outputs*) e o IVA que lhes foi facturado e que suportaram nas aquisições (*inputs*). Em contrapartida têm direito à compensação ou reembolso do IVA que suportaram nas aquisições e não foi recuperado nas vendas.

da base tributável e de taxas ou alíquotas progressivas. Pois uma evolução no sentido dessa personalização seria um importante factor de justiça.

E de facto, os sistemas fiscais foram evoluindo nesse quadro até à década de oitenta do século passado, o que levou praticamente a um contínuo aumento do nível da fiscalidade ou da carga fiscal. Aumento esse que foi o preço a pagar para termos um estado fiscal social, um estado fiscal comprometido com determinado tipo de sociedade, uma sociedade em que se garantem não só os clássicos direitos de liberdade, mas também os mais modernos direitos sociais.

3. *A evolução do sistema fiscal em Portugal.* Mas vejamos, de uma maneira naturalmente muito sumária, como as coisas evoluíram nesse domínio no nosso país.

3.1. *A ilusão prematura da modernidade.* Pois bem, relativamente a Portugal, podemos dizer que a ideia de um sistema fiscal com cariz redistributivo teve uma expressão precoce, na reforma fiscal levada a cabo em 1922[14]. Uma reforma fiscal que tentou alinhar por uma tributação pessoal do rendimento baseada em taxas ou alíquotas progressivas.

Todavia, os autores dessa reforma esqueceram-se que a nossa estrutura económica, própria de um país rural e atrasado, não comportava na altura tão arrojada reforma. Pois, em virtude da inexistência de um assalariado próprio de um país industrializado, os destinatários de um tal imposto sobre o rendimento eram maioritariamente os funcionários públicos. Por isso, esse imposto sobre o rendimento não se encontrava minimamente apto a proporcionar uma qualquer receita significativa.

3.2. *O realismo de Salazar.* Depois, veio o *Professor Oliveira Salazar*, o qual, numa reforma aprovada em 1929, veio pôr termo às

[14] Uma precocidade revelada já noutras fases da nossa história, como bem o demonstra a criação em 1641 do primeiro imposto moderno, a décima militar, o primeiro imposto geral sobre o rendimento de que há notícia. Cf. o nosso *Direito Fiscal*, 4ª ed., Almedina Coimbra, 2007, p. 469 e ss. e J. G. Xavier de Basto, *IRS. Incidência Real e Determinação dos Rendimentos Líquidos*, Coimbra Editora, Coimbra, 2007, p. 13 e ss.

utopias alimentadas em 1922, estabelecendo, com grande realismo, uma tributação do rendimento assente numa tributação cedular, normal e com taxa ou alíquota proporcional. Uma reforma que nos legou um sistema fiscal que, na época, funcionou razoavelmente até à década de sessenta, em que foi aprovada a reforma fiscal gradualmente concretizada entre os anos de 1958 e 1966.

O que se ficou a dever, basicamente, ao facto de o sistema fiscal, assim pensado e construído, ter acabado por corresponder ao grau de desenvolvimento económico e social que Portugal tinha na altura. Pois demonstrou, para além do mais, uma razoável dose de bom senso de que jamais se pode prescindir. Justamente por isso, compreende-se que o sistema fiscal tenha começado a revelar-se desadequado ao sistema económico e social quando este, sobretudo a partir dos finais dos anos cinquenta, começou a experimentar um certo grau de desenvolvimento decorrente de uma pequena abertura da economia portuguesa a que, por certo, não foi alheio a nossa participação em organizações económicas internacionais como a OCDE e a EFTA.

3.3. *O bom senso na reforma de Teixeira Ribeiro.* Por isso, na reforma fiscal gradualmente concretizada entre os anos de 1958 e 1966, que foi uma reforma global e profunda do sistema fiscal, com particular destaque para a tributação do rendimento, procurou adaptar-se o sistema fiscal português ao grau de desenvolvimento económico intermédio que a nossa economia então vinha experimentando. Por isso, nessa reforma, a cuja Comissão presidiu o *Professor Teixeira Ribeiro* (que estava longe, bastante longe mesmo, de ser um apoiante do regime político de Salazar), tentou-se um razoável equilíbrio, combinando, em sede da tributação do rendimento, a tributação pessoal com a tributação real e a tributação cedular com a tributação complementar e, em sede mais geral, um equilíbrio da tributação do consumo com a tributação do rendimento.

Um sistema fiscal que, não obstante o retrocesso que a implementação dessa reforma acabou por experimentar no terreno[15], fun-

[15] Denunciada de resto pelo próprio *Professor Teixeira Ribeiro* num artigo expressivamente intitulado a contra-reforma fiscal – J. J. Teixeira Ribeiro, "A acontra-reforma fiscal", *Boletim de Ciências Económicas*, XI, 1968, p. 115 e ss.

cionou, apesar de tudo, moderadamente bem até à Revolução de 25 de Abril de 1974, como um sistema fiscal intermédio, próprio de um país em vias de desenvolvimento, situado entre os sistemas mais avançados dos países desenvolvidos e os sistemas mais atrasados dos países não desenvolvidos. Todavia, com processo revolucionário que se seguiu, o sistema fiscal em causa, como o sistema económico em que se inseria, entrou praticamente em colapso, muito embora a sua reforma só nos anos oitenta venha a ser levada a cabo.

3.4. *O programa de reforma fiscal da Constituição de 1976.* Todavia, na Constituição aprovada em 1976 figurava um relativamente ambicioso programa de reforma fiscal, o qual propunha para Portugal um sistema fiscal cuja estrutura se aproximasse da dos sistemas fiscais então vigentes na generalidade dos países desenvolvidos. Programa esse que, com a reforma fiscal levada a cabo posteriormente (em 1985/86, 1988/89 e 2003/04), passou estar concretizado na lei, deixando de ser um programa de reforma fiscal para ser o quadro constitucional do sistema fiscal.

Pois bem, a nossa Constituição recorta o desenho do sistema fiscal português em dois momentos. Num primeiro momento, quando fixa as finalidades do sistema fiscal, estabelecendo no art. 103.º, n.º 1, que o sistema fiscal tem, em primeiro lugar, uma finalidade financeira, pois "visa a satisfação das necessidades financeiras do Estado e outras entidades públicas" e, em segundo lugar, uma finalidade de carácter extrafiscal, já que visa também "uma repartição justa dos rendimentos e da riqueza".

E, num segundo momento, quando recorta, mais em pormenor, os exactos contornos do nosso sistema fiscal no art. 104.º, em que se prevê 1) um imposto único e progressivo sobre o rendimento pessoal[16], 2) a tributação pelo lucro real como regra da tributação do rendimento das empresas, 3) uma tributação do património que contribua para a igualdade dos cidadãos, ou melhor, para a atenuação das desigualdades, e 4) uma tributação do consumo adaptada ao desenvolvimento económico e à justiça social.

[16] Características estas que jamais se concretizaram, uma vez que a tributação dos rendimentos de capitais tiveram sempre em sede do IRS uma tributação separada e proporcional – cf. *infra*, ponto III.5.3.

3.5. *A reforma fiscal do estado social.* Foi porém, com a reforma fiscal da década de oitenta, mais precisamente de 1985/86 para a tributação do consumo (criação do Imposto sobre o Valor Acrescentado = IVA), e de 1988/89 para a tributação do rendimento (criação do Imposto sobre o Rendimento das Pessoas Singulares = IRS, e do Imposto sobre o Rendimento das Pessoas Colectivas = IRC), a qual foi adoptada já sob o signo da nossa adesão à Comunidade Económica Europeia, que se verificou em 1986, que apanhámos o comboio dos sistemas fiscais desenvolvidos da Europa Ocidental.

Mas, como é fácil de ver, apanhámos esse comboio justamente nos últimos anos em que esse comboio circulava. De facto, depois da queda do Muro de Berlim, as relações económicas começam a ser pensadas de outra maneira, ou seja, nos termos reclamados por uma economia tendencialmente aberta a nível mundial, suportada no conhecido fenómeno da globalização económica que atinge todos os domínios da acção estadual, incluindo também o dos impostos. De resto, é de sublinhar, como já referimos, Portugal chegou atrasado à instituição de um sistema fiscal correspondente ao estado social. O que sucedeu de resto, ou está ainda a suceder, com os países menos desenvolvidos. Pois só em 1988-89 adoptámos uma tributação do rendimento consentânea com esse tipo de estado. Portanto, num momento em que nos estados mais desenvolvidos se começava a questionar esse tipo de sistema fiscal.

Por isso mesmo, o sentido da evolução dos sistemas fiscais, que vinha sendo trilhado desde o segundo conflito mundial, que se julgava no caminho do sentido da história, começa a ser seriamente questionado e mesmo a inverter-se. Com efeito, aos fenómenos da internacionalização e integração económicas, iniciados efectivamente de imediato à Segunda Guerra Mundial e que alcançaram um significativo progresso durante o século passado, veio juntar-se o fenómeno bem conhecido da globalização suporte de uma integração económica (e mesmo política) verdadeiramente forçada que atinge todos os domínios da acção estadual, a que não ficou imune o próprio campo dos impostos.

III. A reforma tributária no século XXI

1. *A internacionalização, integração e globalização económicas.* Mas a internacionalização e integração regional económicas, de um lado, e a crescente globalização económica, de outro, vieram questionar, e questionar muito seriamente, a evolução do estado social e, por conseguinte, trazer problemas em sede dos sistemas fiscais. Do ponto de vista da estrutura vertical, o sistema tornou-se muito complexo. Com efeito, à complexidade horizontal, espelhada na existência de diversos impostos sobre o rendimento, sobre o consumo e sobre o património, veio juntar-se a complexidade da estrutura vertical.

Pois, mesmo em estados de feição unitária, como o português, temos diversos níveis de poder tributário e, por conseguinte, diversos níveis de impostos. Assim, ao lado dos impostos estaduais, passou a haver também impostos regionais e impostos municipais. O que significa que os tradicionais estados unitários passaram a ter problemas de algum modo idênticos aos dos estados com estrutura federal. Por conseguinte o sistema fiscal tornou-se mais complexo e, por isso mesmo, aumentaram as dificuldades.

Mas o problema maior que começámos a sentir nos finais do século XX, mais precisamente nos finais dos anos setenta e oitenta, não tem a ver com essa complexidade do estado, mas antes com o financiamento do estado encontre-se ele desdobrado ou não por essas estruturas verticais. Efectivamente o problema fiscal tem antes a ver com o excessivo peso dos impostos, com a excessiva carga fiscal. Ou seja, trata-se de saber qual é o *limite superior* da tributação.

Um limite da tributação que, durante os anos oitenta do século passado, foi objecto de discussão em dois planos, o que conduziu naturalmente a dois tipos de solução. De facto, nos países mais desenvolvidos onde o problema dos limites da carga fiscal mais se fazia sentir, tanto na literatura jurídica e económica, como na arena política, encontramos dois planos de discussão para o excesso da carga fiscal.

Uma discussão *jurídica*, que procurava uma solução jurídica, a qual, em geral, foi no sentido de introduzir na própria Constituição alguns limites à tributação. Limites que comportavam uma diversidade de propostas ou manifestações, tais como as concretizadas em limites à despesa pública, ao número de servidores públicos, à taxa ou alíquota de certos impostos, com destaque para o imposto sobre o rendimento pessoal, etc.

E uma discussão *política*, na qual se pugnou por uma solução política a encontrar na arena democrática do estado, traduzida em os partidos políticos, através de seus candidatos ao governo, apresentarem programas de redução ou de limitação dos impostos. Foi por este caminho que enveredaram os Estados Unidos da América, com a eleição de *Ronald Reagan*, o Reino Unido, com a eleição de *Margaret Thatcher*, e a Suécia, com a eleição de um governo conservador. De facto, todas as forças políticas, que ganharam as eleições nesses países, apresentaram ao eleitorado programas de redução muito significativa da carga fiscal.

O que demonstra que o problema do aumento contínuo da carga fiscal, reclamado sobretudo por uma certa concretização prática do estado social, cujo traço mais visível começava a ser o da sua crescente ineficiência, teve resposta. E uma resposta, devemos sublinhar, cujo teste, como tem sido largamente reconhecido, revelou um significativo êxito.

Um problema que o fenómeno da globalização, que vem engendrando a nível mundial uma liberdade de circulação para os capitais, para os bens e até, embora menor grau, para as pessoas[17], veio modificar por completo, já que começou a haver uma verdadeira concorrência entre os estados em diversos domínios, entre os quais se inclui o domínio da tributação. Em consequência disso, os estados estão a perder parte da sua soberania fiscal, não podendo mais, se quiserem conservar uma economia aberta, instituir ou manter os impostos que bem entenderem.

Daí que o problema que está surgindo seja justamente o problema contrário. Vejam como as coisas mudaram. Agora é o problema do *limite inferior da tributação*, que a concorrência fiscal entre os estados está a colocar. Efectivamente, cada estado, para atrair as empresas estrangeiras, os investimentos estrangeiros, oferece cada vez mais uma tributação atractiva, uma tributação portanto menor.

---

[17] Pois há uma visível diferença entre a mobilidade do capital e o factor de produção constituído pelo trabalho, uma vez que este, a menos quando seja altamente qualificado, tem fraca mobilidade.

Temos assim uma competitividade, uma concorrência entre sistemas fiscais que leva os estados a reduzir sobretudo a tributação das empresas.

Assim, ao contrário do que sucedeu até ao fim do século XX, em que o problema fiscal era o do excessivo peso dos impostos, da excessiva carga fiscal, ou seja, o do *limite superior* da tributação, agora começa a encarar-se a hipótese inversa, a da eventual insuficiência das receitas fiscais para o estado poder desempenhar as suas funções, sejam as funções do estado *tout court*, sejam sobretudo as funções mais exigentes do estado social[18].

Pelo que podemos dizer que do problema do limite superior, acima do qual o sistema fiscal poderia assumir-se como confiscatório, passou-se, a seu modo, para o problema do limite inferior, abaixo do qual o sistema fiscal pode não assegurar o mínimo de meios necessários ao exercício das funções estaduais. Ou seja, a concorrência fiscal entre os estados sem regras nem limites pode levantar a questão da sustentabilidade financeira do estado. O que, devemos sublinhar, mais do que afastar o problema do limite máximo do estado fiscal, pode justamente recolocar esse problema enquanto suporte dum sistema fiscal com carácter confiscatório reportado aos contribuintes sem efectivas hipóteses de deslocar para outras jurisdições as suas manifestações de capacidade contributiva[19].

2. *A manifesta complexidade fiscal dos estados*. Por sua vez, na Europa, na velha Europa, os tradicionais estados unitários estão a perder poder de muitas maneiras para diversas estruturas. Na verdade, estão a perder poder tanto na sua distribuição vertical (para as estruturas supra-estaduais e estruturas infra-estaduais) como na sua distribuição horizontal (para corporações ou grupos de interesses).

---

[18] Para além de muitas outras consequências, entre as quais se conta a de pôr à prova a tributação com base no princípio da capacidade contributiva – v., a este respeito, Götz Blankenburg, *Globalisierung und Besteurung. Krise des Leistungsfähigkeisprinzip?*, Hamburg, 2004.

[19] O que configura um *apartheid* fiscal que, diversamente do decorrente da evasão e fraude fiscais, não dispõe de qualquer via de solução no plano exclusivamente nacional. V. também *infra*, o que dizemos no ponto III.5.6. Quanto ao *apartheid* fiscal, v. o nosso livro, *Direito Fiscal*, cit., p. 503 e ss.

Assim, naquele primeiro segmento, os estados estão a perder poder quer para estruturas colocadas a montante do estado, como vem acontecendo em geral com todos os estados, enquanto membros da OMC, e em particular com os que encetaram processos de integração económica e política, como é o caso paradigmático da União Europeia, quer para estruturas a jusante do estado, como são as regiões em Itália e as comunidades autónomas em Espanha, e os municípios na generalidade dos países.

Por seu turno, no segundo segmento de redistribuição do poder do estado, temos a concretização na reivindicação e obtenção de parcelas de poder do estado por parte de corporações ou grupos de interesses, sejam as corporações antigas, como são as ordens profissionais, sejam os grupos de interesses mais recentes, das quais são exemplo paradigmático os ecogrupos (frequentemente transnacionais) centrados na defesa, não raro fundamentalista, dos mais diversos interesses nem sempre genuinamente ecológicos.

Aliás, a propósito dos grupos ecologistas, é de sublinhar que estes vêm exercendo cada vez mais significativas parcelas do poder do estado, decidindo importantíssimos assuntos da comunidade sem que ninguém lhes tenha conferido mandato para tal, sem se sujeitarem, portanto, a qualquer escrutínio democrático. O que põe em causa não só a perda do poder do estado através dessa "extorsão", mas também a base democrática do poder e do seu exercício, subvertendo o funcionamento democrático das actuais comunidades estaduais.

Perante esta situação, de um estado acossado no seu poder por estruturas internacionais e supranacionais, regionais e municipais, e poderosos grupos corporativos, bem assim minado nas suas receitas não só por essas estruturas com as quais tem de repartir as receitas, mas também com a necessidade de baixar o nível de fiscalidade em virtude do fenómeno da globalização e da concorrência fiscal, perguntamos se o estado não se encontra à beira da falência, sobretudo o estado social.

3. *A sustentabilidade do estado social em concorrência fiscal.* Mas, como estamos vendo, esse problema, isto é, o problema da sustentabilidade do estado social está na ordem do dia. Certamente que se a concorrência com países como, por exemplo, a China ou a Índia for praticamente total, o que acontece já em alguns domínios

presentemente, em que se paga várias vezes menos pela hora de trabalho, do que nos Estados Unidos ou na Europa, é evidente que será insustentável não apenas o estado social, mas até o próprio estado *tout court*.

Pelo que nos interrogamos sobre se não será necessário o estabelecimento de alguma regulação no plano internacional, isto é, não tenhamos medo das palavras, de algum proteccionismo, reportado não a cada estado, como ocorria no passado, mas a cada bloco que a integração económica e política vão engendrando, como são a União Europeia, o NAFTA, o Mercosul, etc. Na verdade, só num tal quadro se nos afigura ser possível salvar o estado social ou, na versão comunitária, o *modelo social europeu*, uma forma de estado moderno que, ainda assim, terá de ser objecto de alguma cura de emagrecimento.

Assim a manutenção do estado social, mesmo nessa versão mais modesta, implica para o sistema fiscal, mais especificamente para o sistema de tributação do rendimento pessoal, que efectivamente o suporta, importantes limitações quanto ao desenvolvimento que hoje em dia vem sendo proposto. Designadamente não pode dispensar a existência de impostos com taxas ou alíquotas progressivas que permitam a redistribuição do rendimento em que o estado social assenta. Daí que a subsistência deste modelo de estado não se apresente compatível com a proposta, presentemente na mesa e já adoptada por diversos países, da adopção duma tributação do rendimento segundo o modelo protagonizado pela *flat tax revolution*[20].

4. *A administração ou gestão privada dos impostos*. Uma outra alteração que veio modificar significativamente os sistemas fiscais, agora em sede da aplicação dos impostos, tem a ver com a actividade de *administração* ou *gestão dos impostos*. Uma alteração da qual podemos dar conta através desta pergunta: como eram administrados ou geridos os impostos no passado e como são administrados ou geridos hoje em dia?

Pois bem, respondendo à questão tendo em conta o que se passa em Portugal, podemos dizer que actualmente a maior parte dos impostos, o que equivale a mais de noventa por cento das receitas provenientes de impostos, são administrados ou geridos pelas empresas.

---

[20] Cf. o que dizemos *infra*, no ponto III. 5.5.

São as empresas que lançam, liquidam e cobram o Imposto sobre o Valor Acrescentado, que é o que maior receita proporciona ao Estado, mais de um terço das receitas fiscais previstas no Orçamento. São elas que lançam, liquidam e cobram os impostos especiais sobre consumo, como são o imposto sobre o álcool e bebidas alcoólicas, o imposto sobre o tabaco e o imposto sobre produtos petrolíferos. Imposto este que proporciona uma receita praticamente igual à do imposto sobre o rendimento das sociedades (o Imposto sobre o Rendimento das Pessoas Colectivas). Assim como são elas que lançam, liquidam e cobram as quotizações dos trabalhadores por conta de outrem (os assalariados) para a segurança social.

Mais, mesmo o imposto em que não há autoliquidação, que é o imposto sobre o rendimento pessoal (o Imposto sobre o Rendimento das Pessoas Singulares), o segundo imposto mais importante em termos de receita (logo a seguir ao Imposto sobre o Valor Acrescentado), pois é lançado, liquidado e cobrado pela Administração Fiscal, pela Direcção-Geral dos Impostos, não há quaisquer dúvidas de que o papel mais importante é, todavia, desempenhado pelos próprios contribuintes e não pela Administração Fiscal. De facto, num tal imposto, a Administração Fiscal limita-se a fazer uma mera operação matemática inteiramente baseada nos elementos fornecidos pela declaração anual de rendimento do contribuinte, socorrendo-se para o efeito, de resto, de meios informáticos.

O que revela uma profunda alteração nas funções da Administração Fiscal. Pois, enquanto tradicionalmente tinha uma função activa, competindo-lhe lançar, liquidar e cobrar a generalidade dos impostos do sistema fiscal, presentemente essa função é uma função residual complementar da dos particulares e, sobretudo, da actividade de administração ou gestão dos impostos realizada pelas empresas. Na verdade, a sua função principal reside actualmente na fiscalização e controlo da actividade de administração ou gestão fiscal realizada pelas empresas, pois, em larguíssima medida, limita-se a fiscalizar e controlar as declarações anuais de rendimentos feitas pelos contribuintes e, bem assim, a referida actividade de administração ou gestão fiscal levada a cabo pelas empresas.

5. *A (nova) estrutura dos sistemas fiscais*. Olhando agora para a estrutura que a necessidade de reforma do sistema fiscal reclama, alinhemos algumas notas, naturalmente, muito genéricas. Vejamos então.

5.1. *Os impostos aduaneiros*. Pois bem, começando pelos direitos aduaneiros, é de referir que esses impostos tiveram, em geral, muita importância no passado[21]. Todavia, hoje em dia, não têm, praticamente, qualquer significado. Desde logo, os direitos aduaneiros para os 27 Estados membros da União Europeia passaram, no quadro da união aduaneira que formam, a ser impostos próprios da União, os quais integram a conhecida Pauta Aduaneira Comum.

Por isso, embora cobrados por cada uma das administrações aduaneiras dos 27 Estados membros, constitui uma receita da União Europeia. Uma receita que, devemos acrescentar, não tem praticamente significado no conjunto das receitas da União. O que bem se compreende no quadro de economia aberta em que actualmente vivemos, o qual levou a que tais impostos não sejam mais vistos como instrumentos de política fiscal, que de resto continua a pertencer aos Estados membros, mas antes como instrumentos de política comercial da União[22].

5.2. *A tributação do rendimento pessoal*. Por seu lado, no respeitante à tributação do rendimento pessoal, esta está enfrentando grandes problemas. De facto, hoje em dia, a tributação progressiva do rendimento pessoal é praticamente uma tributação progressiva apenas do rendimento dos trabalhadores por conta de outrem. Na verdade, aquela ideia, que se foi consolidando no estado fiscal social, de tributar o rendimento global, proveniente do trabalho e do capital, e de tributar o rendimento de todos os residentes, com taxas ou alíquotas altas e progressivas, de modo a obter uma forte redistribuição do rendimento, não é mais do que uma piedosa intenção, uma verdadeira ficção. Na verdade, pretender tributar os juros, os *royalties*, os dividendos e outros rendimentos provenientes do capital com taxas

---

[21] O que continua a acontecer nos países menos desenvolvidos. Em Portugal, podemos dizer que os impostos aduaneiros tiveram grande importância praticamente até meados do século passado.

[22] V. nesse sentido o nosso *Direito Fiscal*, cit.,p. 80 e ss.

ou alíquotas progressivas, é convidar à deslocalização dos capitais. E o mesmo vale, a seu modo, para os trabalhadores e profissionais altamente qualificados, os quais também se podem deslocalizar facilmente. É que, tanto num caso como no outro, estamos justamente perante um verdadeiro mercado mundial.

Por isso e em termos mais gerais, podemos dizer que não é mais possível tentar tributar pesadamente o rendimento dos muito ricos ou mesmo dos ricos, uma vez que, perante tributações pesadas vão-se embora, votando assim com os pés, na célebre expressão de *Charles Tibeout*. Daí que os autores comecem a olhar com simpatia, de novo, para a tributação do consumo, tradicionalmente mal vista pelo seu carácter regressivo. É que, se os muito ricos ou mesmo ricos escapam facilmente à tributação do rendimento, não pagando pelo que ganham, então, ao menos, que paguem pelo que consomem, sendo certo que sempre consomem mais do que os pobres.

5.3. *Os princípios clássicos da tributação*. Um outro problema que se coloca aqui diz respeito aos princípios clássicos da tributação, como os princípios da legalidade fiscal, da igualdade fiscal, da não retroactividade dos impostos, etc., que são princípios que se foram afirmando e consolidando enquanto limites da Administração Fiscal, quando esta tinha por missão lançar, liquidar e cobrar a generalidade dos impostos.

Mas, como vimos, isto não é mais assim, uma vez que quem administra ou gere a generalidade dos impostos, hoje em dia, são as empresas. Pelo que, limitando-nos apenas a considerar aqui o princípio da legalidade fiscal, é de perguntar: ainda fará sentido um tal princípio com o entendimento que dele conhecemos? É que são as empresas que fazem todo o trabalho de lançamento, liquidação e cobrança da generalidade dos impostos, afectando a essa tarefa importantes meios humanos e materiais. Por isso, pergunto se as empresas não deveriam ter um papel muito importante na definição de regime de administração dos impostos, pois são elas as destinatárias das normas que integram esse regime.

É curioso, porém, registar que as empresas não têm apresentado grandes reivindicações neste domínio. Pelo que respeita a Portugal, com alguma surpresa nossa, não temos visto os sectores empresariais fazerem reivindicações no sentido de as empresas participarem activamente no desenho do modelo jurídico de administração dos impostos. Pelo contrário, as suas reivindicações vão quase sempre no sentido da baixa das taxas ou alíquotas do imposto sobre as sociedades ou de mais incentivos fiscais. Ora, é de perguntar, se elas não ganhariam mais, não poupariam mais, se conseguissem uma maior eficiência na administração dos impostos e, por conseguinte, incorressem em menos custos.

5.4. *A necessidade de simplificação*. Todavia, o que presentemente se apresenta como mais visível no que respeita aos sistemas fiscais e à sua reforma, está numa palavra, numa palavra de ordem, que é: simplificar, simplificar, simplificar... Sobretudo simplificar a tributação das empresas, para que elas paguem menos e de uma maneira mais fácil, pois a concorrência económica, que se desenvolve à escala global, não se compadece com sistemas fiscais ultracomplexos como são os actuais[23].

O que implica não apenas reduzir e simplificar significativamente a tributação das empresas, mas também simplificar, e muito, a tarefa que estas desempenham como administradoras ou gestoras do sistema fiscal. Assim, a tributação com base na contabilidade organizada, deve ser reservada apenas para as grandes empresas. Por outro lado, há que eliminar umas e simplificar outras das muitas obrigações acessórias que impendem sobre as empresas enquanto administradoras ou gestoras de impostos alheios[24].

---

[23]. Uma necessidade bem conhecido da doutrina – v., por todos, MINISTÉRIO DAS FINANÇAS, *Estruturar o Sistema Fiscal Desenvolvido*, Almedina, Coimbra, 1998, p. 125 e s., e *Simplificação do Sistema Fiscal Português*, Relatório do Grupo de Trabalho, Cadernos de Ciência e Técnica Fiscal, Centro de Estudos Fiscais, 2007, p. 13 e ss. Quanto A simplificação do ordenamento fiscal como exigência constitucional, v. J. ISENSEE, "Vom Beruf unserer Zeit für Steuervereinfachung", *Steuer und Witschaft*, 24 (1994), p. 3 e ss., reproduzido em "Sulla vocazione del nostro tempo per la simplificazione fiscale", *Rivista di Diritto Finanziario e Scienza delle Finanze*, LV (1996), p. 294 e ss.; A. M. CUBERO TRUYO, *La Simplificación del Ordenamiento Tributario (desde la Perspectiva Constitucional)*, Madrid, 1997; e o nosso texto "Avaliação indirecta e manifestações de fortuna na luta contra a evasão fiscal", a publicar nos *Estudos em Homenagem ao Prof. Doutor Manuel Henrique Mesquita*, pontos 9 e 10.

[24] Simplificação que, no que respeita à definição / determinação da sua matéria colectável ou tributável, devia ser se estamos perante micro-empresas, a tributar com base num rendimento normal, perante pequenas e médias empresas, a tributar com base num

Depois, deve ser simplificado a tributação do rendimento pessoal. Tanto mais que a complexidade dessa tributação está intimamente ligada à sua personalização, a qual, como vimos, enfrenta hoje as maiores dificuldades. Efectivamente, não vemos qualquer razão para uma complexidade do sistema fiscal própria da personalização deste, quando essa personalização se reporta hoje em dia, ao fim e ao cabo, apenas à tributação do rendimento dos trabalhadores por conta de outrem.

Pois que, como referimos mais acima, a actual tributação do rendimento apresenta-se como uma tributação dual ou dualista, uma vez que, em rigor, no imposto sobre o rendimento pessoal, temos dois impostos completamente diferentes. Um, que tem tendencialmente as características de imposto pessoal exigidas pelo nº 1 do art. 104º da Constituição, traduzidas designadamente na taxa ou alíquota progressiva e nas deduções pessoais à colecta, incidente basicamente sobre o rendimento do trabalho dependente de hoje, correspondente à categoria A do IRS, e sobre o rendimento do trabalho dependente de ontem, as pensões integradas na categoria H do IRS. Outro, que se apresenta claramente como um imposto real, já que tem uma taxa ou alíquota proporcional e não tem em consideração a situação pessoal do contribuinte, incidente sobre os rendimentos do capital[25].

Um fenómeno que, devemos acrescentar, embora sem ser assim designado, não deixa de se assemelhar, quanto aos seus resultados, a experiências como a adoptada nos países nórdicos, conhecida pela designação de *dual income tax*, em que os rendimentos de capital (incluindo ganhos de capital) são objecto de uma tributação separada e proporcional[26].

---

rendimento real a apurar fundamentalmente através de elementos de natureza objectiva, ou perante grandes empresas, a tributar com base no rendimento real revelado pela contabilidade organizada – v. o nosso estudo "Alguns aspectos da tributação das empresas", em *Por um Estado Fiscal Suportável – Estudos de Direito Fiscal*, Almedina, Coimbra, 2005, p. 403 e ss.

[25] Classificando o nosso IRS como integrando um sistema de tributação "semi-dual", v. J. G. Xavier de Basto, *IRS. Incidência Real e Determinação dos Rendimentos Líquidos*, cit., p. 31 e ss.

[26] Sobre a experiência da *dual income tax*, v. M. H. Freitas Pereira, *Fiscalidade*, 2ª ed., Almedina, Coimbra, 2007, p. 90 e s., e J. G. Xavier de Basto, *IRS. Incidência Real e Determinação dos Rendimentos Líquidos*, cit., p. 25 e ss.

5.5. *A "flat tax revolution"*. Neste quadro de reforma dos sistemas fiscais no sentido da sua significativa simplificação, não podemos deixar de aludir ao fenómeno da *flat tax revolution*, traduzido na substituição dos actuais impostos sobre o rendimento por um imposto proporcional, simples e com uma taxa ou alíquota relativamente baixa. Uma ideia que tem sido seguida com razoável êxito nos países anteriormente integrantes da União Soviética.

Assim, os países bálticos, no início da década dos anos 90 do século passado, adoptaram impostos sobre o rendimento e impostos sobre as sociedades com taxas ou alíquotas proporcionais iguais para todos, entre 20 e 30%. Todavia, os países que fizeram a sua reforma fiscal já nesta década, como a Rússia e a Ucrânia, adoptaram taxas ou alíquotas ainda mais baixas, taxas ou alíquotas de 15% ou mais baixas. Uma solução que vem sendo adoptada também pelos demais países do Leste Europeu e estudada e discutida pela doutrina jusfiscalista de diversos outros países.

Pelo que é de perguntar se uma tal ideia poderá ser concretizada também em outros países, nomeadamente em Portugal. Portugal em que, devemos referir, a taxa ou alíquota máxima do imposto sobre o rendimento pessoal, que era de 40% desde a criação do IRS passou na LOE/2006 para 42%. Uma alteração que vai claramente no sentido inverso ao da história, pois por toda a parte se assiste à sua diminuição. E, sobretudo, revela um retrocesso, pois fomos progressistas quando, na reforma da tributação do rendimento de 1988-89, optámos por uma taxa ou alíquota marginal máxima de 40%, uma taxa ou alíquota máxima relativamente baixa comparada com a da generalidade dos países desenvolvidos que tinha taxas ou alíquotas máximas bem mais altas. Mas agora, quando por toda a parte estão a diminuir as taxas ou alíquotas, esse aumento, que vai proporcionar um acréscimo de receita sem significado, não pode deixar de ser interpretado como uma mera decisão política, como um mero sinal político dum governo socialista. Mas, o sistema fiscal é coisa demasiado séria para servir como mero sinal político[27].

---

[27] No sentido da redução do número de escalões e de taxas ou alíquotas do IRS, v. a recomendação constante do relatório *Simplificação do Sistema Fiscal Português*, cit., p. 216.

Respondendo, todavia, à questão que formulámos, devemos sublinhar que Portugal não tem condições para entrar no referido movimento da *flat tax revolution* e estabelecer uma taxa ou alíquota igual para todos de 15% ou mesmo de 20%. O estado correria o risco de ir à falência, se não o estado *tout court*, pelo menos o estado social. Aliás, a defesa deste, que está consagrado na Constituição, concretizado inclusivamente pela exigência da tributação progressiva do rendimento pessoal, obsta, logo à partida, que seja adoptada uma taxa ou alíquota proporcional nesse imposto sobre o rendimento. Pelo que a sua introdução, caso se optasse por ela, apenas seria viável depois de uma revisão constitucional que eliminasse do texto constitucional essa exigência. Para além de ser presentemente visível que, mesmo com as actuais taxas ou alíquotas, o estado enfrenta bastantes dificuldades financeiras.

Por outro lado, é preciso não esquecer que a *flat tax* tem sido adoptada em países que, por antes terem sido estados empresariais ou estados muito escassamente fiscais, não dispunham de um verdadeiro sistema de tributação do rendimento. Daí que a sua introdução, como um limiar relativamente baixo de tributação, não tenha sido difícil nem tenha levantado problemas de maior, pois tratou-se de substituir um sistema fiscal praticamente inexistente por um verdadeiro sistema fiscal. Num tal contexto não se andou para trás, como se teme que aconteça se esse sistema de tributação do rendimento for introduzido nos estados sociais consolidados na segunda metade do século XX. Por isso, tanto Portugal como a generalidade dos estados que, com maior ou menor sucesso, desenvolveram estados sociais não estão em condições de aderirem ao desafio que a *flat tax revolution* representa, pelo menos nos tempos mais próximos[28].

Muito embora seja de assinalar que também não podem nem têm ficado imunes às importantes consequências decorrentes da concorrência fiscal que o fenómeno da globalização vem impondo, uma vez que relativamente aos rendimentos facilmente deslocalizáveis, como são a generalidade dos rendimentos de capitais e os rendimentos

---

[28] Para a análise e avaliação das propostas que vêm sendo feitas no quadro do movimento da *flat tax revolution*, v. por todos, J. J. Amaral Tomaz, "A redescoberta do imposto proporcional (*flat tax*)", em *Homenagem a José Guilherme Xavier de Basto*, Coimbra Editora, 2006, p. 351 e ss.

do trabalho e dos serviços altamente qualificados cujo mercado é verdadeiramente mundial, não podem os estados tributá-los com altas taxas ou alíquotas como são as atingidas em impostos de natureza pessoal como o nosso IRS. Não admira assim que, como vimos, os estados estejam a voltar-se para a tributação do consumo ou mesmo, como vem acontecendo recentemente entre nós, para a presentação duma tal tributação como consubstanciando figuras diversas do imposto, erguendo, por essa via, um verdadeiro estado fiscal paralelo, em duplicação portanto do existente[29].

5.6. *Um estado fiscal em duplicado*? Daí que, muito sinceramente, nos interroguemos sobre se, no nosso país, não se está a engendrar uma duplicação do estado fiscal, em que embora como cidadãos ou residentes[30] apenas beneficiemos de um estado, financeiramente tenhamos que suportar dois estados: um, o estado fiscal propriamente dito, expressão do contrato social suporte do estado – comunidade, que é financiado pela figura dos impostos e se encontra sujeito ao escrutínio democrático consubstanciado no funcionamento dos princípios da "constituição fiscal", especialmente do princípio da legalidade fiscal; outro, um estado fiscal paralelo mascarado de não fiscal que é financiado por impostos especiais, mormente sobre consumos específicos, com receitas consignadas, muito embora designados por taxas ou contribuições para assim escaparem à constituição financeira e fiscal e, do mesmo jeito, furtarem-se ao escrutínio económico materializado na comparabilidade internacional da efectiva carga fiscal ou nível de fiscalidade que suportamos.

Muito embora seja de sublinhar que, atento o nível relativamente baixo do nosso PIB *per capita*, a carga fiscal ou o nível da fiscalidade que suportamos já se apresenta particularmente elevada mesmo tendo em conta apenas o referido estado fiscal em singelo.

---

[29] Para uma reforma fiscal que, não sendo totalmente alheia a esse movimento (da *flat tax*), pugna por um sistema fiscal menos pesado, v. PAUL KIRCHHOF, "Die staatsrechtliche Bedeutung der Steuerreform", *Jahrbuch des Öffentlichen Rechts*, 54, 2006, p. 1 e ss.

[30] Uma vez que como vimos dizendo é hoje evidente que o decisivo, em sede da ligação dos contribuintes ao seu país, é mais o vínculo de cariz económico traduzido na residência do que o vínculo político expresso na cidadania ou nacionalidade ou, por outras palavras, é mais uma cidadania de natureza económica do que uma cidadania política – cf. o nosso estudo "Alguns aspectos da tributação das empresas", *ob. cit.*, p. 358, nota 1.

Pois, relativamente ao primeiro dos aspectos mencionados, basta referir a crescente subtracção à constituição financeira, escapando assim às exigências das normas constitucionais e legais relativas ao orçamento do estado e à contabilidade pública, de cada vez mais significativas despesas públicas, a pretexto de as mesmas passarem a ser imputadas a entidades de natureza privada seja esta resultante da transformação de entidades públicas em sociedades de capitais exclusivamente públicos, seja engendradas no quadro de parcerias público-privadas ou de outros esquemas de aparente privatização de despesas. O que tem tido como consequência o recurso a esquemas de financiamento que, invariavelmente, se traduzem quer em impostos futuros, que as futuras gerações hão-se suportar, quer na duplicação para os actuais contribuintes do sistema fiscal através da simulação nominal de verdadeiros impostos com o recurso a outras figuras tributárias.

A este respeito, seja-nos permitido referir aqui três situações de taxas ou contribuições em relação às quais temos as maiores dúvidas se não se configuram como verdadeiros impostos com outro nome, os quais, pelas razões que foram mencionadas, desorbitaram assim do estado fiscal. São elas, por um lado e em geral, as taxas de regulação e supervisão com receita consignada às entidades reguladoras com destaque para a taxa de regulação e supervisão destinada à ERC[31] e, de outro lado, a taxa sobre as lâmpadas de baixa eficiência energética[32] e a contribuição para o serviço rodoviário[33].

O que nos parece muito claro em relação à taxa sobre as lâmpadas de baixa eficiência energética e à contribuição para o serviço rodoviário, pois, a nosso ver, não passam em ambos os casos de impostos especiais sobre o consumo. Pois a taxa sobre as lâmpadas de baixa eficiência energética incide sobre a aquisição dessas lâmpadas, sendo cobrada aos produtores e importadores e demais agentes económicos que, com fins profissionais, as introduzam no território

---

[31] Cf. a Lei nº 53/2005, de 8 de Novembro, que criou a Entidade Reguladora para a Comunicação (ERC), em substituição da anterior Alta Autoridade para a Comunicação Social, o Decreto-Lei nº 103/2006, de 7 de Junho, que aprovou o Regime de Taxas da ERC, e a Portaria nº 136/2007, de 29 de Janeiro, que fixou os montantes a pagar pelas taxas devidas à ERC, nos termos do referido Regime de Taxas da ERC.

[32] Criada pelo Decreto-Lei nº 108/2007, de 12 de Abril.

[33] Criada pela Lei nº 55/2005, de 31 de Agosto.

nacional[34], e a contribuição para o serviço rodoviário incide sobre a gasolina e o gasóleo sujeitos ao imposto sobre produtos petrolíferos, sendo devida pelos sujeitos passivos deste imposto e estando a sua receita consignada às Estradas de Portugal, E.P.

Uma conclusão que não é abalada pelo facto de a taxa sobre as lâmpadas de baixa eficiência energética ter um claro intuito de protecção ambiental presente, de resto, na consignação da sua receita em 80% ao Fundo Português do Carbono e em 20% ao Fundo de Eficiência Energética[35]. Pois esse seu carácter extrafiscal, muito embora possa ter consequências em sede dos princípios da legalidade fiscal e da igualdade fiscal, não o transforma de tributo unilateral ou imposto em tributo bilateral ou taxa[36].

Ideias que, a seu modo não deixam de valer também relativamente às referidas taxas de regulação e supervisão, em relação às quais nos pareces importante, para efeitos de as considerarmos impostos ou taxas[37], ter em conta, de um lado, a quem cabe essa actividade de regulação e supervisão económica, se ao mercado se ao estado e, de outro lado, como suportar financeiramente os custos dessa actividade quando ela é assumida pelo estado.

---

[34] V o art. 2º do Decreto-Lei nº 108/2007.

[35] V. o art. 5º do Decreto-Lei nº 108/2007.

[36] Cf. o nosso livro *O Dever Fundamental de Pagar Impostos*, cit., p. 654 e ss.

[37] Ou mesmo a categoria constituída pelas "demais contribuições financeiras a favor de entidades públicas" introduzida na Constituição pela Revisão Constitucional de 1997, no que passou a ser com esta Revisão o art. 165º, nº 1, al. *i)*, da Constituição. Uma figura intermédia que uma visão estritamente dicotómica dos tributos tem deixado no esquecimento, muito embora essa visão não deixe de ser fomentada pela própria Constituição que, não obstante ter introduzido essa figura, reconhece apenas dois regimes jurídico-constitucionais – o dos impostos e o das taxas e demais contribuições. Uma ideia com expressão também na Lei Geral Tributária (LGT), pois, nos termos do nº 3 do seu art. 3º remete para lei especial o "regime geral das taxas e demais contribuições" e, segundo o nº 3 do seu art. 4º, considera impostos as contribuições que tradicionalmente têm protagonizado essa figura intermédia, as "contribuições especiais", sejam as "contribuições de melhoria", sejam as "contribuições para maiores despesas". No sentido de integrar nessa nova categoria as "taxas" paras as entidades reguladoras correspondentes às antigas "taxas para os organismos de coordenação económica", v. J. M. Cardoso da Costa, "Sobre o princípio da legalidade das "taxas" (e das "demais contribuições financeiras"", *Estudos em Homenagem ao Professor Doutor Marcello Caetano no Centenário do seu Nascimento*, Coimbra Editora, 2006, p. 789 e ss.

Ora, quanto a quem cabe essa actividade de regulação e supervisão, se ao mercado se ao estado ou, por outras palavras, se à autoregulação se à heteroregulação estadual, é de sublinhar que vimos assistindo entre nós ao fenómeno de uma verdadeira hipertrofia da regulação económica pelo estado, aproveitando nesse sentido e, em alguma medida acelerando mesmo, os ventos que vêm de Bruxelas[38]. E, num estado regulador e supervisor assim ampliado, que sugere mesmo um certo "dirigismo regulador"[39], compreende-se que se tenha tornado problemática a exigência de mais impostos para ao financiar essa actividade, sobretudo no actual ambiente de concorrência fiscal internacional a limitar significativamente a soberania fiscal dos estados. Daí a tentação para o estado disfarçar a necessidade de mais impostos, recorrendo às mais variadas receitas parafiscais[40] que, ao menos aparentemente, não se apresentem como impostos.

Por isso mesmo, no processo de fixação do quantitativo das ditas taxas de regulação e supervisão, como ocorre no respeitante à taxa de regulação e supervisão destinada à ERC, o que se verifica é que, num primeiro momento, se prevê e fixa a despesa pública a suportar, no caso no específico sector da regulação da comunicação social, e, num segundo momento, se estabelece a correspondente receita praticamente igual à mencionada despesa. Uma tal técnica de definição e determinação do tributo que, quando o número dos seus destinatários é limitado, como é caso dos regulados no sector em causa, assegura, à partida, o montante da receita necessário para fazer face à despesa cujo seu montante é distribuído pelos correspon-

---

[38] O que, devemos assinalar, não surpreende, pois a União Europeia, do ponto de vista da política económica, constitui sobretudo um *regulatory state*, uma vez que, dado o exíguo orçamento comunitário, são muito limitados os seus poderes no plano da redistribuição da riqueza e da estabilização macro-económica.

[39] No que, de algum modo, faz lembrar o "estado dirigista" dos anos vinte e trinta do século passado. Quanto a hipertrofia reguladora que nos vem da União Europeia, v. as reflexões de PAULO DE PITTA E CUNHA, "A União Europeia e a concepção do estado regulador", *Revista da Faculdade de Direito da Universidade de Lisboa*, vol. XLVI, 2005, nº 2, p. 1083 e ss.

[40] Uma designação que não diz respeito à estrutura do correspondente facto tributário, isto é, à sua unilateralidade ou bilateralidade, a nota objectiva que releva para saber se estamos perante um imposto ou uma taxa, mas antes à nota subjectiva relativa ao titular activo da correspondente relação jurídica e à nota teleológica concernente ao destino das respectivas receitas. V. o nosso livro *O Dever Fundamental de Pagar Impostos*, cit., p. 257.

dentes destinatários, operando assim com uma taxa ou alíquota do tributo que seja adequada ao mencionado desiderato. O que, como é óbvio, sugere um *modus operandi* em tudo idêntico ao dos clássicos impostos de repartição.

Passando agora à carga fiscal ou nível de fiscalidade que suportamos, não há dúvidas de que ela se revela bastante elevada mesmo para um estado fiscal em singelo[41]. Pois é bom que não nos esqueçamos que, ao contrário do que frequentemente vemos afirmado com base sobretudo em informação fornecida em geral pelas organizações internacionais, com destaque para a OCDE, a nossa carga fiscal não é tão baixa quanto possa parecer. É certo que ela se apresenta relativamente baixa face aos outros países, mormente face aos que nos estão mais próximos, uma vez que, por exemplo, tendo em conta os dados relativos ao ano de 2005, a mesma se situou na casa dos 36%, correspondendo assim a pouco mais 90% da média europeia[42].

Mas é óbvio que o peso efectivo, o real significado da carga fiscal não pode ser cabalmente avaliado socorrendo-nos unicamente de tão simples quanto linear suporte. Pois é imprescindível ter em conta o correspondente PIB *per capita*, o qual nesse mesmo ano se situou entre nós na casa dos 64% da média europeia. Pelo que, comparando o peso da carga fiscal com o nível de rendimentos revelado pelo PIB *per capita*, chegamos a uma carga fiscal para o ano de 2005 correspondente na realidade a 140% da média europeia[43]. Ou seja, para um PIB *per capita* igual à média europeia, a carga fiscal portuguesa apresenta-se não abaixo, mas acima da média europeia, já que se eleva em 40% acima da carga fiscal da média europeia.

Por isso, para uma análise adequada da comunidade estadual a que pertencemos, no quadro do correspondente contrato social base do nosso estado de direito democrático, avaliando e ponderando as correspondentes prestações recíprocas, ou seja, de um lado, o que

---

[41] À semelhança do que ocorre frequentemente, falamos aqui de carga fiscal ou nível de fiscalidade considerando tais expressões sinónimas, muito embora tenhamos consciência das diferenças que as separam – v., por todos, M. H. Freitas Pereira, *Fiscalidade*, cit., p. 321 e ss., e Albano Santos, *Teoria Fiscal*, Instituto Superior de Ciências Sociais e Políticas, Lisboa, 2003, p. 448 e ss.

[42] Lembramos que, por simplificação, trabalhamos com percentagens arredondadas por baixo e tendo em conta a União Europeia a 15 (portanto UE-15 = 100).

[43] Pois que 90% / 64% = 140%.

pagamos ao estado e, de outro lado, o que recebemos dele, não podemos deixar de contabilizar tudo o que pagamos tanto em sede de fiscalidade como das múltiplas parafiscalidades que vão germinando um pouco por todo o lado neste estado de verdadeiro *"dirigismo regulático"*. Na verdade, não podemos estar dispostos a ser cidadãos face ao estado e súbditos dos múltiplos senhores que os desdobramentos verticais (a montante e a jusante) e horizontais desse mesmo estado vêm engendrando, cujos poderes e gastos não votamos e cuja necessidade da correspondente actividade raramente se percebe.

Efectivamente, compreende-se e aceita-se facilmente que, atendendo à reforma do financiamento das despesas incorridas com as novas realidades da protecção ambiental e da regulação económica e social, se possa assistir a uma certa deslocação do estado fiscal para o estado tributário ou "estado taxador". Uma situação que até pode aceitar-se. O que, porém, já não pode ser aceitável é que, fingindo essa deslocação, se esteja praticando uma verdadeira e inadmissível acumulação do estado fiscal com o estado tributário ou "estado taxador", duplicando, ao fim e ao cabo, o estado fiscal[44]. Em suma, condição para que seja admissível uma modificação nesse sentido, uma modificação no sentido de deslocar parte da carga do estado fiscal para o "estado taxador", é que o correspondente resultado final seja, por assim dizer, de soma zero.

[44] Uma preocupação que, parece-nos, não terá sido devidamente ponderada por SÉRGIO VASQUES, *O Princípio da Equivalência como Critério de Igualdade Tributária*, ob. cit., p. 15 e ss.

Perspectivas do Sistema Interamericano de Proteção dos Direitos Humanos no Brasil

ANTONIO MOREIRA MAUÉS*

1. Introdução

O Brasil ingressou tardiamente no sistema da Convenção Americana sobre Direitos Humanos (CADH), tendo-a ratificado somente em 1992, quatorze anos após sua entrada em vigor. O reconhecimento da competência da Corte Interamericana de Direitos Humanos (Corte IDH) deu-se posteriormente, em 1998, limitando-se aos casos ocorridos a partir dessa data. Não obstante, o país é alvo de um número expressivo de demandas junto à Comissão Interamericana de Direitos Humanos (CIDH).[1]

As razões desse atraso encontram-se no fato do país estar submetido a um regime autoritário no período em que foi assinada a CADH. Em 1988, o processo de redemocratização gerou uma nova Constituição, que colocava a "dignidade da pessoa humana" entre os fundamentos do Estado (art. 1º, III) e declarava a "prevalência dos direitos humanos" como princípio das relações internacionais (art. 4º, II). Os direitos humanos também estão presentes no Título II da

* Professor Associado da Universidade Federal do Pará. Doutor em Direito pela Universidade de São Paulo. Pesquisador do Conselho Nacional de Desenvolvimento Científico e Tecnológico

[1] Cf. Cristina de Figueiredo Terezo, "A efetividade das recomendações da Comissão Interamericana de Direitos Humanos no Brasil". In: Jayme Benvenuto Lima Júnior (Org.). *Direitos Humanos Internacionais: perspectiva prática no novo cenário mundial* (Recife, Bagaço, 2006).

Constituição ("Dos Direitos Fundamentais", arts. 5º a 17), que reconhece um amplo elenco de direitos individuais, coletivos e difusos, incluindo os decorrentes dos tratados internacionais nos quais o Brasil é parte (art. 5º, § 2º). Cumprindo os comandos constitucionais, o país passou a ratificar vários tratados sobre direitos humanos, tanto do sistema global quanto do sistema regional.[2]

A nova posição adotada pelo Brasil em face do direito internacional dos direitos humanos não foi acompanhada, contudo, de uma sistematização sobre a incorporação dessas normas no direito interno.[3] Tal indefinição contribuiu para que o Supremo Tribunal Federal (STF) mantivesse a jurisprudência firmada no regime anterior, que conferia aos tratados internacionais o mesmo nível hierárquico das leis ordinárias, diminuindo o significado da ratificação dos instrumentos internacionais de direitos humanos no país.

A partir de 2004, alguns fatos passaram a modificar esse quadro, incrementando a importância do sistema interamericano no direito brasileiro. No bojo da "Reforma do Poder Judiciário", aprovada pela Emenda Constitucional nº 45, novos dispositivos sobre direitos humanos foram acrescentados à Constituição de 1988. Os tratados e convenções internacionais sobre direitos humanos tornam-se equivalentes às emendas constitucionais se aprovados pelo mesmo quorum exigido para estas: maioria de três quintos, em dois turnos de votação, em cada uma das casas do Congresso Nacional (art. 5º, § 3º). Além disso, a EC nº 45 constitucionalizou a adesão do Brasil ao Tribunal Penal Internacional e criou o instituto do incidente de deslocamento de competência para a justiça federal dos casos de graves violações dos direitos humanos.

---

[2] No sistema global destaca-se a ratificação, em 1992, do Pacto Internacional de Direitos Civis e Políticos e do Pacto Internacional de Direitos Econômicos, Sociais e Culturais. No sistema interamericano, além da CADH, o Brasil também é signatário da Convenção Interamericana para Prevenir, Punir e Erradicar a Violência contra a Mulher e do Protocolo à Convenção Americana referente aos Direitos Econômicos, Sociais e Culturais, dentre outros instrumentos.

[3] Pedro Dallari identifica como gênese desse problema o fato das Constituições brasileiras terem sido omissas em relação ao tema da recepção dos tratados internacionais e seus efeitos no direito interno, "sendo o tratado, no plano constitucional, enfocado quase que exclusivamente sob a ótica da distribuição de competências entre os poderes, com vistas ao regramento do respectivo processo de celebração e aprovação". Cf. *Constituição e Tratados Internacionais* (São Paulo, Saraiva, 2003, p. 46).

No campo jurisprudencial, o Supremo Tribunal Federal começa a mudar sua orientação a partir de 2006, para considerar que os tratados internacionais de direitos humanos, apesar de estarem abaixo da Constituição, incorporam-se ao ordenamento interno com hierarquia supra-legal. No mesmo ano, foram proferidas as primeiras sentenças de mérito da Corte IDH em casos brasileiros (Caso Ximenes Lopes e Caso Nogueira de Carvalho), o que demanda respostas concretas às questões que envolvem seu cumprimento e a recepção da jurisprudência da Corte IDH pelos tribunais nacionais.[4]

Nas seções seguintes deste trabalho, objetivamos analisar a contribuição de cada uma dessas mudanças para a articulação entre o sistema nacional e interamericano de proteção dos direitos humanos, oferecendo uma visão atualizada da posição deste último no direito brasileiro. Ao final, buscaremos explorar as questões teóricas que devem ser enfrentadas para aprimorar essa articulação ou, em outras palavras, para harmonizar os direitos humanos e os direitos fundamentais.

2. A Incorporação da CADH

2.1. *O Debate sobre o art. 5º, § 2º da Constituição*

Desde a promulgação da Constituição de 1988, houve um grande debate sobre a interpretação de seu art. 5º, § 2º.[5] Mesmo que Constituições anteriores afirmassem que o elenco de direitos do texto constitucional não era exaustivo, a referência aos direitos decorrentes

---

[4] Vale destacar ainda, no plano do Poder Executivo, o status de Ministério, conferido em 2003, à Secretaria Especial de Direitos Humanos, convertida em Secretaria da Presidência da República. Junto à SEDH funciona a Comissão de Tutela, criada pelo Decreto nº 4.433/02, que tem por objetivos primordiais realizar a defesa do Estado brasileiro e cumprir com as recomendações e decisões do sistema interamericano de direitos humanos. Além das atribuições supracitadas, cabe à Comissão de Tutela, conforme dispõe o artigo 2º do aludido Decreto, celebrar soluções amistosas nos casos de violação de direitos humanos em trâmite no sistema interamericano e promover o diálogo entre os entes federados, a fim de que as recomendações do sistema sejam cumpridas e que se implementem políticas públicas para garantia e defesa dos direitos humanos.

dos tratados internacionais aparecia, pela primeira vez, na história constitucional brasileira.

A relevância prática desse debate residia no fato de que, como vimos, o Brasil havia ratificado uma série de tratados internacionais de direitos humanos após a promulgação da Constituição de 1988, o que exigia uma definição sobre o nível hierárquico dessas normas no direito interno.

Para uma melhor compreensão da polêmica, vale expor os procedimentos seguidos para a recepção de um tratado internacional na ordem jurídica brasileira. A Constituição de 1988 atribui ao Presidente da República a competência para "celebrar tratados, convenções e atos internacionais, sujeitos a referendo do Congresso Nacional" (art. 84, VIII), e ao Congresso Nacional a competência para "resolver definitivamente sobre tratados, acordos ou atos internacionais que acarretem encargos ou compromissos gravosos ao patrimônio nacional" (art. 49, I). Portanto, no atual regime constitucional, que não difere substancialmente dos anteriores, o processo de ratificação do tratado exige a participação tanto do Poder Executivo quanto do Poder Legislativo, cabendo ao Presidente da República submeter a proposta de ratificação ao Congresso Nacional, que decidirá por meio de decreto legislativo, aprovado por maioria simples (art. 47).

Além disso, a vigência do tratado na ordem jurídica interna depende de sua promulgação por meio de decreto do Presidente da República. Ainda que não conste expressamente no texto constitucional, essa exigência atende a um costume estabelecido desde os primórdios do Estado Nacional e justifica-se, ainda, para dar publicidade à assunção do vínculo obrigacional na esfera internacional e ao conteúdo do tratado. O STF corrobora o entendimento de que a incorporação dos tratados internacionais conclui-se com o decreto presidencial, que gera três efeitos básicos: promulgação do tratado internacional, publicação oficial do seu texto e executoriedade do ato internacional, que passa a vincular no plano do direito interno.[6]

---

[5] "Art. 5º, § 2º. Os direitos e garantias expressos nesta Constituição não excluem outros decorrentes do regime e dos princípios por ela adotados, ou dos tratados internacionais em que a República Federativa do Brasil seja parte".

[6] Cf. ADIn 1.480. Vale lembrar que não há consenso na doutrina sobre a natureza do decreto legislativo e do decreto executivo. Para os defensores da visão dualista, esses

No que se refere à incorporação dos tratados internacionais de direitos humanos, a partir da Constituição de 1988 podemos identificar na doutrina três posições distintas sobre o tema:

a) os tratados internacionais de direitos humanos possuem hierarquia supra-constitucional;[7]
b) os tratados internacionais de direitos humanos possuem hierarquia constitucional. De acordo com esse ponto de vista, os direitos fundamentais reconhecidos pela Constituição de 1988 podem ser classificados em três grupos: os direitos expressos na Constituição; os direitos implícitos, decorrentes do regime e dos princípios adotados pela Lei Maior; os direitos expressos nos tratados internacionais subscritos pelo Brasil. Assim, a referência da Constituição aos direitos decorrentes de tratados internacionais lhes confere uma "hierarquia especial e diferenciada", de nível constitucional, em relação aos demais tratados, que teriam natureza infra-constitucional;[8]
c) os tratados internacionais de direitos humanos possuem a mesma hierarquia das leis ordinárias. Para essa corrente, a cláusula do art. 5º, § 2º, limita-se a reconhecer a incorporação dos direitos decorrentes dos tratados internacionais ao direito interno. Dentre os principais argumentos em favor dessa tese, encontra-se a sujeição dos tratados internacionais ao controle de constitucionalidade, tanto concentrado (art. 102, I, a), quanto difuso (art. 102, III, b), e o fato de que os tratados são aprovados pelo Congresso Nacional pelo mesmo quorum de maioria simples exigido para as leis ordinárias.[9]

---

documentos convertem o texto convencional em instrumento de direito interno, constituindo os direitos nele previstos. Para os defensores da visão monista, os decretos são apenas instrumentos de formalização da recepção.

[7] Cf. Celso Duvivier de Albuquerque Mello. "O § 2º do art. 5º da Constituição Federal". In: Ricardo Lobo Torres (Org.). *Teoria dos Direitos Fundamentais* (Rio de Janeiro, Renovar, 1999).

[8] Cf. Flavia Piovesan, *Direitos Humanos e o Direito Constitucional Internacional* (São Paulo, Max Limonad, 1997, p. 89).

[9] Cf. Luiz Alberto David Araújo; Vidal Serrano Nunes Júnior, *Curso de Direito Constitucional*, 2ª ed (São Paulo, Saraiva, 1999, p. 144-145).

Tal como veremos na seção seguinte, o STF tendeu a optar pela última posição, sem, contudo, encerrar o debate sobre a correta interpretação desses dispositivos.

2.2. *A Emenda Constitucional nº 45*

Tentando eliminar a controvérsia sobre a incorporação dos tratados internacionais, a Emenda Constitucional nº 45 acrescentou o parágrafo 3º ao art. 5º, dispondo que "Os tratados e convenções internacionais sobre direitos humanos aprovados, em cada Casa do Congresso Nacional, em dois turnos, por três quintos dos votos dos respectivos membros, serão equivalentes às emendas à Constituição".[10]

A importância da inovação da EC nº 45 reside em possibilitar que os tratados internacionais de direitos humanos sejam incorporados como norma formalmente constitucional ao ordenamento brasileiro. Tal reconhecimento, contudo, não elimina todos os potenciais conflitos entre Constituição e tratados. Em seu art. 60, § 4º, a Constituição de 1988 elenca limites materiais a sua reforma, cujo desrespeito acarreta a inconstitucionalidade das emendas constitucionais. Assim, pode-se cogitar que um tratado internacional venha a conflitar com norma constitucional originária considerada intangível, o que levaria à nulidade da disposição convencional.

Não obstante, as maiores polêmicas incidem sobre o nível hierárquico dos tratados de direitos humanos ratificados antes da EC nº 45. Aqui, verifica-se que a reforma constitucional não logrou pacificar o entendimento doutrinário sobre a matéria, tendo sido mantidas, essencialmente, as mesmas posições que antes se debatiam sobre a interpretação do parágrafo 2º do art. 5º.

Para os defensores da hierarquia constitucional desses tratados, o novo parágrafo 3º não alterou o caráter materialmente constitucional a eles atribuído pelo legislador constituinte originário.[11] Já para

---

[10] Apesar do uso da dicotomia "tratados e convenções", a doutrina brasileira não tem atribuído importância conceitual a essa distinção terminológica.

[11] "Reitere-se que, por força do art. 5º, § 2º, todos os tratados de direitos humanos, independentemente do *quorum* de sua aprovação, são materialmente constitucionais.

aqueles que acreditam que os tratados internacionais, mesmo que versem sobre direitos humanos, possuem nível infraconstitucional, o parágrafo 3º do art. 5º ratifica que somente o quorum de emenda constitucional pode promover alterações no texto constitucional.[12] Reforça-se, assim, o argumento de que o ato legislativo do processo de ratificação – o decreto legislativo – não pode gerar os mesmos efeitos de uma emenda constitucional.

Cabe lembrar que a continuidade do debate sobre a interpretação do art. 5º, § 2º justifica-se pelo fato de que os principais tratados internacionais de direitos humanos já foram ratificados pelo Brasil, o que diminui o impacto da previsão do § 3º do art. 5º.

Outras duas inovações da EC nº 45 interessam ao nosso tema:

a) ao art. 5º foi acrescentado ainda o parágrafo 4º, que dispõe: "O Brasil se submete à jurisdição do Tribunal Penal Internacional a cuja criação tenha manifestado adesão". Vale lembrar que a criação do TPI foi ratificada pelo Brasil antes da promulgação da EC nº 45 e que o Estado Brasileiro já se vinculara a outros sistemas judiciais internacionais (Corte Interamericana de Direitos Humanos, Corte Internacional de Justiça e Tribunal Permanente de Revisão do Mercosul, por exemplo), sem necessidade de mudança constitucional. A adesão ao TPI poderia ainda ser fundamentada no art. 7º do Ato das Disposições Constitucionais Transitórias, que prevê que o Brasil "propugnará pela formação de um tribunal internacional de direitos humanos". Assim, essa reforma deve ser entendida no contexto da discrepância entre alguns dispositivos do Estatuto de Roma e a Constituição de 1988, nomeadamente no que se refere à prisão perpétua e a entrega do nacional, tendo como objetivo garantir a eficácia das decisões do TPI no direito interno;

O *quorum* qualificado estão tão-somente a reforçar tal natureza constitucional, ao adicionar um lastro formalmente constitucional." (Flávia Piovesan, "Reforma do Judiciário e Direitos Humanos". In: André Ramos Tavares; Pedro Lenza; Pietro de Jesús Lora Alarcón, *Reforma do Judiciário analisada e comentada*. São Paulo, Método, 2005, p. 72).

[12] Cf. Carmen Tiburcio, "A EC nº 45 e temas de direito internacional". In: Teresa Arruda Alvim Wambier *et alli, Reforma do Judiciário. Primeiras Reflexões sobre a Emenda Constitucional nº 45/2004* (São Paulo, Revista dos Tribunais, 2005, p. 126).

b) a EC nº 45 atribuiu uma nova competência à justiça federal comum, disposta no art. 109, § 5º: "Nas hipóteses de grave violação a direitos humanos, o Procurador-Geral da República, com a finalidade de assegurar o cumprimento de obrigações decorrentes de tratados internacionais de direitos humanos dos quais o Brasil seja parte, poderá suscitar, perante o Superior Tribunal de Justiça, em qualquer fase do inquérito ou processo, incidente de deslocamento de competência para a Justiça Federal". No Brasil, a maioria dos casos de violações dos direitos humanos é de competência da justiça estadual, cuja eficiência para sancionar tais condutas vinha sendo constantemente questionada nos últimos anos. A partir desse diagnóstico, criou-se a possibilidade de que os casos mais graves de violações dos direitos humanos decorrentes de tratados internacionais sejam levados à justiça federal, o que também se justifica pelo fato de ser a União Federal, e não os Estados-Membros, que responde pelo descumprimento das obrigações convencionais.

Apesar de tratarem de temas diferentes, as mudanças promovidas pela EC nº 45 têm em comum a valorização dos sistemas internacionais de proteção dos direitos humanos. Sem embargo das polêmicas sobre sua interpretação, o parágrafo 3º do art. 5º coloca definitivamente o Brasil entre os países cujas Constituições reconhecem a hierarquia constitucional dos tratados internacionais de direitos humanos, ainda que sujeita à manifestação do Poder Legislativo. As disposições referentes ao Tribunal Penal Internacional e ao incidente de deslocamento de competência manifestam a intenção de que o Brasil se integre cada vez mais aos sistemas judiciais internacionais, criando mecanismos em seu direito interno para garantir o cumprimento das obrigações assumidas perante a comunidade internacional. Portanto, a EC nº 45, apesar da imprecisão de seus dispositivos, inscreve-se em uma trajetória de reforço da proteção dos direitos humanos, estabelecida como um princípio fundamental pela Constituição de 1988.

3. A jurisprudência do STF

3.1. *A continuidade da jurisprudência*

Em 1977, julgando um caso que envolvia a aplicação da Lei Uniforme sobre Letras de Câmbio e Notas Promissórias (Recurso Extraordinário nº 80.004), o STF estabeleceu o precedente de que os tratados internacionais incorporam-se ao direito interno no mesmo nível da lei, podendo, portanto, ser revogados por lei posterior ou deixar de ser aplicados em favor de lei específica.[13]

Essa jurisprudência foi mantida pelo STF após 1988. No julgamento da Ação Direta de Inconstitucionalidade (ADIn) nº 1.347, o STF recusou a utilização dos tratados internacionais como parâmetro do controle de constitucionalidade, negando que Convenções da Organização Internacional do Trabalho (OIT) pudessem fundamentar a declaração de inconstitucionalidade de Portarias do Ministério do Trabalho. Assim, a ADIn não foi conhecida pelo STF, pois não envolvia violação direta da Constituição: "Revelar-se-á processualmente inviável a utilização da ação direta, quando a situação de inconstitucionalidade – que sempre deve transparecer imediatamente do conteúdo material do ato normativo impugnado – depender, para efeito de seu reconhecimento, do prévio exame comparativo entre a regra estatal questionada e qualquer outra espécie jurídica de natureza infraconstitucional, como os atos internacionais – inclusive aqueles celebrados no âmbito da Organização Internacional do Trabalho (O.I.T.) – que já se acham incorporados ao direito positivo interno do Brasil, pois os tratados concluídos pelo Estado Federal possuem, em

---

[13] Assim dispõe o acórdão: "Embora a Convenção de Genebra que previu uma lei uniforme sobre letras de câmbio e notas promissórias tenha aplicabilidade no direito interno brasileiro, não se sobrepõe ela às leis do País, disso decorrendo a constitucionalidade e conseqüente validade do Decreto-Lei nº 427/69, que instituiu o registro obrigatório da Nota Promissória em Repartição Fazendária, sob pena de nulidade do título". Não há consenso sobre o fundamento monista ou dualista dessa decisão. O aspecto dualista da localiza-se na idéia de prevalência do direito interno, sem que haja necessidade de denúncia do tratado pelo Brasil. Contudo, o acórdão reconhece que o tratado vigora sem necessidade de lei que o incorpore ao ordenamento nacional, o que se aproxima da visão monista. Para uma síntese do debate, ver Dallari, *op. cit.*, p. 55-58.

nosso sistema normativo, o mesmo grau de autoridade e de eficácia das leis nacionais."

A principal referência dessa jurisprudência encontra-se na ADIn nº 1.480, que buscava a declaração de inconstitucionalidade da Convenção nº 158 da OIT em face do art. 7º, I da Constituição Federal. Segundo o STF: "No sistema jurídico brasileiro, os tratados ou convenções internacionais estão hierarquicamente subordinados à autoridade normativa da Constituição de República. Em consequência, nenhum valor jurídico terão os tratados internacionais, que, incorporados ao sistema de direito positivo interno, transgredirem, formal ou materialmente, o texto da Carta Política. (...) Os tratados ou convenções internacionais, uma vez regularmente incorporados ao direito interno, situam-se, no sistema jurídico brasileiro, nos mesmos planos de validade, de eficácia e de autoridade em que se posicionam as leis ordinárias, havendo, em conseqüência, entre estas e os atos de direito internacional público, mera relação de paridade normativa. (...) A eventual precedência dos tratados ou convenções internacionais sobre as regras infraconstitucionais de direito interno somente se justificará quando a situação de antinomia com o ordenamento doméstico impuser, para a solução do conflito, aplicação alternativa do critério cronológico ("lex posterior derogat priori") ou, quando cabível, do critério da especialidade."

O STF também manteve esse entendimento no que se refere aos tratados internacionais de direitos humanos, não admitindo qualquer particularidade decorrente do disposto no art. 5º, § 2º. Essa orientação tornou-se nítida em dois casos que colocaram em conflito disposições da Convenção Americana sobre Direitos Humanos e da Constituição Federal. No mais famoso delas, opôs-se o art. 7º.7, da CADH ("Ninguém deve ser detido por dívidas. Este princípio não limita os mandados de autoridade judiciária competente expedidos em virtude de inadimplemento de obrigação alimentar") ao art. 5º, LXVII, da CF ("não haverá prisão civil por dívida, salvo a do responsável pelo inadimplemento voluntário e inescusável de obrigação alimentícia e a do depositário infiel").

Como se nota, a Constituição de 1988 estabelece uma segunda hipótese de prisão por dívida, não contemplada na CADH. O STF julgou que a prisão do depositário infiel continuava constitucional mesmo após a ratificação do Pacto de São José pelo Brasil, não reconhecendo, nesse caso, nem mesmo a aplicação do princípio *lex posterior derogat priori*, pois a norma constitucional autorizaria o legislador a editar uma lei especial. Dá-se, como exemplo, a decisão no HC nº 253.071, assim ementado: "Essa Corte (...) firmou o entendimento de que, em face da Carta Magna de 1988, persiste a constitucionalidade da prisão civil do depositário infiel, em se tratando de alienação fiduciária, bem como de que o Pacto de São José da Costa Rica, além de não poder contrapor-se à permissão do artigo 5º, LXVII, da mesma Constituição, não derrogou, por ser norma infraconstitucional geral, as normas infraconstitucionais especiais sobre prisão civil do depositário infiel."

Observa-se nesses casos que o STF admitiu inclusive a equiparação feita pela legislação infra-constitucional entre a figura do depositário infiel (art. 1.287 do então vigente Código Civil) e do devedor alienante (Decreto-Lei 911/69), apesar das diferenças entre os dois institutos.

No outro caso, o STF também entendeu que disposições do Pacto de São José não poderiam limitar a aplicação das normas constitucionais. Tratando das garantias judiciais, o art. 8º.2.h da CADH dispõe que "2. Toda pessoa acusada de um delito tem direito a que se presuma sua inocência, enquanto não for legalmente comprovada sua culpa. Durante o processo, toda pessoa tem direito, em plena igualdade, às seguintes garantias mínimas: (...) h) direito de recorrer da sentença a juiz ou tribunal superior". Para o STF, essa disposição não poderia transformar o duplo grau de jurisdição em garantia constitucional absoluta, mantendo-se as limitações impostas nesse campo pela Constituição Federal, que prevalece "sobre quaisquer convenções internacionais, incluídas as de proteção dos direitos humanos" (RHC nº 79.785/00).

Por último, em um dos casos em que foi alegado conflito entre a CADH e a Constituição de 1988, o STF, ainda que mantendo o entendimento do caráter infra-constitucional dos tratados, buscou uma interpretação harmonizadora dos dois diplomas. Segundo o art. 5º, LVII, da CF, "ninguém será considerado culpado até o trânsito em julgado de sentença penal condenatória", enquanto o art. 7º.2, da CADH, dispõe que "Ninguém pode ser privado de sua liberdade física, salvo pelas causas e nas condições previamente fixadas pelas Constituições políticas dos estados-partes ou pelas leis de acordo com elas promulgadas." Diante da alegação de que o Pacto de São José garantiria um direito irrestrito de recorrer em liberdade, o STF negou que houvesse contradição entre os dois diplomas, tendo em vista que a própria CADH ressalva as condições fixadas pelas Constituições e pelas leis (HC nº 73.151).[14]

3.2. *O julgamento do RE 466.343*

O julgamento desse recurso extraordinário, ainda pendente de conclusão, deve promover uma significativa mudança no entendimento do STF.[15] Tratando da prisão civil em caso de alienação fiduciária, uma nova maioria está sendo formada no STF, que considera que os tratados internacionais de direitos humanos encontram-se acima da legislação interna, ainda que abaixo da Constituição. Nas palavras do Min. Gilmar Mendes: "O *status* normativo supralegal dos tratados internacionais de direitos humanos subscritos pelo Brasil, dessa forma, torna inaplicável a legislação infraconstitucional com ele conflitante, seja ela anterior ou posterior ao ato de ratificação. Assim ocorreu com o art. 1.287 do Código Civil de 1916 e com o Decreto-Lei nº 911/1969, assim como em relação ao art. 652 do Novo Código Civil (Lei nº 10.406/2002)."

Além disso, o Ministro destaca que a evolução jurisprudencial é necessária para adaptar os sentidos possíveis da letra da Constituição às mudanças de uma sociedade complexa e plural: "A prisão civil do depositário infiel não mais se compatibiliza com os valores supremos assegurados pelo Estado Constitucional, que não está mais voltado apenas para si mesmo, mas compartilha com as demais entidades soberanas, em contextos internacionais e supranacionais, o dever de efetiva proteção dos direitos humanos".

[14] Outro momento de valorização da CADH no direito brasileiro aparece no julgamento da ADIn nº 1.675, na qual o STF reconhece-a como um "poderoso reforço à interpretação do texto constitucional"

[15] Em 22.11.2006, o Min. Celso de Mello pediu vista dos autos. Acompanharam o voto do relator, negando provimento ao recurso, outros seis Ministros.

4. As Sentenças da Corte IDH em Casos Brasileiros

4.1. *O Caso Ximenes Lopes*

Além de sua importância para o Brasil, a sentença do Caso Ximenes Lopes, proferida em 4 de julho de 2006, inscreve-se em uma já longa tradição de proteção do direito à vida (art. 4º da CADH)[16] pela Corte IDH, identificando deveres prestacionais em relação aos doentes, especialmente mentais, e enunciando novos parâmetros da responsabilidade estatal.

Damião Ximenes Lopes faleceu em um hospital psiquiátrico, vítima de maus-tratos. Apesar da instituição ser de titularidade privada, a Corte IDH condenou o Brasil por considerar que a responsabilidade estatal também pode originar-se de atos de particulares, (pois as obrigações positivas do Estado para com a adoção de medidas voltadas à efetiva proteção dos direitos humanos inclui as relações interindividuais).[17]

Dessa forma, a Corte IDH reconhece três situações que ensejam a responsabilidade estatal: ações ou omissões atribuíveis a órgãos ou funcionários do Estado; omissão do Estado em prevenir que terceiros vulnerem os bens jurídicos que protegem os direitos humanos; conduta de uma pessoa ou entidade que está autorizada pela legislação do Estado para exercer atribuições de autoridade governamental.

---

[16] "Art. 4º. Direito à Vida. 1. Toda pessoa tem o direito de que se respeite sua vida. Esse direito deve ser protegido pela lei e, em geral, desde o momento da concepção. Ninguém pode ser privado da vida arbitrariamente. 2. Nos países que não houverem abolido a pena de morte, esta só poderá ser imposta pelos delitos mais graves, em cumprimento de sentença final do tribunal competente e em conformidade com lei que estabeleça tal pena, promulgada antes de haver o delito sido cometido. Tampouco se estenderá sua aplicação a delitos aos quais não se aplique atualmente. 3. Não se pode restabelecer a pena de morte nos Estados que a hajam abolido. 4. Em nenhum caso pode a pena de morte ser aplicada por delitos políticos, nem por delitos comuns conexos com delitos políticos. 5. Não se deve impor a pena de morte a pessoa que, no momento da perpetração do delito, for menor de dezoito anos, ou maior de setenta, nem aplicá-la a mulher em estado de gravidez. 6. Toda pessoa condenada à morte tem direito a solicitar anistia, indulto ou comutação da pena, os quais podem ser concedidos em todos os casos. Não se pode executar a pena de morte enquanto o pedido estiver pendente de decisão ante a autoridade competente."

[17] Caso Ximenes Lopes, par. 85.

Nesse último caso, tal conduta, seja de pessoa física ou jurídica, deve ser considerada um ato do poder público, sempre e quando estiver atuando em dita capacidade, tal como ocorre quando se prestam serviços em nome do Estado.[18]

Estabelecida a responsabilidade do Estado, a Corte determinou, ademais, que das obrigações gerais de respeito derivam deveres especiais, determináveis em função das particulares necessidades de proteção do sujeito de direito, seja por sua condição pessoal, seja pela situação específica em que se encontra.[19] Em relação às pessoas que estão recebendo atenção médica, e dado que a saúde é um bem público cuja proteção está a cargo dos Estados, estes têm a obrigação de prevenir que terceiros interfiram indevidamente no gozo dos direitos à vida e à integridade pessoal, particularmente vulneráveis quando uma pessoa se encontra sob tratamento de saúde. Portanto, os Estados têm o dever de regular e fiscalizar toda a assistência à saúde prestada às pessoas sob sua jurisdição, como dever especial de proteção da vida e da integridade pessoal, independentemente da entidade ser pública ou privada.[20] A falta do dever de regular e fiscalizar gera responsabilidade internacional tanto por atos de entidades públicas quanto por atos de entidades privadas com capacidade estatal ou de terceiros.[21]

A Corte IDH lembra ainda que a prestação de serviços públicos implica a proteção dos bens públicos. Assim, mesmo que os Estados deleguem sua prestação, eles mantêm a titularidade da obrigação de prover os serviços públicos e proteger o bem público respectivo: "A delegação à iniciativa privada de prestar esses serviços exige como elemento fundamental a responsabilidade do Estado de fiscalizar sua execução, a fim de garantir uma efetiva proteção dos direitos humanos das pessoas sob sua jurisdição e para que os serviços públicos sejam prestados à coletividade sem qualquer tipo de discriminação e da forma mais efetiva possível."[22] Portanto, o Estado é responsável por regular e fiscalizar com caráter permanente a prestação dos serviços

[18] Caso Ximenes Lopes, par. 86.
[19] Caso Ximenes Lopes, par. 88.
[20] Caso Ximenes Lopes, par. 89.
[21] Caso Ximenes Lopes, par. 90.
[22] Caso Ximenes Lopes, par. 96.

e a execução dos programas nacionais relativos ao logro de uma prestação de serviços de saúde públicos de qualidade, de tal maneira que dissuada qualquer ameaça ao direito à vida e à integridade física das pessoas submetidas a tratamento de saúde. Devem, entre outros, criar mecanismos adequados para inspecionar as instituições psiquiátricas, apresentar, investigar e resolver queixas e estabelecer procedimentos disciplinares ou judiciais para casos de conduta profissional indevida ou de violação dos direitos dos pacientes.[23]

Esse conjunto de considerações permite que a Corte IDH afirme que toda pessoa que se encontra em uma situação de vulnerabilidade é titular de uma proteção especial, em razão dos deveres especiais cujo cumprimento por parte do Estado é necessário para satisfazer as obrigações gerais de respeito e garantia dos direitos humanos. Não basta, portanto, que os Estados se abstenham de violar os direitos, sendo imperativa a adoção de medidas positivas, determináveis em função das particulares necessidades do sujeito de direito, seja por sua condição pessoal ou pela situação específica em que se encontre, como a deficiência.[24]

No caso das pessoas que são submetidas a tratamentos psiquiátricos, o Estado deve considerar que elas são particularmente vulneráveis à tortura e outras formas de tratamento cruel, desumano ou degradante, tendo em vista o controle que sobre elas é exercido pelo pessoal médico.[25] Essas circunstâncias exigem que o Estado exerça uma estrita vigilância sobre esses estabelecimentos, o que lhe impõe o dever de supervisionar e garantir que, em toda instituição psiquiátrica, pública ou privada, seja preservado o direito dos pacientes de receber um tratamento digno, humano e profissional, e de ser protegidos contra a exploração, o abuso e a degradação.[26]

As características pessoais de uma suposta vítima de tortura ou tratos cruéis, inumanos e degradantes, devem ser tomadas em conta no momento de determinar se a integridade pessoal foi vulnerada, já que tais características podem mudar a percepção da realidade do indivíduo, e, por fim, incrementar o sofrimento e o sentido de humi-

---

[23] Caso Ximenes Lopes, par. 99.

[24] Caso Ximenes Lopes, par. 103.

[25] Caso Ximenes Lopes, par. 106.

[26] Caso Ximenes Lopes, par. 108.

lhação quando são submetidas a certos tratamentos.[27] Ao dever de assegurar uma atenção médica eficaz às pessoas com deficiência mental corresponde: o dever de assegurar o acesso das pessoas a serviços de saúde básicos; promoção da saúde mental; prestação de serviços dessa natureza que sejam o menos restritivos possíveis; prevenção das deficiências mentais.[28] Isso impõe, especificamente, que as instituições tenham boas condições físicas e de atenção médica, e que o uso da sujeição seja empregado como último recurso para proteger o paciente ou terceiros, e realizado por pessoal qualificado e do modo menos restritivo.[29]

Em síntese, a Corte IDH define como deveres especiais de proteção e prevenção nesses casos:

a) dever de cuidar: o Estado assume uma posição especial de garante com relação a pessoas que se encontrem sob sua custódia, de forma acentuada em relação às pessoas que estão recebendo atenção médica, já que sua finalidade é a melhoria de sua condição; tais cuidados alcançam sua máxima exigência quando se referem a pacientes com deficiência mental;[30]
b) dever de regular e fiscalizar: abrange todas as instituições públicas e privadas, nestas especialmente quando prestam serviço público;[31]
c) dever de investigar: o Estado tem o dever de iniciar de ofício e sem demora uma investigação séria, imparcial e efetiva de todas as violações dos direitos humanos.[32]

No que se refere ao cumprimento dessa sentença, o Estado realizou o pagamento de indenizações aos familiares, mas permanece em aberto as medidas tomadas para garantir o cumprimento das obrigações referentes aos doentes mentais.

[27] Caso Ximenes Lopes, par. 127.
[28] Caso Ximenes Lopes, par. 128.
[29] Caso Ximenes Lopes, par. 132-135.
[30] Caso Ximenes Lopes, par. 138-140.
[31] Caso Ximenes Lopes, par. 141-146.
[32] Caso Ximenes Lopes, par. 147-149.

4.2. *O Caso Nogueira de Carvalho*

No Caso Nogueira de Carvalho,[33] sentenciado em 28 de novembro de 2006, a Corte IDH decidiu pelo seu arquivamento.

Nogueira de Carvalho era defensor de direitos humanos e foi assassinado em 20 de outubro de 1996, após ter denunciado um esquadrão de extermínio integrado por agentes da polícia civil, exigindo que as autoridades locais realizassem investigações sobre o fato.

Como o assassinato de Nogueira ocorreu antes do reconhecimento de sua jurisdição contenciosa pelo Brasil, a Corte entendeu que não poderia apreciar as circunstâncias da morte, mas somente a alegação de violações dos arts. 8º e 25[34] em relação aos familiares da

---

[33] Agradeço a Cristina de Figueiredo Terezo a colaboração na pesquisa sobre o Caso Nogueira de Carvalho.

[34] "Art. 8º. Garantias Judiciais. 1. Toda pessoa tem direito a ser ouvida, com as devidas garantias e dentro de um prazo razoável, por um juiz ou tribunal competente, independente e imparcial, estabelecido anteriormente por lei, na apuração de qualquer acusação penal formulada contra ela, ou para que se determinem seus direitos ou obrigações de natureza civil, trabalhista, fiscal ou de qualquer outra natureza. 2. Toda pessoa acusada de delito tem direito a que se presuma sua inocência enquanto não se comprove legalmente sua culpa. Durante o processo, toda pessoa tem direito, em plena igualdade, às seguintes garantias mínimas: a) direito do acusado de ser assistido gratuitamente por tradutor ou intérprete, se não compreender ou não falar o idioma do juízo ou tribunal; b) comunicação prévia e pormenorizada ao acusado da acusação formulada; c) concessão ao acusado do tempo e dos meios adequados para a preparação de sua defesa; d) direito do acusado de defender-se pessoalmente ou de ser assistido por um defensor de sua escolha e de comunicar-se, livremente e em particular, com seu defensor; e) direito irrenunciável de ser assistido por um defensor proporcionado pelo Estado, remunerado ou não, segundo a legislação interna, se o acusado não se defender ele próprio nem nomear defensor dentro do prazo estabelecido pela lei; f) direito da defesa de inquirir as testemunhas presentes no tribunal e de obter o comparecimento, como testemunhas ou peritos, de outras pessoas que possam lançar luz sobre os fatos. g) direito de não ser obrigado a depor contra si mesma, nem a declarar-se culpada, e h) direito de recorrer da sentença para juiz ou tribunal superior. 3. A confissão do acusado só é válida se feita sem coação de nenhuma natureza. 4. O acusado absolvido por sentença transitada em julgado não poderá ser submetido a novo processo pelos mesmos fatos. 5. O processo penal deve ser público, salvo no que for necessário para preservar os interesses da justiça."

"Art. 25. Proteção Judicial. 1. Toda pessoa tem direito a um recurso simples e rápido ou a qualquer outro recurso efetivo, perante os juizes ou tribunais competentes, que a proteja contra atos que violem seus direitos fundamentais reconhecidos pela constituição, pela lei ou pela presente Convenção, mesmo quando tal violação seja cometida por pessoas

vítima, pois sua competência *ratione temporis* abrange ações ou omissões relacionadas a violações contínuas ou permanentes, mesmo que tenham tido início antes do reconhecimento pelo Estado.[35]

A Corte realizou uma minuciosa reconstrução dos procedimentos administrativos e judiciais que foram efetivados para elucidação do caso, concluindo que o Brasil não violou os arts. 8º e 25. Apesar da ausência de condenação dos responsáveis pela morte de Nogueira, a Corte considerou que o Estado havia realizado as ações de investigação e julgamento previstas na ordem jurídica, não lhe cabendo substituir a jurisdição interna no exame dos fatos e provas apresentadas perante ela[36].

Vale ressaltar que, na parte final da sentença, a Corte teceu importantes considerações sobre a atuação dos defensores de direitos humanos e o dever do Estado em facilitar seus trabalhos, protegê-los e também de investigar seriamente as violações cometidas contra eles, mencionando de forma detalhada o posicionamento da Organização dos Estados Americanos sobre a questão através de Resoluções e Declarações[37].

5. **Os Desafios Teóricos**

As mudanças constitucionais e jurisprudenciais discutidas neste trabalho, bem como as recentes sentenças da Corte IDH em casos brasileiros, indicam que o sistema interamericano de proteção passará a cumprir um papel mais importante no Brasil. Ultrapassada a fase de incorporação formal da CADH e de outros tratados ao direito brasileiro, vivenciamos um período de definição sobre a eficácia das convenções e decisões do sistema interamericano no direito interno, o que depende da resposta a algumas questões.

---

que estejam atuando no exercício de suas funções oficiais. 2. Os Estados Partes comprometem-se: a) a assegurar que a autoridade competente prevista pelo sistema legal do Estado decida sobre os direitos de toda pessoa que interpuser tal recurso; b) a desenvolver as possibilidades de recurso judicial; e c) a assegurar o cumprimento pelas autoridades competentes, de toda decisão em que se tenha considerado procedente o recurso."

[35] Caso Nogueira de Carvalho, par. 44-46.

[36] Caso Nogueira de Carvalho, par. 79-81.

[37] Caso Nogueira de Carvalho, par. 74-77.

A primeira delas diz respeito, ainda, ao nível em que a CADH e outros instrumentos do sistema interamericano incorporam-se ao direito brasileiro. Não cabe dúvida de que o reconhecimento do nível supra-legal dos tratados de direitos humanos pelo STF já permite solucionar boa parte dos problemas de recusa à aplicação das disposições internacionais. Contudo, permanece em aberto a ocorrência de conflitos entre Constituição e tratados, particularmente em relação àqueles ratificados pelo Brasil antes da promulgação da EC nº 45.

Estreitamente associada a essa questão encontra-se outra, referente ao valor interpretativo das sentenças da Corte IDH. Trata-se, nesse caso, não apenas de saber como elas serão cumpridas pelo Estado, mas da relevância que seus fundamentos terão na interpretação dos direitos humanos desenvolvida pelo judiciário brasileiro.

Ambas as questões costumam ser abordadas a partir do conceito de soberania. Sob esse ponto de vista, a solução dos conflitos entre o direito interno e o direito internacional requer a identificação de uma norma hierarquicamente superior, que fundamenta a validade de todas as demais normas do sistema e prevalece contra elas. Em outras palavras, há um legislador soberano que estabelece essa norma e um tribunal supremo que a interpreta, com competência para decidir sobre sua própria competência.

Não pretendemos aqui colocar em discussão o conceito de soberania, mas sim questionar a teoria da interpretação que dele decorre, apontando as limitações que ela impõe à harmonização dos direitos humanos com os direitos fundamentais.

Desde Hobbes, a unidade da vontade soberana – que é condição da existência da sociedade civil – implica não apenas que ela detém o poder exclusivo de elaborar as leis, mas também que estas devem ser interpretadas de acordo com a intenção do legislador.[38] Assim, Hobbes reconhece que todas as leis necessitam de interpretação, mas assevera que esta deve ser conduzida pela busca do sentido literal,

---

[38] "Portanto, o que faz a lei não é aquela *juris prudentia*, ou sabedoria dos juízes subordinados, mas a razão deste nosso homem artifical, o Estado, e suas ordens. E sendo o Estado, em seu representante, uma só pessoa, não é fácil surgir qualquer contradição nas leis, e quanto tal acontece a mesma razão é capaz, por interpretação ou alteração, de eliminar a contradição." (*Leviatã*. 4ª ed. São Paulo, Nova Cultural, 1988, p. 164)

que "é aquele que o legislador pretendia que pela letra da lei fosse significado."[39]

Séculos depois, outra concepção do direito baseada na vontade soberana já não pode recorrer à idéia de intenção do legislador. Para Kelsen, como não há métodos hermenêuticos que permitam uma única resposta correta, a interpretação se torna um "ato de vontade" em que o intérprete autêntico, discricionariamente, decide o conteúdo da norma. Por isso a crítica do mestre de Viena à adoção pelas Constituições de princípios de "direito natural", como eqüidade, justiça, liberdade, igualdade, moralidade, sem desenvolvimento de seu conteúdo no texto constitucional. Segundo Kelsen, tais disposições não permitiriam uma aplicação técnica do direito e seriam particularmente perigosas no domínio da jurisdição constitucional, tornando o poder do juiz "insuportável".[40]

Nosso mundo, contudo, não é o mundo de Kelsen – nem estamos correndo o risco de viver no estado de natureza. Os tribunais constitucionais e os tribunais internacionais levaram a sério os princípios dos direitos fundamentais e dos direitos humanos, mostrando que, em uma sociedade em que o direito é constantemente interpretado, a manifestação da vontade soberana por meio da legislação é somente um dos elementos, ainda que fundamental, do processo de criação das normas jurídicas. A legislação não é a produção da norma, mas a criação de um texto normativo – vinculante, portanto – que deve ser interpretado para a produção das normas jurídicas.

O caráter construtivo da interpretação jurídica se acentua no campo dos direitos humanos. Como vimos, a Constituição brasileira reconhece a existência de direitos fundamentais fora do catálogo, do mesmo modo que a Constituição portuguesa.[41] Esta também incorpora o direito internacional consuetudinário (Art. 8º.1 da CRP),[42] enquanto

---

[39] *Op. cit.*, p. 169.

[40] *A Jurisdição Constitucional* (São Paulo, Martins Fontes, 2003, p. 169).

[41] "Art. 16º (Âmbito e sentido dos direitos fundamentais) 1. Os direito fundamentais consagrados na Constituição não excluem quaisquer outros constantes das leis e das regras aplicáveis de direito internacional"

[42] "Art. 8º.1. As normas e os princípios de direito internacional geral ou comum fazem parte integrante do direito português". Esse dispositivo estabelece um regime de recepção automática das normas e princípios do direito internacional geral que assim beneficiam de uma cláusula geral de recepção plena. De acordo com J. J. Gomes Canotilho e Vital Moreira

a Constituição brasileira estabelece como princípio a prevalência dos direitos humanos.

No desenvolvimento de seu trabalho, justiça constitucional e justiça internacional influenciam-se mutuamente, tal como exemplifica o uso do princípio evolutivo pelo Tribunal Europeu de Direitos Humanos e a utilização da jurisprudência internacional pelos Tribunais Constitucionais. Na Constituição portuguesa, a relevância do direito internacional dos direitos humanos para a interpretação dos direitos fundamentais é expressa: "Art. 16: 2. Os preceitos constitucionais e legais relativos aos direitos fundamentais devem ser interpretados e integrados de harmonia com a Declaração Universal dos Direitos do Homem". Além disso, cabe lembrar que o catálogo dos direitos dos tratados internacionais também não é exaustivo, incorporando novos elementos a partir da jurisprudência.

Todas essas decisões do legislador soberano e dos tribunais significam que o conteúdo dos direitos humanos, além de estar aberto a novas expansões, não pode estar sujeito a interpretações literais ou restritivas. A coerência do legislador neste campo está em possibilitar que a sociedade reconstrua permanentemente seus direitos humanos/fundamentais.

É necessário, portanto, fugir do modelo de regras que ainda influencia a compreensão das relações entre Constituição e tratados internacionais de direitos humanos. Não cabe dúvida que as disposições particulares de ambos os textos normativos apresentam contradições, mas não se trata de solucioná-las à la Hobbes, buscando no sentido literal uma inatingível intenção do legislador, nem à la Kelsen, estabelecendo um espaço insuportável de discricionariedade judicial.

(*Constituição da República Portuguesa Anotada*. 4ª ed. Coimbra, Coimbra, 2007, p. 254-255): "Normas de DIP geral são as normas consuetudinárias ('costume internacional') de âmbito geral, mesmo que se encontrem positivadas em instrumentos internacionais de âmbito universal (Carta da ONU ou DUDH); princípios de DIP geral são os princípios fundamentais geralmente reconhecidos no direito interno dos Estados e que, em virtude da sua radicação generalizada na consciência jurídica das colectividades, acabam por adquirir *sentido normativo* no plano do direito internacional (por ex.: princípio da boa-fé, cláusula *rebus sic stantibus*, proibição do abuso de direito, princípio da legítima defesa)."

Os direitos fundamentais e os direitos humanos concorrem em determinadas situações porque ambos são orientados pelos mesmos princípios. Portanto, as perguntas do juiz constitucional e do juiz internacional são as mesmas: deve-se interpretar restritiva ou ampliativamente? Quais os limites dos direitos? Os direitos são reconhecidos ou criados pelo legislador? Enfim, quais são os direitos? Nenhuma resposta adequada a essas questões pode vir da idéia de hierarquia entre regras ou entre textos normativos, pois os próprios textos constitucionais expandem o campo de nossa pesquisa para os tratados internacionais e a jurisprudência dos tribunais internacionais. O desafio, portanto, encontra-se em construir um novo paradigma que busque a harmonização entre os direitos fundamentais e os direitos humanos.

Um caminho que se revela particularmente atrativo nessa busca, por possibilitar a reflexão sobre os fundamentos da harmonização e seus critérios, é oferecido pelo conceito de direito como integridade de Ronald Dworkin. Partindo da idéia de que as concepções do direito devem oferecer uma justificativa geral para o exercício do poder coercitivo do Estado, Dworkin defende que a legitimidade estatal se baseia no princípio da integridade.[43]

A integridade é um ideal político distinto nas sociedades modernas, nas quais a justiça e a equidade podem entrar em conflito: algumas vezes instituições eqüitativas geram decisões injustas e instituições não-eqüitativas geram decisões justas. O princípio da integridade se desenvolve para evitar que problemas morais sejam decididos arbitrariamente e propõe que esses problemas sejam resolvidos de modo coerente, sempre recorrendo aos princípios reconhecidos pela sociedade. Assim, o Estado não deve usar princípios para justificar parte de suas ações e rejeitá-los para justificar outra parte.

---

[43] *Law's Empire* (Londres, Fontana Press, 1991, cap. 6). Dworkin observa que o problema da legitimidade do poder coercitivo não é idêntico ao problema das obrigações políticas e morais dos cidadãos, pois nem todas essas obrigações devem ter seu cumprimento exigido pelo Estado e, em algumas situações, justifica-se o uso da força mesmo contra pessoas que não possuem dever de obediência. No entanto, ainda que a existência de obrigações não seja uma condição suficiente para o uso da coerção, ela se aproxima de uma condição necessária.

Segundo Dworkin, a integridade é indispensável para que as comunidades políticas sigam o modelo de uma comunidade de princípios:[44] uma comunidade política requer um entendimento compartilhado de que ela é regida por princípios comuns e não apenas por regras forjadas em compromissos políticos. Membros dessa comunidade aceitam que seus direitos e deveres políticos não se esgotam nas decisões particulares, mas dependem do esquema de princípios que essas decisões pressupõem, mesmo que não estejam completamente de acordo com ele. Este modelo caracteriza-se por quatro elementos em uma sociedade moralmente pluralista: cada cidadão respeita os princípios de justiça e equidade de sua comunidade mesmo que ele não os veja como os melhores de um ponto de vista utópico; todos participam da busca por justiça; todos aceitam o sacrifício de algumas posições; todos devem ser tratados com igual consideração. É o modelo possível entre pessoas que divergem sobre justiça e eqüidade e, nele, o direito será escolhido, modificado, desenvolvido e interpretado de uma maneira principialista.

Esta visão nos ajuda a compreender a relação intrínseca entre direitos humanos e direitos fundamentais. Ao assumir compromissos no plano internacional, o Estado reconhece novos conjuntos de direitos cujos princípios passam a compor o acervo de parâmetros normativos que uma atuação moralmente coerente dos órgãos públicos deverá sempre respeitar. Assim, a integridade impõe que o Estado não deixe de considerar esses princípios no trato com seus cidadãos.

---

[44] Na base do modelo proposto por Dworkin (*op. cit.*, p. 199-201) encontra-se a idéia de obrigações associativas ou comunitárias, que derivam do pertencimento das pessoas a grupos definidos pela prática social. Essas obrigações não são necessariamente escolhidas ou consentidas pelos indivíduos, mas sim definidas por meio de uma atitude interpretativa, de caráter construtivo: os participantes buscam os propósitos daquela prática social e argumentam em favor das obrigações que devem caracterizá-la. O modelo das obrigações associativas requer quatro condições, baseadas na reciprocidade: em primeiro lugar, os membros devem considerar as obrigações do grupo como especiais, pertencentes ao grupo, e não como deveres gerais em relação a pessoas fora dele. Em segundo lugar, as responsabilidades são pessoais, referentes a cada membro e não apenas ao grupo como um todo. Terceiro, as responsabilidades específicas fluem de uma responsabilidade mais geral que cada um tem de consideração com o bem-estar de outros membros do grupo, ainda que o nível e o escopo do cuidado variem de acordo com o tipo de associação. Quarto, as práticas do grupo mostram igual consideração por todos os membros. Para Dworkin, as comunidades políticas funcionam de modo semelhante, pois nelas os cidadãos não assumem formalmente obrigações, mas as reconhecem à medida que se desenvolve a história da comunidade.

Por essa razão, em uma situação de concorrência entre direitos fundamentais e direitos humanos, tal como ocorre no interior de cada um desses campos, deve-se buscar harmonizá-los por meio de princípios de segundo grau, preservando seu conteúdo normativo e evitando o equívoco de tratá-los como regras sujeitas a critérios de hierarquia. Essa possibilidade decorre de que os direitos humanos e os direitos fundamentais compartilham a mesma base: o princípio da dignidade humana.

Dois critérios de harmonização podem ser propostos com base nessas idéias. Quando houver uma restrição de direitos prevista na Constituição, mas não no direito internacional, deve-se buscar em cada caso a solução compatível com o princípio da norma mais favorável ao indivíduo, deixando de impor automaticamente a regra constitucional. Já no caso em que a Constituição amplia direitos, esse parâmetro normativo deve prevalecer em face de limitações presentes nos tratados internacionais, pois, nessa situação, a comunidade política nacional decidiu elevar a proteção acima do patamar comum adotado com os demais países.

Pode-se distinguir facilmente o norte desse caminho. Uma interpretação harmonizadora dos direitos fundamentais e dos direitos humanos contribui para a construção de uma comunidade de princípios no plano internacional, que aproveita tanto os avanços de cada comunidade nacional quanto os consensos que vão sendo construídos no plano internacional, dando concretude à idéia da dignidade humana. Mesmo que distante, a visão desse mundo faz valer a pena percorrer o caminho.

República, Tributação, Finanças

Fernando Facury Scaff*

No Brasil o sol nasce para todos,
Mas só brilha para poucos
(Do *rapper* "Gabriel, o Pensador",
na música "Brazuca")

Sumário:

I. Exposição do tema

01. O vocábulo "república" pode ser usado tanto como *substantivo*, designando uma *forma de governo*, quanto como *adjetivo*, indicando um comportamento *republicano*, uma postura *republicana*.

---

* Professor da Universidade Federal do Pará, Doutor em Direito pela USP – Universidade de São Paulo. Advogado.

Desde 1889 a sociedade brasileira optou pela forma de governo republicana, encerrando um período monárquico que durou 69 anos. A Constituição de 1988 previu inclusive um plebiscito para decidir sobre o retorno à Monarquia, que foi realizado em 2 de abril de 1993, onde a opção republicana venceu por esmagadora maioria.

Após quase 120 anos sob este *regime republicano* (vocábulo usado como *substantivo*), há um sentimento de que a sociedade brasileira ainda não chegou a um nível razoável de *convivência republicana* (vocábulo usado como *adjetivo*), em especial no que se refere ao uso das verbas públicas, no âmbito da arrecadação, das renúncias fiscais e do gasto público.

O Direito é um elemento central nessa análise, e discutir o futuro do Direito, no Brasil, implica em discutir o uso mais republicano desses recursos "*públicos*", em especial na sociedade brasileira, uma das campeãs mundiais em disparidade sócio-econômica. Hoje este não é o foco predominante nos estudos desenvolvidos nas áreas jurídicas que cuidam das finanças.

Pretende-se, portanto, discorrer sobre o uso republicano do poder de tributar, de isentar e de gastar os recursos arrecadados da sociedade brasileira e demonstrar que este é um tema de especial importância na análise jurídica tributária e financeira no Brasil dos próximos anos.

II. **Notas sobre a República**

02. "É pois, a República coisa do povo, considerando tal, não todos os homens de qualquer modo congregados, mas a reunião que tem seu fundamento no conhecimento jurídico e na utilidade comum". É com esta definição breve e singela, mas de riquíssimo conteúdo, que Cícero, ainda na Roma antiga, definia o que se deve entender por esta forma de governo[1]. Era "o que pertencia em comum a todo o povo romano, em oposição aos bens de propriedade particular de indivíduos, ou de corporações, mesmo aquelas que hoje consideramos situadas na esfera estatal", na síntese efetuada por Comparato[2].

---

[1] Cícero, da República, Editora Escala, Tradução de Amador Cisneiros, s/d, pág. 30.

Tem a ver com os direitos de propriedade, do que é próprio (= de alguém em particular) diversamente do que é público (= de uso comum do povo).

Por outro lado, Canotilho e Moreira, ao comentar o sentido da expressão no art. 1º da CRP, indicam que o termo é mais do que uma singela forma de governo, mas um sentido de coletividade política, de *res publica*, a qual é, "política e sociologicamente distinta do Estado e política e conceitualmente, prévia ao Estado."[3] Este é um sentido da expressão que se encontra mais próximo do espírito da *civitas*, dos antigos romanos.

03. Enquanto *forma de governo* Jellinek[4] nos indica a existência de vários tipos de República. Aquelas que possuem (a) um caráter *corporativo*, como a da Prússia, onde a corporação adquire a soberania sobre um país ou sobre um Estado já existente, sem despojar-se de seu caráter de corporação. As (b) repúblicas *oligárquicas*, onde apenas certo número de pessoas forma a vontade soberana – aquelas que criam fortes limitações ao exercício de voto e de acesso aos cargos públicos, por exemplo. Menciona também as (c) repúblicas *aristocráticas*, onde as pessoas que dominam a república saem de uma parte do povo e dele se apartam em virtude de certos privilégios consolidados por critérios jurídicos. Historicamente "a soberania dessas classes descansa na situação política privilegiada de uma parte do povo com respeito ao resto". Em tempos atuais, haveria maior dificuldade na criação e manutenção de privilégios estamentais, amparados juridicamente, mas eles ressurgiriam amparados em outras razões: "se uma república concreta viesse a oferecer hoje o caráter de uma soberania de classes, seria uma dominação de fato, mas não de natureza jurídica." E fala também da (d) república *democrática*, que descansa sobre o povo como órgão supremo do Estado, onde reside realmente a soberania. E adverte o Autor: "jamais poderá a aristocracia se desenvolver em um povo onde exista igualdade social." Parece-me claro que o uso da palavra República, nesse contexto, designa muito

---

[2] Fábio Konder Comparato, *Ética. – Direito, Moral e Religião no Mundo Moderno.* SP, Companhia das Letras, 2006, pág. 616.

[3] *CRP Anotada*, 4ª. Ed. revista, Coimbra, Coimbra Editora, pág. 196.

[4] *Teoria General del Estado*, Granada, Ed. Comares, 2000, págs 705 e ss.

mais a *forma de governo republicana* (o vocábulo usado como *substantivo*) do que o *espírito republicano* (vocábulo usado como *adjetivo*).

A idéia de república (como *substantivo*) se prende, ainda, à necessidade de serem definidas por lei as funções governamentais, que devem ocorrer de forma previsível, e serem distribuídas entre órgãos juridicamente estabelecidos, além da necessária secularização da vida política e a exigência de um governo limitado[5].

Ataliba apresenta como fundamento da adoção de instituições republicanas "a exclusão do arbítrio, como expressão de poder. A segurança dos direitos e a fixação destes em leis impessoais e genéricas impedem peremptoriamente o emprego caprichoso dos instrumentos de poder.[6]" Assim, "à cidadania corresponde, portanto, um feixe de privilégios decorrentes da condição da titularidade da coisa pública. Desses, os mais conspícuos estão na imunidade jurídica aos excessos estatais, no direito à resistência aos abusos, na prerrogativa de responsabilizar os agentes excessivos e no direito à tutela jurisdicional contra os mesmos".[7]

Enfim, a *forma republicana de governo* tem como foco a idéia de "antiprivilégio no que respeita à definição dos princípios e critérios ordenadores do acesso à função pública e aos cargos públicos. De um modo geral, a forma republicana de governo prefere os critérios de *eletividade*, *colegialidade*, *temporalidade* e *pluralidade* aos critérios da *designação*, *hierarquia* e *vitaliciedade*".[8] É o combate aos privilégios, aos direitos de classe, hierarquia ou nobreza, às sinecuras de livre nomeação concedidas aos apaniguados do poder.

É a partir dessa afirmação de "*igualdade*" que os dois sentidos do vocábulo "república" passam a caminhar mais próximos.

---

[5] Nelson Saldanha, no verbete *República*, Enciclopédia Saraiva, vol. 65. SP, Saraiva, s/d.

[6] Geraldo Ataliba, *República e Constituição*, 2ª ed. SP, Malheiros, 2004, pág. 161.

[7] *Ob. Cit.*, pág. 165

[8] J. J. Gomes Canotilho, *Direito Constitucional e Teoria da Constituição*, 7ª ed.. Coimbra, Almedina, 2003, pág. 229.

04. O traço característico, contudo, do vocábulo *república* (como *adjetivo*), é-nos fornecido por Montesquieu: É preciso que todos os cidadãos se considerem iguais.[9]

Afirma Comparato que "o povo, como comunidade, é o resultado nunca acabado de uma política republicana de combate às desigualdades e preservação das legítimas diferenças biológicas e culturais. Da igualdade cidadã, simples reflexo da igualdade essencial de todos os seres humanos, decorre o princípio republicano da supremacia do interesse comum de todos os membros da coletividade sobre os interesses particulares, que podem ser próprios, não só de indivíduos, famílias, corporações, classes sociais ou ainda do próprio Estado".[10]

Para tratar da isonomia Robert Alexy[11] parte do preceito de que "todas as pessoas são iguais perante a lei" constante da Constituição Alemã (art. 3º, §1º) e também da brasileira (art. 5º, *caput*) e demonstra que não é suficiente tratar a todos de forma absolutamente igual, pois, nestas hipóteses, se chegaria a verdadeiros absurdos, tais como estabelecer que todos devem prestar o serviço militar, inclusive os recém nascidos, pois todos são iguais perante a lei[12]. Não é desta forma que se deve interpretar a norma. É necessário que se verifique em quais situações é possível fazer distinções.

Também o amplo preceito de que "se deve tratar igual ao igual e desigual ao desigual" não dá parâmetros para o tratamento da desigualdade, mas apenas da igualdade. Segundo o Autor, a seguir este preceito, toda a legislação nazista contra os judeus estaria contemplada[13], pois trataria "os desiguais" de forma desigual.

A solução, segundo Alexy, está no entendimento do Princípio da Isonomia assim formulado para o tratamento *igualitário*: "*Se não há nenhuma razão suficiente para a permissão de um tratamento desigual, então está ordenado um tratamento igual*[14]". Por esta máxima, todos devem ser tratados de forma igual, desde que não haja uma razão suficiente que permita a diferenciação.

---

[9] J. J. Rousseau, *O Contrato Social*, Livro Primeiro.

[10] Comparato, *Ética*, 620.

[11] Robert Alexy, *Teoria de los Derechos Fundamentales*, Madrid, Centro de Estudos Políticos y Constitucionales, 2001, pág. 381 a 418.

[12] *Ob. cit.*, pág. 384.

[13] *Ob. cit.*, pág. 386.

[14] *Ob. cit.*, pág. 395.

E para o tratamento *não-igualitário* o preceito deve ser lido da seguinte forma: "*Se há uma razão suficiente para ordenar um tratamento desigual, então está ordenado um tratamento desigual*[15]". É imperioso que seja demonstrada a existência de "razão suficiente" para determinar a *quebra da isonomia.* Uma vez tendo sido demonstrada esta razão, é impositivo o tratamento diferenciado ("está ordenado", diz o Autor).

05. Neste passo deve-se acrescer ao tema da "*igualdade republicana*" o das liberdades públicas.

O gasto público encontra-se diretamente vinculado ao exercício dos direitos fundamentais, quaisquer que sejam suas dimensões, conforme nos ensina Holmes e Sustein[16], o que inclui o exercício das liberdades reais visando obter a igualdade republicana. Robert Alexy, ao expor as razões em favor da existência de direitos fundamentais sociais, que são direitos prestacionais e que necessitam da intervenção do Estado, apresenta duas teses.

A primeira é que a liberdade jurídica para fazer ou deixar de fazer algo, sem a existência de liberdade fática ou real, carece de qualquer valor.[17] Reproduz Lorenz von Stein que disse: "A liberdade só é real quando se possui as condições para seu exercício, os bens materiais e espirituais pressupostos de sua autodeterminação." E ainda transcreve decisão do Tribunal Constitucional Federal: "o direito de liberdade não teria valor algum sem os pressupostos fáticos para poder fazer uso dele."[18]

A segunda é que a liberdade fática de um sem número de titulares de direitos fundamentais não encontra seu substrato material em seu meio, mas dependem essencialmente de atividades estatais.[19]

Segue o Autor dizendo que para justificar a vinculação dos direitos sociais com um argumento de liberdade é necessário fundamentar que a liberdade que os direitos fundamentais deve assegurar é

---

[15] *Ob. cit.*, pág. 397.

[16] Cass Sustein, *The Cost of Rights*, New York, Basic Books, 2004.

[17] *Teoria de los Derechos Fundamentales*, Madrid, Centro de Estúdios Políticos y Constitucionales, 2001, pág. 486.

[18] *Ob. cit.*, pág. 487.

[19] *Ob.* e *loc. cit.*

a da liberdade *fática*. E prossegue afirmando que para um indivíduo tem importância existencial não viver abaixo de um nível de existência mínimo, não estar condenado a um permanente desemprego ou a não ficar excluído da vida social de sua época. Se o objetivo dos direitos fundamentais é que a pessoa humana se desenvolva livremente, eles também apontam para as liberdades *fáticas*, a fim de assegurar também os pressupostos do uso das liberdades *jurídicas*.[20]

O prêmio Nobel de Economia de 1999, Amartya Sen, em uma obra fundamental para compreender o sistema de liberdades, preleciona que "o desenvolvimento consiste na eliminação de privações de liberdade que limitam as escolhas e as oportunidades das pessoas de exercer preponderantemente sua condição de agente."[21]

Para Amartya, "capacidade" é um tipo de liberdade para ter estilos de vida diferentes. Não comer por desejo de fazer jejum ou emagrecer é uma opção de quem pode comer; não comer por falta de alimento não decorre de uma opção da pessoa, mas de falta de capacidade (condições) de fazê-lo.[22] Afinal, diz o Autor, "a privação de liberdade pode surgir em razão de processos inadequados (como a violação do direito ao voto ou de outros direitos políticos ou civis), ou de oportunidades inadequadas que algumas pessoas têm para realizar o mínimo do que gostariam (incluindo a ausência de oportunidades elementares como a capacidade de escapar da morte prematura, morbidez inevitável ou fome involuntária)."[23]

A partir dessa observação, bem como em outras partes de sua obra, pode-se ver que o conceito de liberdade não está vinculado apenas a um sistema econômico de trocas no mercado, mas também à possibilidade de efetivo exercício de liberdades políticas. Demonstra Amartya que na hipótese de obtenção de resultados econômicos idênticos entre uma economia de mercado competitivo e uma economia centralizada, as pessoas certamente prefeririam viver em uma sociedade que privilegiasse as liberdades públicas[24].

---

[20] *Ob. cit.*, págs. 488-9, *passim*.

[21] *Desenvolvimento como Liberdade*. SP, Companhia das Letras, 3ª. reimpressão, 2000, pág. 10.

[22] *Ob. cit.*, pág. 94.

[23] *Ob. cit.*, pág. 31.

[24] *Ob. cit.*, pág. 42.

O Autor destaca a ação democrática entre pessoas que possuem a capacidade para exercer sua liberdade. "A liberdade individual é essencialmente um produto social, e existe uma relação de mão dupla entre (1) as disposições sociais que visam expandir as liberdades individuais e (2) o uso de liberdades individuais não só para melhorar a vida de cada um, mas também para tornar as disposições sociais mais apropriadas e eficazes."[25]

> "A expansão dos serviços de saúde, educação, seguridade social etc. contribui diretamente para a qualidade da vida e seu florescimento. Há evidências até de que, mesmo com renda relativamente baixa, um país que garante serviços de saúde e educação a todos pode efetivamente obter resultados notáveis de duração e qualidade de vida de toda a população."[26]

Daí é que se pode extrair a idéia que, somente com *liberdade real* é que se poderá chegar à *igualdade republicana,* Assim é que se permitirá o efetivo acesso de todos aos cargos públicos e a influenciar as decisões políticas de sua comunidade – o que irá impactar diretamente nas decisões de tributar, isentar e gastar as verbas públicas.

Desta forma, com liberdade real e igualdade republicana é que se poderá efetivar critérios de eletividade para todos, deliberação verdadeiramente colegiada, respeito à pluralidade dos indivíduos e temporalidade no exercício dos cargos públicos. Isto combate o obscurantismo da generosa distribuição de cargos públicos aos apaniguados do poder, da vitaliciedade no exercício dos cargos públicos e na submissão cega à hierarquia em locais onde o mérito deve prevalecer.

Só pode exercer com plenitude a liberdade, quem possui capacidade para exercê-la. E para que seja possível este exercício de liberdade jurídica é necessário assegurar a liberdade real (Alexy), ou a possibilidade de exercer suas capacidades (Amartya), através dos direitos fundamentais sociais – que exigem gastos públicos e que, por conseguinte, exigem um nível de receita adequada para fazer frente às exigências sociais.

---

[25] *Ob. cit.*, pág. 46.
[26] *Ob. cit.*, pág. 170-1.

Deste modo, e paradoxalmente, verifica-se que *quanto mais desigual economicamente for a sociedade, maior a necessidade de assegurar os direitos fundamentais sociais àqueles que não conseguem exercer suas capacidades (ou liberdades reais) a fim de lhes assegurar o direito de exercer suas liberdades jurídicas. E daí maior necessidade de espírito republicano, pois para desigualar os desiguais é necessário que exista "razão suficiente" que justifique o discrímen. Esta assertiva serve também para a distribuição republicana do ônus fiscal na manutenção do Estado, seja na imposição tributária, seja nas renúncias fiscais ou nos gastos públicos.*

Sem isso, os direitos fundamentais serão letra morta, pois se configurarão em liberdades jurídicas, sem possibilidade fática de exercício por grande parte da sociedade. Grande parte da população será parcialmente excluída da comunidade jurídica, pois não poderá exercer seus direitos, mas será compelida a cumprir seus deveres para com o Estado e as demais parcelas da sociedade. E aí o ideal republicano não será alcançado.

III. **Notas sobre a República no Brasil**

a) ***O sentimento republicano***

07. No Brasil o sentimento de igualdade social, de impessoalidade, típico das repúblicas, não é uma característica social.

Sérgio Buarque de Holanda, há mais de 70 anos em seu precioso Raízes do Brasil, relatava que, "ao contrário, é possível acompanhar, ao longo de nossa história, o predomínio constante das vontades particulares que encontram seu ambiente próprio em círculos fechados e pouco acessíveis a uma ordenação impessoal. Dentre esses círculos, foi sem dúvida, o da família aquele que se exprimiu com mais força e desenvoltura em nossa sociedade. E um dos efeitos decisivos da supremacia incontestável, absorvente, do núcleo familiar – a esfera, por excelência, dos chamados 'contatos primários', dos laços de sangue e de coração – está em que as relações que se criam na vida doméstica sempre forneceram o modelo obrigatório de qualquer composição social entre nós. *Isso ocorre mesmo onde as insti-*

tuições democráticas, fundadas em princípios neutros e abstratos, pretendem assentar a sociedade em normas antiparticularistas."[27]

E prossegue o Autor, em outro trecho, comentando nossa capacidade de organização em mobilização em prol de certas bandeiras de luta, mas que se constituem em idolatria a falsos ideais: "Podemos organizar campanhas, formar facções, armar motins, se preciso for, em torno de uma idéia nobre. Ninguém ignora, porém, que o aparente triunfo de um princípio jamais significou no Brasil – como no resto da América Latina – mais do que o triunfo de um personalismo sobre outro. (...) É freqüente imaginarmos prezar os princípios democráticos e liberais quando, em realidade, lutamos por um personalismo contra outro. O inextricável mecanismo político e eleitoral ocupa-se continuamente de velar-nos esse fato."[28]

Com um olhar estrangeiro de recém chegado ao país, Contardo Calligaris anotou sobre o exercício de poder por parte dos brasileiros: "O clientelismo local e familiar, ou seja, o fato esperado que um homem político ou um funcionário no poder devolva riqueza para a sua cidade natal e para o seu círculo familiar não é tanto uma retribuição dos votos que lhe foram eventualmente acordados, nem o signo de seu amor para a terra natal e a família. O problema é que, nesses lugares, onde, mais do que em outros, o nosso político ou funcionário gostaria de encontrar o justo reconhecimento da dignidade de seu percurso e do seu cargo, ele descobre que esta dignidade só será reconhecida à medida que ele a ilustre com uma prodigalidade que demonstre seus recursos."[29]

No Brasil, portanto, segundo o Autor, "a exibição da potência real e, em última análise, da corrupção, valida a autoridade e impõe uma fidelidade que é signo de respeito. Sem isso seria impossível entender alguns slogans oficiosos de uma recente campanha política para a eleição dos governadores. (...) (O) candidato deixa circular o mote 'Rouba, mas faz'. Cumulando perfeitamente cinismo e amor de uma autoridade simbolicamente indigna, encontro uma frase pichada num muro, que – se prevalecendo da rima – diz: 'Bosta por bosta,

---

[27] *Raízes do Brasil*, SP, Companhia das Letras, 2006, pág. 159/160.

[28] *Ob. Cit.*, págs. 202/203.

[29] *Hello Brasil – Notas de um Psicanalista Europeu viajando ao Brasil*. SP, Escuta, 1993, p. 62-63.

vote no ...'. O incrível é que esses slogans oficiosos possam ser considerados e funcionem *a favor* do candidato que apontam"[30]

Isso tudo para não falarmos na antítese do republicanismo, que é o famoso *"jeitinho brasileiro"*, procedimento estudado por Lívia Barbosa[31] em sua tese de doutorado em Antropologia Social. O título da obra já bem demonstra a quebra da isonomia, inerente ao caráter social do brasileiro utente do *jeitinho;* chama-se: "*O jeitinho brasileiro – a arte de ser mais igual que os outros*". O *jeitinho* que pode ser definido como "uma forma especial de se resolver algum problema ou situação difícil ou proibida; ou uma solução criativa para alguma emergência, seja sob a forma de burla a alguma regra ou norma pré-estabelecida, seja sob a forma de conciliação, esperteza ou habilidade. (...) Não importa se a solução encontrada for definitiva ou não, ideal ou provisória, legal ou ilegal. (...) Sabemos que o *jeito* se distingue de outras categorias afins no universo social brasileiro como o favor e a corrupção. (...) quem recebe um favor fica devedor a quem o fez e se sente obrigado a retribuí-lo na primeira oportunidade. (Já a corrupção) envolve alguma vantagem material advinda da situação."

A despeito do passar dos anos, a teoria republicana ainda não chegou a se implantar em concreto em nosso país. Ou como relata Fábio Comparato na esteira da paródia que faz com o conhecido poema de Fernando Pessoa sobre o "poeta fingidor":

> "Fingimos tão completamente que chegamos a pensar que existe e funciona, de fato, a organização política ideal que acalenta os nossos sonhos."[32]

b) *República e Tributação: Quem paga tributo no Brasil?*

08. A progressividade na tributação é, sem dúvida, um princípio republicano. Cobrar progressivamente mais de quem ganha mais, implementa o princípio da isonomia, cerne do republicanismo.

---

[30] *Ob. Cit.*, pág. 64.

[31] *O jeitinho brasileiro – a arte de ser mais igual que os outros.* 10ª ed. SP, Campus, 1992, págs. 32-34.

[32] Fábio Konder Comparato, em Prefácio ao livro *A República Inacabada*, de Raymundo Faoro. RJ, Globo, 2007, pág. 08.

Pode-se classificar as incidências tributárias previstas em nossa Constituição da seguinte forma:

1) Incidências sobre o patrimônio;
2) Incidências sobre a circulação de mercadorias, bens e serviços;
3) Incidências sobre a receita bruta;
4) Incidências sobre a renda; e
5) Incidências sobre a folha de salários.

No primeiro grupo, de *incidências sobre o patrimônio*, podemos citar a existência dos seguintes impostos:

- IPVA – Imposto sobre a Propriedade de Veículos Automotores, no âmbito de cada Estado da Federação;
- ITR – Imposto Territorial Rural, devido à União; e
- IPTU – Imposto Predial e Territorial Urbano, devido aos Municípios.

No segundo grupo, de *incidências sobre a circulação de bens, mercadorias e serviços*, podem-se vislumbrar a existência dos seguintes tributos:

- ISS – Imposto sobre Serviços, de âmbito municipal;
- ICMS – Imposto sobre a circulação de mercadorias e alguns serviços, de competência estadual;
- IPI – Imposto sobre Produtos Industrializados, de âmbito federal;
- II – Imposto de Importação, de âmbito federal;
- IE – Imposto de Exportação, também de âmbito federal;
- IOF – Imposto sobre algumas operações financeiras, tais como as de crédito, de seguro, de distribuição de títulos e valores mobiliários, entre outras, de competência federal;
- ITCMD – Imposto de Transmissão "causa mortis" e doações de quaisquer bens ou direitos, de âmbito estadual; e
- ITBI – Imposto de Transmissão de bens imóveis, "inter vivos", oneroso, de âmbito municipal.

No terceiro grupo, e muito próximo do segundo, existem os tributos que *incidem sobre a receita bruta*, tais como a COFINS – Contribuição para a Seguridade Social e o PIS – Programa de Integração Social, ambos devidos à União e sempre incidentes sobre pessoas jurídicas (ou equiparadas). Convém dizer que o conceito de "receita" é diverso do conceito de "renda", abaixo exposto. Receita é aquilo que as pessoas jurídicas faturam ou obtém em decorrência de sua atividade. Por outras palavras, *receita* são todos os bens que ingressam no patrimônio de uma pessoa jurídica, acrescentando-lhe valor[33]. *Renda*, como será visto, é a receita menos as despesas legalmente dedutíveis. Assim, o conceito de receita é mais amplo do que o de renda. Certamente por isso as alíquotas dos tributos que incidem sobre a receita são numericamente menores do que as que incidem sobre a renda. O Cofins, por exemplo, possui alíquotas de 3% (nos casos de cumulatividade) enquanto que a alíquota mais baixa do IRPF é de 15%.

No quarto grupo encontramos o *Imposto sobre a Renda*, de âmbito federal, e que possui vários distintos âmbitos estritamente regulamentados, tais como o IRPF, o IRPJ, todo o detalhamento do IRRF, entre outros aspectos. Aqui, neste grupo, deve-se apresentar um conceito de renda, que é o acréscimo patrimonial decorrente das receitas menos as despesas legalmente dedutíveis, ou, conforme o CTN, "a aquisição de disponibilidade econômica ou jurídica"[34].

Existe ainda um outro grupo de incidências, que se refere à folha de salários, cujo foco principal é a contribuição dos empregadores para o INSS, e que também inclui outras contribuições, mas que não são pertinentes ao tema em apreço.

09. No Brasil, o sistema tributário é fortemente centrado nos tributos do 2º e 3º. acima delineados, ou seja, incidentes sobre a

---

[33] Sobre este tema, que possui pertinência com a *teoria dos ingressos*, do direito financeiro, pode ser consultada a magistral obra de Aliomar Baleeiro, *Uma Introdução à Ciência das Finanças*, Capítulo XIV – Teoria dos Ingressos Públicos, pág. 125 e ss. RJ, Forense, 2004, 16ª. ed., atualizado por Djalma de Campos.

[34] O debate acadêmico sobre o conceito de renda é bastante intenso, sendo que o STF ainda não se pronunciou acerca do tema, a despeito das várias ações que permanecem aguardando a decisão final daquela Corte. O conceito legal, previsto no CTN é o seguinte: "Art. 43. O imposto, de competência da União, sobre a renda e proventos de qualquer natureza tem como fato gerador a aquisição da disponibilidade econômica ou jurídica: I - de renda, assim entendido o produto do capital, do trabalho ou da combinação de ambos; II - de proventos de qualquer natureza, assim entendidos os acréscimos patrimoniais não compreendidos no inciso anterior."

circulação de bens e serviços e a receita bruta. Tais incidências acontecem inclusive sobre bens de primeira necessidade, tal como os gêneros alimentícios que compõem a cesta básica. Este tipo de tributação faz com que ricos e pobres paguem a mesma quantidade de tributos pelo quilo de arroz consumido. Ocorre que este valor consome muito mais a renda do pobre que do rico.

Apenas uma ínfima parte do que é arrecadado incide sobre a propriedade. Apenas nos grandes centros há efetiva arrecadação com o IPTU. A arrecadação do ITR pela União é ínfima, e seu objetivo, de promover a reforma agrária através da progressividade de suas alíquotas, jamais foi sequer esboçado.

A tributação da renda, a despeito das altas alíquotas (15% e 27,5%), é fortemente centrada nos trabalhadores, que já tem a incidência "na fonte" sobre seus salários.

10. No Brasil é melhor ser pessoa jurídica que pessoa física, para fins tributários.

Imaginemos uma família onde ambos os cônjuges são profissionais de alta qualificação, com relações empregatícias regidas pela CLT. Têm dois filhos em escola privada, pagam plano de saúde, manutenção de carros, vigilância, condomínio, água, luz, e todas as demais despesas usuais em uma família de classe média alta no Brasil.

Por outro lado, este casal, ao receber a remuneração tributada como se pessoa jurídica fosse, passaria a pagar vários tributos (PIS, Cofins, CSL, IRPJ, ISS), mas o custo final seria bastante menor, caso apurados os valores a receber pelo sistema de tributação do Imposto de Renda denominado de *lucro presumido*.

Apenas a título de exemplo, pode-se verificar o seguinte:

a) Trabalhador assalariado que receba R$ 20 mil por mês e tenha dois filhos dependentes, pagará de INSS R$ 293,50 e de Imposto de Renda R$ 4.889,50 o que importa em uma incidência na fonte de R$ 5.183,09 apenas referente a estes dois tributos. Ou seja, a redução *será de 26% sobre o valor bruto recebido, sobrando-lhe R$ 14.816,91.*
b) O mesmo rendimento (R$ 20 mil por mês), apurado por uma pessoa jurídica, através do sistema de lucro presumido, geraria descontos da seguinte ordem: Imposto de Renda (15%

sobre 32%) = R$ 960,00; Contribuição Social sobre o Lucro (9% sobre 32%) = R$ 576,00; PIS/Cofins (3,65%) = R$ 730,00 e ISS (supondo-se uma alíquota municipal de 5%) = R$ 1.000,00. Logo, esta tributação implica em R$ 3.266,00 o que gera uma redução de *16,33% sobre o valor recebido, restando um saldo de R$ 16.734,00.*

A diferença entre as duas situações é que o assalariado colocará líquido no bolso R$ 14.817,00 e os sócios da pessoa jurídica, partindo do mesmo valor, colocariam no bolso R$ 16.734,00. Desta forma, sobraria no bolso dos sócios R$ 1.917,00 a mais do que no do assalariado.

Esta demonstração afasta qualquer alegação de função republicana em nossa tributação.

c) *República e Renúncias Fiscais: Notas sobre a guerra fiscal brasileira*

11. Sobre as renúncias fiscais existe um rol de questões a serem apontadas. Observemos apenas aquilo que no Brasil é conhecido como "guerra fiscal"

Esta ocorre quando um Estado-membro oferta benefícios às empresas que pretendem implantar ou ampliar seus negócios. Na prática, instaura-se um verdadeiro leilão de benefícios, uma licitação às avessas. Tais benefícios podem ser variados, sendo os mais comuns, a isenção total ou parcial de ICMS, a suspensão[35], a dilação[36] ou o diferimento[37] no pagamento do tributo, redução da base de cálculo, devolução total ou parcial, direta ou indireta, ao contribuinte ou a interposta pessoa, do montante arrecadado; crédito presumido[38];

---

[35] Suspender implica em não cobrar o valor do tributo, ou parte dele, em razão de uma anistia ou remissão.

[36] Dilatar o prazo de pagamento. Este procedimento implica em permitir que o contribuinte tenha um tempo maior para pagar, podendo ser concedido um prazo dilatado em vários meses após a ocorrência do fato imponível.

[37] *Diferir* implica em postergar o pagamento de um tributo incidente sobre uma etapa intermediária de produção ou comercialização para o final de uma cadeia produtiva.

[38] Conceder *crédito presumido* significa atribuir ao contribuinte um crédito hipotético, a ser usado na compensação do tributo na etapa seguinte de comercialização.

parcelamentos etc. No caso brasileiro esta *guerra* é mais acentuada em razão de que o sistema de arrecadação do ICMS é *misto,* sendo a parcela maior do tributo cobrada na *origem* e a menor parcela no *destino.* Isso, em um país com acentuadas diferenças sócio-econômicas entre os Estados, implica em acentuar o desequilíbrio existente, e não em o reduzir, o que acirra a guerra fiscal

Dentro destes parâmetros é que os Estados-membros (e os países, no âmbito internacional) enfrentam o seguinte dilema: *É melhor arrecadar mais hoje ou incrementar o desenvolvimento com vistas a aumentar a arrecadação amanhã?*

Na hipótese da opção recair sobre o desenvolvimento futuro, dentro da política de guerra fiscal acima exposta, será necessário abrir mão de arrecadação presente, a fim de atrair investimentos nas áreas eleitas como prioritárias. Isto implica em abdicar *hoje* de verbas públicas para saúde, educação, segurança, em prol de redução de carga tributária para a indústria.

De outra banda, optar por manter um nível de arrecadação atual, e tentar incrementá-lo, sem conceder incentivos fiscais, havendo, porém, uma guerra fiscal em curso, é abandonar qualquer possibilidade de atrair novos investimentos. É não gerar empregos, não implementar a criação de novas fontes de receita, reduzir a pó qualquer tentativa de distribuição de rendas, não explorar os recursos naturais existentes. Ou seja, a arrecadação *futura* ficará comprometida. Os benefícios econômicos não concedidos em um Estado podem estar sendo oferecidos noutro, e, então, a tendência será o *capital* seguir o porto que lhe render a melhor combinação entre rentabilidade e segurança.

Atrair investimentos privados em detrimento de arrecadação *atual* implica em acréscimo de necessidades públicas (escolas, hospitais, saneamento) que o poder público não terá o condão de enfrentar por falta de recursos presentes, durante o tempo do benefício concedido. E, fruto do mercado, as próprias empresas instaladas não terão folga orçamentária para implementar este tipo de gasto público, por mais benemerentes que sejam – o que não é lugar comum.

Logo, a política de incentivo à concorrência entre os Estados-membros é extremamente perniciosa para a sociedade, pois, de uma forma, as gerações futuras ficarão comprometidas em detrimento das atuais; de outra forma, haverá o privilegiamento oposto. Além disso, o mercado não é bom condutor de políticas públicas, que não se regulam pelo lucro, mas pela redução das desigualdades, sejam econômicas, sociais, culturais, etc. O ajuste fino entre estas duas situações extremas é muito difícil, senão impossível.

A tendência é o estiolamento das finanças públicas após determinado período, seja atual (para aqueles que optarem pela indiscriminada concessão de benefícios) seja futuro (para os que não seguirem a regra majoritária de mercado). Ou ainda, entre estas duas situações, na pendência do prazo dos benefícios concedidos e do aumento das necessidades públicas geradas.

Enfim, a existência do dilema econômico entre incentivar a industrialização futura ou arrecadar mais na atualidade é um dos mais difíceis que a sociedade hoje enfrenta, e somente mecanismos democráticos poderão apurar a real vontade popular na escolha entre estas opções. A simples existência da guerra fiscal obrigando os Estados a adotar uma política econômica onde este dilema esteja presente, impede que a sociedade fique alijada de sua discussão.

12. Para evitar a guerra fiscal entre os Estados-membros, foi criado o CONFAZ – Conselho Nacional de Política Fazendária, onde os Estados-membros, sob a coordenação do Ministério da Fazenda, estipulariam os benefícios fiscais que os Estados poderiam conceder no âmbito do ICMS, desde que houvesse concordância da *unanimidade* dos Estados neste sentido.[39]

O fato é que, em meados dos anos 90, com a instalação desta disputa indiscriminada por investimentos entre os Estados-membros, a sistemática deixou de funcionar por completo, pois vários deles passaram a conceder incentivos diretamente às empresas, sem que o fato fosse levado ao CONFAZ, e sem que houvesse uma medida judicial eficaz contra este tipo de procedimento.

Outros Estados, visando fugir das limitações financeiras e tributárias, adotaram políticas compensatórias, usualmente no setor creditício, a fim de reduzir o peso do ICMS sobre a comercialização das mercadorias. O exemplo mais comum é o de um Estado da Federação brasileira que, visando atrair empresas para seu território,

---

[39] Lei Complementar 24/75.

concebeu a seguinte sistemática: o ICMS era apurado e recolhido em sua integralidade; contudo, o Banco do Estado concedia àquela empresa um crédito no mesmo valor, para ser pago sem juros ou correção monetária, em vários meses e com largo período de carência. Ou seja, este benefício não se revestia da característica de benefício *fiscal*, mas *financeiro*; logo, não necessitava da anuência do CONFAZ.

Este tipo de subterfúgio às determinações legais grassou por todo o território nacional, através dos instrumentos mais diversificados possíveis.

O fato é que através destes e de outros expedientes matreiros, a competência do CONFAZ para evitar a guerra fiscal entre os Estados foi completamente relegada a segundo, ou terceiro, plano[40].

O STF, instado a julgar questões levadas a seu conhecimento através de ações diretas de inconstitucionalidade propostas pelo Ministério Público Federal, usualmente decide pela declaração de inconstitucionalidade da norma estadual concessiva dos benefícios, e a invalidade dos incentivos fiscais concedidos sem o respeito às normas do CONFAZ.[41]

Na prática, o que vem acontecendo é que os Estados-membros insistem no desrespeito ao CONFAZ, pois uma vez julgada (ou em vias de ser julgada) inconstitucional uma determinada norma estadual "x" concessiva de benefícios fiscais para atração e manutenção de empresas em seu território, outra é imediatamente proposta perante o Poder Legislativo estadual, votada e aprovada, mantendo o mesmo procedimento, sob outra roupagem jurídica. E isto permanece até que esta nova lei seja argüida de inconstitucional e todo o processo volte a ser refeito.

Isto decorre basicamente do fato de que nada adianta julgar inconstitucional a norma "x" ou "y" deste ou daquele Estado, se um único mantiver o procedimento, pois, enquanto este conceder vantagens fiscais, ele atrairá novos negócios para seu território e os próprios empresários se incumbirão de incentivar o "leilão às avessas" incitando os Estados a concederem mais e melhores incentivos.

---

[40] Isto não implica em manter a sistemática do CONFAZ, apenas demonstra sua inviabilidade.

[41] Ver as ADIn's 1.296-PE, 1247/MC-PA, 2352/MC-ES, 84-MG, 128/MC-AL, 1296/MC-PI, 1179/MC-RJ, 2021/MC-SP, entre várias outras.

Além disso, constata-se que esta concessão de incentivos fiscais, creditícios e financeiros não possui nenhuma espécie de planejamento efetivo, ficando ao alvedrio do governante de plantão a negociação caso a caso com as empresas interessadas a se implantar no território do Estado-membro.

Isto faz cair por terra a idéia de impessoalidade na distribuição dos recursos públicos, bem como a de igualdade dos beneficiados pela renúncia fiscal, ícones de uma república.

d) ***República e Gasto Público: Sistemas Previdenciários***

13. Para o que se refere ao gasto público, nada melhor para exemplificar a falta de espírito republicano que a análise dos dois sistemas de previdência pública no Brasil.

Existe um "sistema geral de previdência", público e obrigatório, que serve aos trabalhadores da iniciativa privada, e que é estruturado a partir de benefícios cujo teto alcança o equivalente a US$ 1.300,00 (hum mil e trezentos dólares norte americanos).

Todavia, existe outro sistema igualmente público, só que denominado "especial" ou "próprio", que alcança apenas os servidores públicos, e que garante o direito de se aposentarem com o valor equivalente ao que recebiam em atividade. Dessa forma, existem aposentadorias corriqueiras, na área dos serviços públicos do setor judiciário, que alcançam mais de US$ 13 mil mensais. Esta regra foi alterada em 2003, através da Emenda Constitucional 41, que aproximou os dois sistemas, afastando a integralidade dos proventos dos servidores públicos, passando a aplicar ama média dos valores recolhidos, com garantia de preservação do poder de compra.

Baseado na situação atual, não é raro constatar a existência de uma diferença de mais de 10 vezes entre a aposentadoria de um trabalhador do setor privado para a que recebe um trabalhador do setor público, em atividades correlatas.

Onde está a isonomia neste sistema? É a antítese do republicanismo.

IV. Guardiães da República: Como procedem o Congresso Nacional e o STF

14. O que se pode esperar do Congresso Nacional em uma situação de desigualdade tal qual a exposta acima?

a) *Abuso de Medidas Provisórias*: Grande parte da legislação federal brasileira nasce no Poder Executivo, seja pela edição de medidas provisórias[42], seja pela iniciativa de propositura legislativa[43]. Ou seja, o Congresso Nacional quase não legisla; pega carona nas Medidas Provisórias enviadas pelo Executivo, ou, quando muito, nos projetos de lei oriundos do Executivo;
b) *Falhas na identificação da vontade popular em face do processo eleitoral:* Existe um clamor por uma reforma política, através da qual o exercício do direito de voto venha a ser melhor identificado. As distorções hoje existentes, onde candidatos que possuem apenas uns poucos votos, na esteira de candidatos bastante votados, tornam-se deputados, ou ainda a ausência de fidelidade partidária, são alguns itens dessa reforma política que deve ser implementada com urgência no Brasil;
c) *Falhas na formação da lei, no processo legislativo:* Ao lado do processo eleitoral acima mencionado, existe também o problema do processo legislativo, pois ainda vigoram no Brasil institutos como o do "voto de liderança", onde um único parlamentar vota por um sem número de deputados ou de senadores. Isso cria parlamentares de 1.ª e de 2.ª classe e distorce fortemente a democracia, colocando em cheque o Princípio da Discricionariedade do Legislador.
d) *Ética:* Outro aspecto a ser considerado diz respeito aos sucessivos escândalos éticos que vêm sendo descobertos no bojo

[42] Sobre este tema remeto o leitor ao livro *Justiça Constitucional e Tributação*, de Fernando Facury Scaff e Antonio Moreira Maués (São Paulo, Dialética, 2005), em especial ao capítulo mencionado "Quando as Medidas Provisórias se transformaram em Decretos-lei".

[43] Interessante pesquisa sobre este tema foi publicada no jornal Folha de São Paulo, edição do dia 10 de abril de 2007, onde demonstra a pequena proporção de normas de iniciativa do Poder Legislativo que se transformaram em Lei. O Poder Legislativo no Brasil segue a reboque do Poder Executivo.

do Poder Legislativo ao longo de sucessivas legislaturas, dentre eles o do "Anões do Orçamento", "Compra de votos para a aprovação da emenda da reeleição", "Mensalão", alguns comprovados juridicamente, outros nem tanto, mas todos com forte apelo político, que repercute na imagem do Legislativo brasileiro.

15. Esta fragilidade do Poder Legislativo acaba por transformar o Poder Judiciário e o STF em verdadeiros "*ordenadores de despesas públicas*", o que dificulta o planejamento governamental, exercido pelo Executivo e pelo Legislativo, no que tange às políticas públicas aprovadas por lei, e com recursos dirigidos para sua implementação através do sistema orçamentário.

Ao lado de se transformarem em "ordenadores de despesas" se tornam também "legisladores positivos" exercendo um papel que a Constituição não lhes atribuiu, nem mesmo para a implementação *direta* dos direitos sociais prescritos na Carta.[44]

Este tipo de atuação do Poder Judiciário decorre do fato de que o Princípio da Discricionariedade do Legislador, que reconhece áreas de atuação específicas para o Poder Legislativo (embora restringidas pela Constituição em razão da "Limitação à Liberdade de Conformação do Legislador") encontra-se amplamente solapado em nosso país, em face dos diversos fatores acima referidos.

16. Ocorre que o um rol de mudanças constitucionais transformou o sistema de controle de constitucionalidade no Brasil de difuso (Constituição de 1889) para misto (Constituição de 1988) e atualmente, em face das várias alterações constitucionais e legislativas pós-88, assume prevalência o controle concentrado sobre o difuso.

Com tudo isso, falta ainda um aspecto de crucial importância para equilibrar o poder atualmente reunido no STF, que é o de transformá-lo em uma Corte Constitucional nos moldes europeus,

---

[44] A Constituição brasileira tem remédios que possibilitam sanar este tipo de situação, tal como o Mandado de Injunção – MI e a Ação Direta de Inconstitucionalidade por Omissão – ADIPO, cujos canais de aplicação foram obstruídos pela interpretação restritiva adotada pelo STF nos primeiros momentos em que foi chamado a concretizar a Constituição de 1988, e que devem ser revisitados.

onde se pratica com predominância o controle concentrado. Sem isso, corre-se o risco de ampliação do "déficit republicano" no STF, em face do inexistente controle público ou social sobre seu poder.

Este "déficit" nada tem a ver com a origem do mandato de seus membros – se eleitos ou não. O "déficit" de que se trata neste tópico diz respeito à *forma de escolha* e ao *período de duração do mandato* de cada membro do Tribunal, inigualável nos sistemas em que o controle concentrado é predominante, e que tenha sido tomado por modelo durante a elaboração constituinte.

17. No sistema difuso, o paradigma principal é o norte americano, que claramente inspirou a primeira Constituição da república brasileira. Nos Estados Unidos é da competência exclusiva do Presidente da República a indicação dos candidatos a juiz da Suprema Corte, sendo que a nomeação só pode ocorrer após aprovação pelo Senado Federal. A Constituição norte americana sequer menciona o número de juízes da Suprema Corte e outros requisitos para o provimento do cargo[45] – o que é tratado através de lei do Congresso. São 09 juízes, vitalícios, sem a exigência de requisitos como idade ou saber jurídico, pelo menos estabelecidos por norma escrita[46]. E o Presidente da Suprema Corte é escolhido diretamente pelo Chefe do Poder Executivo, sem sequer ouvir os demais membros daquele Tribunal.

18. Nos países europeus em que a Constituição brasileira de 1988 foi inspirada, mais destacadamente Portugal, Espanha e Itália, vigora um sistema de controle concentrado de constitucionalidade, com algumas variações. Mas em todos a Corte Constitucional possui um perfil completamente diverso daquele que o STF possui atualmente.

---

[45] Constituição dos Estados Unidos da América - Section 2 - He (the President) (...) by and with the Advice and Consent of the Senate, shall appoint (...) Judges of the Supreme Court, (...), whose Appointments are not herein otherwise provided for, and which shall be established by Law (...).

[46] 28 U. S. C. §1.

Em Portugal o Tribunal Constitucional é composto por treze juízes, sendo:

a) dez escolhidos pelo Poder Legislativo e
b) três escolhidos pelo próprio Tribunal.

Seis dos treze juízes são obrigatoriamente escolhidos dentre membros do Poder Judiciário e os demais sete dentre juristas. O mandato dos juízes do Tribunal Constitucional português tem a duração de nove anos e não é renovável[47].

Na Espanha, o Tribunal Constitucional é composto por 12 membros nomeados pelo Rei[48], sendo que:

a) 04 indicados pelo Congresso, por maioria de 3/5 de seus membros;
b) 04 indicados pelo Senado, por idêntica maioria;
c) 02 indicados pelo Governo; e
d) 02 indicados pelo Conselho Geral do Poder Judiciário.

Os membros do Tribunal Constitucional espanhol deverão ser nomeados dentre magistrados e membros do Ministério Público, professores de Universidades, funcionários públicos e advogados, todos juristas de reconhecida competência com mais de 15 anos de exercício profissional. São nomeados para um período de 09 anos[49].

---

[47] Constituição da República Portuguesa, Art. 222 – 1. O Tribunal Constitucional é composto por treze juízes, sendo dez designados pela Assembleia da República e três cooptados por estes. 2. Seis de entre os juízes designados pela Assembleia da República ou cooptados são obrigatoriamente escolhidos de entre juízes dos restantes tribunais e os demais de entre juristas. 3. O mandato dos juízes do Tribunal Constitucional tem a duração de nove anos e não é renovável.

[48] É curioso usar como paradigma republicano uma Monarquia, mas, em face das circunstâncias expostas, é perfeitamente cabível.

[49] Constituição espanhola, Art. 159 – 1. El Tribunal Constitucional se compone de 12 miembros nombrados por el Rey: de ellos, cuatro a propuesta del Congreso por mayoría de tres quintos de sus miembros; cuatro a propuesta del Senado, con idéntica mayoría: dos a propuesta del Gobierno y dos a propuesta del Consejo General del Poder Judicial. 2. Los miembros del Tribunal Constitucional deberán ser nombrados entre Magistrados y Fiscales, Profesores de Universidad, funcionarios públicos y abogados, todos ellos juristas de reconocida competencia con más de quince años de ejercicio profesional. 3. Los miembros del Tribunal Constitucional serán designados por un período de nueve años y se renovarán por terceras partes cada tres.

Na Itália a Corte Constitucional é composta por 15 juízes indicados:

a) 05 pelo Presidente da República;
b) 05 pelo Parlamento; e
c) 05 pela magistratura superior.

Os juízes constitucionais são escolhidos entre magistrados, mesmo que aposentados, os professores titulares das Universidades de matérias jurídicas, e entre os advogados que tenham mais de 20 anos de exercício profissional. São nomeados por 09 anos, não podendo haver recondução[50].

Em todos estes casos, a Corte Constitucional não faz parte da estrutura do Poder Judiciário, mas é um órgão político, com funções jurídicas[51], incumbido primordialmente do controle de constitucionalidade. E é composto por pessoas com *mandato por prazo determinado, indicados dentre órgãos da estrutura do Estado que possuem maior vínculo de representatividade com a sociedade civil.* Esta construção jurídica permite arejar o Tribunal com novas idéias e torná-lo mais próximo dos órgãos de Estado compostos através do voto popular. É uma forma de renovação de idéias e de controle por parte da sociedade.

18. Será que em face das alterações efetuadas após a Constituição de 1988 não é o caso de alterar *o sistema de provimento* e *vitaliciedade* do STF, frontalmente baseado no sistema norte americano de controle difuso?

O STF passou a concentrar maior poder em suas mãos, em face da ampla modificação do sistema de admissibilidade do recurso extraor-

[50] Constituição da República Italiana, Art. 134 - La Corte costituzionale è composta di quindici giudici nominati per un terzo dal Presidente della Repubblica, per un terzo dal Parlamento in seduta comune e per un terzo dalle supreme magistrature ordinaria ed amministrative. I giudici della Corte costituzionale sono scelti tra i magistrati anche a riposo delle giurisdizioni superiori ordinaria ed amministrative, i professori ordinari di università in materie giuridiche e gli avvocati dopo venti anni d'esercizio. I giudici della Corte costituzionale sono nominati per nove anni, decorrenti per ciascuno di essi dal giorno del giuramento, e non possono essere nuovamente nominati.

[51] J. J.Gomes Canotilho observa que esta posição não é pacífica na doutrina portuguesa, em relação ao Tribunal Constitucional daquele país. *Direito Constitucional e Teoria da Constituição*, 7a. ed., Coimbra, Almedina, 2003, pág. 679.

dinário, e da possibilidade de proferir decisões e expedir súmulas com efeito vinculante e eficácia "erga omnes", inclusive com modulação de seus efeitos temporais. Com isso, o sistema de controle difuso entra em declínio e o concentrado reforça sua posição como fórmula principal de controle de constitucionalidade no Brasil, mas ainda subsiste na Constituição brasileira o modelo norte americano de provimento e vitaliciedade, embora com tênues variações[52].

Penso que a manutenção desse sistema coloca o STF com excesso de poderes e pouco submisso a controles públicos e sociais. Afinal, os 11 Ministros são indicados e nomeados pelo Chefe do Poder Executivo e aprovados por uma das Casas do Poder Legislativo – o Senado Federal. Seu poder de declarar uma lei inconstitucional, de forma direta, torna-o um dos órgãos mais poderosos dentre seus pares, em face da vitaliciedade de seus membros, dentre as demais garantias que possuem. E com o sufocamento do controle difuso, que passou a ser "concentrado" em suas mãos, seu poder se amplia sobremaneira.

Além disso, a permanência dos Ministros por anos a fio no cargo dificulta a oxigenação da interpretação constitucional, tornando ainda mais difícil a alteração de uma decisão do STF. Apenas para se ter uma idéia da situação atual, os dados disponíveis da atual composição do STF apontam que o Ministro[53]:

a) Marco Aurélio possui uma perspectiva de permanência no STF de 26 anos[54];
b) Celso de Mello possui idêntica perspectiva, de 26 anos no STF[55];
c) Sepúlveda Pertence, que se aposentou em 2007, passou quase 18 anos no STF[56];

---

[52] CF/88 – Art. 101. O Supremo Tribunal Federal compõe-se de onze Ministros, escolhidos dentre cidadãos com mais de trinta e cinco e menos de sessenta e cinco anos de idade, de notável saber jurídico e reputação ilibada. Parágrafo único. Os Ministros do Supremo Tribunal Federal serão nomeados pelo Presidente da República, depois de aprovada a escolha pela maioria absoluta do Senado Federal

[53] Os dados foram obtidos no site do STF (www.stf.gov.br) e na RTJ – Revista Trimestral de Jurisprudência, que não disponibilizam o ano de nascimento dos Ministros Carmen Lúcia (nomeada em 2006), Ellen Gracie (nomeada em 14-12-2000) e Joaquim Barbosa (nomeado em 25-06-2003).

[54] Nasceu em 1946 e foi nomeado em 13-06-1990.

[55] Nasceu em 1945 e foi nomeado em17-08-1989.

[56] Nasceu em 1937 e foi nomeado em 17-05-1989.

d) Gilmar Mendes deverá passar 23 anos no STF[57];
b) Ricardo Lewandowski deverá passar 12 anos no STF[58];
d) Carlos Ayres deverá passar 09 anos[59];
e) César Peluso também deverá passar 09 anos no STF[60];
c) Eros Grau deverá passar 06 anos[61].

Ou seja, já existiram, e ainda existem Ministros que passarão mais de 20 anos na Corte, o que certamente dificulta a renovação das idéias e a oxigenação da sua jurisprudência. É necessário rever este aspecto, de suma importância para a organização e controle do poder no Brasil.

V. **O futuro do Brasil requer mais República**

19. A conclusão do presente estudo é que o futuro do Brasil requer maior republicanismo em sua estrutura e na ética de sua população, inclusive, e em especial, de sua classe dirigente.

Vencemos a batalha pela Democracia, que se encontra consolidada após 20 anos de práxis constitucional. Necessita ser aperfeiçoada, por óbvio, mas é um direito já incorporado ao patrimônio nacional, que não admite retrocessos.

É hora de tornarmos o país mais republicano. Esta é uma tarefa mais ingente, urgente e difícil, pois passados quase 120 anos de instauração do regime republicano entre nós, o conceito de república (palavra usada como adjetivo) ainda não se instalou no seio de nosso povo. Não há uma cultura republicana no Brasil. E como forma de governo (palavra usada como substantivo), nossa república está muito mais para uma república de classes ou corporativa, que nos fala Jellinek, do que para uma república democrática. É hora de mudarmos este estado de coisas e fazermos do Brasil um país onde o sol não apenas nasça para todos, mas possa brilhar também para todos.

---

[57] Nasceu em 1955 e foi nomeado em 20-06-2002.
[58] Nasceu em 1948 e foi nomeado em 2006.
[59] Nasceu em 1942 e foi nomeado em 25-06-2003.
[60] Nasceu em 1942 e foi nomeado em 25-06-2003.
[61] Nasceu em 1940 e foi nomeado em 30-06-2004.

Notas sobre o poder nas sociedades anónimas

J. M. COUTINHO DE ABREU*

1. Centralização do poder societário no órgão de administração (anteontem, hoje e amanhã)

O moderno direito das sociedades anónimas consagra a concentração dos poderes de gestão no órgão administrativo (conselho de administração, para simplificar). Não foi sempre assim. Porquê então este fenómeno, estabilizado desde o séc. XX?

Segundo opinião convencional, ele deve-se a imperativos do mercado e interno-empresariais. O desenvolvimento do mercado induziu a forte entrada de capitais nas sociedades, oriundos de muitos e dispersos accionistas; mudanças tecnológicas e organizativas exigiram controlo administrativo firme e especializado[1].

Um bosquejo histórico ajudará a compreender.

---

* Professor da Faculdade de Direito da Universidade de Coimbra

[1] Cfr. COLLEEN A. DUNLAVY, *Corporate governance in late 19th-century Europe and the U. S. The case of shareholder voting rights*, em HOPT / KANDA / ROE / WYMEERSCH / PRIGGE, *Comparative corporate governance – The state of the art and emerging research*, Oxford University Press, 1998, pp. 8-9. Ainda em autores estado-unidenses, encontramos explicações mais ingénuas: a centralização da gestão elimina a necessidade de centenas ou mesmo milhares de accionistas incorrerem em custos consideráveis para se informarem acerca dos negócios sociais; permite aos sócios tempo e energia para se dedicarem ao que fazem melhor; facilita a justificação da não responsabilidade pessoal dos sócios pelos negócios sociais. V. COX / HAZEN, *On corporations,* 2nd ed., vol. I, Aspen, New York, 2003, p. 435, n. (1).

Nas companhias coloniais privilegiadas de seiscentos (precedentes das sociedades anónimas) – holandesas, francesas, portuguesas, etc. – a centralização da administração foi um facto[2]: o poder residia no órgão de gestão (de que não podiam fazer parte muitos dos sócios), com os titulares designados apenas por alguns associados (os de maior participação capitalística) e (às vezes) pelo monarca, com largos poderes para dirigir a sociedade, sem controlo relevante da assembleia dos sócios, onde, aliás, nem todos os associados tinham assento[3]. É certo que não foi assim nas companhias coloniais inglesas dos primeiros tempos: a soberania societária pertencia à assembleia dos sócios, cada um com direito a um voto. Porém, afora o facto se explicar pela restrita base accionista (podiam ser sócios tão-só grandes burgueses e aristocratas), certo é também que a partir de finais do séc. XVII (com o alargamento do substrato pessoal), as companhias caminharam no sentido da centralização administrativa[4].

Lentamente (e de modo não linear, considerando quer os diversos países em conjunto, quer cada um deles), a omnipotência dos administradores vai-se desvanecendo. Primeiro, um grupo de accionistas (capitalisticamente) mais importantes da sociedade é constituído para fiscalizar a actuação dos administradores e cooperar com eles na tomada de decisões. Depois, isso mesmo passa a ser efectuado nas assembleias gerais (nas quais continuam a poder participar somente os accionistas com determinado número mínimo de acções) – é assim, generalizadamente, no séc. XVIII[5]. Importa notar ainda que naqueles tempos dominavam sistemas de votos "graduados" (não a regra uma acção / um voto): os sócios tinham um voto por *x* acções, mais um voto por um conjunto de acções entre um número mínimo e um

---

[2] Em tempos, portanto, de mercado e tecnologia bem diversos dos arvorados hoje para explicar concentração similar.

[3] *V.* Alberto Vighi, *Notize storiche sugli amministratori ed i sindaci delle società per azioni anteriori al codice di commercio francese,* RS (Rivista delle Società), 1969, pp. 676, ss. (o texto foi primeiramente publicado em 1898), Francesco Galgano, *Storia del diritto commerciale,* 2.ª ed., il Mulino, Bologna, 1980, pp. 115, ss., Rui Marcos, *As companhias pombalinas – Contributo para a história das sociedades por acções em Portugal,* Almedina, Coimbra, 1997, pp. 63, ss., 142, ss., 167, ss., 590, ss., 685, ss., 758, ss..

[4] *V.* Galgano, *ob. cit.*, pp. 118-119, Rui Marcos, *ob. cit.*, pp. 59-60, 82-83.

[5] *V.* Vighi, *ob. cit.*, pp. 686, ss..

máximo, etc., até determinado limite de votos (menos que proporcional ao número das acções)[6].

A maioria das leis comerciais do séc. XIX aceitou essas práticas e consagrou o princípio da "soberania" das assembleias de sócios: estas podiam deliberar sobre tudo o pertinente à vida societária, elegiam e destituiam livremente os administradores, que, mesmo em matérias de gestão, estavam vinculados às directivas e ordens deliberadas pelos sócios[7]. No que ao poder de voto diz respeito, continuaram a dominar as escalas de votos graduados[8]. Perduraram na Europa praticamente durante todo o século. Mas não nos EUA, onde desapareceram em meados da centúria, substituídas pela regra uma acção / um voto – assim se potenciando o controlo das sociedades (e da administração) por um ou poucos accionistas poderosos (sendo o número de acções necessário para o domínio tanto menor quanto maior o número de accionistas dispersos e absentistas)[9].

Na idade adulta do capitalismo, o poder (inclusivo e exclusivo) do dinheiro determinou o recentrar do poder societário no órgão de administração.

Primeiro nos EUA, onde logo na segunda metade do séc. XIX várias leis estaduais foram outorgando maior liberdade e mais competências aos administradores em detrimento das assembleias gerais[10]. Perguntar-se-á agora: mas porquê esta deslocação de poderes para o órgão administrativo, quando os accionistas mais poderosos, alcançado o regime de um voto por cada acção, já dominavam a

---

[6] V. Dunlavy, *ob. cit.*, pp. 13-14.

[7] Cfr. Galgano, *ob. cit.*, pp. 125, ss.. Entre nós, a propósito dos arts. 26.º e 27.º da Lei de 22 de Junho de 1867, escrevia J. J. Tavares de Medeiros, *Commentario da lei das sociedades anonymas*, Livr. Ferreira, Lisboa, 1886, p. 160, que eles "não delimitam os podêres da assemblêa geral, porque esta resume em si toda a soberania em conformidade com o fim a que a sociedade se propõe".

[8] V. Dunlavy, *ob. cit.*, pp. 17, ss.. A A. analisa as experiências dos EUA, Inglaterra, França e Alemanha. Relativamente a Portugal, v. o apontamento de Tavares de Medeiros, *ob. cit.*, pp. 165-166.

[9] V. Dunlavy, *ob. cit.*, pp. 27, ss.. Para um quadro caracterizador das relações de poder societário assente sobretudo na distribuição dos direitos de voto – mais democráticas (eu preferiria dizer menos plutocráticas), mais plutocráticas e mais tecnocráticas –, v. *ibid.*, p. 15.

[10] G. Guerra Martín, *El gobierno de las sociedades cotizadas estadunidenses – Su influencia en el movimiento de reforma del derecho europeo,* Aranzadi, Cizur Menor, 2003, p. 50.

assembleia e, directa ou indirectamente, aquele órgão? O poder não se cansa de mais e ilimitados poderes... Subtraindo à assembleia competências em matéria de gestão, o capital de comando da sociedade evita a discussão no colégio dos sócios acerca das políticas empresariais por ele determinadas, impede perguntas e censuras dos minoritários[11]. Entretanto, quando aparecem (no séc. XX, parece) algumas grandes sociedades sem grupos de accionistas de controlo, dada a enorme disseminação das acções, a divisão dos poderes societários está já consolidada.

Depois foi a vez de os países europeus, no séc. XX, deixarem cair o princípio da soberania da assembleia dos sócios e atribuirem o papel principal ao órgão administrativo. Marco legislativo importante foi a *Aktiengesetz* alemã de 1937, que acentuou o *Führerprinzip* (fortalecimento da Direcção em face do *Aufsichtsrat* ou conselho de vigilância e da assembleia geral, e fortalecimento do presidente da direcção – havendo diferentes opiniões entre os directores, competia ao presidente decidir)[12]. A ideia não era nazi (tinha antecedentes no direito estado-unidense e em várias propostas alemãs), mas adequava-se bem à economia autoritária nacional-socialista e apoiava a aliança entre grande capital e ditadura[13]. Perimida a aliança, restou (na Alemanha e fora dela) o grande capital e o "modelo" consagrado em 37.

Em suma, não será temerário afirmar que a maior ou menor centralização dos poderes societários no órgão de administração ao longo dos tempos deveu-se, fundamentalmente, à existência ou não de accionistas de controlo e à possibilidade maior ou menor – consoante as circunstâncias político-económicas e jurídicas (atinentes, estas, principalmente ao poder de voto) – de os accionistas intervirem na vida societária.

As razões mencionadas acima, no início deste número, são ponderosas, mas não (me) parece que sejam as nucleares.

E não custa admitir que a referida centralização continuará no futuro...

---

[11] V. FRANCESCO GALGANO, *Le istituzioni dell'economia capitalistica — Società per azioni, Stato e classi sociali*, 2.ª ed., Zanichelli, Bologna, 1980, pp. 123-124.

[12] V. JAN VON HEIN, *Vom Vorstandsvorsitzenden zum CEO?*, ZHR (Zeitschrift für das gesamte Handelsrecht und Wirtschaftsrecht), 2002, pp. 474-478.

[13] V. HERBERT WIEDEMANN, *Gesellschaftsrecht — Ein Lehrbuch des Unternehmens-und Verbandsrecht*, B. I, Beck, München, 1980, p. 30.

Atípico se afigura o desenho traçado na LSA brasileira de 1976.

Aparentemente, a "soberania" continua a residir na assembleia geral. Que "tem poderes para decidir todos os negócios relativos ao objeto da companhia" (art. 121). Todavia, compete ao conselho de administração (equiparável, em alguma medida, ao conselho geral e de supervisão português ou ao *Aufsichstrat* alemão) "fixar a orientação geral dos negócios da companhia" (art. 142/I). Por outro lado – e mais importante –, o "acionista controlador" "usa efetivamente seu poder para dirigir as atividades sociais e orientar o funcionamento dos órgãos da companhia" (art. 116, b)). Sendo ainda certo que a centralização do poder societário (imediata ou directamente) nos accionistas controladores ficou reforçada com as alterações introduzidas no art. 118 ("acordo de acionistas") pela Lei 10. 303, de 31 de Outubro de 2001.

2. **Funções e disfunções do órgão de administração**

2.1. ***Riscos permanentes, prevenções intermitentes (opções político-jurídicas para hoje e amanhã)***

Nas sociedades em que a propriedade das acções é difusa, dispersa, sem accionistas dominantes, os administradores (a "tecnoestrutura"), actuando sem suficiente controlo-fiscalização dos accionistas ("proprietários" absentistas ou racionalmente apáticos) e detendo o controlo-domínio de facto da empresa social, são muitas vezes tentados a gerir tão-só em proveito próprio.

Nas sociedades com accionistas dominantes (sem vincada separação entre "propriedade" e "controlo"), os administradores – quando não sejam aqueles ou seus representantes – possuem muito menor poder e liberdade (são influenciados e fiscalizados pelos sócios dominantes, que podem demiti-los). Mas surge um outro perigo: sejam ou não tais accionistas os administradores, estes podem ser tentados a actuar em benefício dos sócios maioritários e em detrimento dos minoritários (e do interesse social)[14].

[14] V. tb. Brian R. Cheffins, *Tendenze attuali di* corporate governace: *da Londra a Milano, via Toronto,* GC (Giurisprudenza Commerciale), 2001, pp. 184-185.

Estes e outros riscos vêm-se revelando frequentemente[15]. Os instrumentos para os prevenir têm-se sucedido. A configuração funcional e estrutural do órgão de administração vem sendo desenhada e redesenhada, mantendo-se alguns traços pouco definidos; a tradicional fiscalização interno-orgânica deu persistentes provas de ineficiência; a fiscalização contabilística externa foi dando sinais de deficiência; os mercados (dos *managers,* dos produtos, dos capitais, do domínio societário) não deram provas de suficiência.

Formou-se nos últimos anos consenso alargado acerca da necessidade de introduzir mudanças fortes na governação das sociedades. Mas com que instrumentária, como (tentar) mudar? Dissenção importante subsiste.

Deve a primazia ser concedida à liberdade negocial, à auto-regulação (com ou sem códigos de conduta recomendatórios) e direcção pelo mercado (o novo *deus ex machina*), cabendo ao Estado-legislador apoiar gratuita e supletivamente a autonomia contratual, e desregular de modo a imprimir no ordenamento jurídico-societário leveza e flexibilidade para a corrida com outros ordenamentos? É esta, no essencial, a perspectiva dos "contratualistas"[16].

Ou devemos – tendo em conta as assimetrias de informação e de poder no mercado, a inexistência de negociação e de contrato em

---

[15] Para manifestações recentes, cfr. J. M. Coutinho de Abreu, *Governação das sociedades comerciais,* Almedina, Coimbra, 2006, pp. 7, ss..

[16] A designação radica no modelo de sociedade chamado "nexo de contratos", em voga nos EUA nos últimos três decénios. Para uma apresentação recente do modelo (a sociedade como nexo ou rede de contratos explícitos e implícitos que estabelecem direitos e obrigações entre accionistas, administradores, trabalhadores, credores, etc.), v. Stephen M. Bainbridge, *The board of directors as nexus of contracts,* ILR (Iowa Law Review), 2002-2003, pp. 9, ss. (o A. defende o modelo). Sobre as concepções societário-"contratualistas", seus defensores e críticos, v. p. ex. Frank H. Easterbrook / Daniel R. Fischel, *L'economia delle società per azioni – Un'analisi strutturale,* trad. (título original: *The economic structure of corporate law*), Giuffrè, Milano, 1996, pp. 13, ss. (os AA. estão entre os principais paladinos do contratualismo), Federico Ghezzi, *I "doveri fiduciari" degli amministratori nei "Principles of Corporate Governance",* RS, 1996, pp. 471, ss., Marina Benvenuto, *La struttura dei poteri nel governo delle società,* RS, 1997, pp. 1164, ss., Douglas M. Branson, *Corporate social responsibility redux,* TLR (Tulane Law Review), 2002, pp. 1208, ss., Guerra Martín, *ob. cit.*, pp. 86, ss., Alain Alcouffe/ Christian Kalweit, *Droits à l'information des actionnaires et actions sociales des associés en France et Allemagne. Considérations de droit comparé en relation avec les directives américaines,* RIDE (Revue Internationale de Droit Economique), 2003, pp. 188, ss..

muitas situações, a projecção (também) externa da máquina societária – continuar a reconhecer o papel regulador imprescindível da legislação (imperativa, também)?

Por aqui é o caminho, supomos. Sem impedir, está bem de ver, a actuação dos mercados e da auto-regulação – em palcos (legalmente) desenhados para impedir a farsa. E sem excluir os códigos recomendatórios de boa governação[17]. Depois, a regulamentação imperativa, tradicionalmente dominante nas sociedades anónimas, justificar-se-á sobretudo para as sociedades abertas (há que tutelar especialmente os direitos e interesses de muitos e pequenos accionistas, sem poder de informação e de intervenção)[18]. Mas mesmo relativamente a elas há espaço para a lei dispositiva e a auto-regulação. E pode suceder que um mesmo sector temático convoque lei imperativa e liberdade estatutária. Por exemplo, deverá ser deixada à autonomia estatutária a escolha entre sistema monístico e sistema dualístico de administração e controlo, bem como a organização e funcionamento do órgão administrativo (composição, delegações, comissões internas); já a disciplina de matérias mais relacionadas com a exigível tutela dos sócios ou de terceiros – *v. g.*, deveres, responsabilidades, remuneração e poderes de vinculação dos administradores – deverá ser legal-imperativa[19].

O caminho assinalado parece estar a ser feito. Depois de uma primeira etapa em que sobressaíram respostas mais éticas que jurí-

---

[17] É possível que alguns fautores de códigos de "normas brandas" tencionem desalojar ou evitar "normas duras". Porém, tais códigos, só por si, não significam desregulação. E a prática tem confirmado a coexistência e complementaridade entre esses códigos e a regulação legal. V., para a Alemanha, Peter Ulmer, *Der Deutscher Corporate Governance Kodex – ein neues Regulierungsinstrument für börsennotierte Aktiengesellschaften,* ZHR, 2002, pp. 178-179. Os redactores dos marcantes "Principles of corporate governance" da ALI (de 1992) incentivam, a propósito de diversos princípios, modificações nas leis societárias dos estados norte-americanos – v. The American Law Institut, *Principles of corporate governance: Analysis and recommendations,* vol. 1, ALI Publishers, St. Paul, Minn., 1994, p. ex. pp. 83, 88, 95-96, 101, 104, 141, 189, 197.

[18] Nesta linha, v. a Comunicação da Comissão ao Conselho e ao Parlamento Europeu, *Modernizar o direito das sociedades e reforçar o governo das sociedades na União Europeia – Uma estratégia para o futuro,* Bruxelas, 21/5/2003 [COM (2003) 284 final], pp. 8-9.

[19] V. tb. o Editorial da RdS (Revista de Derecho de Sociedades) n.º 20 (2003) – *Diez años de derecho de sociedades: debates y propuestas* –, p. 15.

dicas (os "códigos"), a problemática da governação societária vem concitando desde finais do século passado em alguns países europeus a conjugação de reformas legislativas, códigos recomendatórios e auto-regulação[20]. Assim também nos EUA, onde a lei Sarbanes-Oxley (2002) começou a contrariar duas décadas de "ambiente desregulado e legalmente permissivo"[21]. E a UE, no "novo impulso" para a "harmonização do direito das sociedades", actua e projecta actuar com medidas legislativas e não-legislativas[22].

De modo muito sumário, apontarei alguns temas (e só alguns) relativos à administração societária que, no presente-e-futuro, convocam a intervenção do Direito.

– Levar a sério os deveres dos administradores (aos extensos poderes hão-de corresponder deveres intensos). Não apenas os deveres estatutários e legais específicos. Também os deveres legais gerais (que exigem maior labor da jurisprudência e da doutrina): deveres de cuidado (dever de controlo ou vigilância organizativo-funcional, dever de actuação procedimentalmente correcta, dever de tomar decisões razoáveis) e deveres de lealdade (dever de não contratar com a sociedade nuns casos e de contratar de modo correcto noutros, dever de não concorrência, dever de não aproveitamento em benefício próprio das oportunidades de negócios societárias, dever de não utilização em benefício próprio de meios e informações da sociedade, dever de não abuso do estatuto ou posição de administrador)[23].

– Reforço da responsabilização dos administradores. O que passa também pelo reconhecimento, sem equívocos, da ilicitude (enquanto pressuposto da responsabilidade civil) dos factos desrespeitadores dos deveres legais gerais dos administradores. Sem olvidar, porém, o *safe harbour* da *business judgment rule* (ou regra da decisão empre-

---

[20] V. *últ. ob. cit.*, pp. 11-12.

[21] Faith S. Kahn, *Bombing markets, subverting the rule of law: Enron, financial fraud, and September 11, 2001*, TLR, 2002, pp. 1613, ss..

[22] V. citada Comunicação de 2003, pp. 7, 27, ss.. É caso para dizer: concorrência sim, inclusive entre os ordenamentos jurídicos – mas não "the race to the bottom".

[23] *V.* J. M. Coutinho de Abreu, *Deveres de cuidado e de lealdade dos administradores e interesse social,* em IDET, *Reformas do Código das Sociedades,* Almedina, Coimbra, 2007, pp. 17-31, ou *Responsabilidade civil dos administradores de sociedades,* Almedina, Coimbra, 2007, pp. 9-34.

sarial) no que respeita a violações de deveres de cuidado (do dever de tomar decisões razoáveis, mais precisamente)[24].

– Remunerações dos administradores (componentes admissíveis, enquadramento das *stock options*, publicitação da remuneração de cada administrador nos documentos de prestação de contas, etc.)[25].

– Controlo intra-societário e judicial da validade das deliberações do órgão de administração. Apesar de o centro do poder societário se ter deslocado há muito da assembleia geral para o conselho de administração, a grande maioria das legislações continua a disciplinar só ou sobretudo a invalidade das deliberações dos sócios (não ou não tanto a das deliberações do conselho)...[26]

– Destituição dos administradores. A autonomia dos administradores, que devem actuar em quadro apertado de obrigações e responsabilização e sem subordinação aos interesses particulares de maiorias estáveis ou conjunturais, não aconselhará o afastamento da tradicional e generalizada regra da livre destituição (a todo o tempo e independentemente de justa causa)? Por outro lado, deverão os montantes das indemnizações por destituição sem justa causa poder ser livremente contratados? O limite dos "pára-quedas dourados" é o céu?...[27]

– Transparência na elaboração, controlo e publicitação das contas das sociedades. Mas neste campo, enquanto existirem paraísos fiscais, o optimismo há-de ser muito comedido. A própria Comissão das Comunidades Europeias parece concordar: "A Enron, a Parmalat e, sem dúvida, outras empresas utilizaram e continuarão a utilizar estruturas complexas e opacas, incluindo filiais em centros financeiros *offshore* (CFO), entidades instrumentais (EI) e operações financeiras complexas, frequentemente com a cumplicidade de terceiros, com o objectivo de reduzir a transparência das suas actividades para os investidores"[28].

---

[24] V. *últ. ob. cit.*, *passim.*

[25] V. minha *Governação das sociedades comerciais* cit., pp. 82-97.

[26] V. *últ. ob. cit.*, pp. 106-140.

[27] V. *últ. ob. cit.* pp. 150-171.

[28] Comunicação da Comissão ao Conselho e ao Parlamento Europeu *para prevenir e combater as práticas abusivas nos domínios financeiros e das sociedades,* de 27/9/2004 [COM (2004) 611 final], p. 2.

2.2. *A quem devem os administradores servir? (Função ideológica do institucionalista "interesse social")*

Devem os administradores actuar no "interesse da sociedade" (ou interesse social). Que interesses são compreendidos em tal interesse? Somente os comuns aos sócios enquanto tais (contratualismo), ou também os de outros sujeitos, tais como os trabalhadores, os credores sociais e até as comunidades locais ou nacionais (institucionalismo)?[29]

Deparamos frequentemente, nas legislações e na doutrina, com manifestações institucionalistas do interesse social. Recordem-se alguns exemplos.

Os administradores devem observar "deveres de lealdade, no interesse da sociedade, atendendo aos interesses de longo prazo dos sócios e ponderando os interesses de outros sujeitos relevantes para a sustentabilidade da sociedade, tais como os seus trabalhadores, clientes e credores" (art. 64.º, 1, b), do CSC português, na formulação de 2006).

"O administrador deve exercer as atribuições que a lei e o estatuto lhe conferem para lograr os fins e no interesse da companhia, satisfeitas as exigências do bem público e da função social da empresa" (art. 154 da LSA brasileira)[30].

"Os interesses que os administradores de uma sociedade devem ter em consideração no exercício das suas funções incluem os interesses dos empregados da sociedade em geral, bem como os interesses dos seus membros" (sócios) – sec. 309 do *Companies Act* do RU, de 1985[31].

---

[29] *V.* J. M. Coutinho de Abreu, *Curso de direito comercial,* vol. II — *Das sociedades,* 2.ª ed., Almedina, Coimbra, 2007, pp. 288-308, ou *Deveres de cuidado e de lealdade...*, pp. 31-46.

[30] Com algumas indicações acerca desta norma, v. J. M. Coutinho de Abreu, *Da empresarialidade (As empresas no direito)*, Almedina, Coimbra, 1996 (reimpr. 1999), p. 241 (onde se convoca o testemunho de F. Konder Comparato).

[31] V. tb. *últ. A. e ob. cits.*, pp. 235-236. Preceito idêntico estava antes contido na sec. 46 do *Companies Act* de 1980. No recente *Companies Act 2006,* a sec. 172 (epigrafada "duty to promote the success of the company") começa por dizer (n.º 1): "Um administrador de sociedade deve actuar no modo que ele considera, de boa fé, ser o mais apropriado para promover o êxito da sociedade para benefício dos seus membros como um todo, e assim fazendo ter em consideração (entre outros assuntos)". Seguem-se seis alíneas. Na al. b) temos "os interesses dos trabalhadores da sociedade", na al. d) "o impacto das operações da sociedade na comunidade e no ambiente".

Segundo o § 70(1) da AktG austríaca, os administradores devem actuar tomando em conta os interesses dos sócios e dos trabalhadores e o interesse geral[32].

De acordo com o art. 140 (2) do Código civil holandês, os administradores devem actuar no interesse da sociedade e da empresa a ela ligada, significando isto que estão em causa não somente os interesses dos sócios[33].

Leis societárias de alguns estados do EUA, além de prescreverem que os administradores devem procurar criar valor para os accionistas, permitem[34] que eles tomem em consideração outros interesses, como os dos trabalhadores, fornecedores, clientes e comunidades locais[35].

Vários códigos de governação das sociedades (não vinculativos) procedem semelhantemente.

Por exemplo, os *Principles of Corporate Governance* da ALI (adoptados em 1992)[36]. Segundo o § 2.01, é objectivo da sociedade o incremento dos lucros da empresa e o ganho dos sócios (a); mas ela "pode dedicar uma quantidade razoável de recursos ao bem-estar geral, e a finalidades humanitárias, educativas e filantrópicas" – (b), (3). Para um caso particular – reacção da administração de sociedade objecto de OPA não solicitada –, o § 6.02 (b), (2), permite que os administradores atendam a grupos (além dos accionistas) com quem a sociedade se relaciona, se isso não significar desfavor relevante dos interesses de longo prazo dos sócios[37].

Em países sem enunciados legais semelhantes ao do nosso art. 64.º, 1, b), a doutrina não deixa de expressar concepções (mais ou menos) institucionalistas do interesse social.

Na Alemanha, embora o § 76 da AktG actual (de 1965) não reproduza os dizeres do § 70 da AktG de 1937 (: "A direcção, sob própria responsabilidade, tem de conduzir a sociedade nos termos exigidos pelo bem da empresa e do seu pessoal e pelo interesse comum do povo e do *Reich*"), são muitos os autores que sustentam deverem os administradores atender a interesses vários (dos sócios, dos trabalhadores, da comunidade,

---

[32] Cfr. EDDY WYMEERSCH, *A status report on corporate governance rules and practices in some continental european states*, em HOPT / KANDA / ROE / / WYMEERSCH / PRIGGE, *ob. cit.*, p. 1085.

[33] V. *últ. A. e ob. cits.*, pp. 1081, ss..

[34] Note-se a mudança de registo...

[35] *V.* GUERRA MARTÍN, *ob. cit.*, pp. 426 e 426-427, n. (31).

[36] *V.* THE AMERICAN LAW INSTITUTE, *Principles of corporate governance: Analysis and recommendations,* vols. 1 e 2, ALI Publishers, St. Paul, Minn., 1994.

[37] Não admira que a *stakeholder theory* tenha nascido no *boom* das OPA, nos anos 80 do século passado (cfr. KELLYE Y. TESTY, *Linking progressive corporate law with progressive social movements,* TLR, 2002, pp. 1236-1237)...

etc.)[38]. Predomina hoje na doutrina a tese da "adequada consideração" de interesses vários[39].

Em França está a doutrina muito mais dividida. Uns defendem que o interesse da sociedade coincide com o interesse comum dos sócios[40], outros propugnam concepções institucionalistas[41].

Diz assim o art. 127bis da LSA espanhola (introduzido em 2003): "Los administradores deberán cumplir los deberes impuestos por las leyes y los estatutos con fidelidad al interés social, entendido como interés de la sociedad". Este (indefinido) interesse da sociedade é visto por alguns autores em perspectiva contratualista[42], e em perspectiva (neo-)institucionalista por outros[43].

Entendo que formulações como a contida no art. 64.º do CSC são em grande medida, quanto aos interesses dos não sócios, expressão de retórica normativa balofa e potencialmente desresponsabilizadora dos administradores.

Na verdade, se os administradores, na sua actuação, não ponderarem os interesses dos trabalhadores, clientes, credores, etc., a que sanções ficam sujeitos? E quem pode requerer a aplicação de sanções?... Os trabalhadores, clientes, credores, etc. não têm poder para destituir os administradores incumpridores, nem para responsabilizá-los (com base em normas como a do citado art. 64.º) por danos causados à sociedade ou a eles mesmos[44].

Por outro lado, quanto maior o elenco dos interesses a considerar e quanto mais difusos e conflituantes eles forem, maior será a

---

[38] Cfr. Coutinho de Abreu, *Da empresarialidade...*, pp. 234-235. Mais recentemente, v., entre outros, Uwe Hüffer, *Aktiengesetz,* 6. Aufl., Beck, München, 2004, pp. 383, ss..

[39] Cfr. Axel v. Werder, em Ringleb / Kremer / Lutter / v. Werder, *Kommentar zum Deutschen Corporate Governance Kodex,* Beck, München, 2003, pp. 84-85.

[40] Philippe Bissara, *Le gouvernement d'entreprise en France: faut-il légiférer encore et de quelle manière?*, RSoc. (Revue des Sociétés), 2003, p. 64.

[41] V. indicações em Alain Alcouffe / Christian Kalweit, *ob. cit.*, pp. 179, ss..

[42] J. Sánchez-Calero Guilarte, *Creación de valor, interés social y responsabilidad social corporativa,* em AA. VV., *Derecho de sociedades anónimas cotizadas (Estructura de gobierno y mercados),* t. II, Aranzadi, Cizur Menor, 2005, pp. 905-906.

[43] J. Quijano González / V. Mambrilla Rivera, *Los deberes fiduciarios de diligencia y lealtad. En particular, los conflictos de interés y las operaciones vinculadas,* em AA. VV., *Derecho de sociedades...*, pp. 955, ss., com mais indicações.

[44] Querendo levar a sério tais normas, haveria que declará-las ou interpretá-las como normas de protecção (também) dos sujeitos nelas referidos...

discricionaridade dos administradores e menor a controlabilidade da sua actuação – torna-se mais fácil justificar (apelando a um ou outro interesse) qualquer decisão[45].

Seria bom que as águas do "interesse social" fossem separadas das águas da "responsabilidade social das empresas".

Empresas (sobretudo societárias) "responsáveis socialmente" são as que visam, de modo voluntário, contribuir para a coesão social-geral e o equilíbrio ecológico (para lá da tradicional finalidade egoístico-lucrativa). Isto passa, designadamente, ao nível interno (empresarial), pela melhoria da situação dos trabalhadores e por reduções na exploração de recursos naturais, nas emissões poluentes ou na produção de resíduos, e, ao nível externo, pela (maior) consideração pelos interesses das comunidades locais (onde as empresas operam), dos parceiros comerciais, fornecedores, clientes, etc.[46]

Há manifestações remotas do "movimento" da responsabilidade social das empresas. Torna-se mais evidente, porém, a partir do final dos anos 60 do século passado. E aparece renovado na transição da centúria, principalmente por mor dos contributos de organizações não governamentais (ONG) de direitos cívicos e ambientalistas[47].

Repare-se: ao invés do que é típico no contexto (institucionalista) do "interesse social", a "responsabilidade social" não aparece como dever jurídico (dos administradores) das sociedades, antes como compromisso voluntariamente assumido por elas[48].

Compromisso voluntário assumido não tanto de modo espontâneo, mais por pressão exterior[49]. E (também) como bom (ou necessário)

---

[45] V., p. ex., KLAUS J. HOPT, em *AktG – Großkommentar,* 4. Aufl., 11. Lief. (§§ 92-94), de Gruyter, Berlin, New York, 1999, p. 93, TESTY, *ob. cit.*, p. 1237, C. PAZ-ARES, *La responsabilidad de los administradores como instrumento de gobierno corporativo,* RdS n.º 20, 2003, p. 103.

[46] V. por todos Comissão das Comunidades Europeias, *Livro verde— Promover um quadro europeu para a responsabilidade social das empresas,* Bruxelas, 18/7/2001 [COM (2001) 366 final], pp. 4, 8, ss..

[47] V., p. ex., TOMÁS G. PERDIGUERO, *La responsabilidad social de las empresas en un mundo global,* Anagrama, Barcelona, 2003, pp. 137, ss., 167, ss., e BRANSON, *ob. cit.*, pp. 1211, ss..

[48] É mais nesta linha que se situam as disposições estado-unidenses citadas *supra*.

[49] Por exemplo, empresas gigantescas do "primeiro mundo" que exploram sem remordimento trabalho infantil no "terceiro mundo" (etc.) só passam a "empresas cidadãs" quando o facto é denunciado (sobretudo por ONGs com acesso a modernos meios de informação e comunicação)...

investimento: as sociedades conseguem maior empenhamento dos seus trabalhadores, melhor imagem junto dos consumidores, etc.[50]

Ainda assim, é bom que se promova a "responsabilidade social das empresas". Apesar de, juridicamente, lhe falecer sanção – em medida pouco superior, aliás, à verificável no institucionalista "interesse social".

Mas sem que essa promoção obnubile o carácter essencialmente "individual"-egoístico da empresa capitalista. E de modo que à afirmação da responsabilidade social das empresas não vá correspondendo a desresponsabilização social do Estado (cada vez menos "social")...[51]

3. "Democracia dos accionistas" – sem passado nem futuro?

Autores do séc. XIX tentaram mostrar as analogias entre a democracia política e a democracia económico-accionista existente (ou que deveria existir) nas sociedades anónimas, assentes na "soberania" dos sócios (da assembleia dos sócios)[52].

E no séc. XX continuou a falar-se de modelo democrático por referência à sociedade anónima oitocentista, contraposto ao modelo autocrático (*rectius,* plutocrático ou oligárquico) desenhado em novecentos, falando-se ainda de (ou da necessidade de) democratização das sociedades anónimas, etc.

Já no século actual, temos, por exemplo, a Comissão das Comunidades Europeias entendendo "que se justifica fortemente, enquanto objectivo de médio a longo prazo, pretender instituir uma verdadeira democracia dos accionistas na UE". Isso passará pelo reforço dos direitos dos accionistas (informação alargada acerca dos direitos dos sócios, desenvolvimento dos mecanismos para o exercício efectivo dos direitos) e, possivelmente, pela consagração plena do princípio

---

[50] V. tb. o citado *Livro verde,* pp. 3, 7-8, Testy, *ob. cit.,* p. 1239 ("corporate social responsibility will become just another commodity that business sell (...)").

[51] Tema (mais) jurídico afim do da responsabilidade social das empresas é o da função ou vinculação social da propriedade e iniciativa económica privadas. Acerca dele, v., com indicações bibliográficas, Coutinho de Abreu, *Da empresarialidade...,* pp. 240-242.

[52] Cfr. Galgano, *Storia...,* pp. 128, ss., R. Szramkiewicz, *Histoire du droit des affaires,* Montchrestien, Paris, 1989, p. 318.

"uma acção/um voto" (não às acções sem voto – ressalvando, porventura, as preferenciais – e aos tectos de voto)[53].

Parece-me inapropriado falar-se de democracia nas sociedades anónimas. Com efeito, como falar dela quando o princípio da subordinação da minoria à maioria se traduz na subordinação dos sócios minoritários em acções-capital aos sócios maioritários em acções-capital? Como falar dela quando cada sócio tem, não um voto, mas os votos correspondentes ao valor das acções de que é titular? A sociedade anónima, quer nos tempos de origem quer nos de oitocentos, novecentos, etc., é uma instituição essencialmente não democrática, é uma instituição plutocrático-oligárquica[54] ou, às vezes, tecnocrática.

E se há muito para melhorar, mais que de "democratização" destas sociedades, deverá falar-se em "desoligarquização". Nesta direcção vêem-se já alguns sinais. Por exemplo, a utilização dos meios telemáticos promove consideravelmente a participação dos accionistas nas assembleias gerais e facilita muito o exercício do direito à informação[55].

Mas há também sinais de sentido contrário. Por exemplo, vai-se consolidando nas legislações o direito de sócios largamente maioritário-dominantes se apropriarem, contra indemnização, das acções dos sócios minoritários, que ficam, sem ou contra sua vontade, excluídos da sociedade[56]. E a mesma Comissão das Comunidades Europeias que reivindica a "democracia dos accionistas" propõe-se europeizar e alargar aquele direito[57]. Bela democracia!

---

[53] V. a citada Comunicação de 21/5/2003 – *Modernizar o direito das sociedades...*, p. 16.

[54] V. tb. J. M. Coutinho de Abreu, *Do abuso de direito – Ensaio de um critério em direito civil e nas deliberações sociais,* Almedina, Coimbra, 1983 (reimpr. 1999, 2006), p. 116.

Não quer isto dizer que a específica natureza da sociedade anónima padeça de legitimição. Só que não assenta em uma (interna) legitimidade democrática...

[55] V. minha *Governação...*, pp. 21-28.

[56] Cfr. J. M. Coutinho de Abreu/A. Soveral Martins, *Grupos de sociedades – Aquisições tendentes ao domínio total*, Almedina, Coimbra, 2003, pp. 56-59.

[57] V. últ. Comunicação cit., pp. 23-24.

Acesso ao conhecimento: Que direito nos reserva o futuro?

PAULA A. FORGIONI[1]

> "historically IP regimes have been used by countries to further what they perceive as their own economic interests. Countries have changed their regimes at different stages of economic development as that perception (and their economic status) has changed".[2]

O conhecimento deve ser encarado como uma mercadoria, um objeto de troca? Qual o grau de proteção que há de ser garantido ao "inventor" ou ao "descobridor" do conhecimento e qual o proveito econômico que deve ser a ele assegurado?

Essas questões arrastam-se, no mínimo, desde o século XIX.[3] No entanto, foi nos últimos quinze anos que o processo de "coisificação" do conhecimento acentuou-se vertiginosamente, colocando-se como pedra basilar do conflito norte-sul.

Por quê? Quais fatores levaram ao atual cenário, em que a propriedade do conhecimento é relacionada ao estrangulamento da capacidade de desenvolvimento dos países emergentes?

---

[1] Professora Associada do Departamento de Direito Comercial da Faculdade de Direito da USP – Largo de São Francisco. Livre-docente em Direito Comercial e Doutora em Direito Econômico pela mesma Faculdade.

[2] Final Report produzido, no ano de 2002, pela Commission for Intellectual Property Rights do Reino Unido, disponível em: <http://www.iprcommission.org/>.

A resposta a todas essas indagações passa, necessariamente, pela consideração dos seguintes fatores: (i) advento da chamada Terceira Revolução Industrial e solidificação da sociedade da informação; (ii) intensificação do processo de transformação do conhecimento em mercadoria apropriável, ou seja, aproximação entre as idéias de conhecimento e de propriedade; (iii) relação entre catalisação do fluxo de relações econômicas, de um lado, e entraves provocados pela proteção do conhecimento, de outro, considerando o argumento da necessidade de atribuição de incentivo à produção de novo conhecimento; e, finalmente, (iv) a relação entre acesso ao conhecimento e condições de desenvolvimento de países como o Brasil.

A Terceira Revolução Industrial e a consolidação da sociedade da informação

De tal forma os computadores pessoais, celulares e mensagens eletrônicas incorporaram-se à vida quotidiana que poucas vezes somos capazes de recordar nossa existência sem algum desses recursos. Ainda que grande parte da população mundial tenha permanecido à margem dessas transformações, elas impactaram profundamente o sistema capitalista.

Hoje, não apenas "a informação vale dinheiro", como "*não se faz dinheiro sem informação*". A *Economia da Informação* afirmou-se de tal maneira que a competitividade das empresas (e também dos países ou blocos econômicos) depende principalmente de sua capacidade de gerar, processar e aplicar informações de maneira eficiente.[4]

Altera-se a forma de obter lucros. Na economia tradicional, eles provêm de ganhos de escala, com suas fábricas, linhas de montagem e indústrias. Quase que imediatamente lembra-se o velho bordão atribuído a Henry Ford: "você pode ter seu T de qualquer cor, desde

---

[3] Sobre a intensidade da controvérsia em meados do século XIX, v. Zorina Khan e Kenneth L. Sokoloff, The early development of intellectual property institutions in the United States, *Journal of Economic Perspectives*, v. 15, n. 3, p. 234, 2001.

[4] A *Economia da Informação* está ligada ao que se convencionou chamar de *Terceira Revolução Industrial*. Após o vapor e a eletricidade, o desenvolvimento tecnológico e a interligação dos agentes de mercado via Internet.

que seja preto".[5] O importante era a produção em massa e o consequente barateamento dos custos. Mesmo com a customização típica dos anos 80, esse quadro não se altera, seguindo a indústria tradicional como a grande fonte de recursos.

Agora, os lucros chegam da velocidade de inovação e da habilidade de atrair e manter consumidores. Antes, os vencedores eram as grandes companhias; hoje, são as que primeiro conseguem oferecer menores preços e maior valor, empregando marcas que amealharam prestígio junto aos consumidores. *A tecnologia transformou-se na maior fonte de vantagem competitiva.*

O ciclo de vida dos bens reduz-se drasticamente.[6] O intervalo de tempo entre o lançamento de um novo produto eletrônico no mercado e seu esgotamento passa para o incrível intervalo médio de nove meses.[7] Coisas que eram duráveis tornaram-se perecíveis, descartáveis, rapidamente superadas por outras que se embasam em nova tecnologia. Velozmente lançado, velozmente esgotado. O mercado – esse ente que adquire personalidade, com vida e vontade próprias – devora não só a forma tradicional de organização da sociedade,[8] mas também os produtos que nele são lançados pelas empresas. A "destruição criativa" de Schumpeter se faz presente de forma cada vez mais intensa;[9] indubitavelmente, as "inovações schumpeterianas são (...) um dos elementos motores no processo de desenvolvimento".[10]

---

[5] Sua origem, como todos sabem, repousava no fato de que a tinta preta era mais barata e de secagem mais rápida, daí ter sido adotada como padrão.

[6] A respeito do processo da destruição criativa, v. Schumpeter, *Capitalismo, socialismo e democrazia*, 4. ed. italiana, Etaslibri, p. 77 e s., tradução do original em inglês *Capitalism, socialism and democracy*, de 1954.

[7] Yiming Liu. IPR and development in a knowledge economy, fevereiro de 2007. Disponível em: <http://repositories.cdlib.org/cgi/viewcontent.cgi?article=1010&context=ischool>. Acesso em: 4 out. 2007.

[8] "Que 'moinho satânico' foi esse que triturou os homens transformando-os em massa?" é a clássica indagação de Polanyi, *A grande transformação.* As origens da nossa época, 3. ed., Rio de Janeiro: Campus, 2000, p. 51, tradução do original em inglês *The great transformation.*

[9] V. Schumpeter, *ob. cit.*, p. 78.

[10] Observação de Celso Furtado, que, em seguida, adverte que o processo de desenvolvimento tem sua espinha dorsal não na atividade do empresário, mas na acumulação de capital (*Teoria e política do desenvolvimento econômico*, São Paulo: Abril Cultural, 1983, p. 47).

Nesse cenário, conhecimento e informação atingem importância nunca vista. Como salienta Manuel Castells, a tecnologia da informação introduz "um padrão de descontinuidade nas bases materiais da economia, sociedade e cultura". Uma revolução que incide sobre o processo, além de trazer novos produtos. Note-se bem, contudo: "O que caracteriza a atual revolução tecnológica não é a centralidade de conhecimentos e informação, mas a aplicação desses conhecimentos e dessa informação para a geração de conhecimentos e de dispositivos de processamento/comunicação da informação, em um ciclo de realimentação cumulativo entre a inovação e seu uso".[11]

A tecnologia sempre esteve no centro das revoluções industriais. A primeira somente se fez possível porque a nova tecnologia da máquina a vapor foi descoberta e difundida. A segunda, porque o mesmo processo envolveu a energia elétrica. *Mas o papel da tecnologia na Terceira Revolução Industrial é diverso, pois é indispensável para que se possa participar da continuidade do fluxo de relações econômicas, dele auferindo benefícios. Acesso ao conhecimento significa capacidade de produzir novo conhecimento. Ao reverso, sua obstrução implica colmatação da capacidade futura de evolução.*

Eis o ponto do qual deve necessariamente partir qualquer análise sobre a questão do desenvolvimento no século XXI: o *conhecimento somente pode se desenvolver sobre o conhecimento, em um processo de retroalimentação que alija aqueles que a ele não têm acesso.*

A coisificação do conhecimento. A técnica jurídica a serviço da criação e funcionamento do mercado da tecnologia

Já se advertiu que a transformação do trabalho, da terra e do dinheiro em mercadorias é uma *ficção* necessária para o desenvolvimento do sistema capitalista. O fluxo de relações econômicas exige que tudo seja posto como mercadoria, que "naturalmente" se destina a ser objeto de troca; para satisfazer sua necessidade, o indivíduo deve adquirir o bem vendido por outrem.

---

[11] *A sociedade em rede*, 7. ed., São Paulo: Paz e Terra, [s.d.], p. 69 (tradução do original em língua inglesa *The rise of the network society*).

Dessa maneira, para que o mercado possa funcionar, toda a produção deve destinar-se à venda e todos os rendimentos hão de vir de tais vendas. Por isso, há mercados (artificialmente criados) para todos os componentes da indústria, e não apenas para os bens.[12] Enfim, a sobrevivência do mercado exige que tudo seja transformado em mercadoria, em "objetos produzidos para a venda no mercado".[13]

As coisas somente fazem sentido se puderem ser consideradas mercadorias, pois estamos em "um sistema econômico controlado, regulado e dirigido apenas por mercados; a ordem na produção e distribuição dos bens é confiada a esse mecanismo auto-regulável".[14]

Esse processo de *coisificação* é implementado pelo direito e por suas ficções.[15] O instrumental jurídico traz à luz satisfação técnica para as necessidades econômicas, colocando-se a serviço do mercado. Sem as ficções não seria possível tornar coisa algo que simplesmente não o é. Um "toque de midas jurídico", que tudo transforma em mercadoria, em bem destinado à troca e ao consumo, para alimentar as engrenagens da economia de mercado.

O conhecimento não escapa desse processo; de "bem público" torna-se "coisa apropriável", capaz de gerar lucros ao satisfazer necessidades.[16] Ao coisificar o conhecimento, possibilita-se sua apropriação pelos indivíduos (ou agentes econômicos), que se tornam dele "proprietários". Não é sem razão que aquilo antes chamado "marcas e patentes" passa a denominar-se "propriedade industrial", expressão que denota modernidade, ainda mais se dita em língua

---

[12] "A auto-regulação significa que toda a produção é para venda no mercado, e que todos os rendimentos derivam de tais vendas. Por conseguinte, há mercados para todos os componentes da indústria, não apenas para os bens (...)". E, mais adiante, "[u]ma economia de mercado deve compreender todos os componentes da indústria" (Manuel Castells, *A sociedade em rede,* cit., 93).

[13] *Idem, ibidem.*

[14] *Ibidem.* Sobre o processo de "commodification", v. Michael J. Trebilcock, *The limits of freedom of contract*, Cambridge: Harvard Press, 1993, p. 23 e s.

[15] Nas palavras de Orlando Gomes: "Diz-se que a ficção jurídica é a consagração da mentira, porque tem por verdadeiro o que é falso, a fim de se chegar a um resultado que se reputa conveniente" (*A crise do direito*, São Paulo: Max Limonad, 1955, p. 249).

[16] "[K]nowledge is removed from its theoretical 'public good' status and mande into a special type of property that 'belongs' to its creators" (Yiming Liu, IRP and development in a knowledge economy cit., p. 4).

inglesa – Industrial Property Rights ou, simplesmente, "IRP".[17] Forte corrente doutrinária, capitaneada por autores norte-americanos, sustenta que "a person's freedom is diminished rather than enlarged by limiting his right to sell his property in exchange for money that he can use to buy things he needs or wants more".[18]

O saber adquire valor somente porque pode ser comprado, vendido, trocado, usado, fruído e disposto. Mais uma mercadoria, como qualquer outra, cujo preço é objetivamente mensurado. Ele não mais se dissipa naturalmente, como bem público que é; ao invés, fica aprisionado na concessão de privilégios que conferem direito de uso e gozo exclusivo, oponível *erga omnes*.

Fluxo de relações econômicas e privilégios. A falácia do equilíbrio

Uma das primeiras contestações de privilégios de que se tem notícia refere-se ao conhecido "Case of Monopolies", julgado na Inglaterra no ano de 1603.

A rainha havia atribuído a Edward Darcy o monopólio da importação e fabricação de cartas de jogo. Esse seu poder de concessão de privilégios é contestado, alegando-se que a outorga de monopólios somente faziam empobrecer o país, pois tendiam a aumentar o preço, diminuir a qualidade e o nível de atividade econômica da população em geral.[19]

Ou seja, já no início do século XVII, o Parlamento inglês, visando a minar o poder real, vale-se de argumentos – hoje diríamos –

---

[17] Distingue-se a propriedade intelectual da propriedade industrial. No Brasil, a primeira abrange as matérias reguladas pelo direito do autor (Lei 9.610, de 1998), Lei do Software (Lei 9.609, de 1998), Lei de Cultivares (Lei 9.456, de 1997), Lei de Topografia de Circuitos Integrados (Lei 11.484, de 2007) e, também, os direitos de propriedade industrial, regidos pela Lei 9.279, de 1996, conhecida como Lei de Propriedade Industrial ou Lei de Patentes. Este diploma, por sua vez, disciplina as patentes de invenção e modelos de utilidade, desenhos industriais, marcas, indicações geográficas e repressão à concorrência desleal.

[18] Landes e Posner, *The economic structure of intellectual property law*, Cambridge: Harvard Press, 2003, p. 3.

[19] "It tends to the impoverishment of divers artificers and others, who before, by the labour of their hands in their art or trade, had maintained themselves and their families, who now will of necessity be constrained to live in idleness and beggary" (transcrito por Fox & Sullivan, *Cases and materials on antitrust*, St. Paul: West Publishing Co., 1989, p. 13).

plenamente liberais: a concessão de privilégios que outorgam exploração exclusiva de determinada atividade avilta o bom fluxo de relações econômicas, prejudica a população e, conseqüentemente, não deve ser tolerada.

As patentes, em sua origem, sempre foram vistas como a outorga de *privilégios*, de favores que possibilitavam ao inventor a auferição de lucros de monopólio, como uma justa recompensa por seu trabalho.

Entretanto, por ser direito de propriedade, a patente exclui a coletividade da fruição do conhecimento que corporifica, criando incômoda "ilha de proteção" dentro do fluxo de relações econômicas que, em uma economia de mercado, deveria ser o mais livre possível. No limite, portanto, tratar-se-ia de uma contradição no seio do sistema capitalista.

Do ponto de vista teórico, essa objeção é respondida facilmente: longe de encerrar qualquer antinomia, a possibilidade de obtenção de retorno econômico pela criação do conhecimento significa, na verdade, *incentivar sua geração*. Afinal, somente haverá investimento se o resultado a ser granjeado for compensador. Como esclarece Hovenkamp: "in a private market economy, individuals will not invest sufficiently in invention or creation unless the expected return from doing so exceeds the cost of doing so".[20/21] Ou, nas palavras de Landes e Posner: "The dynamic benefit of a property right is the incentive that possession of such a right imparts to invest in the creation or improvement of a resource in period 1 (for example, planting a crop), given that no one else can appropriate the resource in period 2 (havest time)".[22]

Na teoria econômica, a informação é tida como *bem público*, ou seja, algo que pode ser utilizado por uma pessoa sem que se exaura ou que seu uso diminua seu valor, de forma que o emprego de tecnologia para a produção de um bem não diminui sua utilidade ou

---

[20] Herbert Hovenkamp et al., *IP and antitrust.* An analysis of antitrust principles applied to intellectual property law, New York: Aspen, atualização de 2006, § 1.1.

[21] Já em 1331, o rei Eduardo III, com o escopo de incentivar o estabelecimento da indústria de tecelagem na Inglaterra, concedeu a um certo John Kempe, tecelão flamengo, o privilégio da exclusividade, i.e., de poder explorar esse mercado sem ter que enfrentar a concorrência de terceiros (Franceschelli, *Tratatto di diritto industriale*, Milano: Giuffrè, 1973, v. 1, p. 286).

[22] *The economic structure of intellectual property law*, cit, p. 13.

a possibilidade de vir a ser empregada novamente. Ademais, como bem público, o custo extra a ser incorrido para sua utilização por mais uma pessoa é bastante reduzido (i.e., o custo marginal da propriedade intelectual costuma ser baixo).

Hoje, ainda que siga intrinsecamente avessa à intervenção estatal, boa parte dos doutrinadores liberais costuma aceitá-la na presença de uma das quatro clássicas *falhas de mercado*,[23] dentre as quais está o caso dos bens públicos. Assim, a proteção conferida aos geradores de conhecimento é justificada em termos de *incentivo*: ou a atuação exógena ao mercado torna a construção ou a criação do bem público atraente e compensadora, ou nenhum agente econômico privado se disporá a fazê-lo. Não se trata de dar guarida ao interesse do inventor, mas sim de tutelar o processo inventivo como gerador de conhecimento e de riqueza.[24]

Como resultado dessa construção teórica, temos que, *a priori*, não haveria conflito entre a proteção conferida à propriedade intelectual, de um lado, e ao bom fluxo de relações econômicas, de outro, porque tanto a proteção do mercado livre quanto dos privilégios de invenção teriam por escopo "promoting dynamic competition and thereby enhancing consumer welfare".[25]

A atribuição de privilégios garantiria o desenvolvimento tecnológico e o bem-estar social, em confortável conúbio que levaria a melhor alocação possível de recursos na sociedade.[26] *O raciocínio*

---

[23] As outras três falhas que, segundo essa linha de pensamento, justificariam a intervenção estatal são a assimetria informacional, o poder econômico e as externalidades.

[24] Note-se bem: "the economic justification for intellectual property lies not in rewarding creators for their labor, but in assuring that they [and other creators] have appropriate incentives to engage in creative activities" (Hovenkamp, ob. cit., § 1.2).

[25] *Idem, ibidem.*

[26] "Protection is therefore a bargain struck by society on the premise that, in its absence, there would be insufficient invention and innovation. The assumption is that in the longer run, consumers will be better off, in spite of the higher costs conferred by monopoly pricing, because the short term losses to consumers are more than offset by the value to them of the new inventions created through additional R&D. Economists take the view that the patent system improves dynamic efficiency (by stimulating technical progress) at the cost of static efficiency (arising from the costs associated with monopoly)" (Final Report produzido pela Commission for Intellectual Property Rights, já referido, disponível em <http://www.iprcommission.org/>).

segue linear: quanto mais forte[27] *a proteção atribuída à propriedade intelectual, maior o nível de desenvolvimento.*

Mas, como diria justamente um dos expoentes da escola de Chicago, Robert Bork, precisamos abandonar a crença de que as boas coisas seriam sempre compatíveis. Não o são, assim como não são tão simples como alguns gostariam de fazer crer.

Nem sempre a garantia de um grau mais forte de proteção à propriedade intelectual significa maior desenvolvimento ou respeito ao interesse público, por mais ampla que possa ser essa expressão. *O conhecimento é fonte de bem-estar*, e a propriedade intelectual, de uma forma ou de outra, ao represar esse conhecimento, torna-o acessível apenas aos seus proprietários ou aos que podem pagar pelo acesso.

O interessante é notar como, na maioria das vezes, a possível antinomia entre proteção da propriedade intelectual e do direito de acesso ao conhecimento é posta de forma *neutra*, apresentada na forma de problema meramente técnico: tudo se resumiria a achar o equilíbrio entre essas duas variáveis, de maneira a alocar os recursos da melhor forma possível em sociedade.

Mais uma vez, o discurso é feito de tal maneira a justificar "objetivamente" uma opção que nada tem de neutra ou de apolítica, muito ao contrário. Trata-se de problema *político* que requer, consequentemente, ponderação *política* para sua solução.

Seria o desenvolvimento corolário da proteção forte aos direitos de propriedade industrial? Alguns incômodos exemplos

Muitas vezes, alguns fatos são confortavelmente olvidados porque demonstram não ser incontestável a relação entre a atribuição de forte proteção à propriedade intelectual e o maior grau de desenvolvimento econômico.

A uma, é historicamente comprovado que o baixo grau de proteção às patentes estrangeiras no início do crescimento econômico

[27] Por "proteção forte" costuma-se entender a existência de amparo efetivo à propriedade intelectual (sua garantia é assegurada pelas instituições, entre as quais, principalmente, o Poder Judiciário). A idéia de "proteção forte" também engloba a concessão de período relativamente longo do direito de exploração exclusiva.

dos EUA garantiu-lhes as bases de sua expansão.[28] Entre os anos de 1790 e 1836, porquanto era grande importador de tecnologia, os Estados Unidos restringiram a concessão de patentes apenas a seus cidadãos e aos estrangeiros lá residentes. Ainda em 1836, a concessão de patentes a estrangeiros custava dez vezes mais do que para norte-americanos. Apenas em 1861 foram estabelecidas bases menos discriminatórias.[29]

Isso porque – incômoda constatação! – a propriedade intelectual cria custos de transação artificiais para os agentes econômicos,[30] dificultando a realização de negócios entre eles. A propriedade intelectual, como vimos, é uma criação artificial e não um "direito natural" dos agentes econômicos ("intellectual property is created rather than found", diria Posner[31]), de forma que sua imposição, ao impedir o acesso de terceiros a bens que antes estariam disponíveis a custo zero, eleva as barreiras às relações entre os *players* do mercado.

A duas, ainda nos EUA, quando a propriedade industrial mostra-se entrave à consecução do interesse público, por exemplo, elevando os gastos dos serviços de saúde, há o concreto risco da quebra do direito de patentes referentes a medicamentos. Ainda estão vivas na memória de todos as tentativas de terrorismo químico mediante o envio de cartas contendo o produto Anthrax, que seria em alguns casos letal. Naquela época, a doutrina especializada registra que os Estados Unidos ameaçaram a Bayer com a quebra da patente do medicamento Cipro, necessário à resistência norte-americana.[32] Por

---

[28] "The majority of developed countries have exempted particular industries from patent protection in accordance with their needs at the particular time" (Zorina Khan et al., Intellectual property and economic development: lessons from American and European history, item 5, disponível em: <http://www.iprcommission.org/papers/word/study_papers/spla_khan_study.doc>).

[29] Cf. <http://www.iprcommission.org/papers/text/final_report/chapter1htmfinal.htm>, acesso em: out. 2007.

[30] V. a resenha bibliográfica clássica sobre custos de transação em Paula A. Forgioni, *Contrato de distribuição*, São Paulo: RT, 2005, p. 312 e s.

[31] *The law and economics of intellectual property*, 2002, disponível em: <http://www.amacad.org/publications/spring2002/posner.pdf>, acesso em: out. 2007.

[32] O primeiro ataque terrorista nos Estados Unidos teve início em outubro de 2001. No final daquele mês, quatro pessoas haviam morrido por conta da inalação de Anthrax, quase vinte desenvolveram algum tipo de problema por força do contato desse produto com a pele ou por inalação, dezenas acusaram o contato e milhares começaram a tomar Cipro

força dessa pressão, seu preço foi reduzido em cerca de 70%. O Canadá, por sua vez, chegou a quebrar a patente por alguns dias, até que houvesse acordo entre a empresa e o governo.

A três, a atribuição de privilégio pode criar artificialmente posição dominante e propiciar o seu abuso em face da população, caso não haja controle de preços. Uma das situações, bastante estudada pela União Européia, diz respeito aos direitos de propriedade intelectual sobre peças de reposição de automóveis. No Brasil, a diferença entre uma peça "oficial" e uma "genérica", com a mesma qualidade, chega a ser de 381%. Não obstante, por conta da exclusividade garantida pelos direitos de propriedade industrial, os consumidores estão sendo impedidos de ter acesso aos bens mais baratos.[33]

A quatro, também é fato incontestável a pressão exercida sobre os países do terceiro mundo para que concedam grau de proteção forte a patentes estrangeiras, garantindo o lucro de empresas transnacionais. Considere-se, a esse respeito, que a propriedade intelectual já é o primeiro produto de exportação norte-americano, conforme noticia Richard Posner.[34] O Banco Mundial advoga a proteção firme da propriedade intelectual, entendendo que um "sistema comercial aberto" é indispensável para que se possa adquirir conhecimento. Afinal, os países em desenvolvimento seriam beneficiados porque "ao invés de descobrirem o que já sabem, (...) têm a possibilidade de adquirir e adaptar grande parte dos conhecimentos já disponíveis nos países mais ricos".[35]

---

como medida profilática (cf. David Resnik e Kenteth de Ville, "Bioterrorism and patent rights: "compulsory licensure" and the case of Cipro", *The American Journal of Bioethics*, summer 2002, v. 2, n. 3, p. 29).

[33] Conforme reportagem do *Jornal da Globo*, veiculada, no Brasil, em rede nacional no mês de março de 2007.

[34] "The increase in intellectual property litigation was made inevitable by the rise of the information economy, an economy built on intellectual property–which is now, incidentally, America's largest export. Recognition of the importance of intellectual property in the current American scene is one of the things that lie behind the seemingly relentless expansion of intellectual property rights in modern law" (*The law and economics of intellectual property*, cit., p. 5. V. também, do mesmo autor e de Willian Landes, *The economic structure of intellectual property law*, cit., 2).

[35] *El conocimiento al servicio del desarrollo*, 1998-1999, disponível em: <http://www.amauta-international.com/Conocimiento.htm>.

O Brasil é um bom exemplo dessa pressão. A Lei anterior, n. 5.772, de 1971, declarava que não eram patenteáveis "[a]s substâncias, matérias, misturas ou produtos alimentícios, químicofarmacêuticos e medicamentos de qualquer espécie, bem como os respectivos processos de obtenção ou modificação".[36/37]

Além disso, a vigência do Ato Normativo 15, do INPI, de 1975, visava a garantir a efetiva transferência do *know-how* de empresas estrangeiras para empresas brasileiras, estabelecendo cláusulas obrigatórias para os contratos celebrados com os proprietários da tecnologia.

Em 1997, após forte pressão internacional e aquiescência do governo brasileiro, a nova Lei de Patentes entrou em vigor, alterando profundamente esse cenário. Passam a ser patenteáveis produtos nas áreas química, farmacêutica e alimentícia, além dos microorganismos transgênicos. Estabelece-se também o famoso *pipeline*[38] (art. 230[39]), ou seja, a certas patentes, vigentes no exterior, concedeu-se prazo para convalidação no Brasil, pelo tempo restante de vigência que teriam no país de origem.

---

[36] Cf. art. 9.º, *c*, da Lei 5.772/71.

[37] Gama Cerqueira, aplaudindo esse dispositivo, comentava: "Proibindo a concessão de patentes para invenções que tenham por objeto (...) medicamentos, a lei visa a evitar os abusos que poderiam praticar-se à compra dos privilégios, não só no que se refere ao preço desses produtos, que poderiam elevar-se arbitrariamente, como no tocante à sua produção. Entende-se que produtos que podem ser essenciais à subsistência ou à saúde devem ser livremente explorados. Quanto aos medicamentos em particular, como acentuou POUILLET, receou-se também que a patente pudesse tornar-se arma poderosa a funesta nas mãos dos charlatães" (*Tratado da propriedade industrial*, Rio de Janeiro: Forense, 1946, v. 2, t. I, p. 114-115).

[38] A palavra inglesa *pipeline*, que significa oleoduto, é empregada no específico jargão jurídico para indicar a ligação entre a patente vigente no exterior e aquela a ser concedida em território nacional.

[39] "Art. 230. Poderá ser depositado pedido de patente relativo às substâncias, matérias ou produtos obtidos por meios ou processos químicos e as substâncias, matérias, misturas ou produtos alimentícios, químico-farmacêuticos e medicamentos de qualquer espécie, bem como os respectivos processos de obtenção ou modificação, por quem tenha proteção garantida em tratado ou convenção em vigor no Brasil, ficando assegurada a data do primeiro depósito no exterior, desde que seu objeto não tenha sido colocado em qualquer mercado, por iniciativa direta do titular ou por terceiro com seu consentimento, nem tenham sido realizados, por terceiros, no País, sérios e efetivos preparativos para a exploração do objeto do pedido ou da patente."

Para justificar o novo diploma, o então Presidente da República, Fernando Henrique Cardoso, declarava: "o Brasil tinha de ter sua lei regulamentando a propriedade industrial, pois isso atualiza seus compromissos na área internacional, principalmente no sentido de ampliar seu poder de discussão na Organização Mundial de Comércio (OMC), sem que houvesse sempre a pressuposição de que nós estávamos enganando". O presidente sublinhou ainda que "ninguém cresce na base da rapinagem", e recomendou "coragem" para que o Brasil criasse seus próprios inventos.[40]

A história, entretanto, encarregou-se de demonstrar a oneração dos cofres públicos trazida por essa nova lei, que longe estava de ser apenas um problema de inserção do Brasil na "nova ordem mundial". Custou-nos, e custou-nos muito caro.[41] Por exemplo, apenas a previsão

---

[40] Em discurso durante a cerimônia de sanção dessa Lei, o então presidente afirmou ainda que "o governo não pressionou o Congresso pela aprovação do projeto, o qual, na sua avaliação, também não traz nenhum prejuízo ao segmento industrial brasileiro". No seu entendimento, "[q]uando uma Lei leva cinco anos e é aprovada, ninguém foi enganado. Não houve nenhuma manobra para evitar que as questões fossem postas, de relevo, e que fossem discutidas com muita firmeza, e que a decisão tomada fosse uma decisão negociada, no bom sentido". Texto disponível em: <http://www.radiobras.gov.br/integras/96/integra_1405_1.htm>, acesso em: 18 out. 2007.

[41] "Os países em desenvolvimento, considerados como um todo, são importadores de tecnologia, da qual a maior parte é fornecida pelos países desenvolvidos. As organizações dos países desenvolvidos detêm uma proporção majoritária dos direitos de patentes em todo o mundo. Os modelos econométricos foram criados para avaliar qual seria o impacto global da aplicação do Acordo Trips (i.e., padrões mínimos globalizantes para proteção à PI). A estimativa mais recente, do Banco Mundial, sugere que os principais beneficiários do Trips em termos de maior valor de suas patentes seriam a maioria dos países desenvolvidos; estima-se que nos Estados Unidos o benefício anual seja de US$ 19 bilhões. (...) Os países em desenvolvimento e uns poucos países desenvolvidos seriam os perdedores. Segundo o estudo do Banco Mundial, o país que sofreria o maior prejuízo seria a Coréia (US$ 15 bilhões). Não é possível interpretar com exatidão esses valores, pois dependem de premissas discutíveis, mas podemos afirmar com certeza que o efeito da aplicação mundial dos direitos de patente beneficiará consideravelmente os detentores de tais direitos, sobretudo nos países desenvolvidos, às custas dos usuários de tecnologias e bens protegidos nos países em desenvolvimento. Entre 1991 e 2001, o superávit líquido de royalties e taxas (que se referem principalmente a operações de PI) aumentou de US$ 14 bilhões para mais de US$ 22 bilhões. (...) Em 1999, os números do Banco Mundial indicaram um déficit para os países em desenvolvimento, expresso pelo total de US$ 7,5 bilhões em royalties e taxas de licenciamento" (Final Report produzido pela Commission for Intellectual Property Rights, versão em língua portuguesa, disponível em: <http://www.iprcommission.org/>).

legal do *pipeline* onerou em milhões de dólares os cofres públicos brasileiros, como hoje registram pesquisas do Instituto Nacional da Propriedade Industrial – INPI.[42]

A cinco, países com proteção mais fraca à propriedade intelectual têm mostrado elevadíssimos índices de desenvolvimento e inovação. Os principais exemplos são os Tigres Asiáticos, Taiwan, Índia, Singapura e, mais recentemente, China.

Quanto aos Tigres Asiáticos, podem seguramente atribuir muito de seu crescimento a políticas públicas estratégicas implementadas por seus governos, focadas na criação de infra-estrutura de conhecimento e em regimes adequados de propriedade intelectual, que permitiram a imitação da tecnologia.[43]

Taiwan, Coréia do Sul, Índia e Singapura seguiram o mesmo caminho, valendo-se de política de propriedade intelectual que viabilizava a absorção da tecnologia, inclusive mediante o emprego de engenharia reversa.[44]

---

[42] Cf. palestra proferida pelo Procurador-Geral do INPI, Dr. Mauro Sodré Maia, no âmbito do VIII Encontro Nacional da 3.ª Câmara de Coordenação e Revisão do Ministério Público Federal, realizado na cidade de Brasília, em outubro de 2007.

[43] Na conclusão de LIU, IRP and development in a knowledge economy cit., p. 5.

[44] "(...) os melhores exemplos da história recente do desenvolvimento são os países do leste asiático, que utilizavam formas fracas de proteção à PI, criadas para suas circunstâncias específicas naquela etapa de seu desenvolvimento. Durante toda a fase crítica do crescimento rápido de Taiwan e da Coréia entre 1960 e 1980, durante a qual ocorreu uma transformação na economia desses países, ambos enfatizaram a importância da imitação e da engenharia reversa como elemento importante do desenvolvimento de sua própria capacidade tecnológica e inovadora. A Coréia adotou uma legislação de patentes em 1961, mas o alcance do patenteamento excluía alimentos, produtos químicos e farmacêuticos. O período da patente era de apenas 12 anos. Foi somente em meados da década de 1980, particularmente em resultado da ação dos Estados Unidos consoante a seção 301 de sua Lei de Comércio de 1974, que as leis de patentes foram revistas, embora ainda não atingissem os padrões que o Trips viria a estabelecer. Taiwan passou por processo semelhante. Na Índia, o enfraquecimento da proteção à PI sobre produtos farmacêuticos decorrente da Lei de Patentes de 1970 é amplamente considerado um fator importante para o crescimento subseqüente acelerado do setor farmacêutico no país, como produtor e exportador de medicamentos genéricos de baixo custo e produtos intermediários a granel" (Final Report produzido pela Commission for Intellectual Property Rights, versão em língua portuguesa, disponível em: <http://www.iprcommission.org/>).

Hoje, é notório que a China possui um sistema "fraco" de proteção à propriedade industrial, possibilitando o emprego de sua população e o incremento de suas taxas de desenvolvimento.[45]

Acesso ao conhecimento e possibilidade de desenvolvimento. Para onde vamos?

Em maio de 2001, Clare Short, Ministra de Estado para o Desenvolvimento Internacional do Reino Unido, criou comissão especial destinada a analisar a relação entre propriedade intelectual e desenvolvimento, cujo relatório final foi entregue em setembro de 2002.

As conclusões desse relatório, como adverte seu texto, são bastante desagradáveis para a maioria dos *schoolars* que se dedicam ao estudo da propriedade intelectual, principalmente àqueles de países desenvolvidos. De certa forma, elas somente deixam entrever as falácias que costumam cercar as discussões neste campo. Por sua importância, vale a pena aqui reproduzir algumas delas:

- não há evidências peremptórias de que os fluxos comerciais para países em desenvolvimento são influenciados pelo nível de proteção atribuído à propriedade intelectual; ou seja, não é comprovado que um nível mais forte de proteção à propriedade industrial significa melhor fluxo de relações econômicas;
- a atribuição de proteção forte à propriedade industrial pode significar elevados sacrifícios para a população de países pobres, que será obrigada a pagar preços mais elevados pelos bens protegidos: "Os países em desenvolvimento com infra-estrutura tecnológica frágil ou inexistente podem sofrer efeitos adversos causados pela elevação dos preços da importação de produtos protegidos por PI";
- "[n]ão há evidência de que o investimento estrangeiro esteja positivamente associado à proteção à PI na maioria dos países em desenvolvimento", ou seja, não é certo que a proteção

[45] Salienta Marcelo José Braga Nonnenberg que o desrespeito à propriedade intelectual foi uma das medidas de política econômica adotada pelo governo chinês visando ao desenvolvimento daquele país (Estratégia de desenvolvimento da China, disponível em: <http://www.eesp.fgv.br/preview/papers/Marcelo_Nonnenberg.pdf>, acesso em: 24 dez. 2007).

forte da propriedade intelectual gere maior grau de investimento em países em desenvolvimento.

Considerando o problema do acesso à informação em sua plenitude, a inexorável conclusão a que se chega é que, no atual estágio de evolução da humanidade, a possibilidade de desenvolvimento passa, necessariamente, pelo acesso ao conhecimento (indispensável, inclusive, à sua absorção). Ceifá-lo significa obstruir o desenvolvimento dos países, condenando-os à eterna subserviência econômica. A disciplina jurídica da proteção à propriedade intelectual não pode ser vista de forma apartada desse quadro. *O direito deve superar a análise privatista da questão para encarar esses problemas sob o prisma do interesse público.*

Ninguém ousaria negar que a proteção da propriedade intelectual visa ao desenvolvimento nacional, especialmente considerando os termos incisivos do art. 5.º, XXIX, da CF: "a lei assegurará aos autores de inventos industriais privilégio temporário para sua utilização, bem como proteção às criações industriais, à propriedade das marcas, aos nomes de empresas e a outros signos distintivos, tendo em vista o interesse social e o desenvolvimento tecnológico e econômico do País". Mas para que se dê efetiva concreção a esse preceito constitucional, o equilíbrio entre desenvolvimento e proteção à propriedade intelectual há de ser buscado não nos limites da visão privatista da matéria, mas sim naquela que considera, efetivamente, a proteção do interesse público, que passa muito ao largo do mero servilismo ao mercado.

Para tanto, é necessária intervenção maciça do Estado, lançando mão do direito não para, simplesmente, "eliminar falhas de mercado", mas para permitir a implementação de *políticas públicas* que visem ao desenvolvimento nacional, tornando efetivas as diretivas da Constituição.[46]

---

[46] A esse propósito, vale lembrar que o art. 1.º da Constituição estabelece como fundamentos da República Federativa do Brasil a soberania, a cidadania, a dignidade da pessoa humana, os valores sociais do trabalho e da livre iniciativa, bem como o pluralismo político. Já o art. 3.º determina que constituem objetivos fundamentais da República Federativa do Brasil: construir uma sociedade livre, justa e solidária, garantir o desenvolvimento nacional, erradicar a pobreza e a marginalização e reduzir as desigualdades sociais e regionais e promover o bem de todos, sem preconceitos de origem, raça, sexo, cor, idade e quaisquer outras formas de discriminação.

Em uma economia de mercado, a busca do lucro precisa ser acertada em um contexto jurídico que dê concreção aos princípios constitucionais e não ao mero interesse do mercado e dos países desenvolvidos, como se lhes fosse dado subjugar a dignidade da pessoa humana. Nas palavras de Laymert Garcia dos Santos, é preciso frear a "loucura", a "selvageria indomada" do direito subjetivo – que entende prestar-se o direito apenas à satisfação de egoísticos desejos – a fim de preservar a "humanidade do homem". "[P]ara continuar existindo, o Direito precisa afirmar a sua razão de ser, a sua normatividade, e estancar essa 'loucura', traçando limites para o mercado."[47]

[47] *Politizar as novas tecnologias*, "Tecnologia, perda do humano e crise do sujeito de direito", São Paulo: Editora 34, 2003, p. 243 e 245.

O Direito e o Futuro. O Futuro do Direito: a concretização responsável e possível

FRANCISCO DE OLIVEIRA NETO[1]

Para melhor abordar o tema proposto, opto pela redução da expressão "direito" ao conjunto de normas colocados em uma determinada e específica constituição[2], o que faço não só pelo fato de que são estas normas que estão no topo do ordenamento, mas também – e principalmente – por serem elas a expressão maior da vontade popular por meio de um processo constituinte originário.

Dito isso, e como resultado de uma livre associação, penso que não há como se afastar da idéia de concretização, de modo que, em resumo, não há como se falar em direito do futuro ou futuro do direito sem (1) que se pense nas normas constitucionais como o representativo de um tipo de direito e (2) que a sua concretização é fundamental, é o principal desafio.

Já é de algum tempo que se afirma que a fase atual não é mais de apenas declarar direitos, mas sim de torná-los efetivos, concretizá-los, como bem apontou Paulo BONAVIDES ao afirmar que "o verdadeiro problema do Direito Constitucional de nossa época está, a nosso ver,

---

[1] Mestre em Direito pela UFSC; Doutorando em Direito pela UFSC; Professor do Curso de Direito da Faculdade de Ciências Sociais de Florianópolis do CESUSC e da Escola Superior da Magistratura de Santa Catarina; Juiz de Direito titular da Vara da Infância e Juventude de Florianópolis/SC.

[2] A expressão "norma" não é utilizada por acaso, mas sim levando em consideração a distinção entre "texto" e "norma" magnificamente trabalhada por Eros Roberto Grau **in** *Ensaio e Discurso sobre a Interpretação/Aplicação do Direito*, São Paulo, Malheiros, 2ª ed, 2003, p. 79.

em como juridicizar o Estado social, como estabelecer e inaugurar novas técnicas ou institutos processuais para garantir os direitos sociais básicos, a fim de fazê-los efetivos" (**in** *Curso de Direito Constitucional*, 17ª ed., atualizada, São Paulo: Malheiros, 2005, p. 373).

Esta visão de futuro para o direito que privilegia a concretização faz lembrar, obrigatoriamente, que existe a realidade e que ela é indissociável deste conjunto normativo, não podendo a idéia de concretização dela se afastar.

Neste sentido e reafirmando a necessidade de inclusão dos fatos (realidade) na compreensão do direito, Eros Roberto GRAU ("*Ensaio...*, cit.) afirma que praticamos a interpretação não só porque "a linguagem jurídica seja ambígua e imprecisa, mas porque interpretação e aplicação do direito são uma só operação, de modo que interpretamos para aplicar o direito e, ao fazê-lo não nos limitamos a interpretar (=compreender) os textos normativos, mas também compreendemos (= interpretamos) os fatos".

Nas suas palavras, "o intérprete procede à interpretação dos textos normativos e, concomitantemente, dos fatos, de sorte que o modo sob o qual os acontecimentos que compõem o caso se apresentam vai também pesar de maneira determinante na produção da(s) norma(s) aplicável(eis) ao caso".

É o que outros chamam de "interpretação constitucional evolutiva", método que está calcado na idéia de que devemos buscar não mais a chamada "vontade do legislador", mas sim a "vontade da lei", afirmando Luís Roberto BARROSO (**in** *Interpretação e aplicação da constituição: fundamentos de uma dogmática constitucional transformadora*, 2ª ed., São Paulo: Saraiva, 1998, p. 144) que "o que é mais relevante não é a *occasio legis*, a conjuntura em que é editada a norma, mas a *ratio legis*, o fundamento racional que a acompanha ao longo de toda a sua vigência".

Este é o fundamento da interpretação evolutiva, que é, nada mais, nada menos, que "um processo informal de reforma do texto da constituição. Consiste ela na atribuição de novos conteúdos à norma constitucional, sem modificação do seu teor literal, em razão de mudanças históricas ou de fatores políticos e sociais que não estavam presentes na mente dos constituintes" (BARROSO, *idem*).

Ou seja, os fatos (a realidade) influem diretamente na construção de uma nova compreensão, de um novo sentido e de um novo alcance à norma e, por conseqüência, no modo de concretização dela.

Mas, para que se dê essa realização do direito (do futuro) como deve atuar o Poder Judiciário? O que dele se espera?

Nos tempos atuais, é comum o debate a respeito da viabilidade e da qualidade das intervenções judiciais nos mais variados assuntos da sociedade. Apenas para exemplificar esse momento, os jornais publicam diariamente notícias sobre decisões judiciais, as quais servem de apoio para inúmeros outros comentários pelos chamados "formadores de opinião", jornalistas que se dedicam a comentar referidas notícias.

Sabe-se que essa é uma das faces do chamado "direito judicial", que vem a ser aquele que justamente resulta da intermediação humana feita pelo Juiz, na feliz definição de Alejandro Nieto (**in** *Crítica de La Razón Jurídica*, Editoral Trotta, Madrid, 2007, p. 154): "Las normas jurídicas, al realizarse, se concretan. La aplicación del Derecho supone um enlace entre la norma general e abstrata y el caso singular. Por ello el que decide es un ser humano, que es el único que conece las circunstâncias del caso".

Mais à frente, ao tratar das causas desse movimento, afirma Nieto (*ob. cit.*, p. 154): "La enorme importancia que tiene hoy el Derecho Judicial se debe em buena parte a la notoria y creciente judicialización de la vida moderna provocada fundamentalmente por las seguientes circunstancias: a) La judicialización es, ao fin y al cabo, consecuencia necesaria del imparable aumento de la juridificación de las relaciones sociales y políticas... b) En cuanto a las relaciones políticas, su inesperada y sospechosa judicialización es consecuencia de la lucha de partidos... c) Los juizes son, en fin, quienes dicen la última palabra, los que ofrecen seguridad y certidumbre".

Evidente que essa discussão franca e aberta, em que o juiz passa a ter suas decisões discutidas em vários espaços, é um movimento saudável e importante em todo e qualquer regime que se pretenda democrático.

Mas, para além disso, é possível perceber que outros fatores, além dos parâmetros constitucionais e legais, contribuem para a construção desta decisão e, ainda, que a execução e a concretização do comando judicial não se tornarão realidade pela simples vontade do juiz, mas apenas se encontrarem também outras condições favoráveis para que isso ocorra.

Com isso, percebemos o que penso ser o essencial: *não há mais espaço para atuações isoladas e hercúleas, mas apenas e tão somente para atuações que levem em conta todo o conjunto, especialmente as consequências que podem resultar de um pronunciamento judicial.*

A esse respeito, registre-se a pesquisa realizada por Maria Tereza Sadek (**in** *Magistrados: uma imagem em movimento*, Rio de Janeiro: FGV, 2006) em parceria com a AMB (Associação dos Magistrados Brasileiros), a qual registrou que 86% dos magistrados orientam suas decisões judiciais por parâmetros legais (e aqui certamente estão incluídos os parâmetros constitucionais); 36% orientam-se por compromissos com as consequências econômicas e, por fim, 78% orientam-se por consequências sociais.

Esses números mostram que foi superada a fase imediatamente posterior à da promulgação da Constituição de 1988, quando o Juiz, usando o simples silogismo – como tipicamente atuava um juiz no modelo de estado liberal – produzia decisões que não levavam em consideração as condições da realidade, o seu entorno. Hoje já é possível perceber que as decisões judiciais são lançadas com a certeza de que fazem parte de um sistema, de um todo, e que devem – se efetivamente se pretende que seu comando atue no plano real – não mais levar em consideração apenas e tão somente o texto constitucional, mas estar atentas às conseqüências de seu pronunciamento.

Como há pouco referido e transcrito da lição de Eros Roberto Grau, não se trata só de interpretar (=compreender) os textos normativos, mas também compreender (= interpretar) os fatos (ob. cit.).

Se antes de 1988 o problema era a carência de direitos reconhecidos, hoje temos um rol. Se faltavam instrumentos para concretizá-los, hoje temos ferramentas aptas a dar o suporte necessário para uma forte intervenção do judiciário nas mais diversas questões.

Dentre eles temos, por exemplo, o reconhecimento da aplicabilidade imediata dos direitos e garantias fundamentais (art. 5º, parágrafo 1º), a previsão do mandado de injunção (art. 5º, inciso LXXI), da ação de inconstitucionalidade por omissão (art. 103, parágrafo 2º), das novas ações para o controle de constitucionalidade (art. 102, parágrafo 1º), do mandado de segurança coletivo (art. 5º, inciso LXX), a constitucionalização da ação civil pública como mecanismo a assegurar a realização de políticas públicas (art. 129, inciso III) e, por fim, a ampliação da legitimação ativa para controle de constitucionalidade (art. 103).

Hoje, tais instrumentos são manejados de forma mais responsável e isso tem se manifestado na forma pela qual os direitos fundamentais têm sido tratados pelas decisões judiciais. Reconhece-se a existência de um núcleo duro, intangível, inacessível, mas reconhece-se igualmente a necessidade de acomodações, de ajustes, sem que o fundamental seja comprometido.

Hoje temos melhor compreendido entre nós que as acomodações precisam ser feitas e a lógica do tudo ou nada não serve a todas as situações e a realidade não pode ser desconsiderada.

Outra questão que ainda merece ser abordada, e que guarda íntima relação com a concretização, diz respeito à compreensão de que determinadas questões devem ser entregues aos mecanismos alternativos de solução de controvérsias, privilegiando a função judicial *mais como instrumento na garantia dos direitos fundamentais do que como mero mediador de conflitos.*

A respeito desta questão, qual seja, do papel do juiz mais como garantidor de direitos do que de mediador de conflitos, clara é a lição de Luigi FERRAJOLI. Para ele, sempre "deve haber um juez independiente que intervenga para reparar las injustiças sufridas, para tutelar los derechos de un individuo, aunque la mayoria o incluso los demás em su totalidad se unieran contra él; dispuesto a absolver por falta de pruebas aun cuando la opinión general quisiera la condena, o a condenar, si existen pruebas, aun cuando esa misma opinión demandase la absolución. Esta legitimación no tiena nada que ver com la de la democracia política, ligada a la representación. No se deriva de la voluntad de la mayoría, de la que asimismo la ley es expresión. Su fundamento es unicamente la intangibilidad de los derechos fundamentales" (in *Derechos y garantias. La ley del más débil*, 2ª ed., Trotta, Madrid, 2001).

Se antes o modelo era o de um juiz neutro, distante e que só exercia seu papel mediador quando chamado pelas partes, hoje essa figura desapareceu, dando lugar a outro juiz, com mais poderes e com a obrigação de usá-los na busca da concretização constitucional.

Contudo, é certo que para poder desenvolver este papel, são necessárias condições materiais para tanto, o que, em nosso país, se torna distante na medida em que um dos maiores entraves do Poder Judiciário na atualidade está no acúmulo de processos submetidos a cada um dos juízes brasileiros, o que inegavelmente leva à morosidade e, em conseqüência , a uma forma de negação do direito[3].

Isso se dá por uma série de fatores, não sendo aqui o local para enumerá-los. Apenas um exemplo: Os juizados especiais. Quando de sua criação imaginava-se que um número elevado de demandas da justiça ordinária se deslocaria para as novas unidades. Não foi o que ocorreu, já que os juizados acabaram permitindo que, uma série de demandas que antes (especialmente pelo custo) não chegavam ao judiciário, fossem ajuizadas. Resultado: não houve diminuição de processos na justiça comum e houve, ainda, um elevado número de demandas que foram apresentadas aos juizados "de pequenas causas" e, o que era para ser rápido e ágil, tornou-se lento e moroso.

Segundo dados de um recente relatório do Banco Mundial[4], a carga de trabalho dos juízes brasileiros é uma das maiores das América Latina e, ainda, a média de processos por juiz dobrou nos últimos dez anos.

Como atuar de modo a garantir direitos? Como solucionar questões que atingem milhares de pessoas (exemplo: ações civis públicas que envolvem questões de consumidores, planos de saúde, remédios, vagas em escolas, etc.)?

O aumento do orçamento do judiciário a fim de estruturá-lo é medida improvável, já que estamos assistindo justamente o contrário, ou seja, cortes; esperar que o bom senso impere nas relações sociais, e especialmente mercantis, a ponto de evitar tantos conflitos, também é inútil.

Assim, a meu ver, a única alternativa viável é o fortalecimento de mecanismos alternativos, deixando aos juízes brasileiros as questões

---

[3] A esse respeito, ver *Justiça em números*, 4ª edição, relatório produzido pelo Conselho Nacional de Justiça e que bem retrata as condições do judiciário brasileiro, **in** www.cnj.gov.br;

[4] **In** *Brasil: fazendo com que a Justiça conte*. Resenha da Associação dos Magistrados Brasileiros sobre o relatório do Banco Mundial, Brasília, 2007, AMB, www.amb.com.br, acesso em 01.02.2008.

de maior repercussão e, principalmente, aquelas que digem respeito à garantia dos direitos fundamentais. Privilegiar as ações que envolvem direitos coletivos, questões essenciais como saúde, moradia, escola, etc, em lugar de contratos bancários, por exemplo.

Só desta forma chegaremos a um bom futuro em termos de direito e, se me perguntarem o que entendo por futuro, respondo com a definição dada por Jorge Luis Borges[5] ao descrever um mundo imaginário onde alguns negavam o tempo sob o seguinte argumento: o presente é indefinido, o futuro não tem realidade senão como esperança presente e, por fim, o passado não tem realidade senão como recordação presente.

Assim, compreendendo-se que – como disse Borges – o futuro não tem realidade senão como esperança presente essa é a minha "esperança presente": que o direito se torne realidade.

---

[5] "Tlön, uqbar, orbis tertius", **in** *Ficções*, São Paulo, Cia. das Letras, 2007.

Futuro, democracia y discurso jurídico

Alicia Ruiz*

La propuesta de vincular derecho y futuro es motivadora e inquietante. Hemos sido convocados a esbozar una respuesta, y por incompleta e insatisfactoria que ella resulte, debemos intentarlo. En otras palabras, el desafío es no permanecer callados.

Si alguien estuviera observándonos seguramente sonreiría con un dejo de ironía. ¿Por qué pueden estar preocupados tantos abogados, jueces, juristas, filósofos, profesores acostumbrados a hablar y a hablar ante auditorios tan dispares como pueden serlo un tribunal o un curso universitario?

Nosotros también nos miramos unos a otros, con algo de desconcierto y un cierto temor. Estamos poco acostumbrados a pensar el futuro del derecho como un problema, y casi nunca reflexionamos acerca del derecho del futuro.

Tenemos incorporada con fuerza la impronta de que lo que hemos aprendido, lo que está puesto en la ley o en el código, lo que la jurisprudencia ha consagrado ha quedado fijado y está a disposición para siempre. Y si lo que está (aprendido, puesto o consagrado) lo está "para siempre", el futuro no existe o es apenas una repetición inacabable del presente.

Sin embargo, otra es la perspectiva que se abre si admitimos que el tema que nos ha sido propuesto no es fruto del azar o de la casualidad, ni el rapto de una imaginación febril o delirante. El título del *VII Encontro do Grupo Caina* enuncia una carencia. Estamos imposibilitados de decir precisamente, lo que sabemos que ya no puede ser soslayado. En estas precarias condiciones, cada uno como

---

* Professora da Faculdade de Direito da Universidade de Buenos Aires. Juíza do Tribunal Superior de Justiça da Cidade de Buenos Aires.

mejor pueda habrá de asumir el desafío, asumiendo que tanto lo que diga como lo que no diga, lo compromete.

Colocada como todos ustedes en esta situación, decidí imaginar un futuro en el cual expresiones como democracia y derecho tuvieran sentido, otros sentidos más abarcadores que los que están en uso. Y por eso lo que sigue son breves apuntes de un pensamiento crítico en torno al derecho y a la democracia.

Algunos subrayados acerca de la democracia

La democracia se distingue por la posibilidad del cuestionamiento ilimitado de su organización y de sus valores. Allí reside, por un lado la extrema e insalvable vulnerabilidad del sistema democrático y por otro, el vínculo indisoluble entre derecho y democracia. El discurso del derecho es el proveedor de seguridad y previsibilidad en un contexto que se organiza en torno a la incerteza y a la indeterminación, y satisface ese papel efectiva pero "ilusoriamente". No hay sociedad democrática sin referencia al poder, a la ley, a alguna singular forma de organización de sus divisiones y a un orden de lo simbólico que gira en torno a la previsión y a la estabilidad de las relaciones sociales consagradas. Volveré sobre el derecho en el próximo apartado.

La democracia coloca a los hombres y a sus instituciones ante lo que Lefort llama una indeterminación radical, somete la autoridad al juicio de todos, exhibe los límites que la caracterizan y supone incertidumbres y certidumbres. Hay incertidumbre, por ejemplo, respecto de cual es el contenido de la voluntad popular según el momento, y hay certidumbre en cuanto a que la democracia necesita de libertad e igualdad para afirmar su existencia, y operar como regla de formación de esa misma voluntad popular.

La democracia da legitimidad a lo provisorio, a lo cambiante, a lo imprevisible al tiempo que sorprendentemente, afirma un plexo de valores absolutos, de garantías y libertades inviolables articulando una serie de ilusiones que permiten soportar la incerteza y la angustia que produce la falta de un referente último.

La democracia es la realización histórica de una forma de organización política cuyas notas más características han sido el estado de derecho, las garantías individuales, la soberanía popular, el derecho al disenso y a la desobediencia.

Ella instaura en el campo de la utopía, en el horizonte de los ideales democráticos, (quiero decir en la imagen que la democracia tiene de sí misma y no en su efectiva realización) un tipo de sociedad que autoproclama la expansión ilimitada de la creatividad humana para más y más individuos, lo que exige redefinir de manera permanente los lazos de solidaridad. Ahora bien, a fin de no quedar atrapados en las redes de la utopía, es inevitable denunciar que hoy están en crisis los presupuestos necesarios para la subsistencia, reproducción y radicalización del modelo democrático.

Una cuestión que siempre complica la caracterización del sistema democrático es cómo el poder opera en su interior, sin excesos ni privilegios (otra vez reaparece la imagen que la democracia desea ver de sí misma). Foucault señala que el poder «...no es una cosa, ni una institución ni una estructura de la que algunos estarían dotados. Es el nombre que se presta a una situación estratégica, en una sociedad dada...».[1] Y Luhmann, sostiene que el poder «no es una esfera perfectamente autárquica, sino que depende de otros factores en todo lo que se refiere a las condiciones en que aquel puede realizarse, así como a las necesidades y pretensiones a que está unido»[2], que no es una sustancia concentrada en uno o más lugares topológicos determinados, sino un medio de comunicación dotado de un código simbólico específico que circula ampliamente por todos los subsistemas. No interesa, aquí, establecer ningún paralelismo entre Foucault y Luhmann, tarea más bien ardua como advierte Marramao[3]. Importa, en cambio, advertir que concepciones de lo social distanciadas de los modos tradicionales de reflexionar sobre este tema, habilitan la construcción de nuevas teorías de la democracia y del derecho.

---

[1] Foucault, Michel; *Historia de la sexualidad*, Tomo I, Siglo XXI, México, 1977.

[2] Luhmann, Niklas; *Teoría de la sociedad*, Universidad de Guadalajara, México, 1993.

[3] Marramao, Giacomo; "Las paradojas del universalismo", en *Sociedad,* n.º 4, Buenos Aires, 1994.

Complejidad y fragmentación caracterizan a la sociedad de nuestros días, y ninguna explicación lineal alcanza a dar cuenta de ella. La miseria, el desempleo, las hambrunas, los migrantes que buscan refugio para sobrevivir en algún lugar del planeta, la crisis de la representación política, la corrupción, los horrores y las amenazas de guerras no convencionales, los conflictos nacionales, étnicos y religiosos se expanden involucrando grandes conglomerados humanos. Simultáneamente se incrementan las posibilidades de nuevas experiencias y la incontenible incorporación de tecnología facilita la vinculación con el mundo y el acceso a la información.

Puntos de partida para una teoría crítica del discurso jurídico

"Una teoría crítica del derecho es una lectura que cuestiona los fundamentos de lo que es el derecho y de lo que es una teoría acerca del derecho. Es una lectura que es al mismo tiempo una decisión.

"Una lectura crítica no es, por definición, un ejemplo de lectura ingenua, no es una lectura a través de la cual se conoce lo que es como es. Esto de que haya algo que "es lo que es", resulta inaceptable para un jurista crítico. En términos más clásicos, la afirmación de que las cosas son lo que son, de que es factible acceder a su esencia es incompatible con un pensamiento crítico."[4]

El derecho es discurso y práctica social y no pura normatividad. No hay un mundo de valores inmutables, eternos y universales que definen cuándo una norma es jurídica ni una relación de derivación de una norma a otra que asegure su validez. La legitimidad no es idéntica a la validez, pero tampoco es la realización inevitable de un modelo axiológico ajeno al mundo social y político en el que se presenta. El discurso jurídico se construye en un entretejido de discursos sociales diversos, aludidos y eludidos en cada tramo de esa construcción – y no por azar –. El derecho no deviene ni de la pura razón, ni de dios sino de la cultura. El derecho es contingente y

[4] Ruiz, Alicia E. C.: "Miradas, Lecturas, Teorías", ponencia presentada el 4 de octubre de 2007 en las XXI Jornadas Argentinas de Filosofía Jurídica y Social, organizado por la Asociación Argentina de Filosofía del Derecho; celebradas en la Ciudad de Buenos Aires.

cambiante. Es opaco, las ficciones lo atraviesan y su trama es la de un relato peculiar que constituye realidades, relaciones, sujetos, que legitima o deslegitima pedazos del mundo, que "naturaliza" y declara "verdaderos" sólo aquellos que incluye en su texto bajo determinadas formas. El derecho tiene un vínculo con el poder y con la violencia (sobre todo con esta última) inescindible y necesariamente oculto. Y por fin hay historia en el derecho y el derecho moderno lleva las marcas del tiempo en que surgió y también metaboliza, modificándolas, las herencias recibidas, con lo cual desmiente toda lectura instrumentalista de su estructura.

La organización del discurso jurídico depende de un principio de control ubicado en otros discursos, en formaciones no discursivas, en instituciones, acontecimientos políticos, formas de distribución del poder social, pero su estructura impide advertir esta interrelación. El discurso jurídico encubre, desplaza y distorsiona el lugar del conflicto social , se instala como legitimador del poder, al que disfraza y torna neutral Es un discurso que aparece como ordenado, coherente y racional, cuya regla básica de formación es aquella que determina quiénes "están autorizados" para imprimir sentido jurídico a sus actos o palabras. Esa "autorización" se plantea en términos de doble ficción: como si siempre fuera explícita y proviniera del propio discurso y como si su efecto significante fuera únicamente producir normas. Doble ficción que ocupa el lugar de la verdad y genera desplazamiento.

Un "dibujo" de la matriz teórica del discurso jurídico permitiría distinguir entre un nivel en el cual se agruparían todas las operaciones discursivas y/o prácticas que producen normas, otro nivel de prácticas teóricas y profesionales y un tercer nivel que aloja la porción más negada, más oculta y cuya significación se revela en los intercambios, articulaciones, intervenciones de unas operaciones discursivas respecto de otras. Allí descubrimos las creencias, los mitos, las ficciones en acción, allí está el imaginario social."... el derecho... construye toda una ilusión, un mundo donde la realidad está desplazada y en su lugar se presenta otra imagen {como} real. Tan real que sólo cabe pensar, juzgar, actuar en consecuencia. Actuar como si... fuéramos libres e iguales; como si... contratáramos en cada oportunidad en pariedad de condiciones con el otro; como si... conociéramos las normas que debemos conocer; como si... nunca incurriéramos en "error de derecho". Juzgar como si... nuestra sentencia tuviera garantía de justicia y el fundamento de la verdad; como si... la realidad fuera lo que el discurso del derecho dice que es. Y lo más sorprendente de esta ilusión es otra ilusión que la acompaña; en la mayor parte de los casos no es a través de la exhibición, la amenaza o la efectivización de la violencia que el derecho produce tales efectos. Es que el derecho reprime muchas veces haciéndonos creer que estamos de acuerdo con ser reprimidos y censurados."[5]

El derecho (la Ley) esconde su origen, no dice de dónde viene, "se ofrece rehusándose" y "este silencio y esta discontinuidad constituyen el fenómeno de la Ley". Hay que hacer como que la ley no tiene historia para que, el "debes o el "no debes" imponga toda su fuerza. Cuando indagamos más el derecho pierde algo de la magia que le es propio. O mejor, queda al desnudo y como un rey sin ropas, la majestad que se le atribuye tambalea. Se trata de un discurso que, paradojalmente, al tiempo que legitima las relaciones de poder existentes, sirve para su transformación. De un discurso cargado de historicidad y de ideología, pero que no reproduce en forma mecánica la estructura de la sociedad. De un discurso que deposita en el imaginario colectivo, las ficciones y los mitos que dan sentido a los actos reales de los hombres. De un discurso que remite para su comprensión al poder y, en última instancia, a la violencia. De un discurso que incluye a la ciencia que pretende explicarlo. De un discurso que es en sí mismo dispositivo de poder. Que reserva su saber a unos pocos, y hace del secreto y la censura sus mecanismos privilegiados.

La estructura del discurso jurídico, que articula diversos niveles, encubre, desplaza y distorsiona el lugar del conflicto social y permite al derecho instalarse como legitimador del poder, al que disfraza y torna neutral. Como advierte Foucault, "el poder es tolerable sólo con la condición de enmascarar una parte importante de sí mismo. Su éxito está en proporción directa con lo que logra esconder de sus mecanismos... Para el poder el secreto no pertenece al orden del abuso, es indispensable para su funcionamiento".

---

[5] Ruíz, Alicia E. C: "La ilusión de lo jurídico", Parte II de Aspectos ideológicos del discurso jurídico, en *Materiales para una teoría crítica del derecho*, Abeledo-Perrot, Buenos Aires, 1991.

El discurso del derecho es ordenado y coherente. Desde ese orden y esa coherencia genera seguridad y confianza en aquellos a quienes su mensaje orienta. Es un discurso peculiar, que aparece como autosuficiente y autorregulado en su producción, y crea la impresión de que su origen y su organización sólo requieren de la Razón para ser aprehendidos, y que su modo de creación y aplicación depende exclusivamente de su forma. Es un discurso que, en una formidable construcción metonímica, exhibe uno de sus aspectos como si éste fuera la totalidad. Lo visible es la norma y, por ende, el derecho es la "ley". Esta equívoca identificación del derecho con la Ley necesita ser asumida en toda su magnitud. No es por error, ignorancia o perversidad que el sentido común y la teoría jurídica han coincidido tantas veces en la historia de la ciencia y de la sociedad, en esa identificación del derecho con la ley, y en la posibilidad de pensarlo separado de lo social y de lo ideológico.

Los críticos cuestionan a la tradición teórico-jurídica que enfatizó los aspectos formales del derecho, olvidando sus aspectos finalistas; que desconoció el fenómeno de su historicidad, de su articulación con los niveles de la ideología y del poder; y que negó toda cientificidad a un análisis de la relación entre derecho y política. Sin embargo, no dejan de advertir que es la propia estructura del discurso jurídico la que enmascara y disimula al poder, y habilita las interpretaciones que garantizan ese ocultamiento y que contribuye a la preservación de la relación entre derecho y poder.

Las reglas de producción del discurso jurídico son reglas de atribución de la palabra, que individualizan a quienes están en condiciones de "decir" el derecho. Ese discurso se compone de diversos niveles, el primero de los cuales corresponde al producto de órganos autorizados para crear las normas (leyes, decretos, resoluciones, contratos). El segundo nivel está integrado por las teorías, doctrinas, opiniones que resultan de la práctica teórica de los juristas, y por el uso y la manipulación del primer nivel. Habrá que incluir aquí junto a la labor de los juristas, la actuación profesional de los abogados, los escribanos, los "operadores del derecho", y la de los profesores y las escuelas de derecho. Por fin, habrá que dar cabida, en un tercer nivel, a la parte más oculta y negada del discurso del derecho, que se revela en las creencias y los mitos que se alojan en el imaginario social, sin el cual el discurso del orden se torna inoperante.

El derecho significa más que las palabras de ley. Organiza un conjunto complejo de mitos, ficciones, rituales y ceremonias, que tienden a fortalecer las creencias que él mismo inculca y fundamenta racionalmente, y que se vuelven condición necesaria de su efectividad. También la teoría deberá hacerse cargo de explicar esta curiosa combinación de la razón y del mito que es propia del derecho moderno, que es, por otra parte, el horizonte histórico sobre el que estas notas se recortan.

El derecho es un saber social diferenciado que atribuye a los juristas, los abogados, los jueces, los legisladores "...la tarea de pensar y actuar las formas de administración institucionalizadas, los procedimientos de control y regulación de las conductas. Ellos son los depositarios de un conocimiento técnico que es correlativo al desconocimiento de los legos sobre quienes recaen las consecuencias jurídicas del uso de tales instrumentos. El poder asentado en el conocimiento del modo de operar del derecho se ejerce, parcialmente, a través del desconocimiento generalizado de esos modos de operar y la preservación de ese poder está emparentada con la reproducción del efecto de desconocimiento ...la opacidad del derecho es, pues, una demanda objetiva de la estructura del sistema y tiende a escamotear el sentido de las relaciones estructurales establecidas entre los sujetos, con al finalidad de reproducir los mecanismos de la dominación social".[6]

La teoría crítica ha priorizado el análisis de la paradojalidad de las "ilusiones" sin las cuales el derecho no se constituye como un discurso social específico, ficciones "necesarias" para que cumpla su papel. En situaciones límite queda al descubierto cuánto hay de ilusorio en la justicia y en el orden que el discurso del derecho promete. Y en esas circunstancias, la actuación judicial es significativa en la realización de principios y garantías consagrados en la ley. Esta es la clave que da sentido a lo que sino resultaría inexplicable: que pese a todo los ciudadanos reclamen a los jueces la tutela de sus derechos y que los tribunales puedan convertirse en obstáculos para la perpetuación de su violación. Claro que para esto los ciudadanos tienen, al menos, que poder acceder a la justicia.

---

[6] Cárcova, Carlos María;:"La opacidad del derecho", en *Derecho, política y magistratura*, Biblos, Buenos Aires, 1996.

Conclusión

Como se ve y llegados a este punto, un pensamiento crítico acerca del discurso jurídico remite a una concepción necesariamente distinta de la democracia. El acceso a la justicia es una llave para ampliar el campo de los incluidos, de los que se reconocen y son reconocidos como sujetos, o sea de agrandar los márgenes del espacio democrático.

Vivimos en un tiempo cargado de amenazas y de riesgos desigualmente repartidos y es difícil mantener las esperanzas de construir un mundo mejor que el que nos rodea. Si pese a todo no queremos caer en el escepticismo, en la comodidad o en la indiferencia en la que se refugian muchos de nuestros colegas, tal vez valga la pena internarse en la búsqueda de nuevas formas de reflexión teórica y de prácticas jurídicas. No se trata de recaer en una visión voluntarista del derecho sino de exponer al máximo su potencialidad, que es tanto como poner al descubierto el poder de los operadores jurídicos y su compromiso con la sociedad que está por venir.

Quizás sea esta la manera (nuestra manera) de ser parte del futuro.

A "Abertura ao Futuro" como Dimensão do Problema do Direito

Um "correlato" da pretensão de *autonomia*?

José Manuel Aroso Linhares*

As breves reflexões que se seguem convocam o tema *O direito e o futuro* mergulhando *ex abrupto* no *diferendo* (ou quase diferendo) que é alimentado pelas possibilidades do discurso jurídico contemporâneo. Por um lado porque nos incitam a frequentar um certo *lugar /não lugar* desse *diferendo*... e a reconhecer as frentes de concertação e de ruptura (de inclusão e de exclusão) a que este nos expõe. Por outro lado porque nos introduzem neste lugar mobilizando três interlocutores exemplares e outros tantos projectos interpretativos – projectos radicalmente distintos e que no entanto se concertam (não certamente por acaso!) enquanto submetem o direito (e as práticas-*labours* de organização da contingência que o distinguem) a códigos reflexivos (e patamares de experimentação) *exteriores*.

Que *lugar*? Um *lugar* que é delimitado pela convergência de dois núcleos temáticos (ou pelas linhas de perspectiva que estes desenham). Núcleos que correspondem, respectivamente...

(a) às possibilidades da representação (domínio ou «contabilização») *juridicamente relevante(s)* de um certo «horizonte do tempo» (e do *futuro* que nele se oculta)...
(b) ... e às exigências de uma pretensão de *autonomia* – se não *recto itinere* à plausibilidade de uma *perspectiva* jurídica *interna* (e à *clausura* que esta reinventa).

---

* Professor da Faculdade de Direito da Universidade de Coimbra.

Que interlocutores ou que códigos (e patamares de experimentação) *exteriores*? Aqueles que o pragmatismo interdisciplinar de POSNER... e que a viragem na *teoria dos sistemas* assumida por LUHMANN... mas também a *ética da alteridade* justificada por DERRIDA... nos permitem identificar.

I.

Comecemos por mobilizar estes interlocutores-«guias» e as suas respostas *exemplares*. Qual é o sentido que estas nos permitem atribuir ao cruzamento temático que nos preocupa (e às possibilidades de determinação recíproca que *positiva* ou *negativamente* lhe correspondem)?

1. A primeira indicação que recebemos (convocando POSNER) é seguramente a mais transparente e a mais fácil de reconstituir[1]. Enquanto e na medida em que nos incita a mobilizar o projecto interpretativo de uma certa *teoria do direito* (inscrita num explícito *pragmatic turn*) e a reconhecer o papel que esta concede a uma possível *genealogia crítica* de inspiração nietzschiana (ou às narrativas *sagitalmente* transformadoras que tal genealogia estimula).

Se tivermos presente que o referido projecto nos convoca para a oportunidade (enfim susceptível de ser plenamente consumada) de uma abordagem *exterior* – uma abordagem não só *interdisciplinarmente* prosseguida como também «livre» de qualquer perspectiva ou arena disciplinar... que se possa(m) (ou deva(m)) dizer *jurídica(s) (legal theory is concerned with the practical problems of law, but it approaches them from the outside, using the tools of other disciplines*[2])[3] –, se tivermos presente ainda que a referida interdisciplinaridade

---

[1] Trata-se muito especialmente de convocar «Law's Dependence on the Past», o capítulo 4 de *Frontiers of Legal Theory*, Harvard University Press, Cambridge Massachusetts/ London 2001, pp. 145-169.

[2] *Frontiers of Legal Theory*,cit., p. 2.

[3] Para compreender o alcance desta *interdisciplinaridade* e do *pragmatic turn* que a alimenta é imprescindível considerar toda a «Introduction» das *Frontiers of Legal Theory*, cit., 1-27 «The particular areas I examine in this book (...) may seem little related to each other, but we shall see that they overlap and interpenetrate, enabling us to glimpse the possibility of legal theory as an unified field of social science...» (*Ibidem*, pp. 14-15).

se nos expõe pragmaticamente iluminada pelo núcleo-horizonte de um certo discurso económico – identificado com o marginalismo pós-coasiano[4] –, compreenderemos que os recursos daquele narrativismo genealógico – dominados pela lição de *Vom Nutzen und Nachteil der Historie für das Leben* (1874)[5] – possam ser mobilizados como um estímulo reflexivo privilegiado... sempre que se trate de considerar o papel que uma assumida *presença do «passado»* desempenha nos argumentos jurídicos.

Que *presença* (se não «idolatria») *do passado*? A presença que é reconhecível nos juízos de analogia e na institucionalização dos precedentes e outros pré-juízos – quando não é reconstruída como núcleo de uma reflexão metodológica (exemplarmente daquela que «leva a sério» um certo *chain novel*... e a *inércia* prática que o alimenta) – ... e que então e assim se nos expõe também invariavelmente comprometida com uma pretensão de autonomia do próprio direito *(path dependence in law resembles another important concept, that of law's autonomy)*: como se defender esta autonomia *([as a] developing (...) of a practice or field in accordance with its internal laws, its «program», its «DNA»)* significasse afinal exigir que o estádio de realização presente assuma (explicita ou implicitamente) uma «relação orgânica» com estádios ou etapas anteriores – se não mesmo uma vinculação (ou *aspiração de vinculação*) a uma tradição e (ou) ao diálogo-conversação que a prolonga *(to the extent that a practice or field, whether it be music, mathematics, or law, is autonomous (...), its current state will bear an organic relation to its previous states)*[6].

Ora é precisamente enquanto mobiliza os recursos do *narrativismo crítico* (no horizonte pragmaticamente justificável daquele marginalismo) para reconhecer (denunciar) esta *pretensão de autonomia* ou de *identidade* (e o significado que ela assume no discurso jurídico tradicional) que Posner nos propõe duas respostas claríssimas...

---

[4] «What Holmes lacked was a social theory to take the place of the kind of internal legal theory that he denigrated in the German theorists. We now have that theory; it is called economics...» (*Ibidem*, p. 207).

[5] «*On the Uses and Disavantages of History for Life* (...) is at once a powerful, albeit oblique, challenge of [conventional legal] (...) approach [of history] and a founding document of pragmatism...» (*Ibidem*, p. 145).

[6] *Ibidem*, p. 159.

α) A primeira para recomendar que substituamos toda e qualquer reflexão possível sobre a «presença do passado» *no presente* (e *no futuro*) por uma rigorosa contabilização de *custos de transição (we can thus expect to observe path dependence when transition costs are high relative to the benefits of change*[7]*).*

β) A segunda para exigir que o direito deva ser funcional-instrumentalmente concebido – como um puro «servidor da necessidade social» (e das expectativas que lhe vão correspondendo)... – e assim também emancipado de uma qualquer *dependência* constitutiva *em relação ao passado (law is better regarded as a servant of social need, a conception that severs the law from any inherent dependence on its past*[8]*).*

Respostas que nos permitem reconduzir uma experimentação *presente* (juridicamente relevante) do *futuro* a uma contabilização de efeitos sociais empirico-explicativamente prognosticáveis... mas também reconhecer que o *futuro do direito* (hoje pragmaticamente concebível), impondo uma *ruptura com o passado* (ou com os discursos-argumentos que o mobilizam enquanto tal), impõe também uma recusa criticamente assumida da *pretensão de autonomia*, ou mesmo mais do que isso, um declínio irreversível de todos os discursos que a levem a sério.

O que significa evidentemente reconhecer que a instrumentalização dos recursos jurídicos às exigências da necessidade social encontram na assunção de um horizonte *macroscópico* de «libertação» e (ou) de «imitação» do(s) «mercado(s)» – iluminado pela perspectiva-modelo do *mercado perfeito (as an hypothetical benchmark of a perfectly competitive general equilibrium)* – um dos seus caminhos possíveis, se não *o* caminho *pragmaticamente justificado* pela circunstância presente – aquele que o *economic analyst of law (as external theorist)* está em condições de recomendar e de promover quando se dirige aos «operadores do direito» *(the most ambitious* theoretical *aspect of the economic approach to law has been the proposal of an unified economic theory of law in which law's*

[7] *Ibidem*, p. 156.
[8] *Ibidem*, p. 159.

function is understood to be facilitate the operation of free markets and, in areas where the costs of market transactions are prohibitive, to «mimic the market» by decreeing the outcome that the market could be expected to produce if market transactions were feasible)[9].

Caminho que, como sabemos, não se cumpre sem onerar *microscopicamente* o julgador com a escolha de uma alternativa de decisão – com a escolha da alternativa de decisão (permitida pelos materiais jurídicos ou pela indeterminação destes) que mais logradamente realize o objectivo da *maximização da riqueza (wealth maximization is not only a guide in fact to common law judging, but also a genuine social value and the only one judges are in good position to promote*[10]*)*.

Sem esquecer por fim[11] que POSNER exige uma compossibilidade desta estratégia-táctica de realização (da *maximization rule*) com os limites (se não mesmo com as oportunidades constitutivas) que certas aquisições irreversíveis da modernidade nos impõem. Aquisições nas quais inclui as *«rule of law» virtues* (ou uma assimilação selectiva do seu património)... e muito especialmente as exigências e garantias do *homo juridicus* (e deste como um centro privilegiado de liberdades)[12]. Só que também e ainda aquisições que nos obrigam a descobrir--contabilizar uma sequência irrecusável de *bens públicos* (histórico--culturalmente *sentidos* como um património comum)... e mais ainda,

---

[9] *Ibidem*, p. 5.

[10] POSNER, *The Problems of Jurisprudence,* Harvard University Press, Cambridge Massachusetts /London, 1990, p. 360. «The economic analysis of legislation implies that fields of law left to the judges to elaborate, such as the common law fields, must be the ones in which interest-group pressures are to weak to deflect the legislature from pursuing goals that are in the general interest. Prosperity (...), which wealth-maximization measures more sensitively than purely monetary measures (...), is one of these goals, and the one that judges are especially well equipped to promote...» (*Ibidem,* p. 359). Para um diálogo desenvolvido com esta proposta (e as indicações bibliográficas indispensáveis), veja-se o nosso «A unidade dos problemas da jurisdição ou as exigências e limites de uma pragmática custo/benefício. Um diálogo com a *Law & Economics Scholarship», Boletim da Faculdade de Direito* LXXVIII, Coimbra, Coimbra Editora, 2002, pp. 65 e ss., 94-130 (4.), 141-160 (5.3.).

[11] Acentuação que veremos indispensável para traçar os paralelos com LUHMANN e DERRIDA (e muito especialmente para reconhecer os distintos papéis que estes três percursos atribuem às aquisições dos *direitos do Homem*).

[12] Para uma reconstituição deste compromisso e das dificuldades de determinação que lhe correspondem (mais uma vez com a identificação dos textos imprescindíveis), veja-se o nosso «A unidade dos problemas da jurisdição...», cit., pp. 141-160 (5.3.).

a ter em atenção que um destes *bens públicos* corresponde afinal à afirmação-experiência de uma *integração* (desejável) *na comunidade dos juristas* (acompanhada de outras tantas *conclusions-claims* de continuidade e de «justificação» das rupturas)[13].

Exigência de compossibilidade aquela e afirmação-experiência esta no entanto que entrarão menos em conflito com a representação funcional anteriormente esboçada do que pode parecer à primeira vista. Decerto porque é ainda uma contabilização de *custos de transição* que ilumina as fronteiras da continuidade e da mudança[14], mas também (e muito significativamente) porque POSNER constrói a exigência de compossibilidade com o discurso moderno (e o contraponto democracia *epistemológica* / liberalismo / democracia *deliberativa*) assumindo (e enquanto assume) um singularíssimo ponto de *não retorno*. Aquele em que a exigência de proteger a liberdade *individual* – e de a proteger de toda e qualquer imposição *arbitrária* ou restrição *sem objectivo* – se aproxima da (e confunde com a) recusa de toda e qualquer mobilização de meios coercitivos... «que exceda *manifestamente*» o *objectivo racional* de «imitar o mercado»[15].

---

[13] POSNER, «Pragmatism Versus Purposivism in First Amendment Analysis», *Stanford Law Review*, vol. 54, nº 4, pp. 737 e ss., 739-740. Cfr. também a versão deste ensaio integrada em *Law, Pragmatism and Democracy*, Harvard University Press, Cambridge Massachusetts /London, 2003, pp. 357 e ss. («Purposes versus Consequences in First Amendment Analysis»), 361-362.

[14] «The point is not that the judge has some kind of moral or even political duty to abide by constitutional or statutory text, or by precedent; that would be formalism. It is merely that continuity and restraint in the performance of the judicial function are important social goods, and any judge proposing to innovate must consider not only the benefits of the innovation but also the costs in injury to those goods...» («Pragmatism Versus Purposivism in First Amendment Analysis», cit., p. 739, «Purposes versus Consequences in First Amendment Analysis», cit., p. 362).

[15] Aproximação-*fusão* esta que domina o tratamento do problema da *liberdade de expressão* (e que assim mesmo se impõe como um dos temas recorrentes da polémica com Jed RUBENFELD) [POSNER, «The Speech Market», *Frontiers of Legal Theory,* cit., pp. 62 e ss., RUBENFELD, «A Reply to Posner», », *Stanford Law Review*, vol. 54, nº 4, pp. 737 e ss.]. Na medida precisamente em que para POSNER se trata de (repudiando uma *perspectiva moral* ou *intrínseca*) conceber e justificar *instrumental* ou *extrinsecamente* esta liberdade *(as freedom of speech, or of the press)*, tornando-a neste sentido indissociável do contraponto interrelacional *discurso (speech) /contra-discurso (counterspeech)* ou da «forma» de competição-concorrência que este institucionaliza *(a form of competition that protects the interests of the audience in much the same way that competition in ordinary markets*

2. Com uma resposta que ilumina *positivamente* a conexão temática *autonomia / futuro* e os esquemas-perspectivas que esta produz – e que assim diverge exemplarmente da de POSNER –, LUHMANN submete-nos a um desafio muito mais complexo (que dificilmente poderemos reconstituir em duas palavras). A dificuldade está precisamente no relevo estrutural que (muito especialmente em *Der Recht der Gesellschaft*[16]) tal conexão desempenha: um relevo

---

protects consumers). Com um problema-limite (já esboçado por HOLMES) – ao qual a tragédia de 11 de Setembro veio de resto conferir uma urgência e uma actualidade inesperadas! –... que sendo suscitado pela indeterminação do texto do *First Amendment* («Congress shall make no law... abridging the freedom of speech, or of the press») — para além do seu (consensualmente consagrado e como tal *rarely litigated*!) *core of settled meanings...* — não deixa por isso mesmo de poder ser pensado (e racionalmente assimilado) como uma falha-falência daquela *hipótese de mercado*. Que problema? O dos discursos discordantes *(dissenting speeches)* que, inseridos num determinado contexto de significação e de desempenho (pragmático-circunstancialmente experimentado), se nos impõem enquanto tal *(as speeches)* a constituir um «perigo claro» e (ou) a desencadear-provocar um «dano iminente e grave» *(the magnitude of harm is also relevant, for it is the magnitude that is discounted to determine the expected harm).* «When the danger posed by subversive speech passes, the judges become stricter in their scrutiny of legislation punishing such speech. But they are likely to change their tune when next the country feels endangered. (...)This sentence was written before the *September 11, 2001,* terrorist attack on the United States...» («Pragmatism Versus Purposivism ...», cit., p. 741 e nota 13). «The speech should be allowed if but only if its benefits equal or exceed its costs discounted by their probability and by their futurity, and reduced by the costs of adminstering a ban. (...) I offer these formulas as a heuristic, a way of framing and thinking about the regulation of speech, rather than as an algorithm for use by judges...» (*Frontiers of Legal Theory,* cit., pp. 67, 68).

Mas aproximação-*fusão* (com os mesmos riscos de *confusão* e de perda de limites) que encontramos também exemplarmente na reconstituição epistemológica do *adversarial procedure* [*Frontiers of Legal Theory,* cit., pp. 367-369]. Na medida agora em que estando em causa o objectivo (político-criminal) de preservar um determinado equilíbrio-*balancing* entre as «probabilidades de condenar um inocente e de absolver um culpado», se discutem — como soluções alternativas (à partida equivalentes) para o problema do crescimento desproporcionado das *crime rates* (relativamente aos *prosecutorial resources)* — por um lado o crescimento dos *prosecutorial budgets*, por outro... a redução das «vantagens processuais dos arguidos»! [«This point suggests a possible nonideological basis for the Supreme Court's swing against the rights of criminal defendants in the 1970s and 1980s...» (*Frontiers of Legal Theory,* cit., p. 368)]

[16] LUHMANN, *Das Recht der Gesellschaft*, Suhrkamp, Frankfurt am Main, 1993, cit. na ed. de bolso de 1995. O desenvolvimento assumido no texto privilegiará a organização temática e as formulações desta obra (a última grande reflexão sobre o sistema jurídico que LUHMANN nos propôs).

indissociável da hipótese da «clausura operativa» *(operative Geschlossenheit*[17]*)* – e da possibilidade de surpreender *in action* o processo de *autodiferenciação* do sistema jurídico... – e que assim mesmo nos restitui ao núcleo do *theoretical turn ([als] Wende zur Theorie selbst-referentieller Systeme*[18])[19].

Trata-se, com efeito, de reconhecer que só estaremos em condições de experimentar a *circularidade* das «comunicações» juridicamente relevantes e a «conexão» de operações sociais que efectivamente lhe corresponde *(die als soziale Operationen* Kommunikationen *sein müßen*[20]*)* se, ao testemunhar uma dinâmica de *variação gradual (die geschieht im Vollzug von Selbstbeobachtung und Selbsttbeschreibung (...) des (...) Systems*[21]*)* – a dinâmica que *([als] Vollzug von Autopoiesis)* é assegurada por uma realização de *operações* (enquanto aconteci-

---

[17] Cfr. o desenvolvimento decisivo proposto no capítulo 2 de *Das Recht der Gesellschaft*, intitulado precisamente «Die operative Geschlossenheit des Rechtssystems», pp. 38-123.

[18] «Die Einheit des Rechtssystems», *Rechtstheorie* 14 (1983), p. 133. Nos termos exemplarmente sintetizados por este ensaio, trata-se, como sabemos, de assumir *como desafio* a concepção de um sistema que se quer *auto-referencial*, isto é, capaz de produzir (*herstellen*) a sua própria unidade («de produzir como unidade aquilo que mobiliza-utiliza como unidade»): de tal modo que esta não resulte da convocação de um princípio (*Prinzip, Idee, Gesetz*) mas da *circularidade* e *recursividade* imanente aos elementos que integram o sistema [*Ibidem*, pp.129-131]. Sendo certo que por estes elementos (últimos) se entendem sempre «comunicações» *(die Gesllschaftsystem besteht aus sinnhaften Kommunikationen (...), nur aus Kommunikationen und aus allen Kommunikationen)* [*Ibidem*, p. 137]. Sem esquecer evidentemente que se trata também de justificar a transposição (teoretico-sociologicamente relevante) das exigências de um sistema que se diz *autopoiético* («capaz de constituir-produzir os elementos que o compõem *através dos* elementos de que se compõe») –... e de tal modo que «a unidade (que para o sistema é indecomponível) de cada um dos elementos só possa ser constituída através do sistema»... mas de tal modo também que as «fronteiras» que o sistema impõe sejam rigorosa e implacavelmente «as *suas*» [*Ibidem*, pp. 131-134 (II)].

[19] Para uma reconstituição desta *Wende* (projectada na funcionalidade auto-referente e autopoiética do sistema jurídico), ver Castanheira Neves, «O funcionalismo jurídico – característica fundamental e consideração crítica no contexto actual do sentido da juridicidade», *Revista de Legislação e de Jurisprudência*, ano 136º, 2006, nº 3941, pp. 66 e ss., 70-74, 75 e ss. Para uma desenvolvida consideração crítica da proposta em causa (tanto «nos seus pressupostos gerais» como «nas suas particulares consequências jurídicas»), cfr a última parte deste mesmo ensaio de Castanheira Neves: agora na *Revista de Legislação e de Jurisprudência*, ano 136º, 2006, nº 3942, pp. 122-151.

[20] Luhmann, *Das Recht der Gesellschaft*, cit., p. 41.

[21] «Die Einheit des Rechtssystems», cit., p. 135.

mentos-*Ereignisse*) «produzida» por outras *operações*... se quisermos, também pela «condensação» e «confirmação de *estruturas*» através de *operações* (que por sua vez se orientam por essas *estruturas)*[22] –, pudermos simultaneamente iluminar um processo de autodinamização no tempo[23] *([als] Temporalisierung der Komplexität*[24]*)* e a «diferenciação funcional» que este reconstrói *(funktionale Differenzierung als evolutionäres Produkt*[25]*)*.

Iluminar este processo... identificando as funções de «variação» dos elementos, de «selecção» das estruturas reprodutivas e de «estabilização» ou «reestabilização» da unidade que o tornam possível[26]... mas também insistindo na *circularidade* da evolução que – através destas funções (assumindo a inovação ou recusando-a, «reagindo com uma *variação* a impulsos exteriores ou utilizando a *estabilização* como uma motivação para inovações plausíveis»[27]) – o *direito vigente* permanentemente assegura.

Iluminar este processo... confirmando ainda que as operações do sistema se nos expõem sempre vinculadas a um «ponto de partida» e (ou) à situação prático-cultural que o «estrutura» *(man (...) muß (...) an die starke Geschichtsabhängigkeit aller autopoietischen Systeme denken*[28]*)*... ou porventura mais do que isso, reconhecendo que a diferenciação (funcional) em causa se submete à lei implacável de uma auto-especificação histórica *(Autonomie (...) zwingt (...) das System unter das Gesetz der historischen Selbstspezifikation*[29]*)*.

Acentuações que se nos revelam indispensáveis para isolar o *theoretical turn* protagonizado pelo paradigma autopoiético – num confronto explícito com a representação cibernética da abertura ou da adaptação *co-variante*[30] (e com o modelo de comportamento-acção

---

[22] *Das Recht der Gesellschaft*, cit., p. 50.

[23] *Ibidem*, pp. 286-293 (V).

[24] *Ibidem*, p. 290.

[25] *Ibidem*, pp. 585-586..

[26] *Ibidem*, pp. 241-242.

[27] *Ibidem*, p. 277.

[28] *Ibidem*, p. 585.

[29] *Ibidem*, p. 549.

[30] Trata-se de mobilizar criticamente as «insuficiências» da «*reflexividade* cibernética» *(als Theorie kommunikativer Systeme)* [cfr. «Kybernetische Regelung», *Zweckbegriff und Systemrationalität. Über die Funktion von Zwecken in sozialen Systemen*, J.C. B. Mohr

pré-determinado por PARSONS[31]) –, mas também para descobrir um *certo* direito *positivo* (se não já direito *positum* válido e vigente)... e (ou) a etapa da *evolução* do sistema jurídico que o consagra ... ou que continua a consagrá-lo na sua *exclusividade (als Resultat dieser Evolution gibt es für das Rechtssystem nur noch positives Recht*[32]*)*.

Uma etapa que (reflectida fielmente nas aquisições-progressos de uma «teoria das fontes»... e nas vinculações *cognitivas*[33] que esta impõe) deixou de reduzir o direito positivo ao direito legislativamente imposto – para mobilizar também os modos constitutivos (jurisdicio-

---

(Paul Siebeck), Tübingen 1968, pp.107 e ss.] mas sobretudo as «perplexidades» e os «paradoxos» que a exigência de «adaptação *co-variante*» (que lhe é correlativa) impõe ao problema-desafio da diferenciação social – tomada a sério *als Ausdifferenzierung* (e então e assim sempre submetida à ameaça da indiferenciação-*Entdifferenzierung*) [ver (entre muitas outras referências possíveis) *Das Recht der Gesellschaft*, cit., pp. 26-31 e 550 e ss. («Die Gesellschaft und ihr Recht»)].

[31] «Anders als in der Parsonsschen Theorie des allgemeinen Handlungssystems sehen wir funktionale Diferenzierung als ein evolutionäres Produkt und nicht als eine logische Folge der Analyse des Handlungsbegriffs...» (*Ibidem*, p. 585)

[32] *Ibidem*, p. 281. Para uma consideração crítica deste postulado (que diz de *radical positivação do direito)* – associado a outros três postulados decisivos (o da *radical socialização*, o da *radical anormatividade* e o da *radical simetria circular* desse mesmo direito) –, ver CASTANHEIRA NEVES, «O funcionalismo jurídico – característica fundamental e consideração crítica no contexto actual do sentido da juridicidade», cit., *Revista de Legislação e de Jurisprudência*, ano 136º, 2007, nº 3942, pp. 129 e ss. (3.), 132-133, 142-143.

[33] «Auch zwischen Gesetz und richterlicher Entscheidung besteht, was Normativität angeht, ein strikt symmetrisches Verhältnis. (...) Nur kognitiv, nicht normativ ist der Richter vom Gesetz abhängig...» («Die Einheit des Rechtssystems», cit., pp.140, 142). Importa ter presente que todas as assimetrias (nomeadamente aquelas que se cristalizam numa «teoria das fontes») irrompem na institucionalização da dinâmica sistémica *apenas* através de uma aprendizagem *cognitivamente mediatizada* (que não põe em causa a *Ausdifferenzierung*). Compreende-se assim que as leis valham «como normas» *apenas* «porque está previsto que sejam mobilizadas-aplicadas *(angewandt)* nas decisões» (na mesma medida em que «as decisões exprimem um juízo normativo relativo a uma situação» *apenas* porque tal possibilidade está «prevista nas leis»)... e que «entre a regra-*Regel* e a decisão de aplicação-*Anwendungsentscheidung*» haja, «no que diz respeito à qualidade normativa, uma relação circular». Decerto porque «a *autopoiesis* opera para além de toda e qualquer dedução e de toda e qualquer causalidade» e não *há* «nenhuma recondução das normas a princípios últimos ou a instâncias últimas, nos quais ou nas quais o normativo e o cognitivo *(Normativität und Kognitivität)*, o valor e o ser *(Geltung und Sein)* se fundam». O que é ainda concluir que «a normatividade é sempre e em toda a parte igual, enquanto preservação de expectativas não falsificáveis...». Estas formulações exemplares impõem-se-nos em «Die Einheit des Rechtssystems», cit., pp.140-141.

nais e dogmáticos) de um autêntico *Juristenrecht*[34]. Uma etapa ainda que – contrariando as vozes dos *profetas* da instrumentalização (ou funcionalização *material*)... e do pluralismo (se não fragmentação)[35] – continua, segundo LUHMANN, a proporcionar-nos uma reprodução *autopoieticamente* lograda do sistema jurídico (e a distinguir este, na sua unidade, de todas as outras ordens sociais)[36]. Sendo certo que a experiência a que esta etapa nos expõe nos permite reconhecer que o *direito positivo* a ter em conta é – como será sempre (enquanto o sistema jurídico garantir a sua diferenciação) – aquele e apenas aquele que a *clausura operativa* – enquanto combina funcionalmente expectativas *cognitivas* e *normativas*[37] – produz ou produzir *(nur das*

---

[34] «Als Ergebnis dieser Errungschaften kann das Gesamtrecht als selbstgemacht, als positives Recht dargestellt werden, und die Rechtsquellenlehre wird (...) im 19. und 20. Jahrhundert so reformuliert, daß nicht nur die Gestezgebung, sondern auch die Rechtsprechung, auch das Gewohnheitsrecht, soweit Gerichte es aufgreifen, und schließlich sogar die Rechtsdogmatik selbst als Rechtsquelle auftreten können...» (LUHMANN, *Das Recht der Gesellschaft*, cit., pp. 289-290).

[35] Uma das vozes proféticas mais incómodas – na sua tentativa de conjugar um funcionalimo procedimentalista auto-referencial com a experiência pós-moderna da pluralidade, capaz de ouvir as lições de VATTIMO, DERRIDA e LYOTARD (mas sobretudo de se entregar às seduções da *transversale Vernunft* de WELSCH) – é evidentemente aquela que Karl-Heinz LADEUR protagoniza: ver muito especialmente *Postmoderne Rechtstheorie. Selbstreferenz – Selbstorganisation – Prozeduralisierung*, Berlin 1992, *passim*. Para um comentário crítico à proposta de LADEUR, cfr. CASTANHEIRA NEVES, «O funcionalismo jurídico – característica fundamental e consideração crítica no contexto actual do sentido da juridicidade», *Revista de Legislação e de Jurisprudência*, ano 136º, 2007, nº 3942, pp. 136 e ss. A resposta de LUHMANN a LADEUR encontrámo-la (neste contexto) em *Das Recht der Gesellschaft*, cit., pp. 279-280.

[36] *Ibidem*, pp. 279 e ss.

[37] Tenhamos presente a síntese proposta em «Die Einheit des Rechtssystems», cit., pp.138-143 (V). Recordemos que a expectativa «beneficia de uma qualidade normativa *(Sollqualität)* sempre que, ao compreendê-la, se determina também que ela não terá que ser alterada quando se experimenta a sua frustração, violação ou não realização (*im Enttäuschungsfalle*)». Para as expectativas cognitivas (que exprimem uma *Wissensqualität*) as exigências são precisamente as opostas (a falsificação é aqui determinante). Ora o sistema de direito «precisa» desta distinção» para «combinar a clausura da *autoprodução recursiva* com a *abertura* da sua relação com o *meio*». Enquanto constrói *um sistema normativamente fechado e cognitivamente aberto*? Bem o sabemos. *Normativamente fechado* porque «livre de fins» ou de um «fim» materialmente traduzível... e de tal modo que só o sistema possa conferir «qualidade normativo-jurídica» aos seus elementos; *cognitivamente aberto* porque submetido à exigência de («em relação a cada um dos elementos do sistema e em relação à sua reprodução permanente») ter que determinar se certos «pressupostos»

Recht selbst kann sagen, was Recht ist[38])[39]. Aquele direito que é *posto* como *válido* e *vigente* pelo sistema jurídico... e pelo sistema jurídico enquanto mobiliza o símbolo ou os símbolos disponíveis desta *validade-vigência*[40] *(nur noch positives Recht (...), [d]as heißt: nur noch Recht, das vom Rechtssystem selbst durch Verfügung über das Symbol der Rechtsgeltung in Geltung gesetzt ist*[41]*)*: símbolo ou símbolos que não poderão ser convocados como *unidades* de sentido (ou compromissos práticos unitários)... mas como expressões de uma diferença-*Differenz*... e de uma diferença que se manifesta ou se cumpre na (ou com) a *autopoiesis* – na (ou com a) reprodução que a consuma. *Die Rechtsgeltung beruht (...) nicht auf Einheit, sondern auf Differenz. Sie ist nicht zu sehen, nicht zu «finden», sondern liegt in der laufenden Reproduktion*[42].

Mas então símbolos que um sistema jurídico autónomo (autodiferenciado) só poderá (só deverá) convocar se os libertar (–isolar) de toda e qualquer referência exterior *(im Sinne von Natur bzw. als Natur gegeben Vernunft*[43]*)* – muito especialmente daquela que con-

(«factuais») se cumprem ou não. O que nos permite concluir que, se a «qualidade normativa serve a *autopoiesis* do sistema, a sua autopreservação *(Selbstkontinuierung)* na diferença perante o meio-*Umwelt*», a «qualidade cognitiva serve a exigência de coordenação--*Abstimmung* (sintonização, sincronização)» com o mesmo meio [p. 139].

[38] *Das Recht der Gesellschaft,* cit., p. 50.

[39] É neste sentido que Luhmann reconhece que «a tese» da clausura normativa do direito «se dirige desde logo *contra* a pretensão de que a moral possa valer *imediatamente* no sistema jurídico»: *ibidem*, p. 78, itálicos nossos.

[40] Afirmação de validade-vigência que vemos *dirigida ao sistema como um todo*... e assim mesmo – num confronto explícito com a *Faktizität und Geltung* de Habermas – afirmada na sua impoluta pureza *jurídica* (livre das seduções de uma *nicht justiziabel Diskursethik*). Como um *Symbol* axiologicamente vazio, que nada nos saberá dizer sobre a «qualidade material» (justiça, justeza, eficácia, adequação social) de "uma lei, de uma sentença ou de um contrato"... e que não obstante confirma a *juridicidade* destes e das comunicações que os integram! Um símbolo que não é seguramente uma *Grundnorm*... ou uma qualquer outra condição hipotético-transcendental do direito... porque se descobre "como *pura forma*..." – como o *lado interior da forma* (sendo o lado *exterior* o da *não validade*!). Decerto porque esta *validade (als ein Symbol ohne intrinsischen Wert)* se limita a "simbolizar a aceitação da comunicação e com ela a autopoiesis das comunicações do sistema jurídico" (na sua implacável reprodução-variação temporal). Assim em *Das Recht der Gesellschaft,* cit., pp. 98-110 (VIII).

[41] *Ibidem*, p. 280.

[42] *Ibidem*, p. 281.

[43] *Ibidem*, p. 289.

voca princípios *(Die Vernunft des Systems liegt (...) nicht (...) in der durch Prinzipien gesicherten Gutheit*[44]*)* – ... mas também e ainda se os cindir (separar) das suas «origens históricas» *(im Sinne von arché, Grund*[45]*)*.

Acentuação esta última que parece contrariar as exigências de «historicização» da *autopoiesis* que atrás evocámos e que assim mesmo introduz uma tensão produtiva. Enquanto nos restitui ao núcleo temático *autonomia / futuro* e à condição-desafio (se não *Pendelblick*) que este concentra. Mais do que reconhecer no direito vigente uma totalidade (unitária) de «soluções para problemas» *(eine Gesamtheit von als konsistent praktizierten Problemlösungen*[46]*)* – ou uma totalidade que se constrói (que se pratica) assumindo a equivalência (se não identidade) funcional das pretensões de «estabilidade», «consistência» e «justiça» *(im Interesse der Erhaltung von Stabilität = Konsistenz = Gerechtigkeit)*... e escolhendo para *o* problema-*dado* uma destas soluções[47]... –, trata-se com efeito de descobrir que a «realidade jurídica» *(die juristische Wirklichkeit)* se nos expõe invariavelmente como o «correlato» (e nada mais do que o correlato) de um modo de comunicação «auto-referencialmente construído» *(das Korrelat einer selbstreferentiellen Operationsweise)*[48] – modo este que, por sua vez, se pretende tão livre das pretensões constitutivas de um compromisso de unidade (e da ideia, princípio ou objectivo-fim que o pré-determina e que o conduz)[49] quanto performativamente garantido pela diferenciação-*Unterscheidung* codificação/ programação (ou por esta como uma forma de comunicação interna).

Uma forma de comunicação interna que liberta a *representação do tempo* e a experimentação *presente* do *futuro* (mas também o conceito de evolução) da possibilidade-exigência de uma *prognose* empírico-explicativa (ou dos recursos que esta mobiliza)? Importa reconhecê-lo. Reconhecendo simultaneamente que só estaremos em

---

[44] *Ibidem*, p. 281.

[45] *Ibidem*, p. 289.

[46] *Ibidem*, p. 277.

[47] *Ibidem*, pp. 277-279.

[48] "Einheit", cit., p. 134.

[49] Como se sabe esta é uma das determinações decisivas da *auto-referencialidade*: ver *supra*, nota 18.

condições de explorar esta "operação" social (e a especificidade das diferenças que esta consuma ou pode consumar) se mergulharmos na pragmática dos *paradoxos* e na sequência de processos de *paradoxização/desparadoxização/socialização/reparadoxização* que a constituem – o que, no limite, significa também participar na vertigem dos *observadores observados* e distinguir os degraus-ordens pelos quais estes são distribuídos[50].

Não decerto para explorar um qualquer paradoxo mas para reconhecer *o* paradoxo por excelência. O paradoxo de um sistema jurídico que só poderá garantir a sua autonomia se contiver (se incluir, se fizer sua) – ou se, pelo menos, não excluir – a negação desta autonomia – e com esta também a negação das convenções que a protegem[51]. Um paradoxo constitutivo... e desde logo porque, comprometendo o sistema (como um todo) com a preservação de um círculo de auto-afirmação e de autonegação *(die Grundlage des Rechts ist nicht eine als Prinzip fungierende Idee, sondern eine Paradoxie*[52]*)* – ou com a impossibilidade de o interromper (sob pena de pôr em causa a sua autodiferenciação socialmente relevante) –, condena cada uma das comunicações intrasistémicas (e muito especialmente as decisões que as traduzem) a enfrentar uma "prova" de consistência – uma prova de consistência que se cumpre à luz da "distinção *igual/desigual*"[53] (enquanto exige que cada decisão se "localize" no contexto de outras decisões *para observar como é que o direito é observado por outros observadores*[54])... mas então também uma *(a)* prova de consistência que se ilumina (ou que se vai

---

[50] Para uma reconstituição da *pragmática* dos paradoxos autonomizada por LUHMANN (e uma consideração das ordens de observadores nela implicados), cfr. o ensaio de TEUBNER, "Der Umgang mit Rechtsparadoxien: Derrida, Luhmann, Wiethölter", cit. na trad. inglesa "Dealing with Paradoxes of Law: Derrida, Luhmann, Wiethölter", in Oren PEREZ / Gunther TEUBNER (eds.), *On Paradoxes and Inconsistencies in Law,* Hart, Oxford 2006, pp. 55-59 (III. Luhmann: "Sociologizing Deconstruction"). Cfr. ainda a consideração crítica deste problema proposta por CASTANHEIRA NEVES em "O funcionalismo jurídico – característica fundamental e consideração crítica no contexto actual do sentido da juridicidade", *Revista de Legislação e de Jurisprudência*, ano 136º, 2007, nº 3942, pp. 131 e ss., 143-146.

[51] LUHMANN, *Das Recht der gesellschaft,* cit., p. 545.

[52] *Ibidem*, p. 235.

[53] Para uma especificação funcional da *Gleich /Ungleich-Unterscheidung*, cfr. *ibidem*, pp. 110-117 (IX), 218-238 (III – IV), 446-451 (II), 507-519 (III), 571 e ss.

[54] *Ibidem*, p. 236.

consumando) como um exercício permanente (um exercício permanentemente renovado) de *desparadoxização*. Ora um exercício de desparadoxização que só pode cumprir-se assumindo-assimilando a diferença-*Differenz* sistema / meio *(System / Umwelt)* ou mais claramente ainda, exigindo que esta diferença seja (sucessivamente) recriada e especificada como uma diferenciação intrasistemática ou uma sequência de diferenciações intrasistemáticas *(ein System rettet sich dann mit einem re-entry des Differenz vom System / Umwelt als Unterscheidung ins System*[55]*)*.

Que recriação e (ou) especificação? Uma recriação-especificação que se responsabiliza pela preservação de uma lógica binominal rigorosa (e remete para um *observador de terceiro grau* a possibilidade de mobilizar uma lógica com mais valências)[56]... encontrando o seu primeiro passo[57] na reafirmação (-produção) em toda a sua transparência do código *Recht / Unrecht*[58] (*ius*/ *iniuria*[59], positivamente valorado pelo direito/ negativamente valorado pelo direito, «justo»/ «injusto», lícito / ilícito, legal / ilegal). Na mesma medida no entanto em que exige que cada uma das suas comunicações (inscrita na circularidade simétrica de todas as outras comunicações juridicamente relevantes) supere os (ou contribua para a superação lograda dos) problemas-desafios que essa codificação suscita. Problemas-desafios que reproduzem (especificam) eles próprios a grande paradoxia da *inclusão* do *excluído* (da unidade do diferente e do contrário)... e que assim se concentram em dois grandes núcleos: aquele em que o problema é directamente o da tensão unidade-diferença – ou o da pretensão de encontrar no esquema-perspectiva da diferença a condição de unidade (ou de relevância unitária) de um certo campo social – ...

---

[55] *Ibidem*, p. 547.

[56] *Ibidem*, p. 547 e ss.

[57] «[A]ls der erste Schritt der Auflösung der Paradoxie...» (*Ibidem*, p. 176).

[58] «Dank des binären Codes gibt es einen positiven Wert, wir nennen ihn Recht, und einen negativen Wert, wir nennen ihn Unrecht. Der positive Wert wird angewandt, wenn ein Sachverhalt mit den Normen des Systems übereinstimmt. Der negative Wert wird angewandt, wenn ein Sachverhalt gegen die Normen des Systems verstößt. Das, was wir soeben „Sachverhalt" genant haben, wird vom System selbst konstruiert...» (*Ibidem*, p. 178).

[59] Para o dizermos com Jean CLAM (mobilizando a correspondência que este nos propõe): cfr «Une nouvelle sociologie du droit? Autour de *Das Recht der Gesellschaft* de Niklas Luhmann», *Droit et societé* nº 33, 1966, pp. 413, nota 32.

e aquele que, ao contrapor observador e observado, nos expõe à impossibilidade de «aplicar» auto-referencialmente o próprio esquema-perspectiva – como se se tratasse afinal de reconhecer a «condição» de um esquema-perspectiva que se dirige a todas as comunicações do sistema... sem se poder dirigir a si próprio *(die Unterscheidung* mit *der man beobachtet,* nicht selbst bezeichnet werden kann *(...), die Beobachtung dient als blinder Fleck, nämlich als (...) nichtvernünftige (...) Bedingung ihrer eigenen Möglichkeit*[60]*).* De tal modo que enfrentar-superar a cadeia de problemas-desafios que estes núcleos concentram (e superá-los na imanência de cada decisão) signifique afinal reconhecer que cada uma delas assimila à sua medida (e em função da posição-*Stellung* que ocupa no sistema) uma espécie de semântica *suplementar*[61].

Que não é senão a da *programação.* E não de qualquer programação. Mas daquela que corresponde a uma exigência de *condicionalidade* – à exigência de condicionalidade que, sob o modo do esquema «se... então» *(Wenn-Dann-Form),* ilumina o sistema jurídico... e que assim, enquanto «mecanismo» ou «técnica de construção», combina funcionalmente expectativas cognitivas e normativas, abertura cognitiva e clausura normativa[62] *(Recht ist Recht bzw. kein Unrecht, wenn die in den Programmen des Rechtssystems angegebenen Bedingungen erfüllt sind*[63]*).* Experiência de complementaridade *código/programa* (codificação binominal / condicionalidade) que deverá encontrar a sua especificação culminante – a sua última especificação possível e neste sentido também a superação *microscópica* do paradoxo da *inclusão do excluído* (aquela em que se cumpre a diferenciação concreta do que é valorado positiva e negativamente pelo direito) – nas (em cada uma das) decisões judiciais efectivamente consumadas. Ora isto graças à «forma de diferenciação interna»

---

[60] LUHMANN, *Das Recht der Gesellschaft*, cit., p.188 [ênfase nossa].

[61] "Aus der Codierung ergibt sich aber nur ein Ergänzungs bedarf, ein Bedarf für "Supplemente" etwa im Sinne von Derrida, ein Bedarf für hinreichend deutliche Instruktionen..." (*Ibidem*, p. 189).

[62] Na mesma medida em que se especifica nos desafios dos binómios *auto-orientação / orientação para o ambiente (Selbstorientierung/ Umweltorientierung), redundância / / variedade (Redundanz/ Varietät), auto-referência / hetero-referência (Selbstreferenz / Fremdreferenz), indiferença / irritação-irritabilidade (Indifferenz / Irritation-Irritierbarkeit).*

[63] *Ibidem*, p. 168.

(*autopoieticamente* construída e assim livre de qualquer «conotação hierárquica ou orgânica») que convoca o sub-sistema judicial para o *centro do sistema*[64]...

Uma forma de diferenciação que, mobilizando a *proibição da denegação da justiça* e reconhecendo nesta um operador decisivo (no qual todo o sistema aparece afinal implicado), garante às decisões judiciais (em confronto com as decisões dos legisladores e com as decisões da autonomia privada[65]) um muito maior «isolamento cognitivo» (o isolamento que as impede de reconhecer nos «efeitos sociais» critérios juridicamente relevantes). *In der Peripherie werden Irritationen in Rechtsform gebracht – oder auch nicht. Hier garantiert das System seine Autonomie durch* Nicht-entscheiden-Müssen. *Hier wird sichergestellt, daß das Recht nicht einfach als willenlose Fortsetzung rechtsexterner Operationen fungiert. Das Zentrum bedarf dieses Schutzes – gerade weil es unter der entgegengesetzten Prämisse operiert. Deshalb arbeiten Gerichte, verglichen mit Gesetzgebern und Vertragschlieâenden, unter viel stärkerer* kognitiven Selbstisolation[66].

Mais do que esta relação *centro / periferia* – na sua conexão decisiva com o problema da evolução do direito (uma conexão que responsabiliza as *periferias* por outras tantas possibilidades de mutação, protegendo-as sempre com o operador funcional *não ter que decidir*)[67] –, importa-nos porém a exploração global da complementaridade *código / programa* e esta enquanto ilumina *a* função por excelência do sistema jurídico *(das Recht* nur eine *Funktion erfüllt*[68]*)*. Que função? Aquela que, («abstractamente compreendida») tem a ver com «os custos sociais de uma vinculação temporal de expectativas» e que («em concreto») se especifica num processo de construção de normas *latissimo sensu* – entenda-se, num processo de estabilização de expectativas contrafácticas... e num processo que se cumpre

---

[64] É a conhecida lição do capítulo 7 de *Das Recht der Gesellschaft*, cit., pp. 297-337.

[65] Aquelas que (inscritas em *nicht-gerichtlichen Arbeitsbereiche)* se responsabilizam directamente pelas transformações associáveis ao processo evolutivo.

[66] *Ibidem*, p. 322.

[67] Deixamos também por considerar o papel da dogmática (que será decisivo na protecção deste centro, se não mesmo na criação de uma *Sicherheitsnetz*): *ibidem*, pp. 384-406.

[68] *Ibidem*, p. 132

como uma determinação em *modus normativo* de um exercício de generalização (*material*, *social* e *temporalmente* prosseguido)[69].

Explorar aquela complementaridade *código / programa* inscrevendo-a nesta função – se não comprometendo-a com a representação de um *conceito funcional* de *norma (als kontrafaktisch stabilisierte Verhaltenserwartung*[70])[71] – significa, com efeito, reconhecer uma decisiva dimensão *temporal*: como se tratasse afinal de «isolar» *tautologicamente* o código (enquanto "relação de troca, formalmente concebida, entre duas valências")... sem privar o sistema jurídico de (antes garantindo que este se "equipe" com) uma plena "capacidade de decisão" (decisão que poderá ser *contra* ou *a favor* de uma mudança possível) – mas então e muito significativamente de combinar "forma" e "conteúdo", "invariância e mutabilidade", "estabilização e possibilidades de crescimento" *(die Programmierung ergänzt die Codierung (...) [,] sie füllt ihn mit Inhalt*[72]*)*. Se os programas fornecem critérios para a determinação *em concreto* do que é positiva ou negativamente valorado pelo direito, a especificação que estes introduzem cumpre-se exigindo que uma nova diferenciação relevante complete a diferenciação principal *(die durch Codierung*

---

[69] *Ibidem*, pp. 131-143 (II). Para uma reconstruçaõ-síntese deste problema da função do direito em LUHMANN (e da distinção capital entre *função* e *objectivos de realização*, estes últimos inscritos em *Zweckprogramme*), ver CASTANHEIRA NEVES, "O funcionalismo jurídico – característica fundamental e consideração crítica no contexto actual do sentido da juridicidade", *Revista de Legislação e de Jurisprudência*, ano 136º, 2006, nº 3941 , pp. 77-78.

[70] *Das Recht der Gesellschaft*, cit., p. 134.

[71] Um conceito funcional de norma que se pretende compossível com a recursividade simétrica de todas as comunicações do sistema (não só com as que se objectivam como normas *stricto sensu*, mas também com as que correspondem a opções da dogmática, a decisões judiciais, a escolhas da autonomia privada)... na mesma medida no entanto em que submete todas elas a uma perspectiva (ou a um esquema funcional) uniforme (sustentado na inteligibilidade normativística da exigência da universalização e nos tipos de critérios que lhes correspondem... se não mesmo na distribuição "lógico-estrutural" do esquema "se... então").

[72] *Ibidem*, p. 204. "In der Strukturform des Codes ist das System unveränderlich, auf der Programmebene kann es dagegen Änderbarkeit aufweisen, ohne einen Identitätsverlust zu befürchten. Möglich ist natürlich auch die Entscheidung für Nichtänderbarkeit, z.B. von Verfassungsnormen..." (Annekathrin MEIER, "Buchbesprechung: NiklasLuhmann – Das Recht der Gesellschaft", disponível em http://www.unifr.ch/lman/downloads/seminar_systemtheorie/meier/meier_system/meier_luhmann.html, (extraído em Novembro de 2007), pp. 10-11.

initierte Programmierung ergänzt die Leitunterscheidung des Systems durch eine zweite Unterscheidung)[73]. Diferenciação *segunda* (ou diferenciação-*Supplement*) esta que, ao ocupar-se com a distribuição das valências – e com esta enquanto aplicação-especificação correcta ou incorrecta *(richtige bzw. falsche)* de um critério-*programa condicional*[74] –, nos autoriza enfim a convocar o «futuro»... ou aquele futuro que esconde (que dissimula) a *terceira valência* – a valência que o código binário exclui e que, como tal, deveria ter sido expulsa (expurgada) do processo da *autodiferenciação*[75]. A valência da indeterminação *(Unbestimmtheit)*? Antes a da indeterminação enquanto incerteza... e incerteza na repartição *em concreto* das outras duas valências *(Der strikt binäre Code des Rechtssystems wird auf diese Weise um einen dritten Wert angereichert, nämlich den Wert der Ungewißheit der Wertzuteilung*[76]*)*.

Uma valência «autoconstruída e autotrabalhada»[77]... e que não obstante deixa intactos o *código* e a relação deste com o programa condicional...

α) Graças desde logo à «aquisição evolucionária» do *processo*... e do processo que, organizado sob a *forma* de um «episódio temporalmente limitado»[78], «adia a decisão» *(das Rechtssystem verfügt über Möglichkeiten, Entscheidungen aufzuschieben und eine Zeitlang im Ungewissen zu operieren*[79]*)*. Um «processo juridicamente regulado», ao qual a repartição *conforme ao direito / contra o direito* permanentemente se «aplica»[80]? Certamente. Mas então um processo que permite ao sistema jurídico «explorar o horizonte do tempo» *(Es nutzt (...) diesen*

[73] LUHMANN, *Das Recht der Gesellschaft*, cit., p. 207.

[74] *Ibidem*, pp. 207-211 (VI).

[75] "In der Zukunft verbirgt sich, könnte man vermuten, der dritte Wert, die mit binären Codierung ausgeschlossen sein sollte..." (*Ibidem*, p. 383)

[76] *Ibidem*, p. 209.

[77] "Es handelt sich, ganz ähnlich übrigens wie im kognitiven Bereich des Wissenschaftssystems, um selbstgeschaffene Ungewissheit, weil nicht die Welt selbst in Zweifel gezogen, sondern nur die Zuteilung der Codewert als gegenwärtig noch unklar behandelt wird..." (*Ibidem*, p. 383)

[78] LUHMANN, *Das Recht der Gesellschaft*, cit., pp. 208-209.

[79] *Ibidem*, p. 207.

[80] *Ibidem*, p. 208.

Zeithorizon aus)... para «gerar-produzir» *(erzeugen)* e conservar *(erhalten)* a sua própria incerteza, com a «perspectiva» (a esperança-*Aussicht*) de «chegar a uma decisão» – a uma «decisão» que não está ainda em condições de ser consumada *(eine jetzt noch nicht entscheidbare Entscheidung)*[81]...

β) Depois também porque a *autopoiesis* do sistema produz a «certeza» – a certeza *condicional* (como todas aquelas que o direito nos proporciona[82]) – de que a contingência material das decisões há-de impor-se-nos *intrasistemicamente* livre de «arbítrio» – iluminada pelo esquema binominal *igual / desigual* e (ou) pelo processo de universalização que o acompanha *(Autonomie kann nicht als Willkür aufgefasset werden*[83]*)*. O que é mais do que garantir uma «utilização» (mobilização) plausível do *futuro* – uma «utilização» que, ao contrário daquelas que caracterizam os funcionalismos materiais em geral (e a *Law & Economics* em particular[84]), se mostre capaz de o «contabilizar»... ou de o «contabilizar» enquanto «abertura» (e não como uma sucessão de efeitos empíricos prováveis) –, porque é também já responsabilizar o *tempo* pela circulação implacável do «símbolo» *validade*. Mostrando com toda a clareza que este «*futuro* imprognosticável no presente» se nos impõe afinal como um correlato luminoso da *autopoiesis (die Zukunft ergibt sich, je gegenwärtig unpσgnostizierbar, allein aus der Autopoiesis und dem structural drift der Gesellschaft*[85]*)*.

Como um *futuro* e uma *abertura ao futuro* restituídos às condições do sistema? Antes como o *futuro* e a *abertura ao futuro* do

---

[81] *Ibidem*, p. 207.

[82] "[Das] Recht (...) bietet nur konditionale Sicherheiten an (und es wären keine Sicherheiten, wären sie nicht konditioniert), um anderen Systemen eine grössere Reichwite der Zweckwahl zu ermöglichen..." (*Ibidem*, p. 204)

[83] *Ibidem*, p. 549.

[84] "Die ökonomische Analyse des Rechts kann die Gesellschaft nur als allgemeines Systems eines, wie indirekt immer vermittelten, Vorteilsausgleichs in Rechnung stellen (...) Das bedeutet im übrigen, daß Zeitverzögerungen, nota 30) in Anschlag gebracht werden müssen, wodurch diese Theorie selbst in ihrem empfindlichsten Punkte trifft: an der Unmöglichkeit der Berechnung der Zukunft..." (*Ibidem*, p. 23, nota 30).

[85] *Ibidem*, p. 116.

próprio sistema ou deste como sistema autónomo... no contraponto--traçado das fronteiras *horizontais* que o separam dos outros sistemas. Representação do futuro que – ao apresentar o paradoxo da *fundamentação do sistema* sob «a forma» de um *paradoxo do tempo (die Form des Gegenwärtigmachens von Zukunft*[86]*)* – deixa intocado o código *Recht / Unrecht*? Importa acentuá-lo. Sendo certo que reconhecer isto é afinal invocar a especificidade construtiva do próprio código *([e]ine Form des Paradoxie managements also: [d]ie zweiwertige Codierung benötigt mehr als zwei Werte)*... se não mesmo já a «artificialidade» funcionalmente assumida de todos os códigos binários e do instrumento de leitura da realidade que estes representam *(die Künstlichkeit einer jeden binären Codierung)*: mostrando precisamente que as possibilidades da distribuição codificada (iluminadas pela diferenciação funcional *codificação / programação* ou prosseguidas pelo esforço permanente de especificação-aplicação que esta introduz) reentram no sistema sob o *modus* de um esquema *was wäre wenn* («o que seria se...»)[87].

Acentuação que (sem soluções de continuidade) nos autoriza a completar o paralelo com POSNER... mas agora para surpreender uma representação *funcional* dos direitos do Homem e destes como uma «aquisição» estrutural irrenunciável. Uma representação que nos restitui ao problema da diferenciação *horizontal*... na mesma medida em que nos permite ver nestes *direitos* – inscritos no processo de especificação do esquema *igual /desigual* e na exigência de *autonomia sem arbítrio* que este circularmente constrói – a garantia por excelência da autodiferenciação sistémica (e das diversas *autopoiesis* que nela se confrontam). Tratando-se então menos de pedir ao sistema jurídico que resista *internamente* a uma «divisão» ou «classificação» dos homens que possa dizer-se (apenas) *hetero-referencialmente* construída – determinada pela perspectiva dos outros sistemas e muito especialmente pelas exigências diferenciadoras do sistema político – do que de reconhecer que a impossibilidade de uma diferenciação-divisão (e esta impossibilidade institucionalizada pelos sistemas jurídico e político) se justifica enfim como uma garantia (global) de *acesso (Zugang)* – do acesso que cada sujeito-indíviduo (tratado como membro poten-

[86] *Ibidem*, p. 383.
[87] *Ibidem*, p. 384.

cial de cada um dos «ambientes»-*Umwelte* disponíveis) deverá ter em cada momento (e de forma diferenciada) a cada um dos sistemas sociais (ou às comunicações que os integram). O que é ainda e significativanente exigir que cada um destes sistemas discipline *internamente* este acesso ou o processo de inclusão que o especifica. Acentuação que fecha o círculo (daquilo que pode ser dito). Para que os direitos do homem – não obstante a contingência material das prescrições que os determinam (ou graças a esta *contingência*?) – se nos imponham enfim como um correlato (e um correlato rigoroso) da *abertura ao futuro*... e desta como dimensão-garantia de uma sociedade sistemicamente (*autopoieticamente*) diferenciada *(Menschenrechten (...) sind ein genaues Korrelat der strukturell erzwungenen Zukunftsoffenheit der modernen Gesellschaft (...), funktional dienen Menschenrechte dem Offenthalt von Zukunft für je systemverschiedene autopoietische Reproduktion)*[88].

3. Desta representação-convocação de uma contingência material *futura* – que sendo incerta e imprognosticável se nos expõe no entanto racionalizada (dominada ou assimilada) por um sistema jurídico *autónomo*[89] –, se distingue enfim a tematização do futuro (enquanto *por-vir*) assumida pela economia da *différance* de DERRIDA[90] (também ela significativamente «escutada» por diversas *jurisprudences*)[91].

---

[88] *Ibidem*, pp. 115-116.

[89] Ao ponto desta racionalização, justificada pela conexão *código / programa condicional*, se nos oferecer simultaneamente como a condição e o sinal de uma tal autonomia...

[90] Para uma exploração do contraponto *System / différance*, cfr. o exemplar ensaio de TEUBNER, "Economics of Gift: Posititvity of Justice: the Mutual Paranoia of Jacques Derrida and Niklas Luhmann", *Theory Culture & Society.*, nº 18, pp. 29-47, disponível em http://www.jura.uni-frankfurt.de/ifawz1/teubner/dokumente/gabe_eng_final.pdf (acedido em Junho de2007).

[91] Para uma reconstrução desenvolvida desta compreensão do direito (com as especificações bibliográficas exigíveis), veja-se o nosso "Autotranscendentalidade, desconstrução e responsabilidade infinita. Os enigmas de 'Force de loi'", *Ars Iudicandi. Estudos em Homenagem ao Professor Doutor Castanheira Neves,* número especial do *Boletim da Faculdade de Direito da Universidade de Coimbra* (no prelo) – mas também as sínteses que ensaiámos em "O *dito* do direito e o *dizer* da justiça. Diálogos com Levinas e Derrida", in CANOTILHO/STRECK (org.), *Entre discursos e culturas jurídicas*, Coimbra Editora, Coimbra 2006, pp. 181 e ss., "Dekonstruktion als philosophische (gegenphilosophische) Reflexion über das Recht.", *Archiv für Rechts- und Sozialphilosophie(ARSP)*, Band 93 / 2007, Heft 1, pp. 39 e ss. e "*Jus cosmopoliticum* e civilização de direito: as 'alternativas' da tolerância procedimental e da hospitalidade ética", *Boletim da Faculdade de Direito,* 82 , Coimbra, 2006, pp. 135 e ss.

Decerto porque é *outro* o problema que se nos impõe (quando pensamos no «desenrolar-*déploiement* histórico» e no seu cruzamento fecundo com as pretensões de autonomia do direito): já não o de um *paradoxo de inclusão do excluído* (que as «muralhas de indiferença»[92] do sistema pudessem proteger e superar, enquanto reduziam o «horizonte do tempo» ao correlato pré-determinado de uma reprodução autopoiética) mas o do contraponto *direito / justiça* (*justiça da comparabilidade / justiça da singularidade*) e (ou) este a ferir-nos como uma *aporia*.

Aquela *aporia* que nos obriga a testemunhar dois «apelos», tão «heterogéneos» quanto «indissociáveis»... e então e assim a distinguir (-contrapor) outras tantas experiências e os discursos que as traduzem:

[α] surpreendendo *um* direito que se quer simultanea e irredutivelmente *voluntas* e *ratio* – acervo (contingente) de prescrições autoritárias e núcleo (-centro) de oportunidades de racionalização (-«justificação»), *continuum* de decisões permitidas e ordem-*ordinata* de critérios-*rules*[93];

[β] invocando a pressuposição-*promessa* de uma justiça *sem limites*[94] e o *continuum* de «responsabilidade» (responsabilidade perante a «memória» e neste sentido também *responsabilidade pela responsabilidade*) de que uma tal pressuposição emerge[95];

[γ] exigindo que as pretensões de universalidade racional e de proporcionalidade calculável, mas também de finalidade ou de funcionalidade instrumental, que iluminam a contingência prescritiva do primeiro – como pretensões à partida *construíveis* e *descontruíveis*[96]... – sejam enfim

---

[92] Luhmann, *Das Recht der Gesellschaft*, cit., pp. 225-226.

[93] "Dispositif stabilisable, statutaire et calculable, système de prescritions reglées et codées..." (Derrida, *Force de loi. Le "fondement mystique de l'autorité"*, Paris, Galilée, 1994, p. 48).

[94] "Justice (...) infinie, incalculable, rebelle à la règle, étrangère à la symétrie, hétérogène et hétérotrope (...), dissymétrie absolue...", (*Ibidem*, pp. 48-49).

[95] "Responsabilité sans limite, et donc nécessairement excessive, incalculable, devant la mémoire...", (*Ibidem*, p. 44).

[96] *Construibilidade/desconstruibilidade* que, em qualquer uma das suas faces, se determina como uma espécie de *tertium genus*, capaz de ultrapassar ou de exceder a oposição *convenção/natureza* e de assim abrir as portas a uma promessa-*chance* de perfectabilidade ou à possibilidade de a traduzir. "Dans la structure que je décris ainsi, le droit est essentiellement *déconstructible*, soit parce qu'il est fondé, c'est-à-dire construit sur des couches textuelles interprétables et transformables (et c'est l'histoire du droit, la possible et nécessaire transformation, parfois l'amélioration du droit), soit parce que son ultime fondement par définition n'est pas fondé. Que le droit soit déconstructible n'est pas

confrontadas com a (se não desafiadas pela) dinâmica insaciável de uma invenção sem regras – de uma invenção por sua vez *não desconstruível*... que se diz simultanea e reversivelmente *desconstrução*-justiça e *justiça-desconstrução*.

Importando ter presente que esta *aporia* – ou a *aporia maior* para que ela inevitavelmente nos remete – nos incita a prosseguir o *não caminho* da entrega a um «excesso» ou «desproporção essencial», *não caminho* que se nos oferece precisamente como *a* condição-exigência (permanente e implacável) de poder (hoje) «pensar o caminho»[97] *(the experience of aporia (...) gives or promises the thinking of the path*[98]*)*. Que *aporia maior*? A da convocação (reflexivamente assumida) de uma *escrita primordial (archi-écriture* ou *écriture première*[99]*)*. Aquela que nos ensina a reconhecer a violência *assimé-*

---

un malheur. On peut même y trouver la chance politique de tout progrès historique. (...) C'est peut-être parce que le droit (...) est constructible, en un sens qui déborde l'opposition de la convention et de la nature, c'est peut-être en tant qu'il déborde cette opposition qu'il est constructible – donc déconstructible et, mieux, qu'il rend possible la déconstruction, ou du moins l'exercice d'une déconstruction qui procède au fond toujours à des questions de droit et au sujet du droit...", (*Ibidem*, pp. 34-35).

[97] Exigência de pensar o caminho que, rejeitando a acusação de «imoralidade, amoralidade ou irresponsabilidade» frequentemente dirigida à desconstrução não rejeita menos a solução 'fácil' (ou pelo menos disponível) de uma "*re*-moralização dogmática" autotranquilizadora ("the remoralization of deconstruction (...) [as an] intense attention (...) to those things which one could identify under the fine names of 'ethics', 'morality', 'responsibility', 'subject', etc (...) but at each moment risks reassuring itself in order to reassure the other and to promote the consensus of a new dogmatic slumber"): "Passions: an Oblique Offering", in David WOOD (ed.), *Derrida: A Critical Reader*, Blackwell, Oxford, 1992 (texto publicado pela primeira vez em inglês e como parte integrante desta colectânea), pp. 13-14.

[98] "The experience of aporia (...) gives or promises the thinking of the path, provokes the thinking of the very possibility of what still remains unthinkable or unthought, indeed impossible. The figures of rationality are profiled and outlined in the madness of aporetic..." [*Mémoires pour Paul de Man* (1984), cit. na tradução inglesa *Mémoires for Paul de Man*, New York, 1986, apud Drucilla CORNELL, *The Philosophy of Limit*, Routledge, London 1992, p. 71].

[99] *Archi-écriture* (ou *écriture première*) que, como se sabe, pretende iluminar as pressuposições (de repetibilidade-*espaçamento* e de *temporalização*-substituição-transferência) que são comuns à palavra *escrita (concept vulgaire d'écriture)* e à palavra *falada* – na mesma medida em que nos ensina a escapar à hipertrofia da substância fónica e do *système du "s'entendre parler"* (e a denunciar a máscara-*disfarce* imposta pela "concepção ocidental da linguagem): *De la grammatologie*, Minuit, Paris 1967, pp. 15-21, 82 ss..

trica irredutível *(urgence précipitative, violence irruptive, précipitation essentielle*[100]*)* que estabiliza os nossos discursos em torno de convenções *performativas* (mais ou menos explícitas) e das especificações realizadoras que estas suscitam[101]. Mas sobretudo aquela que nos condena à prioridade de um jogo de reenvios entre *significantes* (ao qual nenhum *significado* escapa). À inevitabilidade do *contexto* ou das práticas de contextualização *(there is nothing outside context*[102]*)*? Antes à inevitabilidade da «abertura *indefinida* de todos os contextos» *(the finiteness of a context is never secured or simple, there is an indefinite opening of every context, an essential nontotalization*[103]*)*. Uma abertura que nos entrega a uma experiência radical da pluralidade? Bem o sabemos. Como sabemos também que esta é uma pluralidade que nos atinge e nos fere implacavelmente como *diferença.*

> Uma *diferença* que sendo "espaçamento"-*espacement* constitutivo da «exterioridade»-*dehors* (mas também distância e incomensurabilidade) não deixa nunca de se nos impor como *temporalização* e circulação-*devir*: como aquela *différence* que é infinitamente produzida pelo movimento da *différance*[104].

---

[100]*Force de loi*, cit., pp. 59, 60.

[101] Ao ponto precisamente de podermos considerar todos os *speech acts* (se não as "acções tout court") como "actos de justiça ou de direito" (*Force de loi*, cit., p. 59).

[102] DERRIDA, "Afterword: Toward an Ethic of Discussion", *Limited Inc*, Northwestern University Press, Evanston (Illinois) 1988, p. 136.

[103] *Ibidem,* p. 137

[104] Contraponto *différence/différance* que nos obriga desde já a mobilizar a lição de "La "différance"» (1968), cit. na tradução alemã "Die différance", in Peter ENGELMANN (Hg..), *Postmoderne und Dekonstruktion*, Reclam, Stuttgart, 1990, pp. 76 e ss. Trata-se, como sabemos, de justificar um neologismo construído a partir do particípio presente do verbo *différer* (diferenciar, distinguir, tornar diverso, perceber distintamente, discriminar... mas também diferir, adiar, submeter a uma ponderação ou a um cálculo, fazer um rodeio). Um neologismo que evoca 'funcionalmente' os substantivos derivados dos gerundivos latinos (e o sentido de um particípio passivo futuro), cuja especificidade no entanto só poderemos reconhecer inequivocamente *por escrito* – descobrindo um "espaço estranho" *(seltsamer Raum)* entre *parole et écriture*, "que não pertence nem à voz nem à escrita nos seus sentidos habituais" [*Ibidem,* p. 80]. Um neologismo que se nos impõe assim numa particularíssima *economia* de compensação: recuperando sentidos que, embora imputáveis ao verbo latino *differe* (diferir, semear, retardar, dilatar), não podem ser hoje já assimilados pelos usos (habituais) do lexema *différence* (este circunscrito a exprimir a qualidade do que é distinto, a diversidade, a falta de igualdade ou de semelhança). Que sentidos ? Aquele que traduz a dinâmica espacial da "repetição" e do "intervalo", permitindo que o

Mas então também uma *aporia* que nos expõe à oportunidade privilegiada de experimentar as fronteiras do *humano* e do *inumano* (e de assumir a procura de um novo *homo humanus*). Oportunidade que, cumprindo-se como uma abertura ao diferente (diferido) como Outro – ao Outro como um 'acontecimento' singular que é também um "visitante absoluto"[105] ("um visitante mais do que um convidado", "que pode vir ou não vir"[106]) –, nos atinge enfim como um compromisso efectivo com as possibilidades de uma hiper-ética e (ou) de uma hiperpolítica... se não já como a capacidade única de mobilizar-experimentar um *por-vir (à-venir, to-come, Zu-kunft/Zu-kommen, a-venire)*... um *por-vir* que nos remete para a *justiça sem limites* da responsabilidade infinita e que assim mesmo importa distinguir do *futuro (futur, future, Zukunft, futuro)* ou do «horizonte fechado» que a expectativa deste determina. *La justice reste* à venir, *elle* a *à venir, elle* est *à-venir, elle déploie la dimension même d'événements irréductiblement à venir. Elle l'aura toujours, cet à-venir, et elle l'aura toujours eu*[107]. Uma justiça que, na sua procura permanente da *alteridade* (do outro sujeito, do outro contexto, da outra linguagem, da outra cultura), só se torna *universal* – satisfazendo

---

«espaçamento»-*espacement* constitutivo da «exterioridade»-*dehors* possa também no limite corresponder à experimentação de uma «distância» agonisticamente sustentada (um sentido que reconhecemos no vocábulo *diferendo*, *différend(t)*). Aquele, sobretudo, que se nos impõe quando assumimos a linguagem na sua historicidade constitutiva (invocando um processo de *temporalização* e a circulação implacável que o alimenta). "L'archi-écriture (...) qui est origine de l'expérience de l'espace et du temps (...), première possibilité de la parole, puis de la "graphie" au sens étroit (...), cette trace est l'ouverture de la première extériorité en général, l'énigmatique rapport du vivant à son autre et d'un dedans à un dehors: l'*espacement*. Le dehors, extériorité 'spatiale' et 'objective' dont nous croyons savoir ce qu'elle est comme la chose la plus familière du monde, comme la familiarité elle-même, n'apparaîtrait pas sans le gramme, sans la différance comme *temporalisation*, sans la non--présence de l'autre inscrite dans le sens du présent, sans le rapport à mort comme structure concrète du présent vivant..." (*De la grammatologie*, cit., pp. 96, 103, itálicos nossos).

[105]"L'événement comme ce qui arrive, imprévisiblement, singulièrement ..." ["Jacques Derrida, penseur de l'événement", entrevista conduzida por Jérôme-Alexandre Nielsberg, publicada na edição de 28 de Janeiro de 2004 de *L'Humanité*, disponível em http://www.humanité.presse.fr (acedido em Junho de 2004) p. web 5].

[106] Derrida, *Sur parole. Instantanés philosophiques*, Paris, 1999, cit. na tradução portuguesa *Sob palavra. Instantâneos filosóficos*, Fim de Século, Lisboa 2004, p. 109.

[107] *Force de loi*, cit., p. 60.

a pretensão de repetição ou de *iterabilidade*[108] que nos permite reconhecer as suas (múltiplas) significações (e distinguir o seu apelo) – enquanto (e na medida em que) se dirige *(s'adresse)* à singularidade e à diferença (à *différence* «produzida» pela *différance*) e em que permanece encarcerada nas teias-vínculos que esta(s) tece(m) *(il faut savoir aussi que cette justice s'adresse toujours à des singularités, à la singularité de l'autre, malgré ou en raison même de sa prétention à l'universalité*[109]*)*.

Bastando-nos estas anotações brevíssimas para perceber que não é concerteza a estabilização da contingência (autónoma e (ou) auto-suficientemente) permitida pelo direito – uma estabilização que DERRIDA priva do horizonte do *sistema*, mas que não deixa por isso de reconduzir às possibilidades de uma tipificação formal (e ao processo de universalização parificadora que esta assegura, se não mesmo à disponibilidade de um cálculo que nos permite controlar as decisões concretas como se fossem exercícios lógico-dedutivos de aplicação) – que está em condições de garantir o testemunho (*crítico*) da *pluralidade* e muito especialmente a experimentação do *futuro (por--vir)* exigidos por este *novo* homem das *diferenças diferidas* (aquele de que a nossa circunstância presente ineludivelmente precisa). Ao *futuro* construído *com o direito* — fechado no horizonte de comparabilidade que sustenta cada uma das decisões prescritivas, se não na universalidade formalmente racional das regras que este horizonte directa ou directamente disponibiliza –, urge com efeito contrapor um *fu-turo (por-vir)* iluminado por uma *justiça da incomparabilidade* e (ou) pela celebração incondicional da singularidade e da diferença

---

[108] "Dès qu'un signe surgit, il commence par se répéter. Sans cela, il ne serait pas signe, il ne serait pas ce qu'il est, c'est-à-dire cette non-identité à soi qui renvoie régulièrement au même. C'est-à-dire à un autre signe qui lui-même naîtra de se diviser. Le graphème, à se repeter ainsi, n'a donc ni lieu ni centre naturels..." ("Ellipse", *L'écriture et la différence*, Éditions du Seuil (edição de bolso), Paris, 1967, p. 432). Para uma compreensão da *iterabilidade* como peça decisiva da "interpretação da interpretação" justificada por DERRIDA – enquanto *repetibilidade* em diversos contextos de significação e realização vinculada à *alteridade* e ao *jogo* das substituições *([cette] itérabilité générale qui fait effractions dans la pureté prétendûment rigoureuse de tout événement de discours et de tout speech act)* –, cfr. sobretudo "Signature événement contexte", *Marges de la philosophie*, Minuit, Paris 1972, pp. 382 e ss. (numa tradução inglesa também em *Limited Inc*, cit., pp. 13 e ss.).

[109] *Force de loi*, cit., p. 44.

que esta justifica. Sem esquecer que se trata assim de dirigir um apelo ao próprio direito e a cada uma das decisões contingentes que o integram. Um apelo que mobiliza uma sequência inextricável de promessas (de "delicadeza" e de "responsividade", de "hospitalidade" e de "perdão", de "responsabilidade" e de "democracia") – e que ilumina o potencial emancipatório do discurso dos *direitos do homem* como um correlato plausível destas promessas ou da expectativa de transformação que o seu *continuum* determina *(we are in need of (...) human rights (...) and they are in need, for there is always a lack, a shotfall, a falling short, an insuffiency*[110]*)* – ... e que assim mesmo, alimentado por uma «crítica de ideologia *interna*» que é também uma determinação *quase* transcendental do problema do *fundamento* ou das condições que o traduzem) só pode dirigir-se ao direito dirigindo-se aos conteúdos das suas convenções performativas ou às vontades políticas que as sustentam. Como se tratasse afinal de reconhecer o sentido de uma temporalidade como *perfectabilidade* (e as lições possíveis da história do direito... ou a *desconstrução* criticamente lograda destas), reconhecendo simultaneamente um processo interminável de *politicização (I love the process of perfectability, because it is marked by the context of eighteenth century, the* Aufklärung *(...), I think the law is perfectible and we can improve the law*[111]*)*. Um processo que só responderá com êxito ao apelo que lhe é dirigido se se mostrar sensível à pluralidade das diferenças (e às situações que as traduzem). Se reconhecer discursos e contextos de significação-realização *novos* – e responder a outras tantas manifestações, aparentemente marginais ou secundárias, de violência[112] – na mesma medida em que os (as) tematiza sincronica-

---

[110] Assim na entrevista de DERRIDA "Autoimmunity: Real and Symbolic Suicides", in Giovanna BORRADORI, *Philosophy in a Time of Terror: Dialogues with Jurgen Habermas and Jacques Derrida*, University of Chicago Press, Chicago 2003, pp 132-133.

[111] Excerto de um seminário de DERRIDA, sustentado em diálogo com Penelope DEUTSCHER, intitulado "Hospitality, Perfectibility, Responsability", in Paul PATTON / Terry SMITH (ed.), *Jacques Derrida: Deconstruction Engaged. The Sydney Seminars*, Power Publications, Sidney 2006, p. 101.

[112] "Cette marginalité signifie aussi qu'une violence, voire un terrorisme et d'autres formes de prise en otage sont à l'oeuvre. Les exemples plus proches de nous seraient à chercher du côté des lois sur l'enseignement et la pratique des langues, la légitimation des canons, l'utilisation militaire de la recherche scientifique, l'avortement, l'euthanasie, les

mente – ou em que os (as) assimila como situações típicas, mais ou menos explícitas. O que não é senão reproduzir a *aporia* ou as condições que a perpetuam[113].

Ambição reflexiva que não elimina o *risco*, que antes se alimenta dele, e (ou) dele enquanto impossibilidade de encontrar ou de garantir "limites" e "limiares", se não mesmo contextos de realização pré-determinados – que outros tantos critérios, normas ou regras admitissem por sua vez absorver ou antecipar, privando-os da *singularidade* que os distingue. Mas então também uma ambição reflexiva que não elimina a violência: que antes assume o "farol" (que não se apaga nunca) da de uma filosofia-economia da menor violência possível[114]. Uma filosofia que não poderá absolutizar (em abstracto) o apelo da singularidade e que assim mesmo se deverá mostrar pragmaticamente indissociável de uma negociação transformadora e do processo de institucionalização que a cumpre. O que significa afinal exigir que a irredutibilidade da "urgência precipitativa" *(cette irréductibilité foncière de l'irréflexion et de l'inconscience, si intelligente soit-elle)* seja atingida pelo fogo de um contraponto decisivo. Que outro contraponto senão aquele que "articula" a pressuposição da incondicionalidade (anunciada na *abertura sem fim* de todos os contextos) com as

---

problèmes de greffe d'organes, de naissance extra-utérine, la bio-ingénierie, l'expérimentation médicale, le "traitement social" du Sida, les macro- ou micro- politiques de la drogue, des sans abri, etc., sans oublier, bien entendu, le traitement de ce qu'on appelle la vie animale, la grande question de l'animalité..." (*Force de loi,* cit., p. 63).

[113] "On the one hand, you have the law which is deconstructible; that is, the set of legislations, the set of postive laws which are in constant transformation. They are deconstructible because we change them, we improve them, we want to improve them, we can improve them. For instance, the Declaration of Rights of Man has been improved for the last two centuries, there have been a series of declarations which have added new rights for the workers, for women and so on and so forth. So we can improve the law, the legal system, and to improve means to deconstruct. It is to criticise a previous state of law and change it into a better one. That is why the law is deconstructible. So you have two heterogenous concepts, if you want, two heterogenous ends, the law and justice..." (Excerto de um seminário de DERRIDA, sustentado em diálogo com Paul PATTON, intitulado "Justice, Colonisation, Translation", in Paul PATTON / Terry SMITH (ed.), *Jacques Derrida: Deconstruction Engaged*, cit., p. 87).

[114] "Nous ne voulons ici que laisser pressentir que toute philosophie de la non--violence ne peut jamais, dans l'histoire – mais aurait-elle un sens ailleurs ? – que choisir la moindre violence en une *économie de violence...*" ("Violence et métaphysique", *L'écriture et la différence*, cit., p. 136 nota 1).

"condições determinadas deste ou daquele contexto" e com "a estratégia e a retórica" que as assumem?[115] É que o problema passa a ser agora inequivocamente (se não directamente) o da justiça como *à-venir*... e então e assim o de uma experiência que nos confronta com a exigência inevitável da *mediação* direito/justiça *(If you want to be just, you have to improve the law (...) [a]nd if you improve the law – that is, deconstruct the previous system –, it is in order to be more just, to tend to justice; but in the middle, you have to negociate, you have the least bad law*[116]*)*. Para que a desconstrução lograda não ceda à tentação de se entregar ao "excesso" justificado pelo segundo apelo... que é também o risco de (sob a máscara de uma neutralidade aparente, se não de uma equivalência pressuposta) permitir a mais perversa das apropriações *(abandonnée à elle seule, l'idée incalculable et donatrice de la justice est toujours au plus près du mal, voire du pire car elle peut toujours être réappropriée par le calcul le plus prevers*[117]*)*.

II.

Que testemunho *crítico* nos merece este «diferendo»? Privilegiando os fios condutores da teia que acabámos de reconstituir – aqueles que (directamente) se responsabilizam pela articulação positiva ou negativa, pela concertação ou pela dissociação (mais ou menos radical), dos núcleos temáticos *futuro* e *autonomia* (e pela distribuição dos elementos que tais núcleos centralizam) –, permitir-me-ei apenas acentuar duas notas capitais – notas de resto complementares e (ou) que convergem num desafio ou numa *aposta* comum.

1. Insistindo na pretensão de *autonomia*, a primeira destas notas começa por mobilizar os termos precisos em que os três diagnósticos convocados nos ensinam a reconhecer essa pretensão e (ou) o problema que esta identifica. Mais do que reconhecer uma pretensão ou um

[115] "Afterword...", cit., 152

[116] "Justice, Colonisation, Translation", in Paul PATTON / Terry SMITH (ed.), *Jacques Derrida: Deconstruction Engaged*, cit., p. 87.

[117] *Force de loi,* cit., 61.

problema, dir-se-ia com efeito que se trata de distinguir três pretensões e três problemas diferentes. Que pretensões e que problemas?

(a) Aqueles que POSNER concentra numa *aspiração de identidade-continuidade* (e na «ligação orgânica ao passado» que esta justifica). Enquanto exige que o direito e o pensamento jurídico se libertem desta aspiração. Mas então também enquanto nos remete para uma *certa* pragmática do tempo e (ou) para a experiência *presente* que reduz o futuro a um *continuum* de efeitos sociais possíveis ou a uma sucessão falsificável de prognósticos de efeitos.

(b) Também aqueles que LUHMANN faz corresponder aos de uma *realização autodiferenciadora*. Enquanto exige que todas as comunicações juridicamente relevantes (e as operações sociais correspondentes) – e neste sentido tanto o direito quanto o pensamento jurídico – se assumam indissociáveis desta realização. Ou enquanto reconduz o passado, o presente e o futuro juridicamente relevantes a um *continuum* (sem soluções) de *possibilidades* de abertura e de clausura, de hetero- e de auto-referência, de variação e de redundância – que só uma evolução *autopoieticamente* sustentada nos permitirá descobrir.

(c) Ainda e finalmente aqueles com que DERRIDA se preocupa quando distingue uma certa experiência autónoma da *tertialité* (e do *dizer*) de outras experiências da *tertialité* (e do *dizer*). Enquanto invoca a "aquisição" da universalidade racional (normativisticamente determinada) e a organização da contingência que esta permite? Também enquanto imobiliza (fecha) o jurídico (e a sua representação do futuro) num contexto de significação e de realização *insuperável*. O que como sabemos é ainda assumir uma promessa de sensibilidade ao *futuro* como *perfectabilidade* (que só a abertura incondicional ao Outro e o *dizer sem dito* que a cumpre poderão "garantir").

Três pretensões e três problemas distintos? E pretensões... e problemas que se autonomizam (que se "isolam") pressupondo "esquemas" de inteligibilidade exteriores às experiências do direito? Importa reconhecê-lo. Para quê? Não decerto para continuar a "reproduzir" as diferenças... e (ou) as diferenças que se multiplicam quando reforçamos analiticamente os cruzamentos temáticos e os estímulos que estes desencadeiam. Menos ainda para invocar a *legitimidade* de um qualquer patamar metadiscursivo... que nos distanciasse logradamente de cada uma destas respostas e nos autorizasse a construir um «testemunho» neutro das suas possibilidades e dos seus limites. Antes para insistir numa *convergência*. Para concluir que os diversos exercícios de delimitação («isolamento») dos problemas em causa (não obstante as diferenças que separam os diagnósticos em que estes se integram) pressupõem *uma* (e apenas *uma*) – dialogam positiva ou negativamente com *uma* (e apenas *uma*) – concepção da autonomia do direito – concepção que preservam (e absolutizam) enquanto ocultam essa identidade comum ou a herança que a torna possível (ou enquanto se furtam a uma problematização histórico-cultural dos seus pressupostos).

O que significa evidentemente concluir que a pretensão de autonomia – sob a máscara embora de uma aspiração de identidade-continuidade, de uma diferenciação autopoiética e de uma construção específica da *tertialité* (independentemente assim de estas máscaras se nos exporem como interlocutores negativos ou positivos) – é, em todos estes percursos, confundida com uma defesa explícita de *atributos formais*.

Ou mais rigorosamente, reconhecer que, em todos eles, esta defesa de atributos formais condena as componentes substantivas à contingência de um resultado possível. À contingência de um resultado que, por ser livre de um qualquer sentido material condutor (ou de um sentido condutor que se possa dizer internamente construído), só pode ser avaliado extrinsecamente ou *a posteriori* – convocando a afirmação auto-suficiente de uma *voluntas* (e o poder que a legitima) ou a provação lograda de um compromisso ou de um consenso. Resultado que, em qualquer dos casos, só a convocação-concorrência daqueles atributos – implicados na auto-subsistência estrutural do texto-norma (e na reconstituição dogmática ou dogmático-sistémica da unidade destes)... ou no respeito, *aposterioristicamente* sustentado, das regras procedimentais – permitirá afinal qualificar como *jurídico* (ou juridicamente plausível, se não *jurídico-dogmaticamente* plausível)... e então e assim distinguir (positiva ou negativamente) como uma (como *a*) *perspectiva interior*. O que, por outras palavras, significa darmo-nos conta de que as três propostas que convocámos deixam intocada a concertação (se não a sobreposição-fusão) das pretensões de autonomia e de existência formal, ou porventura mais do que isso, concluir que nenhuma delas está em condições de a problematizar.

Uma concertação-sobreposição necessária? Sabemos bem que não. Antes uma concertação-sobreposição que resulta de uma compreensão histórico-culturalmente situada e da lógica binominal (*forma/conteúdo, norma/imperativo)* a que esta nos expõe – compreensão que evidentemente nos remete para o discurso jurídico moderno-iluminista e para os diversos fluxos que este alimenta... se não mesmo para dois eixos matricialmente inconfundíveis (mas nem por isso menos complementares), o primeiro a responsabilizar-se por uma compreensão do direito, o segundo pela autonomização-«isolamento» de um pensamento *puramente* jurídico...

Aquele a encontrar o seu momento culminante no projecto da *loi encore à faire* de ROUSSEAU, este a impor-se no (ou com o) percurso-provação da *dogmatische Rechtswissenschaft* do século XIX (e com assimilação-superação da herança dos *Historiker* que o justifica). Aquele a reconduzir a autonomia do jurídico à universalidade racional da norma-*ratio* e (ou) à textualidade constitutiva das características-exigências que exprimem essa universalidade – a assumir um direito-legalidade que só se constitui na sua juridicidade quando o seu texto assimila a estrutura racional de uma norma. Este a reconhecer tal autonomia também nas possibilidades (cada vez mais claramente determináveis) de um direito-*dogma*, entenda-se, na auto--inteligibilidade racional (no *geistigen Stoff*) de um *sistema* de *institutos* e de *conceitos* que, não constituindo já substancialmente direito positivo – não participando (já) da *ursprüngliche Rechtssubstanz* ou do *substantielles Dasein*[118] que distingue este último –, se mostra no entanto apto a conferir a tal direito e à «massa» exterior dos «materiais» que o integram, a sua decisiva transparência racional – precisamente aquela que (abstraindo da forma prática exterior das proposições jurídicas[119], e neste sentido também

[118] JHERING, *Geist des römischen Rechts auf den verschiedenen Stufen seiner Entwicklung*, zweiter Teil, zweite Abteilung, 8ª edição (reimpressão da edição de 1883), Basel, Benno Schwabe § Co, p. 359.

[119] Abstraindo da forma prática *exterior* das proposições jurídicas... sem no entanto as privar da sua força prática *interna*: "Die Erhebung des Rechts zum System im obigen Sinn entzieht demselben (...) seine *aüßerliche* praktische Form, ohne die *innere* praktische Kraft desselben zu vermindern. Alle unsere Begriffe, Einteilung sind praktische Potenzen; gewonnen aus Rechtssätzen, lassen sie sich jederzeit von dem, der es versteht, wiederum aus sie zurückführen..." (*Ibidem*, p. 383, itálicos nossos).

da dimensão de imperativo que com elas concorre[120]) nos permite compreender este direito como um unidimensional sistema de normas, se não como o Sistema por antonomásia *(Wir wollen das durch die Konstruktion im Sinn der naturhistorische Methode gestaltene Recht* das *System nennen*[121], *das System [ist] das Ganze der zur juristisch-begrifflichen Form erhobene Rechtsbestimmungen*[122]).

Mas então uma concertação-sobreposição que nos impõe a clausura de uma determinada experiência do direito, se não do ciclo ou dos ciclos históricos que a constroem (e das concepções que a legitimam)...

Bastando-nos estas alusões brevíssimas para perceber que a primeira das notas a sublinhar é precisamente aquela que reconhece que não poderemos ensaiar um testemunho crítico logrado destes três percursos (e do espectro que exemplarmente estes compõem) sem problematizar esta concertção-sobreposição e sem lhe opor uma outra *experiência da autonomia*. Não decerto como mais uma concepção (entre outras possíveis)... mas como aquela preocupação condutora que a *praxis* dos *juris-prudentes* romanos pôde isolar e transmitir (com a qual acendeu uma das piras fundadoras da nossa identidade civilizacional). Enquanto inventou a palavra *humanitas* e determinou-experimentou uma *virtude* ou a especificação de uma *virtude* que o holismo grego não permitia isolar... mas sobretudo enquanto garantiu que a procura correspondente e o sentido da *humanitas* que esta persegue se tornassem indissociáveis (constitutivamente indissociáveis) de um certo reconhecimento-tratamento (judicativo-prudencial) das controvérsias-casos (e do cosmos inconfundível que este exigia).

Que preocupação condutora? Aquela que associa *autonomia* e *sentido* e percebe que este sentido (nesta identidade *prático-civilizacional*) corresponde à continuidade (se não *iterabilidade*) de uma experiência de «demarcação» *humano/inumano* e à procura (persis-

---

[120] "Die regelmäßige Gestalt, in der das Recht in den Gesetzen zur Erscheinung gelangt, ist die imperativistische, d. H. die unmittelbar praktische Form des Verbots oder Gebots..." (*Ibidem*, p. 358)

[121] *Ibidem*, p. 383.

[122] *Ibidem*, p. 386, nota 528ª.

tentemente renovada) que a traduz: uma procura que responsabiliza directamente um *modo* ou uma *forma de vida* ou uma sequência de *formas de vida* – se não ciclos ou etapas – ... e que se determina (positiva e negativamente) pelos rastos que estes ciclos vão desenhando e pelas aquisições que assim se reconhecem. Rastos e aquisições que constroem um grande projecto *interpretativo* enquanto refazem a *comunidade* (ou a conjugação de *comunidades*) que o lê (e o *campo* de possibilidades que esta sulca). Que *forma de vida* ou que sequência de *formas de vida*... e que projecto interpretativo integrador (de múltiplos projectos interpretativos)? Aquelas e aquele que souberam inventar (e que continuam a inventar) o *homo humanus* da autonomia-liberdade e da responsabilidade comunitária... reconhecendo neste – e na *felicitous performance* da sua projecção histórico-social e prático-existencial (e então também nas soluções de integração *intencional* e *teleologicamente* inconfundíveis que o assimilam e especificam) – o *tertium comparationis* de um processo de "tematização" e de "medida"[123]: que outro processo (de "comparação de incomparáveis") senão aquele que (experimentando embora diversas representações do equilíbrio *suum/commune* e da sua dialéctica) soube afinal converter um problema necessário de partilha do mundo num problema (prático-culturalmente auto-subsistente e como tal também civilizacionalmente inconfundível) de *suum cuique tribuere*[124]?

---

[123] "Tematização" no sentido consagrado por LEVINAS (indissociavelmente ligado à "interrupção do *terceiro*"). Ver muito especialmente *Autrement qu'être ou au-delà de l'essence*, La Haye, 1978, Paris, edição de bolso Kluwer Academic, 2004, pp. 239-253 ("Du dire au Dit ou la Sagesse du Désir"), 253 e ss. ("Sens et *il y a*"), 256 e ss. ("Scepticisme et raison").

[124] A "alternativa humana" (enquanto resposta apenas culturalmente *possível* para um problema *necessário*) que CASTANHEIRA NEVES nos ensina a reconhecer: cfr. muito especialmente "O princípio da legalidade criminal", *Digesta,* Coimbra Editora, Coimbra 1995, vol 1°, pp. 413-419, "O direito como alternativa humana. Notas de reflexão sobre o problema actual do direito", *ibidem*, pp. 287-310, *Metodologia jurídica. Problemas fundamentais*, Coimbra Editora, Coimbra 1993, pp. 231-234, "Pessoa, direito e responsabilidade", *Revista Portuguesa de Ciência Criminal*, nº 6, 1996, pp. 38-40, "O problema da autonomia do direito no actual problema da juridicidade", in Pinto Ribeiro (coord.), *O Homem e o Tempo. Liber Amicorum para Miguel Baptista Pereira*, Fundação Eng. António de Almeida, Porto, 1999, pp. 88 e ss., "Coordenadas de uma reflexão sobre o problema universal do direito – ou as condições da emergência do direito como direito", *Estudos em homenagem à Professora Doutora Isabel de Magalhães Colaço*, vol. II, Almedina, Coimbra, 2002, pp. 837 e ss., *O direito hoje e com que sentido? O problema actual da autonomia do direito,* Piaget, Lisboa 2002, pp. 53 e ss. (IV).

Uma autonomia e um sentido iluminados por uma vinculação civilizacional? Importa repeti-lo. Tendo presente que tal vinculação é aquela que, convocando as heranças polarizadas de Atenas e de Jerusalém – e recriando permanentemente os *deveres de fidelidade* (aos *filósofos* e aos *profetas*) com que estas (irredutivelmente) nos oneram[125] –, nos remete para os fogos criadores da *civitas* romana e da *respublica christiana*. Antes de reconhecer as aquisições irrenunciáveis da reinvenção moderno-iluminista... mas também os processos de superação ou de «reescrita» a que esta e a sua *raison raisonnante* incessantemente se submetem. Aquela vinculação civilizacional que nos permite descobrir no direito um «pormenor» decisivo de uma certa «ideia da Europa»[126]? Certamente. Um pormenor culturalmente frágil (ameaçado por uma crise de identidade profunda)... mas nem por isso menos decisivo.

Decisivo apenas porque o seu *homo humanus* se nos oferece como um «pormenor» partilhado – compossível com o «mosaico» das «pluralidades linguística, cultural e social» que iluminam o território desta mesma Europa e com os «pormenores» a que estas pluralidades nos expõem? Decerto também porque a institucionalização lograda deste *homo humanus* e da procura que o reinventa (na identidade material do seu projecto) nos proporciona a condição por excelência dessa pluralidade ou da santificação-*sancire* que esta exige (a oportunidade, se quisermos, de resistir à «avidez da uniformidade»... e à «onda detersiva» que a propaga)[127]. Mas não só nem principalmente. Decisivo também e ainda porque esta procura e a experiência do homem-*pessoa* que ela renova – e que leva a sério como uma «aquisição axiológica» (emancipando-o de qualquer pré-determinação ontológica universalizável)[128] – continuam a interpelar-nos como

---

[125] É ainda a lição de LEVINAS: ver muito especialmente *Autrement qu'être,* cit., pp. 233 e ss., ("Témoignage et prophétisme").

[126] Permita-se-nos esta paráfrase, que convoca explicitamente Georges STEINER, *The Idea of Europe*, cit. na trad. portuguesa *A ideia da Europa*, Gradiva, Lisboa ³2006, pp. 48-55.

[127] As expressões citadas neste parágrafo são todas elas de STEINER: *ibidem*, pp. 49-50.

[128] "[Para] acedermos da individualidade à pessoa temos de passar do plano simplesmente antropológico para o mundo da coexistência ética, pois a pessoa não é uma categoria ontológica, é uma categoria ética – numa outra palavra, a primeira é uma *entidade antropológica*, a segunda uma *aquisição axiológica*..." (CASTANHEIRA NEVES, "Coordenadas de uma reflexão sobre o problema universal do direito – ou as condições da emergência do direito como direito", cit., pp. 863-864).

um dos eixos-*interlocutores* indispensáveis da nossa circunstância presente (e do processo ou promessa de "demarcação" *humano/ inumano* que lhe responde). Como uma procura que não se consumou – nem ficou prisioneira (de qualquer um) dos ciclos de *intellegere- -inventio* que a foram construindo –... e que assim mesmo confronta a nossa circunstância com a possibilidade-exigência de reinventar uma intenção condutora.

2. Acentuação esta última na qual já está contida uma segunda nota. A qual me limitarei por fim a reconhecer... enquanto retomo o testemunho do nosso diferendo.

Enquanto retomo o testemunho do nosso diferendo... não para o considerar já em bloco, mas para recordar dois pontos de divergência específicos.

(a) Em primeiro lugar aquele que enfrenta a *vinculação ao passado* ou o *diálogo com a tradição*: aquela *vinculação ao passado* cuja relevância – cuja relevância directa (não mediatizada por uma pragmática de custos e benefícios) – POSNER recusa... e que LUHMANN dilui (positivamente) no processo evolutivo da *autopoiesis*... mas também que DERRIDA (sob a máscara específica da "história do direito") convoca como peça decisiva (se não como destinatário-alvo) de uma "desconstrução" emancipatória (no caminho da singularidade).

(b) Em segundo lugar aquele que confronta os três caminhos em causa (os três caminhos inconfundíveis a que nos expusemos) com o património-experiência dos direitos do Homem e com este inscrito numa dinâmica do *tempo futuro* (numa dinâmica que pode ser... *previsão de efeitos*, *abertura* ou *promessa*). Tratando-se agora de recordar que POSNER compreende a indisponibilidade desse património – dominada pela exigência de proteger a liberdade individual (e de a proteger de toda e qualquer imposição ou restrição arbitrárias) – enquanto a faz corresponder à especificação de um objectivo de *imitar o mercado*. E que LUHMANN garante essa mesma indisponibilidade – dominada agora pela exigência do acesso de cada sujeito-indivíduo a cada um dos sistemas sociais autodiferenciados –, reconhecendo nela um correlato tanto da *autonomia sem arbítrio* do sistema jurídico quanto da *abertura ao futuro* de uma sociedade *autopoieticamente* diferenciada. Mas também e ainda que DERRIDA a invoca como necessidade-urgência *(Il faut les droits de l' Homme!*[129]*)* – uma necessidade-urgência enfim dominada pela luta pela singularidade (*perfectibilidade*) –, enquanto mobiliza a aporia *direito/justiça* e responsabiliza esta última pela desconstrução lograda da primeira.

Recordar estas divergências exemplares permite-nos, com efeito, retomar a anotação anterior... mas agora para concluir que convocar a autodisponibilidade prático-cultural do direito como *ordem de validade* e a procura do *homo humanus* que a torna possível (na transparência mas também fragilidade dos seus vínculos civilizacionais)... – ou mais rigorosamente *apostar* na possibilidade *presente* de prosseguir esta procura, exigindo que a *abertura ao futuro* se nos imponha como um permanente exercício de *problematização* (desafiado-interpelado pela plausibilidade de uma resposta negativa!) – é também e muito especialmente inscrever a pretensão da autonomia material do direito numa assumida experiência de *continuidade*, exigindo que a reinvenção persistentemente renovada das exigências do homem-*-pessoa* (ou da *forma de vida* que esta procura institucionaliza) nos exponha a um diálogo permanente com o passado (e com os diversos ciclos de *intellegere* e *inventio* que a foram construindo). De tal modo que o regresso da *communitas* (aquele que diversas frentes do discurso jurídico hoje nos prometem) possa pensar-se *diferentemente* da sua experiência pré-moderna (e do humanismo ontoteleológico que esta assimila) – abrindo-se antes a um pensamento (integralmente) prático e à subjectividade intencional que o sustenta, mas também às representações da controvérsia e do juízo que o tornam possível. Mas de tal modo ainda que a relação constitutiva com a *societas*-artefacto deva oferecer-se-nos *apenas* como um das eixos de inteligibilidade a ter em conta – como aquele eixo que se responsabiliza pela perspectiva heteronomamente macroscópica da *lex*[130]. O que é ainda evidentemente

---

[129] "Autoimmunity: Real and Symbolic Suicides", in Giovanna BORRADORI, *Philosophy in a Time of Terror*, cit., p. 132.

[130] Ver muito especialmente CASTANHEIRA NEVES, "O problema da autonomia do direito no actual problema da juridicidade", cit., pp.90-91 (II).

exigir que a especificidade do jurídico possa (e deva) ser explorada para além do *institutional environment* do *Estado-de-direito* (ou da aquisição irrenunciável que a sua *formalização* manifesta). Sem esquecer que se trata também assim de libertar o discurso dos direitos do homem da sua matriz iluminista e das ameaças (de "colonização sistémica"[131]) a que a convocação aproblemática desta herança (e do seu paradigma) hoje permanentemente nos condena. O que impedindo-nos de confundir pretensões de autonomia e de existência formal (ou de defender esta concertação-fusão como uma *aquisição estrutural* irreversível)... nos impede também de reconduzir a pretensão de autonomia do direito (ou a emergência prático-cultural desta) às condições de possibilidade abertas pela primeira modernidade... Uma confusão não menos insustentável do que a primeira... e que não obstante continua (persistentemente) a ferir-nos.

---

[131] Significa isto que estamos em condições de superar a hipertrofia de uma compreensão *individualista* dos *direitos do homem*... e de combater a "força desagregadora" a que as práticas destes direitos nos submetem – enquanto sobrevivem às crises do *homo juridicus* e do *homo socialis*... mas também enquanto nos empurram para *periferias* perigosas. Ora *periferias* com o alcance que vimos justificado por LUHMANN: aquelas que (sob o fogo concertado dos *sistemas* económico e político) transformam radicalmente tais direitos. Reconduzindo-os a meras *posições de interesses*... quando não os confundem com centros e processos de reivindicação (político-socialmente legitimados).

Exigências de superação estas que nos autorizam a mobilizar as lições do *communitarian liberalism* (a celebração correctora de uma *language and practice of social responsabilities*) [Amitai ETZIONI, "Old Chestnuts and New Spurs", in ETZIONI (ed.), *New Communitarian Thinking. Persons, Virtues, Institutions, and Communities*, University Press of Virginia, Virginia 1995, pp. 20-22 ("The Link between Rights and Responsabilities")]... sem deixar no entanto de as confrontar com a possibilidade--desejabilidade de *recursos normativos* constitutiva e autonomamente *jurídicos* – possibilidade-desejabilidade esta que tais lições têm frequentemente dificuldade em compreender [cfr. exemplarmente (remetendo-nos para *political modes of mediation, reconciliation and compromise*, livres da conformação inevitavelmente individualística do *juridical combat*), Thomas A. SPRAGENS (Jr.), "Communitarian Liberalism", in ETZIONI (ed.), *New Communitarian Thinking*, cit., p. 50].

A fraternidade como valor universal: breve diálogo com Eligio Resta sobre o futuro do direito

MARCO AURÉLIO MARRAFON[1]

I. **Introdução**

Versar sobre o tema da fraternidade me pareceu bastante apropriado para discutir sobre o futuro do direito, não apenas por se tratar de uma apresentação em um encontro entre irmãos da mesma nação, mas principalmente pela possibilidade de dialogar com professores de países irmãos.

Para tanto, busquei amparo teórico nas lições aprendidas com o Prof. Eligio RESTA em Roma, meu orientador durante o estágio doutoral na Universidade de RomaTre.

---

[1] Mestre e Doutorando em Direito do Estado na Universidade Federal do Paraná – UFPR. Coordenador Geral do Curso de Direito da UNIBRASIL – Curitiba. Professor de Teoria da Constituição na UNIBRASIL – Curitiba. Coordenador do Curso de Especialização em Teoria do Direito da Academia Brasileira de Direito Constitucional. Ex-Bolsista CAPES-PDEE. Advogado.

Pensador dos paradoxos, RESTA enfrenta os temas sempre em chave ambigüidade e reciprocidade[2]. Possui uma leitura com alguma tinta liberal do fenômeno jurídico (em diversos momentos deixa claro sua posição contrária à intervenção excessiva do direito) e frequentemente recorre a conceitos do funcionalismo luhmanniano para descrever o sistema jurídico, entendido como uma ordem substitutiva da justiça e fruto de uma redução da complexidade social[3].

Filósofo consciente das dificuldades do voluntarismo e da profundidade das categorias com as quais trabalha, por diversas vezes não hesita em dar uma resposta ambígua e humilde aos questionamentos: *"O que podemos fazer? Podemos fazer tudo o que podemos fazer"*[4] ou então, *"É uma aposta que vencerá quando vencerá"*[5].

Mas depois, investigando as origens das instituições e enfrentando o âmago dos temas tratados, indica os caminhos a seguir.

Com tal estilo, RESTA propõe que o futuro do direito deve se dar como direito fraterno. No entanto, para além dos pré-conceitos que a expressão fraternidade pode acarretar o autor adverte:

> a proposta do direito fraterno não tem nada de 'irênico', 'ecumênico', nem compartilha 'bondades' ingênuas e hipócritas. Põe, ao invés, um problema e escava através das formas paradoxais dentro das quais ele vem se ocultando (...) A fraternidade é apenas consciência de dever de distanciar-se da lógica da inimizade e compartilhar espaços comuns com cada outro indivíduo, com sua vida, história e dignidade[6].

---

[2] RESTA, Eligio. *L'ambiguo diritto.* Milano: Franco Angeli Editore, 1984, pp. 9-14.

[3] RESTA, Eligio. *Le stelle e le masserizie: paradigmi dell'osservatore.* Roma-Bari: Laterza, 1997, p. 159.

[4] RESTA, Eligio. *Poteri e diritti.* Torino: G. Giappichelli Editore, 1996, p. 55. Tradução livre, do original italiano: *"che cosa possiamo fare? Possiamo fare tutto quello que possiamo fare".*

[5] *Ibidem,* p. 63. Tradução livre, do original italiano: *"È una scommessa che si vincerà quando si vincerà.*

[6] RESTA, Eligio. *Il diritto fraterno.* Roma-Bari: Laterza, 2006, p. VII. Tradução livre, do original italiano: *"la proposta del diritto fraterno non ha nulla di 'irenico', 'ecumenico' né condivide ingenui e ipocriti 'buonismi'; pone invece un problema e scava attraverso le forme paradossali dentro le quali esso viene occultando. (...) La Fraternità è soltanto consapevolezza di dover prendere distanza dalle logiche dell'inimicizia e condividere spazi comuni a ogni altro individuo, con la sua vita, storia, dignità".*

Enfim, este é um convite para um jusfilosofar livre, sem compromissos imediatos com a realidade nua e crua que nos assola, num exercício diferente e ambivalente para pensar as possibilidades futuras do direito.

II. O direito como *pharmakon*

Para Resta, definições maniqueístas do tipo bom/mau, justo/injusto são diferenciações que não se sustentam do ponto de vista social porque "a sociedade produz simultaneamente um e outro e um porque outro, uma coisa porque outra. Assim produz a 'doença' e seu remédio."[7]

Por isso, ele resgata o conceito platônico de *pharmakon* como símbolo máximo da ambivalência, que, não por acaso, ligava a lei e a violência. Diz ele:

> O *pharmakon* era exatamente este jogo de oscilação que indicava no mesmo tempo veneno e seu antídoto, a cura e a doença, mas também a vítima e seu carrasco. O veneno tomado em dose justa se transformava em antídoto, mas ao mesmo tempo continuava a pertencer à natureza de veneno: aquilo que era a doença se tornava a cura, se invertesse um momento depois na cura que se transformava em doença. Uma não era dissociada da outra. A violência é a cura da violência. Assim, a lei deveria ameaçar e usar a violência para combater a violência; quem usava a violência era passível de uma outra violência, então o algoz se transforma em vítima[8].

---

[7] *Ibidem*, p. 100. Tradução livre, do original italiano: "la società produce simultaneamente l'uno e l'altro e l'uno perchè l'altro, una cosa perchè l'altra. Cosi produce la 'malattia' e o seu remédio".

[8] *Idem*. Tradução livre, do original italiano: "il pharmakon era esattamente questo gioco dell'oscillazione che indicava nello stesso tempo il veleno e il suo antidoto, la cura e la malattia, ma anche la vittima e il suo boia. Il veleno preso a giuste dosi diventava antidoto, ma nello stesso tempo l'antidoto continuava a partecipare della natureza di veleno: quello che era malattia diventava la cura, per ribaltarsi un attimo dopo nella cura che diventava malattia. L'una non era dissociata dall'altra. La violenza era la cura della violenza. Cosi la legge doveva minacciare e usare la violenza per combattere la violenza; chi usava la violenza era passibile di un'altra violenza, così il carnefice si transformava in vittima".

Nesta leitura, a imunização viria através da correta aplicação do veneno, lógica utilizada socialmente em três grandes modelos:

i) dação ao sacrifício;
ii) vingança (*faida*), duelo e da guerra e
iii) fria violência administrada monopolisticamente por um aparato judiciário burocrático[9].

Este último somente se realiza com a construção do Estado que, com seu aparato de soberania monopoliza a violência e confia a um terceiro, o juiz, a última palavra sobre a violência.

Nesta fórmula, para que haja a imunização, o direito moderno invoca a legalidade na tentativa de evitar todo excesso inútil de pena: a aplicação da justa dose do veneno deve ser prevista e enunciada[10].

Desse modo, a possibilidade de ser condenado é definida em lei e a violência é a contabilidade administrativa de um juiz que, ao julgar, evita que a violência se propague.

Segundo RESTA, nesse jogo de oscilação reside toda a ambiguidade do direito:

i) É uma técnica violenta que visa enganar a violência;
ii) É técnica que tem por função impor limites à própria técnica, ex. bioética, meio ambiente[11].

Assim, ele se torna potência (impõe um dever-ser que muitas vezes faz valer aquilo que, na realidade não podemos fazer[12]) e também remédio para uma sociedade que, doente, precisa de respostas para seus problemas[13].

Além de fármaco, o aparato tecnológico do direito, enquanto sistema complexo, é o que ele chama de uma *"macchina non banale"*: a decisão não acontece numa relação de estímulos singulares que produzem respostas imediatas. Ela é decisão sobre uma decisão anterior (a do legislador, que ao elaborar a lei, faz uma escolha e reduz a complexidade sistêmica no meio ambiente social), mediada por uma

---

[9] *Ibidem*, p. 101.
[10] *Idem.*
[11] RESTA, Eligio. *Poteri e diritti, op. cit.*, p. 55 e ss.
[12] *Ibidem*, p. 57.
[13] *Ibidem*, p. 10.

série de discursos produzidos em seu interior e inúmeras regras procedimentais[14].

A partir dessas constatações e, num contexto onde não cabem explicações de matriz jusnaturalista nem juspositivista, RESTA se propõe a pensar uma forma não violenta de realização do direito que, além de superar os dogmas jurídicos da modernidade se legitime num ambiente axiologicamente pluralista e mundializado.

Para tanto, encontra no resgate da fraternidade, promessa esquecida da Revolução Iluminista, a base para a construção do novo direito.

III. **Primeiros obstáculos: o Estado Nacional e idéia de soberania**

Na estrada para um direito não violento, assentado no resgate da fraternidade enquanto um valor a ser juridicamente protegido e, mais do que isso, promovido, o primeiro obstáculo encontrado pelo autor é o modelo de soberania estatal nacional.

Para RESTA desde uma leitura contratualista, os Estados soberanos (chamados *"lobos artificiais")* protegem os direitos fundamentais, mas possuem um vício de origem[15].

Este vício ocorre porque os direitos fundamentais são a afirmação histórica da fraternidade e frutos de ideais universalistas[16], mas apenas encontram abertura na prática política, ligados a uma realidade imaginária, a do Estado Nação, conforme aparece disposto já no art. 3º da Declaração de 1789[17].

---

[14] RESTA, Eligio. *Le stelle e le masserizie: paradigmi dell'osservatore, op. cit.*, p. 182.

[15] RESTA, Eligio. *Poteri e diritti, op. cit.*, p. 22.

[16] Não por acaso, diz RESTA: "as grandes declarações de direitos fundamentais são todas seguintes a períodos de intensos conflitos bélicos. O pacificismo dos direitos é a conseqüência da arrogância estúpida das guerras" (*Idem*). Tradução livre, do original italiano: "le grandi dichiarazioni dei diritti fondamentalli siano tutte seguenti a periodi di intensi conflitti bellici. Il pacifismo dei diritti è la conseguenza della stoltezza delle guerre"

[17] *Ibidem*, p. 23.

Daí o problema que impede qualquer condição de continuidade:

> na fórmula da fraternidade, havia uma nota explícita à condição fraterna dos outros povos e das outras nações. Fraternidade se voltava a toda forma de soberania popular: e aqui está a grande força expansiva, mas também, paradoxalmente, o grande limite daquele projeto. A idéia de fraternidade permanecia fortemente ancorada à idéia de soberania; terminava por assinalar um destino entregue ao inter-nacionalismo mais que ao verdadeiro e próprio cosmopolitismo: aquele direito fraterno se proclamava universal mas tinha necessidade de estado e soberania[18].

Ele conclui, então, que a soberania é o principal obstáculo à universalização da fraternidade e ao pacifismo internacional, noção presente no escrito kantiano sobre a paz perpétua e também nos escritos do primeiro pós-guerra de KELSEN. Por isso, propõe que:

> remover a idéia de soberania é a primeira condição para que se possa falar em direitos fundamentais do homem; condição não suficiente, mas seguramente necessária para começar a pensar em termos de civitas máxima. Somente naquela comunidade política de cidadão para além e acima de cada estado, os direitos dos povos podem encontrar pertença e identidade; (...) na forma de comunidade (comunitá) é possível renunciar a quotas ilusionárias de egoísmo[19].

[18] *Ibidem,* p. 18. Tradução do livre, do original italiano: "nella formula fraternità c'era um esplicito rimando alla condizione fraterna degli altri popoli e delle altre nazioni. Fraternitè se rivolgeva ad ogni altra sovranità popolare: e qui vi è la grande forza espansiva ma anche, paradossalmente, il grande limite di quel progetto. L'idea di diritti universali degli uomini rimaneva fortemente ancorata all'idea di sovranità; finiva per segnarne un destino consegnato all'inter-nazionalismo piuttosto che ad un vero e proprio cosmopolitismo: quel diritto fraterno si proclamava universale ma aveva bisogno di stato e di sovranità".

[19] *Ibidem,* p. 25. Tradução do livre, do original italiano: "rimuovere l'idea della sovranità statale era dunque La prima condizione per parlare di diritti fondamentali dell'uomo; condizione non sufficiente, ma sicuramente necessária, per cominciare a pensare in termini di civitas máxima. Soltanto in quella comunità política di cittadini al di fuori e sopra ogni stato, i diritti dei popoli possono trovare appartenenze e identità; ma sempre in quella forma di comunità c'è la possibile rinuncia a quote illusorie di egoismo".

IV. Rompimento com a tradição jurídica da modernidade

Para RESTA, o pensamento moderno traz armadilhas que precisam ser desarmadas.

Por trás de categorias como sujeito de direito, direito subjetivo, lide e conflito, todos tutelados e/ou resolvidos pelo Estado Soberano, se esconde um código de igualdade assentado numa noção egoísta de cidadania, espécie de antropologia da inveja, na qual o direito se reduz à relação entre a pretensão de uma parte e a prestação super-obrigatória de outra, onde seu objeto se resume a uma mera troca individualística[20].

Por isso, é necessário romper com essa tradição e resgatar alguns traços (rastros) apagados, tarefa que num primeiro momento demanda uma pesquisa da semântica histórica[21], afinal, conforme assinala RESTA:

> a história é uma história de eventos que sobreviveram, diria Elias Canetti. Cada evento que se apresenta com o nome de fato histórico esconde uma história múltipla feita de possibilidade agora selecionada. Luhmann definiria a história efeitual como uma 'complexidade já reduzida' não para diminuir o trabalho do historiador, mas para fornecê-lo ulterior matéria de questionamento, para obter mais informações sobre aquele mundo de possibilidades que foi excluído mas não eliminado[22].

---

[20] *Ibidem*, p. 91.

[21] Na linha proposta por KOSELECK, a semântica histórica parte da idéia de tempo também como uma construção cultural, resultado da fusão entre o já vivido e experimentado (passado) com o horizonte de expectativas do futuro e, através de uma pesquisa histórica dos conceitos em sua multifacetada riqueza de sentidos, procura explicar seu papel e seus efeitos para a história de cada época. Conferir: KOSELECK, Reinhart. *Futuro passado: contribuição à semântica dos tempos históricos*. Trad. Wilma Patrícia Maas e Carlos Almeida Pereira. Rio de Janeiro: Contraponto/ Ed. PUC-Rio, 2006.

[22] RESTA, Eligio. *Le stelle e le masserizie: paradigmi dell'osservatore, op. cit.*, p. 120. Tradução livre, do original italiano: "la storia è una storia di «eventi» sopravvissuti, direbbe Elias Canetti. Ogni evento che si presenta sotto il nome di fatto storico nasconde una storia multipla fatta di possibilità ormai selezionate. Luhmann definirebbe la storia effettuale come una «complessità già ridotta» non per sminuire il lavoro dello storico, ma per fornirgli ulteriore materia di indagine, per ottener piu informazioni su quel mondo di possibilità che è stato escluso ma non eliminato".

Justamente porque promove escolhas selecionando os eventos que vencem e, assim, deixa inúmeras outras possibilidades exclusas, a história constrói uma tradição que trai[23].

Para perceber isso, basta um breve jogo com as palavras: mesmo no direito brasileiro, tradição é entrega e entrega também é traição.

E na tradição jurídica da modernidade, o direito vencedor apagou a solidariedade, promovendo uma cidadania de bases individualistas.

Segundo o autor, um dos traços apagados para a superação desse modelo já estava presente no art. 23 da Carta francesa de 1793, onde se encontra a idéia de que a luta pelo direito é um problema de cultura da comunidade, manifestada na previsão de que é dever de todos zelar pelo reconhecimento, manutenção e efetivação do direito de cada um[24].

Nesta perspectiva:

Os direitos seriam, então, definidos como um «plural absoluto» (Jankelevitch) destinados a se tornarem problema da *'comunità'* [dever de todos – com-munus, munus-comum], governados por um singular amor de si que teria impelido todos a defender e garantir o direito de cada um. Problema comunitário, mas também de reciprocidade positiva, de tudo oposta àquele modelo de antropologia negativa que o contratualismo havia celebrado, pelo qual os direitos dos outros seriam reconhecidos apenas sob a condição de reconhecimento simétrico e em função da redução da violência recíproca, dentro de um pacto que não poderia exigir [admitir] uma soberania[25].

Mas esta história perdeu e precisa ser resgatada.

---

[23] Ensina Resta que "A tradição é, não por acaso, o lugar (e o meio) no qual é necessário tra-duzir um tempo: mas a tra-dução é, por definição, a linguagem da traição." (*Ibidem*, pp. 16-17). Tradução (!) livre, do original italiano: "La tradizione è, non a caso, il luogo (e il mezzo) in cui bisogna tra-durre um tempo: ma la tra-duzione è, per definizione, il linguaggio del tradimento."

[24] Resta, Eligio. *Poteri e diritti, op. cit.*, p. 90.

[25] *Ibidem*, pp. 90-91. Tradução livre, do original italiano: "I diritti, dunque, venivano definiti come un «assoluto plurale» (Jankelevitch) destinati a diventare problema della comunità, governati da un singolare amor di sé che avrebbe spinto tutti a difendere e garantire il diritto di ognuno. Problema comunitario, ma anche modello di reciprocità positiva, del tutto opposta a quel modello di antropologia negativa che il contrattualismo aveva celebrato, per cui i diritti degli altri venivano riconosciuti soltanto a patto del simmetrico riconoscimento e in funzione della riduzione della violenza reciproca, dentro un patto che non poteva che esigere una sovranità."

V. **Fundamentos do direito fraterno**

Ante a esse diagnóstico, RESTA assume a tarefa de resgate da fraternidade e de construção do direito fraterno, assentado, resumidamente, nas seguintes idéias:

i) A fraternidade se refere à igualdade e solidariedade numa perspectiva *trans-nacional*, muito além da mera cooperação internacional ou igualdade entre nações. Segundo um modelo de *civitas maxima a transnacionalização* reflete a transcendência em relação à soberania, às estruturas políticas nacionais e seus sistemas normativos. Propõe uma *espécie cross-cultural* de realização do direito numa perspectiva cosmopolita através da universalização da divisão dos bens comuns necessários à sobrevivência[26]. Nesta dimensão, ela repele a mera universalização do mercado e as ações ilegais, as quais não devem escapar da regulação transnacional[27].

ii) Se existirem verdades, uma delas certamente será a necessidade de co-existência (não pedimos para estar aqui, mas estamos e não estamos só). Assim sendo, a tarefa do direito é *nomos* e *nomos* é também distribuição: a divisão de um espólio, de uma presa, de uma terra conquistada[28]. RESTA ensina que "o *Nomos der Erde (Schmitt)* vê uma indiferenciação muito significativa entre a 'violência' da distribuição e a regulação da comunidade; entre o *Entscheidungen (decisão, repartir a presa) e o direito. O nomos é esta 'prática' e repartição entre iguais e em partes iguais (isonomia)*[29].

iii) Menos direito paterno, mais direito fraterno: *"é um direito do juramento conjunto dos irmãos, homens e mulheres, com um pacto no qual se decide compartilhar regras mínimas de convivência. Portanto, é convencional, com olhar voltado*

---

[26] *Ibidem*, p. 103 e ss.

[27] *Idem.*

[28] *Ibidem*, p. 74.

[29] *Idem.* Tradução livre, do original italiano: "Il Nomos der Erde (Schimitt) vede una indifferenziazione molto significativa tra la «violenza» della distribuzione e la regolazione della comunità; tra le Entscheidungen (de-cisioni, spartizioni della preda) e il diritto. Il nomos è questa 'practica'".

ao futuro. O seu oposto é o direito paterno, que é o direito imposto pelo pai "senhor da guerra" a quem se deve obedecer porque um vez se jurou (contrato social). O juramento conjunto dos irmãos não é contra o pai, ou um soberano, um tirano, um inimigo, mas é por uma convivência compartilhada, livre da soberania e da inimizade[30].

iv) Sua legitimação não se assenta na identidade ou em um *ethnos*. O direito fraterno, por se desenvolver em um espaço político aberto e pretender construir um *demos* graças ao pacto de fraternidade, demanda apenas a justificação comunitária, da com-munitas, ou seja, da obrigação comum[31].

v) O direito fraterno é não violento. Não trabalha com o código aliado/inimigo. Evita a idéia de conflito, movida pela litigiosidade no interior de um dado sistema social[32]. Reconhece, entretanto, que pode haver o dissídio[33], que deve ser reparado com o estabelecimento da comunicação. Ele possibilita que no processo haja espaço para a medi-ação, antes de chegar ao juiz que diz a última palavra (*maitre du language*)[34], forma mais exclusiva de saber-poder[35].

vi) O direito fraterno é também contra qualquer forma de imposição de poder (de uma maioria, do Estado, da soberania) e é inclusivo na medida em que escolhe direitos fundamentais e define o acesso universalmente compartilhado dos bens por eles tutelados, o que implica dizer que *"um indivíduo deles*

---

[30] Resta, Eligio. *Il diritto fraterno, op. cit.*, p. 132. Tradução livre, do original italiano: "è un diritto giurato insieme da fratelli, uomini e donne, con un patto in cui si 'decide di condividere' regole minime di convivenza. Dunque è convenzionale, con lo sguardo rivolto al futuro. Il suo opposto è il 'diritto paterno', que è il diritto imposto dal 'padre signore della guerra'su cui si 'deve' soltanto giurare (ius iurandum). La coniuratio dei fratelli non è contro il padre, o un sovrano, un tiranno, un nemico, ma è per una convivenza condivisa, libera dalla sovranità e dall'inimicizia".

[31] *Idem.*

[32] *Ibidem,* p. 73.

[33] Dimensão que indica a divergência lingüística de razões, especialmente quando duas culturas entram em contato e a comunicação ainda não se completou (*Ibidem,* p. 75).

[34] *Ibidem,* p. 133.

[35] *Ibidem,* p. 62.

não pode gozar se no mesmo momento todos os outros não o gozam"[36].

vii) A fraternidade, enquanto princípio diretivo dos relacionamentos entre os cidadãos, promove a conciliação entre a idéia de igualdade (divisão igual dos bens comuns), sem perda de identidade.

viii) O modelo de reciprocidade positiva baseado no princípio da fraternidade acentua uma concepção dos direitos fundamentais que seja capaz de reconciliar uma perspectiva liberal (preservação da identidade e da liberdade de escolhas) com outra comunitária (consistente na obrigação de partilhar a responsabilidade pelo gozo dos bens comuns)[37].

VI. **Considerações Finais**

A exposição de RESTA cativa não só pela serenidade e esperança com que cada palavra é pensada, escrita e pronunciada.

Ela nos traz o necessário estranhamento para a com-preensão (com-prendere, prender com, apreender junto) de que o problema é majoritamente humano e político.

Antes do "horror econômico" e da crença neoliberal no determinismo da causa eficiente e natural de HAYEK, há um problema político-ideológico já denunciado como "horror político", onde tudo é pensado egoisticamente a partir da lógica economicista de maximização dos lucros e minimização dos prejuízos[38].

É esse egoísmo que nos contamina e impede a propagação da fraternidade.

---

[36] *Ibidem,* p. 133. Tradução livre, do original italiano: "un individuo non può goderne se nello stesso momento non ne godono tutti gli altri".

[37] RESTA, Eligio. *Poteri e diritti, op. cit.,* p. 107.

[38] Cf. GENÉREUX, JACQUES. *O horror político. O horror não é econômico.* Trad. Eloá Jacobina. Rio de Janeiro: Bertrand Brasil, 1998. Sobre a relação do horror político com a jurisdição constitucional, vide: MARRAFON, Marco Aurélio. *Jurisdição constitucional em tempos de horror político.* In: MIRANDA COUTINHO, Jacinto Nelson de. MORAES, José Luiz Bolzan de. STRECK, Lênio Luiz. (orgs.). *Estudos constitucionais.* Rio de Janeiro: Renovar, 2007.

Não dá mais para acreditar em determinismos de cunho ontológico-naturalísticos. O mundo em que vivemos é também uma construção humana, demasiado humana e potente diria NIETZSCHE.

Por isso, o lema fundamental é: mais política, menos metafísica[39].

Todavia, não qualquer teoria política. O reconhecimento da normatividade dos direitos fundamentais e seu caráter limitador do poder, faz com que a teoria política a ser defendida seja um tipo de *"teoria jurídica da democracia, no sentido particular pelo qual a medida das instituições, fórmulas e arquiteturas políticas é dada pelo direito. Até quando usamos nomes diversos, é disso que se trata."*[40]

Nesta perspectiva, o direito fraterno fortalece o diálogo e reforça a validade da normatividade jurídica a partir de argumentos compartilhados intersubjetivamente, a fim de dosar a justa medida do remédio jurídico para curar as doenças sociais.

Sua proposta de democracia, entretanto, não possui, em sua elaboração, uma grande preocupação com a sistematização e sofisticação científica.

RESTA não é tanto cientista quanto é filósofo. Sem ingenuidades, ele abdica do forte racionalismo oculto, por exemplo, nas entranhas das condições procedimentais da razão comunicativa de HABERMAS, geradoras do propalado e, diga-se, incompreendido, consenso normativo.

Seu pensamento se dá muito mais, como ele próprio diz, em chave de *'pensosità*[41]*'*, de uma *'ragione debole' a la* VATTIMO, onde o

---

[39] RESTA, Eligio. *Poteri e diritti, op. cit.*, p. 25.

[40] *Idem.* Tradução livre, do original italiano: "teoria giuridica della democrazia, nel senso particolare per cui a misurare istituzioni, formule, architetture política, sono i diritti. Anche quando si usano nomi diversi, si tratta di questo".

[41] RESTA explica essa expressão nas seguintes palavras: "Enquanto 'pensar' estabelece o nexo mais breve entre a individuação do problema e a solução, tanto que não pode mais se distinguir da tecnologia, a 'pensosità' se move sobre ritmos e tempos diversos. Tergiversa, perde tempo, hesita, se detém, divaga; é empecilho para os tempos rápidos daqueles que têm necessidade de soluções imediatas. Não importam quais, mas imediatas. A 'pensosità' não é da moda porque se desdobra sobre tempos inconciliáveis em relação ao prometeísmo desencadeado" (RESTA, Eligio. *Le stelle e le masserizie: paradigmi dell'osservatore, op. cit.*, p. 5). Tradução livre, do original italiano: "Mentre «pensare» stabilisce il nesso più breve tra l'individuazione del problema e la soluzione, tanto da non potersi più distinguere della

rompimento com o moderno implica renunciar às categorias de progresso e superação no sentido proposto pela modernidade[42].

Afinal, hermeneuticamente, cada avanço traz em si um reenvio, cada passo rumo à autenticidade, está impregnado pelo inautêntico e isso vale para o des-velar da verdade, a *a-letheia* ou des-esquecimento do ser.

Ainda assim, no processo construtivo das verdades jurídicas, de evidente caráter interpretativo e não ontológico, a assunção do pensamento de VATTIMO o leva a uma postura procedimentalista, especialmente na busca do sentido essencial dos direitos fundamentais, imprescindível para sua teoria democrática.

Esta leitura toma assento na transição da teoria da verdade clássica para a verdade *como* caridade, ou seja, disposição natural para se ajudar desinteressadamente:

> "não fazemos acordo quando encontramos a verdade" mas, (dizemos que) "encontramos a verdade quando fazemos um acordo". Nunca como neste caso, a verdade encontra o seu "veredito" e, nunca como aqui a teoria do processo encontra profunda simetria com a questão da democracia onde contam os meios e não os fins, onde há sobreposição do procedimento sobre a substância, onde a única verdade é que contam todas as verdades[43].

Provavelmente, se perguntado a RESTA quando e se acontecerá o direito fraterno, sua resposta seria: "Acontecerá quando acontecerá,

---

tecnologia, la pensosità si muove su ritmi e tempi diversi. Tergiversa, perde tempo, esita, si sofferma, divaga; è intoppo per i tempi rapidi di chi ha bisogno di soluzioni immediate. Non importa quali, ma immediate. La pensosità non è di moda perchè si snoda su tempi inconciliabili rispetto al prometeismo scatenato".

[42] VATTIMO, Gianni. *O fim da modernidade: niilismo e hermenêutica na cultura pós-moderna.* Trad. Eduardo Brandão. São Paulo: Martins Fontes, 2002, p. 180.

[43] RESTA, Eligio. "Le verità e il processo", In: MARINI, Alarico Mariani (a cura di.). *Processo e verità.* Pisa: Ed. Plus – Pisa University Press, p. 49 (col. formazione giuridica). Tradução livre, do original italiano: "non ci mettiamo d'acordo quando abbiamo trovato la verità" ma (diciamo che) "abbiamo trovato la verità quando ci troviamo d'accordo». Mai come in questo caso la verità trova il suo 'verdetto', e mai come qui la teoria del processo trova profonda simmetria con la questione della democrazia dove contano i mezzi e non i fini, dove vi è eccedenza delle procedure sulla sostanza, dove l'unica verità è che contano tutte le verità".

ou quando os homens estiverem preparados para tal. Mas esta é uma aposta que vale a pena".

Sendo assim, termino minha exposição com uma singela homenagem ao Prof. AVELÃS NUNES que, com a organização deste *Encontro*, nos brindou com uma grande lição de amor e amizade, verdadeira *philia* que nos indica o caminho próprio da fraternidade cosmopolita e, desse modo, além de ajudar a construir, nos prepara para nos tornarmos agentes do direito do futuro, quiçá, fraterno.

VII. **Referências Bibliográficas**

GENÉREUX, JACQUES. *O horror político. O horror não é econômico.* Trad. Eloá Jacobina. Rio de Janeiro: Bertrand Brasil, 1998.

KOSELECK, Reinhart. *Futuro passado: contribuição à semântica dos tempos históricos.* Trad. Wilma Patrícia Maas e Carlos Almeida Pereira. Rio de Janeiro: Contraponto/ Ed. PUC-Rio, 2006.

MARRAFON, Marco Aurélio. *Jurisdição constitucional em tempos de horror político.* In: MIRANDA COUTINHO, Jacinto Nelson de. MORAES, José Luiz Bolzan de. STRECK, Lênio Luiz. (orgs.). *Estudos constitucionais.* Rio de Janeiro: Renovar, 2007.

RESTA, Eligio. *L'ambiguo diritto.* Milano: Franco Angeli Editore, 1984, pp. 9-14.

—. *Le stelle e le masserizie: paradigmi dell'osservatore.* Roma-Bari: Laterza, 1997.

—. *Poteri e diritti.* Torino: G. Giappichelli Editore, 1996.

—. *Le verità e il processo.* In: MARINI, Alarico Mariani (a cura di.). *Processo e verità.* Pisa: Ed. Plus – Pisa University Press, p. 45 (col. formazione giuridica).

—. *Il diritto fraterno.* Roma-Bari: Laterza, 2006.

VATTIMO, Gianni. *O fim da modernidade: niilismo e hermenêutica na cultura pós-moderna.* Trad. Eduardo Brandão. São Paulo: Martins Fontes, 2002.

Reflexões acerca das condições e possibilidades para uma ordem jurídica democrática no século XXI

Por Jose Luis Bolzan de Morais*

"Só um mundo novo queremos: o que tenha tudo de novo e nada de mundo" (Couto, Mia. *Cada homem é uma raça.* 4ª ed. Lisboa: Caminho, 1990, p. 165)

O século XX foi a mais extraordinária era da história da Humanidade, com uma combinação singular de catástrofes humanas sem paralelo, avanços materiais substanciais e um aumento sem precedentes na nossa capacidade de transformar (e de destruir, talvez) a face do nosso planeta – e até mesmo de penetrar no espaço exterior. Como iremos recordar essa "era dos extremos", ou antecipar as perspectivas para a nova era que emergiu da passada? (Hobsbawm, Eric. *Globalização, Democracia e Terrorismo.* Queluz de Baixo: Presença, 2008, p. 11)

A partir da temática proposta para o debate neste Grupo Cainã/2008, nestas plagas portuguesas, agregando às palavras em epígrafe que as instituições político-jurídicas, por um lado sofrem – elas também – o influxo destes mesmos *extremos* do século XX e, por outro, como conseqüência, nos levam a *querer um mundo novo*, penso em propor-lhes um caminho de revisão de algumas das interrogações que estão postas, bem como das possibilidades que se nos apresentam,

* Coordenador do PPGD/UNISINOS. Procurador do Estado do Rio Grande do Sul.

tendo como fio condutor a dualidade entre uma leitura, às vezes, otimista, de uma banda e, de outra, a inexorável perplexidade ante os dilemas que nos sacodem quando vislumbramos o esgotamento de vários dos supostos modernos e dos seus elementos conformadores.

Desde logo é preciso anotar que não pretendo, nestas páginas, fazer uma reflexão teórica, em razão dos próprios limites, mas uma inflexão sobre algumas das circunstâncias e possibilidades que parecem afetar e transformar os modelos e paradigmas modernos de regulação social privilegiada por meio de um direito cuja origem e aplicação se situa nos limites daquilo que se constituiu como Estado Nacional.

Tal perspectiva advém de nossa mesma historicidade. Ou seja: tem nos acompanhado desde, talvez, os primeiros momentos de nossa formação acadêmica, sobretudo, quando passamos a compreender um pouco melhor o Direito e suas circunstâncias nos idos dos anos 1980, lá no, então, Curso de Mestrado em Direito da PUC/RJ, quando enfrentamos o tema da construção do tempo e, particularmente, do quotidiano forjado a partir da dinâmica de uma sociedade do/para o trabalho[1], onde já líamos o alvorecer de algo que se constituía como o processo de globalização, ali adiante reconhecido, sob a nomenclatura do *capitalismo mundial integrado*, sugerido por Felix Guatarri[2].

Isto se aguçou no contexto do doutoramento, na então nuclear UFSC, quando discutíamos a conformação da ordem jurídica a partir da transformação dos interesses juridicamente relevantes, os quais, não apenas constituíam a substância de uma nova ordem jurídica mas expressavam novos modelos de Estado e do Direito[3].

A partir disso, o que supomos trazer para o início desta discussão diz, por um lado, com uma leitura das circunstâncias do direito contemporâneo, sob duas perspectivas: uma de caráter mais descritivo e outra com uma intencionalidade prescritiva.

---

[1] Bolzan de Morais, José Luis. *A subjetividade do tempo. Uma perspectiva transdisciplinar do direito e da democracia.* Porto Alegre: Livraria do Advogado, 1998.

[2] Guattari, Félix. "O Capitalismo Mundial Integrado e a Revolução Molecular". In: Rolnik, Suely (org). *Revolução Molecular. Pulsações políticas do desejo.* São Paulo: Brasiliense, 1981.

[3] Bolzan De Morais, José Luis. *Do Direito Social aos Interesses Transindividuais: O Estado e o Direito na ordem contemporânea.* Porto Alegre: Livraria do Advogado, 1996.

De outro, pretendemos propor uma compreensão tentada de tais circunstâncias, e desta "futurologia", a partir de uma leitura impregnada de filosofia política "no" Direito[4], sobretudo tomada desde um aparato conceitual que vem marcado pela desconstrução das certezas modernas – ou das crises das suas instituições político-jurídicas –, assim como da compreensão difícil – e até mesmo ameaçadora – acerca da historicidade das próprias "conquistas" civilizatórias da modernidade, com a necessária dessacralização de algumas tradições, jogando-as ao uso humano novamente, como sugere Giorgio Agamben[5], para o bem ou para o mal.

Como estratégia inicial dividimos o tema em dois momentos. O primeiro que pretenderá enfrentar *o futuro do Direito*, buscando perceber quais são as perspectivas de (des)continuidade das e para as estratégias de regulação que adotamos, visualizando, ainda aquilo que podemos chamar de transformações por dentro do sistema. O outro, tentará atacar a perspectiva do *Direito do futuro*, visando, assim, traçar alguma perspectiva com relação aos espaços jurídicos, às origens da regulação e suas estratégias para o tratamento de conflitos, inerentes, estes, uma sociedade de homens, muitas vezes, nada virtuosos.

Tais caminhos nos levarão a algumas perplexidades, as quais nos permitirão, eventualmente e se estiverem corretas, compreendermos melhor qual pode ser o próprio papel dos chamados operadores do Direito, da mesma forma que poderá contribuir para a análise e revisão do significado do ensino jurídico, atrelado que está, até hoje, em fórmulas sustentadas nas estruturas e dinâmicas tradicionais do fenômeno jurídico moderno, embora este não seja objeto de nossas reflexões neste momento[6].

---

[4] Bolzan de Morais, José Luis. "A filosofia 'política' no direito". In: *Revista do Instituto de Hermenêutica Jurídica*, v. 1, n. 5. Porto Alegre: Instituto de Hermenêutica Jurídica, 2007, p. 111-144

[5] Agamben, Giorgio. *Profanações*. Tradução de Selvino J. Assmann. São Paulo: Boitempo, 2007.

[6] Uma primeira aproximação nestes temas pode ser buscada em: Bolzan De Morais, Jose Luis e Copetti Santos, André Leonardo. *O Ensino Jurídico e a formação do Bacharel em Direito. Diretrizes político-pedagógicas do curso de direito da UNISINOS. Porto Alegre: Livraria do Advogado. 2007*

1. O Futuro do Direito

Desde há algum tempo temos, talvez aleatória e não organizadamente, percebido algumas transformações que vêm marcando o Estado e sua forma de regulação – o direito estatal – como estratégia de regulação de condutas peculiar à modernidade seja quanto à origem da norma, seus conteúdos, os sujeitos do/de direito, sua forma, além dos lugares de produção, bem como do próprio esgotamento de seus recursos etc.

Sendo bastante simplista, pode-se anotar, aqui, para início da discussão, algumas perspectivas bastante preliminares, presentes em diversos debates contemporâneos, inclusive em nossos trabalhos esparsos, sobretudo desde o nosso *Do direito social aos interesses transindividuais. O estado e o direito na ordem contemporânea*[7], onde pretendemos estabelecer uma correlação entre a transição histórica do Estado Liberal e a passagem dos direitos individuais, próprios do liberalismo clássico, aos interesses transindividuais, os quais se expressam como interesses coletivos, primeiramente, para, depois, emergirem como interesses difusos, além de outras categorias intermediárias. Tal trânsito não significou, por óbvio, a substituição de um por outro tipo ou categoria de interesses juridicamente protegidos. Tal qual na historicidade dos direitos humanos, vê-se, aqui, um processo categorial – sem nos envolvermos, por ora, no debate conceitual entre "gerações" e "dimensões" de direitos – onde o surgimento de novos conteúdos acaba por transformar formal e substancialmente o Direito que pretende tomá-lo como objeto de regulação jurídica.

Neste contexto, o ordenamento jurídico acaba por constituir-se cada vez mais complexo, posto que agora tem que fazer conviver âmbitos de interesses díspares, os quais não se adequam às fórmulas jurídicas clássicas, impondo a renovação das mesmas, muitas vezes expondo a própria insuficiência de uma certa cultura e tradição jurídicas para lidar com tais novidades.

Este o primeiro aspecto que gostaríamos de pontualizar.

Por outro lado, passa-se a experimentar uma outra realidade no campo da regulação jurídica, a qual vê, paulatinamente, ser substituído

---

[7] Bolzan de Morais, José Luis. *Do Direito Social aos Interesses Transindividuais: O Estado e o Direito na ordem contemporânea.* Porto Alegre: Livraria do Advogado, 1996.

seu *locus* tradicional, o Estado Nacional, outra invenção moderna, pela nomeada supranacionalidade. Dito de outra forma, o que se vislumbra, mais ou menos fortemente, são experimentações institucionais que acabam por constituir novos âmbitos de regulação, em substituição ou superposição ao tradicional direito nacional.

Assim, com a emergência destas estruturas supranacionais, iniciando pelas comunidades regionais o que se tem é a transferência dos espaços regulatórios do âmbito nacional para aquelas quando, então, os privilégios do monopólio da produção e aplicação do direito pelos Estados se vêem confrontados com estes novos lugares, ao mesmo tempo em que o tradicional modelo de elaboração do direito, como produto da atividade legislativa do Estado se percebe substituído por modelos renovados, tal qual o processo de *tratadização do direito* que se observa, quando a fonte do direito deixa de ser a lei do legislador para ser os tratados negociados na esfera da função executiva dos Estados, funcionando aquele como agente secundário deste processo.

Há quem já refira a experimentação de um processo de *tratadização do direito constitucional*, ao exemplo da União Européia, mesmo que se vislumbre em paralelo uma *constitucionalização do direito internacional*, em particular por meio das chamadas *cláusulas constitucionais abertas*. Há, aí, uma interconexão necessária e intransponível entre ordens jurídicas distintas e diversamente produzidas, positiva ou negativamente.

Tal perspectiva nos leva a trabalhar com a possibilidade de construção de um *constitucionalismo multinível*[8] ou, de outro lado, de um *constitucionalismo de restos*, como sugere J. J. Gomes Canotilho[9]. Algo que poderia estar conforme com um processo de *globalização* tida como *o mundo como unidade singular de actividades interligadas e livres de limitações locais*[10], positiva ou negativamente.

---

[8] Ver a respeito: AMIRANTE, Carlo. *Costituzionalismo e Costituzione nel nuovo contesto europeo*. Torino: G. Giappichelli Editore. 2003

[9] Sobre algumas das diversas perspectivas para o direito constitucional contemporâneo veja-se deste Autor *Brancosos e interconstitucionalidade. Itinerários dos discursos sobre a historicidade constitucional.* Coimbra: Almedina. 2006

[10] Ver: HOBSBAWM, Eric. *Globalização, Democracia e Terrorismo.* Queluz de Baixo: Presença. 2008. p. 12

Da mesma forma que se tem a passagem de um direito legislado para um direito advindo de tratados, há que se registrar, pelo menos em nível de debate acadêmico, um outro tensionamento marcado pelo que passou a ser reconhecido como a *judicialização da política*, fazendo emergir, a partir deste renovado interesse e centralidade da jurisdição como instância de decisão, sobretudo diante de um modelo regulatório que adota fórmulas abertas e conteúdos que estão a exigir sua concretização e determinação, o surgimento de um processo de *jurisprudencialização do* direito, como um direito emergente das decisões judiciais, o que implica numa mudança paradigmática das fórmulas jurídicas tradicionais, inclusive, aparentemente, com a superação da velha e clássica dicotomia *common law/civil law*, a representar experiências jurídicas até mesmo geograficamente distintas.

Sem adentrar o debate entorno à segmentação relativa à extensão da potência criativa do juiz ou de sua submissão à resposta correta, é inegável que se experimenta, por ora, uma nova fonte privilegiada do direito, a qual, mesmo condicionada pelo texto da norma, muitas vezes o transborda ou, outras tantas, o reduz para trazer à tona um novo direito nascido da ação estatal jurisdicional[11].

Tudo isso sem esquecer de um processo anterior que marca a passagem, no interior do próprio liberalismo, do Estado Mínimo para o Estado Social, quando a função executiva ganha centralidade e passa a desempenhar, no afã de concretização das políticas públicas próprias a este último, destacado papel legislativo, inclusive por meio de legislações emergenciais, conjunturais e de emergência, promovendo um incremento substancial na produção legislativa, bem como uma mudança expressiva em sua forma e mecanismos de controle e efetivação

Neste contexto, pode-se dizer que se tem um crescimento exponencial do direito, ou, de outra forma, um crescimento da regulação, seja ela advinda de onde for no espectro das funções estatais.

Há que se considerar, aqui, inclusive, a multiplicidade de fontes jurídicas, para além do monopólio estatal, voltando-se a falar em um *pluralismo jurídico* de novo tipo, no qual se tem a presença de diversas

[11] Ver: Bolzan de Morais, Jose Luis et all. "A Jurisprudencialização da Constituição. A construção jurisdicional do Estado Democrático de Direito". In: *Anuário do Programa de Pós-Graduação em Direito*. São Leopoldo: UNISINOS. 2002. pp. 297-349

ordens normativas – direito estatal, direito social, direito reflexivo, direito marginal e, direito nacional, direito internacional, direito comunitário etc – em concorrência ou não, regulando condutas, bem como constituindo sistemas de tratamento de conflitos peculiares a cada uma desta ordens, instâncias e espaços normativos, destacando-se a arbitragem, a mediação, as diversas formas de negociação, sem desconsiderar o uso da violência como instrumento peculiar à "ordem jurídica" marginal.

Tem-se, assim, que reconhecer que este aumento na regulação não se vincula às suas fórmulas tradicionais, mas, ao contrário, apresenta em paralelo uma *redução da regulação estatal.*

Ou seja: ao mesmo tempo que se tem mais direito, tem-se menos direito de origem estatal e emergente daquelas práticas erigidas pelas conquistas modernas – em particular pela democracia representativa e pelo Estado de Direito, marcas do constitucionalismo desta fase histórica

Tal compreensão pode facilmente levar à constatação de que o futuro do direito é o seu próprio fim, pelo menos do direito, como produção estatal de regulação de condutas.

Mas o que pode significar tal "sentimento"? Talvez a repercussão mais dura que se pode retirar destas análises é a de que se está ante o fim do direito, de uma ordem jurídica que, malgrado suas incapacidades e, até mesmo, perversidades, se constituiu sucessivamente como espaço de salvaguarda e promoção, sobretudo se temos aqui presente aquilo que irá desenhar o modelo de Estado de Direito que, nascido apenas como proteção do indivíduo contra o Estado, constituiu-se como meio para a consecução de fins transformadores, no contexto do nomeado Estado Democrático de Direito[12].

---

[12] Neste sentido, Castanheira Neves anota que "o fim do direito" não seja um tema hoje absurdo, mas uma possibilidade histórica, na medida em que se verificam outras soluções (ou propostas de soluções) para o problema humano-social que não o direito. Deste modo, o direito deixou de ser um necessário, para ser, quando muito, apenas um possível. "É que no plano das realidades evolutivas e, portanto, no plano estrutural não é seguro que o direito enquanto tal subsista, pois não é impensável que o seu sentido – ontologicamente constitutivo dos seres culturais – não esteja em superação nos pressupostos e dimensões das sociedades que o nosso tempo está a forjar. Pelo que justamente a dúvida quanto à inferência ubi societas, ibi ius, ou seja, a sociedade sem direito não é tão-só limite lógico da extrema problematização que sofre o direito nos planos crítico e sociológico,

Ora, assim visto, este fenômeno pode significar a substituição ou a supressão de um modelo que, nos seus limites, operava um conjunto de fórmulas e conteúdos que funcionavam como *standards* mínimos de convívio humano, por uma espécie de barbárie generalizada, onde a força, não necessariamente física – mas sobretudo esta "– ou o consenso social, numa espécie de ação comunicativa habermasiana", ocupam o lugar da lei.

2. **O Direito do Futuro**

De outra banda, em uma perspectiva construtiva de futuro, têmse algumas perspectivas que se abrem e permitem que se estabeleça algum exercício de prescrição doutrinária, mesmo que isto não seja, às vezes, bem visto pela cientificidade moderna.

Em primeiro lugar, há que ter em conta, que, se, do início aos meados do século XX, a resposta jurídica à **questão social** e aos demais aspectos ligados ao Estado do Bem-Estar Social significaram uma crise profunda da idéia de interesses individuais e o surgimento de interesses coletivos, a segunda metade deste mesmo período histórico impõe, diante do próprio esgotamento das condições vitais do planeta, ao lado de outros problemas ligados à sociedade industrial, novas questões que, para serem apreendidas pela regulação jurídica, significam o aprofundamento da crise da racionalidade jurídica individualista, o que pode ser alocado sob a perspectiva do que vamos nominar como **questão ambiental**, em paralelo àquela – questão social – que caracterizou e pautou a formação do Estado Social em todas as suas versões desde meados do século XIX.

---

ou ao nível do juízo e dos factos, é algo que se pode inclusive reconhecer no horizonte real da evolução (ou de uma certa evolução) das actuais estruturas sociais e culturais – é, digamo-lo assim, uma possibilidade histórica e a fazer com que "o fim do direito" não seja um tema absurdo". Assim, vive-se hoje o paradoxo: "o fim do direito é hoje pensável, mas, também, nunca como hoje foi tão veemente a invocação do direito num renovado esforço de reconstituição do seu sentido. A razão é simples – na doença se reconhece o valor da saúde, na morte se retoma o sentido da vida". O direito é, portanto, uma alternativa, na verdade, uma alternativa humana. Ver: Castanheira Neves, António. "O direito como alternativa humana. Notas de reflexão sobre o problema actual do direito". In: *Digesta. Escritos acerca do direito, do pensamento jurídico, da sua metodologia e outros.* Volume 1º. Coimbra: Coimbra Ed., 1995, p. 288-289.

Esta, a questão ambiental, pôs em pauta não apenas a necessidade de se pensar estratégias novas de tratamento jurídico-político, como trouxe para o universo de preocupações jurídico-econômico-políticas a necessidade de asseguramento das condições de vida – com qualidade – para as futuras gerações, uma vez explícita a sua inapropriabilidade exclusivista – próprias aos interesses individuais – e tão só contemporânea – ou seja, do tempo presente – por, como diria Mauro Cappelletti, dizer respeito a todos e ninguém ao mesmo tempo, sendo *todos* incluindo os das presentes e os das futuras gerações[13] – forjando o que se nomeia como *compromisso intergeracional*.

Ou seja, para o campo jurídico, a questão ambiental impõe não apenas a revisão de seus esquemas conceituais e estruturais, como também apresenta um novo ator interessado, até então desconhecido ou desprezado, as gerações futuras. Assim, pode-se dizer que a questão ambiental tem como interessados gerações, e não apenas indivíduos, atuais e futuras, fazendo com que se re-escreva a assertiva de Mauro Cappelletti, para expressá-la dessa forma: A quem pertence – e pertencerá – o ar que respiro. A todos e a ninguém ao mesmo tempo, no presente e no futuro.

Do que foi dito acima fica o sentimento de que para darmos conta da questão ambiental tomada como um interesse cujas dimensões se agigantam tanto subjetiva como espacialmente (territorialmente), bem como geracionalmente (envolvem interesses intergeracionais), mister se faz que não fiquemos presos aos esquemas conceituais e institucionais da modernidade tanto quanto aos mecanismos regulatórios utilizados pelo direito moderno, sobretudo aquele de caráter liberal-individualista cujas potencialidades limitam-se ao tratamento dos tradicionais interesses individuais e, mesmo assim, desde uma ótica privilegiadora do interesse de um indivíduo que exclui o de todos os demais, implicando numa potencial e reconhecida possibilidade de destruição do bem objeto do interesse e de sua "proteção" através de sua identificação patrimonial, ou seja, de sua transformação em um quantum financeiro.

---

[13] Para Cappelletti, os direitos que têm por base interesses difusos surgem como "direitos sem donos, que pertencem, a um tempo, a todos e a ninguém" CAPPELLETTI, Mauro; GARTH, Bryant. *Acesso à justiça.* Tradução Ellen Gracie Northfleet. Porto Alegre: Sérgio Antônio Fabris, 1989, 273.

A questão ambiental, dessa forma, não se submete aos limites territoriais da ordem jurídica moderna e a suas estratégias, provocando a incapacidade de ser tratada adequadamente em um ambiente jurídico que não se abra para a ultrapassagem de tais restrições. Ou seja, é preciso um direito – ou melhor: uma forma regulatória – novo(a) para um interesse novíssimo.

Neste âmbito faz sentido a advertência de François Ost:

> "E voltamos assim – (...) – ao essencial: a prática renovada e aprofundada da democracia. O 'meio justo' não derivará nunca da planificação de especialistas, por mais bem intencionados que sejam e qualquer que seja o nível, mesmo mundial, das suas intervenções. É do debate democrático, agora interpelado pela urgência de desafios inéditos, que deverão proceder as decisões susceptíveis de inflectir a nossa forma de habitar a Terra.
>
> (...)
>
> Resta, portanto, inventar práticas concertadas, públicas, privadas ou associativas, para dar corpo a um outro modelo de desenvolvimento. Uma coisa é certa: a responsabilidade em relação às gerações futuras e a elaboração de um patrimônio natural comum, começam aqui e agora".[4]

E mais, sendo a questão ambiental, de certo modo, a repercussão de uma opção moderna de sociedade, de ciência, de economia (capitalista), de desenvolvimento, é preciso que se opere uma transformação profunda no modo de vida moderno e não apenas um arranjo pontual, limitado e circunstancial, para a manutenção do "status quo ante".

Ou seja, uma política ambiental implica na opção, tal qual ocorrido nos estertores do século XIX, por um novo pacto social que repercuta uma cultura do/para o meio, cuja incidência nas fórmulas jurídicas até então conhecidas e praticadas não será menos drástica.

Dito de outra forma, a questão ambiental – ainda mais que a questão social – implica em um novo arranjo social que, provavelmente, não dispensará nenhum dos âmbitos possíveis de tratamento (o local, o nacional, o supranacional, o mundial; o espaço público estatal, o espaço público não-estatal e o espaço privado) mas exigirá

---

[14] Ost, François. *O direito à margem da lei: a ecologia à prova do direito*. Tradução Joana Chaves. Lisboa: Instituto Piaget, 1997, p. 395.

um conserto social que se constitua a partir de práticas e vínculos construídos a partir de uma democracia sustentável, cujos elementos característicos ainda estão por se constituir, mas que tem sua marca na participação e na incerteza de formas e conteúdos.[15]

Todavia, nem tudo está, assim e agora, resolvido pois, a passagem das carências para os riscos, significa, também, muitas vezes, a substituição da decisão impositiva estatal, com a intermediação da política – como democracia – por "decisões" reflexivas – não necessariamente consensuais – tomadas em lugares distintos do Estado, promovendo um pluralismo muito distinto daquele que se apresentava como alternativa à regulação estatal no século passado.

Um pluralismo que desloca o lugar da decisão – do Estado para outras instâncias, não apenas as da macroeconomia, como também as da macro criminalidade –, assim como substitui a política pela economia e os atores públicos pelos privados. Mas também, há que se reconhecer que surgem novos espaços, estes de caráter disruptivos, expressos em ações identificadas como uma alternativa ao modelo hegemônico[16].

Parece, assim, que vivemos um tempo de contradições. Tempos sombrios em que, embora o *smog* (como risco) atinja todos, as carências ainda não foram resolvidas. Enfim, poluição e fome convivem e, como no aquecimento global, quem "paga" a conta são aqueles que menos contribuíram. Sinal das diferenças não resolvidas e das tarefas que temos.

Assim, compactuo com a idéia e ideal acerca da nova revolução copernicana, marcada pela viragem hermenêutica filosófica, do papel do constitucionalismo, mesmo sendo, diante das circunstâncias contemporâneas, cético quanto às condições de possibilidade de e para a sua realização[17].

---

[15] Utilizamos este termo para conectá-lo à idéia de *desenvolvimento sustentável* e suas características. De alguma forma, neste sentido ver, de nossa autoria, *A Subjetividade do Tempo*.

[16] É neste sentido, por ex., que Hardt e Negri sugerem o papel desempenhado pela *multidão* que se organiza em rede aberta e em expansão, onde as diferenças são reconhecidas e favorecidas. Ver: Negri, Antonio e Hardt, Michael. *Multidão. Guerra e democracia na era do Império*. Rio de Janeiro: Record. 2005. p. 12

[17] Sobre o tema, sempre se deve buscar as afirmativas de Lenio Luiz Streck em: *Verdade e consenso*. 2ª ed. Rio de Janeiro: Lumen Juris. 2007 e *Hermenêutica Jurídica e(m) crise*. 7ª ed. Porto alegre: Livraria do Advogado. 2007

Isto porque, com o “fim” do projeto hobbesiano de criação de uma autoridade comum (Estado) – perde-se a referência a uma unidade cultural que hoje vem expressa pelo constitucionalismo e nas Constituições modernas.

Neste contexto, na transição das carências para os riscos, percebe-se que estes não são distribuídos igualmente, da mesma forma que as carências, apesar das intervenções sociais e dos projetos humanitários, nunca o foram, sobretudo se lembrarmos das diferenças norte-sul ou, para dizer de outra forma, países centrais (desenvolvidos) e países periféricos (subdesenvolvidos ou, como se queira, em desenvolvimento), países ricos e países pobres.

Estas reflexões iniciais, em conclusão, nos indicam a necessidade de fortalecermos o debate em torno das alternativas, tendo presente a imprescindibilidade de, sobretudo em países como o Brasil, saber que, nesta quadra da história, não *temos mais todo o tempo do mundo...* e que o tempo tem, agora, uma nova extensão – a da imediatidade e da instantaneidade.

Há que se reconhecer, assim, a imprescindibilidade de fazer conviver um novo Estado Social, comprometido com carências e riscos, com instâncias de regulação e realização de interesses que ultrapassam os espaços nacionais, bem como reconhecem o papel de novos atores, em especial aqueles que possam compor estratégias de autonomização diante das perspectivas expressas pelos novos riscos sociais.

Por outro lado, mas não desconectado, há o que se tem nomeado como um *direito cosmopolita* que adota tanto uma transversalidade em face do Estado Nacional e suas fórmulas, alicerçando-se em um campo de abrangência “global”, bem como constituindo-se, pode-se dizer, sobre uma base epistemológica de matriz kantiana, comprometido com os direitos humanos e garantido por órgãos supranacionais jurisdicionais.

Nesta perspectiva, o direito, para além de um corpo normativo ou instrumento de técnica jurídica, é um horizonte de ordem e valor, materializado pela universalização destes valores que se sobrepõem aos Estados nacionais[18].

[18] Neste sentido, consultar KANT, Emmanuel. *A paz perpétua*. São Paulo: Edições e Publicações Brasil, 1936; BECK, Ulrich. *Qu'est-ce que le cosmopolitisme*? Paris: Flammarion, 2006.

Aqui, ainda, poder-se-ia retomar a proposta de Eligio Resta acerca das condições e possibilidades de e para a construção de um *direito fraterno*, como uma espécie de reapropriação do sentido comum de vida[19].

Ainda, outra perspectiva que se abre é a que pretende rever as fórmulas jurídicas tradicionais, em particular no que respeita ao tratamento de conflitos, substituindo ou ladeando o modelo jurisdicional que, apesar de seu desenvolvimento e centralidade nos dias atuais, tem padecido de profundas dificuldades em responder adequadamente às novas demandas que lhe são apresentadas, bem como ao universo quantitativo das mesmas, como já referido antes.

Ou seja, o aumento exponencial no volume de processos e procedimentos judiciais, bem como a complexificação qualitativa de seus conteúdos e atores põe em xeque a capacidade de a jurisdição continuar a funcionar como estuário exclusivo das mesmas.

Há ainda que ter presente que tal se dá, inclusive como resultado do aprofundamento da própria cidadania, com o que se criam maiores e melhores condições de participação e reconhecimento do direito e de acesso à jurisdição.

Assim, cada vez mais vê-se abrir caminho para novos ou renovado instrumentos de tratamento de conflitos que se sustentam não mais na atribuição de uma "resposta" estatal mas, antes, na construção de uma solução intercomunicativamente elaborada.

Não é por menos que se tem, a cada dia mais, um crescimento vertiginoso nas propostas 'conciliatórias", as quais vêm marcadas como "alternativas" à jurisdição estatal, ante o fracasso e/ou a incapacidade destas em responder satisfatoriamente às postulações que lhe são apresentadas, dando conta inclusive, de um novíssimo direito fundamental – o da razoável duração do processo (presente hoje no texto da CFB/88, com o acréscimo do inciso LXXVIII ao art 5º, nos seguintes termos: a todos,no âmbito judicial e administrativo, são assegurados a razoável duração do processo e os meios que garantam a celeridade de sua tramitação) e de um sem número de reformas processuais que buscam promover alterações profundas nas práticas

---

[19] Neste sentido, consultar Resta, Eligio. *Il Diritto Fraterno*. 3ed. Bari: Laterza, 2002. Edição traduzida: Resta, Eligio. *O direito fraterno*. Tradução de Sandra Regina Vial. Santa Cruz do Sul: EDUNISC, 2004.

processuais, incorporando fortemente a oralidade, a simplificação e o consenso, entre outros aspectos, como meios indispensáveis para uma transformação no sistema jurisdicional, sem mencionar, ainda, reformas estruturais na própria organização judiciária.

No que tange especificamente à mediação, há que se reconhecer que este é um instrumento que vem ganhando consistência como uma *outra* forma de tratamento de conflitos que, suportada no consenso comunicativamente construído, pretende não apenas servir como procedimento hábil à elaboração de respostas aos conflitos, mas, e sobretudo, como um meio de (re)construção de práticas de cidadania, de reforço dos vínculos sociais e, com isso, de redução da violência pela instauração de uma cultura da paz que reconheça no conflito uma característica do próprio convívio social[20].

Mas, não é só a substância do Estado que se vê confrontada com suas próprias limitações, abrindo espaço para "alternativas", se não que o próprio projeto moderno de construção civilizatória a partir de uma sociedade que se identifica em sua própria criação é que se percebe em um ambiente de desfazimento de suas características fundantes – em particular no que diz com sua potência de realização (soberania), assim como no seu espaço de exercício – o território, elementos tidos como identificadores da própria idéia de Estado.

Há, hoje em dia, um processo de desterritorializção dos espaços jurídico-políticos e, também, econômicos, ladeado pela instauração de uma (des)ordem plural, desconexa e marcada pela emergência de novos atores – públicos, privados, oficiais, inoficiais, marginais etc –, novas carências e novos riscos.

Decidir o quê, como, porque e para quem? Onde? Estas são as interrogações frente às quais o Estado se confronta sem contar, agora, com a presumida potência que lhe caracterizava.

E, nesta *crise de identidade*, é a própria *autoridade comum* que se esfumaça, abrindo margem a que a mesma não mais dê conta de constituir-se como *ponto de referência desde a perda da*

---

[20] Sobre o tem ver: BOLZAN DE MORAIS, Jose Luis e SPENGLER, Fabiana. *Mediação e Arbitragem. Alternativas à jurisdição*. 2ª ed. Porto Alegre: Livraria do Advogado. 2008

bula para ser homem[21]. Não há mais *referências ou estas não dizem mais nada*[22].

Este é o resultado de uma forma de globalização que horizontaliza a própria ordem, desfazendo todos os vínculos e identidades, promovendo uma desconstrução de todo e qualquer fator de identificação que permita um sentimento comum de pertencimento[23].

Com isso, no respeitante à *crise do Estado* vemos uma incapacidade deste fazer valer a sua *função social*, entendida como busca de fins de/para a igualização das oportunidades e das dignidades mas, também, de percebê-las como busca da *construção de identidades* e, com isso vemo-nos confrontados com uma nova *síndrome* que, não sendo fenômeno isolado, mostra-se como uma incapacidade das fórmulas modernas em responder às novas formas, faces e fenômenos de/da violência.

É preciso, assim, uma nova atitude, marcada por estratégias conformes ao novo, não só em intensidade como também em qualidade.

Para ambas estas *buscas*, todavia, não temos *remédios* ou os que dispomos não se mostram suficientes e eficazes para *tratar* algo que é novo, não apenas no seu ineditismo, mas na sua dimensão.

E, é neste contexto que se constitui esta *violência nova*, marcada seja pela insuficiência dos valores hierárquicos e identitários seja pela emergência de *novas formas*, como aquelas desenvolvidas pela macrocriminalidade, aqui entendida como aquela criminalidade que ultrapassa a ação individual, bem como se desvincula de ambientes

---

[21] Ver a discussão posta em: FORBES, Jorge; REALE JÚNIOR, Miguel e FERRAZ JUNIOR, Tercio Sampaio. *A Invenção do Futuro: um debate sobre a pós-modernidade e a hipermodernidade.* Barueri: Manole. 2005. p. 5

[22] "Fracasso escolar é um termo técnico que não indica o "mau aluno" de vinte ou trinta anos atrás. Rebelde, ele opunha-se aos professores tradicionais e buscava a negociação. Hoje em dia, o aluno entrega a prova em branco por absoluta indiferença, e se o professor convencê-lo da importância dos estudos, ditando uma escala de valores entre formação, trabalho e dinheiro, o menino não se sensibilizará. Talvez até ouça, educado, o discurso do professor, mas continuará distante. A situação torna não apenas o professor, mas também o aluno, impotente. Não é revolta: a ordem escolar não lhe diz nada". *Idem*, p. 6.

[23] "A globalização, porém, conduziu essas formas ao excesso, à multiplicidade de modelos sem hierarquia predeterminada. Hoje as relações sofrem influências globais. As referências se contrapõem, são múltiplas, invalidam-se. Junto com as fronteiras nacionais, ruíram os ideais que organizavam as identidades. A ordem agora é horizontal: há um senso de igualdade e, portanto, uma certa indiferença aos valores hierárquicos". *Idem*, p. 5

demarcáveis geograficamente, tornando-se, ela também, global, constituindo-se como uma economia que se dilui no próprio contexto das práticas financeiras globais e, com isso, forja-se como um elemento significativo da própria sustentabilidade da atividade económica.

À primeira dúvida não conseguimos responder por que nos vemos frente a esta perda de identidade antes mencionada. O Estado e, em particular o Estado Social, não se apresenta mais como síntese deste desejo fundante de socialidade includente[24].

À segunda, percebemos que, não só a *violência tradicional maximizada*, mas também, e principalmente, as *novas economias delitivas* deslocam o seu foco de atuação e seu 'modus operandi', muitas vezes aprofundando a crise do Estado como instância comum, regulatória e decisória e, inclusive, se apresentando como alternativa ao papel provedor do Estado Social, evidentemente que com sinal trocado – patrocinando, muitas vezes, segurança social em troca de conivência e submissão às práticas delitivas, quando não suporte político-estratégico – ou como espaço de empregabilidade diante da falta de alternativa econômica à *economia do crime* – como faria o Estado para incorporar o exército de trabalho do crime em uma economia em crise e transformação? Para onde iriam os milhares(?) de "trabalhadores" do e para o crime em uma economia cuja capacidade de absorção é cada vez menor e, aquela existente, tem um grau de exigência de capacitação inalcançável para todos aqueles que não detêm um nível de informação suficiente para operar máquinas, sistemas operacionais e ferramentas de informática complexos.

O que fazer? Esta parece uma pergunta que coloca um dilema aparentemente incontornável, bem como inadiável, na perspectiva de tentar-se reconstruir os laços de sociabilidade perdidos ou não constituídos.

Com isso podemos construir uma hipótese de análise para esta *síndrome do medo*, buscando entendê-la não como fenômeno isolado mas, efetivamente, como um *conjunto de sinais e sintomas* presentes na desconstrução de uma cultura de civilização inaugurada/contida no projeto político-institucional moderno. Uma cultura marcada por

---

[24] Ver: Canotilho, J. J. Gomes. "A *governance* do terceiro capitalismo e a constituição social", (Considerações preambulares). In: Canotilho, J. J. Gomes e Streck, Lenio Luiz (Orgs.). *Entre discursos e culturas jurídicas*. Coimbra: Coimbra Editora, 2006

identidades as mais diversas, não diluídas em um *estilo fast-food de ser*, muito embora muitas vezes submetidas pelo saber técnico em contraposição a qualquer senso de humanidade.

Neste ambiente, as respostas vêm sempre pautadas por um olhar discriminador e assujeitador. O Direito, a lei e o cárcere parecem a resposta mais rápida e "eficaz" para algo que se apresenta como o grande perigo contemporâneo[25].

Como tal, esta *síndrome* só pode ser entendida em sua *polifonia* e *multipolaridade*, nunca como uma situação isolada, passível de um etiquetamento ou tratamento pontual ou, em termos metodológicos, disciplinar, compreendido como a expressão de um fenômeno isolado ou de fatores contingenciais assimiláveis a partir de um *olhar* dotado de um conhecimento *prêt a porter* a ser manipulado por um agente a quem incumbe apenas a adequação formal dos fatos às *suposições científicas*[26].

Dito de outro modo, altera-se o contexto e, com isso, modifica-se a *gramática humana*, exigindo novas soluções.

Se o Estado esgotou-se como fórmula político-institucional de sociabilidade – e esta é uma interrogação em aberto –, como poderiam sobreviver incólumes seus instrumentos, meios e conteúdos. O Estado já não diz nada[27]. Não diz respeito ao modo de vida de boa (grande) parte da humanidade. Esta lhe é indiferente.

---

[25] Não é por outros motivos que na sociedade americana instauram-se processos de "tolerância zero", de desconhecimento de garantias fundamentais, da construção do outro como "inimigo", sendo, por isso mesmo, aquela que tem a maior população carcerária do planeta. Seriam, assim, "eles" os representantes do "bem" contra o "mal", dos valores belos contra a barbárie, assumindo-se como os titulares da receita de felicidade para salvação da humanidade.

[26] Não quero dizer com isso, bem entendido, que a violência tópica não mereça e exija uma resposta também tópica e profilática. Mas, esta não basta nem como justificativa, muito menos como solução.

[27] Como diz Tercio Sampaio Ferraz, o modelo de Estado funcionou ao longo do século XIX, porém no decorrer do século XX entra em decadência e, com o processo de globalização dos anos 1980 e 1990 instala-se um novo ritmo, alterando-se a idéia de desenvolvimento, fazendo desaparecer a noção de espaço, bem como substitui o tempo cronológico pela simultaneidade. Tudo isso vem ao encontro do que temos dito em diversos momentos de nossa produção acadêmica. Ver: FORBES, Jorge; REALE JÚNIOR, Miguel e FERRAZ JUNIOR, Tercio Sampaio. *A Invenção do Futuro: um debate sobre a pós-modernidade e a hipermodernidade*. pp. 28-31

Ruindo a identidade pretendida produzir através do pacto social fundante da sociedade civil, o que emerge é a indiferença da barbárie, com a alternativa de tentar-se reconstruir um *novo* pacto social.

Com isso, a violência que nos choca e comove – levando à irresignação, à revolta e à resposta bárbara, é aquela da surpresa transformada em notícia e veiculada ininterruptamente pela "media" eletrônica. É uma violência que vem da estupefação diante da indiferença em face do que e de quem *não diz nada*.

Ou seja; de uma violência que expressa a indiferença quanto ao outro e que nega todo o projeto de sociabilidade moderno, apesar das próprias *culpas* inerentes às consequências patrocinadas pela própria modernidade.

E esta parece ser uma característica marcante deste *mundo deslocado*.

Frente a tal desconstrução fica evidente que não bastam *respostas médicas* – do tipo "medicalização do cotidiano", ao estilo da proposta de incluir-se no tratamento d'água das cidades algum tipo de antidepressivo – ou *respostas morais* – do tipo proposto por um neopentecostalismo que pretende uma demonização do cotidiano e um constrangimento moral de perfil fundamentalista ou daquelas presentes em muitas propostas de auto-ajuda – ou, ainda, *respostas jurídicas* tradicionais, marcadas por uma visão disciplinar, dogmática, estéril, até mesmo porque a forma do Direito moderno também parece atingida em sua potência[28].

Estamos, muitas vezes, diante de *monstruosidades excepcionais* ou de *expressões de indiferença* que identificam o (fim) de uma Era. O que esperar de uma tal desagregação de um projeto de sociabilidade que tinha no Direito – em uma ordem jurídica monopolizada, originária de um pacto fundante do social – um instrumento de civilização

---

[28] O que fazer com o pai que joga o filho pela janela do carro, com o adolescente que participa de uma execução sumária ou com aqueles que fazem parte das inumeráveis mortes vinculadas a situações excepcionais, como a de um menino preso ao cinto de segurança do carro de sua mãe, arrastado por quilômetros? O que fazer com os fraudadores dos cofres públicos que, com isso, inviabilizam a concretização de projetos constitucionais de inclusão social? O que fazer com os que se locupletam com dinheiros públicos ou que usam do cargo para benefício próprio? Situações, dentre outras, aparentemente distintas, mas que expressam a mesma *síndrome do medo* aqui debatida.

capaz de induzir uma *pax cilizatória*(?), com todas as limitações que marcam a prevalência de uma ordem positivada de valores, desconectando direito e ética.

Talvez razão assista àqueles que, diante destes dilemas, buscam na gramática dos direitos humanos uma alternativa de tratamento. Mas, qual o caráter a ser atribuído a estes: como direitos positivos – expressos como *direitos fundamentais* – ou como marcos culturais, gerando, assim, reconhecimento e aceitação do pluralismo peculiar das/nas sociedades contemporâneas.

A marca dos direitos humanos acompanhou o modelo moderno e buscaram sua consagração em grandes declarações e em textos constitucionais – até e por isso mesmo em fórmulas de *cláusulas constitucionais abertas*, como o art. 5º e seu parágrafo segundo da CFB/88[29] – e, com isso, supôs-se estarem tais conteúdos assegurados mesmo que não tenham tido a capacidade de evitar ao longo destes anos, em especial do *breve século XX* – como nomeia Eric Hobsbawn[30] – com suas guerras, genocídios, totalitarismos etc – a barbárie totalitária e autoritária ou a fome e a pobreza em geral, ainda mais com o aprofundamento da *crise estrutural do Estado Social*, quando as possibilidades de concretização das propostas constitucionais se vêem confrontadas com as limitações de um Estado reformado sob a pauta do neoliberalismo[31] – como já explicitado acima – diante da transformação profunda do capitalismo[32].

---

[29] Evidentemente este debate deve ser compreendido nos termos da EC 45/04, em face da alteração promovida neste artigo. Para tanto ver: Bolzan de Morais, Jose Luis. *Art. 5º – As Crises do Judiciário e o Acesso à Justiça* e *Direitos Humanos, Constituição e Direito Internacional.* In: Agra, Walber de Moura (Coord.) *Comentários à Reforma do Poder Judiciário*. Rio de Janeiro: Forense. 2005. pp. 3-54

[30] "Visto do privilegiado ponto de vista da década de 1990, o Breve Século XX passou por uma curta Era de Ouro, entre uma crise e outra, e entrou num futuro desconhecido e problemático, mas não necessariamente apocalíptico. Contudo, como talvez os historiadores queiram lembrar aos especuladores metafísicos do 'Fim da História', haverá um futuro. A única generalização cem por cento segura sobre a história é aquela que diz que enquanto houver raça humana haverá história". Ver: Hobsbawn, Eric. *A Era dos Extremos. O breve Século XX. 1914-1991.* São Paulo: Cia. das Letras. 1995. p. 16

[31] Estas questões têm preocupado juristas, sociólogos, politólogos, filósofos, economistas, em especial, diante da passagem do debate político do âmbito das funções executiva e legislativa do Estado para o espaço jurisdicional, ocasionando o fenômeno da *judicialização da política*, assim como em face do envelhecimento da doutrina constitucional

O que se busca, na *reconstrução* dos direitos humanos[33], é a recuperação de um sentido não positivado que lhe assegurem *a qualidade de uma certa invisibilidade,* bem como uma capacidade de *penetração social*[34], para, assim, *repensá-los em seu fundamento antropológico*[35].

Entretanto, parece-nos que uma postura destas não afasta, pelo menos nesta fase histórica e, sobretudo, no contexto das, ainda, sociedades periféricas o papel da autoridade pública como instância de referência e apelo apta a responder qualificadamente a tal *síndrome* que afeta os laços de comprometimento com uma vida qualificada.

Ou seja, é preciso, para enfrentar não só as carências não resolvidas, como os riscos contemporâneos, em um ambiente de perda das identidades, cuja violência necessita ser percebida em todos os seus âmbitos – desde aquela simbólica, passando pela da desigualdade social, até a violência real do dia-a-dia, em suas dimensões – da criminalidade individual, localizada, pontual, até a macrocriminalidade forjada como agente econômico – que se promova um certo *acoplamento* entre os limites potenciais do Estado Constitucional de Direito

---

tradicional, muitas vezes incapaz de responder a esta nova dinâmica econômico-social. Muito se tem escrito a respeito e, nós mesmos, temos procurado refletir tal discussão no contexto do projeto de pesquisa *A jurisprudencialização da Constituição*, agora em sua segunda fase, quando procura respostas satisfatórias para a transformação da política e do prórpio Estado Constitucional em tal reconfiguração do espaço público estatal. Para isso ver nossos trabalhos publicados nos *Anais do Programa de Pós-Graduação em Direito da UNISINOS*, em especial nos anos de 2002, 2003 e 2004.

[32] Ver: Agamben, Giorgio. *Profanações.* São Paulo: Boitempo. 2007

[33] Ver: Lafer, Celso. *A Reconstrução dos Direitos Humanos.* São Paulo: Cia. das Letras, 1989.

[34] "O que está realmente em questão é,na verdade, a possibilidade de uma ação humana que se situe fora de toda relação com o direito, ação que não ponha, que não execute ou que não transgrida simplesmente o direito...E talvez 'política' seja o nome desta dimensão que se abre a partir de tal perspectiva, o nome do livre uso do mundo". Agamben, Giorgio. Entrevista concedida à *Folha de São Paulo* em 18/01/2005.

[35] "Os direitos humanos, tal como foram pensados no século XIX, não deixaram de ser contaminados pela positivação. Perderam então a qualidade de uma certa indivisibilidade, da penetração social, e passaram a ser normas que se interpretam e aplicam, como qualquer outro direito". Neste sentido: Forbes, Jorge; Reale Júnior, Miguel e Ferraz Junior, Tercio Sampaio. *A Invenção do Futuro: um debate sobre a pós-modernidade e a hipermodernidade.* p. 32 Lafer, Celso. *A Reconstrução dos Direitos Humanos.* São Paulo: Cia. das Letras, 1989.

e a reconstrução simbólico-cultural dos direitos humanos independentemente de seu resguardo em sede de direito estatal, como direito positivo, reconstruindo as próprias fórmulas da *política* moderna como forma de romper o círculo vicioso da síndrome do medo na barbárie.

Todavia, o que se tem visto é uma outra alternativa para o direito do futuro: adotar as fórmulas hoje já presentes no nomeado *direito penal do inimigo*[36]. Este, o direito penal do inimigo – se apresenta como uma regulação que parte de um pressuposto de negação do outro como membro da civilização moderna e, portanto, como não-destinatário de tudo aquilo que foi construído ao seu redor por esta mesma civilização.

Com isso, este direito deixa de ser um instrumento de transformação social, como pretendido no contexto do Estado Democrático de Direito, e passa a apresentar-se como um sistema de exclusão social e de negação de pressupostos fundantes da sociedade moderna – pelo menos no contexto das ditas democracias ocidentais.

Anotações circunstanciais....

Este é apenas um quadro esquemático não conclusivo, onde se pretendeu elencar algumas circunstancias que afetam nossas "certezas" jurídicas.

Diante dele pode-se perceber que se vivencia um conjunto de circunstâncias contraditórias, muitas vezes irreconciliáveis, outras tantas passíveis de convivência e, ainda, muitas outras que apontam para o esgotamento completo das experiências modernas, com suas marcas de civilização e barbárie que lhe são peculiares.

Tal pode nos conduzir a compreendê-la em sua própria dimensão histórica, nos tornando claro que, com isso, perde-se sua pretensão à perpetuidade. Tudo que é sólido desmancha no ar, já dizia o "velho" Marx. E, assim, as conquistas modernas parecem sofrer de

[36] Não vamos entrar neste debate, mas de importância considerá-lo e, para tanto, pode-se buscar subsídios em: JAKOBS, Günter; CANCIO MELIA, Manuel. *Direito Penal do Inimigo. Noções e críticas*. Tradução André Luis Callegari e Nereu José Giacomolli. Porto Alegre: Livraria do Advogado, 2005.

um processo de envelhecimento, com o que vão se tornando incapazes de responder às novas circunstâncias, inadaptadas que estão aos "caprichos" de um tempo que se desconstróe, de um tempo que não opera mais na dinâmica que a caracterizou: um tempo instantâneo que torna obsoleto ou imprestável tudo aquilo que não pode ser desfrutado no exato instante de sua criação.

Assim, nos vemos ante o dilema de tentar salvar aquilo que nos parece insubstituível, de resgatar aquilo que foi perdido ao longo do caminho ou, ao contrário, de buscar novos instrumentos para dar conta do novo. Um novo que ainda não se constituiu plenamente, mas que se apresenta muitas vezes incompatível com o que até então estava posto.

Há, todavia, que conviver-se com esta dessacralização (Agamben), ou seja, com este ato de profanar, tirando do sagrado aquilo que foi para ali levado e devolvendo-o ao uso humano.

Reapropriando Agamben, parece que se vivencia um tensionamento entre a exceção permanente e a profanação, onde, ao mesmo tempo em que o ato de profanar pode permitir a (re)vitalização de estruturas antes "religiosamente" retiradas do uso comum humano, tornando-as parte do desejo de criação humano, a exceção permanente coloca em risco qualquer possibilidade de pensar o novo a partir da tradição cultural que forjou os instrumentos e conteúdos civilizatorios da modernidade[37].

Assim, presente está o papel da filosofia política para compreensão do futuro do direito e do direito do futuro. Embora se possa listar, como aqui feito, possibilidades, para o bem e para o mal, futuras para o Direito ou, ao mesmo tempo, referenciar um conjunto de circunstâncias que permitem antever um Direito do futuro, tal só pode ser compreendido na efervescência do pensamento filosófico político, não a partir de um olhar disciplinado pela tradição sagrada, mesmo com todo o peso que guardam as conquistas modernas[38].

---

[37] AGAMBEN, Giorgio. *Profanações*. Tradução de Selvino J. Assmann. São Paulo: Boitempo, 2007.

[38] É sempre oportuno lembrar o alerta de Hannah Arendt: "O problema, contudo, é que, ao que parece, não parecemos estar nem equipados nem preparados para esta atividade de pensar, de instalar-se na lacuna entre o passado e o futuro. Por longos períodos em nossa história, na verdade no transcurso dos milênios que se seguiram à fundação de Roma e que

A profanação enquanto missão política das próximas gerações parece exigir uma espécie de "reengenharia/rearquitetura" do tempo – apesar das marcas presentes neste termo –, ou seja, resistir às pressões daquilo que já está posto (os paradigmas enquanto passado/memória do direito), mas também resistir ao mito do progresso, à saudade do futuro. A profanação exige que o direito se liberte de um passado inventado por outros, e de um presente imposto pelo exterior, refém de metas pré-determinadas e oriundas da economia, da política... Enquanto não for feita essa reengenharia/rearquitetura do tempo, o homem (cidadão) não se sentirá responsável pela construção do seu ambiente de vida.

Essa reengenharia/rearquitetura permitirá o dar-se conta da "potencialidade criativa do homem[39]" tornando viável/crível o "Direito do futuro", do contrário viveremos um futuro com a memória do direito apenas.

Referências

AGAMBEN, Giorgio. *Profanações.* Tradução de Selvino J. Assmann. Livros Cotovia, 2006.

AGAMBEN, Giorgio. *Estado de Exceção.* São Paulo: Boitempo. 2004

AMIRANTE, Carlo. *Costituzionalismo e Costituzione nel nuovo contesto europeo.* Torino: G. Giappichelli Editore. 2003

ARENDT, Hannah. Entre o passado e o futuro. Tradução de Mauro W. Barbosa de Almeida. 6ed. São Paulo: Perspectiva, 1997.

BECK, Ulrich. *Qu'est-ce que le cosmopolitisme*? Paris: Flammarion, 2006.

---

foram determinados por conceitos romanos, esta lacuna foi transposta por aquilo que, desde os romanos, chamamos de tradição. Não é segredo para ninguém o fato de essa tradição ter-se esgarçado cada vez mais à medida que a época moderna progrediu. Quando afinal rompeu-se o fio da tradição, a lacuna entre o passado e o futuro deixou de ser uma precondição peculiar unicamente à atividade de pensamento e adstrita, enquanto experiência, aos poucos eleitos que fizeram do pensar sua ocupação primordial. Ela tornou-se realidade tangível e perplexidade para todos, isto é um fato de importância política." ARENDT, Hannah. *Entre o passado e o futuro.* Tradução de Mauro W. Barbosa de Almeida. 6ed. São Paulo: Perspectiva, 1997, p. 05

[39] BOLZAN DE MORAIS, José Luis. *A subjetividade do tempo. Uma perspectiva transdisciplinar do direito e da democracia.* Porto Alegre: Livraria do Advogado, 1998.

BERCOVICI, Gilberto. *Constituição e Estado de Exceção Permanente. Atualidade de Weimar.* Rio de Janeiro: Azougue Editorial. 2004

BOLZAN DE MORAIS, José Luis. "A filosofia 'política' no direito", In: *Revista do Instituto de Hermenêutica Jurídica*, v. 1, n. 5. Porto Alegre: Instituto de Hermenêutica Jurídica, 2007, p. 111-144

BOLZAN DE MORAIS, José Luis. *A subjetividade do tempo. Uma perspectiva transdisciplinar do direito e da democracia.* Porto Alegre: Livraria do Advogado, 1998.

BOLZAN DE MORAIS, José Luis. *Do Direito Social aos Interesses Transindividuais: O Estado e o Direito na ordem contemporânea.* Porto Alegre: Livraria do Advogado, 1996.

BOLZAN DE MORAIS, Jose Luis. "Crises do Estado, democracia política e possibilidades de consolidação da proposta constitucional". In: CANOTILHO, J. J. Gomes e STRECK, Lenio Luiz (Orgs.). *Entre discursos e culturas jurídicas.* Coimbra: Coimbra Ed. 2006

BOLZAN DE MORAIS, Jose Luis. "Art. 5º – As Crises do Judiciário e o Acesso à Justiça e Direitos Humanos, Constituição e Direito Internacional". In: AGRA, Walber de Moura (Coord.) *Comentários à Reforma do Poder Judiciário.* Rio de Janeiro: Forense. 2005.

BOLZAN DE MORAIS, Jose Luis et all. "A Jurisprudencialização da Constituição. A construção jurisdicional do Estado Democrático de Direito". In: *Anuário do Programa de Pós-Graduação em Direito.* São Leopoldo: UNISINOS. 2002. pp. 297-349

BOLZAN DE MORAIS, Jose Luis e COPETTI SANTOS, André Leonardo. *O Ensino Jurídico e a formação do Bacharel em Direito. Diretrizes político-pedagógicas do curso de direito da UNISINOS.* Porto Alegre: Livraria do Advogado. 2007.

BOLZAN DE MORAIS, Jose Luis e SPENGLER, Fabiana Marion. *Mediação e Arbitragem. Alternativas à jurisdição.* 2ª ed. Porto Alegre: Livraria do Advogado. 2008

BOLZAN DE MORAIS, Jose Luis. "Estado, função social e (os obstáculos da) violência. Ou: do "mal-estar" na civilização à síndrome do medo na barbárie!" In: CALLEGARI, André.(Org.) *Política Criminal, Estado e Democracia.* Rio de Janeiro: Lumen Juris. 2007

CANOTILHO, J. J. Gomes. "A 'governance' do terceiro capitalismo e a constituição social. (Considerações preambulares)". In: CANOTILHO, J. J. Gomes e STRECK, Lenio Luiz (Orgs.). *Entre discursos e culturas jurídicas.* Coimbra: Coimbra Ed. 2006

CANOTILHO, J. J. Gomes (Coord.). *Introdução ao Direito do Ambiente.* Lisboa: Universidade Aberta. 1998

CANOTILHO. J. J. Gomes. *Brancosos e interconstitucionalidade. Itinerários dos discursos sobre a historicidade constitucional.* Coimbra: Almedina. 2006

CAPPELLETTI, Mauro. "Formações sociais e interesses coletivos diante da justiça civil". Revista de Processo, São Paulo: *Revista dos Tribunais*, ano 2, n. 5, jan./mar. 1977.

CAPPELLETTI, Mauro; GARTH, Bryant. *Acesso à justiça*. Tradução Ellen Gracie Northfleet. Porto Alegre: Sérgio Antônio Fabris, 1989.

CASTANHEIRA NEVES, António. "O direito como alternativa humana. Notas de reflexão sobre o problema actual do direito". In: *Digesta. Escritos acerca do direito, do pensamento jurídico, da sua metodologia e outros*. Volume 1º. Coimbra: Coimbra, 1995.

FORBES, Jorge; REALE JÚNIOR, Miguel e FERRAZ JUNIOR, Tercio Sampaio. *A Invenção do Futuro: um debate sobre a pós-modernidade e a hipermodernidade*. Barueri: Manole. 2005.

GUATTARI, Félix. "O Capitalismo Mundial Integrado e a Revolução Molecular". In: ROLNIK, Suely (org). *Revolução Molecular. Pulsações políticas do desejo*. Brasiliense: São Paulo, 1981.

HOBSBAWN, Eric. *A Era dos Extremos. O breve Século XX. 1914-1991*. São Paulo: Cia. das Letras. 1995

HOBSBAWM, Eric. *Globalização, Democracia e Terrorismo*. Queluz de Baixo: Presença. 2008.

JAKOBS, Günter; CANCIO MELIA, Manuel. *Direito Penal do Inimigo. Noções e críticas*. Tradução André Luis Callegari e Nereu José Giacomolli. Porto Alegre: Livraria do Advogado, 2005.

KANT, Emmanuel. *A paz perpétua*. São Paulo: Edições e Publicações Brasil, 1936.

LAFER, Celso. *A Reconstrução dos Direitos Humanos*. São Paulo: Cia. das Letras, 1989

MARRAMAO, Giacomo. *Potere e Secolarizzazine. Le categorie del tempo*. Torino: Bollati Boringhieri. 2005

NEGRI, Antonio e HARDT, Michael. *Multidão. Guerra e democracia na era do Império*. Rio de Janeiro: Record. 2005.

OST, François. *O direito à margem da lei: a ecologia à prova do direito*. Tradução Joana Chaves. Lisboa: Instituto Piaget, 1997

RESTA, Eligio. *Il Diritto Fraterno*. 3ed. Bari: Laterza, 2002.

RESTA, Eligio. *O direito fraterno*. Tradução de Sandra Regina Vial. Santa Cruz do Sul: EDUNISC, 2004.

STRECK, Lenio Luiz. *Verdade e consenso*. 2ª ed. Rio de Janeiro: Lúmen Júris. 2007

STRECK, Lenio Luiz. *Hermenêutica Jurídica e(m) crise*. 7ª ed. Porto alegre: Livraria do Advogado. 2007

Estado-da-Arte da Justiça Criminal no Brasil: Distorções Políticas e o Futuro

JACINTO NELSON DE MIRANDA COUTINHO*

I. Introdução: As distorções atuais da Justiça Criminal

Os escândalos políticos e as distorções da Justiça Criminal são duas coisas diferentes mas, nos dias atuais, andam implicadas, por alguns aspectos, infelizmente. Nesse espaço onde há uma hipervalorização da individualidade e da competição – como fruto da epistemologia neoliberal e um pensamento mercadológico onde o suprasumo é o lucro –, falece (ou quase) a ética, com infinitas consequências. *Uma delas é a privatização escancarada do espaço público*; ou algo pior: não se dá importância para isso ou, talvez pior ainda, acha-se que quem faz isso é o "cara", como se diz na gíria, ou seja, o esperto, o bem-sucedido, um tanto quanto como explicado para o "fenômeno" Berlusconi, na Itália. Seja como tropo, seja como ironia, soa como perverso. Quem sabe, porém, despertando-se para o problema, comece-se a desmitificar uma equívoca *representação*, ou melhor, mais uma. Enfim, neste embalo, os *escândalos políticos* quase que cotidianos estão se banalizando e, numa quadra da história de pensamento neoliberal, de um "*morreu, morreu, que bom que não*

* Professor Titular de Direito Processual Penal na Faculdade de Direito da Universidade Federal do Paraná. Especialista em Filosofia do Direito (PUCPR); Mestre (UFPR); Doutor (*Università degli Studi di Roma* "La Sapienza"). Chefe do Departamento de Direito Penal e Processual Penal da Faculdade de Direito da UFPR. Advogado. Conselheiro Federal da Ordem dos Advogados do Brasil pelo Paraná. Autor de vários livros e artigos em revistas especializadas.

fui eu", parecem não impressionar muito e muitos. Para alguns são mesmo sinal de esperteza e vendido como virtude, no melhor estilo *berlusconiano*: "quero ser igual a ele!", como ensinou *La Boétie* ainda no século XVI, no opúsculo *capolavoro* que ajudaria a fundar a Filosofia Política, *O discurso da servidão voluntária*. Pois bem, *a Justiça Criminal*, por evidente, não iria escapar do *giro escandaloso do político* e, como parecia óbvio, *seria usada para a defesa* (encoberta por argumentos retóricos, naturalmente) *de interesses privados em conflito no campo político*. Em verdade, não é bem um *uso; é um abuso*. E assim, em um país periférico como o Brasil, auxilia-se ainda mais a se implementar as "*distorções da Justiça Criminal*", mesmo porque não são todos que se dão conta da *banalização* e do *abuso*. Quando a Constituição do Maranhão (com toda a discussão que se possa ter sobre o assunto, por evidente) serve para atropelar a Constituição da República, como parece ter ocorrido em uma das operações cinematográficas das autoridades policiais ocorrida em 2007, é sintomático que ninguém – nenhum dos envolvidos – tenha ficado na cadeia, ainda que provisoriamente e, portanto, como qualquer medida cautelar de privação da liberdade, a ser levada a efeito de forma excepcional, por sua própria natureza jurídica. Assim, só alguém com mal-intencionado é capaz de atacar o Ministro Gilmar Mendes, do STF, por logo ir soltando a todos, de forma absolutamente correta. Embora se possa discordar dele por outros motivos e outras posições (isso é inevitável no Direito!), pelo que fez, não. A CR existe para todos; e é imprescindível entender isto. A sorte é que ainda há esperança porque há "*juízes em Berlim*", como teria profetizado o famoso moleiro de *Sans Soucy*.

II. As operações cinematográficas da Polícia Federal como sintoma de desvirtuamento

É interessante a afirmação rotineira dos meios de comunicação tornando de grande glamour as "operações cinematográficas da PF!" Pois. Seriam risíveis, não fossem trágicas para as "*vítimas*" e para a incipiente democracia brasileira. O espetáculo, não raro desnecessário e desproporcional no seu modo de ser – e que ridiculariza a todos, dos dois lados –, fornece um tipo de *gozo coletivo* (que não serve para nada como ensinou Lacan com propriedade, por sinal na Faculdade de Direito da *Sorbonne*), assim como elementos da matéria prima da *alienação* marxiana. É o velho *panem et circensis* de Juvenal; ou o *tittytainement* neoliberal de Zbigniew Brzezinski: o pior é que sempre consegue cooptar intelectuais de peso (alguns, pseudo!), quase sempre "*donos da verdade toda*" (na qual acreditam como um seminarista medieval), mas invariavelmente contra a Constituição da República. Daí, por exemplo, esses mistos de jornalistas e humoristas que "fulanizam" a profissão e se valem da carniça intelectual dos desprotegidos, daqueles sem *inteligência crítica* suficiente para não cair na "*tràppola*" do gueriguéri; de todo perversa porque se não importa com as consequências e não vê *limites* e sequer um pouco de respeito pela inteligência nacional, tudo para vender ilusões sobre tudo e todos. Essa gente *diz qualquer coisa sobre qualquer coisa*, ajudando a expandir o "*caos hermenêutico*" de que fala Lenio Streck. Se as "aplaudidas" operações (que não rende aos pretensiosos nem os 15 minutos de glória de que falou Andy Wharol) não fossem tão-só cinematográficas e, portanto, tivessem consistência como fruto da competência e da preparação pessoal e material dos seus operadores, gente vinculada à política e de peso talvez não estivesse solta; e Roseana Sarney poderia ser a presidenta da República, mesmo porque, como se noticiou em algum cantinho dos jornais, mais tarde e sem espetáculo algum, o famoso IPF (inquérito policial federal) que a envolvia foi arquivado. Ora, tem gente que agüenta ser vítima do *espetáculo de gozo*, seja porque não registra, seja porque goza junto com ou sem cacife para suportar a pressão. Mas os cidadãos sérios do país, que o sustentam com muito trabalho e anonimamente, acabam destruídos psicologicamente para sempre quando enredados em situações do gênero. Mas quem se importa com eles? Quantos são os que se importam? Não se consegue ouvir bem o clamor público, justo por não existir. É tudo como se fosse um mero jogo de cassino e os perdedores tivessem um dia de azar. Por certo não são os precitados jornalistas/humoristas que se preocupam com essa gente. Os famosos "infelizes" da conhecida Escola de Base, em São Paulo, que o digam. Vítimas do "*menefreghismo*" (como dizem os italianos), viraram "*nadas ambulantes*", "*coisificados*" que foram, como tantos outros. Fez-se – há que recordar de tempos em tempos –, segundo os *contratualistas*, um mitológico *pacto* e – embora não tivéssemos tido ainda, no Brasil, uma vera e própria Revolução Francesa – de acordo redigiu-se uma Constituição, quiçá como única forma civilizada de superar a barbárie. Se se esquece dele (o pacto) e dela (a Constituição) a cada dia, a cada passo, aponta-se na direção da consolidação dela, da barbárie – há de se insistir no termo porque não há outro melhor – que, *pari passu*, vai crescendo, movida por meras *representações*, por um imaginário malvado, onde as identificações não só não dão conta da realidade como, também, pretendendo-se "*completa*", vendem demônio por anjo e, portanto, confirmam seu lugar de engodo, de engano, de falsidade. De operação em operação (fracassadas diante da CR), necessita-se *operar-a-ação*; e do seu ventre extrair o tumor do "*discurso fácil*", o câncer da "*mera aparência*"; em suma, a bandalheira antidemocrática de uma cinematografia de péssimo gosto. Enfim, o *espetáculo cinematográfico* das operações, sempre a serviço de alguma ideologia antidemocrática e inconstitucional é deprimente e só tem reforçado o *medo* e apontado para a tragédia que, ao invés da *vergonha*, nada funda, como ensinou Yuri Lotman. Calligaris tem razão: quando uma elite insegura enxovalha seu povo, dos excluídos do mercado aos incluídos eleitos (para se sustentar o faz-de-conta), resta só esperar pelo troco porque o sujeito, em tais casos, só pode pretender de seus próprios atos que eles lhe dêem um "*lugar*" ao sol. *É disso, contudo, que é preciso ter medo!* Não for assim, de *imbrogli* em *imbrogli* (retóricos) há o perigo do Primeiro Comando da Capital, dito PCC – uma proto-organização criminosa, como é primário – virar um verdadeiro Partido Político e aí basta, como disse Weber, um *líder carismático* (ainda não aprendemos?) que não o tal Marcola, o qual teria lido três mil livros, contando, por certo (se verdadeiro for), os jornais, revistas ou, pelo menos, nada que prestasse, como parece sintomático. Se ele tivesse lido quinhentos livros de Filosofia – e os entendesse – e tomasse por livro de cabeceira a biografia de Malcom X e os livros por ele lidos, sem dúvida poderia inspirar mudar o Brasil e o mundo. Agora, sem embargo do que tem feito, comanda um *bando de mortos de fome* sem ter onde se agarrar, como já confessou[3], mas que comete um grande número de ilícitos.

[3] *Caros Amigos*. Ano X, nº 28, maio 2006, p. 31.

Ele, porém, é (ou pode ser), a *isca* de um *registro simbólico*; talvez o "*deus*" pelo qual se vá lutar um dia; e aí não se pode prever as reais conseqüências. Entre o mal (dos *bandidos* de hoje) e o mal (dos *bandidos* de amanhã, até porque se trata de uma proto-organização criminosa e não vai mudar com o tempo: ver o Estatuto do PCC na revista referida[4]), a saída é tão-só uma: *a democracia*, na qual se chega por uma adesão irrestrita à CR, com respeito ao *outro enquanto tal* e efetiva mudança da mentalidade. Ora, não basta só mudar a lei, mesmo que constitucional. Por sinal, de mudanças assim o país está repleto.

III. Tais métodos (como as Operações Cinematográficas) são eficazes do ponto de vista jurídico?

As "operações cinematográficas" como método têm sim uma utilidade. Do ponto de vista jurídico, porém – que é o que interessa, em verdade – depende para o quê. Método é *caminho*, *methodos* (em grego), *weg* (em alemão), ou seja, *o espaço que se percorre de um ponto a outro*. Assim, se se quer chegar tão-só no *mero espetáculo* (inclusive o dantesco consumo de *imagens*), elas – as operações – são muito eficazes. Ora, parafraseando Amilton Bueno de Carvalho – e dentro de uma lógica dedutiva – se você cria – e põe em prática – algo para não funcionar e isso, de fato, não funciona, logo, é extremamente eficaz porque funciona bem, exatamente como foi projetado e colocado em prática. Se você, porém, só entende as precitadas operações dentro do espaço correto, ou seja, *o constitucional*, onde os Direitos Fundamentais (para começar) devem ser preservados como *condição de possibilidade* do "*ser no mundo*" (Heidegger), da democracia se instalar e se poder sonhar com "*uma vida em abundância para todos*" (João, 10,10), então não se vai adiante com algo do gênero. Quando você abandona a Constituição da República, assim como a legislação infraconstitucional, e o STF (por todos) diz *amém* (embora seja o melhor tribunal – disparado – do país, apesar...) em bom número de casos, nada se conserta tão cedo; e não se

[4] *Caros Amigos*. Ano X, n° 28, maio 2006, p. 5.

consegue condenar nem os corruptos equiparáveis a "*ladrões de galinha*", porque as operações parecem obras do "*Exército de Brancaleone*". Ora, isso só interessa a quem, como Tancredi, em *Il Gattopardo*, de Lampedusa, *quer "mudar" para que tudo fique como sempre esteve*. Veja-se só um exemplo: noutro dia, alhures, numa conferência em certa cidade e no meio universitário, foi necessário resistir à afirmação de uma pessoa – não conhecida –, integrante de uma dessas operações, quando dizia ter(em) invadido (*com certo orgulho, para cativar os estudantes mais ingênuos*) uma casa, em uma favela, sem mandado judicial e de madrugada, tendo pego a "*cambada pelada*". À irresignação (que não poderia ser diferente), respondeu o bravo "*justiceiro*"[5]: "*Professor, mas era na favela!*" Claro, na mentalidade de gente assim, *na favela pode*, assim como pode a conhecida ordem de "*mãos na parede!*" nos bares das periferias (nunca nas casas famosas dos centros urbanos, quiçá onde se tenha mais crimes); o *apalpar as partes íntimas nas revistas* quando em jogo estiverem "suspeitos", de preferência meninas ricas e bonitas, mas vale as menos favorecidas também como, por tudo, a "velha e boa" *prisão para averiguações*, de todo inconstitucional – e criminosa – agora revivida como tentativa de legalidade na dita *prisão temporária* (concedida *per faz et nefas*), eufemismo para justificar o acesso ao *corpo* sem que se faça "*muitos estragos*", como uma vez já tentou justificar a *tortura* o célebre *udinese* Francesco Carnelutti. É interessante – assaz interessante! –, então. Reclama-se muito da *impunidade* e, em geral, do *Código de Processo Penal*, além de se atacar, com força mortal, a Constituição da República como empecilho, mas, *mesmo que se a despreze solenemente*, continua-se com condenações que ainda escolhem os "pequenos", ou melhor, de vez em quando sobra a um "*escolhido*", não raro um "*peixe pequeno*". Há de se notar, sem embargo, que o CPP foi copiado do *Codice Rocco*, de 1930, da Itália (e ainda piorado com algumas experiências nacionais), para funcionar assim, razão por que ele repele a CR, a qual vai vilipendiada em nome de "deuses" menores como o chamado Movimento de Lei e Ordem, por gente que se não importa em oferecer a democracia no patíbulo do seu próprio gozo. Eis, então, o

[5] Esses é que são sempre muito apoiado pelos precitados *jornalistas/humoristas*.

motivo de não se poder *culpar* tão-só o Poder Judiciário pela *ineficácia dos métodos*, embora ele siga sendo o *maior garante da CR e do cidadão* e deva exercer tal mister com desenvoltura, o que se não dá sempre, mesmo porque é feito de homens e mulheres. Mas uma coisa é certa: enquanto ele (sobretudo, mas não só ele) não *garantir a CR e o cidadão* não muda muita coisa, ou melhor, tende-se a piorar. Ora, *se você produz uma prova ilícita* e o STF não diz nada (em geral o ato é criminoso), ou melhor, ao contrário, dependendo do caso faz força para lhe dar *admissibilidade* e *eficácia*, não se pode esperar que amanhã o mesmo executor da atrocidade[6] vá encontrar limites e voltar atrás diante deles. A eficácia, portanto, não depende da lei (tem-se muitas delas, para todos os gostos), mas do que dizem os homens-intérpretes sobre elas, criando as normas e lendo as regras nelas contidas.

IV. **Os atos com falhas técnico-jurídicas são resultado da falta de preparo dos encarregados das Investigações Preliminares e ensejam os provimentos de decisões restauradoras da liberdade**

Claro que há muita falta de preparo na Polícia (e agora isto está se mostrando também nos órgãos do Ministério Público quando investigam, com o beneplácito de alguns juízes), por infindáveis motivos, daqueles vinculados ao conhecimento até a ausência de condições materiais. Em geral, falta tudo; ou quase tudo! Mas o maior problema segue sendo os Políticos: eles continuam tendo uma ingerência muito grande e aí não funciona. Basta ver como se dá o treinamento dessa gente (polícia), tudo sem a mínima condição, dado ser matéria prioritária só nos discursos eleitoreiros. Em geral, *ao invés de se preparar o policial para proteger o cidadão, qualquer que seja, do mais rico ao mais pobre, prepara-se de modo tal que, na segunda ou terceira "operação" o sujeito já está senhor da situação e goza o bom gozo da arbitrariedade, em geral sem qualquer conseqüência, ou melhor, com freqüência aprovada por todos*

[6] Alguns atos são abjetos, como a *tortura*, por exemplo, *essa vergonha do gênero humano*, como disse Franco Cordero com razão.

(ou quase todos), do Judiciário à população que sofre com os atos arbitrários. Basta ver o que essa gente pensa da *"pena de morte"* (que tudo indica vão eles sofrer!); e assim por diante. Sobre os *efeitos das atividades nos policiais*, sabemos desde as experiências de Philip Zimbardo e seu grupo de pesquisadores, na Universidade de Stanford, em Palo Alto, Califórnia, no verão de 1971, mormente pelo que ficou conhecido por SPE, isto é, *Stanford Prison Experiment*, agora revisitado após os acontecimentos na penitenciária de Abu Ghraib, no Iraque, em um livro recém-lançado: *The lucifer effect – Understanding how good people turn evil* (O efeito lúcifer – Entendendo como pessoas boas se tornam más). Em resumo, tem-se muito a fazer neste campo, mas *é preciso começar por um treinamento onde o foco esteja vinculado diretamente à proteção dos Direitos Fundamentais*; e para todos, absolutamente todos, não só à gente dos centros das cidades, das zonas mais ricas. Passada uma primeira fase crucial (como ocorreu na Europa continental, porque na Inglaterra a situação é assim desde o século XIII), os órgãos policiais iriam acabar por conquistar a confiança da população e, então, com a ajuda dela, poderiam dar conta, satisfatoriamente, da situação, começando pela questão das drogas. Veja-se tão-só um exemplo, tomando por base distante o modelo inglês: cada policial militar (é caso de polícia de segurança) poderia ser responsável por dois ou quatro quarteirões, tomando em consideração ser isso possível. Ele conheceria o povo que por lá vive e com ele faria contatos, desde um barato telefone celular conhecido por todos (estaria à sua disposição 24 horas por dia), inclusive finais de semana, não só para interferir, quando possível, nas condutas criminosas como, principalmente, para auxiliar na intermediação com os órgãos centrais e responsáveis pela operacionalização das reações mais *"pesadas"*. Ele poderia ser um *"amigo"* com o qual se pode contar em tais casos e, na medida em que fosse resolvendo cada um deles, iria conquistando a confiança da população. Quanto se gastaria com uma estrutura assim? Ao contrário, quer-se colocar em prática modelos importados, mormente dos EUA, de todo inviáveis no Brasil e, dentre eles aqueles lastreados na horrorosa *Broken Windows Theory*. A situação, porém – deve-se reconhecer – não é a mesma na União e em quase todos os Estados. Na Polícia Federal há uma maior autonomia mas, neste caso, por conta de uma leitura equivocada da CR, em muitas das grandes operações, quem

comanda é o MPF – nas chamadas Forças-Tarefa –, quando não, por vias transversas, os próprios juízes, metidos a Nicolas Marshall (como lembrou Alexandre Morais da Rosa em texto brilhante), o juiz americano de um seriado da TV que, de dia, exercia suas funções jurisdicionais e, de noite, saia à cata dos bandidos para os justiçar. Por evidente que isso é meter do avesso o sistema do *common law* americano, mas não espanta ninguém no Brasil. Hoje já não temos mais dúvidas de que aí está a diferença entre o sistema europeu continental (*inquisitório*) e o modelo inglês (*sistema acusatório*), ou seja, na *gestão da prova*. A base principal para tanto e por todos é Franco Cordero, o grande processualista penal da atualidade (em singela avaliação), para infelicidade brasileira pouco lido em *terrae brasilis*. No Brasil, como se sabe, leu-se Vincenzo Manzini, o *camicia nera* advogado de Mussolini e fascista até a medula. Foi ele o principal responsável pela adoção equivocada de um sistema pelo outro na Itália, donde foi-se buscar o modelo brasileiro. Para Manzini, quando a acusação é separada do julgamento, cabendo a órgãos distintos, está-se diante do sistema acusatório. Isto é falso, como já asseverado em tantas passagens. Ora, tem-se inúmeras situações onde ocorre tal separação e o sistema segue sendo inquisitório, como o maior monumento laico da história da humanidade, ou seja, o sistema adotado pelas *Ordonnance Criminelle* de 1670, de Luís XIV, em vigor até após a Revolução Francesa. As referidas funções eram separadas (como no sistema do processo penal brasileiro), terminando o processo com um grande júri, no estilo daquele adotado no Brasil, *mutatis mutandis*. Ora, quem seria louco de dizer que aquele sistema era acusatório? Nem seus defensores, talvez por acharem que se fizessem isso seriam demais hipócritas. Por outro lado, após a Revolução, sabem todos que a Europa continental passou – com pequenas diferenças aqui e acolá – a ser regida pelas regras impostas por Napoleão, no seu famoso código, que veio à luz em 17.11.1808 e vigorou a partir de 1º de janeiro de 1811. Com uma Comissão docilizada, Napoleão impôs o que quis (ele, inclusive, participava das discussões), arrastado pela opinião daquele que depois seria seu arquichanceler, Jean-Jacques-Régis de Cambacérès, comandante dos saudosistas do *"processo duro"* dos tempos reais. A resistência do *Conseil d'Etat* foi em vão, mas a jogada de imposição da velha estrutura foi de mestre: deixaram à fase final da *persecutio criminis*, dita *Jugement*, uma estrutura com aparência de acusatória, com partes, mais ou menos como no rito do processo brasileiro do júri de hoje. Não aparecia, contudo, um artigo como o 365 do *Code de Délites et des Peines* – por sua vez lastreado no modelo inglês adotado em França pelo Decreto de 16-29 de setembro de 1791 –, o qual determinava que se eliminassem as provas colhidas na investigação *preliminar*, ou seja, sem o contraditório, sem a participação das partes: *"il ne peut être lu aux jures aucune déposition écrite de témoins non présents à l'auditoire"*, ou seja, em tradução livre: *"não pode ser lido aos jurados nenhum depoimento escrito de testemunha não presente no auditório"*. Assim, abriu-se a porteira para a *"barbárie jurídica"* vivida no Brasil até hoje, ou seja, com alguns argumentos retóricos[7], *o juiz pode tomar a decisão que quiser baseado na prova obtida sem contraditório e imunizando-a, blinda-a contra qualquer ataque*. Isso é plenamente possível e ocorre todos os dias em todos os tribunais, às vezes (dever-se-ia dizer: muitas vezes!) de forma inconsciente. Está-se diante de uma *lógica deformada*, por evidente, como mostrou com precisão Franco Cordero. Ora, se é assim, pode o juiz primeiro decidir – em geral condenando – e depois sair à cata da prova que justifique sua decisão. É o paraíso dos *"justiceiros"*. Afinal, em tal quadro vige *"o primado das hipóteses sobre os fatos"* e, deste modo, é inevitável um *"quadro mental paranóico"*, sempre com Cordero. Usando-o, como anota o ex-professor da "La Sapienza" em Roma, *"orienta o êxito para onde quiser"*. Aqui, por elementar, *é preciso esperar que o sujeito tenha forças suficientes para resistir ao seu próprio pensamento deturpado, anulando os prejulgamentos*, tarefa quase impossível, mormente quando, pelos meios de comunicação, incita-se o povo a cobrar exatamente o contrário, ou seja, vende-se a imagem de que essa é a *"volonté generale"* e, portanto, legítima e democrática. Era algo muito parecido o que se passava na Alemanha nazista e na África do Sul do *"apartheid"*; e assim por diante. Basta uma singela visão para se perceber que é demais para um mortal! E do resultado de tudo é despiciendo falar. Tome-se só um exemplo, da realidade, que se não pode negar, nem manipular retoricamente: as cadeias e penitenciárias

---

[7] Veja-se, já em 1980, a obra de Nilo Bairros de Brum, *Requisitos Retóricos da Sentença Penal.*

estão lotadas (antes, superlotadas) de pobres; e vazias de ricos. Elas não foram feitas, porém, para os pobres, se em consideração se levasse, por primário, o *princípio da isonomia constitucional*, mas para os culpados, sejam pobres ou ricos. Mas por que se faz uma "*opção preferencial pelos pobres às avessas*" senão por conta do sistema adotado? E que se manterá assim se dele não se sair? Agora, porém, além dos pobres, a chamada "*esquerda punitiva*" (como mostrou Maria Lúcia Karam) quer colocar nas prisões, no lugar daqueles, os *ricos*, com alguns argumentos que beiram o ridículo e dentre eles o da "*filosofia do coitadinho*" (estilo "*até agora pegamos eles; vamos agora pegar os outros*"), sem que se tenha mudado nada da base epistemológica do processo. O resultado, enfim, é o desastre que aí está, com a diferença que, agora, disparando nos que mais têm, acabam por encontrar resistência e se tem a aparência de serem as prisões "*para inglês ver*" (como se diz na gíria brasileira), porque se prende e logo se solta. Com tal estrutura – e bem urdida – poderia ser diferente? É óbvio que não! Logo, das "*falhas técnico-jurídicas*" padecem todos, inclusive a Polícia, não raro sem se dar conta do que se está passando. Mas não é só com a Polícia, como parece elementar. A responsabilidade maior não está com ela mas com *os garantes da CR e dos cidadãos*, os juízes. *Enquanto eles não se derem conta da situação, forçando a efetivação concreta da CR, tem-se que concluir, humildemente, que nada mudará*, até porque se acena sempre com *reformas parciais da legislação processual penal*, essas sim a serviço da manutenção do *status quo*. Para as classes sociais mais favorecidas continua tudo bem, como sempre esteve, ou melhor, hoje não se tem dúvida que, nelas, vive-se, em geral, talvez melhor que os europeus e os próprios americanos do norte, dado a liberdade conquistada para girar e usufruir dos bens de consumo. Mas o Brasil não é feito só pelas classes mais favorecidas, ou melhor, são elas a absoluta minoria, o que mostra ser a vida dos "outros" muito difícil. Tais classes, como é primário, foram cooptadas pelo discurso neoliberal do consumo e do se esbaldar até não poder mais, sob o

---

[8] Para ser distribuída pelo Estado, que acabaria com a malta miúda dos traficantes, como se fez com o Jogo do Bicho, para desespero do Brasil que já não tinha onde empregar os egressos das prisões que não queriam voltar aos cárceres mas não conseguiam emprego, logo, com conseqüências desastrosas em todos os sentidos, como observa qualquer jejuno.

preço de se *"não desejar"* (Charles Melman) ou, quem sabe, *"só gozar"*; eis o motivo pelo qual, no diagnóstico de Jean-Pierre Lebrun, está-se passando de uma *"neurose ordinária"* para outra, de *"perversão ordinária"*: ele pode não estar certo, mas a sintomatologia aponta, em definitivo, em tal direção. Veja-se uma questão candente: as drogas. É preciso legalizar (como fizeram os europeus) ou não? Sendo coisa de um enorme mercado, está dentro do pensamento neoliberal e, por todos, Milton Friedman. Ele propôs legalizar[8], garantindo-se a assepsia. A proposta não foi aceita em sua própria casa[9], desconfiados que sempre foram com suas idéias, invariavelmente caolhas, como hoje se comprova mundo afora. E os *"neobobos"* e *"neoburros"*[10] são os que, no Brasil, resistem, não é? Quando idéias do gênero passam ao *"mundo criminal"*, não se entende a razão de se ter de conviver com tantas drogas e suas conseqüências trágicas, dentre elas a perda dos filhos. Ora, como é primário, *não se tem saída outra que não legalizar o uso das drogas, como fizeram os europeus mas, ao contrário do que queria Friedman, acoplado à distribuição e venda delas pelo Estado (nas farmácias, por exemplo), haver-se-ia de ter um serviço especializadíssimo em ajudar todos os que quisessem delas sair; e não são poucos*. Mas aí já se teria que gastar e a coisa não mais iria dar o lucro que se pretende, essa maldição que está engolindo o resto da solidariedade – e da ética – que sobrou ao mundo. Eles, do primeiro mundo, por outro lado, também pagaram um preço pela "aldeia global" de McLuhan, ou seja, ter-nos por lá como iguais (o que não deve ser fácil, com os problemas que enfrentam), justo por terem importado às suas próprias classes desfavorecidas as mazelas do terceiro mundo. Eis um bom exemplo de *"sucesso da globalização"*; para nós, naturalmente. Repita-se: sem um pensamento de *democracia global* não se vai muito longe, ou melhor, vai-se até onde Bush propõe. Pobre de todos, agora como nunca, iguais aos mexicanos: tão longe de Deus e tão perto dos EUA!

---

[9] O sistema americano continua intacto, influenciando mal todos os demais países, mormente os periféricos.

[10] Como acusavam os neoliberais brasileiros àqueles que os denunciavam como neoliberais, mormente pelos ataques que engendravam – e praticavam – contra a Constituição da República.

V. As concessões de liberdade provisória não só têm sido legalmente corretas como não acarretam qualquer descrédito para a Justiça Criminal perante o povo Brasileiro

Por evidente que não há, perante o povo brasileiro, qualquer descrédito do Poder Judiciário quando um juiz decide, cumprindo a CR as leis infraconstitucionais, conceder a liberdade provisória a um cidadão. Quem pensa o contrário comete um grande engano! Um juiz, quando decide soltar alguém que está preso cautelarmente, é porque entende que os pressupostos legais, começando por aqueles constitucionais, à prisão, não se fazem presentes. Assim, por que haveria de provocar descrédito? O ato, em si, ao contrário, provoca ainda mais o respeito que a população tem – com razão – pelo Poder Judiciário, o guardião, por excelência, da CR, das leis e do cidadão. Eis por que as decisões dos juízes são – e devem ser – respeitadas e cumpridas, embora possam ser questionadas, corretamente, pelas vias recursais. Isso é a cara da democracia. País que a não tem está destinado ao fracasso, ao vilipêndio das "liberdades públicas", à exploração indevida dos mais fortes pelos mais fracos e, enfim, a uma vida regida pelo medo; medo de não se ter a quem recorrer quando do célebre: "vá procurar por seus direitos...". Pode-se passar, com isso, por uma situação delicada, a qual coloca em questão os próprios postulados democráticos. Ora, é inegável que gente ideologicamente definida (e dentre eles alguns dos precitados jornalistas/humoristas) pode tentar solapar o "lugar de referência" ocupado pelo Poder Judiciário. Para tanto, faz-se um discurso vazio, meramente retórico e inconstitucional, tentando-se minar os fundamentos democráticos da CR e, assim, pelas aparências (que só enganam), "exige-se decisões mesmo contra a lei, contra a Constituição", em nome de um *'deus'* qualquer, sem nenhuma importância com eventuais *'erros'* (que destroem as pessoas, os cidadãos), *os quais – segundo dizem – vão computados dentro de um percentual que se há de conviver em uma sociedade de risco*. Como parece evidente, isso é cretino, não fosse, antes, canalha. E assim o é porque nunca se viu ninguém, em tais assertivas, colocar-se no lugar daquele que sofre o *'erro'*, mesmo porque em uma sociedade onde gente assim não "respeita o lugar do outro", pensa-se blindada contra tal tipo de *'lugar'*. De certa forma, Paulo Francis – um gênio em muitas matérias e dentre elas aquela na qual era doutor, de verdade – pensava-se assim: disparava no que viesse pela frente, com razão ou sem ela, sem muito se preocupar poder ser atingido pela *'força'* do Poder Judiciário, o que foi possível até determinada medida, porque *"estava girando no imaginário brasileiro"*, como que incorporado por ele. Quando tentou fazer o mesmo nos EUA – e alguém com pudor e reputação resolveu não suportar e lhe foi contra para um acerto de contas devido – deu no que deu e todos sabem o resultado. Em suma, o Poder Judiciário ocupa um *"lugar de referência"* e não será qualquer ataque que lhe tirará a primazia, a não ser que *'baixe a cabeça'* a tal ponto de se subordinar aos *"falsos brilhantes"* do *"discurso fácil"* e da *"democracia difícil"*, marcada pela força do *apartheid social*, fundado na razão vil de que *"cada um é o que tem e não o que é"*. Neste aspecto, porém, o Poder Judiciário é um time que joga sozinho e, portanto, não pode perder senão para si próprio. Basta, então, não se *"deixar levar"* pelo *"discurso do medo"* ou qualquer outro, o que, reconheça-se, não é tarefa fácil. É preciso, por exemplo, ver os telejornais e *a priori* não acreditar no que ali se diz (a começar pela contumaz ignorância – no sentido próprio de falta de conhecimento – de quem produz os textos), com freqüência dentro de um discurso envolvente, sedutor e aparentemente concebido dentro de uma lógica perfeita, da qual não se pode escapar sem a devida resistência. Com grande habilidade no jogo subliminar, penetra ele como algo pronto e acabado, para não ser refutado, ou melhor, sequer ser questionado, para ser adotado sem subterfúgios. E o pior é que, em grande medida, é mesmo adotado. Ao depois, *revendo-se as premissas*, salta fora, sem muita dificuldade, o que estava escondido, ou seja, *"os reais interesses em jogo"* e o efeito de cooptação dessa forma de agir, vinculado ao chamado *"poder condicionado"*, conforme definiu Galbraith. Isso é uma arte, da qual os grandes mestres são os publicitários, mas o maior gênio que a história conheceu foi um intelectual que pretendia ser padre: Goebbels. Não se trata de alguém fazer algo – sempre com Galbraith –, porque você o ameaça (com uma punição, por exemplo); ou em razão de lhe prometer algo como compensação, a qual só tem efetivo sentido quando compromete o *'sujeito'* e, assim, pode ter alguma utilidade. Trata-se – isso sim! – de fazer com que ele faça o que você quer que ele faça, porém pensando estar fazendo única e exclusivamente por sua conta, por sua própria decisão, como se seu fosse o projeto a ser cumprido, ou seja, com engajamento total. Como ironiza gostosamente Agostinho Ramalho Marques Neto, é mais ou menos o que se passa com *"os malditos"* biscoitos (dos quais, das fotografias estrategicamente espalhadas pelos supermercados, caem delicadas e apetitosas porções de doce de leite, recheios os mais diversos, com um efeito cooptador quase impossível de controlar), chamando o incauto (muitas vezes sem dinheiro para os comprar e sem os poder comer) sem dó: "Vem cá gordão! Vem cá me comer! Vem cá me lamber! Vem cá me comprar!". Ora, no caixa do dito supermercado o vivente descobre que não só deixou o que não tinha como, por outro lado, havia ido ao estabelecimento para comprar uns "pãezinhos" ou uma caixa de fósforos. Como parece sintomático, há um gozo nisso tudo; e o *"sujeito quer gozar"*, sem dúvida; e goza, embora possa pagar um preço caro pela *"sua decisão"*, quiçá engordando. Aqui, todavia, no *"carrinho cheio do supermercado"* que o juiz *"compra por conta própria nos meios de comunicação"*, invertendo a lógica constitucional (que o quer como protetor primeiro das leis e dos cidadãos), faz pagar o preço *"às vítimas"* dos *imbrogli* no qual se meteu, em geral aos menos favorecidos ou (como se tem repetido) aos *"incluídos eleitos"*, justo para manter o *status quo*, ou seja, o *faz-de-conta*. De um Poder Judiciário marcado por essa faceta ninguém consegue se livrar nunca, porque o mundo não se livrou, ou seja, por mais evoluído que seja um país no grau de civilidade, sempre haverá uma parcela (maior ou menor) de tal tipo de problema. *Ela diminui,* sem embargo, *na medida em que se assume a democracia como fundamento inarredável e inviolável da construção do laço social, do qual nenhum cidadão fica de fora e, assim, tem-se o grau de civilidade de um povo.* Tal aspecto é tênue nas frágeis democracias do terceiro mundo, por infindáveis motivos, mas algo é certo: não se cresce no grau de civilidade se isso não for levado a sério e praticado por todos[11], a começar pelos órgãos do Poder Judiciário. A eles, embora se possa entender – dado aí se apresentar um componente cultural muito forte –, não se deve admitir, muito menos ingenuamente ou matreiramente deixar de indicar,

[11] Daí ser necessário cobrar de cada um a sua responsabilidade, o seu quinhão nesse *latifúndio improdutivo*, mas que insiste em não querer deixar à gente morrer de fome por falta de alimento à alma democrática.

de apontar, de denunciar. Se não há consciência, deve ela vir, com o necessário esforço, para não se permitir que venha a ser usado indevidamente. E tal não é em vão, muito menos tão difícil. A Constituição da República é o "*modelo dos modelos*", aquele ao qual qualquer discurso deve estar compatibilizado, apesar das dificuldades de ordem interpretativas. Ela é, assim, o "porto – quase – seguro" (o máximo possível) que se tem; e democrático. O resto é opção pessoal. Logo, se as decisões de soltura corretas estão, nada há para reprovar nos atos do Poder Judiciário. Antes, devem eles ser louvados; e atacados aqueles que contra eles investirem na "*crítica vã*", quando não "*maldosa*". Logo, *só se intimida um juiz débil*, por sinal aquele que, com atitudes de subserviência pode, pela flacidez do "*lugar de referência*", "*acarretar um descrédito da justiça*". Por fim, perceba-se bem: os juízes que se notabilizam – e foi assim na história inteira – são aqueles que hoje, com uma pitada de Ferrajoli, chamar-se-iam de "*garantistas*", do Rei Salomão a Magnaud, passando por notáveis do STF que nunca tiveram propensão para "*justiceiros*", para não falar dos vivos e em atuação sempre primorosa e respeitada; e que não são poucos. Sabem todos de quem se trata. Por sinal, dos "*amantes de Torquemada*" há de se ter, antes de tudo, pena. Depois, alguma compreensão. Ora, não é preciso entender muito de Psicanálise para saber o preço que pagam pelo "*mal*" – do "*bom-gozar*": sim, porque há um gozo em assim agir, embora marcado por tânatos – que pensam fazer produzindo sofrimento aos outros. Para eles, algo é certo: em sendo o "*gozo pelo gozo*", não leva a nada e, portanto, não os resolve, ou seja, "*seguem carregando o fardo do existir*"; esse pesado fardo; esse "*pesadelo*" do qual é difícil acordar, embora não impossível. A receita pode ser a "*terapia*", até em função das famílias, enfim, de gente que merece um "*juiz de bem com a vida*", para amar e ser amado, do jeito que é, até por ser um mortal como qualquer outro.

VI. O processo penal emperra casos que giram em torno de escândalos como os dos últimos anos e meses, os quais envolvem Ministros, Desembargadores, Juízes, Parlamentares, Assessores, Órgãos do Ministério Público, Advogados, Policiais e Outras pessoas vinculadas ao Poder Público: o entrave e o porquê

Antes de tudo é preciso indagar por que se tornaram escândalos. Ou, quem sabe, se eram, de fato, casos para virarem escândalos, seja pelos interesses que estão – em geral – encobertos, seja porque os fatos não eram, em verdade, para terem a repercussão que tiveram. Depois, não se pode estar certo de que é o processo penal que emperra em casos desta natureza. Há de se preferir – por razões óbvias que é despiciendo discutir – que são "*os homens*" que fazem o processo penal emperrar e, em grande parcela por ignorância, no sentido de desconhecimento mesmo das regras básicas, o que alcança grande parte dos "*juristas*" metidos com a "*persecução penal*". Não raro, investiga-se mal[12]. E isso pode ser pouco – ou quase nada – se se permite seguir, no Brasil, com a vergonha da "*tortura*", agora também, em larga escala, psíquica, assim como infindáveis modos de invasão da privacidade e da intimidade. Por outro lado, acusa-se mal[13] e sem muita preocupação de provar o que se está atribuindo como criminoso em face de certa "*certeza*" de estarem os "*juízes*" ao lado da acusação e contra os réus, à revelia dos dispositivos constitucionais e legais; e defende-se mal, sem dúvida, em grande escala porque no mais das vezes os réus são pobres e não têm procuradores e defensores à altura daquilo que merecem, seja em razão da falta quase geral da Defensoria Pública, tão imprescindível quanto propositadamente olvidada e abandonada (pelos governantes, em atos inexplicáveis), seja em função de que a defesa dativa, respondendo à regra – e com as devidas exceções – não permite uma avaliação alvissareira. Por fim, judicia-se mal, em um misto de "*larga*" falta de

---

[12] Vêm à cabeça as cenas mirabolantes de policiais praticando atos ilegais e mostrados nos telejornais como grandes feitos, como se fosse algo absolutamente normal, ou melhor, correto. Isso se passa – é um bom exemplo – quando se produz provas ilícitas, sabidamente vetadas pela CR.

[13] Com freqüência as imputações são frutos de "elucubrações mentais", não guardando vínculos com os fatos apurados na investigação preliminar, o que não é correto e nem ajuda no constitucional devido processo legal.

conhecimento do mínimo necessário (e pensar que a CR exige aos Ministros dos Tribunais Superiores que tenham *notório saber jurídico*) e, mais, pela liberdade que o "*sistema processual penal*" propicia àquele que detém o poder jurisdicional de, quase, "*dizer qualquer coisa*", sem muito esforço argumentativo, no sentido de "*fundamentar*" as decisões tomadas, conforme a exigência do art. 93, IX, da CR. Ora, num processo de estrutura inquisitorial, o "*gestor da prova*" e senhor do comando é, como se sabe, o "*juiz*". Basta ver o que dizem, dentre tantos outros, os artigos 156, 2ª parte e 502, parágrafo único, ambos do CPP. Tal "*lugar cimeiro*" diz com a proeminência dos juízes como "*destinatários*" primeiros das regras processuais e, assim, cabe a eles conduzir os processos de forma tal a que se não permita não serem os casos levados a termo e, se for a hipótese, condenados aqueles que devam ser condenados. Tem-se, como se sabe, exemplo recente a ser analisado: os "*juízes alternativos*" de Porto Alegre, em uma pesquisa que ali se levou a efeito tempos atrás, findavam os processos em uma média de 40 (quarenta) dias, tomando por base o rito ordinário. Não era, portanto, um problema "*de lei*", muito menos de falta dela. Ao contrário, sabiam – e sabem – todos sobre a qualidade técnica de tais juízes, com uma diferença que merece ser anotada: não andavam os processos, porém, para mais rapidamente poderem os réus serem condenados, porque as decisões já estavam pré-ordenadas. Tudo ao revés. Gente como Amilton Bueno de Carvalho sempre teve por premissa básica[14] – sempre! – a CR e o princípio da presunção de inocência dos réus, até prova em contrário. Não há, nisso, nada de anormal; mas se vive um momento tão delicado de exceção – e quase um "*estado de polícia*" – que parece, tal atitude, algo excepcional. Ter-se-ia, no fundo, que ter vergonha da situação, ou seja, de não ser a regra. Enfim, está-se vivendo uma "*inversão de valores*" sem precedentes e o preço quem paga é a democracia, com o sofrimento de muitos (talvez fosse possível dizer todos), mormente os menos favorecidos, como sói acontecer. Há, portanto, um paradoxo: de um lado, as penitenciárias e as cadeias estão lotadas; antes, superlotadas, como verdadeiros "*depósitos*

---

[14] E disse isso várias vezes pelo Brasil afora, o que deveria ter feito escola mas, tudo indica, não fez, infelizmente.

humanos", em boa parte por definição de sentenças condenatórias passadas em julgado (embora o número de presos cautelares seja imenso e cada vez maior, atingindo, segundo os últimos dados do próprio governo, 67% do total), mas não dizem com os envolvidos nos chamados *escândalos destes últimos anos e meses*: por que seria? Para aqueles, as leis processuais penais são implacáveis; para estes, ao que tudo indica, não. Há "algo de podre no reino da Dinamarca", não parece? É certo, por outro lado, que o "*sistema processual*" ajuda no descompasso. Não há dúvida! Mas o "*entrave*" concreto são os homens; e sua falta de "*equilíbrio*", o qual é fornecido – para quem se empenha, por óbvio – pela CR. Deste modo, ou se ganha consciência do concreto problema ou não se evolui, ou melhor, seguir-se-á vilipendiando a lei e a compensação trata-se de fazer pelo espetáculo que banaliza a prisão cautelar e produz certo "*gozo coletivo*". Enfim, tem-se leis – a começar pela CR – e deve-se cumpri-las. Do contrário tende-se à "banalização do mal", como concluiu Hanna Arendt.

VII. **O papel dos Tribunais Superiores nas questões relevantes**

Eles, os Tribunais Superiores, não estão cumprindo "*tudo*" o que se espera deles, seja para manter a higidez do direito federal, seja para manter intacta a CR. Tem-se, em avaliação singela, que aí reside a prova de que não importa quem pratica o ato (se a base é inquisitorial): basta estar lá, naquele "*lugar*", que se tende a fazer o mesmo. O equilíbrio é o problema, mormente quando é ele que se rompe; ou se quer romper, permitindo, antes, a decisão e, depois, a busca da justificativa dela. Isso, como referido, é muito, muito complicado, justo porque é cada um cuidando de si mesmo, desconfiando das "*suas verdades*", não acreditando nas meras aparências. Mas é o que se espera dos "*juízes*" e, principalmente, dos Ministros. Afinal, se o Poder Judiciário ocupa um "*lugar de referência*", com mais motivos os ilustres Ministros. Eles precisam, não obstante, fazer valer o lugar que ocupam, garantindo os cidadãos e as leis. Como não se trata de matéria simples, é necessário dar um desconto; mas não se pode aceitar siga a situação por tempo indeterminado, até porque o Brasil – ainda que alguns não se dêem conta disso – depende do agir correto de tais Tribunais. Por sinal, tal matéria faz voltar à tona questão que a OAB tinha agitado já ao tempo da Constituinte, ou seja, do lugar a ser ocupado por tais tribunais quanto à competência. Como devem lembrar todos, a OAB insistentemente falou em Corte Constitucional, para restringir a matéria de competência dela aos casos do verdadeiro raio constitucional. Fizeram um esforço sem tamanho – todos também haverão de lembrar – para seguir com uma competência muito mais ampla, o que desde sempre apontava na direção de um volume de trabalho sem cabimento, quase a *ex ante* inviabilizar o douto órgão, o STF. Dizia-se que restaria comprometida a correta "*direção*" constitucional do país, algo vital em uma frágil democracia. Não se levou a sério a proposta da OAB; e vive-se, desde então, o resultado do "*acúmulo absurdo de competência do e. STF*", em grande parte gerindo matéria visivelmente de mérito e nem de longe com o devido lastro constitucional. E o pior é que se saiu, faz muito pouco tempo, de algo que se chamou de "*reforma do Judiciário*", a qual, como se sabe, já merece uma nova reforma (já nasceu velha ou, como querem alguns, o que nela é novo não é bom e o que é bom não é novo), por múltiplas razões. De uma coisa não há de duvidar, porém: a *reputação de tais tribunais é fruto da qualidade de suas decisões; e não de eventual poder que têm ou podem ter*. Verdade seja dita, todavia. A situação da crise federativa anda tão avançada no sentido da perda de qualidade que, para muitos, os tribunais superiores de Brasília têm sido uma tábua de salvação. Assim, uma alteração efetiva pode começar não por "*reformas milagrosas*", mas pela *realização de concursos sérios em todas as partes*, com exigências que só levem a passar aqueles que tenham, de fato, condições de exercer a função jurisdicional. Aprovados, deveriam todos passar por um estágio (como em qualquer país desenvolvido) de pelo menos dois anos, com o estudo de matérias que vão além do convencional, começando por "*relações públicas*" e outras, até um estágio real junto a um colega mais experiente, de modo a poder ser ajudado por ele nas questões mais delicadas, tudo a fim de se angariar conhecimento, equilíbrio e, em *ultima ratio*, segurança pessoal. Com o tempo, ter-se-ia, no conjunto, um novo perfil e, aí, a situação tenderia a mudar, embora de forma lenta, por força de se tratar do resultado da assimilação de uma cultura. Com tal mudança, poder-se-ia pensar em aliviar, de fato, a competência dos tribunais superiores, os quais teriam que se adaptar também. O preço cobrado pela democracia é, de fato, sério; e precisa ter persistência. O importante, porém, é não esmorecer. Têm todos, de uma maneira geral, boas idéias que podem ser aproveitadas e que são compatíveis com as condições de quase-penúria; só não se pode permitir que "*alguns iluminados*" conduzam sós as reformas, como se tivessem a "*pedra filosofal*". No fundo (a sensação é geral), trata-se de um espetáculo bufo.

VIII. **O papel dos Advogados nesses fenômenos**

Eis aí um grande problema que se está vivendo hoje: nunca se viveu um momento tão delicado à advocacia. Antes de tudo, faz-se um grande esforço "*midiático*" para não só desacreditá-la – assim como os advogados – mas, por outro lado, faz-se questão de – propositadamente ou não – confundi-los com os seus clientes, tudo com o intuito de projetar uma figura de "conjunto", como se participassem, juntos, por exemplo, das "*organizações criminosas*" e, portanto, algo a ser combatido sem dó. Tal confusão é espúria, filha do contubérnio incestuoso da ignorância democrática (para dizer o menos) com o mau-caratismo, ou seja, de gente mal-intencionada que pensa conseguir acertar os desacertos democráticos ao preço do vilipêndio da Constituição. Isso não leva a lugar algum, embora possa destruir as pessoas e os advogados, mormente aqueles com reputação ilibada. Melhor exemplo do momento é o ocorrido com um Conselheiro Federal pelo Maranhão. Advogado jovem e brilhante, com reputação ilibada, teve decretada sua prisão por engano em uma dessas Operações Cinematográficas e só não acabou preso porque não estava em São Luís. Impetrado *habeas corpus* em poucas horas, teve a ventura de ter o *writ* distribuído ao Min. Gilmar Mendes que, revendo a decisão – e diante de documentos que não deixam qualquer dúvida – concedeu a liminar. Começava, porém, aí, um calvário. Basta pensar que se a distribuição tivesse sido para outro ministro (embora seja difícil imaginar que alguém não concedesse a liminar como concedido), a história poderia ser outra, pelas infindáveis veredas que se abrem a partir dos "*conceitos indeterminados*" da lei processual penal. Os reflexos pessoais, sem embargo, não cessam com a liminar e a ameaça imediata da prisão cautelar. Não! Há um reflexo social e uma ofensa despropositada e desarrazoada lançada a partir dos "*meios de comunicação*", tanto que se efetivou – por sorte em vão – um ataque ao próprio Ministro Gilmar Mendes, em visível ato de tentativa intimidante. O questão é relevante – sim – porque se tratava de um Conselheiro Federal da OAB e um Ministro do e. STF. Mas há de se perguntar: o que se poderia – e deveria – pensar se fosse um advogado sem tal respaldo (pelo menos imediato), quiçá do interior, e o magistrado da comarca? Será que eles suportariam o fardo? Será que teriam força para virar – ou pelo menos contornar – a situação? Eis, então, o problema. Não se trata de proteger alguém – diga-se desde logo para não se ter dúvida – de peso no cenário jurídico nacional pelo simples fato da proteção. Ao contrário! Tal proteção é necessária para que se possa ter respaldo e, se for o caso, tratar-se de proteger a todos que, diga-se de passagem, merecem a devida proteção. O inusitado é a coragem – ou o pouco caso – em se levar adiante a decisão e a efetivação da prisão cautelar de alguém que, em verdade, não deu, de forma alguma, qualquer motivo para tanto, em que pese possa aparecer nas "*milagrosas conversas telefônicas grampeadas e interpretadas pelos agentes policiais com o respaldo do Poder Judiciário, embora contra a CR e a lei*". Os advogados, da forma como se os tem pintado, aparentemente perdem prestígio. Trata-se, porém, de mera aparência. Em verdade, agora, como antes durante os regimes de força ditatoriais, foram sempre eles que estiveram à frente das grandes campanhas e atitudes de luta pela democracia, talvez pela exigência implacável de conhecimento dos direitos e garantias dos cidadãos, assim como da impossibilidade de se abrir mão deles. Pagou-se, sempre – como se sabe – um custo muito grande. Todos haverão de se lembrar da "*bomba*" dirigida à sede da OAB, no Rio de Janeiro e que, por certo, tinha por destinatário o ilustre Conselheiro Federal Nato e ex-*bâtonnier* Eduardo Seabra Fagundes, a qual acabou por vitimar a zelosa secretária Dona Lyda Monteiro da Silva. As defesas lançadas pelos advogados – estes mesmos que de tanto em tanto, agora, são confundidos com "bandidos" – não era de seus próprios interesses, mas de jornalistas (esses, por certo, não têm amnésia, hoje, daquilo que, então, era pura bravura e ousadia diante das baionetas e metralhadoras), de políticos (no Paraná não são poucos os que conhecem a história de um ex-Chefe da Casa Civil da Presidência da República que, na clandestinidade, era sustentado pela audácia de um advogado que lhe levava dinheiro com frequência), de militares, de médicos, enfim, de todos aqueles que tinham sede de Justiça e precisavam da coragem de gente intimorata, pronta para fazer valer o que havia sobrado das leis. Agora, não é diferente. Diferente – isto sim! – é que sobram leis, começando por aquela constitucional, mas se faz pouco caso delas, de modo a se precisar insistir, insistir e insistir mais ainda para serem levadas a sério; para que prevaleçam sobre o "*voluntarismo*" e, sobretudo, sobre o "*decisionismo*". Sem embargo do crescimento desmedido de um "*caos hermenêutico*", marcado, na partida, por preceitos cada vez mais prenhes de "*conceitos indeterminados*" (mormente em matéria criminal), há um limite, mesmo que se trate de linguagem. No final das contas, há um *senso comum teórico* a auxiliar no "*sentido que se dá à regra do texto*", embora ele seja tênue e, portanto, manipulável pela via do "*livre convencimento*". Mas a elasticidade dos conceitos, como parece evidente, não pode ir ao ponto de "*romper com o princípio aristotélico da não-contradição*". Afinal, não há ato exegético capaz de sustentar ser uma palavra igual a si mesma e, ao mesmo tempo, igual ao seu contrário: algo, como é primário, não pode ser e não ser ao mesmo tempo. Aqui, sem dúvida, há um "*limite*" que se não pode ter por despiciendo. E ele, por si só, já seria o suficiente – "*acompanhado pela ética*", por elementar – para ajudar no crescimento democrático, revertendo este processo perverso hoje vivido, onde as leis – e os limites – são (nos olhos dos mal-intencionados, naturalmente) empecilhos a serem superados. Eis, então, em poucas palavras, o problema mais sério que, como fenômeno, atinge a advocacia. Não se pode imaginar, todavia, que se está a garantir a impunidade de alguns que, travestidos de advogados, cometem crimes. Não é disso que se trata. Por sinal, para advogados criminosos, assim como para qualquer cidadão autor de crimes, há de prevalecer o "*devido processo legal*" para, ao final e se assim se entender, serem condenados. A OAB, da sua parte, não só não garante atos criminosos como, com freqüência inusitada tem punido aqueles que, processados corretamente, são considerados culpados. Cumpre ela, deste modo, seu papel, como poucas instituições. Só não abdica da Constituição e seus mandamentos, justo para não ter que abrir mão do cumprimento por todos.

IX. **Algumas tentativas de mudanças significativas**

A democracia é um valor ao qual não se pode renunciar, em nome de nada. Precisa-se entender, de uma vez por todas, que no seu oposto (e não é nem no seu contrário) está a barbárie. Só que tem algo significativo: *ela não é nada se não for exercitada em favor de todos*. Ora, não se pode ser realmente feliz numa terra com tamanha diferença social, onde a "*opção pelos pobres*" é para os manter na "*exclusão*", a mesma que espreita a riqueza dos mais favorecidos com um entorpecimento do qual a característica mais acentuada é fazer parte do "*registro imaginário*" e, portanto, sempre à espera de um choque com o "*real*". Tome-se um exemplo fornecido pela realidade: o sistema prisional brasileiro não comporta mais a visão romântica de um direito penal e um direito processual penal fundados em uma repressão marcada quase sempre pela "*prisão*", seja como medida cautelar, seja como pena privativa de liberdade. Simplesmente não há mais lugar; e não adianta construir cadeias e presídios, como se percebe de uma análise singela. Vai-se concretizando, assim, o "*esgotamento do sistema*", de tal modo que ele, colocado no lugar do "*impossível*", de um lado está "*sempre pronto para estourar*" e, de outro, aponta para saídas que cobram outros fundamentos epistêmicos. Pensamento semelhante se poderia ter em relação ao "*sistema processual penal*", do qual não se pode esperar nada mais; ou quase nada, em função de que se não praticou, ainda, toda a maldade possível. Como "*sistema*", no sentido kantiano, esgotou-se. Basta ver, para tanto, o que se pode esperar, no nosso processo penal, do "*tempo razoável do processo*", garbosamente inserido como direito do cidadão no art. 5º, LVXXIII, da CR. De um lado – sabe-se bem – *um processo penal democrático deve demorar o tempo suficiente* (eis onde se deve aplicar o "*razoável*") *para se poder ter uma "decisão madura"*, isto é, que não conviva com qualquer dúvida substancial. O valor Justiça, assim, é que fornece a medida adequada à "*velocidade*", não obstante alguns possam pensar – como já antes referido –, por mais absurdo que possa parecer, terem os "*erros*" uma justificativa plausível se dentro de percentuais baixos. Afinal, para raciocínios assim – verdadeiras heresias jurídicas –, onde os fins justificam os meios, faz-se tempo de ressuscitar Beccaria, os irmãos Verri, Marat e tantos outros que, em tempos similares aos atuais, negavam-se a admitir a barbárie e só viam na democracia a única saída possível. Do ponto de vista processual penal, este pensamento está alinhado com a evolução do sistema para a estrutura "acusatória" vera e própria, garantida pela CR e negada diuturnamente por aqueles que se contentam com a retórica fácil de gente que vende ilusões. *Precisa-se, assim, de uma reforma processual penal global, total e, para tanto, faz-se mister começar logo, porque a empreitada não é singela.* Não obstante as dificuldades, não se tem outra saída. Por sinal, se Jânio Quadros tivesse pensado assim, por certo ao invés de se investir em tentativas de reformas fracassadas (como se sabe partiu dele a primeira tentativa de reforma global) já se teria, no Brasil, uma situação diferente, marcada pela singularidade dos problemas de um país com dimensões continentais. Mudanças, não obstante, pedem um câmbio de mentalidade, antes de tudo, sem se abrir mão dos valores democráticos. Quem, porém, está disposto a tanto?

O direito, a justiça e a terceira pessoa[*]

JOSÉ DE FARIA COSTA[**]

1. Falarei de direito e de justiça mas também da terceira pessoa. Dir-se-á: dois temas – deixemos, para já, de fora a noção de terceira pessoa – tão debatidos que o horizonte de abertura à receptividade crítica arrisca-se a tocar as margens da nulidade. Por outras palavras: à partida, por mor da problemática, poucos terão paciência ou sequer curiosidade intelectual para me ouvir, mesmo que a tudo isto se ligue a terceira pessoa. Aceito a eventual maçadoria da matéria mas mesmo assim arrisco. Inapelavelmente será esse o meu tema. Venho, pois, discretear sobre ele, trazendo como fiador idóneo o respeito pela cidadania e como garantia real a crença de que é no discurso público que se constroem as sociedades democráticas, plurais, hipercomplexas e justas. Eis ao que venho. Eis ao que venho, dito sem rodeios, de forma directa e simples.

2. Porém, uma pergunta essencial tem, desde o início, de ser formulada: terá sentido, hoje, falar de justiça e de direito? Sim. Que significado pode ter um horizonte problemático onde se questione o direito e a justiça quando se sabe de antemão que vivemos a tirania

---

[*] O presente estudo foi pensado com dois nítidos propósitos que considero indissociáveis e, para além disso, sem qualquer ideia de hierarquia entre eles. Um foi o de permitir um texto que servisse de base à curta intervenção que deveria levar a cabo nos *Encontros Cainã*. Outro foi o de homenagear Mario Pisani. O que implica, bom é de ver, que este trabalho, com uma ou outra alteração de forma ou até de relevo material, venha também a ser publicado no livro de Homenagem ao grande Professor milanês – sobretudo reconhecidíssimo no campo do direito processual penal –, mas também tão afectivamente ligado a Pavia.

[*] Professor da Faculdade de Direito de Coimbra.

do "tempo breve" e a justiça e o direito são, por definição, refractárias àquele "tempo" e exigem antes a dureza responsável do "tempo longo"? Não será isto a afirmação de um paradoxo? Por certo que sim. Mas um paradoxo frutuoso. Que quer abrir e não fechar. Que quer dar horizontes e não enclausurar. Que quer ser cais de partida e não de chegada. E qual é ele? O paradoxo que radica na afirmação de que não tem sentido falar de justiça quando se sabe que ao formular uma tal asserção se está justamente a "falar de direito e de justiça". O que nos faz estar cientes, perante tudo aquilo que se acaba de raciocinar, de que a razão está do nosso lado para podermos falar de justiça e de direito mesmo quando, ou sobretudo quando, se diz e reafirma, quase como decorrência lógica, não valer a pena falar de justiça e de direito.

3. Comecemos, por conseguinte, a falar de direito, de justiça e da terceira pessoa a partir do tópico interrogante que o "tempo breve" nos coloca. Porém, com uma cautela. Com a precaução de termos consciência clara e límpida de que nós, nós todos sem excepção, somos sempre espectadores interessados do nosso tempo. Por isso, cai sobre os nossos ombros a sombra da impossibilidade de nos vermos à distância. Talvez ainda de uma forma mais comezinha: estando à janela da história ou à janela do mais prosaico dos quotidianos como é que, simultaneamente, nos podemos ver passar no próprio rio, grande rio, da história ou na estreita rua ou viela da vida? O que é o mesmo que dizer que nos falta tempo, falta-nos passado, falta-nos sempre perspectiva. Inexoravelmente. Da mesma forma que ninguém é bom juiz em causa própria também ninguém pode acreditar que é bom conhecedor e avaliador de todos os recantos do seu tempo e da sua época. Por vezes, aquilo que o presente nos dá como negligenciável vem a verificar-se, no futuro, como um pilar fautor de consequências insuspeitadas. E inversamente. Na verdade, as pessoas de uma determinada época são, em qualquer circunstância, as que menos sabem sobre ela. Daí que, se é esta a nossa condição – de sermos "escravos" do nosso tempo – tenhamos, ao menos, a consciência lúcida dessa mesma condição. Quanto mais não seja para podermos, na medida do possível, desenvencilharmo-nos daquilo que, a todos as luzes, nos parece inútil e sem sentido. Todavia, cautela, precaução e humildade intelectual expectante são as regras de ouro que connosco devemos levar para qualquer aventura do espírito que chame ou queira chamar criticamente o futuro.

Na verdade, perceber o direito e, de jeito muito particular a justiça, enquanto valor ou virtude, em um mundo que privilegia até à exasperação o modo-de-ser e de estar que se sustentam na dimensão de um "tempo breve" não é coisa fácil nem, muito menos, se apoia em argumentação que possa ser desimplicada em pouquíssimas palavras. Queiramo-lo ou não, estamos perante um daqueles nódulos problemáticos que imprimem carácter a uma determinada época. Discutir o direito e a justiça, muito embora dentro do paradoxo da sua impossibilidade que é, por outro lado, como já se viu, a manifestação mais forte da sua possibilidade, é ainda uma tarefa nobre e essencial a que ninguém – com um mínimo de cidadania responsável – se pode furtar.

4. Cientes das dificuldades, ousemos, todavia, ir mais fundo e mais além pondo as perguntas radicais. Será que se está a viver o ocaso, o sol poente do direito? Será que está a nascer uma outra realidade – normativa ou não, pouco importa agora analisar – diferente daquela que os milénios da civilização humana se habituou a chamar direito? Desenha-se ou não no horizonte precário desta pós-modernidade uma regulação social que prescinda da normatividade jurídica, aberta e plurissignificativa, e se satisfaça ou até exija a esquadria da função algorítmica? Se tudo se tem de reconduzir a um pensamento eficaz, se tudo se tem de medir pela eficácia, pelos resultados – resultados esses previamente definidos como aqueles que se têm de atingir e que alguém teve que definir, o que não deixa de ser interessante, porquanto nos devemos interrogar sobre a legitimidade daqueles que os definem –, então, tudo o que for socialmente relevante tem de se submeter ao império desse pensamento global e esmagador que assume como tarefa primeira a realização daquilo que é eficaz. Perante isto é lícito perguntar: qual o território do pensar e do agir humanos onde se possa levar a cabo a justiça, sobretudo quando esta não for eficaz?

O ambiente que nos rodeia e sobretudo nos envolve dá-nos uma ideia forte e, de ordinário, até contraditória relativamente ao mundo do direito e da justiça. Talvez melhor: sugere sinais contrários àquilo que se pede e se exige ao mundo do direito e também à justiça. Vejamo-lo.

Se umas vezes se afirma que o direito é um empecilho, mesmo quando ou enquanto regulação mínima, por outras, sobretudo no momento em que acontece um resultado desvalioso que se julga que, se tivesse havido regulamentação jurídica, ter-se-ia evitado, já o direito é visto como um pilar absolutamente indispensável a todo o equilíbrio social. Para além disso – continuando, aliás, no mesmo registo – se, por um lado, se diz que o mundo do direito é sinuoso, complexo e desfasado da realidade hodierna, por outro, não se deixa de convocar a juridicidade, quantas vezes *à tort et à travers*, para resolver casos que a vida, na sua infinita imaginação, continua a pôr ao direito e à justiça. Em termos acintosamente simplistas mas não simplórios poder-se-á afirmar que a sociedade actual tem para com o direito e a justiça uma relação complexa que em veste psicanalítica quase se poderia qualificar de simultâneo amor e ódio. Mais. A tecnociência avança e aí temos o clamor de toda a sociedade a exigir uma regulamentação jurídica. Ilustremos, porém, alguns pontos do que se acaba de ponderar.

Que fazer com os embriões excedentários? Que fazer com as inequívocas manifestações de vontade, que vão aparecendo aqui e acolá, que incorporam aquilo que materialmente pode ser designado como "testamento biológico"? Que fazer com a possibilidade, verdadeiramente real e efectiva, da manipulação genética? Que fazer com todas aquelas correntes do pensamento que reivindicam para os animais um estatuto, em termos de detenção de direitos, idêntico ao dos homens e mulheres deste tempo? Que fazer com as bases de dados genéticas? Eis um conjunto de perguntas que bem ilustram a necessidade – pelo menos assim entendida pela sociedade – da regulamentação jurídica, independentemente do patamar jurídico, *rectius*, do patamar de protecção jurídica, em que se queira colocar uma tal problemática. Quis-se, deste modo, mostrar, sem qualquer margem para dúvidas, a pertinência da contradição. Lança-se o ferrete da deslegitimação sobre o direito e a justiça quando isso é conveniente a uma estratégia estreita de realização de interesses comezinhos e apela-se ao direito – talvez melhor, apela-se a uma qualquer regulamentação – quando ele pode ser eficaz, e só para isso, para a prossecução, precisamente, dos interesses descarnados e sem densidade axiológica.

Mostremos o que vem de se analisar com um exemplo comezinho: critica-se a lentidão da justiça, não pelo facto em si mesmo, mas antes e sempre porque se diz e reafirma que um tal atraso é fortemente prejudicial à economia nacional. Isto é: a justiça deixa de ser boa justiça, não porque a lentidão corrói o seu sentido de segurança e de pacificação do tecido social, mas antes porque um tal fenómeno é fortemente desvalioso para os interesses ou valores que a economia promove. A justiça aparece-nos, por conseguinte, neste preciso contexto, não como um valor final ou como a suprema das virtudes, no dizer de Aristóteles, mas definitivamente e quando muito como um mero valor instrumental. O que bem representa e mostra, se necessário fora, a inversão axiológica que se processa neste nosso tempo. Em vez de se dizer que uma justiça feita fora do seu tempo-duração – que tem de ser "tempo longo" mas não um "tempo tão longo" que se mostre "outro tempo" – é, eventualmente, a manifestação de uma não-justiça, advoga-se que ela não é legítima nem razoável porque não satisfaz os interesses da economia e da *pecunia*. Pobre tempo e pobre justiça.

5. Postas as coisas neste ou nestes patamares de observação não é difícil perceber o grau de dificuldade com que nos temos de debater para não se cair na simplicidade redutora ou na, não menos perigosa, incontinência discursiva que tudo julga explicar e, todavia, nada, mas mesmo nada compreende ou sequer explica.

As coisas humanas têm um tempo. E se é mau ultrapassar aquilo que se tem como tempo razoável para cumprir um certo desiderato não é menos mau julgar-se que se pode, sem desvirtuar o sentido mais profundo do real, encurtar a duração. Por isso é inteiramente razoável querer-se que as relações jurídicas, sobre as quais há conflito e discussão, se estabilizem, por força da intervenção da justiça (isto é: por força da intervenção dos tribunais), o mais rapidamente possível. A justiça é um valor que se mede como todos os valores, desde que inseridos em uma ética da responsabilidade, pelos resultados, pelas consequências. Pensar deste jeito, o que indesmentivelmente fazemos, pressupõe a defesa de uma ética da responsabilidade, em contraponto a uma ética da intenção e implica, por conseguinte, estar atentos às consequências da própria concretização dos valores. A justiça, repete-se, é um valor mas não pode estar desgarrada daquilo que a sua concretização convoca. Por outras palavras: a justiça, para se concretizar enquanto justiça justa, não se pode enredar na auto-satisfação da pura intencionalidade que se revê e se satisfaz em si mesma. Ela só será verdadeira justiça quando e só quando se puder mostrar como justiça responsável, como justiça que se cumpre em tempo côngruo. E o que é o tempo côngruo? Quais os cânones ou critérios que nos podem ajudar a atingir uma tal noção?

O processo de redução hermenêutica ou de desimplicação argumentativa que nos ajude a atingir uma resposta para estas últimas perguntas passa, em nosso juízo, por três pontos ou nódulos essenciais que se religam e cruzam criticamente: *i)* pelo valor que a comunidade assume em ver estabilizadas ou pacificadas, o mais rapidamente possível, as relações jurídicas conflituais (o interesse comunitário a um rápido "*caso julgado*"); *ii)* pelo valor individual a uma pacificação da sua situação jurídica, se estivermos no domínio penal, ou pela consolidação das suas relações jurídicas se nos movermos, quer seja no campo do direito civil, quer seja na área do direito administrativo, fiscal ou até constitucional (para só nos referirmos às mais relevantes); *iii)* pela própria intencionalidade inerente à justiça em si mesma, enquanto ideia que se concretiza por si e em si. O equilíbrio destes três factores não é fácil nem tem que ser, sempre, levado a cabo com a mesma dose de participação de todos os seus elementos. Ninguém duvida que, por exemplo, uma causa criminal que envolva dezenas de arguidos não pode ser concluída dentro do mesmo arco de tempo que aqueloutra que convoca um só arguido. Do mesmo passo, uma acção que envolva o reconhecimento de créditos atinentes a empresas multinacionais em montantes que podem ser astronómicos não se pode confundir com a acção em que se discute a compra e venda de um bem no valor de mil euros. Percebe-se, de imediato, e mesmo ao mais desatento dos observadores não passa despercebido, que estamos perante mundos diferentes a exigir, por igual, fique claro, respostas justas mas, por certo, dadas em tempos diferentes.

6. Como se não desconhece, sobretudo depois das investigações de Gerhart Husserl, há uma correspondência entre os poderes políticos que fizeram e continuam a fazer os traços essenciais da modernidade democrática – poder legislativo, poder executivo e poder judicial – e a dimensão temporal. Ao poder legislativo corresponde o tempo futuro, ao executivo o tempo presente e ao judicial o tempo passado. Sucede, porém, que a contemporaneidade – a que alguns querem colar a qualificação de pós-modernidade – veio ou tem vindo a baralhar, a misturar, toda aquela anterior separação. E, para aquilo que nos interessa neste preciso contexto de análise e de estudo, não poucas vezes, se quer confundir os papéis que cada um daqueles tempos e poderes representava e talvez ainda represente. Olhemos, com particular atenção, para a justiça, pois é este um dos pontos nevrálgicos da nossa reflexão. A justiça existe para resolver ou sanar conflitos que pertencem, sem resto, à dimensão do cristal inquebrável que o passado nos entrega em doação irrecusável ou em herança irrepudiável. Tem de olhar necessariamente para trás. É a sua natureza. Todavia, o que é que se quer exigir ou pedir à justiça nos dias de hoje? Que mais do que olhar para o passado olhe, definitivamente, para o presente, que seja, é evidente, governo e, não poucas vezes, por influência pan-glóssica de justicialismos espúrios, pede-se-lhe mesmo que seja futuro. Que seja, em suma, o intérprete que traça novas visões político-ideológicas. Ora, nesta encruzilhada de apelos e perante alguma passividade de aqueles que têm a responsabilidade ético-política de reafirmarem que "o rei vai nu", todos se sentem confusos, perplexos e desalentados.

Por isso, sem reservas e "falsos" medos de se ser "politicamente incorrecto", é tempo de procurar o futuro e este passa, por estranho que pareça, pela assunção de uma justiça que tem que convocar para si, responsavelmente – sublinhe-se, todavia, a traço grosso – o "tempo longo côngruo", com tudo o que ele também significa de eficácia, clareza, correcção e de comprometimento com a sua época; vale por dizer, comprometimento irrenunciável e insindicável com os homens e mulheres de carne e osso do seu tempo. Tempo longo e côngruo, pois, a que se tem de aliar, sem traições, a força moral de resistir às tentações do tempo presente que o instante da comunicação social sedutoramente lança para, em discurso inverso que nem todos percebem, querer, quando nisso há interesse, que a justiça seja executivo ou até legislativo. O não querer ser aquilo que se é mostra-se como um traço característico da contemporaneidade – daí os resultados perversos tantas vezes salpicados de tontices mas mais do que convincentes a mostrar a vertigem do protagonismo que traz à liça das ligações transfronteiriças — esquecendo-se que nós só somos o que nunca fomos, se bem que dentro da procura autêntica, na medida em que só nos perdendo nos encontramos. O mesmo vale para a justiça, em todos os seus planos, segmentos ou patamares. A procura da autenticidade é o único caminho que nos pode levar a uma justiça forte, serena, eficaz e também célere.

7. Todavia, se se pode afirmar que parece ainda não ter chegado o ocaso do direito e da justiça, o certo é que, também em total honestidade intelectual, não podemos deixar de vincar que se vivem momentos de grande e profunda crise. Crise que julgamos poder ser vista como virtuosa e não aniquiladora ou viciosa. Ora, neste entrecruzar reflexivo sobre a crise temos de considerar elemento essencial – repito, elemento essencial – a terceira pessoa. Em definitivo, compete-nos reflectir sobre o juiz.

Se, como sempre defendemos, o direito e a justiça se mostram – *rectius*, encontram o seu fundamento – através de uma relação onto-antropológica, isso quer significar que é na relação dialógica mais profunda que se encontra a matriz de qualquer comunidade de homens e mulheres e é também nela que o direito *é*. Mas ao encontrar a razão de ser nessa insondável mas inescapável relação onto-antropológica o direito reafirma-se e expande-se fenomenologicamente, do mesmo jeito, em uma ordem relacional. O direito é, em definitivo, relação. Relação do eu com os outros e relação auto-reflexiva, relação consigo próprio. Este é o dado. Sobre ele se pode construir – com sentido e sem desvirtuar a história e tudo aquilo que ela nos dá de vivificante – e perceber as diferentes formas com que as várias épocas moldaram a concreta realização do direito.

O quadro que se acaba de desenhar, de maneira inquestionavelmente esquemática, não pode, de modo algum, esquecer que a complexidade que lhe vai implícita é, de certa maneira, também a sua marca de água. Desimpliquemos argumentativa e analiticamente o que se vem de afirmar, porque só desse modo tem cabimento o nódulo de consequências que a noção de "terceira pessoa" acarreta no âmbito desta problemática.

Todos sabemos – e sabemo-lo de vários quadrantes – que "eu" sou porque o "outro" também é. A densidade e a espessura desta relação podem ser lidas de várias maneiras e através de diferentes filtros. Porém, em uma coisa há unanimidade: ela afirma-se como o traço diferenciador e constituinte deste específico modo-de-ser com que nós, humanos, percebemos o mundo, organizamos o mundo e somos condicionados por essa precisa concepção e organização. E o direito e a justiça, não nos cansemos de o repetir, fazem parte indissociável dessa percepção e organização.

Neste quadro ou horizonte complexivo, o direito e a justiça são também elementos de resolução de conflitos. Elementos de pacificação. A relação do "eu" com o "outro" pode revestir várias máscaras. De amor. De amor fraterno. De amor paterno. De amor sensual. De amizade. De camaradagem. De cumplicidade estética, ética ou religiosa. Mas também de ódio. De morte. De agressividade. De pulsões destruidoras. Em síntese: a relação primeva do "eu" com o "outro" pode ser possuída por Eros – o deus da vida – ou por Thanatos – o deus da destruição e da morte. E se quando tudo flui no campo ou no terreiro da consagração de Eros é desnecessária a presença de um qualquer terceiro para que tudo se realize e se acrescente bem ao bem, já quando estamos sob domínio ou no reino de Thanatos a figura de um "outro terceiro" é absolutamente necessária para que o bem possível se realize. Esse "outro terceiro" é, por certo, um "outro" mas um "outro" que para pacificar se tem de mostrar imparcial e independente. Quando o conflito se instala e se afirma na relação dialógica de cuidado – e não devemos esquecer que a relação conflitual não é uma estranheza, uma enormidade axiológica ou uma aberração social – isso deve ser visto como uma expressão "normal" – todavia não desejável – da própria relação ontológica do "eu" com o "outro".

8. A linguagem é a casa do ser. Não do ser fora da história mas do ser que é história viva e vivida. E o direito está precisamente aí: no ser-com-os-outros historicamente determinado. Por isso, todos compreenderão que se convoque a linguagem, com o sentido ontológico que lhe atribuímos, para melhor entender o direito, a justiça e a "terceira pessoa".

Assim, dentro do horizonte que se acaba de desenhar, pode afirmar-se que as estruturas linguísticas elementares são, todos o sabem, o substantivo e o verbo. Deixemos de lado o substantivo e olhemos de frente o verbo. O verbo, enquanto predicado, designa, sobretudo, uma ocorrência ou uma situação. É ele que empresta à estrutura frásica o lado dinâmico mesmo quando essa dinâmica tem o valor zero e se mostra como situação. Para além disso, a flexão verbal no que toca à pessoa – e estamos a chegar ao *punctum crucis* daquilo que nos preocupa e é também ponte para outras reflexões – tem as clássicas designações do "eu", "tu" e "ele". Deste modo, estamos caídos em uma perfeita consonância entre os pólos da relação dialógica e as designações da flexão verbal. O "eu" e o "tu" mostram-se em toda a sua plenitude, quer como pilares da relação dialógica, quer como designações da flexão verbal. Em absoluta identidade. E o "ele" que sentido tem? O que é que podemos pedir ao "ele"? Talvez melhor. O que é que o "ele" nos pode dar, mostrando-se e dando-se?

Chegados aqui, a reconformação argumentativa ganha uma outra dimensão, na medida em que o chamamento da "terceira pessoa" é também "ele". E este "ele" outra coisa não é senão um outro "outro". Um "outro" que se distancia, que se independentiza, que se desinteressa, que se imparcializa, que se autonomiza, que se quer tudo isso e faz tudo isso para que a relação do "eu" e do "tu" possam continuar a ser de pacificação e não de destruição. O que nos atira para uma questão delicadíssima. Para a importância desse "outro" que é "ele" e que, sociologicamente, ganhou o estatuto de juiz. O que julga. O que decide. O que pacifica. O que estabiliza as relações sociais.

Este "outro", este "ele", pode, aparentemente, ser um elemento de ruptura e de desagregação na forma de ver as coisas que se tem vindo a enunciar. Com efeito, se "ele", o "outro", o juiz, é elemento tão nuclear, tão matricial que sem ele se não realiza o direito e a justiça – o que é, indiscutivelmente, verdade –, então, o cerne, o fundamento, a dimensão última, não é, como temos vindo a afirmar e a valorar, a relação dialógica de cuidado-de-perigo, mas esse "outro" que, ora, aparece e se impõe como peça essencialíssima para o direito e a para a justiça. Será assim? Vejamo-lo.

Quando, no horizonte onto-antropológico, se convoca a relação do "eu" com o "tu" está-se, por certo e de maneira indesmentível, a colocar o traço diferenciador e fundante do modo-de-ser humano nesse preciso e inafastável dado. E o direito é isso. Parte disso. Arranca disso. Mas sempre dentro da história. E a justiça é isso. Parte disso. Arranca disso. E sempre dentro da história. E, se bem virmos, a relação jurídica que se realiza no aumento de bem, de bem ou valor para os intervenientes, projecta-se e concretiza-se na sua própria finalidade. Se quero vender uma casa e se outro quer comprar uma casa, que por sinal é a minha, a relação sinalagmática que se estabelece entre o comprador e o vendedor acrescenta bem ou valor, quer a um, quer a outro. O "eu" e o "tu" ambos se enriqueceram, porquanto qualquer um deles acrescentou valor à sua esfera jurídica, o que faz, por outro lado, que a comunidade jurídica, também ela, se tenha tornado mais rica. A teia de relações, a teia de relações jurídicas que cada membro de uma certa comunidade tece ao longo da sua vida mostra um determinado potencial de valoração que varia, obviamente, ao longo ou no decurso da sua existência. Ora, é aqui que entra o conflito. A ruptura da ordem relacional. O aniquilamento ou, talvez melhor, a perversão dessa relação. O vendedor, por qualquer razão, julga-se no direito de pedir mais dinheiro ao comprador porque entende que nos últimos seis meses o preço das casas subiu de forma exponencial. O comprador convoca o *instrumentarium* argumentativo clássico afirmando que os contratos são para cumprir (*pacta sunt servanda*) e, deste modo, instalada está a polémica. Os interesses são contrapostos e inconciliáveis. Tem que se apelar a um terceiro "outro" que seja desinteressado. Aí está o juiz. "Terceira pessoa" que as partes e a colectividade investem de uma *potestas* que só aparentemente se deve ver como realidade externa, como investidura, porquanto essa convocação é também a manifestação mais lídima da própria relação dialógica de que temos vindo a falar. Esse "outro" é um "ele" desinteressado, imparcial, independente, que satisfaz os interesses dos contendores e da própria colectividade e que, por isso mesmo, está no próprio centro do furacão conflitual.

Ilustremos, agora, as coisas com um caso do direito penal. *A* matou *B*. A relação dialógica está lá. Todavia ela mostra-se na sua face mais violenta. Na aniquilação. A morte é o aniquilamento total e mais absoluto. Donde se possa dizer que a relação se exprime através da sua perversão extrema que é, como se sabe, a negação da própria relação. Avancemos ainda um pouco para poder dizer mais a este propósito. Quando estamos no domínio do direito penal só aparentemente é que as coisas são diferentes daquelas que tocam o chamado direito civil. Com efeito, também nos tempos primitivos, o "tu" que tinha sido morto por um qualquer "eu" afirmava-se por aqueles que socialmente o representavam, a família, a gens, o clã, a tribo. E a relação continuava dual. A sanação do conflito tinha solução através da *vindicta* privada. Porém, deu-se conta de que a *vindicta* privada gerava uma imparável escalada de violência, o que fez com que aparecesse a lei de talião. Esta, aparentemente brutal, sobretudo se a virmos pelo caleidoscópio valorativo dos tempos de hoje, representou um avanço extraordinário na consolidação de uma qualquer ideia de proporcionalidade entre o crime e a pena. Tal salto qualitativo na recomposição social que o crime gera na perversão da relação dialógica primeva só pode ser levado a cabo desde que se intrometeu esse "outro-ele" que é o juiz. Passou o conflito criminal a ter solução – com a aplicação da lei de talião – quando o "outro-ele" a quem, simbolicamente, se dava o poder de decidir, decidia e todos interiorizavam a decisão. O "outro-ele" punia. O "outro-ele" pacificava. Repare-se que, ao ajuizar-se deste jeito, em nada se bole com a relação dialógica do "eu" e do "outro" que é "tu" e que, em nosso juízo, é a matriz de tudo o que é humano. Como já se percebeu esse "outro" não deixa de ser "outro", mesmo quando passa a "outro-ele". Um "outro-ele" imparcial, desinteressado e independente.

9. Mas tem sentido reflectir o que se acaba de ponderar, em um tempo de Estado, mesmo que de Estado já em inclinação ou em declinação pós-moderna? Sem dúvida que sim. Tentemos mostrá-lo.

As formas organizacionais do todo comunitário tiveram, ao longo dos séculos, modos, desenhos, densidades e estruturas, as mais variadas e mesmo variegadas possíveis. Dêmos de barato o que está para trás e fixemos a nossa atenção neste Estado de soberania limitada ou até exígua, mas, de qualquer maneira, Estado.

De maneira sintética e acintosamente impressiva podemos e devemos perguntar: o que é feito desse "outro-ele", que é juiz, que decide, que pacifica? Terá significado convocar o "eu" o "tu", que é o "outro", e o "ele" que é o "outro-ele"? Ou terá chegado a altura do pôr-do-sol desse "outro-ele" que é o juiz? Cremos convictamente que não.

É evidente que as simbologias atinentes às funções primaciais da organização humana se foram esbatendo. O simbólico – em todos os quadrantes e em todas as latitudes, não só geográficas mas sobretudo culturais – também ele tem vindo a sofrer a erosão emanada do real-prosaico. A exasperação dos valores da realização democrática e a sublimação inversa do princípio da igualdade criaram patamares mínimos onde, em tantas coisas, só perto do grau zero ou já dentro dele é que se julga, infelizmente, ter atingido o almejado princípio da igualdade. E tal como o princípio da dignidade da pessoa humana é empregue por "dá cá aquela palha" – degradando-o a mera bandeira que vai perdendo cor e densidade axiológica – também o sagrado princípio da igualdade, mal compreendido, mal aplicado, mal densificado juridicamente vai percorrendo o plano inclinado que o pode levar a indesejáveis igualitarismos. Mas se, neste plano, ainda se pode vislumbrar uma discussão ético-cultural, tudo se transforma em deserto de conteúdos quando estes são substituídos, sem apelo nem agravo, pela mera e descarnada forma. Os conteúdos deixaram de ter valor, o que conta e assume sentido partilhado é só a comunicação em si mesma, independentemente de tudo aquilo que circule informacionalmente dentro do próprio arco da relação comunicacional. As mensagens valem nada ou pouco, o que se aprecia e está na linha da frente são os mensageiros. E por isso, não por acaso, se critica tanto a justiça, se critica tanto os tribunais. Não poucas vezes isso acontece independentemente da bondade, justeza ou correcção ético-jurídica (ou não) da sentença mas, em definitivo, porque se não conseguiram transmitir os conteúdos. Ou em relação a estes se não faz qualquer esforço de assimilação para que, em consequência, se possa ter algum êxito na sua transmissão. Um conteúdo injusto, incorrecto, desde que lançado por um bom mensageiro passa, por golpe mágico, a conteúdo aceitável e correcto. E decisões correctas, justas e ponderadas são tidas como injustas, incorrectas e mesmo imponderadas porque a sua transmissão foi levada a cabo de maneira leviana e sem sequer o mínimo esforço de compreensão do seu conteúdo.

10. Os perigos deste nosso tempo – que vale a pena ser vivido, sublinhe-se sem hesitação – relativamente a tudo aquilo que, neste contexto, nos preocupa, têm reentrâncias e subtilezas que não devemos esquecer. Antes. Que nos devem fazer redobrar a nossa atenção expectante e a acutilância do juízo crítico. Com efeito, a ninguém passa despercebido que o "outro-ele" que é juiz está, nos tempos desta contemporaneidade, sujeito, como não podia deixar de ser, aos ventos fortes da história. Está mais exposto. Em certo sentido, readquire o papel daquele que "diz o direito".

Pura e simplesmente, a reentrância de que há pouco falávamos pode ter aqui o enleio sedutor e perverso do canto das sereias que tanto preocupou Ulisses. Sem dúvida, diz o direito. É esse o momento essencial do "outro-ele" que a comunidade escolheu – quanto às variadas formas com que as comunidades, ao longo dos tempos, têm escolhido os seus "outros-eles" que dizem o direito, é todo um outro campo que, obviamente, não pode aqui ser explorado – para dar coesão e sentido ao direito que o poder legislativo consagrara. Se a fidelidade – fidelidade aqui entendida como dever democrático de obediência – a que se apela tem como referentes a Constituição e a lei é indubitável que o que se exige são conteúdos decisionais. O que se espera, socialmente, são sentenças justas. E o que é justo, muito embora se pense o contrário, pode ser mais bem explicado do que o injusto, porque o justo, o belo e o bom são radicais de pulsão mais intensa que os seus contrários: o injusto, o feio e o mau. O que se não pode permitir, sob pena de perversão intolerável, é que o *modus* de transmissão se imponha de tal maneira que condicione o conteúdo da sentença. Se devemos ser claros, límpidos e correctos nos juízos que levamos a cabo no mundo do direito – que é, como ninguém desconhece, uma disciplina da razão prática – mais claro, límpido, correcto e justo deve ser o "outro-ele" que é juiz quando, com a sentença, altera todo o real social. Porque, não nos escondamos nos escaninhos do sótão poeirento dos meios-termos ou dos artefactos conceituais, este é que é o ponto crucial, o lugar da separação das águas, o nó górdio.

O direito quando dito pelo juiz é o único território que é também – daí a sua particularidade, a sua especificidade –, que se mostra também como a única disciplina normativa que, legitimamente, tem a força, tem a *auctoritas*, de alterar o real-social. De alterar as relações sociais, estabilizando-as, através do pressuposto do caso julgado. O juiz olha para trás, para factos necessariamente passados, mas decide no presente com um horizonte de futuro. Toda a estrutura do seu actuar, como se vê, convoca, inapelavelmente, o "tempo longo" e os meios de comunicação de massa são súbditos do "tempo breve". Vivem no presente. No presente que é instante. Este conflito, porque de conflito se trata, deve ser solucionado pela sageza de um equilíbrio instável entre os dois interesses ou valores mas jamais pela capitulação do "outro-ele" que é juiz e que é essência da relação do "eu" com o "outro".

11. E se as coisas devem ser assim porque são assim – matricialmente, vimo-lo – seja-nos permitido, para terminar, dizer que têm de continuar a ser assim, porque só dessa forma se atinge a beleza poética e moral e o sublime da plena dignidade que as palavras do moleiro, ditas, cara a cara, a Frederico II da Prússia, encerram e traduzem de maneira superior: "Es gibt noch Richter in Berlin" (Ainda há juízes em Berlim).

Futuro do Direito e Direito do Futuro: Reflexões sobre a flexibilização dos Direitos Fundamentais

PAULO DE TARSO BRANDÃO*

"As categorias teóricas é que têm que acompanhar a vida e não o contrário".
(ANTONIO JOSÉ AVELÃS NUNES)[1]

Considerações iniciais

O título proposto para o VII encontro Cainã é instigante por colocar em debate o futuro do Direito.

Pode-se dizer que a existência do Direito está ligada de forma indissociável à existência da sociedade política, que, desde a fundação do Estado Moderno até os dias atuais, corporifica-se no Estado, nas suas mais diversas configurações.[2]

---

* Mestre e Doutor em Direito pela Universidade Federal de Santa Catarina. Professor da UNIVALI. Procurador de Justiça do Estado de Santa Catarina.

[1] NUNES, Antonio José Avelãs. *A Constituição européia: a constitucionalização do neoliberalismo*. Coimbra: Coimbra, 2006. p. 29.

[2] Usa-se aqui o termo sociedade política em razão da realidade anterior ao Estado e pelas pretensões atuais de superação do Estado-Nação contemporâneo. V. HABERMAS, Jurgen. *Direito e democracia: entre facticidade e validade*. Tradução de Flávio Beno Siebeneichler. Rio de Janeiro: Tempo Brasileiro, 1997. p. 65-211. (v. I); CHÂTELET, François; DUHAMEL, Olivier; PISIER-KOUCHNER, Evelyne. *História das idéias políticas*. Tradução de Carlos Nelson Coutinho. Rio de Janeiro: Jorge Zahar, 1985;. BRANDÃO, Paulo de Tarso. *Ações Constitucionais: "novos" Direitos e Acesso à Justiça*. 2 ed., Florianópolis: OAB, 2006.

Assim, como "os cidadãos dos países da União Europeia continuam a considerar o estado-nação como o horizonte inultrapassável da cidadania e o quadro natural da democracia",[3] como lembra Avelãs Nunes, considerando que o "estado-nação continua, pois, a ser a matriz da cidadania"[4], não há dúvida de que isso pode ser afirmado com caráter de generalidade para as realidades das sociedades políticas vigentes, entre elas, por óbvio, o Brasil, ainda que a chamada a globalização possa ter produzido mudanças no Estado-Nação e que isso tenha causado alguma conseqüência no âmbito do Direito.

A globalização, expressão utilizada por ora sem qualquer adjetivação, tem sido responsável, mas também em alguma medida responsabilizada, por esse estado de crise. Alerta Paolo Grossi[5] que importantes debates políticos e econômicos são estrategicamente opostos à ação da globalização, mas, no entanto, não se deu ainda a devida atenção para as conseqüências que ela acarreta para a dimensão jurídica.

Logo, pode-se dizer que o Direito seguirá os passos do Estado-Nação, ainda por longo tempo. Mesmo que em algum momento o Estado seja efetivamente superado, seguirá o Direito os passos da Sociedade Política que assuma esse lugar.

O desafio está em tentar descobrir qual Direito ter-se-á no futuro. Primeiro porque é preciso pensar sobre para qual Estado-Nação se caminha, em função dos efeitos da globalização, e sobre que Direito se produz e se aplica neste momento e quais as conseqüências disso no futuro. A maior angústia ainda é a de se saber o que se pode fazer para que a produção e aplicação do Direito possam estar de acordo com o discurso que se tem produzido.

Partindo-se dessa união indissolúvel entre Estado e Direito é que se passa a uma abordagem inicial sobre o Estado para pensar-se, depois, no futuro do Direito.

---

[3] Nunes, Antonio José Avelãs. *A Constituição européia: A constitucionalização do neoliberalismo*. Coimbra: Coimbra, 2006. p. 50-511.

[4] Nunes, Antonio José Avelãs. *A Constituição européia: A constitucionalização do neoliberalismo*. Coimbra: Coimbra, 2006. p. 53.

[5] Grossi, Paolo. *Mitologias jurídicas da modernidade*. Florianópolis: Fundação José Arthur Boiteaux, 2004. p. 11.

Estado em tempos de globalização

Antes de tudo, é preciso atentar para o fato de que tanto o Estado Moderno, quanto o Estado Contemporâneo, representam modelos de Estado-Nação, uma vez que seus princípios centrais são os mesmos. José Maria Gómez assim os enuncia:

> *territorialidade* (espaço territorial fixo e exclusivo que define os limites da jurisdição legal e o alcance da autoridade política centralizada dos Estados); *soberania* (direito incontestado e exclusivo de supremacia para governar e representar a fonte última da lei e da autoridade política sobre a população no território delimitado, ao mesmo tempo que de independência com relação a outras unidade soberanas); *autonomia* (prerrogativa e capacidade dos Estados de conduzirem e decidirem seus próprios assuntos domésticos e externos); e *legalidade* (as relações entre Estados igualmente soberanos podem estar submetidas ao direito internacional, na condição de que cada um deles assim o consinta, já que não há autoridade legal para além do Estado capaz de impor obrigações legais a ele ou a seus cidadãos.[6]

Lembra também José Maria Gómez que – embora a convivência problemática "entre a lógica do poder territorializado do Estado-nação e a lógica do poder crescentemente desterritorializado do capitalismo globalizado", que terminam impondo restrições à soberania dos Estados nacionais – "seria de um simplismo insustentável, além de perigoso, tirar conclusões abertamente ideológicas do tipo 'fim do Estado', indiferenciação de situações nacionais ou até superação da idéia de economia e de projeto nacionais".[7]

No mesmo sentido e complementando esse raciocínio, afirma Milton Santos: "Fala-se [...] com insistência, na morte do Estado, mas o que estamos vendo é o seu fortalecimento para atender aos reclamos

---

[6] GÓMEZ, José Maria. *Política e democracia em tempos de globalização*. Petrópolis: Vozes; Buenos Aires: CLACSO; Rio de Janeiro: Laboratório de Políticas Públicas, 2000. p. 45-46.

[7] GÓMEZ, José Maria. *Política e democracia em tempos de globalização*. Petrópolis: Vozes; Buenos Aires: CLACSO; Rio de Janeiro: Laboratório de Políticas Públicas, 2000, p. 36-37.

da finança e de outros grandes interesses internacionais, em detrimento dos cuidados com as populações cuja vida se torna mais difícil".[8]

A idéia da morte do Estado está claramente ligada à outra face lembrada por Milton Santos, ou seja, o seu fortalecimento.

Zygmunt Bauman esclarece que as *forças erosivas* do Estado, que são internacionais, utilizam-se da idéia de definhamento do Estado-nação e cercam esse processo de definhamento "de uma aura de catástrofe natural; ele não pode ser previsto com exatidão; e com certeza não pode ser evitado, mesmo que previsto".[9] Lembra em seguida o mesmo autor que: "Ao longo de toda a era moderna nos acostumamos com a idéia de que a ordem é equivalente a 'estar no controle'. É dessa suposição – quer bem fundada ou meramente ilusória – de 'estar no controle' que mais sentimos falta".[10]

Segundo o sociólogo Polonês a 'nova desordem mundial' não é fruto somente do fim dos blocos de poder que reforçaram por muito tempo a idéia de ordem interna, mas ela decorre de uma consciência de que as coisas não possuem a essência que aparentavam e nem são "firmemente controladas ou pelo menos 'tecnicamente controláveis'".[11]

Zygmunt Bauman explica, também, a razão da necessidade dessa idéia de descontrole.

Com efeito, não se espera mais que os novos Estados [...] exerçam muitas das funções outrora consideradas a razão de ser das burocracias da nação-estado. A função mais notória abandonada pelo Estado ortodoxo ou arrancada de suas mãos foi a manutenção do 'equilíbrio dinâmico' que Castoriadis descreve como 'uma igualdade aproximada entre os ritmos de crescimento do consumo e de elevação da produtividade' – tarefa que levou os Estados soberanos em diversas épocas a impor intermitentes proibições de importação ou exportação, barreiras alfandegárias ou estimulação estatal keynesiana da demanda interna. Qualquer controle de 'equilíbrio dinâmico' está hoje além do alcance e mesmo das ambições da imensa maioria

[8] SANTOS, Milton. *Por uma outra globalização: do pensamento único à consciência universal*. 5 ed. Rio de Janeiro: Record, 2001, p. 19.

[9] BAUMAN, Zygmunt. *Globalização: as consequências humanas*. Tradução de Marcus Penchel. Rio de Janeiro: Jorge Zahar, 1999, p. 64-65.

[10] BAUMAN, Zygmunt. *Globalização: as consequências humanas*. Tradução de Marcus Penchel. Rio de Janeiro: Jorge Zahar, 1999, p. 65.

dos Estados de outro modo soberanos (estritamente no sentido de policiamento da ordem). A própria distinção entre o mercado interno e o global ou, mais genericamente, entre o 'interior' e o 'exterior' do Estado, é extremamente difícil de manter senão no sentido mais estreito do 'policiamento do território e da população'".[12]

A Nova Ordem Mundial (que por vezes aparenta *desordem* mundial) necessita exatamente de Estados fracos, porque assim eles podem ser "facilmente reduzidos ao (útil) papel de distritos policiais locais que garantem o nível médio de ordem necessário para a realização de negócios, mas não precisam ser temidos como freios efetivos à liberdade das empresas globais".[13]

Para cumprir a estratégia de definhamento do Estado é que se estabelece uma separação entre economia e política, dando a idéia de que se está protegendo a economia da intervenção regulatória da política, o que resulta na perda do poder de agente efetivo, que seria exercido pelo Estado.[14]

Elucida Bauman:

> Ainda estamos bem longe do destino final; o processo continua, aparentemente de forma inexorável. 'O padrão dominante pode ser descrito como 'afrouxamento dos freios': desregulamentação, liberalização, flexibilidade, fluidez crescente e facilitação das transações nos mercados financeiros imobiliário e trabalhista, alívio de carga tributária etc.' Quanto mais consistente a aplicação desse padrão, menos poder é retido nas mãos do agente que o promove e ele terá cada vez menos, uma vez que ele tem cada vez menos recurso para aplicar, caso deseje ou seja pressionado a fazê-lo.[15]

---

[11] BAUMAN, Zygmunt. *Globalização: as conseqüências humanas*. Tradução de Marcus Penchel. Rio de Janeiro: Jorge Zahar, 1999, p. 65.

[12] BAUMAN, Zygmunt. *Globalização: as conseqüências humanas*. Tradução de Marcus Penchel. Rio de Janeiro: Jorge Zahar, 1999, p. 73.

[13] BAUMAN, Zygmunt. *Globalização: as conseqüências humanas*. Tradução de Marcus Penchel. Rio de Janeiro: Jorge Zahar, 1999, p. 76.

[14] BAUMAN, Zygmunt. *Globalização: as conseqüências humanas*. Tradução de Marcus Penchel. Rio de Janeiro: Jorge Zahar, 1999, p. 76.

[15] BAUMAN, Zygmunt. *Globalização: as conseqüências humanas*. Tradução de Marcus Penchel. Rio de Janeiro: Jorge Zahar, 1999, p. 76.

Assim, para a realização plena da globalização econômica é que se planta a idéia do Não-Estado, como forma de retorno aos ideais do Estado Policial, com vistas à garantia da ordem econômica global, como foi um dia "uma forma econômica de protecionismo, ao regime mercantilista".[16]

Fica mais do que evidente que o Estado-Cidadão, ou seja, o Estado que cumpre a função social enunciada na ordem constitucional, ou também chamado de Estado Democrático de Direito, é totalmente incompatível com a economia globalizada. Os direitos e garantias individuais e coletivos previstos no artigo 5º e os direitos sociais previstos no artigo 6º da Constituição da República de 1988, por isso, devem ser o alvo de preocupação daqueles que querem manter o Estado de Direito e o esforço deve ser no sentido de serem implementados e "radicalizados" pelo Estado-Cidadão, para se opor aos efeitos da globalização.

Qual o Direito hoje?

Entre tantos exemplos, talvez o mais expressivo, e para ligar diretamente com o que acabou de ser dito acima sobre a tensão entre o Estado-Polícia e o Estado-Cidadão, seja exatamente do trato que se tem dado, no Brasil, à questão dos Direitos Fundamentais e essa situação é que se pretende enfocar nos próximos tópicos. Pode-se dizer que se vive um perigoso momento de flexibilização dos Direitos Fundamentais, até mesmo por aqueles que buscam sua defesa.

Trata-se aqui Direitos Fundamentais sem estabelecer a diferença com Direitos Humanos, como fazem importantes doutrinadores, por entender-se que o melhor é, desde logo, abandonar a idéia jusnaturalista dos Direitos Fundamentais, que considera os Direitos Humanos como a fundamentação daqueles, porque não contribui para a compreensão de uma enorme gama de Direitos Fundamentais garantidos pela Constituição da República Federativa do Brasil. Parece que a concepção de Direitos Fundamentais como conquista histórica (que se dá, por óbvio, em um processo histórico), pode contribuir muito

---

[16] Ver nota 43.

mais para o entendimento sobre a natureza de tais direitos. Assim, melhor é o entendimento esposado por Norberto Bobbio, quando afirma que o "elenco dos direitos do homem se modificou, e continua a se modificar, com a mudança das condições históricas, ou seja, dos carecimentos de dos interesses das classes no poder, dos meios disponíveis para a realização dos mesmos, das transformações técnicas, etc."[17]

Os Direitos Fundamentais são, assim, mutáveis espaço-temporalmente, porque correspondem ao grau e forma de percepção do mundo por parte de uma determinada Sociedade e dos cidadãos que a compõem. É por isso que não se pode negar que, na origem dos Direitos Fundamentais, a dignidade humana tenha sido o seu fundamento maior. Mas isso não implica dizer que ela seja o fundamento de todos os Direitos Fundamentais estabelecidos na Constituição da República Federativa do Brasil de 1988, como se pretende deixar claro mais adiante. Vale a pena adiantar aqui o entendimento de que o núcleo essencial dos Direitos Fundamentais tem por base a dignidade humana, o que vai ser importante para algumas conclusões posteriores.

Para Ingo Sarlet, Direitos Fundamentais são:

> Todas aquelas posições jurídicas concernentes às pessoas, que, do ponto de vista do direito constitucional positivo, foram, por conteúdo e importância (fundamentalidade em sentido material), integradas ao texto da Constituição e, portanto, retiradas da esfera de disponibilidade dos poderes constituídos (fundamentalidade formal), bem como as que, por seu conteúdo e significado, possa lhes ser equiparados, agregando-se à Constituição material, tendo, ou não, assento na constituição formal (aqui considerada a abertura material do catálogo).[18]

Konrad Hesse[19], ao estudar os Direitos Fundamentais, à luz da Carta Fundamental alemã, afirma que eles possuem um duplo caráter:

---

[17] Bobbio, Norberto. *A era dos Direitos*. Tradução de Carlos Nelson Coutinho. Rio de Janeiro: Campus, 1992, p. 18.

[18] Sarlet, Ingo Wofgang. *A eficácia dos Direitos Fundamentais*. 4 ed. Porto Alegre: Livraria do Advogado, 2004, p. 89.

[19] Hesse, Konrad. *Elementos de Direito Constitucional da República Federal da Alemanha*. Tradução de Luís Afonso Heck. Porto Alegre: Sergio Antonio Fabris, 1998, p. 229-229.

"Por um lado, eles são *direitos subjetivos* [...]". De outro lado, "eles são *elementos fundamentais da ordem objetiva* da coletividade". Neste último sentido, quer expressar as garantias que não contêm ou não garantem direitos individuais, mas os Direitos Fundamentais da Sociedade, que, como os individuais, também não precisam estar contemplados no rol dos Direitos Fundamentais da Constituição.

Ao definir Direitos Humanos, Nicola Matteucci[20] reconhece não só a validade da Declaração dos Direitos do Homem e do Cidadão na consolidação dos Direitos Fundamentais, mas também a sua atualização no curso da História, finalizando o verbete com a seguinte observação:

> A atualidade é demonstrada pelo fato de hoje se lutar, em todo o mundo, de uma forma diversa pelos direitos civis, pelos direitos políticos e pelos direitos sociais: fatualmente, eles podem não coexistir, mas, em vias de princípio, são três espécies de direitos, que para serem verdadeiramente garantidos devem existir solidários. Luta-se ainda por estes direitos, porque após as grandes transformações sociais não se chegou a uma situação garantida definitivamente, como sonhou o otimismo iluminista. As ameaças podem vir do Estado, como no passado, mas podem vir também da sociedade de massa, com seus conformismos, ou sociedade industrial, com sua desumanização. É significativo tudo isso, na medida em que a tendência do século atual [passado] e do século passado [XIX] parecia dominada pela luta em prol dos direitos sociais, e agora se assiste a uma inversão de tendência e se retoma a batalha pelos direitos civis.

Essa concepção de Nicola Matteucci oferece a oportunidade para serem questionadas algumas concepções presentes na obra de importantes doutrinadores.

A primeira, decorrente da vinculação entre Direitos Fundamentais e Direitos Humanos, diz respeito à idéia de que os Direitos Fundamentais correspondem a "Direitos Subjetivos", seja no sentido de "qualquer expectativa positiva (de prestações) ou negativa (de não sofrer lesões) adscrita a um sujeito por uma norma jurídica",

---

[20] MATTEUCCI, Nicola. Verbete: "Direitos Humanos". *In*, BOBBIO, Norberto; MATTEUCCI, Nicola; PASQUINO, Gianfranco. Tradução de Carmem C. Varriale *et al. Dicionário de Política*. 4 ed. Brasília: Universidade de Brasília, 1992 (vol. 1), p. 352/355.

como faz Luigi Ferrajoli,[21] seja, ainda, à idéia de que eles sejam somente "posições jurídicas concernentes às pessoas", no dizer de Ingo Sarlet, citado acima.[22]

A lição de Matteucci lembra, portanto, que os Direitos Fundamentais não envolvem (mais) somente a relação entre Estado e cidadão, mas há que se considerar nessa relação a Sociedade Civil.[23]

Olhando-se para a Constituição da República Federativa do Brasil, verifica-se que, no Título que enuncia os Direitos e Garantias Fundamentais, encontra-se o Capítulo que contém o rol dos Direitos e Deveres Individuais e Coletivos. Centrando o foco no artigo 5º, encontra-se uma série de Direitos Fundamentais atribuídos à Sociedade Civil, ao lado, por óbvio, daqueles atribuídos aos cidadãos (indivíduos).

Veja-se, exemplificativamente, a diferença que existe entre o conteúdo do inciso XXII do referido artigo que estabelece que "é garantido o direito de propriedade" (caráter individual) e do inciso XXIII que determina que "a propriedade atenderá a sua função social". Claramente este último Direito Fundamental é da Sociedade e corresponde a um dever do cidadão (indivíduo) e da própria Sociedade observá-lo.

Pode-se dizer, portanto, que ao lado dos tradicionais Direitos Fundamentais da ordem individual, fundado na idéia de subjetividade, ou seja, de individualidade, existem Direitos Fundamentais da Sociedade, em face dos quais o cidadão (indivíduo) não tem qualquer direito próprio, como ocorre, por exemplo, no exercício do Mandado de Segurança Coletivo.

Pode, ainda, feita a verificação acima enunciada, dar-se hipótese em que Direito Fundamental do cidadão (indivíduo) esteja contraposto a Direito Fundamental da Coletividade. Neste caso, deve-se determinar qual deles, naquela situação específica, deve prevalecer. Situações dessa natureza serão objeto de reflexão no tópico que trata da ponderação no âmbito do Processo Penal.

---

[21] Ferrajoli, Luigi. "Derechos Fundamentales". In *Los Fundamentos de los Derechos Fundamentales*. Madrid: Trotta, 2001. p. 19.

[22] Sarlet, Ingo Wofgang. *A eficácia dos Direitos Fundamentais*. 4 ed. Porto Alegre: Livraria do Advogado, 2004, p. 89.

[23] Sobre a evolução da idéia de Sociedade Civil e sua participação no Estado Contemporâneo ver: Brandão, Paulo de Tarso. *Ações Constitucionais: "novos" Direitos e Acesso à Justiça*. 2 ed. Florianópolis: OAB, 2006. p. 64-70.

Um outro ponto que suscita reflexão a partir da lição de Nicola Matteucci e que está estreitamente ligada ao item anterior, diz respeito ao seguinte fato: se, originariamente o "núcleo material das primeiras Constituições escritas, de matriz liberal-burguesa", continha "a noção de limitação jurídica do poder estatal, mediante a garantia de alguns Direitos Fundamentais e do princípio da separação dos poderes"[24], o certo é que hoje "as ameaças podem vir do Estado, como no passado, mas podem vir também da sociedade de massa [...] ou sociedade industrial"[25], como já dito anteriormente.

Então, não se pode mais entender que os Direitos Fundamentais sejam uma limitação somente dos poderes do Estado, mas também de todas as relações de poderes que se encontram no interior da Sociedade Civil.

Em síntese, os Direitos Fundamentais não mais constituem a proteção somente ao cidadão (indivíduo), mas também à Sociedade Civil. De outro lado, o poder que eles visam limitar não é somente o do Estado, mas da própria Sociedade Civil. Logo, a Sociedade Civil passa ser um elemento de tal importância que pode encontrar-se no pólo ativo ou no pólo passivo – e paradoxalmente em ambos – dependendo da situação prática vivenciada.

Surpreender/enunciar essa seara de Direitos da Sociedade Civil nas relações dos Direitos e Garantias Fundamentais tem, ainda, uma importância muito grande, que é impedir que, em determinados momentos, o Estado, a título de proteger a Sociedade, substituindo-a, viole direitos individuais, ampliando seus limites de atuação. A face mais visível dessa atividade é o crescimento da atuação arbitrária e violadora de Direitos Fundamentais por parte do Estado com o discurso, por exemplo, da supremacia do interesse público sobre o interesse privado, ou, quase na mesma senda, a supremacia do coletivo sobre o individual.[26]

---

[24] SARLET, Ingo Wofgang. *A eficácia dos Direitos Fundamentais*. 4 ed. Porto Alegre: Livraria do Advogado, 2004, p. 67.

[25] MATTEUCCI, Nicola. Verbete: "Direitos Humanos". In, BOBBIO, Norberto; MATTEUCCI, Nicola; PASQUINO, Gianfranco. Tradução de Carmem C. Varriale *et al. Dicionário de Política*. 4 ed. Brasília: Universidade de Brasília, 1992 (vol. 1), p. 355.

[26] V. SCHIER, Paulo Ricardo. "Ensaio sobre a supremacia do interesse público sobre o privado e o regime jurídico dos Direitos Fundamentais". Disponível na Interntet: *Jus Navigandi*. http://jus2.uol.com.br/doutrina/texto.asp?id=4531. Acesso em 31 de julho de 2007.

No próximo tópico se pretende tornar mais claras essas afirmações.

Direitos Fundamentais da Sociedade Civil

Como ficou dito anteriormente, não só o homem (cidadão/indivíduo) é titular de Direitos Fundamentais, mas a Sociedade Civil também o é.

É preciso lembrar que, seguindo expressiva doutrina, os Direitos Fundamentais não são exclusivamente aqueles arrolados na Constituição. Também não há qualquer dúvida de que todos aqueles que estão previstos na Constituição (no artigo 5º ou em qualquer outro dispositivo constitucional) são, indiscutivelmente, Direitos Fundamentais, uma vez que por esta são positivados como tais.

Como foi dito acima, sobre a função social da propriedade, a proteção do consumidor e o exercício do Mandado de Segurança, constantes do rol do artigo 5º da Constituição, também o meio ambiente ecologicamente equilibrado (artigo 225), a infância e adolescência protegida com prioridade absoluta (artigo 227), são exemplos manifestos de Direitos Fundamentais da Sociedade Civil.[27]

Por vezes, não perceber essa diferença tem levado a equívocos que infirmam tais direitos ou dificultam em muito que eles atinjam a sua eficácia.

A título de exemplo pode-se lembrar das transformações dos direitos decorrentes da paternidade, especialmente no que se refere ao denominado pátrio poder, para que se possa perceber o tratamento de Direitos Fundamentais Coletivos estabelecidos no artigo 277 da Constituição da República.

Pode-se afirmar que os Direitos Fundamentais da Sociedade não são pluralidade de direitos individuais. A importância dessa afirmação é a de que eles não podem ser tratados como direitos da maioria. A existência deles independe da (in)consciência dos componentes da Sociedade Civil. Todavia, a eficácia, sim, tem como pressuposto a consciência no seu exercício.

---

[27] De agora em diante, somente para os efeitos deste trabalho e para diminuir a repetição, falar-se-á nesta mesma acepção de Direitos Fundamentais Coletivos.

A preocupação com a eficácia dessa ordem de Direitos Fundamentais e propostas para encontrá-la já estão em outro trabalho mais antigo.[28] O que se pretende, neste momento, é, ao afirmar sua existência, questionar as possibilidades de seus limites ou seus não-limites, uma vez que normalmente é em relação a eles que vão se encontrar os maiores problemas na ponderação de bens, especialmente no âmbito Penal, e, por conseqüência, do Processo Penal, que será o objeto central do próximo item.

Limites dos Direitos Fundamentais e Ponderação

Em virtude da possibilidade de conflito entre Direitos Fundamentais[29] e de princípios constitucionais, e tendo em vista que não raro são normas desta natureza que contemplam aqueles, é comum ouvir-se (ou ler-se) que os Direitos Fundamentais não são absolutos e estão *sempre* sujeitos a uma limitação pela própria Constituição, pela Lei – quando autorizada pela Constituição – ou pela ponderação[30].

É preciso lembrar, no entanto, que não se confundem Direitos Fundamentais e princípios fundamentais. Como foi frisado, um grande número de Direitos Fundamentais são assegurados por princípios, mas isso não os faz necessariamente relativos. No entanto, alguns Direitos Fundamentais são assegurados por regras e, neste caso, a relatividade fica ainda mais restrita.

Efetivamente, é normal encontrar-se limitação de Direitos Fundamentais na própria ordem constitucional ou, ainda, a Constituição autorizar a lei infraconstitucional estabelecer alguma limitação e, mais do que isso, é possível que alguns Direitos Fundamentais sejam limitados pela vigência de outros Direitos Fundamentais, sendo que a

---

[28] V. BRANDÃO, Paulo de Tarso. *Ações Constitucionais: "novos" Direitos e Acesso à Justiça*. 2 ed. Florianópolis: OAB, 2006.

[29] Ver entre outros FARIAS, Edilsom Pereira de. *Colisão de Direitos*: *a honra, a intimidade, a vida privada e a imagem* versus *a liberdade de expressão e informação*. Porto Alegre: Sergio Antonio Fabris, 1996.

[30] CAMPOS. Helena Nunes. "Princípio da proporcionalidade: a ponderação dos Direitos Fundamentais". Disponível na Internet: http://www4.mackenzie.com.br/fileadmin/Pos Graduacao/Mestrado/Direito Politico e Economico/Cadernos Direito/Volume 4/02.pdf. Acesso em 23 de outubro de 2007.

definição desse limite, neste caso, se dará pela ponderação, observando-se a relevância que um e outro possa ter, no momento da sua própria efetividade.

No entanto, contrariamente ao que é afirmado, é preciso deixar claro que existem, sim, Direitos Fundamentais que a Constituição da República Federativa do Brasil estabelece de forma absoluta[31] e que estão, portanto, a salvo de qualquer limitação. Nem mesmo a ponderação é capaz de estabelecer limites a esses direitos. O exemplo mais expressivo é o Direito Fundamental de não ser submetido à pena de morte em tempo de paz, à pena perpétua, à pena a trabalhos forçados, à pena de banimento ou à qualquer pena cruel. Poder-se-ia dizer que a Constituição estabeleceu limites para a pena de morte, mas facilmente se conclui que esse limite depende da declaração de guerra (e na forma que ela própria limita), pois em tempo de paz tal direito é, sim, absoluto e não encontra limitação. A proporcionalidade não pode ser arguida pela ausência de qualquer contraponto que possa servir para uma eventual ponderação. Melhor esclarecendo: em tempo de paz nem mesmo o princípio que contém o Direito Fundamental da segurança pode ser contraponto para a proporcionalidade da vedação da pena de morte.

Para o Direito Fundamental de não ser submetido às penas acima referidas, a Constituição não previu e nem autorizou qualquer limitação e, por isso, nem a lei infraconstitucional e nem qualquer proporcionalidade pode estabelecer limites.

Lembre-se de que, quando Bobbio afirma que os fundamentos dos Direitos do Homem são mutáveis e relativos ("Não se concebe como seja possível atribuir fundamento absoluto a direitos historicamente relativos".[32]), está falando somente dos fundamentos e, ainda assim, o faz para demonstrar a natureza histórica dos mesmos,[33] buscando infirmar as concepções jusnaturalistas. No entanto, é o próprio Bobbio que, poucas linhas adiante leciona: "Inicialmente, cabe dizer que, entre os direitos humanos, como já se observou

---

[31] Absoluto não quer dizer definitivo, pois o direito é absoluto no sentido de ilimitado no (e para) o momento histórico de sua existência.

[32] Bobbio, Norberto. *A era dos Direitos*. Tradução de Carlos Nelson Coutinho. Rio de Janeiro: Campus, 1992, p. 19.

[33] Bobbio, Norberto. *A era dos Direitos*. Tradução de Carlos Nelson Coutinho. Rio de Janeiro: Campus, 1992, p. 15-25.

várias vezes, há direitos com estatutos muito diversos entre si. Há alguns que valem em qualquer situação e para todos os homens indistintamente: são os direitos acerca dos quais há exigência de não serem limitados nem diante de casos excepcionais, nem com relação a esta ou aquela categoria, mesmo restrita, de membros do gênero humano (é o caso, por exemplo, do direito de não ser escravizado e de não sofrer tortura)".[34]

Assim, quando se diz que não há fundamentos absolutos para os Direitos Fundamentais e se reconhece que eles são mutáveis temporalmente, em razão de sua natureza histórica, não se quer dizer que no momento histórico de sua existência eles não possam ser assegurados na Constituição sem qualquer possibilidade de limitação, ou seja, de forma absoluta para aquele momento.

J.J. Gomes Canotilho e Vital Moreira estabelecem uma dualidade de regimes para os Direitos Fundamentais, entendendo que a Constituição não prevê um regime uniforme para eles, mas considera a existência de um regime comum, aplicável a todos, e um regime particular, aplicável a uma parte deles, que é o regime dos "direitos, liberdades e garantias", referindo-se, neste ponto, ao título II da Constituição da República Portuguesa.[35]

Para o regime dos direitos, liberdades e garantias, os autores inserem no conteúdo, entre outros, os seguintes traços, seguindo disposição expressa na Constituição Portuguesa: os "Direitos Fundamentais não podem ser restringidos senão nos casos *expressamente admitidos na Constituição*"; "a restrição só pode ter lugar por via de lei (art. 18º-2) – *reserva de lei*"; e "mesmo quando constitucionalmente autorizada, a restrição só é legítima se exigida pela salvaguarda de outro Direito Fundamental ou de outro interesse constitucionalmente protegido, e a medida restritiva estabelecida por lei tem de sujeitar-se ao princípio da *proibição de excesso* ou *princípio da proporcionalidade*".[36]

---

[34] BOBBIO, Norberto. *A era dos Direitos*. Tradução de Carlos Nelson Coutinho. Rio de Janeiro: Campus, 1992, p. 20.

[35] CANOTILHO. J. J. Gomes e MOREIRA, Vital. *Fundamentos da Constituição*. Coimbra: Coimbra, 1991, p. 120-121.

[36] CANOTILHO. J. J. Gomes e MOREIRA, Vital. *Fundamentos da Constituição*. Coimbra: Coimbra, 1991, p. 121-122. Ver também sobre o tema da limitação de Direitos Fundamentais: HESSE, Konrad. *Elementos de Direito Constitucional da República Federal da Alemanha*. Tradução de Luís Afonso Heck. Porto Alegre: Sergio Antonio Fabris, 1998, p. 247-268.

O ponto mais importante do presente trabalho é a conclusão de que os Direitos Fundamentais somente podem ser limitados pela própria Constituição, por autorização da Constituição ou, quando possível e levando em consideração os próprios limites constitucionais, a ponderação entre dois Direitos Fundamentais da mesma ordem.

Paulo Ricardo Schier, com base nas lições de J.J. Gomes Canotilho e Vital Moreira, arrola as possibilidades para restrições de Direitos Fundamentais, que se transcrevem abaixo:

> (i) os Direitos Fundamentais só podem ser restringidos nos casos expressamente admitidos pela Constituição; (ii) não existe uma cláusula geral de admissão de restrição dos Direitos Fundamentais; (iii) a restrição só pode ter lugar por atividade do próprio constituinte originário (que pode estabelecer a restrição diretamente) ou nos casos em que este (poder constituinte originário) autorizou expressamente pela via da lei (reserva da lei), sendo, portanto, ilícita a restrição pelo veículo regulamentar; (iv) não pode a lei restritiva, ainda quando autorizada, devolver o juízo de restrição para o campo de atuação discricionária da Administração Pública; (v) mesmo quando autorizada, a restrição só poderá ser reputada legítima na medida necessária para salvaguardar outro Direito Fundamental ou outro interesse ou bem constitucionalmente protegido, sujeitando-se, logo, aos princípios da proibição de excesso e da proporcionalidade; (vi) as leis restritivas devem ter caráter geral e abstrato e, por fim (vii) as leis restritivas devem estar materialmente vinculadas ao princípio da preservação do núcleo essencial.[37]

Para esta última possibilidade deve-se ter presente, ainda, a noção de núcleo essencial dos Direitos Fundamentais. Contrariamente a Robert Alexy, que entende o núcleo essencial dos Direitos Fundamentais como resultado de uma ponderação[38], prefere-se aqui o entendimento de que o tal núcleo essencial encontra-se "na dignidade do homem concreto como ser livre", como quer José Carlos Vieira de Andrade.[39]

---

[37] SCHIER, Paulo Ricardo. "Ensaio sobre a supremacia do interesse público sobre o privado e o regime jurídico dos Direitos Fundamentais". Disponível na Interntet: *Jus Navigandi*. http://jus2.uol.com.br/doutrina/texto.asp?id=4531. Acesso em 31 de julho de 2007.

[38] ALEXY, Robert. *Teoria de los Derechos Fundamentales*. Madrid: Centro de Estúdios Constitucionales, 1993, p. 286.

[39] ANDRADE, José Carlos Vieira de. *Os Direitos Fundamentais na Constituição Portuguesa de 1976*. Coimbra: Almedina, 1987, p. 233 e ss. Fique claro que não existe

Levando-se em conta as considerações acima, pode-se perceber mais claramente que, em nome de Direitos Fundamentais coletivos, viola-se, com grande freqüência, Direitos Fundamentais individuais, quando não há, em tais casos, autorização nem mesmo para o exercício da ponderação.

A preocupação neste momento reside no fato de uma certa flexibilização nos Direitos Fundamentais, que tem levado ao atendimento dos interesses daqueles que pretendem um Estado-Polícia tão ao gosto da globalização.

O exemplo mais expressivo se dá com a pretensão de se estabelecer uma ponderação (proporcionalidade) entre os princípios da proibição de excesso e da insuficiência,[40] chamando alguns autores de garantismo positivo a este último princípio em contraponto com o já bem conhecido garantismo negativo que caracteriza a proibição de excesso.

Aqui cabe a observação de que o problema não reside no estabelecimento da proporcionalidade entre proibição de excesso e a proibição de proteção deficiente na forma proposta por Ingo Sarlet e Lenio Streck, porque o fazem no marco da hermenêutica (filosófica), mas sim, como tem ocorrido com alguns autores, no uso dessa proporcionalidade, enunciada por ambos, no marco das teorias da argumentação/interpretação, o que leva a um voluntarismo interpretativo altamente contrário ao Estado Democrático de Direito.

Não há a menor dúvida de que o Estado assume constitucionalmente uma série de compromissos com os Direitos Fundamentais conquistados historicamente pelos cidadãos, consagra-os em regras e princípios e eles são e devem ser cobrados do próprio Estado de forma que não sejam meros "programas" para atendimento quando

---

contradição em ter o *núcleo essencial* fundado na dignidade com o debate anterior sobre a não-exclusividade de Direitos Fundamentais individuais. Aliás, eis a diferença a ser levada em conta na ponderação,

[40] Ver, por exemplo, Sarlet, Ingo Wolfgang. "Constituição e Proporcionalidade: o direito penal e os Direitos Fundamentais entre proibição de excesso e de insuficiência". Disponível na Internet: *Mundo Jurídico*. http://www.mundojuridico.adv.br. Acesso em 20 de novembro de 2007. Streck, Lenio Luiz. "O sentido hermeneutico-constitucional da ação penal nos crimes sexuais: os influxos da lei dos crimes hediondos e da lei maria da penha" In: *Direitos Fundamentais e Novos Direitos*. 2a. serie. Renata Braga Klevenhusen (Coord). Rio de Janeiro, Lumen Juris, 2006.

bem entender. Os Direitos Fundamentais são previstos na Constituição para serem cumpridos, e a sua previsão constitucional é um instrumento importante de que dispõe a Sociedade Civil e os cidadãos para a implementação da promessa.

Entre os Direitos Fundamentais está, sim, declarado no "caput" do artigo 5º da Constituição o direito à segurança. Ocorre que, a pretexto de realização desse Direito Fundamental, tem-se dito que se deve usar a proporcionalidade para ponderar entre a sua aplicação ou aplicação dos Direitos Fundamentais que buscam coibir qualquer excesso por parte do Estado.

Esta flexibilização dos Direitos Fundamentais de proibição de excesso, garantia das mais caras para os cidadãos, encaminha o Estado para a feição do Estado-Polícia.

Evidentemente que todos os cidadãos querem segurança e têm todo o direito de reivindicá-la do Estado, mas não é pelo caminho da violação de outras garantias que se chegará a ela.

Sobre esse ponto, deve-se ter presente a seguinte lição de Winfried Hassemer:

> A intensidade com que estamos ameaçados pela violência será discutida por tempo indefinido entre doutos e cidadãos: a percepção da violência é um fenômeno político e comunicativo. Muito se teria ganhado se esta noção fosse difundida; pois seria mais difícil fazer política mediante a dramatização da violência.
>
> Além disso, e como se pode estudar também a partir do desenvolvimento da criminologia, o fenômeno da violência é compreendido só parcialmente se se restringe a perspectiva à violência individual ou de grupos, à "violência de baixo". Também existe uma "violência de cima". Ambas se acham, de outra parte, em relações variáveis, do que se segue que uma atitude racional frente à ameaça, seja estatal, social ou individual, não pode consistir na mera repressão da violência, senão que deve tomar em consideração relações complexas de surgimento e efeitos variáveis.[41]

Todos sabem que as razões da criminalidade decorrem de tantos outros fatores e entre eles, a falta de outros Direitos Fundamentais de

---

[41] HASSEMER, Winfried. *Crítica al Derecho Penal de Hoy: norma, interpretación, procedimiento. Límites de la prisión preventiva.* Traducción de Patricia S. Zieffer. 2 ed. Buenos Aires: Ad-Hoc, 2003, p.64-65.

prestação (ou positivos) a que o Estado está obrigado constitucionalmente, como Educação, Saúde, Saneamento, Moradia, entre outros.

Não é, certamente, com a violação, pela via da flexibilização de Direitos Fundamentais negativos (proibição de excesso) que se vai garantir a diminuição da criminalidade e da violência, nem tornar menos perigosa a Sociedade atual.

Logo, a ponderação nesse caso não opera porque, na realidade, os princípios da proibição de excesso e da infraproteção não estão em condições de contraponto.

Para melhor esclarecer o debate que se está propondo, talvez seja importante tomar-se aqui uma situação concreta. Para isso, escolheu-se, entre tantas outras possíveis, a seguinte lição de Antonio Scarance Fernandes, que tem encontrado eco em parte da doutrina e nos bancos escolares, tratando da prova no processo penal e afirmando a necessidade de admitir-se o princípio da proporcionalidade para superar a vedação constitucional da prova ilícita:

> Pretendendo pôr fim ao dissenso na doutrina e na jurisprudência, o legislador constituinte vedou expressamente a admissibilidade, no processo, de provas obtidas por meios ilícitos (art. 5º, LVI).
>
> Contudo, vai tomando corpo entre nós a aceitação da teoria da proporcionalidade, visando-se a evitar a aplicação muito rígida do inc. LVI do art. 5º quando a ofensa a determinada vedação constitucional é feita para proteção de valor maior também garantido na Constituição.[42]

Buscando demonstrar com exemplo concreto sua afirmação acima, Antonio Scarance Fernandes descreve:

> Em determinado caso, para impedir a fuga de presos considerados perigosos de estabelecimento penitenciário, violou-se a correspondência desses presos, descobrindo-se que, no plano da fuga, constava o seqüestro de um juiz de direito quando todos estariam reunidos em audiência em determinada comarca do Estado de São Paulo. Como a violação de correspondência é vedada pela Constituição Federal (art. 5º, XII), a aplicação rigorosa da norma constitucional impediria que pudessem ser usadas como prova as cartas interceptadas, pois, sendo obtidas por meio ilícito consis-

---

[42] FERNANDES, Antonio Scarance. *Processo Penal Constitucional*. São Paulo: Revista dos Tribunais, 1999, p. 80.

tente em afronta à referida vedação constitucional, não seriam admitidas em eventual processo criminal.[43]

E conclui no sentido de que "...a proteção à vida do juiz de direito e à segurança do presídio justificariam as violações das correspondências dos presos, sendo estranho afirmar depois a impossibilidade de utilizar as cartas como prova em juízo, porque obtidas por meios ilícitos".[44]

Esse raciocínio, à luz da tipologia dos Direitos Fundamentais, é totalmente impossível na República Federativa do Brasil que, diz a própria Constituição, constitui-se em Estado Democrático de Direito.

A vedação à utilização de provas ilícitas está disciplinada no artigo 5º, LVI, da Constituição, e não há qualquer autorização constitucional estabelecendo limites e não há proporcionalidade que possa admiti-la, a não ser para limitar o Poder do Estado.

Mas há um outro Direito Fundamental envolvido na questão proposta por Antonio Scarance Fernandes, que é a proteção da intimidade, consagrado no artigo 5º, XI, da Constituição da República, que tem como um de seus desdobramentos o sigilo das comunicações (*lato sensu*), previsto no inciso XII do mesmo artigo, que assim determina:

> XII – é inviolável o sigilo da correspondência e das comunicações telegráficas, de dados e das comunicações telefônicas, salvo, no último caso, por ordem judicial, nas hipóteses e na forma que a lei estabelecer para fins de investigação criminal ou instrução processual penal.

Com o filtro das considerações acima, é possível decompor a norma acima da seguinte forma.

No que se refere ao Direito Fundamental ao sigilo das comunicações telefônicas (não vamos entrar aqui na questão que envolve a comunicação de dados pela óbvia falta de tempo) o legislador constituinte originário autorizou um limite, com reserva de lei, que é a interferência autorizada para fins de persecução criminal. Vê-se, por-

---

[43] FERNANDES, Antonio Scarance. *Processo Penal Constitucional*. São Paulo: Revista dos Tribunais, 1999, p. 80-81.

[44] FERNANDES, Antonio Scarance. *Processo Penal Constitucional*. São Paulo: Revista dos Tribunais, 1999, p. 81.

tanto, que ao limitar o Direito Fundamental, o legislador constitucional originário limitou também o legislador infraconstitucional, ao determinar que a lei somente pode autorizar ato dessa natureza com a interveniência do Poder Judiciário e somente com duas finalidades: "investigação criminal ou instrução processual penal".

A proporcionalidade somente poderá operar, neste caso, da seguinte forma: uma vez que presentes todos os requisitos, hipóteses e finalidades configuradores da limitação constitucional/legal, ainda assim só se fará a interceptação em havendo a possibilidade de lesão de Direito Fundamental (então sim coletivo) superior ao Direito à intimidade do investigado ou processado.

Já no que se refere ao sigilo da correspondência e das comunicações telegráficas, não há qualquer autorização constitucional para sua violação, ou seja, não há qualquer limitação que possa ser oposta a eles (sigilos), nem mesmo utilizando-se a regra da ponderação.

O raciocínio de Antonio Scarance Fernandes recai na gritante contradição: se alguém pretendesse uma interceptação telefônica, que é autorizada pela Constituição, com reserva de lei, insista-se, ela somente seria admissível, *nos termos da lei e com autorização judicial e no curso de investigação ou processo*. No caso aventado pelo autor, a interceptação da correspondência, somente utilizando-se da proporcionalidade, seria admitida *sem a existência de lei* (que se houvesse seria inconstitucional), *sem autorização judicial e com a finalidade de* "impedir fuga de presos perigosos de estabelecimento penitenciário".

Há de se considerar, ainda, que a proporcionalidade, fosse possível admitir, somente seria estabelecida *a posteriori*, uma vez que todas as demais cartas interceptadas que não envolvessem o "plano de fuga" e/ou "o seqüestro de um juiz de direito", configurariam clara violação direito à intimidade.

A ponderação, portanto, no caso que serve de exemplo, foi usada no sentido da flexibilização de Direitos Fundamentais e isso está de acordo com a formação do Estado-Polícia.[45]

[45] Fenômeno que se repete, inclusive, na formação de Blocos de Estados, como se pode ver em: NUNES, Antonio José Avelãs. *A Constituição européia: A constitucionalização do neoliberalismo*. Coimbra: Coimbra, 2006.

O futuro do Direito (a título de considerações finais)

Como ficou claro no início do presente trabalho, é muito difícil afirmar-se qual o futuro do Direito, embora tenha ficado lançada a crença de que ele terá, sim, um futuro.

Tendo em vista que, depois de o Estado ter assumido a característica de Estado-Nação e, especialmente, após o advento do Estado Democrático de Direito, a relação entre Estado e Direito tendem a cada vez mais estreitar os laços de existência.

Nesse sentido, tanto o Direito pode ser a bússola que indica o futuro do Estado, como o Estado pode determinar o futuro do Direito.

No entanto, o que fica evidente é que os responsáveis pela operação jurídica têm uma função relevante na busca de um Estado e de um Direito mais comprometido com os Direitos Fundamentais.

De alguma forma se pode dizer que o futuro do Direito será aquele que os operadores do direito tiverem a capacidade de produzir.

Referências Bibliográficas

ALEXY, Robert. *Teoria de los Derechos Fundamentales*. Madrid: Centro de Estúdios Constitucionales, 1993.

ANDRADE, José Carlos Vieira de. *Os Direitos Fundamentais na Constituição Portuguesa de 1976*. Coimbra: Almedina, 1987.

BAUMAN, Zygmunt. *Globalização*: as conseqüências humanas. Tradução de Marcus Penchel. Rio de Janeiro: Jorge Zahar, 1999.

BRANDÃO, Paulo de Tarso. *Ações Constitucionais:* "novos" Direitos e Acesso à Justiça. 2 ed. Florianópolis: OAB, 2006

BOBBIO, Norberto. *A era dos Direitos*. Tradução de Carlos Nelson Coutinho. Rio de Janeiro: Campus, 1992.

CANOTILHO, J. J. Gomes. *Direito Constitucional e Teoria da Constituição*. 5 ed. Coimbra: Almedina, 2002.

CANOTILHO. J. J. Gomes e MOREIRA, Vital. *Fundamentos da Constituição*. Coimbra: Coimbra, 1991.

CAMPOS. Helena Nunes. "Princípio da proporcionalidade: a ponderação dos Direitos Fundamentais". Disponível na Internet: http://www4.mackenzie.com.br/fileadmin/Pos Graduacao/Mestrado/Direito Politico e Economico/Cadernos Direito/Volume 4/02.pdf. Acesso em 23 de outubro de 2007.

CHÂTELET, François DUHAMEL, Olivier PISIER-KOUCHNER, Evelyne. *História das idéias políticas*. Tradução de Carlos Nelson Coutinho. Rio de Janeiro: Jorge Zahar, 1985.

FARIAS, Edilsom Pereira de. *Colisão de Direitos*: a honra, a intimidade, a vida privada e a imagem *versus* a liberdade de expressão e informação. Porto Alegre: Sergio Antonio Fabris, 1996.

FERNANDES, Antonio Scarance. *Processo Penal Constitucional*. São Paulo: Revista dos Tribunais, 1999.

FERRAJOLI, Luigi. "Derechos Fundamentales". In *Los Fundamentos de los Derechos Fundamentales*. Madrid: Trotta, 2001.

GÓMEZ, José Maria. *Política e democracia em tempos de globalização*. Petrópolis: Vozes Buenos Aires: CLACSO Rio de Janeiro: Laboratório de Políticas Públicas, 2000.

GROSSI, Paolo. *Mitologias jurídicas da modernidade*. Florianópolis: Fundação José Arthur Boiteaux, 2004.

HABERMAS, Jurgen. *Direito e democracia: entre facticidade e validade*. Tradução de Flávio Beno Siebeneichler. Rio de Janeiro: Tempo Brasileiro, 1997. p. 65-211. (v. I)

HASSEMER, Winfried. *Crítica al Derecho Penal de Hoy*: *norma, interpretación, procedimiento. Límites de la prisión preventiva*. Traducción de Patricia S. Zieffer. 2 ed. Buenos Aires: Ad-Hoc, 2003.

HESSE, Konrad. *Elementos de Direito Constitucional da República Federal da Alemanha*. Tradução de Luís Afonso Heck. Porto Alegre: Sergio Antonio Fabris, 1998.

MATTEUCCI, Nicola. Verbete: "Direitos Humanos". *In*, BOBBIO, Norberto MATTEUCCI, Nicola PASQUINO, Gianfranco. Tradução de Carmem C. Varriale *et al. Dicionário de Política*. 4 ed. Brasília: Universidade de Brasília, 1992 (vol. 1), p. 352/355.

NUNES, Antonio José Avelãs. *A Constituição européia*: *A constitucionalização do neoliberalismo*. Coimbra: Coimbra Editora, Revista dos Tribunais, 2006.

SANTOS, Milton. *Por uma outra globalização*: *do pensamento único à consciência universal*. 5 ed. Rio de Janeiro: Record, 2001.

SARLET, Ingo Wofgang. *A eficácia dos Direitos Fundamentais*. 4 ed. Porto Alegre: Livraria do Advogado, 2004.

SARLET, Ingo Wolfgang. "Constituição e Proporcionalidade: o direito penal e os Direitos Fundamentais entre proibição de excesso e de insuficiência". Disponível na Internet: *Mundo Jurídico*. http://www.mundojuridico.adv.br. Acesso em 20 de novembro de 2007.

SCHIER, Paulo Ricardo. "Ensaio sobre a supremacia do interesse público sobre o privado e o regime jurídico dos Direitos Fundamentais". Disponível na Interntet: *Jus Navigandi*. http://jus2.uol.com.br/doutrina/texto.asp?id=4531. Acesso em 31 de julho de 2007.

STRECK, Lenio Luiz. "O sentido hermeneutico-constitucional da ação penal nos crimes sexuais: os influxos da lei dos crimes hediondos e da lei Maria da Penha", In: *Direitos Fundamentais e Novos Direitos*. 2a. serie. Renata Braga Klevenhusen (Coord). Rio de Janeiro, Lumen Juris, 2006.

Desenvolvimento Econômico, Políticas Públicas e Pessoas Privadas

(Passado, Presente e Futuro de uma Perene Transformação)[*]

EGON BOCKMANN MOREIRA[**]

Sumário: Introdução. 1. A inconsistência das políticas públicas brasileiras. 2. O desenvolvimento nacional, as intempéries econômicas e o Direito Público. 3. A economia torna-se legível. 4. A compreensão do Direito numa economia estável. 5. A quebra da desigualdade e a participação dos particulares nas políticas públicas. 6. Os atos administrativos consensuais e o desenvolvimento econômico. Considerações finais.

---

[*] Agradeço em muito a honra do convite que me foi formulado pelo Professor Doutor ANTÓNIO JOSÉ AVELÃS NUNES para participar neste *Encontro*. O texto é o resultado da consolidação das notas referentes a algumas palestras feitas pelo autor no segundo semestre de 2007. A decisão pela forma escrita deve-se sobretudo ao incentivo recebido do Professor Doutor ALMIRO DO COUTO E SILVA, a quem agradeço pela gentil (e firme) recomendação de que eu transformasse algumas das notas em um artigo. Meu muito obrigado também às revisões feitas pelos amigos ANDREIA CRISTINA BAGATIN, BERNARDO STROBEL GUIMARÃES e LAURO ANTONIO NOGUEIRA SOARES JUNIOR. Os erros, desvios e omissões são de exclusiva responsabilidade do subscritor.

[**] Professor da Faculdade de Direito da Universidade Federal do Paraná.

Introdução

Logo ao início do século passado, em 1913 propriamente, L. Duguit lançou na introdução de um de seus livros uma série de dúvidas que se tornaram célebres: "*Pourquoi étudier spécialement les transformations du droit public? Le droit, comme toutes les choses sociales, n'est-il pas en un état perpétuel de transformation? Toute étude scientifique du droit n'a-t-elle pas nécessairement pour objet l'évolution des instituitions juridiques? Étudier les transformations du droit public, n'est-ce pas étudier tout simplement le droit public?*"[1]

Esse desafio acenava para a inutilidade de se investigar de forma autônoma algo que, por si, só já era a principal característica dessa disciplina, quem sabe a sua própria razão de existir. Tão entranhado que é com o político (basta a lembrança às palavras de Gomes Canotilho, da Constituição como *o estatuto jurídico do político*), o Direito Público seria algo em constante transformação. Ora, se pesquisar as alterações significa simplesmente estudar a principal característica do Direito Público, para que se perder tempo e escrever um livro a respeito de algo que não possui dignidade científica? Não haveria aqui um problema de foco, de abordagem autônoma de algo por demais elementar? Talvez fosse mais fácil e prático deixar as mutações para os cientistas políticos ou sociólogos do Direito e reter o Direito Público como ele desde sempre se apresentou (nunca a mesma coisa).

Como se sabe, Duguit não ficou só na instigação. Segundo a sua tese, o Direito Público exigia essa investigação porque então passava por "transformações particularmente profundas e ativas", reveladoras "de um período crítico". Vivia-se um momento de alterações extraordinárias, que atingiam as raízes da disciplina. O sistema de Direito Público das nações ocidentais, estruturado em torno da soberania do Estado e do direito natural dos indivíduos (subjetivo e inalienável), era aquele construído pela Declaração dos Direitos de 1789. Essa concepção, "metafísica e individualista", estava a ser trocada por um

[1] *Les transformations du droit public*. Paris: La Mémoire du Droit, 1999 (reprod. da ed. de 1913), p. IX.

sistema jurídico "realista e socialista", o qual suprimia a hierarquia entre os sujeitos e fazia com que o conceito de serviço público substituísse mesmo o de soberania. O serviço público, com caráter desenvolvimentista de integração nacional e bem-estar social, tornava-se a quintessência do Direito Público. Daí a utilidade do estudo apurado da especificidade de tais transformações radicais, quase equivalentes à própria Revolução. Havia mudanças em certos temas que instalavam esse "período crítico", as quais somente um observador atento detectaria, e fazia-se necessário cravar um ponto estático, um alfinete no mapa cronológico, estabelecendo o antes e o depois do Direito Público.

Mal sabia ele o que ainda estava por vir.

Quase um século depois, não só em França, mas também nos demais países influenciados pelo sistema francês de Direito Público, todos estão a passar por transformações ainda mais céleres e revolucionárias do que aquelas vivenciadas por DUGUIT. Alterações que não são periódicas nem sistemáticas nem circunscritas a um ou outro aspecto da disciplina e muito menos se submetem a juízos de probabilidade. As fronteiras estão a ser transpostas – importando, p. ex., a coabitação entre institutos típicos da *common law* em países cujos sistemas outrora lhes eram antagônicos (e vice-versa). Melhor dizendo: hoje, todo o Direito, Público e Privado, é objeto de sérias e constantes mutações – algumas simpáticas, outras nem tanto; algumas explícitas, outras imperceptíveis – muitas das quais incutem perplexidade nos aplicadores. Sem exagero, passa-se por um *continuum* de transformações esparsas e fragmentadas.

Como vivemos no olho desse furacão, é difícil compreender o que *efetivamente* nele se passa – o porquê e o para quê disso tudo, o seu começo e o seu fim (se é que este um dia existirá). O incontornável subjetivismo existencial, ao mesmo tempo em que torna parcial a interpretação, exige um esforço superlativo para tentar entender para onde se vai. Isso num cenário que revela a pressa histórica; a mundialização dos temas culturais e econômicos; o *forum shopping* (e também o *legal shopping*); a aridez a que foi submetida a soberania dos Estados e, *last but not least*, a retirada do Poder Público de alguns setores relevantes e a sua ocupação por pessoas privadas (com tudo o que isso pressupõe e acarreta para o Direito Público).

Este acanhado ensaio colocará foco especial em algumas das transformações ora cotidianas e pretenderá alinhavar o início de novas perguntas a ser feitas, sobretudo no cenário brasileiro. Guardadas as devidas proporções e contextualizações, parece que não só persistem os desafios instalados ao início do século passado, mas que a resposta para este século XXI é justamente a primeira das incitações postas por DUGUIT: hoje em dia, estudar o Direito Público é meramente estudar as transformações dele (num plano bastante mais amplo). O transcorrer de quase um século o consolidou com um núcleo duro dinâmico cuja metamorfose é constante. Há uma alteração de foco no objeto de investigação, pois se há algo de estável no Direito Público contemporâneo é a certeza da incontinência de suas mudanças.

Estamos portanto diante da necessária *redefinição das perguntas* a ser postas. Não porque as respostas tenham sido encontradas (ou sejam mais facilmente detectáveis com novas perguntas), mas sim porque o problema mudou, as dúvidas estão num outro plano e o objeto da investigação deve ser outro. Quem hoje se perguntar a respeito de se vale a pena estudar as transformações do Direito Público (ou, o que é pior, tentar impedi-las) perderá o seu tempo. Estará num momento lógico anterior ao exigido pelo tempo presente e instalará um obstáculo desnecessário. De nada adianta falar em "crise" do Direito Público e de sua contingência, se em verdade esta é a sua estrutura atual. Não se trata de gostar desse novo paradigma, mas de tentar compreendê-lo (e quiçá transformá-lo). Aliás, e como o próprio DUGUIT esclareceu há quase cem anos atrás, a evolução não merece ser compreendida como algo que um dia chegará e tornar-se-á estanque e exaurida, como se algo pudesse interromper um processo histórico-dialético. Mas por ora não vale a pena adiantar algumas das considerações finais deste ensaio.

Em assim sendo, este texto não aspira a explicar esse fenômeno complexo, mas apenas a modestamente lançar luzes sobre um aspecto relevante – que aqui é tido como revelador de várias facetas do que hoje se vive. O eixo central da exposição está na habitualidade do estabelecimento e satisfação de políticas públicas por meio de pessoas privadas – as quais ocuparam o espaço vazio deixado pelo Poder Público – e em algumas das repercussões dessa constatação para o Direito Público. Ou melhor: uma vez que não há vácuo no poder (ou se o ocupa ou alguém já o ocupou), o que "era do"/"era o"

Estado já foi preenchido. Isso exposto na condição de uma novidade estrutural no Direito Público (mais propriamente no Direito Administrativo) e nos limites da atribuição de tarefas públicas a particulares como uma das matrizes do desenvolvimento nacional. Ao que tudo indica, está em curso uma nem tão sutil mas muito profunda transformação nas relações público-privadas (sem que ela se apresente como consumativa).

Para além desta introdução, o texto é dividido em três partes: a *primeira* trata da inconsistência *lato sensu* das políticas públicas brasileiras; a *segunda*, da configuração tradicional do Direito Público brasileiro (em face da economia e políticas públicas) e a *terceira* diz respeito às mutações do Direito Público e à participação das pessoas privadas nas políticas públicas desenvolvimentistas (o que isso significa e como se apresenta em termos de Direito Administrativo material, com um par de exemplos). Será proposta uma correlação dessas perspectivas, com dois objetivos: detectar uma explicação quanto ao passado e propor a respectiva dinâmica da transposição para o presente e futuro. Ao encerramento, serão apresentadas as considerações finais (*rectius*: algumas provocações).

1. **A inconsistência das políticas públicas brasileiras**

1. Chega a ser um lugar-comum a afirmação de que o Brasil não dispõe de tradição em políticas públicas estáveis, compreendidas como o planejamento em longo prazo das ações estatais de estrutura. Embora seja maçante essa repetição, fato é que não se deu a consolidação funcional na ação do Estado para o desenvolvimento do País. O que desde sempre ocorreu foram medidas *ad hoc*, premidas pelos prazos das eleições. Situação hoje agravada pelos conflitos de personalidade entre os poderes constituídos (o executivo a legislar "provisoriamente"; o judiciário a estabelecer políticas públicas e a legislar; o legislativo a julgar e a implementar as leis criadas pelo executivo). Uma visão otimista poderia descrever que isso vem aos poucos se alterando, com a preservação e o prestígio a diretrizes públicas ao longo do tempo. Mas infelizmente a compreensão hodierna do que vem a ser política brasileira de desenvolvimento acaba por se tornar circunscrita a "subsídios tributários" e "guerras fiscais" entre os Esta-

dos-Membros (muitas delas postas por terra pelos governos subsequentes ou mesmo pelo controle de constitucionalidade do STF[2]).

São escassos os exemplos históricos quanto a políticas de desenvolvimento em sentido próprio, sobretudo se examinados em termos de consistência para o longo prazo e seus balanços finais. Até a década de 1980, o País sobreviveu às custas de um programa de substituição de importações, depois sucedido por nada que se estendesse no tempo (e que houvesse sido implementado com esse desiderato). Nesse percurso, nem mesmo o "Plano de Metas" do Governo Kubitschek alcançou homogeneidade: por um lado, limitou-se a implementar indústrias que aplicavam técnicas desenvolvidas no estrangeiro (sem capacidade de inovação[3]) e se prestou a projetar a escalada da inflação; por outro, há quem afirme que nem sequer um planejamento *stricto sensu* ele chegou a configurar.[4]

2. A situação se agrava nos dias de hoje, sobremodo porque já se passou o tempo da cogitação a propósito de uma política industrial de "grandes projetos", das "grandes empresas nacionais". Mesmo no

---

[2] Há várias decisões que suspendem programas desencadeadores da "guerra fiscal" na federação (*v.g.*, ADI-MC 3936-PR, Min. Gilmar Mendes, *DJ* 9.11.2007; ADI 3246-PA, Min. Carlos Britto, *DJ* 1º.9.2006; ADI 1308-RS, Min. Ellen Gracie, *DJ* 4.6.2004).

[3] Como pontifica A. J. Avelãs Nunes: "Quanto à penetração de tecnologia através de empresas multinacionais, é importante salientar que os empresários brasileiros sempre preferiram associar-se ao capital estrangeiro para obter a tecnologia de que careciam. O estado, por seu turno, nunca definiu uma política científica e tecnológica, nas universidades ou fora delas, tendo em vista as necessidades decorrentes da acumulação do capital e do desenvolvimento económico num país como o Brasil e nunca pautou a sua presença e actuação no processo de acumulação capitalista no sentido de intervir como intermediário, na aquisição de tecnologia, entre o 'capitalismo nacional' e as multinacionais." (*Industrialização e desenvolvimento*: a economia política do 'modelo brasileiro de desenvolvimento'." São Paulo: Quartier Latin, 2005, pp. 238-239).

[4] Quanto à inflação, M. H. Simonsen, *30 anos de indexação*. Rio de Janeiro: FGV, 1995, pp. 16-19; quanto à inexistência de planejamento, E. R. Grau, *Planejamento econômico e regra jurídica*. São Paulo: RT, 1978, p. 138 ss. A teorização jurídica a propósito de políticas públicas no Brasil pode ser vista em: F. K. Comparato, "Juízo de constitucionalidade de políticas públicas" (in C. A. Bandeira de Mello (org.). *Estudos em homenagem a Geraldo Ataliba, vol. 2*. São Paulo: Malheiros, 1997, pp. 343-359); M. P. Dallari Bucci, *Direito administrativo e políticas públicas*. São Paulo: Saraiva, 2002; T. L. Breus, *Políticas públicas no Estado constitucional*. Belo Horizonte: Fórum, 2007; E. Bockmann Moreira, "Anotações sobre a História do direito econômico brasileiro (Parte II: 1956-1964)", *RDPE* 11/121-143. Belo Horizonte: Fórum, jul./set. 2005.

que respeita às subvenções, o que existe é uma ampla heterogeneidade dos objetivos e programas, conjugada com a especificidade das pesquisas científicas e respectivos mercados. Por exemplo, o Estado já não estimula a construção de uma ferrovia norte-sul, ligando toda a Nação, mas sim projetos de nanotecnologia, íntimos a certo setor de determinada indústria. A finalidade orienta-se a empreendimentos que podem desencadear grandes inovações tecnológico-industriais. Também por isso há uma preocupante ausência de homogeneidade nos programas de desenvolvimento.

A rigor, existe uma certa *confusão* no setor: misturam-se *políticas públicas* de desenvolvimento (plano macroeconômico de longo prazo) com *negócios administrativos* do Estado (plano microeconómico de médio ou curto prazo). Não há nitidez que permita dissociar os planos. O que se agrava em decorrência da combinação de projetos heterogêneos com a falta de coordenação entre os executores (basta o exemplo das autoridades ambientais *vs.* as de política energética). A título de anunciar um planejamento arrojado, o governo leva à imprensa os contratos administrativos que pretende celebrar e os subsídios fiscais para o próximo exercício fiscal. Logo, não existe a política pública concebida como um *plano* de *longo prazo* com foco num determinado setor da economia *vital ao país* e em *toda a rede* a ele circundante. O que se dá é a divulgação de determinado *contrato público* ou certo *ato de regulação pública* da economia ou de medidas esparsas de *desoneração tributária*. Se há alguma articulação entre tais atos, é contingente e não um pressuposto formal/substancial para a sua implementação.[5]

Esse desvirtuamento de foco vem fazendo com que micro torne-se macro e o circunstancial, estrutural. Em decorrência, a visão macro e a concepção estruturalista de projetos perdem a sua razão de ser. Dá-se uma sequência interminável de eventos desconectados entre si: onde está escrito "política pública" lê-se "empreitada de obra pública", "concessão de serviços públicos" ou "empréstimo bancário". O Ministério do Planejamento, Orçamento e Gestão tornou-se apenas um "Ministério do Orçamento".[6] O que o Estado brasileiro tem proposto

---

[5] A leitura do Plano de Aceleração de Crescimento do Governo federal confirma a tese. V. http://www.brasil.gov.br/pac/. Acesso em 10 de janeiro de 2008.

[6] Em tese, ao nível federal o órgão central é o Ministério do Planejamento, Orçamento e Gestão. Digo em tese porque quem estabelece e implementa as políticas públicas é sobremodo

como política pública é uma sequência de momentos desenvolvimentistas independentes, em velocidade e falta de conexão incompatíveis com o que se pode conceber como planejamento estatal da economia.

3. No entanto, isso não é novo (nem tampouco se poderia imputar responsabilidade a este ou a aquele Governo). Inclusive, é possível a cogitação a propósito de ser (ou não) esse o modelo próprio ao sistema capitalista contemporâneo, fragmentado e dinâmico, que não sobrevive sem o Estado, mas que dele se vale com outras técnicas. O ritmo imposto pela nova realidade mundial exige essa dúvida (não o conformismo, mas a consciência a respeito dela). Por isso que a tentativa de explicação (parcial) demanda a diminuição da abrangência da pesquisa e encaixa-se melhor na segunda parte desta exposição, que diz respeito ao modelo tradicional de Direito Público brasileiro e à antiga configuração (assim se espera) da economia brasileira.

2. **O desenvolvimento nacional, as intempéries econômicas e o Direito Público**

4. Até pouco tempo, Direito Público e desenvolvimento económico eram temas (setores) antagônicos em boa parte da academia brasileira, numa constante síndrome de tensão e disputa, com escassez de estudos abrangentes.[7] Os temas pertinentes à economia, dentre eles o desenvolvimento, eram tratados como secundários e/ou irrelevantes. Sem dúvida, havia e há exceções, mas os motivos para essa dissociação são muito difíceis de estabelecer. Cinco apostas merecem ser colocadas em debate, todas simbióticas entre si.

---

o Banco Nacional de Desenvolvimento Econômico e Social (BNDES), com sucessivos presidentes de escolas e escopos diferenciados, além do Banco Central do Brasil (BACEN), com seu garrote rentista. Quem sabe um dia haverá participação da enigmática Agência Brasileira de Desenvolvimento Industrial – ABDI (Lei 11.080/2004 e Decreto 5.352/2005). Não sem uma pitada de ironia, permito-me chamar a atenção para o fato de que, também na esfera pública, são os bancos que definem a política brasileira.

[7] Salvo a memória falha, até o início da década de 1980 havia no Brasil só dois livros dedicados aos aspectos jurídicos do planejamento: E. R. Grau, *Planejamento econômico e regra jurídica*. São Paulo: RT, 1978, e W. P. Albino de Souza (org.), *Direito econômico do planejamento*. Belo Horizonte: Curso de Doutorado da Faculdade de Direito da UFMG, 1980.

4.1. A *primeira* diz respeito à super-afetada influência kelseniana-normativista de boa parte dos juristas brasileiros, somada à formação francesa de significativa parcela de nossos publicistas. Ora, KELSEN publicou alguns de seus textos mais afamados ao início do século XX, praticamente no mesmo período em que se consolidou a primeira grande fase da escola francesa do Direito Administrativo. Contexto que trazia as repercussões do fim do século XIX. Essa combinação gerou uma estrutura normativa fechada e auto-suficiente para a compreensão do Direito Público, com lastro em modelos paradigmáticos que se pretendiam mundiais e atemporais. Ambos persistiram fortes quando menos até a década de 1980, com importantes reflexos na formação dos juristas brasileiros.[8]

Assim, relevante parcela do Direito brasileiro foi concebida como um sistema fechado, imune e incomunicável com outras ciências sociais. As normas jurídicas eram o único tema sobre o qual o jurista deveria se debruçar; a economia era assunto dos economistas. As repercussões econômicas das normas e de sua aplicação eram assuntos impertinentes e irrelevantes para os juristas. Por outro lado, o Direito Público era aquele oriundo do longínquo Pacto de Westfalia, que firmou o Estado como o titular único dos assuntos públicos e o soberano representante da Nação (ao seu interno e para fora dela). A soberania estatal então concebida (consolidada nas revoluções burguesas do século XVIII) instalava esferas excludentes: *ou* o assunto era público *ou* era privado. Ao Estado cumpria exercer e fazer respeitar de forma coativa a ordem pública, em nome do interesse público por ele exclusivamente detido – que o transformava também em monolítica fonte normativa. Às pessoas privadas supostamente se garantia a liberdade, a individualidade e a autonomia para gerir os seus interesses pessoais – e só eles (patrimônio, contrato e família – esses eram os assuntos privados).

[8] Ressalve-se que não existe um levantamento estatístico, o que põe em xeque a assertiva, mas o estudo do Direito Público no Brasil é apto a gerar esse sentir (aliás, até pouco tempo era comum a assertiva jocosa de que havia juristas brasileiros "mais kelsenianos que o próprio KELSEN"). Afinal, não foi por acaso que surgiram e assumiram a dimensão que hoje têm as teorias do "Direito Alternativo" e do "Neoconstitucionalismo". Igualmente, não se tem a ousadia de imputar nada de mal a isso (ou de "errado"), mas se está apenas a tentar descrever um momento histórico com firmes reflexos na compreensão do papel do Estado e do Direito na economia. De mais a mais, o subscritor também bebeu e bebe naquelas fontes (o primeiro parágrafo deste ensaio prova demais).

Como até meados do século passado o tempo demorava a transcorrer (não é devido a um descuido que se fala no "longo século XIX") e as distâncias eram muito maiores, essas perspectivas foram-se consolidando mais e mais, demorando a chegar e a passar, tal como camadas geodésicas que com o transcorrer dos anos se acomodam e firmam a base para as próximas gerações (de juristas e de disciplinas jurídicas).

4.2. Pois a *segunda proposta* está exatamente na juventude do Direito Econômico. Como descendente do Direito Administrativo, nasceu há pouco tempo na História e ainda não definiu com precisão os seus limites e o seu conteúdo. Não existem lindes perfeitos, mas sim a constante seqüência de expansões dilatadoras de seu espectro e respectivas retrações definidoras de uma disciplina em evolução. O Direito Público da Economia é um jovem pouco mais de meio século de existência – que gera intensos debates, inclusive quanto à sua denominação, autonomia e relações com as demais disciplinas jurídicas.

Refletindo tese de ampla aceitação, COMPARATO sintetizou a compreensão acerca da origem histórica do Direito Econômico como uma disciplina que nasceu depois da Primeira Guerra Mundial.[9] Situação acentuada pela Grande Depressão da década de 1930, em razão da qual: "A posição estatal de simples árbitro do respeito às regras do jogo econômico não tinha razão de ser, desde o momento em que os diferentes protagonistas deixavam de jogar. A se porfiar no otimista 'laissez faire', ter-se-ia na prática um 'laissez ne pas faire'. Incumbia a alguém reimpulsionar a máquina econômica paralisada, e êste alguém só poderia ser o Estado."[10]

Com variações de Estado para Estado (regimes totalitários, regimes democráticos, fascismo, capitalismo liberal, socialismo etc.), só há pouco tempo a integralidade da economia tornou-se uma questão da política pública superior brasileira, instaurando-se também a planifi-

[9] "O indispensável direito econômico." *RT* 353/15. São Paulo: RT, 1965. No mesmo sentido: W. P. ALBINO DE SOUSA, *Primeiras linhas de direito econômico*. 4ª ed. São Paulo: LTr, 1999, p. 48 ss.; F. F. SCAFF, *Responsabilidade civil do Estado intervencionista*. 2ª ed. Rio de Janeiro: Renovar, 2001, p. 81 ss.; V. MOREIRA, *Economia e Constituição*. Coimbra: FDUC, 1970, p. 135 ss. Acerca do período anterior, v. A. DE LAUBADÈRE, *Direito público económico*. Trad. M. T. COSTA. Coimbra: Almedina, 1985, p. 36 ss.

[10] F. K. COMPARATO, "O indispensável direito econômico." *RT* 353/16. São Paulo: RT, 1965.

cação e o planejamento económico. A intervenção estatal passou a envolver não só os sistemas tributário, financeiro e monetário, mas igualmente a participação direta, o planejamento, os incentivos, a fiscalização e o controle de toda (ou quase toda) a economia. De um mero espectador, alheio à dramaturgia econômica, o Estado tornou-se seu principal produtor, roteirista, diretor e ator. (Mas isso não persistiu, como será mais bem examinado abaixo.)

4.3. Neste ponto se pode passar ao *terceiro palpite* para a mútua exclusão acadêmica entre Direito e economia, que se refere à ilegibilidade da economia brasileira. Desde a década de 1930, com clímax nas de 1980 e 1990, o Brasil viveu os fenômenos da inflação (depreciação do poder aquisitivo da moeda combinada com alta contínua e substancial dos preços), estagflação (inflação simultânea ao aumento da taxa de desemprego) e hiperinflação (índices de inflação muito elevados e fora de controle). A rigor, a economia brasileira demonstrou que equivocadas estavam algumas das premissas neoclássicas, pois a inflação deixou de ser um desvio circunstancial e passou a fazer parte da lógica interna ao sistema, no qual ela convivia com o desemprego crescente num mercado oligopolista, onde quanto menor o poder aquisitivo da população, maiores os custos automaticamente imputados aos produtos. O quadro era genuinamente caótico.[11]

Para se ter uma idéia da balbúrdia em que se vivia no auge dessa incompreensibilidade, de 1986 a 1992 o Produto Interno Bruto (PIB) teve a média de 0,6% ao ano (com 4,40% negativos em 1990).

---

[11] Sobre a evolução e complexidade da economia brasileira, consulte-se: 1) para uma compreensão panorâmica, desde os albores da República até os dias de hoje: W. Baer, *A economia brasileira*. 2ª ed. São Paulo: Nobel, 2002; M. de Paiva Abreu (org.), *A ordem do progresso*: cem anos de política econômica republicana, 1889-1989. 16ª tir. Rio de Janeiro: Campus, 1990; 2) para o período de 1930 até o "milagre" e seus percalços: R. Bielschowsky, *Pensamento econômico brasileiro*: o ciclo ideológico do desenvolvimentismo, 1930-1964. 4ª ed. Rio de Janeiro: Contraponto, 2000; A. J. Avelãs Nunes, *Industrialização e desenvolvimento*: *a economia política do 'modelo brasileiro de desenvolvimento'*." São Paulo: Quartier Latin, 2005; 3) a respeito da inflação e seus remédios amargos: M. H. Simonsen, *30 anos de indexação*. Rio de Janeiro: FGV, 1995; F. Lopes, *Choque heterodoxo*: *combate à inflação e reforma monetária*. 2ª ed. Rio de Janeiro: Campus, 1986; L. C. Bresser-Pereira e Y. Nakano, *Inflação e recessão*: *a teoria da inércia inflacionária*. 3ª ed. São Paulo: Brasiliense, 1991; 4) sobre o passado e o futuro do "plano real": L. G. Belluzzo e J. G. de Almeida, *Depois da queda*: *a economia brasileira da crise da dívida aos impasses do real*. Rio de Janeiro: Civilização Brasileira, 2002.

No período mais crítico, a inflação foi de: 65,00% (1986); 416,00% (1987); 1.038,00% (1988); 1.783,00% (1989); 1.476,71% (1990); 480,23% (1991); 1.157,84% (1992) e 2.708,17% (1993). O salário mínimo sofreu variação negativa de 18,50% em 1987 e 1993. A fatura dos excessos – públicos e privados – já não mais esperava o passar dos anos; os abusos do presente passaram a ser cobrados à vista (somados aos custos do passado).

Tome-se como exemplo os anos de 1992 e 1993. Respectivamente, o PIB foi de (-)0,90% e 4,92%; a inflação de 1.157,84% e 2.708,17%; o salário mínimo variou de 20,00% a (-)18,50%. Constata-se com facilidade quão inacessível era a economia brasileira, tornando proibitivo um planejamento econômico consistente (público ou privado). Nem mesmo as projeções mais conservadoras poderiam estimar os riscos numa economia cuja inflação ultrapassava os dois mil por cento ao ano. Vivia-se no reino das aplicações *overnight.* Assim, como pensar no longo prazo em termos jurídicos? De que maneira seria possível dedicar-se à compreensão jurídica dos fenómenos econômicos? Ora, se nem mesmo os economistas conseguiam interpretar esses hieróglifos estatísticos, o que se poderia exigir dos juristas?

4.4. Pois a *quarta aposta* é uma derivação das três anteriores: ela reside no relacionamento jurídico do Estado brasileiro com a economia. O modelo da intervenção direta (a gestão empresarial pública) foi instalado e consolidado a partir da década de 1930 e teve seu apogeu na de 1970. Boa parte dos principais setores da economia, tanto em volume de investimentos como em importância sócio-económica, eram de titularidade e administração públicas (petróleo, energia, telecomunicações, aço, portos, ferrovias, aeroportos, bancos etc.).[12] Deu-se um notório alargamento do espaço jurídico-económico

---

[12] Alguns poucos dados comprovam a tese: os investimentos de empresas públicas na formação total de capital eram de 10,3% em 1973 e aumentaram para quase 30% em 1976/77. Em 1974, mais de 39% dos ativos líquidos das maiores companhias pertenciam a empresas públicas. Percentual que aumentou para 48% em 1985 (com 43% de empresas privadas – os investimentos deveram-se aos empréstimos do BNDES no setor de bens de capital, com juros subsidiados – e 9% de multinacionais). Em 1985, os bancos estatais respondiam por 40% dos depósitos e 44% dos empréstimos comerciais (entre os 50 maiores bancos); os bancos de desenvolvimento respondiam por 70% dos empréstimos destinados a investimentos. Em 1990, as estatais representavam o seguinte faturamento entre as maiores

do Estado, que se espraia até hoje tanto nos serviços públicos (que abrangem desde as ferrovias até a TV a cabo, passando pelas loterias) como nos monopólios legais (petróleo, energia radioativa) e nas atividades econômicas privadas (bancos, informática etc.).

Logo, há décadas o modelo jurídico-econômico é o de uma economia eminentemente pública, com os bens e fatores de produção de propriedade direta ou indireta do Estado (não obstante as Constituições celebrarem o sistema capitalista). O Poder Público domina a economia nacional de forma assistemática, mediante gestão e por meio de incentivos ou regulação (esta mais prestigiada a partir da década de 1990). Em economias como esta, pode-se dizer que algumas das principais questões são estatais *interna corporis*, máxime nos períodos de repressão. Foram mais de 30 anos de ditadura militar, antecedida pelas caricaturas governamentais de JANGO e JÂNIO, as quais repercutiram na prática os excessos de VARGAS e KUBITSCHEK. A *assimetria de informações* era brutal: o Estado possuía dados que as pessoas privadas (economistas ou juristas, tanto faz) não tinham acesso ou não conseguiam desvendar. Isso num cenário em que a aversão estatal ao planejamento de longo prazo era tratada com indiferença pelos juristas.

4.5. Por fim, e como *quinto indício* revelador da distância entre o estudo da economia e o do Direito, é de se mencionar o trauma causado pelos assim denominados "planos econômicos" (nenhum deles um plano em sentido estrito). Os principais foram batizados de "Cruzado", "Bresser" e "Collor". Em todos houve um entrechoque do jurídico com o econômico. Mal saído da ditadura, o País foi submetido a uma série de ações econômicas violentas por parte do Estado.

4.5.1. Em fevereiro de 1986, o "Plano Cruzado" instituiu o "cruzado" como moeda nacional. Deu-se o congelamento de preços,

---

companhias dos respectivos setores: serviços públicos, 100%; aço, 67%; químicos e petroquímicos, 67%; mineração, 60%; transporte, 35%; distribuição de gasolina, 32%; fertilizantes, 26%; equipamentos de transportes, 21%. Tudo isso sintetizado nesta frase: "Essa intervenção multifacetada do 'Estado' na economia não é monolítica, mas, na verdade, tem sido freqüentemente caracterizada por uma ausência de coordenação e comunicação entre as várias entidades envolvidas." (W. BAER, *A economia brasileira*. 2ª ed. São Paulo: Nobel, 2002, p. 297 – fonte dos dados acima transcritos).

além da proibição de cláusulas contratuais de indexação. Não houve compensação pela perda da inflação (passada ou futura). Foi estabelecido um "fator de conversão" para a nova moeda e uma "deflação" dos pagamentos futuros, dando margem a uma série de litígios judiciais.[13] Tudo isso recheado com aumento dos salários no sector público; prorrogação de medidas visando a resultados políticos (a composição da Assembléia Nacional Constituinte é devedora do congelamento de preços); subsídios e isenções; manipulação das taxas de *overnight* pelo Banco Central; transferência de renda para as empresas estatais; empréstimos compulsórios sobre combustíveis, compra de moeda estrangeira e passagens para o exterior; reajuste de preços públicos; aumento dos impostos indiretos etc.

O "plano" experimentou variações: ascensão com o "Cruzado" (queda da inflação até junho de 1986), declínio com o "Cruzadinho" (imobilidade do governo ante a escassez de produtos e agravamento das contas externas, até outubro de 1986) e morte com o "Cruzado II" (até junho de 1987, com retorno das taxas altas de inflação).[14]

4.5.2. Em junho de 1987, surgiu o "Plano Bresser", que se apresentava como um algo híbrido (ortodoxo e heterodoxo) e também teve duas fases: a primeira, com o congelamento seguido da flexibilização (julho a dezembro de 1987), e a segunda (janeiro a dezembro de 1988), voltando à ortodoxia. Ao final de 1988, a economia matava a saudade da hiperinflação. Apesar de os preços terem sido congelados, antes disso houve aumentos para aqueles públicos e administrados (eletricidade, leite, telefone, aço, pão e combustíveis). O plano pôs foco primário na preocupação com o déficit público (o que contribuiu para seu o malogro, pois os gastos do governo só aumentaram).[15]

---

[13] Uma rápida pesquisa é reveladora: só a expressão "plano cruzado" revelou 15 acórdãos no STF (http://www.stf.gov.br); 326 acórdãos no STJ (http://www.stj.gov.br); 689 acórdãos na jurisprudência unificada dos tribunais regionais federais (http://www.jf.gov.br/juris/); 403 acórdãos no TJSP (www.tj.sp.gov.br) e 219 acórdãos no TJPR (www.tjpr.gov.br). Acessos no dia 7 de janeiro de 2008.

[14] E. Mondiano, "A ópera dos três cruzados: 1985-1989", in M. de Paiva Abreu (org.), *A ordem do progresso*: cem anos de política econômica republicana, 1889-1989. 16ª tir. Rio de Janeiro: Campus, 1990, p. 360.

[15] Também aqui se faz menção a uma rápida pesquisa: o "plano Bresser" revelou 157 acórdãos no STF (http://www.stf.gov.br); 633 acórdãos no STJ (http://www.stj.gov.br);

4.5.3. Logo ao seu início, em 1990 o governo Collor promoveu o "Plano Collor" (ou "Brasil Novo"), que teve como notas principais: *a)* conversão da moeda nacional; *b)* congelamento de preços e salários; *c)* retenção de ativos depositados em instituições financeiras (80% de todos os que ultrapassassem os cinquenta mil cruzados novos); *d)* indexação de impostos (para afastar o *efeito Tanzi*) e cobrança do IOF sobre ativos financeiros; *e)* aumento dos preços dos serviços públicos; *f)* eliminação de incentivos fiscais, liberação do câmbio e extinção de órgãos públicos. Elevando à máxima potência as concepções monetaristas, deu-se a supressão da moeda circulante. Sem liquidez, as taxas de inflação baixaram – mas o mesmo se deu com a atividade industrial, o comércio, os salários ... Ou seja, se nos planos anteriores o congelamento foi parte substantiva, no "Plano Collor I, o congelamento foi adjetivo. O que derrubou a inflação, num primeiro momento, foi a brutal redução de liquidez resultante do confisco e seqüestro de 75% dos ativos financeiros em poder do público."[16]

Além disso, houve uma alteração do índice para cálculo da correção monetária (conhecida como "expurgo"), que deu início a mais uma enxurrada de ações judiciais.[17/18] Em 1991, deu-se o "Plano Collor II", felizmente sem maior peso na História.

1.057 acórdãos na jurisprudência unificada dos tribunais regionais federais (http://www.jf.gov.br/juris/); 1.505 acórdãos no TJSP (www.tj.sp.gov.br) e 208 acórdãos no TJPR (www.tjpr.gov.br). Acessos no dia 7 de janeiro de 2008.

[16] M. H. Simonsen, *30 anos de indexação*. Rio de Janeiro: FGV, 1995, p. 107.

[17] A análise jurídica do "plano Collor" pode ser vista em: F. K. Comparato, "Recolhimento forçado, ao Banco Central, de saldos de contas bancárias", in *Direito público*. São Paulo: Saraiva, 1996, p. 179-193; G. F. Mendes, "A reforma monetária de 1990 – problemática jurídica da chamada 'retenção dos ativos financeiros' (Lei nº 8.024, de 12.04.1990)", *RDA* 186/26-92. Rio de Janeiro: Renovar, out./dez. 1991; D. F. Moreira Neto, "A reforma monetária e a retenção dos ativos líquidos no Plano Brasil Novo", *Revista de Informação Legislativa* 108/49-66. Brasília: Senado Federal, out./dez. 1990; L. C. Sturzenegger, "Expurgo da correção monetária no Plano Collor e situação dos mutuários", *RDB* 1/85-93. São Paulo: RT, jan./abr. 1998. Para um exame quanto à constitucionalidade das variações dos índices de correção monetária, direito adquirido e respectiva jurisprudência temática, v. C. A. Bandeira de Mello, "Contrato administrativo – direito ao equilíbrio econômico-financeiro – reajustes contratuais e os planos Cruzado e Bresser", *RDP* 90/98-110. São Paulo: RT, abr./jun. 1989; T. A. Zavascki, "Planos econômicos, direito adquirido e FGTS" *RTDP* 22/64-76. São Paulo: Malheiros, 1998, e L. R. Barroso, "Crise econômica e direito constitucional", *RTDP* 6/32-63. São Paulo: Malheiros, 1994.

4.5.4. Foram mais de cinco anos de intenso descontrole da economia unido a reiteradas medidas de choque – que produziam por pouquíssimo tempo os efeitos esperados e, devido à ausência de um planejamento de maior consistência, desmoralizavam-se e pioravam ainda mais a economia nacional.

Todas essas providências geraram forte reação no mundo do Direito. Além de a economia estar em convulsão, houve uma série de *normas jurídicas* baixadas unilateralmente pelo Governo federal (sob a forma de Decretos-lei ao tempo da EC nº 1/1969 e, a partir de outubro de 1988, na condição de Medidas Provisórias – sem se falar nos decretos, portarias e instruções normativas), muitas das quais modificando contratos e vínculos estatutários. As técnicas e os modelos jurídicos de que se valiam os choques econômicos prestavam-se a instalar conflitos com os temas mais caros ao constitucionalismo (estabilidade e segurança; separação dos poderes; limites ao exercício do poder público; devido processo legal; ato jurídico perfeito e direito adquirido; liberdade de empresa; direito de propriedade; vedação ao confisco etc.). Não era de se admirar que o estudo dos fenômenos econômicos criasse repulsa aos juristas.

5. Em suma, o que se pretende com a conjugação das cinco apostas acima é um esboço da compreensão em torno da qual o tradicional Direito Público brasileiro foi vivenciado a partir de meados do século XX, em específico na sua difícil convivência com a economia. Caso exista alguma concordância com tais prognósticos, poder-se-á avançar na redefinição das perguntas a ser feitas.

Por ora são relevantes as seguintes constatações: (1ª) vivia-se num Estado *titular único* do *interesse público* (esferas substitutivas: *ou* Estado *ou* particulares), no qual o Poder Público era o dono das tarefas econômicas relevantes; (2ª) a economia era *incompreensível* (presente e futuro); (3ª) não havia *planejamento* econômico; (4ª) boa parcela da academia jurídica era *naturalmente fechada* à economia; (5ª) deu-se uma *série de "planos"* que, valendo-se do Direito como

---

[18] Em breve pesquisa, o "plano Collor" revelou 225 acórdãos no STF (http://www.stf.gov.br); 1.472 acórdãos no STJ (http://www.stj.gov.br); 4.413 acórdãos na jurisprudência unificada dos tribunais regionais federais (http://www.jf.gov.br/juris/); 1.849 acórdãos no TJSP (www.tj.sp.gov.br) e 295 acórdãos no TJPR (www.tjpr.gov.br). Acessos no dia 7 de janeiro de 2008.

instrumento de ação, instalaram o *debate jurídico contrário* às "soluções econômicas" então implementadas.

Não é de se admirar o significativo afastamento entre o pensamento jurídico e o econômico. Igualmente é natural a consolidação ao longo do tempo das cinco constatações acima descritas e seus efeitos. Deu-se a implementação de algo assemelhado ao "racional ignorante" de DOWNS: a escolha consciente de não adquirir informação, já que o custo para a obter é muito maior do que o possível benefício que porventura decorreria de a possuir.[19] A informação econômica era muito cara e trabalhosa de ser digerida pelos juristas, sem assegurar quaisquer benefícios aos investigadores.

6. Como consideração secundária, pois isto não é um privilégio do sistema brasileiro, não é de se descartar o fato de que o planejamento económico estanca as escolhas dos governantes, ao passo em que a atuação das pessoas privadas diretamente nas políticas públicas e nas alternativas de desenvolvimento suprime boa parte daquela esfera de poder. O enjaulamento não interessa ao animal político – em não existindo pautas fixas, as políticas de governo conduzem as de Estado (e não vice-versa). Além de não haver quaisquer incentivos, esvaziando os interesses e a pauta de tais temas, até pouco tempo não existia um controle efetivo dos gastos públicos (o que se deu ao início deste século XXI). Se essa exclusão ao planejamento e à participação da sociedade civil é própria dos regimes ditatoriais, ao que tudo indica alguns de seus vícios persistiram. Não causa perplexidade que fossem poucas as preocupações jurídicas quanto ao desenvolvimento econômico e escassa a integração imediata das pessoas privadas em tais projetos. O desenvolvimento brasileiro deu-se antes aos trancos e barrancos do que propriamente mediante uma perspectiva integradora de longo prazo.

---

[19] *Uma teoria econômica da democracia*. São Paulo: EDUSP, 1999. V. também S. PELTZMAN, "How efficient is the voting market?", in *Political participation and government regulation*. Chicago: Univ. Chicago, 1998, pp. 78-115.

3. A economia brasileira torna-se legível

7. Ao menos em parte, esse cenário começou a assumir outra configuração a partir de meados da década de 1990. Ao mesmo tempo em que uma série de ações estatais foram suprimidas (planos agressivos; gastos excessivos e descontrolados, p. ex.), abriram-se as portas para a participação dos particulares. Ora, o País já havia passado pela "transição democrática", que se tornou firme com a promulgação da Constituição brasileira em 1988. As eleições diretas; a estabilidade política decorrente do processo de *impeachment* do Presidente; os esforços pela estabilização sócio-econômica em patamares democráticos – a conjugação de todos esses fatores permitiu a instalação de um novo patamar histórico de transformações (isso consciente e influenciado pelo que se passava no mundo circundante: Mercosul, União Européia; globalização; liberalizações; queda do Muro etc.).

Sem que se pretenda fixar uma relação causal absoluta, fato é que a partir de 1994 foi implementada uma série de medidas de estabilização económica (o "Plano Real"), a qual conferiu certa legibilidade à economia brasileira, que melhorou com o passar do tempo. A inflação foi contida por meio de um plano económico gradual, sem choques ou agressões a direitos. A partir de 1994, o Estado e sua economia foram se tornando menos irracionais, atenuando os riscos e as incertezas.

Tampouco é de se desprezar o impacto – ainda que relativo – causado pelo Programa Nacional de Desestatização (PND), que desde 1990 é um instrumento oficial de política pública (Lei 8.031, de 12 de abril de 1990, sucedida pela Lei 9.491, de 10 de setembro de 1997). O PND é um dos principais mecanismos do processo de reforma do Estado, pois tem como objetivo fundamental "reordenar a posição estratégica do Estado na economia, transferindo à iniciativa privada atividades indevidamente exploradas pelo setor público" (Lei 9.491/1997, artigo 1º, inciso I). Esta lei, que vige e é aplicada nos dias de hoje, começou a reordenar a convivência entre os espaços público e privado. O mesmo se diga quanto às Leis 8.987/1995 e 9.074/1995 (concessões e permissões de serviços públicos).

A mais recente Reforma Administrativa do Estado brasileiro, cujo referencial pode ser tomado na EC 19/1998 (e leis esparsas que a antecederam e a ela se seguiram), merece ser destacada como algo que atenuou alguns dos encargos do Estado (para o bem ou para o mal) e visou a instalar uma gama de novas diretrizes ao exercício das tarefas públicas. Para que essa mutação estatal pudesse ser implementada foi necessária a alteração da concepção da *gestão pública*, aproximando-a de modelos de gestão privada. A reforma pretendeu instalar alguns novos ângulos de abordagem da administração estatal, com temas extravagantes ao modelo anterior – que envolvem palavras algo heréticas (eficiência, usuário, administração gerencial, metas, incentivos, controle de resultados etc.). Aqui o modo de funcionamento da máquina estatal visou a se aproximar do estilo privado de gerência de atividades econômicas, tornando mais interligados os modelos.

Da mesma forma foi significativa a edição da Lei de Responsabilidade Fiscal (Lei Complementar 101/2000), que pretendeu impedir o desequilíbrio orçamentário dos entes públicos – fazendo com que a receita seja vinculada à expectativa de arrecadação (medida levando em conta a conjuntura econômica, o recebimento da dívida e a renúncia fiscal), ao lado de despesas limitadas e ainda mais restritas no último ano do mandato eletivo. Desde então, há o dever de composição do orçamento com base no tripé equilíbrio fiscal, planejamento tributário e limites dos gastos públicos. O Estado viu-se impedido de emitir moeda irresponsavelmente e de gastar sem lastro orçamentário.

Se fosse possível resumir os temas a quatro frases que representam as tendências acima descritas, teríamos: estabilidade política e económica; lógica da coordenação económica (em sucessão às lógicas da substituição e da subsidiariedade); racionalidade das contas e administração públicas; atenuação das assimetrias de informação. Esses aspectos geraram incentivos à aproximação entre os juristas e a economia; entre o mundo do dever-ser e o desenvolvimento económico. Mas a estabilidade jurídico-económica decorrente dessa síntese história e respectivas mutações no mundo do Direito não envolveu nem resultou, como seria de se esperar pela experiência pretérita, num "momento critico" seguido de um "período pós-crítico". Ao contrário, o que se deu foi o incremento dos ânimos e dos ritmos de mudança – não há fases estanques, mas um processo intermitente.

4. A compreensão do Direito numa economia estável

8. Claro que há outros tantos dados a ser considerados, ao mesmo tempo em que não se pode apresentar tais mudanças como se possuíssem apenas aspectos positivos. Mas fato é que a economia brasileira começou a se tornar *legível* a partir da segunda metade da década de 1990 – tanto em termos econômicos como jurídicos, permitindo que o Direito encontrasse uma *nova função*, sobretudo em razão e em cumprimento aos termos da Constituição da República brasileira.

Desde então, o Direito Público não é mais visto apenas como o tradicional apaziguador das relações sociais e o obstáculo às agressões do Estado, tal qual o Direito Privado dos séculos XVIII e XIX (*estabilidade* nas relações e *paz* social, por meio da defesa do Estado, da propriedade e da família), mas também como condição essencial à *estabilidade* e *segurança* dos futuros projetos econômicos (públicos e privados) essenciais ao desenvolvimento nacional. Abdicando de uma função reativa e retrospectiva (solução dos conflitos já postos), o Direito é aplicado como *instrumento ativo*, formal e material, do *desenvolvimento econômico*. Abrem-se novos horizontes prospectivos aos juristas, que passam a agir mais intensamente na disciplina do planejamento e do desenvolvimento econômico (além das intervenções normativa e de gestão na ordem econômica). A visão está posta em outros ângulos e visa à aproximação a outras fronteiras.

Além disso, muitas das distinções entre o Direito Público e o Direito Privado tornaram-se frágeis, permitindo uma convivência franca de alguns institutos marcantes das disciplinas (com o que se instalaram os dilemas da "constitucionalização do Direito Civil" ou "civilização do Direito Constitucional", nos dizeres de GOMES CANOTILHO[20]).

9. Mas, infelizmente e não obstante toda essa evolução, o Direito é ainda um tanto quanto rude no trato com temas de economia. O mundo dos fatos persiste implacável, por mais bem redigida e mais minuciosa que seja a norma. O Direito muitas vezes pretende, mas jamais vergará a qualidade férrea do mundo do ser – e isso incomoda

---

[20] "Civilização do direito constitucional ou constitucionalização do direito civil? A eficácia dos direitos fundamentais na ordem jurídico-civil no conceito do direito pós-moderno", in E. R. GRAU e W. S. GUERRA FILHO, *Direito constitucional: estudos em homenagem a Paulo Bonavides*. São Paulo: Malheiros, 2001, pp. 108-115.

à compreensão fundada na estabilidade clássica das normas jurídicas e na caduca *voluntas legis* (afinal, se há vontades legais, boa parte delas não chega a ser satisfeita[21]). Até agora não foi construída uma ponte segura, uma teoria jurídica consistente que permita a interligação entre os planos (o que derrogou parte da arrogância dos juristas, que imaginam poder transformar o pobre em rico e a água em vinho por meio de leis). A esperança está numa das principais preocupações dos dias de hoje, que é a vivência e a integração entre o jurídico e o econômico. Dois exemplos confirmam a tese: tanto os estudos de Análise Econômica do Direito como as atuais concepções a respeito da função social do contrato e da propriedade.[22]

Mas, afinal de contas, neste instante integrativo do Direito Público e da Economia, como pode colaborar o Direito? Ou sob outro ângulo: qual a transformação que tais fatos promoveram e vêm promovendo

---

[21] Basta o exemplo do artigo 192, § 3º, da Constituição brasileira, que de 1988 a 2003 vigiu com a seguinte redação: "§ 3º – As taxas de juros reais, nelas incluídas comissões e quaisquer outras remunerações direta ou indiretamente referidas à concessão de crédito, não poderão ser superiores a doze por cento ao ano; a cobrança acima deste limite será conceituada como crime de usura, punido, em todas as suas modalidades, nos termos que a lei determinar." Já na ADI 4-DF, o STF consignou: "Não é de se admitir a eficácia imediata e isolada do disposto em seu parágrafo 3º, sobre taxa de juros reais (12 por cento ao ano), até porque estes não foram conceituados. Só o tratamento global do sistema financeiro nacional, na futura lei complementar, com a observância de todas as normas do 'caput', dos incisos e parágrafos do art. 192, e que permitira a incidência da referida norma sobre juros reais e desde que estes também sejam conceituados em tal diploma." (Min. Sydney Sanches, *DJ* 25.6.1993). O limite nunca foi aplicado (a não ser em decisões judiciais) e foi posto por terra na EC 40/2003.

[22] No primeiro caso, v. P. A. Forgioni, "Análise econômica do Direito: paranóia ou mistificação?", in J. N. de Miranda Coutinho e Martônio B. Lima (orgs.), *Diálogos constitucionais: direito, neoliberalismo e desenvolvimento em países periféricos*. Rio de Janeiro: Renovar, 2006, pp. 419-422; A. D. Faraco e F. M. Santos, "Análise econômica do Direito e possibilidades aplicativas no Brasil", *RDPE* 9/27-61, Belo Horizonte: Fórum, jan./mar. 2005. No segundo, C. Salomão Filho, "Função social dos contratos: primeiras anotações". *RDM* 132/7-24. São Paulo: Malheiros, out./dez. 2003; "Direito como instrumento de transformação social e econômica", *RDPE* 1/15-44. Belo Horizonte: Fórum, jan./mar. 2003; "Breves acenos para uma análise estruturalista dos contratos", *RDPE* 17/41-74. Belo Horizonte: Fórum, jan./mar 2007; L. E. Fachin, *Teoria crítica do direito civil*. Rio de Janeiro: Renovar, 2000; E. Cortiano Junior, *O discurso jurídico da propriedade e suas rupturas*. Rio de Janeiro: Renovar, 2002; P. Nalin, *Do contrato: conceito pós-moderno*. 2ª ed. Curitiba: Juruá, 2007; E. Bockmann Moreira, "Reflexões a propósito dos princípios da livre iniciativa e da função social", *RDPE* 16/27-42. Belo Horizonte: Fórum, out./dez. 2006.

na configuração tradicional do Direito Público? Quais os novos ângulos desenvolvimentistas, para além daqueles exclusivos do Estado? Onde são colocadas as pessoas privadas e que papéis elas desempenham? E numa perspectiva integrada, posta com lastro no que foi acima consignado a propósito da lógica da coordenação: qual a racionalidade inerente a algumas das mudanças que contribui para uma transposição do modelo tradicional?

10. Chegou-se ao momento que exige um esboço do que se passa na essência do Direito Público contemporâneo, naquilo que acima foi consignado como lógica da cooperação, a suprimir a dissociação absoluta entre o Estado, os particulares e o desenvolvimento económico. Trata-se da constatação de que as mutações do Direito Público permitem *flexibilizar* o modelo clássico de desigualdade, hierarquia e exclusão recíproca do relacionamento das pessoas privadas com o Estado.

Antes, o Direito Público vivia sob o primado de três máximas: *desigualdade* (um Estado detentor de prerrogativas extraordinárias, unilateral e com presunção de legitimidade *iuris tantum*); *hierarquia* (superioridade inquestionável do Estado, formal e substancial) e *exclusão recíproca* (*ou* Estado *ou* sociedade civil). Agora, quase tudo mudou: de produtor, roteirista, diretor e protagonista das mais importantes ações de desenvolvimento económico, o Estado passa a coadjuvante e, quando muito, a produtor executivo. O cenário talvez seja o mesmo, mas quem elabora os argumentos, produz, dirige e protagoniza o espetáculo são as pessoas privadas. É o que se pretende tratar com o exemplo da última parcela desta exposição, antes das considerações finais.

5. A quebra da desigualdade e a participação dos particulares nas políticas públicas

11. Conforme acima demonstrado, até a década de 1990 o Estado brasileiro era o agente produtor e prestador de não só dos serviços públicos, mas também de algumas das principais atividades económicas nacionais. Ele se arrogava a condição de *monopolista* do *interesse público*. Como nos monopólios privados, em que o monopolista é um *price maker*, não um *price taker*, no monopólio do

interesse público o Estado é um *public interest maker*, não um *public interest taker*.

Considerações à parte o modelo de representação democrática das fábulas políticas de Rousseau e Montesquieu (e seus núcleos duros de abstração para a criação das respectivas teses), fato é que, uma vez firmado o titular da "vontade" pública, cabia a ele dizer o que era o interesse público. E a expressão "interesse público" passou a ser uma espécie daquilo que JÈZE argutamente qualificou de "fórmulas-gazua": uma fórmula de estilo, sem significações exatas, que permite ao administrador público abrir as portas que lhe convier.[23] Bastava a personificação de seu titular para que se pudesse dizer o que era o interesse público (tanto em termos de ação estatal pontual como nas escassas políticas públicas). O conceito antes era subjetivo-formal (e não objetivo-material). Por mais que se insistisse em remetê-lo à lei (instalando novamente o ciclo vicioso do princípio da legalidade, suas aberturas e fechamentos), o "interesse público" era a marca maior da Administração personalista (resta saber se, nos dias de hoje, resta-lhe alguma utilidade digna).

Igualmente devido a essa razão, a Administração sentia-se confortável no exercício de seus atos unilaterais e na posição de superior hierárquico (tanto nas relações *interna corporis* como na vivência com as pessoas privadas). Um só fato confirma a tese: a edição da lei de processo administrativo, que no Brasil só ocorreu em 1999 (Lei 9.784, de 29 de janeiro de 1999). Até então, as cogitações a respeito de um processo administrativo davam-se em sede de defesa contra atos unilaterais agressivos do Estado (autuações fiscais; desapropriação; sanções disciplinares de servidores etc.). Na medida em que havia duas esferas auto-excludentes, o processo era uma mera técnica de defesa, não o direito-garantia à formação democrática da decisão administrativa.[24]

12. Ocorre que, contemporaneamente às mudanças na economia brasileira, essa antiga concepção jurídica também começou a se alterar

---

[23] *Principios generales del derecho administrativo*, vol. III. Trad. J. N. SAN MILLÁN ALMAGRO. Buenos Aires: Depalma, 1949, p. 235.

[24] Sobre o processo administrativo como uma mudança estrutural no Direito Público, v. E. BOCKMANN MOREIRA, "O processo administrativo no rol dos direitos e garantias individuais", *RTDP* 43/126-135. São Paulo: Malheiros, 2003.

e a flexibilizar o modelo clássico da Administração Pública desigual. O que se desdobrou no relacionamento das pessoas privadas com o Poder Público e também no que respeita à definição e implementação de políticas públicas (ou ao menos em determinadas ações desenvolvimentistas).

A Administração Pública unilateral, impositiva e excludente, detentora única da "supremacia" do interesse público, que confundia autoridade com autoritarismo, passa a ser parcialmente sucedida por uma Administração plurilateral, cooperadora e interativa (quiçá democrática). As transformações no relacionamento da economia pública com os agentes privados (e vice-versa) foram igualmente marcantes, derivadas da atenuação da presença estatal e dos novos instrumentos normativos que então surgiram (além da legibilidade conferida à economia nacional). Com isso procurou-se introduzir na Administração Pública modelos de gestão empresarial, com a definição prévia de objetivos, a racionalização eficiente de recursos (públicos e privados), o alcance de metas e diretrizes e as formas contratuais de gerenciamento. Tudo isso em sucessão aos mecanismos de comando e hierarquia, muitos dos quais vítimas da degeneração do funcionamento da burocracia.

Constatação que se acentuou com o ritmo mais intenso do final século XX e início do XXI. O Estado-Administração abdicou de muitos monopólios públicos (deixou de os executar – mas não lhes virou as costas) e passou a regulá-los visando a fins que transcendem o clássico modelo unilateral: foram estabelecidos deveres de serviço público e metas de universalização a serem atendidas, pena de supressão do direito à exploração dos serviços. O Estado outrora *titular exclusivo* do interesse público vê-se sucedido por um Estado que se vale da iniciativa privada para *atingir fins públicos*, numa lógica cooperativa, horizontal e integradora (o Poder Público *ao lado da* iniciativa privada). O Estado outrora *monocêntrico*, que prestava os serviços públicos e definia quem os poderia prestar, vê-se envolvido num *processo* de *sucessão* por um Poder Público que *privatiza* (material e formalmente), *concede, autoriza e regula os serviços públicos* (e interage em outras das demais *atividades econômicas*), muitos deles com *características concorrenciais*. O antigo Estado definidor das *tarefas de interesse público* convive com a *instalação de actividades públicas* por iniciativa e gestão de pessoas privadas. O espaço público passa a ser espontaneamente ocupado pelos particulares. O Estado passa a ver o interesse público ser definido e implementado *extra muros*, deixando de ser apenas ele o *public interest maker*. Assim, responsabilidade de garantia atribuída ao Estado contemporâneo é muitíssimo mais complexa do que as outrora por ele detidas.

À evidência, não é um evento que teve começo, meio e fim – mas sim de uma contínua transformação. Na síntese de P. Gonçalves, ao menos em alguns setores trata-se de um processo de "*acomodação do papel do Estado* às novas coordenadas jurídicas e económicas, por via da conversão de sua antiga *responsabilidade operativa ou de execução* (*Estado de serviço público*) numa nova *responsabilidade pública de garantia e de regulação* (*Estado regulador*)."[25]

Como que em um paradoxo aos conceitos do liberalismo, a regulação pública da economia presta-se a *criar mercados*. Quem desfaz o monopólio, instala e mantém o mercado é o Estado. Isso sobrecarregado pela visão de que essa concorrência é gerada a "golpes de regulação" e se dá em setores "cuja estrutura é hostil à livre concorrência" – enfim, áreas nas quais "não basta declarar a concorrência, é preciso construí-la."[26] O capitalismo sabe bem forjar as suas armas, para utilizar a célebre expressão de Ripert.

Igualmente de forma paradoxal ao liberalismo e ao monopólio estatal do "interesse público", a iniciativa privada passa a desenvolver atividades de interesse público em favor de terceiros e por iniciativa própria – concretizando aquilo que até pouco tempo apenas o Estado poderia fazer (ou teria a legitimidade para).[27] Algumas delas

---

[25] "Regulação das comunicações electrónicas em Portugal", *RDPE* 15/162. Belo Horizonte: Fórum, jul./set. 2006.

[26] As expressões entre aspas são, respectivamente, de M. M. Leitão Marques, J. P. S. de Almeida e A. M. Forte, "Regulação sectorial e concorrência", *RDPE* 9/130. Belo Horizonte: Fórum, jan./mar. 2005; P. Dutra, "Concorrência em mercado regulado", in *Livre concorrência e regulação de mercados*. Rio de Janeiro: Renovar, 2003, p. 283; e M.-A. Frison-Roche, "Os novos campos da regulação", *RDPE* 10/199; Trad. T. Morais da Costa. Belo Horizonte: Fórum, abr./jun. 2005.

[27] O artigo trata do universo da licitude das ações privadas em setores públicos, mas não é de se olvidar daquela zona cinzenta, com fortes tons de ilicitude, que envolve a segurança pública prestada por pessoas privadas armadas (tanto em termos individuais – as empresas regulares de segurança empresarial, domiciliar, bancária etc. – como em termos coletivos, nos "grupos paramilitares" e "milícias civis", cujos exemplos mais notórios são os que existem em municípios do Estado do Rio de Janeiro).

têm fim lucrativo, mas o que interessa a este ensaio são aquelas que não possuem esse atributo, pois avessas ao que se convencionou chamar de "mercado".

6. Os actos administrativos consensuais e o desenvolvimento económico

13. Assim, e a propósito de descrever essas metamorfoses, a exposição poderia agora tratar das parcerias público-privadas (que no contexto brasileiro são uma espécie de concessão de serviço público cuja instalação e execução são em tudo adversas ao modelo antigo dos contratos administrativos de concessão) ou mesmo da emanação de normas jurídicas por parte das agências reguladoras (e o seu processo de elaboração, que conta com a participação ativa não só dos agentes econômicos interessados, mas é aberta à comunidade, devendo o regulador apreciar fundamentadamente todas as propostas ao modelo normativo posto à consulta pública) ou quem sabe o processo administrativo instalado por quem dispõe não de um direito subjetivo, mas de um interesse (questões urbanísticas, ambientais, regulatórias). Porém, há um assunto que autoriza um exame específico em vista a sua contrariedade a alguns dos paradigmas mais tradicionais do setor público e mesmo dos mercados privados.

Isso porque esse Estado em incessante processo de transformação também *aceita, convive* e *admite*, senão *promove* e *estimula* (*rectius*: fomenta) a instalação por pessoas privadas de atividades públicas avessas aos "mercados". Atividades prestacionais que não têm a pedra de toque do capitalismo, pois não geram lucro (ou ao menos não o têm como escopo primário – pois, se resultado positivo houver, deverá ser reinvestido e não distribuído). Empreendimentos os quais os particulares – indivíduos e pessoas jurídicas – realizam visando a beneficiar terceiros, usualmente aqueles mais carentes porque excluídos da cidadania. Tudo isso a incidir em setores cujo bom trato é essencial ao desenvolvimento econômico (educação, saúde, redução das desigualdades sociais, pesquisa científica etc.). A percepção deste aspecto é o que mais interessa a esta parcela da exposição.

O que aqui se descreve é uma reforma administrativa do Estado *exógena* à própria Administração Pública, uma projeção e transfiguração do Direito Público para além de seu principal personagem. Sem expropriar o espaço público, as pessoas privadas avançam no trato da coisa pública. Sem abdicar de seu múnus, o Estado transfere tarefas públicas aos particulares. A política e o desenvolvimento coletivos são tarefas lançadas para o exterior do Estado-Administração, mediante a "publicização" (ao menos parcial) de atividades das pessoas privadas; a "privatização" (informal) de fragmentos do espaço público e a criação de um "setor público não-estatal", cuja principal diretriz é a realização de tarefas públicas (de interesse público) por entidades alheias à estrutura do Poder Público. Por ação ou omissão, o Estado retirou-se de parte do setor público (ou ao menos deixou de nele ampliar o seu raio de ação), instalando os respectivos prolongamentos internos ao setor privado (contratuais e/ou estatutários), com autonomia de ação e de regime jurídico para as pessoas privadas.[28]

Isso se dá tanto em serviços públicos cuja prestação é avessa à "lógica de mercado" quanto em atividades que não o são, mas têm por objeto o bem-estar social (direta ou indiretamente atingido). São empreendimentos de interesse público que a sociedade civil instala, organiza e presta sem quaisquer fins lucrativos. Tais atividades desenvolvem-se de forma autônoma (mas não independente) à estrutura estatal e, em sua maioria, são estabelecidas em setores essenciais ao desenvolvimento (pesquisa científica, educação, saúde, meio-ambiente etc.). Isto é, a conduta (omissiva ou comissiva) do Estado faz com que o interesse público seja cogitado, definido, titularizado e administrado por pessoas privadas, num modelo normativo diverso daquele das concessões, permissões e autorizações de serviços públicos (e antitético ao de mercado empresarial).

Para a implementação dessa metamorfose foram criadas novas figuras jurídicas, de difícil adaptação aos modelos antigos, que implementaram um outro tipo de convivência entre o público e o privado em setores essenciais às políticas públicas. Os exemplos mais próximos são os "contratos de gestão" e os "termos de parceria", nenhum dos

---

[28] Isso sem se falar no complexo problema da atribuição de poder público às pessoas privadas – objeto da monumental tese de P. Gonçalves (*Entidades privadas com poderes públicos*. Coimbra: Almedina, 2005).

quais se encaixa no conceito tradicional dos contratos administrativos.[29] Aliás, se há algo de comum a todos os contratos de gestão criados pelo legislador brasileiro é que nenhum deles tem a natureza jurídica de um contrato. Constatação que autoriza uma abordagem com tons jurídicos ainda mais fortes, vez que teve reflexos num dos pontos cardeais do Direito Público clássico: o ato administrativo.

14. Como se denota com facilidade, a figura da Administração Pública unilateral, superior e mandamental remete de imediato à idéia de ato administrativo. Não foi devido a um acaso que esse era o conceito central, o eixo de sustentação do Direito Administrativo. Nada mais clássico em Direito Público do que o ato administrativo – e nada mais desigual em Direito do que esse mesmo ato, concebido secamente como a "decisão que executa a lei", numa manifestação unilateral que permite à Administração impor os seus próprios desígnios, sem qualquer participação das pessoas privadas. Era o Direito Privado do século XVIII impondo a sua racionalidade personalista ao Direito Público (sem que este se atentasse para a essencial desarmonia entre ambos). O ato é a quintessência do modelo clássico de desigualdade, estampando a imposição do interesse público por meio da vontade de seu titular monopolista.

Pois também o ato administrativo mudou (nem tudo ao seu interior, tampouco todos os atos praticados pela Administração). Foi algo que se deu ao menos numa parcela deles, os chamados "atos admi-

---

[29] O legislador federal brasileiro utilizou-se da expressão "contrato de gestão" sem qualquer critério. O início deu-se no Decreto 137/1991 ("Programa de gestão das empresas estatais"), executado frente ao Serviço Social Autônomo "Associação das Pioneiras Sociais" (Lei 8.246/1991 e Decreto 371/1991); à Companhia Vale do Rio Doce (Decreto de 10/6/1992) e à Petrobras (Decreto 1.050/1994). Depois vieram a Lei 9.649/1998 e Decreto 1.487/1998 ("Agências executivas"), executadas frente ao INMETRO (agência executiva qualificada pelo Decreto Presidencial de 29/6/1998) e, finalmente, a Lei 9.637/1998 (Organizações Sociais). Objeto da ADI 1923-DF, o modelo da Lei 9.637/1998 foi prestigiado pelo STF, que manteve a eficácia dos artigos da lei (Min. Carlos Britto, decisão liminar publicada no *DJ* de 21.9.2007). Os temas já foram objeto de estudos do subscritor (algo precários, com muitas idéias hoje já vencidas) – v. E. Bockmann Moreira, "As agências executivas brasileiras e os 'contratos de gestão'" e "Organizações sociais, organizações da sociedade civil de interesse público e seus 'vínculos contratuais' com o Estado", in L. Cuéllar e E. Bockmann Moreira, *Estudos de direito econômico*. Belo Horizonte, Fórum, 2004.

nistrativos consensuais" e "atos administrativos contratuais".[30] Em mais um dos paradoxos das mutações contemporâneas do Direito Público, aquilo que outrora era somente unilateral, imperativo, exigível, auto-executável e ornamentado por presunção de legitimidade, vem carregado de notas da consensualidade. A rigor, essa figura jurídica existe de há muito, mas agora ela assume um papel decisivo e um conteúdo mais rico, que põem em xeque boa parte do Direito Público tradicional. Está-se diante de uma nova estruturação normativa das atividades público-privadas e da respectiva nova responsabilização delas (quiçá de uma nova e difusa fronteira (?) entre o público e o privado).

15. Aliás, os atos administrativos consensuais fazem parte do cotidiano do Direito Público brasileiro. São figuras estampadas nas novas autorizações administrativas (máxime nas telecomunicações); nos termos de ajuste de conduta e nos contratos de gestão.

Por exemplo, uma autorização para a prestação de certos serviços públicos de telefonia. A Administração outorga, sem licitação, a prestação desse serviço público (não na condição de serviço público, mas na de atividade econômica com forte regulação intrusiva) a determinado agente económico que cumpra os requisitos legais e regulamentares. A pessoa privada recebe uma espécie de "autorização convencional" (distinta da tradicional autorização-licença), cujo conteúdo foi previamente submetido a debates e consulta pública – sem que se descarte a efetiva negociação entre os interessados e a Administração. Essa autorização condiciona o exercício da atividade econômica a determinados objetivos e à fiscalização estatal, bem como submete o autorizado a modificações futuras (sobremodo nos deveres estatutários que orientam o exercício da atividade autorizada).

Outro exemplo está nos termos de ajuste de conduta (TAC), cotidianos ao Direito Ambiental, à defesa de direitos difusos por

---

[30] O tema extrapola em muito este ensaio. Ampliar em M. Reale, "Atos administrativos negociais", in *Aplicações da Constituição de 1988*, pp. 133-161; R. E. de Oliveira, "O acto administrativo contratual." *Cadernos de Justiça Administrativa* 63/3-17. Braga: Cejur, maio/jun. 2007; D. F. Moreira Neto, "Novos institutos consensuais da ação administrativa", in *Mutações do direito público*. Rio de Janeiro: Renovar, 2006, pp. 315-349; L. Parejo Alfonso, A. Jiménez-Blanco e L. Ortega Álvarez, *Manual de derecho administrativo*, vol. 1. 5ª ed. Barcelona: Ariel, 1998, p. 750-771; P. Virga, *Il provvedimento amministrativo*. 4ª ed. Milão: Giuffrè, 1972, pp. 41-75.

parte do Ministério Público e ao Conselho Administrativo de Defesa Econômica (CADE). Por meio do TAC a autoridade pública celebra um acordo com a pessoa privada que figura como interessada (ou parte) num processo administrativo, pelo qual esta se compromete a alterar o seu comportamento (ambiental, econômico, social) e a se submeter a uma fiscalização pública mais intensa a fim de não enfrentar um processo que pode, em tese, resultar numa sanção (penal, civil e/ou administrativa). Aqui se está diante de um ato que põe fim a um processo (ou que pelo menos o condiciona ao cumprimento de determinadas diretrizes estabelecidas de comum acordo). A racionalidade dessa solução é típica dos foros econômicos e da avaliação de riscos vinculados a direitos disponíveis: ao mesmo tempo em que o Estado abdica de punir (despindo a sanção administrativa de sua natureza vinculada), o particular livremente anui em alterar a sua conduta e submeter a sua atividade a uma supervisão estatal (nos tópicos exaustivamente definidos no ajuste). O TAC deriva justamente da consensualidade entre a pessoa privada interessada e o Poder Público.

Nos dois casos, não se trata de um contrato administrativo em sentido estrito nem de uma decisão unilateral da Administração Pública. Está-se diante de um ato administrativo consensual (ou, a depender de sua configuração, de um ato administrativo contratual), que ata ambas as partes signatárias ao cumprimento de seus termos. Mas o exemplo que mais interessa ao presente ensaio é o do contrato de gestão firmado com uma organização social, a seguir examinado à luz da Lei 9.637/1998.

16. O contrato de gestão dá forma jurídica a uma "parceria" estabelecida entre um *órgão estatal* e uma *pessoa privada* sem fins lucrativos, elaborada de comum acordo entre os "contratantes" e submetida a metas. Veja-se bem: na esfera pública não é celebrado pela pessoa jurídica estatal (a entidade), mas por um círculo de competências normativamente definido, sem personalidade jurídica (o órgão). Através dele estabelece-se a prestação de atividades de interesse público a terceiros (não ao órgão que o firma). Esse ato consensual é fiscalizado e sujeito a incentivos e modulações futuras. Os fatos e as vicissitudes interagem no objeto do contrato de gestão, permitindo adaptações destinadas a permitir a sua boa e eficiente execução.

Lendo-se o texto da Lei 9.637/1998 (Lei das Organizações Sociais), constata-se que ela autoriza a celebração de "contratos de gestão" cujos pontos nodais são: (1) número limitado de atividades (ensino, pesquisa científica, desenvolvimento tecnológico, proteção e preservação do meio ambiente, cultura e saúde – art. 1º); (2) presta-se à "formação de uma parceria" (art. 6º); (3) é elaborado "de comum acordo", mas submetido a um controle discricionário da autoridade administrativa competente – que pode "definir as demais cláusulas" (arts. 4º, inc. II, 6º, *caput*, e par. ún., e 7º); (4) é firmado entre o "Poder Público" (leia-se "órgão público") e a entidade qualificada como OS (arts. 5º e 7º, par. ún.); (5) visa a objetivos públicos predeterminados, estranhos à esfera individual dos contratantes – os serviços são prestados pela OS diretamente ao público (não ao "Poder Público"); (6) não envolvem prestações equivalentes nem recíprocas entre os "parceiros"; (7) não podem visar ao lucro nem à distribuição de riqueza entre os "parceiros".

Ora, à evidência não se trata de um contrato em sentido estrito nem de uma decisão unilateral da Administração: trata-se de um ato administrativo consensual (ou de um ato administrativo contratual, a depender de seu exame concreto). Por meio desse ato consensual a Administração e a pessoa privada envolvida dão aplicação, ponderada caso a caso, à Lei que estabelece os requisitos para que o particular exerça certa atividade econômica de interesse público e receba determinados benefícios públicos (servidores, bens, receita etc.). Se o conteúdo dessa relação jurídica é *secundum legem*, a definição do seu objeto não o é: há uma abertura normativa a determinados assuntos (ensino, pesquisa, desenvolvimento etc.), os quais, conjugados com a política pública estabelecida pelo Poder Público ou proposta pelo parceiro privado, dão nascimento a atos negociais *sui generis*, cada qual com a respectiva especificidade.

Em suma, a Administração Pública: (1º) estabelece determinados requisitos abertos para a execução de uma ampla gama de específicas atividades por particulares; (2º) constata que uma pessoa jurídica de direito privado os preenche (o que se dá normalmente mediante iniciativa desta); (3º) negocia uma "sintonia fina" dos requisitos legais e o caso concreto; (4º) emana um ato-condição com características negociais (que não emana *interna corporis*, mas advém da participação inclusiva da pessoa privada e/ou de terceiros). Ao seu tempo, a pessoa privada adere ao ato-condição de cuja elaboração ela participou ativamente, comprometendo-se a cumprir as obrigações de meio (conduta); as obrigações de resultado (metas) e os deveres estatutários (oriundos da lei ou do regulamento administrativo). E assim ambos o fazem em benefício de terceiros.

Logo, é um ato administrativo que se vale da técnica contratual para tornar concretas determinadas políticas públicas definidas ao abstrato em lei e dar cumprimento a diretrizes de desenvolvimento econômico. A sua construção não se dá exclusivamente *interna corporis* e a "vontade" estampada no instrumento é aquela comum ao Poder Público e pessoa privada. A concretização dessas políticas desenvolvimentistas é dependente da iniciativa privada e da definição do interesse público a ser atendido justamente por meio dos particulares que o executarão.

17. Essa nova forma de ato administrativo produz uma migração de institutos do Direito Privado contemporâneo para a sede do Direito Público e permite que cogitemos com mais firmeza a propósito do Direito Privado Administrativo e de suas alterações (com mais firmeza e sem preconceitos).

Mas essa estranha mutação, embora mínima num cenário macroeconómico, exige também algumas reflexões prospectivas a respeito dos desafios que estão por vir, sobretudo em termos do cruzamento de tais perspectivas: a integração público-privada; o planejamento estatal com a participação das pessoas privadas e o Direito como um instrumento de desenvolvimento. Estes sintomas relevam algo mais sério e autorizam a conclusão de que nada adianta a pesquisa desconectada destes três planos. Muito menos tem algum préstimo a investigação ou, o que é pior, a refutação a tais novidades com lastro em modelos pretéritos. Este é o desafio que a constatação da dinâmica e característicos das mutações atuais coloca aos juristas: como tornar o Direito algo menos rude no trato com temas de desenvolvimento econômico? É possível essa integração público-privada sem os preconceitos de outrora, despida da concepção autoritarista de um Direito Administrativo? Como conviver com a perda de consistência de alguns dos institutos nodais do Direito Público clássico e de que maneira construir algo perene em tempos instantâneos? Essas são algumas das provocações que este ensaio pretende formular.

18. Antes de apresentar as considerações finais, serão trazidas duas notícias de cunho pragmático. Com isso se pretende consolidar a necessidade da investigação acima proposta, pois as informações dizem respeito à real existência de mudanças, simultaneamente à ausência de diretrizes desenvolvimentistas firmes no tempo e no espaço.

18.1. No dia 7 de dezembro de 2007, o Instituto Brasileiro de Geografia e Estatística (IBGE) divulgou a primeira pesquisa nacional sobre "Entidades de Assistência Social sem Fins Lucrativos".[31] São 16.089 entidades de assistência social no Brasil, cujo público-alvo são pessoas vulnerabilizadas ou em situação de risco social; com deficiência; em situação de rua; gestantes, crianças e adolescentes em situações precárias etc. – enfim, alguns dentre os muitos excluídos pela sociedade brasileira.

Dessa pesquisa merecem ser mencionados apenas dois dados para reflexão: (1º) a distribuição geográfica das entidades acompanha a do PIB: 51,8% estão na Região Sudeste (4.761 delas só no Estado de São Paulo), 22,6% no Sul, 14,8% no Nordeste, 7,4% no Centro-Oeste e 3,4% no Norte do País; (2º) o financiamento público e supervisão das verbas públicas alocadas: 55,7% recebem verba pública (federal, estadual ou municipal). Não obstante a Lei Orgânica da Assistência Social estabelecer que o funcionamento das entidades depende de prévia inscrição no Conselho Municipal de Assistência Social, apenas 72% estão inscritas (tais conselhos devem supervisionar o funcionamento das entidades, mas 35,8% não realizam qualquer supervisão).

Ora, essa dispersão geográfico-econômica e a ausência de controle, unida à inexistência de quaisquer dados (até dezembro de 2007), faz crer que não há uma política pública no setor. Por mais que haja iniciativa das pessoas privadas, ela é fragmentada e dissociada das mais íntimas necessidades brasileiras. Algo que permite a inferência de que o Estado fomenta, mas de uma forma assistemática: em termos relativos, quem mais precisa é quem menos recebe. Porém, o levantamento dos dados faz crer que há a intenção de uma política pública desenvolvimentista a ser implementada por meio da ação, espontânea e despojada, das pessoas privadas.

---

[31] Disponível em: http://www.ibge.gov.br/home/presidencia/noticias/noticia_visualiza.php?id_noticia=1047&id_pagina=1. Acesso em 12 de janeiro de 2008.

18.2. Já a análise das Organizações Sociais (OS), criadas na Reforma Administrativa federal pela Lei 9.637/1998, tampouco traz um quadro muito acalentador. A página do Ministério do Planejamento na Internet indica que existem apenas seis contratos de gestão celebrados com OS.[32] Esses projetos envolvem setores como a comunicação, ciência e tecnologia, meio ambiente e desenvolvimento sustentável.

Dentre estas, a ABTLuS chama a atenção: é uma OS que, com o apoio do Ministério da Ciência e Tecnologia, administra um laboratório detentor de "uma infra-estrutura que inclui as linhas de luz com estações experimentais instaladas na fonte de luz síncrotron, microscópios eletrónicos de alta resolução, microscópios de varredura de ponta e espectrômetros de ressonância magnética nuclear. Nessas instalações, são realizados experimentos que contribuem para ampliar os conhecimentos nas áreas de Física, Química, Engenharia dos Materiais, Meio Ambiente e Ciências da Vida, entre outras áreas."[33] Faz pesquisas de altíssima tecnologia com luz síncroton, essenciais ao desenvolvimento, com um laboratório único na América Latina. Como se trata de uma OS, existe um contrato de gestão que certamente define as metas a ser atingidas e os recursos públicos que deverão lá ser alocados (por óbvio, recursos previstos no orçamento da OS e da União, em cumprimento à Lei de Responsabilidade Fiscal).

Pois bem. Em dezembro de 2007 a página da OS consignava que, por razões de contenção de gastos, estava temporariamente suspendendo as atividades em determinados laboratórios e os programas de auxílio aos usuários. Não obstante existir um contrato de gestão a tornar previsíveis os custos e receitas, os relativos projetos de pesquisa foram postos em compasso de espera. Recentemente, foi comunicada a retomada das atividades.[34]

---

[32] Disponível em: http://pgpe.planejamento.gov.br/. Já as Organizações (OSCIP) são 4.436. Disponível em: http://www.mj.gov.br/main.asp?View={59319A86-4583-4D9A-9A91-B6062A1E7CA6}. Acessos em 12 de janeiro de 2008.

[33] Texto informativo constante do sítio da OS: http://www.lnls.br/lnls/cgi/cgilua.exe/sys/start.htm?tpl=home. Acesso em 12 de janeiro de 2008.

[34] Informações disponíveis em: http://www.lnls.br/lnls/cgi/cgilua.exe/sys/start.htm?tpl=home. Acessos em 7 de dezembro de 2007 e em 12 de janeiro de 2008.

19. Também tais dados permitem a mesma conclusão acima descrita: por mais que os modelos normativos incentivem (ou ao menos possibilitem) a implementação de projetos públicos pela mão das pessoas privadas, ainda há sérios e incompreensíveis acidentes de percurso. Ora, justamente para que não existam tais contratempos é que se faz necessário o planejamento, a fixação de metas e o controle público-privado de tais atividades. Neste ponto o Direito precisa assumir uma especial função para a implementação de políticas públicas desenvolvimentistas. De nada adiantam as boas intenções (normativas, econômicas e administrativas; estatais ou privadas) se não existir uma perspectiva de confiabilidade, certeza e segurança futuras. A velocidade das mudanças não é tamanha a ponto de fazer com que o seu objeto transforme-se em energia indetectável. O que mais uma vez remete a algumas das funções básicas do Direito e aos novos desafios que se põem aos juristas.

Considerações finais

Na medida em que a nota de abertura deste ensaio foram as instigações de Duguit, nada mais adequado que o trabalho se encerre com mais uma citação dele. Isso porque Duguit não foi ingênuo a ponto de reputar que as transformações ali se encerravam. No fechamento de seu livro, consignou: "L'évolution est-elle achevée? Évidemment non. En réalité elle ne sera jamais. L'évolution sociale est une chose infiniment complexe et qui dure indéfiniment; or le droit n'est en réalité que la sorte d'armature que revêt cette évolution. Nos pères avaient cru que le système juridique métaphysique, individualiste et subjectiviste était définitif et immuable. Ne commettons pas une erreur pareille. Le système juridique, réaliste, socialiste et objectiviste est l'œuvre d'un jour dans l'historie. Avant même que son édification soit achevée, l'observateur attentif apercevra les premiers signes d'un nouveau système. Heureux nos fils s'ils savent mieux que nous s'affranchir des dogmes et des préjulgés!"[35]

---

[35] *Les transformations du droit public*. Paris: La Mémoire du Droit, 1999 (reprod. da ed. de 1913), p. 281.

Ao que se infere da persistente precariedade do trato do Direito com os temas de desenvolvimento económico e nada obstante os percalços acima narrados, o vaticínio de DUGUIT foi apenas parcialmente alcançado. A premissa da constante evolução permanece firme – e se ela existe tão intensamente, é porque não foi alcançada. Mas se contudo é bem verdade que as transformações não param jamais, é também real que os juristas persistem firmes em alguns de seus dogmas e prejulgamentos. A constatação, ao invés de trazer tristezas (pois, afinal de contas, a profecia foi confirmada apenas quanto ao mundo do ser, não no mundo do dever ser e em seu desenvolvimento académico), é o mais firme incentivo. Somente com a consciência de que a empreitada é muito mais custosa do que inicialmente vislumbrada pode-se transcender os desafios. Cabe ao jurista conscientizar-se e *realizar* que o trabalho felizmente é árduo e começa pela redefinição das perguntas. É uma tarefa a ser desenvolvida pelo Direito do futuro, para consolidar o futuro do Direito.

Como fechamento, é irresistível o apelo a uma paráfrase de ZIZEK, pois do que se precisa é uma construção dialética: nem a imersão espontânea nas velhas tradições, nem a necessidade de adaptar-se às novas condições e fazer concessões. O que é imperativo é a necessidade de reinventar a própria noção de Direito Público (e políticas públicas desenvolvimentistas) sob as novas condições e exigências históricas.[36] Assim estar-se-á reinventando a própria eternidade do Direito.

[36] O texto original, escrito a propósito do movimento islâmico Wahhabi, cujo princípio básico é "exercício do *ijihad* (o direito de reinterpretar o Islã com base na mudança de condições)", é este: "*Ijihad* é uma noção dialética: nem a imersão espontânea nas velhas tradições, nem a necessidade de 'adaptar-se às novas condições' e fazer concessões, mas a necessidade de *reinventar a própria eternidade* sob as novas condições históricas." (*Bem-vindo ao deserto do real!* Trad. P. C. CASTANHEIRA. São Paulo: Boitempo, 2003, p. 69).

O Estado Garantidor
Claros – Escuros de um Conceito

J. J. GOMES CANOTILHO*

§§ 1.
O aparecimento de um conceito: contexto

Existe um conceito na literatura juspublicista que está fazendo o seu teste de publicidade crítica. Referimo-nos ao conceito de Estado garantidor (*Gewährleistungsstaat*). Uma leitura das várias obras dedicadas ao tema permitirá focalizar o contexto da entrada desta nova categoria jurídico-constitucional na elaboração conceitual do direito público. Em primeiro lugar, e como o próprio nome indica, pretende ser, pelo menos, um novo vocábulo adjectivante do Estado destinado a assinalar a mudança estrutural no cumprimento das *tarefas públicas* por parte do Estado. Em segundo lugar, o conceito aparece associado às chamadas "*reformas da administração*" no âmbito dos "serviços públicos de interesse geral". Em terceiro lugar, nota-se a proximidade da ideia de "garantia" com a problemática da chamada "governance" erguida a ponte conceitual inter e transdisciplinar de quase todos os esquemas referenciais do direito e da economia. De um modo nem sempre explícito, o Estado-garantidor é convocado para registar a evolução do problema de *socialidade*, pois, por um lado, ele é um Estado "descontrutor" de serviços encarregados de prestações existenciais do cidadão, e, por outro lado, um Estado "fiador" e "controlador" de prestações dos "serviços de interesse

* Professor da Faculdade de Direito de Coimbra.

geral" por parte de entidades privadas. As informações anteriores permitem já intuir que o novo quadro conceitual se situa na linha da teorização do "enabling state" onde ganha relevo incontornável o papel do mercado e dos *contratos* privados (sobretudo empresas privadas) com a administração. Ao fim e ao cabo, talvez seja correcto dizer que, encarado o conceito num plano politico-funcional, se trata de uma *estratégia* destinada a alicerçar um processo colectivo de aprendizagem dos poderes públicos no contexto mais vasto da liberalização e da globalização. Embora nem sempre se proceda à desocultação estratégico-partidária do conceito não é arriscado dizer que ele surge associado à "*terceira via* – a via da renovação da social-democracia – celebrizada pela obra de Anthony Giddens.[1]

Com todas as motivações acabadas de assinalar parece-nos que estamos perante um conceito carregado de *política* e bem centrado na essencialidade do *político*. Se as nossas observações estiveram certas, então ele pode e deve ser trazido à publicidade crítica do Grupo Cainã. O presente trabalho procura apenas contribuir para a discussão.

§§ 2.

Incertezas conceptuais

O Primeiro tópico da problemática é este: o que é que significa "garantia" no contexto do "Estado-garantidor"? Se se trata de "garantir" pergunta-se: quem é que é garantido? Garantia implica que se assuma a responsabilidade da garantia: o Estado-garantidor é, afinal, responsável de quê?

A primeira ambiguidade do conceito reside na sua instável focalização entre a *facticidade* e a *validade*. O conceito corre o risco de se transformar numa "terra de ninguém jurídica" se não recortarmos com rigor a sua dimensão normativa. Pelo título de muitos dos trabalhos científicos dedicados ao tema é fácil verificar que o Estado-garantidor é, desde logo, um conceito descritivo das transformações

[1] Referimo-nos, como é óbvio, à obra *The third day. The renewal of social democracy*. Cambrigde, 1998.

do Estado. O Estado deixa de afivelar a máscara e o músculo de "Estado-produtor" para se dedicar ao papel de regulador. O Estado garante serviços e prestações mas não os produz. O Estado deixa de ter a responsabilidade pela prossecução activa de tarefas estaduais assumindo apenas a responsabilidade pelo cumprimento das mesmas através de outras estruturas, a maior parte das vezes privadas. Numa palavra, o conceito de Estado-garantidor descreve a oposição entre *providing state* e *enabling state*.[2]

A segunda ambiguidade é esta: o "Estado-garantidor" tem alma de "Estado social" e corpo de empresa. Poder-se-ia colocar ao contrário esta fórmula: o Estado garantidor tem corpo de Estado social e alma de empresa. Pretende ainda garantir a socialidade, ou seja, os serviços sociais essenciais – desde a saúde, as telecomunicações, energia, transportes, água – mas confia a serviços privados ou de gestão privada a prossecução directa desses serviços. Isto explica a razão de alguma literatura não esconder a íntima relação entre a reforma dos "serviços sociais" e dos cuidados de prestações existenciais (*Daseinsvorsorge*) e o "Estado-garantidor" com as roupagens de "Estado regulador"[3]. Vistas bem as coisas, o "Estado-garantidor" não pode deixar de ser um "Estado activador", pois se ele pretende assumir a responsabilidade da garantia aos cidadãos (hoje "utentes") dos "cuidados existenciais", deve, ao mesmo tempo, apoiar activamente a economia e a saúde económica das empresas encarregadas de produzir os serviços e os bens indispensáveis à efectivação da socialidade[4]. Esta articulação de "Estado-garantidor" e "Estado--activador" transporta uma outra ambiguidade.

---

[2] Os títulos de algumas obras indiciam isto mesmo. Cfr. Por exemplo, Gunnar Folke Schuppert, "Von produzierenden zum Gewährleistenden Staat", in König/Benz Org., *Privatisierung und staatliche Regulierung – Bahn, Post, Telekommunikation, Rundfunk*, 1997; Ruge, *Die Gewährleistungsverantwortung des Staates und der Regulatory State*, 2004; Vesting, "Zwischen Gewährleistungsstaat und Minimalstaat", in Hoffmann-Riem / Schmidt-Aßmann (Coord.), *Verwaltungsrecht in der Informationsgesellschaft*, 2000.

[3] Veja-se, por exemplo, Knauff, *Der Gewährleistungsstaat: Reform der Daseinsvorsorge*, 2004; Ruge, *Die Gewährleistungsverantwortung des Staates und der Regulatory State*, 2004.

[4] Cf. Wolfram Lamping / Henning Schridde / Sefan Plass / Bernhardt Blanke, *Der Aktivierende Staat Positionen, Begriffe, Strategien*, 2002; Thorsten Kingreen, in "Rechtliche Gehalte sozialpolitischer Schlüsselfegriffe: Vom daseinsvorsorgenden zum aktivierenden sozialstaat", Schriften des Deutschen Sozialrechtsvertandes 52, 2004, 17.

A terceira ambiguidade é esta: "garantir" e "activar" é uma operação de charme destinada a sugerir que, por um lado, o "Estado-garantidor" é um "Estado social" e, por outro lado, que ainda é uma tarefa pública social garantir a capacidade de prestação das empresas fornecedoras de serviços de interesse geral. E o charme desta operação é tanto maior quando se insinua tratar-se de uma "fórmula garantidora" de uma situação de *win-win* entre Estado e sujeitos privados[5].

A quarta ambiguidade está intimamente ligada ao que se acaba de afirmar: o Estado garante a socialidade a favor dos utentes dos serviços e garante o equilíbrio económico das empresas. Acontece, porém, que estas duas garantias podem não suportar uma situação de *win-win*. E a prova disso é dada pelos chamados "investimentos encalhados" e pelos "custos de transição" para a privatização que não raro justificam repercussões dos custos nos preços dos serviços (através de aumento de tarifas, através de compensações orçamentais).

A quinta ambiguidade consiste na imputação da *responsabilidade*. Onde se escreve "Estado-garantidor" deve também escrever-se: Estado que assume a *responsabilidade* pela garantia de serviços de interesse geral e a responsabilidade pela garantia da lógica económica do mercado. Na qualidade de "garantidor", "activador" e "regulador" as suas responsabilidades incidem, afinal, sobre o mesmo sujeito público, ou seja, o Estado.

Independentemente do jogo de "pré-compreensões" que aqui vêm sempre incidir, é fácil ver que o conceito descritivo de Estado-garantidor transporta relevantíssima normatividade. Desde logo, não se trata apenas de descrever a transformação do Estado a partir da análise das tradicionais tarefas estaduais. Trata-se também de avançar um juízo de valor. O problema não é o de reiterar, de forma saturada e improdutiva, o slogan de mais ou menos Estado, mas o de legitimar novas formas e uma nova qualidade da actividade do Estado[6].

---

[5] Af. A recente exposição de H. Butzer, "Sicherstellungsauftrag", in Isensee/Kirchhoff, *Handbuch des Staatsrechts*, 3ª ed., vol.IV, 2007, p. 196.

[6] Esta ideia pode ver-se em H. Butzer, "Sicherstellungs-Auftrag.", cit., p.196.

§§ 3.
"Estado-garantidor" e "Constituição"

As considerações anteriores suscitam problemas complexos a nível de duas categorias centrais do direito público: referimo-nos à categoria do *Estado* e à categoria de *Constituição*. É de perguntar, com efeito, se o Estado é o ponto de articulação correcto para dar arrimo politico à ideia de garantia. As dúvidas encontram-se claramente expressas num dos últimos trabalhos sobre a matéria[7]. Não deve esquecer-se que o nó górdio do problema consiste na harmonização da concorrência de empresas prestadoras de serviços e bens e a garantia dos interesses públicos através de serviços de interesse geral. Por outras palavras: a liberalização da economia e a regulação do mercado ultrapassam as competências e as capacidades de decisões do Estado e colocam novos desafios à capacidade de prestação das normas vinculativas do Estado[8]. E as primeiras normas a sofrer com a abertura e processualização das funções do Estado são as normas da constituição, sobretudo de constituições como a portuguesa e a brasileira, carregadas de abundantes regulações de direitos económicos, sociais e culturais. Quer se queira quer não, a Constituição do Estado confronta-se com relações de forças internacionais, com a deslocação para o exterior dos pressupostos de eficácia prática das suas normas e princípios. A levar-se até às últimas consequências o conceito de garantia entendido como nova modalidade do cumprimento de tarefas estaduais, isso equivalerá a operar uma completa transformação do Estado constitucionalmente conformado. De um Estado responsável pela prestação de serviços públicos indispensáveis à realização de grande número de direitos sociais passaríamos, à revelia da constituição, para um Estado tendencialmente subsidiário. O problema que subsiste é o de que a "pressão da privatização" a favor de um "Estado-garantidor" legitima o primado da concorrência ameaçando os Estados com a escolha do direito do Estado e dos ordenamentos mais abertos a assumir "tarefas de coordenação" e

---

[7] Cf. Knauff, *Der Gewährleistungsstaat: Reform der Daseinsvorsorge*, cit., 264

[8] O tema foi recentemente analisado por F. C. Mayer, *Kompetenzuberschuitung und Letzentscheidung*, 2000.

estrutura da "good governance". A arena da escolha do direito inclui agora a *escolha* de ordenamentos institucionais. Utilizada inicialmente como instrumento para a escolha do juiz ou de jurisdição (*forum shopping*), a escolha do direito é utilizada como instrumento da escolha do direito material (*law shopping*), onde se incluem naturalmente o direito constitucional e o direito administrativo[9]. Oxalá que o Grupo Cainã possa contribuir para a revelação dialéctica deste novo espírito das leis!

[9] Veja-se Matteo Gnes, *La scelta del Diritto*, 2004, p. 457.

Da Livre Circulação de Pessoas à Cidadania Europeia

Rui Manuel Moura Ramos*

O tema que me proponho abordar, "da livre circulação de pessoas à cidadania europeia", é bem um exemplo do que foi, ao longo dos 50 anos de vigência do Tratado de Roma, uma certa mutação da realidade originária que a Comunidade constituía para uma entidade diferente que nós conhecemos, hoje, no seio da União Europeia.

A este propósito, o tema é particularmente interessante porque nos permite compreender como se operou, neste particular, a mutação. O que não deixa de ser relevante para evidenciar o como e o porquê de outras mutações específicas que, do mesmo modo, ocorreram noutros sectores do direito comunitário. É pois um exercício desse tipo, ligado às formas e à natureza do desenvolvimento do direito comunitário que vou procurar fazer hoje.

Quando foi criada a Comunidade Económica Europeia e assinado o Tratado de Roma, a filosofia subjacente era a da necessidade de constituir uma entidade, de constituir uma realidade, e elas vão-se construir devagar, progressivamente, por aqueles aspectos em que era indubitável a existência de um interesse dos Estados-membros nessa construção. Portanto, é o desenvolvimento da ideia de Jean Monnet das solidariedades de facto, da ideia de assentar em bases económicas, de levar a cabo uma abertura dos mercados, na linha do que era na altura a filosofia económica dominante e mais ou menos potenciada pelos estudos da OECE, que viria a tornar-se na OCDE.

---

* Professor da Faculdade de Direito de Coimbra. Presidente do Tribunal Constitucional de Portugal. Antigo Juiz do Tribunal de Primeira Instância das Comunidades Europeias.

É a ideia de garantir as liberdades de circulação, e o que o Tratado de Roma contém é uma organização das liberdades de circulação que permite o alargamento dos mercados.

O Tratado prevê expressamente uma liberdade de circulação de trabalhadores, prevê expressamente um direito de estabelecimento e prevê expressamente uma livre prestação de serviços, além de prever uma liberdade de circulação de capitais, originariamente regulada em termos menos abrangentes e que, portanto, veio a ser objecto de desenvolvimentos mais tardios e com uma lógica distinta. Havia, portanto, três elementos fundamentais: a liberdade de circulação dos trabalhadores, o direito de estabelecimento dos empresários e a possibilidade de os profissionais independentes prestarem os seus serviços onde quer que fosse no mercado comum. A lógica era a da liberdade de circulação dos factores de produção, uma lógica que se pode considerar claramente económica.

Essa lógica vai-se contudo transmutar ao longo do tempo, e essa transmutação opera-se através de duas vias. Por um lado, é o próprio decisor comunitário que vai interpretá-la extensivamente através dos instrumentos normativos comunitários. Fá-lo, por exemplo, quando, ao regular a circulação das pessoas, vai permitir ao trabalhador (e a questão punha-se quanto ao trabalhador e não tanto quanto ao titular do direito de estabelecimento) que a sua liberdade de movimentação na Comunidade não ocorra em termos solitários, mas coenvolva a da sua família, daqueles que dele são dependentes (os descendentes e, eventualmente, os ascendentes a cargo e o cônjuge).

O decisor comunitário dá portanto uma interpretação que vai para além daquilo que o Tratado previa. É claro que o beneficiário da circulação é o trabalhador. Mas o alcance da liberdade de circulação não se limita a este, abrangendo também aquelas pessoas que, se a sua circulação não fosse permitida, acabariam por condicionar o exercício da liberdade assegurada ao trabalhador. Desde muito cedo – muito cedo significa dez anos, a directiva é de 1968 – o decisor comunitário vai organizar de forma mais alargada a liberdade de circulação de pessoas.

Por outro lado, temos uma acção que se vai cumular com esta e é muito mais importante, a acção do Tribunal de Justiça. Este vai fazer uma interpretação da noção de obstáculos à liberdade de circulação particularmente relevante e criadora de efeitos positivos neste domínio. O Tribunal de Justiça vai ser confrontado com a possibilidade do acesso dos beneficiários da liberdade de circulação, ou dos seus dependentes, a um conjunto de situações organizadas no Estado-membro da residência do trabalhador, no Estado-membro para onde o trabalhador tinha migrado. No fundo, o que se vai perguntar é se o trabalhador migrante, ou a sua família, têm direito, por exemplo, a prestação sociais, a subsídios de desemprego, a propinas reduzidas nas escolas, ou até à pura e simples isenção de propinas, ou seja, se o trabalhador comunitário que exerce a sua liberdade de circulação tem o direito de beneficiar daquelas situações jurídicas que tinham sido pensadas exclusivamente para os nacionais do Estado-membro de acolhimento. E o Tribunal, ao longo do tempo, vai respondendo claramente que sim e vai interpretando grande número de situações deste tipo, designadamente reservadas aos nacionais, no sentido de deverem ser entendidas também como abertas aos nacionais dos demais Estados-membros que tinham exercido a liberdade de circulação.

No fundo, aqui o Tribunal constrói uma realidade diferente, porque não se limita a garantir a liberdade de circulação, mas vai dar-lhe um conteúdo, alargando o âmbito de aplicação pessoal de um conjunto de regimes nacionais a titulares que para eles não tinham sido inicialmente pensados. Isto faz-se sempre a coberto da ideia de garantir o efeito útil da liberdade de circulação e de evitar os obstáculos ao exercício dessa liberdade. De facto, se o particular, o trabalhador ou os seus dependentes, não beneficiassem dessas situações jurídicas, a sua liberdade de circulação podia ser, obviamente, entravada porque ele tenderia a não exercer o seu direito de migrar para outro Estado-membro, e é isso que o Tribunal, intencionalmente, procura evitar.

Esta evolução foi-se aprofundando até ao Acto Único Europeu. Neste instrumento, fala-se da instituição de um mercado interno, e passa a garantir-se também a livre circulação de pessoas, "nos termos do presente Tratado". Depois, em 1990, um conjunto de Directivas vem organizar a liberdade de circulação daquelas pessoas que até então não beneficiavam da liberdade de circulação, tal como a jurisprudência comunitária a garantia. Porquê? Porque, no fundo, esta jurisprudência levou a que houvesse, por assim dizer, uma linha divisória entre aqueles que exerciam a liberdade de circulação e que, portanto, a exerciam em ligação com o mercado de trabalho, e aqueles outros que não gozavam dessa liberdade de circulação. Mas o decisor comunitário veio organizá-la, quanto a estes últimos, apesar de estarem desligados, concretamente, do mercado de trabalho. Ou porque ainda não tinham chegado a essa situação, por serem jovens, ou por terem já abandonado o mercado de trabalho, ou porque, simplesmente, não tinham qualquer ligação com esse mercado.

A partir da década de noventa do século que findou, temos, portanto, uma concepção dual da liberdade de circulação, em que há a liberdade de circulação dos economicamente activos, que é plena, e há uma liberdade de circulação dos não economicamente activos, que só se pode exercer se essas pessoas mostrarem que têm uma cobertura social, para não constituírem um encargo para a Segurança Social do Estado-membro de residência. Esta evolução é, portanto, mista. É uma evolução que se dá entre 1957 e 1990 e que vem construir uma liberdade de circulação a duas velocidades, em termos distintos, para os activos e para os não-activos.

A situação muda com o Tratado de Maastricht. Porquê? Porque em 1992 o que se faz é criar um conceito novo. Um conceito novo que, à partida, é a consequência e o remate final desta evolução. O Tratado vem criar a noção de *cidadão europeu*, definida por remissão para a condição de nacional de um dos Estados-membros da União. Portanto, é cidadão europeu aquele que tem a nacionalidade de um dos Estados-membros da União, e o cidadão europeu tem certos direitos e deveres, que são previstos no Tratado. O primeiro desses direitos, é o direito à liberdade de circulação, é o direito de circular e residir livremente no território de um dos Estados-membros. Direito que se exerce de acordo com as disposições daquele Tratado, e que não é, portanto, um direito incondicionado, pleno, mas um direito que deve ser exercido de acordo com a regulamentação pré-existente.

A noção de *cidadão europeu* vai mais longe do que isto, não se limitando à liberdade de circulação, muito embora seja ela a que me vai preocupar, porque é ela que parte da livre circulação de pessoas e vem a ter um efeito interessante, para o qual chamaria a atenção, resultante de uma experiência recente. Aquela noção vai mais longe, como é sabido. Em primeiro lugar porque comporta uma componente de direitos políticos, um direito de participação eleitoral activa e passiva nas eleições para o Parlamento Europeu e nas eleições para os órgãos autárquicos locais dos Estados-membros. Depois, porque contém um reflexo internacional, que é a possibilidade de um cidadão europeu, assim definido, ser objecto de protecção diplomática por parte de outro Estado-membro da União que não o Estado da sua nacionalidade. Finalmente, porque comporta também direitos de petição e direitos de se dirigir aos órgãos da União na sua língua ou em qualquer outra língua oficial da União, e de receber uma resposta nessa língua.

Esses direitos, no entanto, não resultam todos do Tratado de 1992, uma vez que este último foi acrescentado em 1997, pelo Tratado de Amesterdão. Quer dizer: a noção de cidadão europeu é criada com um conteúdo que vai além da liberdade de circulação, que compreende outros direitos, mas a base desse estatuto é o direito de livre circulação e de residência.

Nestes termos, quando o Tratado cria esta noção, a pergunta que surge é naturalmente a de saber o que é que a noção de cidadão europeu (a cidadania europeia, mais precisamente a cidadania da União) acrescenta àquilo que tínhamos desde 1990. O que é que acrescenta a uma concepção dual da liberdade de circulação que assenta, por um lado, no direito de circulação dos activos, que é organizado em termos de mercado, e num direito restrito de circulação dos não-activos, porque esses têm que provar que beneficiam de uma protecção da Segurança Social e que não são um encargo para o Estado-membro de residência, direito que não envolve, portanto, uma verdadeira e própria liberdade de circulação?

Ora, aparentemente, o artigo do Tratado segundo o qual este direito se exerce nos termos das disposições do Tratado de Roma parecia apontar, eventualmente, para uma concepção algo conservadora, não permitindo grandes avanços nesta construção. De qualquer modo, havia sempre algo de novo, e essa novidade é que a liberdade de circulação, conceito pensado e definido inicialmente com base numa matriz económica, se tinha transformado numa realidade politicamente relevante, que era a afirmação do conceito de cidadão, do conceito de cidadania.

A questão era a de saber se desta transmutação se iam ou não retirar consequências e, já agora, se as consequências que dela podiam ser retiradas iriam ou não repercutir-se numa espécie de fertilização cruzada sobre a realidade conceptual anterior, que tinha estado na origem da construção do conceito de cidadania da União. A questão que se põe, portanto, é a de saber se o conceito de cidadão da União é um ponto de chegada que procede da evolução da liberdade de circulação de pessoas, ou se é um ponto de passagem, que pode, posteriormente, caminhar para novas realidades ou, pelo menos, para um alargamento de realidades antigas, para uma revisão dos termos em que a liberdade de circulação de pessoas era vista até ao presente.

Ora, é precisamente uma resposta neste último sentido que vamos encontrar na jurisprudência mais recente, que se desenvolve a partir de 1998. Eu diria que há um tempo de pausa entre o surgimento do conceito de cidadania da União e o seu desenvolvimento jurisprudencial, que se inicia, por assim dizer, em 1998. Mas os desenvolvimentos que decorrem, desde esse momento, são particularmente relevantes para qualificar essa fertilização cruzada que se vai repercutir sobre o regime da liberdade de circulação de pessoas.

O primeiro caso que, a este propósito, importa referir é o conhecido caso *Martínez Sala*. Tratava-se de uma cidadã espanhola, residente legalmente na Alemanha, que em dado momento pretendia renovar o seu título de residência. E pretendia renová-lo porque lhe foi exigida essa renovação. Ela pretendia beneficiar de uma prestação social (uma prestação para um descendente) e para isso foi-lhe exigida a apresentação de um título de residência. Tinha, portanto, que proceder à renovação desse título. Muito embora ela fosse residente legal na Alemanha, não preenchia as condições da lei alemã para poder conseguir essa renovação, e, portanto, ainda que pudesse continuar a residir legalmente na Alemanha, não conseguiria obter o título correspondente e, não o obtendo, não obteria a vantagem que pretendia, ou seja, a prestação da Segurança Social para o seu descendente.

A questão chegou ao Tribunal de Justiça em termos de saber se tal era ou não compatível com o artigo 18º do Tratado da Comunidade Europeia e com o conceito de cidadania europeia. O Tribunal respondeu dizendo que não pode ser exigido à cidadã espanhola, que reside legalmente na Alemanha, um título de residência que não é exigido aos alemães, e portanto, enquanto cidadã europeia, ela tem o direito de não ser discriminada. Ela tem direito a não ser tratada diferentemente dos cidadãos europeus de nacionalidade alemã, pelo que não faz sentido que lhe seja exigido esse título. Depois de ter inicialmente construído a noção de não discriminação para generalizar a liberdade de circulação, o Tribunal vem agora dizer que a não discriminação obriga à dispensa de certos requisitos exigidos no Estado-membro de acolhimento aos cidadãos europeus.

Posteriormente, o Tribunal vai mais longe, e vem dizer uma coisa que aparentemente estava longe de ser clara: que o próprio artigo 18º é directamente aplicável, e vem dizê-lo apesar de este artigo remeter para as condições em que o direito de livre circulação e permanência é reconhecido pela legislação comunitária. É certo que esta afirmação tem que ser contextualizada e vista no caso concreto porque, quando o Tribunal declara, no acórdão *Baumbast*, que o artigo 18º é directamente aplicável, está, no fundo, a tentar tratar uma situação muito particular de alguém em relação a quem se punha o problema do seu direito de permanência num determinado Estado-membro onde tinha já trabalhado e onde, portanto, o que estava em causa não era garantir o direito de permanência em absoluto, mas dar continuidade a uma situação pré-existente, que se tinha desenvolvido à luz de outras disposições do Tratado de Roma.

No caso *Baumbast* o Tribunal vem dar razão ao recorrente, ou melhor, vem fazer uma interpretação que consagra o efeito directo do artigo 18º num caso limitado e, diria eu, quase que para permitir dar continuidade a uma situação jurídica em que o titular já exercera o direito de livre circulação. Desta forma, de qualquer modo, o Tribunal dá um passo em frente ao dizer que o artigo 18º é passível de efeito directo.

Outro caso a referir neste contexto é o caso *D'Hoop*. O que aí estava em causa era a obtenção do subsídio de desemprego por parte de um cidadão belga que não tinha emprego na Bélgica e que procurava emprego. Ora, para beneficiar desse subsídio, o cidadão belga tinha que preencher certos requisitos de acordo com a lei belga. Para poder prevalecer-se da situação de estar à procura de emprego, tinha que provar uma determinada qualificação profissional. Pois bem. A qualificação profissional que a interessada possuía não tinha sido adquirida à face do sistema educativo belga, mas à face do sistema educativo francês.

O Tribunal vem dizer que não se pode discriminar um *cidadão europeu* – novamente a lógica assenta no conceito de cidadão europeu – que exerceu o seu direito de livre circulação para ir obter em França o título que lhe dava direito àquela prestação. Se tivesse continuado na Bélgica e se tivesse continuado no sistema educativo belga, ninguém contestaria o acesso a tal prestação. Esse acesso era questionado apenas pela circunstância de ele ter migrado, de ele ter exercido o direito de circulação. Ora bem, o Tribunal vem dizer, em nome da protecção da cidadania e em nome da não discriminação de um cidadão europeu que exerce o direito de livre circulação, que não lhe pode ser vedado o acesso a tal prestação, por essa razão.

Esta jurisprudência veio a ser objecto de um desenvolvimento, mais recente, a propósito da situação dos não-activos, no acórdão *Trojani*. Tratava-se de um cidadão francês, que se encontrava legalmente na Bélgica, onde não trabalhava, mas onde residia, embora sem domicilio fixo. Alguém que não tinha podido exercer um direito de livre circulação porque, de facto, a livre circulação não existia ainda para quem não estivesse ligado ao mercado, ou para quem não tivesse uma cobertura de Segurança Social, e ele não a tinha. O problema que se punha era o de saber se uma pessoa nestas condições tem, ou não, acesso àquilo que corresponde ao nosso rendimento mínimo de inserção, e que na Bélgica se designava na altura, por *Minimex*.

O Tribunal veio dizer que a um cidadão europeu que se encontre num Estado-membro que não o da sua nacionalidade não pode ser negado o acesso ao rendimento mínimo de inserção, se a sua residência no Estado-membro em questão for uma residência legal, ou seja, uma residência que não viola os preceitos da lei desse Estado--membro. No fundo, o Tribunal combina a noção de cidadania europeia e a noção de residência legal, e esquece, ou melhor, desvaloriza a circunstância de o interessado em questão não ter exercido uma liberdade de circulação por não a deter à luz ao direito comunitário. O Tribunal acaba por fazer uma interpretação assente no principio da não discriminação: do facto de a residência não ser legalmente questionada à face do direito interno do Estado-membro de acolhimento, retira a conclusão de que isso permite ao cidadão ter acesso até a benefícios da Segurança Social. Existe aqui um salto qualitativo, porque é evidente que a concepção dual da liberdade de circulação se baseava na ideia de que não se pode exercer tal liberdade quando, por essa via, alguém se torna um peso para o Estado de acolhimento.

Por último, um caso ainda mais recente, o caso *Collins*, de 2004, põe também em questão uma outra prestação social. Tratava-se de uma pessoa que tinha dupla nacionalidade, pois era irlandês e norte-americano, e pretendia ter acesso à prestação de desemprego no Reino Unido. A pessoa em questão tinha estado empregada, anteriormente, no Reino Unido, e, depois de ter estado empregada, depois de ter cessado a sua relação de trabalho, deixara este Estado por algum tempo, tendo regressado posteriormente. Mantinha, portanto, com este Estado-membro aquilo que o Tribunal designou por uma relação estreita.

Ora bem, o Tribunal baseou-se nisso mesmo para considerar que, embora Collins não dispusesse em si do direito de acesso àquela prestação social (de novo, uma prestação para quem está à procura de trabalho), pelo facto de ter a cidadania da União não podia ser discriminado em relação aos nacionais do Estado-membro em causa. O Tribunal não se ficou por aí e substituiu o pressuposto que tinha utilizado nos outros casos, ou seja, o pressuposto da residência legal no Estado-membro de acolhimento. No caso concreto, não havia a residência legal, mas havia a circunstância de o cidadão da União aí ter trabalhado antes, e, depois de ter deixado de trabalhar, ter continuado a manter uma relação estreita com esse Estado.

No fundo, o Tribunal veio, de alguma forma, utilizar neste conjunto de casos a noção de cidadão da União, de não discriminação desse cidadão em relação ao cidadão do Estado-membro onde a pessoa com outra nacionalidade se acha estabelecida e, nesse contexto, veio permitir a sua liberdade de circulação ou até dar-lhe acesso a algumas prestações sociais típicas, que são geralmente consequências do exercício da liberdade de circulação.

O que permite dizer, e é para este ponto que eu gostaria de chamar sobretudo a atenção, que desta forma como que se fecha um círculo. Fecha-se um círculo que parte de uma construção de matriz económica, de um entendimento das liberdades de circulação como liberdades relacionadas com o mercado, que depois se transmutam, por assim dizer, numa viragem de cento e oitenta graus, em direitos políticos, levando à construção de um direito de cidadania, direito de cidadania esse que, no entanto, à partida parece algo limitado. Simplesmente, uma vez que o direito à cidadania é descrito no Tratado de Roma como uma pedra angular da construção comunitária, o

Tribunal vai lê-lo de uma forma, por assim dizer, constitucionalizante, e vai ver o princípio da cidadania como algo que tem por consequência, pelo menos, a não discriminação entre os cidadãos, baseando-se também no artigo 12º do Tratado da Comunidade Europeia, que consagra o princípio da não discriminação em geral.

Tirando consequências desta concepção e dando outra volta de cento e oitenta graus, o Tribunal acaba por repercuti-la sobre o regime da liberdade de circulação e até sobre o regime de certas prestações sociais ligadas à liberdade de circulação, estendendo-o aos não-activos, algo que decorre de um princípio de cidadania e da noção de proibição da discriminação que lhe é inerente. Regressa, portanto, ao regime de base, partindo do ponto que tinha sido o ponto de chegada da evolução desse regime de base. E vai aplicá-lo depois em sectores não abrangidos nesse regime de base. Há, por exemplo, casos em que o Tribunal vai chegar a repercussões do principio da não discriminação em matéria do direito da família, inclusivamente do nome das pessoas, que não era visto como integrando o objecto da construção comunitária (acórdão *Garcia Avello*).

Não vou entrar neste ponto, porque se trata de um aspecto bastante específico. Mas é evidente que, mesmo aí, nós termos esta fertilização cruzada que parte da noção de base da liberdade de circulação, que conduz à construção de um conceito político que é o conceito de cidadania e que depois vai, apesar do carácter aparentemente magro da densificação desse conceito, obter um desenvolvimento jurisprudencial deste com repercussões sobre o regime da liberdade de circulação. Esta forma de partir de um dado, transmutar a natureza da intenção originária, chegar a um ponto final por evolução jurisprudencial, acompanhada e completamentada por via legislativa, e repercutir o carácter fundamental reconhecido ao direito da cidadania da União sobre o regime base de onde tinha partido, creio que é um exemplo muito significativo da forma como as políticas comunitárias evoluem e da forma como a sua interpretação jurisprudencial tem sido criativa.

Este é, creio eu, o aspecto mais relevante da evolução verificada em matéria de livre circulação de pessoas. Por isso o escolhi, na convicção de que poderia merecer a vossa atenção.

O Futuro do Direito*

Eros Roberto Grau**

I. O futuro, há mais de dez anos

01. Há algum tempo, mais de dez anos[1], cometi a imprudência de registrar por escrito breve reflexão sobre o tema do *futuro do direito*. Um quase nada subsiste das notas que então alinhavei: [i] a impressão de que o direito passaria por uma *desestruturação*, uma *dupla desestruturação*, enquanto *direito moderno* e enquanto *direito formal*; [ii] a alusão, no plano do discurso do direito, a uma nova *lex mercatoria*; no bojo do discurso jurídico[2] e nas jurisprudências, à afirmação da prevalência dos princípios; [iii] a informatização da sociedade propiciando a desburocatização do direito, uma sua talvez quase "*desregulação*"; [iv] a revalorização do *direito pressuposto* [?].

---

* Dedico este ensaio a Eduardo Kugelmas, amigo querido que se foi em 14 de novembro de 2.006.

** Professor Titular da Faculdade de Direito da Universidade de São Paulo. Ministro do Supremo Tribunal Federal.

[1] Vide meu "A dupla desestruturação do direito", in *Derecho y Transicion Democratica – Problemas de la Gobernabilidad (Oñati Proceedings 20)*, The Oñati International Institute for the Sociology of Law, Oñati, 1.995, págs. 171-185; também meus *La doppia destrutturazione del diritto*, Edizioni Unicopli, Milano, 1.996; *O direito posto e o direito pressuposto*, Malheiros Editores, São Paulo, 1.996; e *La doble desestructuración y la interpretación del derecho*, Editorial M. J. Bosch, Barcelona, 1.998.

[2] Sobre o *discurso do direito* e o *discurso jurídico*, vide meu *O direito posto e o direito pressuposto*, 6ª edição, Malheiros Editores, São Paulo, 2.005, p. 153.

Lembrava, então, que Francesco GALGANO[3] à época questionava a identidade entre o *ius* ou *iurisprudentia* dos romanos e o *direito*. Apenas por suposição afirmaríamos que o *direito* tomou o lugar do *ius* e quer dizer a mesma coisa. Mas, "chi ci dice che con la parola non sia estinta anche la cosa che la parola indicava? Chi ci assicura che la nuova parola non sia nata per indicare tutt'altra cosa?". Mais, indagava-me se as notas dominantes do "direito" do futuro não seriam tais, eventualmente, que fariam de nós, os juristas de hoje – e quantos assim se julgam – pessoas que se ocupavam de uma coisa antiga...

O tempo passou e ao modismo dos princípios, após a sua aterradora banalização, seguiu-se o da *hermenêutica*, da qual todos tratam com injustificada familiaridade. Criaturas do *direito formal*, os juristas permanecem presos à dogmática da *subsunção*, uma enorme distância apartando os discursos que repetem da prática dos tribunais. Passam à margem de uma incisiva observação de DERRIDA[4], que me permito reproduzir: a decisão justa há de, para ser justa, ser conforme a uma lei preexistente; mas a interpretação dessa lei, que a decisão pressupõe, há de ser re-instauradora, re-inventiva, livre; daí que a decisão justa há de ser a um tempo só regrada e sem regra, há de conservar a regra [a lei, *rectius* o *direito*] e destruí-la ou suspendê-la para reinventá-la em cada caso; "[c]ada caso é um caso – prossegue DERRIDA[5] –, cada decisão é diferente e requer uma interpretação absolutamente única, que nenhuma regra existente ou codificada pode nem deve absolutamente garantir".

II. **Os juristas, a subsunção, a preservação das estruturas e o *não-futuro***

02. Deveras, há de ser mesmo tormentosa, para quem a toma exclusivamente como *subsunção*, a aceitação do fato de a interpre-

[3] *Il rovescio del Diritto*, Giuffrè Editore, Milano, 1.991, pág. 3.

[4] Jacques DERRIDA, *Força de lei*, trad. Leyla Perrone-Moysés, WMF Martins Fontes, São Paulo, 2.007, pp. 51-52.

[5] *Idem*, p. 44.

tação do direito ter caráter *constitutivo* – não meramente *declaratório*, pois – e consistir na produção, pelo intérprete, a partir de textos normativos e dos fatos atinentes a um determinado caso, de normas jurídicas a serem ponderadas para a solução desse caso, mediante a definição de uma norma de decisão[6]. Aceitar a oposição entre a *dimensão legislativa* e a *dimensão normativa* do direito – uma no processo legislativo; outra, no processo de produção normativa [= produção da norma, pelo intérprete[7]] – isso não é fácil para os servos da *subsunção*. Nossos juristas se enredam na oposição que se põe entre a necessária tutela da segurança jurídica e da liberdade individual, de um lado, e, d'outro, a função da interpretação no desenvolvimento do direito[8]. Dizendo-o na síntese de PAOLO GROSSI[9]: são duas as forças que, em direções opostas, percorrem o direito, uma tendente à rigidez, outra à elasticidade; e duas são as exigências fundamentais que nele se manifestam: a da [i] certeza e liberdade individual garantidas pela lei no sistema do direito burguês e a da sua [ii] contínua adequação ao devir social, garantida pela interpretação. Aquela apenas será assegurada na medida em que o *texto* vincule o intérprete; esta demanda criatividade que pode fazê-lo ir além do *texto*. Essa oposição somente poderá ser compreendida se nos dispusermos a admitir que *texto* e *norma* não se superpõem; que o processo legislativo termina no momento do *texto* – a *norma* virá depois, produzida no bojo de um outro processo, a *interpretação*.

03. São assim, os juristas, porque constituídos para prover a conservação do *status quo*.

Poderemos bem compreender esse destino desde a observação[10], em síntese, [i] de que a sociedade capitalista é essencialmente jurídica e o direito nela atua como mediação específica e necessária

---

[6] Vide meus *Ensaio e discurso sobre a interpretação/aplicação do direito*, 4ª edição, Malheiros Editores, São Paulo, 2.006 e *Interpretación y aplicación del derecho*, Editorial Dykinson, Madrid, 2.007

[7] Refiro-me ao intérprete autêntico, no sentido atribuído à expressão por KELSEN.

[8] Cf. Tullio ASCARELLI, *Studi di diritto comparato e in tema di interpretazione*, Giuffrè, Milano, 1.952, p. 59.

[9] *Assolutismo giuridico e diritto privato*, Giuffrè, Milano, 1.998, págs. 358-359.

[10] Vide meu *O direito posto e o direito pressuposto*, cit., p. 274.

das relações de produção que lhe são próprias; [ii] essas relações de produção não poderiam estabelecer-se, nem poderiam reproduzir-se sem a forma do direito positivo, direito posto pelo Estado; [iii] daí que este, o direito posto pelo Estado, surge para disciplinar os mercados, de modo que se pode dizer que ele se presta a viabilizar a fluência da circulação mercantil, a domesticar os determinismos econômicos[11]. Seu único *fim* é a *conservação dos meios*. Nesse sentido, o Estado *põe* um direito definidor das *regras de um jogo* cujo fim ou cujos fins são externos a ele, porque definidos pelo indivíduo, que se vale de suas *formas* para realizar os *seus fins*[12] – o espaço reservado a esse direito não compreende senão a predisposição dos instrumentos necessários a que cada agente econômico possa atingir os fins a que se propõe[13].

Fomos constituídos, os juristas, para preservar as estruturas. E aqueles aos quais falta senso crítico e nos quais a singularidade prevalece nem se dão conta desse seu caráter. Liberais, sim, entusiastas do *Estado de direito*, mas conservadores, sem que isso conduza a qualquer paradoxo.

04. Ora, se eu me perguntasse por que as coisas assim se passam, a resposta haveria de ser encontrada em um texto do velho Marx, o Prólogo à *Contribuição à crítica da economia política*[14]: "Uma organização social nunca desaparece antes que se desenvolvam todas as forças produtivas que ela é capaz de conter; nunca relações de produção novas e superiores se lhe substituem antes que as condições materiais de existência destas relações se produzam no próprio seio da velha sociedade".

Por isso somos assim, os juristas. Formados para conservar as estruturas, tudo o que for novo, mesmo se ainda não revolucionário, abominaremos. O futuro é detestável. O direito é, para nós, dotado de passado e tão-somente de presente. Foi, no passado, e para sempre pertencerá ao presente, não mais do que ao presente...

---

[11] *Idem*, p. 124.

[12] *Idem*, p. 104.

[13] Cf. Natalino Irti, *L'età della decodificazione*, Giuffrè, Milano, 1.979, p. 4.

[14] Trad. de Maria Helena Barreiro Alves, Martins Fontes, São Paulo, 2.003, p. 6.

05. O futuro do direito, como qualquer outro futuro, depende do lugar a partir de onde o projetamos. Logo, se o projetarmos desde o lugar que ocupamos, não haverá futuro para o direito. Daí que esta minha exposição haveria de ser encerrada por aqui, nada mais haveria a ser declarado...

III. **O direito – o posto e o pressuposto – e as transformações**

06. Devo, não obstante, prosseguir.

Inicialmente para dizer que o *direito* de que falamos é o *direito posto* pelo Estado, que referimos, em seus modelos[15], como *direito moderno*, *direito formal*. Este que ensinamos na Universidade e praticamos nos tribunais.

O fenômeno jurídico abrange o *posto* e o *pressuposto*. Em síntese[16], direi que o direito é uma instância, um nível da realidade. Instância que nela se manifesta de forma imensamente rica, na medida em que se opera, na estrutura social global, uma contínua e constante, permanente interpenetração de instâncias. Daí – fazendo uso da quase infeliz metáfora da *base* e da *superestrutura* – direi que o direito está e não está na base e, a um tempo só, está e não está na superestrutura. Na base manifesta-se como *direito pressuposto*; na superestrutura, como *direito posto*. Produto histórico-cultural, em seu momento de *pressuposição* condiciona a formulação do *direito posto*. E assim é ainda que, concomitantemente, o *direito posto* finde por conformar novas manifestações do *direito pressuposto*.

Instância do social, linguagem que instrumentaliza uma modalidade de comunicação entre os homens, ele não se altera – ainda que alterações paradoxalmente nele não cessem de ocorrer – ele não se altera, dizia, enquanto não esgotadas inteiramente as suas possibilidades. Vem daí que do futuro do direito não se pode cogitar senão na medida em que estejamos a cogitar do futuro do modo de produção social, na sua totalidade.

---

[15] *Vide* meu *O direito posto e o direito pressuposto*, cit., pp. 94 e ss.

[16] *Idem*, pp. 43 e ss.

Isso eu desejava afirmar, interessando imediatamente para o nosso tema, *o futuro do direito*. Ele não se altera enquanto não esgotadas inteiramente as suas possibilidades.

07. Talvez eu devesse mesmo parar por aqui. Supor a possibilidade de estabelecer, definir um momento, cravar esse instante na imobilidade. Ponto final. Como se pudesse interromper a passagem das horas, ignorando o *processo* que essa linguagem – o direito – é. Não obstante, isso seria inútil, eis que a esta altura o movimento já nos envolveu. Entramos no carrossel...

Prossigo, portanto, consciente de que – a realidade estando em [= sendo] movimento, tudo se movendo em transformação – nada mais se pode apontar em um escorço sobre o futuro do direito senão aparentes tendências, ainda que e até mesmo contraditórias.

Assim, para começar cumpre indagarmos se transformações pelas quais o direito vem passando afetaram/afetam, comprometendo-o, o adequado cumprimento de suas funções, fundamentalmente a de instrumentalizar a fluência da relação mercantil, nutrindo a sociedade civil [= o mercado] de segurança, certeza e calculabilidade jurídica e econômica.

Isso não se deu. Nem se dá. Pelo contrário, essas transformações aprimoraram o direito, aprestando-o ao cumprimento de suas funções. Por exemplo, a práxis da *nova hermenêutica* enseja a criação de melhores soluções normativas, permitido a composição de interesses à margem dos rigores formais instalados nos casulos da *subsunção*, elenco de decisões *prêt à porter*. É verdade que os juízes a praticam sem se darem conta de que, fazendo-o, produzem o direito; sem discernir a circunstância de serem eles os sujeitos [= autores] dessa produção. Produzem normas como Monsieur Jourdain fazia prosa, sem o saberem...

É porém a duas tendências que desejo referir-me: uma, a atinente ao *não-lugar da soberania*; outra, à *exceção*.

IV. Soberania, violência e direito, exceção

08. Soberano, diz Carl Schmitt[17], é quem decide sobre o *estado de exceção*. Uma e outra, *soberania* e *exceção*, mutuamente se incluem. *Soberania* é ponto de indiferença entre *violência* e *direito*, espaço "juridicamente vazio", no qual tudo pode acontecer; vale dizer, no qual predomina a *exceção*[18]. Nesse ponto aquelas duas tendências se encontram, de sorte que o rumo que esta minha exposição vai tomando torna-se justificável.

V. O *não-lugar da soberania*

09. Um traço marcante do direito moderno está em que ele é *posto* pelo Estado, sendo dotado de validade no espaço do seu [= dele, Estado] território. O Estado é soberano nesse (seu) espaço. O território, diz Natalino Irti[19], "marca também a extensão da política e do direito. No 'dentro dos limites' (...) nascem as normas jurídicas".

Pois a primeira tendência a apontarmos está em um processo de *desterritorialização* da soberania. Já não apenas a produção e o consumo tornam-se cosmopolitas, mediante a exploração do mercado mundial, como se disse na entusiástica descrição do capitalismo feita em um manifesto de 1.848. Agora é o poder político que se projeta para além do[s] território[s], reproduzindo-se na mundialização da[s] soberania[s].

Não faço alusão, contudo, *às soberanias*, porém a *uma super-soberania, supranacional*. Aqui não se trata de afirmar que *as soberanias estatais* excedem seus respectivos territórios, mas sim que *a soberania* avança sobre *todos* os territórios. Algo antevisto por Kelsen em um texto de 1.920[20]: "Com a superação do dogma

---

[17] *Teologia política*, trad. de Elisete Antoniuk, Del Rey, Belo Horizonte, 2.006, p. 7.

[18] Cf. Giorgio Agamben, *Homo Sacer – O poder soberano e a vida nua*, trad. de Henrique Burgo, Editora UFMG, Belo Horizonte, 2.002, págs. 38 e 44.

[19] *Il diritto nell'età della tecnica*, Editoriale Scientifica, Napoli, 2.007, PP. 25-26.

[20] *Das Problem der Souveränität und die Theorie des Völkerrechts: Beitrag zu einer Reinen Rechtslehre*, reimpressão da 2ª edição, Scientia Verlag, Aalen, 1.981, § 65, p. 320 [tradução minha].

da soberania dos Estados singulares afirmar-se-á uma *civitas maxima*, um ordenamento de direito internacional, ou melhor, mundial, que será objetivo, independentemente de qualquer 'reconhecimento' e superior aos Estados singulares".

10. Uma *super-soberania* que desconhece fronteiras, algo que, surgindo juntamente com o mercado global e com circuitos globais de produção, MICHAEL HARDT e ANTONIO NEGRI[21] identificam como o *império*. O poder supremo que governa o mundo, a substância política que, de fato, regula essas permutas globais. Essa *super-soberania* avança sobre *todos* os territórios, vale dizer, sobre *todos os Estados*. Daí que HARDT e NEGRI[22] afirmam que "[o] imperialismo acabou. Nenhum país ocupará a posição de liderança mundial que as avançadas nações européias um dia ocuparam".

Sem aderir a essa tese – note-se bem, não estou a ela aderindo – nela poderemos sublinhar dois traços bem marcados: [i] o *Império* não tem fronteiras [= não tem limites, abrange a totalidade do espaço] e [ii] se apresenta não como um regime histórico nascido da conquista, mas como uma ordem que suspende a história [= regime sem fronteiras temporais][23].

O lugar da política e do direito é, como observa NATALINO IRTI[24], dilacerado e arrasado por "duas imensas forças que não conhecem limites, não têm pátria, se expandem para *qualquer lugar. Forças da des-limitação*, que se chamam técnica e economia, e que, as duas em conjunto, geram a tecno-economia do nosso tempo".

O que importa a esta altura considerarmos é a circunstância de jamais, anteriormente, a interpenetração entre *mercado* e *política* [= *economia* e *soberania*] ter sido tão efetiva. Passo aqui à margem do debate a respeito da localização do Império "fora da História ou no fim da História"[25], debate que não desejo alimentar, mesmo porque permaneço a acreditar na dialética materialista. Mas é certo

---

[21] *Império*, trad. de Berilo Vargas, Editora Record, Rio de Janeiro, 2.001, p. 11.

[22] *Ob. cit.*, p. 14.

[23] *Idem*, PP. 14-15.

[24] *Ob. cit.*, p. 26.

[25] HARDT e NEGRI, *ob. cit.*, p. 15.

que o estreito conúbio entre aqueles planos – *mercado* e *política*, *economia* e *soberania* – compromete a consistência do chamado *Estado moderno*. A soberania política agora se contém, toda ela, no *Estado exterior*.

11. O *Estado moderno* precede o *Estado hegeliano*, estado da racionalidade como razão efetiva[26]. Neste, posterior àquele, deverão desaparecer os antagonismos, dado que, dialeticamente, o que dá sentido às partes é a totalidade. O *Estado moderno* é ainda determinado por certos particularismos, antagônicos a outros. Ainda se confunde, por uma larga parte, com o *Estado do exterior*, o *Estado da necessidade e do entendimento,* isto é, carrega ainda características da sociedade civil *(Bürgerliche Gesellschaft)*, que, logicamente suprassumida no sistema hegeliano[27], ainda não encontrou a sua plena realização nas estruturas engendradas pela *modernidade*. Nele se constrói a *paz burguesa*, dotada de caráter temporário na medida em que o dissenso entre os particularismos antagônicos é apenas mediado, superado pela conveniência – o que, no direito, não consubstancia, a rigor, nenhum mediação efetiva, nem suprassunção, mas justaposição conflitante.

Por certo superpõem-se, no mundo da vida, manifestações próprias a ambos, ao *Estado moderno* e ao *Estado na concepção hegeliana*. Mas o que prevalece, na forma institucional do primeiro, é a apropriação, pela burguesia, dos monopólios da violência e da tributação, caracterizando uma eticidade (*Sittlichkeit*) ainda não de todo permeada pela racionalidade como *razão efetiva*. Daí, na medida em que a serviço do modo de produção social capitalista, o *Estado moderno* caracteriza um *Estado de classes*. Dizendo-o de outro modo: não é ainda o Estado hegeliano em plenitude, mesmo porque neste não há classes, que consubstanciam uma manifestação própria da sociedade civil.

12. O que estou a afirmar é o fato de – comprometida a consistência do Estado moderno em razão da interpenetração entre

---

[26] Transcrevo, neste passo, trecho do meu *A ordem econômica na Constituição de 1988*, 12ª edição, Malheiros Editores, São Paulo, 2.007, pp. 17-18.

[27] Vide meu *O direito posto e o direito pressuposto*, cit., pp. 267-269.

mercado e política – a soberania ter se *reinstalado* no plano da *sociedade civil*, dispensando a mediação das instituições estatais. É como se a modernidade, construída sobre a necessária definição de espaços demarcados, cedesse passagem. Não ousarei dizer ao ou a quê...

O poder político passa a funcionar como um *não-lugar*[28], de modo que já não se encontra mais *dentro*, nem *fora*, de lugar nenhum. Constitui uma rede descentralizada e desterritorializada[29]. Algo a demandar a reconstrução do *nomos da terra*, visto que o *nomos* "estatal" já não está mais atrelado a nenhum território.

VI. **Um novo *nomos da terra*?**

13. Não somente o Estado e a soberania, mas o direito também aparece, na modernidade, desdobrado de um território. A *terra* – qual lembrava CARL SCHMITT[30] no início da segunda metade do século passado – é definida, na linguagem mítica, como a *mãe do direito*. O direito é unidade de ordenamento e determinação de território; o Estado, soberania no espaço de um determinado território.

O *nomos* – *nomos da terra* – resultava da conquista da terra (*Landnahme*), que criava o título jurídico mais radical que poderia existir, *radical title*, no sentido pleno e amplo do vocábulo[31]. O *nomos*, em seu sentido original – dizia ainda CARL SCHMITT[32] – seria a plena imediatidade de uma força jurídica até então não atribuída. Um acontecimento histórico constitutivo, um ato de *legitimidade*, que dá sentido à legalidade das leis. Dizendo-o de outro modo: princípio normativo fundante que conferiria sentido e ordem ao sistema jurídico e político e, desse modo, o legitimaria[33]. Apoiado

---

[28] Vide HARDT e NEGRI, *ob. cit.*, p. 208-210.

[29] Vide GIUSEPPE COCO, "Uma filosofia prática", in *Cult – Revista Brasileira de Cultura*, 118, outubro/2007, p. 51.

[30] *Der Nomos der Erde*, Greven Verlag, Köln, 1.950, p. 13.

[31] Cf. CARL SCHMITT, *ob. cit.*, 1.950, p. 17.

[32] *Ob. cit.*, p. 42.

[33] Cf. ANTONIO BALDASSARRE, *Globalizzazione contro democracia*, Laterza, Roma, 2.002, p. 50.

sobre o *nomos*, cada Estado afirmava-se como *soberano* na comunidade internacional (plano do Direito Internacional), na qual coexistiria com outros Estados em *situação de paridade*. Conteria a ordem inicial do espaço, a origem de toda ordenação concreta posterior e de todo direito ulterior[34]. O território e a cidadania eram concebidos como elementos essenciais da soberania: o Estado seria o ente territorial soberano ou a organização jurídica e política de um povo.

14. Precisamente essas assertivas perecem diante do processo de *desterritorialização* da soberania a que linhas acima fiz alusão. Daí cogitar-se de um *novo nomos da terra*[35].

Pois o que pretendo neste ponto sustentar é o perecimento de qualquer *nomos da terra*. Não sobrevém outro *nomos da terra*, senão um novo *nomos*, simplesmente Estado, soberania e direito [= ordenamento] já não podendo ser tidos como desdobramentos de determinado território e a soberania tendo se *reinstalado* no plano da *sociedade civil*, dispensando a mediação das instituições estatais, é necessário tecermos uma nova fundamentação de validade do direito [= ordenamento] e legitimação do Estado.

VII. **Um direito [= ordenamento] sem *nomos da terra*?**

15. Limito-me, nesta exposição, a considerar os desafios instalados no quadro do *pensamento sobre o direito*. O Estado aqui nos interessa imediatamente enquanto produtor do direito positivo.

O que se passa no plano do *direito interno*[36] é não mais do tênue *tendência* – lembre-se que as superestruturas não se alteram completamente enquanto não esgotadas inteiramente as suas possibilidades. Evidentemente estou a aludir, aqui, ao *direito posto* pelo

---

[34] Cf. Carl Schmitt, *ob. cit*, p. 19.

[35] V.g., Agamben, *ob. cit.*, pp. 44-45.

[36] A menção ao direito *interno* resulta dúbia em face da afirmação de que o poder político passa a funcionar como um *não-lugar*, de modo que já não se encontra mais *dentro*, nem *fora*, de lugar nenhum. Anoto-o a fim de que a contradição não pareça grosseira.

Estado, que referimos, em seus modelos, como *direito moderno*, *direito formal*[37]. Pois as mesmas forças que se unem para construir o *Império* – a *técnica* e a *economia* – engendram o novo *nomos*, que já não pode ser mais referido como "*da terra*". Aqui se pode identificar um novo *momento* do *processo* que o modo de produção social capitalista é, do que resulta expressar-se de forma mais incisiva aquela tendência.

16. O trágico talvez se encontre [= venha a ser encontrado], no entanto, na substituição do *nomos da terra* por um *nomos* estranho a qualquer medida de legitimidade, *a-legítimo*, fundado exclusivamente na violência. Esta então ocuparia inteiramente o espaço do direito. A *exceção*, que justifica o direito, valeria como a regra. O *nomos* não seria, então, senão qualquer ordem emanada do mais forte. Seria, nas palavras de SCHMITT[38], uma expressão da *força normativa dos fatos*, da *metamorfose* do *Ser* em *Dever*, do efetivo em lei.

17. No plano do *direito internacional privado* prevalece a *ordem jurídica do mercado*. Note-se bem que uso a expressão neste ponto não para dizer que *o mercado é uma ordem jurídica* – como de fato é[39] – senão para afirmar que o *mercado põe sua ordem jurídica*, *sua* na medida em que por ele produzida. Não a ordem que ele é, porém a ordem que ele instaura.

O mercado assim se coloca na situação de produtor do direito, que o Estado moderno ocupara. E isso – gostaria de deixar essa circunstância bem vincada – nos dois planos, isto é, no plano do *direito interno* e no plano do *direito internacional privado*.

No primeiro, em termos relativos. Porém de modo marcante, visto que – retorno à exposição de IRTI[40] – as empresas preferem o ordenamento mais vantajoso e conveniente: "o 'qualquer lugar'

---

[37] *Vide* item 06, acima.

[38] *Ob. cit.*, p. 42. Vide Gilberto BERCOVICI, *Constituição e Estado de exceção permante: atualidade de Weimar*, Azougue, Rio de Janeiro, 2.004, pp. 171-180.

[39] Vide meu *A ordem econômica na Constituição de 1988*, pp. 29 e ss. e Natalino IRTI, *L'ordine giuridico del mercato*, 3ª Ed., Laterza, Roma, 1.998.

[40] *Il diritto nell'età della tecnica*, cit., pp. 28-29.

do mercado global permite que as empresas escolham – em razão das diversas fases da atividade económica – uma *pluralidade de sedes jurídicas*". De outra banda, o *direito internacional público* é vigorosamente afetado pelo processo de *desterritorialização* da soberania, ponto de partida desta exposição.

Tudo conduz, como se vê, não somente ao esgarçamento do direito positivo interno a cada Estado, mas à decomposição da ordem jurídica internacional.

VIII. **Nova Lex Mercatoria e arbitragem transnacional**

18. O *mercado* instaura uma nova Lex Mercatoria. Ele o faz, não *os mercadores*, como se dizia anteriormente. Não me deterei também sobre este ponto, mas me permito fazer aqui uma breve anotação à margem do corpo central desta comunicação. Breve anotação a respeito do papel desempenhado pelos árbitros no quadro da arbitragem internacional.

O árbitro, ao atuar nesse quadro, é um juiz aculturado, na medida em que não vinculado a determinado ordenamento. O direito [*rectius* ordenamento] é um produto cultural[41]. Pois o árbitro internacional não está, nesse sentido, preso a um determinado direito. Daí a indagação: em nome de quem esse juiz, contratualmente investido em sua função, em nome de quem esse juiz produz justiça. O juiz estatal o faz em nome do Estado; o árbitro, em nome das partes. O que faz dele – porque não vinculado a um direito nacional e porque atua não em nome de um Estado nacional – o que faz dele, árbitro, um juiz da ordem jurídica transnacional; uma espécie de guardião dessa ordem.

Aí uma das distinções que apartam o árbitro que atua no plano interno de um Estado e os que fazem arbitragem internacional [transnacional]. Cumpre a estes últimos assegurar a preservação de uma ordem jurídica transnacional, por eles mesmos produzida. Produzida plenamente, contudo, na medida em que eles se ocupam

---

[41] Por isso mesmo tenho insistido em que não existe *o direito*; existem apenas, concretamente, *os direitos* (vide meu *O direito posto e o direito pressuposto*, cit., pp. 19 e ss.).

tanto do processo legislativo, quanto do processo de produção normativa; no seu atuar superpõem-se as duas dimensões do direito, a *dimensão legislativa* e a *dimensão normativa*[42]. Se o juiz estatal – assim como o que atua no plano nacional – diz o direito que existe, o árbitro do comércio internacional *estabelece* o direito, *em nome do mercado*. A distinção entre o juiz estatal e o árbitro atuante no plano nacional, de um lado, e o árbitro internacional, de outro, está nas fontes de que se utilizam. Dir-se-ia que os primeiros são apenas juízes, produzem as normas; o segundo, juiz/legislador, produzem os *textos* a partir dos quais eles mesmos produzirão as *normas*.

Basta tanto para criar distúrbios no sono dos que adormecem encantados pelo fascínio da "*separação*" *dos poderes*...

IX. **A exceção**

19. Não devo, no entanto, alongar-me. Cuido de pronto, portanto, da segunda tendência que desejo apontar, referida à *exceção*.

Em outra ocasião[43] anotei ser "realmente curioso que o tema da exceção não tenha exercido fascínio sobre os nossos juristas, o que há de ser atribuído ao prestígio que assumiu entre nós, desde o século passado, o pensamento kelseniano. CS, aliás, com indisfarçável ponta de ironia, observa ser natural que um neo-kantiano como Kelsen não saiba, por definição, o que fazer com a situação excepcional".

A conhecida afirmação de Carl SCHMITT – *soberano é quem decide sobre o estado de exceção* – exige detido cuidado em relação ao que se deva entender como "*estado de exceção*".

A exceção é o caso que não cabe no âmbito da normalidade abrangido pela norma geral – a norma geral deixaria de ser geral se a contemplasse. Da exceção não se encontra alusão no discurso da ordem jurídica vigente; define-se como tal justamente por não ter sido descrita nos textos escritos que compõem essa ordem. É como se nesses textos de direito positivo não existissem palavras que

---

[42] Vide *item* 02, acima.

[43] Minha *Apresentação* à tradução brasileira de *Teologia política* de Carl SCHMITT, cit., p. XIII. Permito-me transcrever, nas linhas que seguem, trechos dessa *apresentação*.

tornassem viável a sua descrição. Por isso dizemos que a exceção está no direito, ainda que não se a encontre nos textos normativos de direito positivo.

Carl SCHMITT dedica os dois primeiros capítulos da primeira parte da *Teologia política* precisamente à impossibilidade estrutural de a norma geral apreender o caso de exceção. Como ela escapa à norma, ainda que esteja no interior do direito – e neste ponto a ambigüidade é extremamente rica – ao soberano, aquele que decide sobre ela, incumbe a definição da decisão que a *inclua* no marco das normas jurídicas.

20. À afirmação de que a exceção é o caso que não cabe no âmbito da *normalidade* abrangido pela norma geral corresponde outra, a de que as normas só valem para as situações normais; a normalidade da situação que pressupõem é um elemento básico do seu "valer"[44/45].

A exceção não está situada além do ordenamento, senão no seu interior. Pois o estado de exceção é uma zona de indiferença entre o caos e o estado da normalidade, zona de indiferença no entanto capturada pelo direito. De sorte que não é a exceção que se subtrai à norma, mas ela que, suspendendo-se, dá lugar à exceção – somente desse modo ela se constitui como regra, mantendo-se em relação com a exceção[46].

21. Outro ponto marcante na *Teologia política* está em que Carl SCHMITT, nas considerações preliminares sobre a segunda edição

---

[44] Vide Carl SCHMITT, "Los tres legisladores extraordinários de la Constitución de Weimar", in *Carl Schmitt, teólogo de la política*, selección de textos de Héctor Orestes Aguilar, Fondo Cultura Económica, México, 2.001, pág. 313.

[45] Vem bem a propósito, neste ponto, a menção de Maurice HAURIOU (*Notes d'arrêts sur décisions du Conseil d'État et du Tribunal des Conflits*, tome troisième, Sirey, Paris, 1.929, pág. 173) a "... cette idée très juste que les lois ne sont faites que pour un certain état normal de la société, et que, si cet état normal est modifié, il est natural que les lois et leurs garanties soient suspendus". E prossegue: "C'est très joli, les lois; mais il faut avoir le temps de les faire, et il s'agit de ne pas être mort avant qu'elles ne soient faites".

[46] Cf. Giorgio AGAMBEN, *ob. cit.*, pp. 26 e 27. Vide Gilberto BERCOVICI, *ob. cit.*, pp. 65-75.

– o prefácio de novembro de 1.933[47] –, faz nítida opção pelo pensamento institucionalista de HAURIOU, preparando o pensamento da ordem jurídica concreta. É este modo de pensar que nos permite compreender que a violação de uma norma é expressão não apenas de uma conduta adversa ao que está escrito em um texto, no plano abstrato do mundo do *dever ser*, mas violação de uma ordem concreta, histórica, situada no espaço e no tempo.

A situação de exceção, embora não prevista pelo direito positivo [= pelas normas], há de ser decidida em coerência com a ordem concreta da qual a Constituição é a representação mais elevada no plano do direito posto. Esta ordem concreta é anterior ao *direito posto* pelo Estado. Arranca de um *direito pressuposto* e expressa a visibilidade de um *nomos*.

O processo de objetivação que dá lugar ao fenômeno jurídico não tem início na emanação de uma regra, mas sim em um momento anterior, no qual aquela ordem é culturalmente forjada. Refiro-me a uma ordem geral concreta, situada geograficamente e no tempo, com as marcas históricas e culturais que a conformam tal como ela é. Por isso mesmo incompleta e contraditória, reclamando permanentemente complementação, refazimento e superação de situações de exceção. Ao Judiciário, sempre que necessário, incumbe decidir regulando também essas situações de exceção. Mas ao fazê-lo não se afasta do ordenamento. Aplica a norma à exceção *desaplicando-a*, isto é, retirando-a da exceção, retirando-se desta[48].

22. O fato – digo-o neste passo parenteticamente – é que a analogia estabelecida por Carl SCHMITT[49] entre o direito e a teologia permite a compreensão de aspectos que o racionalismo do Iluminismo (*Aufklärung*) não considera. O discernimento de que alguns conceitos da teoria do Estado são conceitos teológicos secularizados, de que o Deus onipotente tornou-se o legislador onipotente, esse discernimento se completa na verificação de que a situação de exceção assume, para a jurisprudência, o mesmo significado que o

---

[47] *Ob. cit.*, pp. 3-6.

[48] A expressão é de Giorgio AGAMBEN, *ob.cit.*, pág. 25.

[49] *Ob. cit.*, p. 35.

milagre para a teologia. Apenas na medida em que tomarmos consciência dessa analogia poderemos perceber a evolução pela qual passaram as idéias atinentes à filosofia do Estado nos últimos séculos. Prossegue CARL SCHMITT[50]: "a idéia de Estado de direito moderno se impõe junto com o teísmo, com uma teologia e uma metafísica que expulsam o milagre para fora do mundo e recusa a ruptura das leis da natureza, ruptura contida no conceito de milagre, que implica uma exceção devida a uma intervenção direta". Assim também é recusada a intervenção direta do soberano na ordem jurídica vigente. O racionalismo do Iluminismo (*Aufklärung*) condena a exceção sob todas as suas formas[51].

23. Na tarefa de concretização da Constituição, o Judiciário há de aplicar-se a prover a força normativa da Constituição e sua função estabilizadora, reportando-se à integridade da ordem concreta da qual ela é a representação mais elevada no plano do direito posto. A sua mais prudente aplicação, nas situações de exceção, pode corresponder exatamente à desaplicação de suas normas a essas situações.

Ao interpretar/aplicar o direito – porque aí não há dois momentos distintos, mas uma só operação[52] – ao praticar essa única operação, isto é, ao interpretar/aplicar o direito, o Judiciário não se exercita no mundo das abstrações, porém trabalha com a materialidade mais substancial da realidade. Decide não sobre teses, teorias ou doutrinas, mas a respeito de situações do mundo da vida. Não

---

[50] *Idem, ibidem.*

[51] "A convicção teísta dos autores conservadores da contra-revolução pôde então tentar fundamentar ideologicamente a soberania pessoal do monarca em analogias extraídas de uma teologia teísta" (Carl SCHMITT, *ob. cit.*, p. 35). Embora o racionalismo do Iluminismo (*Aufklärung*) condene a exceção, dela faz uso quando conveniente, seja como a prerrogativa de John Locke, seja como a ditadura de salvação pública da República Jacobina, o "Poder Neutro" de Benjamin Constant ou o estado de sítio constitucionalizado pelos textos constitucionais liberais do século XIX (vide Gilberto BERCOVICI, *Soberania e Constituição: Poder Constituinte, Estado de Exceção e os Limites da Teoria Constitucional*, mimeografado, Faculdade de Direito da USP [tese de Titularidade], São Paulo, 2.005, pp. 101-104, 137-145, 166-175 e 201-213).

[52] Vide meus *Ensaio e discurso sobre a interpretação/aplicação do direito*, cit., e *Interpretación y aplicación del derecho*, cit.

cumpre o seu ofício visando à prestar contas a MONTESQUIEU ou a KELSEN, porém para vivificar o ordenamento, todo ele. Por isso o toma na sua totalidade. Não procede como mero leitor de seus textos – para o que bastaria a alfabetização – mas produzindo normas, tecendo e recompondo o próprio ordenamento.

O Supremo Tribunal Federal tem procedido assim em alguns casos, assumindo claramente tê-lo feito. Menciono as decisões tomadas na Ação Direta de Inconstitucionalidade 2.240, da qual fui relator, e na Reclamação 3.034. Em ambos os casos atuou a *força normativa dos fatos* [*normative Kraft des Faktischen*], a que refere Georg JELLINEK[53], que nos permite compreender a origem e a existência da ordem jurídica. Pois é certo que na vida do Estado as relações reais precedem as normas em função delas produzidas[54]. A Constituição, qual observa Konrad HESSE[55], "compõe-se de normas. Nelas estão exigências à conduta humana, ainda não a essa conduta mesma; elas permanecem letra morta e nada produzem se o conteúdo daquelas exigências não passa à conduta humana"; "Constituição e 'realidade', portanto, não podem ser isoladas uma da outra[56]".

X. **Contraponto**

24. Parte do que acabei de afirmar linhas imediatamente acima, no item 21, nos leva de volta ao quanto foi dito a propósito da primeira tendência[57]: a realidade estando em [= sendo] movimento, tudo se movendo em transformação, "nada mais se pode apontar em um escorço sobre o futuro do direito senão aparentes tendências, ainda que e até mesmo contraditórias".

---

[53] *Teoría General del Estado*, 2ª ed., trad. de Fernando de Los Ríos, Fondo de Cultura Económica, México, 2.000, pp. 319 e ss.

[54] *Ob. cit.*, pág. 338.

[55] *Elementos de Direito Constitucional da República Federal da Alemanha*, trad. de Luís Afonso Heck, Sergio Antonio Fabris Editor, Porto Alegre, 1.998, p. 47.

[56] HESSE, *ob. cit*, p. 49.

[57] *Item* 07, acima.

A contradição expor-se-ia quando falo de "uma ordem concreta, histórica, situada no espaço e no tempo", "uma ordem geral concreta, situada geograficamente e no tempo, com as marcas históricas e culturais que a conformam tal como ela é". Pois exactamente essa ordem, que pertence a um lugar localizado *dentro* de um território, resulta dilacerada e arrasada pelas duas forças referidas por NATALINO IRTI[58], "duas imensas forças que – repito-o – não conhecem limites, não têm pátria, se expandem para *qualquer lugar*. *Forças da des-limitação*, que se chamam técnica e economia, e que, as duas em conjunto, geram a tecno-economia do nosso tempo".

A exceção está *dentro* do direito posto pelo Estado, porém concomitantemente destrói esse mesmo direito, o que não surpreende aos que acreditam na dialética materialista. A exceção está *dentro* do direito, mas nos transporta para *fora* dele... O estado de exceção é uma zona de indiferença entre o caos e o estado da normalidade, zona de indiferença não obstante capturada pelo direito. É, contudo, também ponto de indiferença entre *violência* e *direito*, espaço "juridicamente vazio", no qual tudo pode acontecer, porque nesse espaço se encontra a *soberania*.

Neste passo de minha exposição vê-se que, em rigor, não são excludentes as tendências de que cogito: uma e outra, *soberania* e *exceção*, mutuamente se incluem.

XI. **Ainda a exceção**

25. A exceção poderá, contudo, resvalar para a violência, nela se cristalizando, de modo que o estado de natureza exclua o *nomos*, qualquer *nomos*.

A anotação de AGAMBEN[59] é aterradora – e aqui jogo com toda a ambigüidade de palavra que pode derivar tanto de *terror*, quanto de *terra* –: "[o] que ocorreu e ainda está ocorrendo sob os nossos olhos é que o espaço 'juridicamente vazio' do estado de exceção

[58] *Ob. cit.*, p. 26.
[59] *Ob. cit.*, p. 44.

(...) irrompeu de seus confins espaço-temporais e, esparramando-se para fora deles, tende agora por toda parte a coincidir com o ordenamento normal, no qual tudo se torna assim novamente possível". O soberano [*rectius super-soberania* que avança sobre *todos* os territórios] mantém a possibilidade de decidir sobre lei e natureza, externo e interno, violência e direito, na mesma medida em que os confunde[60].

26. Por isso é indispensável, neste passo, a anotação de que a decisão sobre a exceção a inclui, não podendo subscrever sua inserção à margem do direito. Isso se impõe assinalarmos, vigorosamente. A captura da exceção pelo direito importa em que a violência que ela expressa seja por ele colonizada. Essa é a consequência de tal captura. A exceção é incluída plenamente no espaço do direito. Do direito como um todo. Não simplesmente no espaço da lei, porém do direito enquanto ordem concreta anterior ao *direito posto* pelo Estado. Ordem que arranca de um *direito pressuposto*, ao qual linhas acima fiz alusão[61]. Essa ordem pretende e deve ser uma *não-violência*, embora nela não se produza senão a chamada *paz burguesa*. É como se o direito "domesticasse" a violência, razão pela qual a captura da exceção não pode se prestar, em qualquer circunstância, à justificação da violência[62].

XII. Conclusão: a *super-soberania*, a exceção e o novo *nomos*

27. Restaria, a esta altura, identificarmos a *super-soberania*, o sujeito da decisão sobre a exceção, sujeito que instaura o regime de exceção que caracteriza[rá] o novo *nomos* da Terra [não um novo *nomos da terra*, repito]. Vimos que essa *super-soberania* avança

---

[60] Cf. AGAMBEN, *ob. cit.*, p. 72.

[61] *Item* 21.

[62] Daí ser inconcebível a afirmação de Horst Dreir, indicado para exercer o cargo de juiz do Tribunal Constitucional alemão. Diz ele que a tortura pode ser excepcionalmente justificável, se e quando aplicada para salvar vidas (cf. o *Süddeutsche Zeitung*, 23.01.08, p. 5). A reação contrária a essa indicação, de juristas alemães e juízes do Tribunal, deverá conduzir à recusa de tal indicação. Assim seja, espero.

sobre *todos* os territórios, vale dizer, sobre *todos os Estados*. Por isso não se trata de dizermos, a esta altura, que determinada Nação ou Estado é o titular dela, mesmo porque Estado e Nação pressupõem um território e a *super-soberania* é um *não-território*, um *não-lugar*.

Devo chamá-lo, o titular dessa *super-soberania*, de *mercado*, ainda que ao fazê-lo lance sobre esta minha comunicação um manto de imprecisão mais denso ainda do que o que cá já estava. Pois estamos imersos em um *estado de exceção permanente*. O *estado de exceção*, como anotou Walter BENJAMIN[63] na primeira metade do século passado, é a regra geral.

Mercado e modo de produção capitalista designam, neste texto, um mesmo significado. Daí podermos singelamente afirmar que a sua ordem – ordem jurídica do mercado, engendrada pelo mercado – não perecerá antes que se desenvolvam todas as forças produtivas que ela é capaz de conter. A exceção é a regra na sua fase actual de desenvolvimento. Faz-se regra, contudo, acobertada pelo direito. O que se manifesta então, como observa Luiz Gonzaga BELLUZZO[64], é a "codificação da razão do mais forte, encoberta pelo véu da legalidade". Isso porque o mercado necessitará sempre do *direito posto* pelo Estado, ainda que esse direito seja outro, corresponda a um novo *nomos*, ancorado na violência.

Por enquanto – e talvez isto seja para festejarmos, apesar de tudo – por enquanto o futuro é, para os juristas, o presente. Um presente sombrio, no âmbito do qual a contradição entre o que estrutura jurídica diz e o que a estrutura econômica admite engendra párias. Até quando?

ÍNDICE